"존재하는 것은 어떤 것이나 모두 신 안에 존재하고 신 없이는 어떤 것도 존재할 수 없고 이해 될 수도 없다." 『에티카』에서 스피노자가 한 말이다. "모든 것은 신 안에 있다는 이론"이란 뜻을 지닌 "범재신론"은 헤겔과 셸링의 철학을 스피노자의 "범신론"과 구별하기 위해 카를 크라우제가 만든 용어로 알려져 있지만, 사실 이 용어에 담긴 사상은 스피노자가 훨씬 더 분명하게 표현하였다. 쿠퍼는 플라톤 사상을 계승한 플로티누스에게서 범재신론의 기원을 확인한 다음 중세와 독일 관념론을 거쳐, 범재신론이란 용어를 다시 살린 화이트헤드와 찰스 하트숀 같은 20세기의 중요한 철학자와 신학자에 이르기까지 범재신론의 역사를 소상하게 추적한다. 고대 이집트나 인도 사상을 제외한 점에서 범위의 제한은 있지만 서양 철학과 신학 전통에 드러난 범재신론의 역사를 이만큼 포괄적으로 다룬 책은 지금까지 없었다. 고전적 유신론을 옹호하면서도, 범재신론적 사상을 펼친 철학자와 신학자들을 매우 공정하게 다루고 있다는 점은 이 책이 지닌 큰 미덕일 것이다. 신학에 관심 있는 철학도와 철학에 관심 있는 신학도뿐 아니라, 중세 신비주의, 독일 관념론, 현대 과학과 종교의 상호 관계에 관심 있는 독자들 모두에게 추천한다.

강영안 | 서강대 철학과 교수

만일 어떤 이가 범재신론의 사상적·역사적 뿌리에 대해 관심을 가지고 있다면, 일자(一者)와 여럿 사이, 존재/실유와 생성 사이, 영원과 시간 사이, 필연과 우유(偶有) 사이의 형이상학적 조화 작업에 대한 서양인의 몸부림을 살펴보고자 한다면, 왜 대부분의 현대 신학자들이 기독교 정통 유신론의 울타리를 마다하고 "철학자들의 신" 구역에서 서성거리는지 궁금하다면, 자연 과학(특히 우주론)과 신학의 상관관계를 설정함에 있어서 왜 그토록 양극적(兩極的, dipolar) 신 개념에 집착하는지 이유를 알고 싶다면, 존 쿠퍼의 『철학자들의 신과 성서의 하나님』은 필독서 중의 필독서라고 할 수 있을 것이다.

이 책이 지닌 미덕은 최소 세 가지다. 첫째, **취급 범위의 포괄성**이다. 저자는 플라톤에서 시작하여 폴킹혼에 이르기까지 범재신론과 연관된 80명가량의 사상가들을 폭넓게 다루고 있다. 우리는 수많은 인물들의 형이상학적 비전에 노출되면서 그들과 대화하게 된다. 둘째, **내용 소개의 명료성**이다. 저자는 범재신론이라는 철학적 주지(主旨)를 연대기적이고 사상사적인 흐름을 좇아 간명하고 확실하면서도 상세하게 기술했다. 책의 앞부분에서 개진되고 설명된 논변은 그 이후에도 계속 반복됨으로써 독자들의 인식과 학습에 커다란 유익을 준다. 셋째, **개인 신념의 투철성**이다. 저자는 학자로서의 공정성과 솔직함을 잃지 않으면서도 동시에 자신이 고전적 유신론을 신봉하는 개혁파 신앙인임을 천명하고 있다. 오늘날 북미의 학계(또한 신학계)가 어떤 경향과 풍조에 물들어 있는지를 감안할 때 이는 보기 드문 모범이라고 해야 할 것이다. 바라기는 이 역서가 관심 있는 목회자들과 평신도들의 손에 꼭 쥐어졌으면 한다. 특히 조직신학, 철학적 신학, 현대 신학에 관심을 가진 지도자들과 신학교 교수들에게 좋은 안내서와 교육 자료가 되기를 바란다.

송인규 | 합동신학대학원대학교 조직신학 교수

창조주는 우주를 어떻게 섭리하고 운행하는 것일까? 신과 창조세계의 관계는 흔히 초월과 내재라는 말로 표현되지만 그 신비는 여전히 우리의 이성을 당혹하게 한다. 신에게 창조세계가 꼭 필요한 걸까? 창조세계는 신 안에 존재하는가? 악은 창조 과정에서 필연적으로 생기는 것인가? 역사적 흐름에 따라 주요한 신학자들의 견해를 살펴나가는 이 책은 고전적 유신론과 범신론 사이에 존재하는 범재신론의 다양한 얼굴을 파노라마처럼 제시한다. 과학을 통해 창조세계를 점점 더 깊이 이해하게 된 시대를 사는 우리에게, 신과 창조세계의 관계를 올바르게 이해하는 일은 빼놓을 수 없는 과제다. 이 책은 그 중요한 작업을 폭넓게 담아내고 있으며, 범재신론에 대한 균형 잡힌 개관과 더불어 그에 대한 비판적 시각도 설득력 있게 제시한다.

우종학 | 서울대 물리천문학부 교수

이 책은 최신 기독교 신학의 철학적 배경을 드러내주고, 그 신학이 "자연 종교"의 성격을 지니고 있음을 확인시켜주는 개척자적인 시도다. 지극히 명료하면서도 아주 열정적으로 씌어진 이 책은 고전적 기독교 유신론과 다른 견해들 사이의 여러 차이점을 명료하게 구별하는 데 큰 도움을 준다. 비록 존 쿠퍼가 범재신론과 그리고 그 신론에서 파생된 여러 신학들과 견해를 달리하지만, 그럼에도 불구하고 그는 그 다른 신학자들의 글 자체가 스스로를 대변하게끔 정중하고 예의 바르게 글을 쓰고 있다. 이 책은 명료성과 공정한 태도의 귀감이다.

폴 헬름 | 리젠트 칼리지 신학 교수

20세기 신학 운동 중 가장 중요한 운동이라 할 수 있는 범재신론에 대한 복음주의 학자의 묵직한 대답이 마침내 나왔다. 존 쿠퍼는 이 주제를 다루면서 인상적인 학문적 자질과 능숙한 정리, 잘 정제된 판단을 보여준다. 쿠퍼의 전반적인 평가에 동의하지 않는다 할지라도, 이 책이 오늘날의 기독교 지성인들을 위한 필수불가결한 자료라는 점은 인정하지 않을 수 없다.

필립 클레이튼 | 클레어몬트 신학교 신학 교수

범재신론에 대한 새로운 관심을 표명하는 기독교 신학자들과 철학자들이 점차로 늘어나고 있는 상황에서, 쿠퍼의 책은 하나님과 세계의 관계에 대한 이 "다른" 철학적 접근 방식의 몇 가지 핵심적인 역사적 발전들에 대하여 독자들이 어렵지 않게 접근할 수 있는 개관을 제공하고 있다. 개별 인물들에 대한 쿠퍼의 해석이나 혹은 범재신론에 대한 그의 대체로 부정적인 평가에 대해 동의하지 않는 사람이라 할지라도, 흔히 다양한 입장들이 지니고 있는 뉘앙스에 대한 조심스러운 경청보다는 거친 수사법으로 점철되곤 하는 대화에 접근하면서 쿠퍼가 보여주는 겸손과 교양 있는 태도를 진심으로 인정하지 않을 수 없을 것이다.

리론 슐츠 | 노르웨이 아그데르 대학교 신학 교수

범재신론은 현대 신학의 주요 흐름이다. 학생들, 목회자들, 교사들은 존 쿠퍼가 쓴 이 책이 범재신론에 대한 훌륭한 역사적 개관을 제공하고 있음을 알게 될 것이다. 쿠퍼가 제시하는 해석 전부에 동의하는 사람은 없겠지만, 전반적으로 이 책은 광범위하고 번뜩이는 통찰을 준다. 저자는 범재신론에 의해 영향을 받은, 그리고/혹은 그 주제들 중 몇 가지를 발전시키고 있는 신학자들과 철학자들을 포함시키고 있다. 무엇보다도 이 책의 마지막 부분을 장식하고 있는 비판적인 장은 결코 놓쳐서는 안 된다.

앨런 패지트 | 루터 신학교 조직신학 교수, 『기독교와 서구 사상』 공저자

Panentheism
The Other God of the Philosophers
From Plato to the Present

철학자들의 신과 성서의 하나님
신과 세계의 관계, 그 치열한 논쟁사

Copyright © 2006 by John W. Cooper
Originally published in English under the title
Panentheism—The Other God of the Philosophers by Baker Academic,
A division of Baker Publishing Group
P.O. Box 6287, Grand Rapids, MI 49516, U. S. A.
All rights reserved.
Used and translated by the permission of Baker Publishing Group
through rMaeng2, Seoul, Korea.
Korean Copyright © 2011 by Holy Wave Plus, Seoul, Korea.

본 저작물의 한국어판 저작권은 알맹2 에이전시를 통하여 Baker Publishing Group과 독점 계약한 새물결플러스에 있습니다. 신저작권법에 의하여 한국 내에서 보호받는 저작물이므로 무단 전재와 복제를 금합니다.

이 도서는 새물결교회 이경복 장로·박미선 권사의 번역료 후원으로 출판되었습니다.
출판 사역을 위한 기도와 후원에 깊이 감사드립니다.

철학자들의 신과 성서의 하나님
신과 세계의 관계, 그 치열한 논쟁사
존 쿠퍼 지음 | 김재영 옮김

칼빈 신학교 학생들과

건전한 교리에 따라 사역하고자 애쓰는

모든 이에게

차례

| 감사의 말 | 17 |
| 약어 | 18 |

제1장 범재신론: 철학자들의 다른 신 ■ 21
- 고전적 유신론, 관계적 신학, "철학자들의 신" ■ 23
- 철학자들의 다른 신: 범재신론 전통 ■ 29
- 이 연구의 두 가지 목적 ■ 33
- 대상 독자들: 신학을 공부하는 사람들 ■ 36
- 예비적 개관 ■ 38
- 범재신론의 기본 용어들과 구별 ■ 44

제2장 플라톤에서 기독교 신플라톤주의까지의 범재신론 ■ 51
- 플라톤주의: 두 가지 신학 전통의 원천 ■ 53
- 플라톤 ■ 55
- 스토아주의: 자연주의적 범신론 ■ 63
- 신플라톤주의 ■ 65
- 위-디오니시우스와 기독교 신플라톤주의 ■ 74

| 요하네스 스코투스 에리우게나 　　　77
| 마이스터 에크하르트 　　　83
| 니콜라우스 쿠자누스 　　　86
| 야콥 뵈메 　　　93
| 결론 　　　101

제3장　르네상스에서 낭만주의까지의 　　　105
　　　　범신론과 범재신론

| 조르다노 브루노 　　　107
| 바룩 스피노자 　　　111
| 17세기 신플라톤주의 　　　119
| 조나단 에드워즈 　　　122
| 초기 독일 낭만주의: 레싱과 헤르더 　　　127
| 프리드리히 슐라이어마허 　　　131
| 결론 　　　144

제4장　셸링과 헤겔: 현대 범재신론의 대부들 　　　147

| 배경: 칸트와 피히테 　　　150
| 셸링 　　　156
| 헤겔 　　　173
| 결론 　　　191

제5장　19세기 동안의 확산　■ 195
　| 독일　■ 198
　| 영국　■ 210
　| 미국　■ 220
　| 프랑스　■ 229
　| 결론　■ 237

제6장　테이야르 드 샤르댕의　■ 239
　　　　그리스도 중심적 범재신론
　| 오메가 포인트로의 우주 진화　■ 243
　| 테이야르의 신학:　■ 251
　　오메가는 우주적 그리스도 안의 하나님이다
　| 테이야르의 범재신론: "기독교 범신론"　■ 259
　| 결론: 이단자에서 선지자로　■ 262

제7장　과정신학: 화이트헤드, 하트숀, 캅, 그리핀　■ 267
　| 알프레드 노스 화이트헤드　■ 271
　| 찰스 하트숀　■ 288
　| 존 캅과 데이비드 그리핀의 기독교 과정신학　■ 302
　| 과정신학과 자유 의지(열린) 유신론　■ 310
　| 결론　■ 314

제8장   폴 틸리히의 실존주의적 범재신론 ■ 317

| 틸리히가 말하는 철학과 신학의 상관성 ■ 321
| 틸리히의 실존주의적 존재론 ■ 326
| 틸리히의 하나님과 세계에 대한 이론 ■ 329
| 틸리히의 범재신론 ■ 342

제9장   20세기 철학, 신학, 종교에서의 다양성 ■ 347

| 기독교 전통에 속한 철학자들 ■ 350
| 기독교 전통에 속한 신학자들 ■ 360
| 비기독교 범재신론자들 ■ 371
| 결론 ■ 382

제10장   몰트만의 상호 내재적 범재신론 ■ 385

| 개관 ■ 387
| 변증법적 존재론과 희망의 신학 ■ 390
| 십자가에 달리신 하나님 ■ 392
| 삼위일체와 하나님 나라 ■ 396
| 『창조 안에 계신 하나님』: 보편화되는 상호 내재성 ■ 409
| 『오시는 하나님』 ■ 415
| 기독교 신학으로서 몰트만의 범재신론 ■ 419

제11장 판넨베르크의 범재신론적 힘의 장	■ 423
판넨베르크는 범재신론자인가?	■ 425
판넨베르크의 삶과 신학에 대한 개관	■ 426
판넨베르크의 범재신론: 신적인 힘의 장	■ 436
판넨베르크의 역사적-삼위일체적 범재신론	■ 454
결론	■ 459

제12장 범재신론적 해방신학과 생태신학	■ 461
제임스 콘의 흑인신학	■ 465
라틴아메리카 해방신학	■ 468
여성-생태신학	■ 476
결론	■ 489

제13장 신학적 우주론 안의 범재신론	■ 491
바버의 조건부 과정 범재신론	■ 494
데이비스의 단일 과정적 범재신론	■ 498
피코크의 자연주의적 성례전적 범재신론	■ 503
클레이튼의 창발적 인격적 범재신론	■ 508
폴킹혼의 종말론적 범재신론	■ 515
결론	■ 519

| Panentheism: The Other God of the Philosophers |

제14장　나는 왜 범재신론자가 아닌가　　■ 521
　| 대답의 성격　　■ 523
　| 성경의 하나님　　■ 528
　| 교리적이며 신학적인 쟁점들　　■ 532
　| 철학적 쟁점들　　■ 553
　| 성경적 세계관과 구속사　　■ 558
　| 결론　　■ 562

인명 색인　　571
주제 색인　　579

감사의 말

이 책이 나오기까지 여러 가지 측면에서 지원을 아끼지 않은 칼빈 신학교에 감사한다. 이 책을 쓰는 동안 나는 칼빈 신학교로부터 두 차례의 안식년 휴가와 한 차례의 출판 휴가를 받았으며 편안한 작업 공간과 탁월한 기술적 지원을 제공받았다. 칼빈 신학교는 또한 저술을 하는 마지막 두 번의 여름 동안 조수들에게 수고비를 지급할 수 있게끔 헤리티지 재단 지원금을 두 차례 얻게 해주었다. 여러 명의 박사 과정 학생들이 조수로서 이 연구가 착수되는 데 도움을 주었으며, 초고에 대한 사려 깊은 피드백을 제공해주었다. 칼빈 대학과 신학교의 헤크만 도서관(Hekman Library)이 보유한 우수한 신학 장서와 철학 장서는 인용된 책들 중 여섯 권을 제외하고는 모든 책을 갖추고 있다.

내 책의 편집을 맡은 베이커 아카데믹의 브라이언 볼거(Brian Bolger)에게 감사드린다. 초고에 대한 그의 적절한 충고 덕분에 최종 결과물이 크게 개선되어 훨씬 더 읽을 만하게 되었다.

아들 존과 딸 캐서린에게 특히 고마움을 전한다. 그 둘은 연구와 비판적 읽기 및 철저한 편집에 도움을 주었다.

마지막으로 아내 실비아에게 내 마음속에 담겨 있는 끊이지 않는 감사를 전한다. 실비아는 그녀의 것이어야 마땅했던 시간과 개인적인 에너지를 내가 이 책에 쏟아부을 수 있도록 신실한 지원과 관심과 인내와 흔쾌함을 제공해주었다. 이 모든 것을 아내에게 되갚을 길은 없겠지만, 노력중이다.

약어

■ 일반

B.C.E.	before the Common Era
bk(s).	book(s)
C.E.	the Common Era
chap(s).	chapter(s)
d.	died
diss.	dissertation
e.g.	*exempli gratia*, for example
ed(s).	edited by; editor(s)
i.e.	*id est*, that is
intro.	introduced by
par.	paragraph(s)
p(p).	page(s)
q.	question
rev.	revised
sec.	section
trans.	translated by; translator
vol(s).	volume(s)

■ 일차 자료

Johannes Eckhart
    Serm.   Sermones (*Sermons*)

John Scotus Eriugena
    Div. nat.   De divisione naturae (*On the Division of Nature*)

Nicholas of Cusa
    Doc. ign.   De docta ignorantia (*On Learned Ignorance*)

Plato
    Rep.   *Republic*
    Tim.   *Timaeus*

Plotinus
    Enn.   *Enneads*

Proclus
    Theol. plat.   *Theologia platonica* (*The Platonic Theology*)

Pseudo-Dionysius
    Div. nom.   *De divinis nominibus* (*The Divine Names*)

Thomas Aquinas
    ST   *Summa theologica*

■ 이차 자료

Hist. Phil.	Frederick Copleston, *History of Philosophy*. Westminster, MD: Newman Press, 1946–75. Repr., Garden City, NY: Doubleday, 1962–77
EncPhil	*Encyclopedia of Philosophy*. Edited by Paul Edwards. 8 vols. New York: Macmillan, 1967
EncRel	*The Encyclopedia of Religion*. Edited by Mircea Eliade. 16 vols. New York: Macmillan, 1987
JAAR	*Journal of the American Academy of Religion*
JR	*Journal of Religion*
Schaff-Herzog	*The New Schaff-Herzog Encyclopedia of Religious Knowledge*. New York: Funk and Wagnalls, 1910. Repr., Grand Rapids: Baker, 1953
TSP	*Tulane Studies in Philosophy*

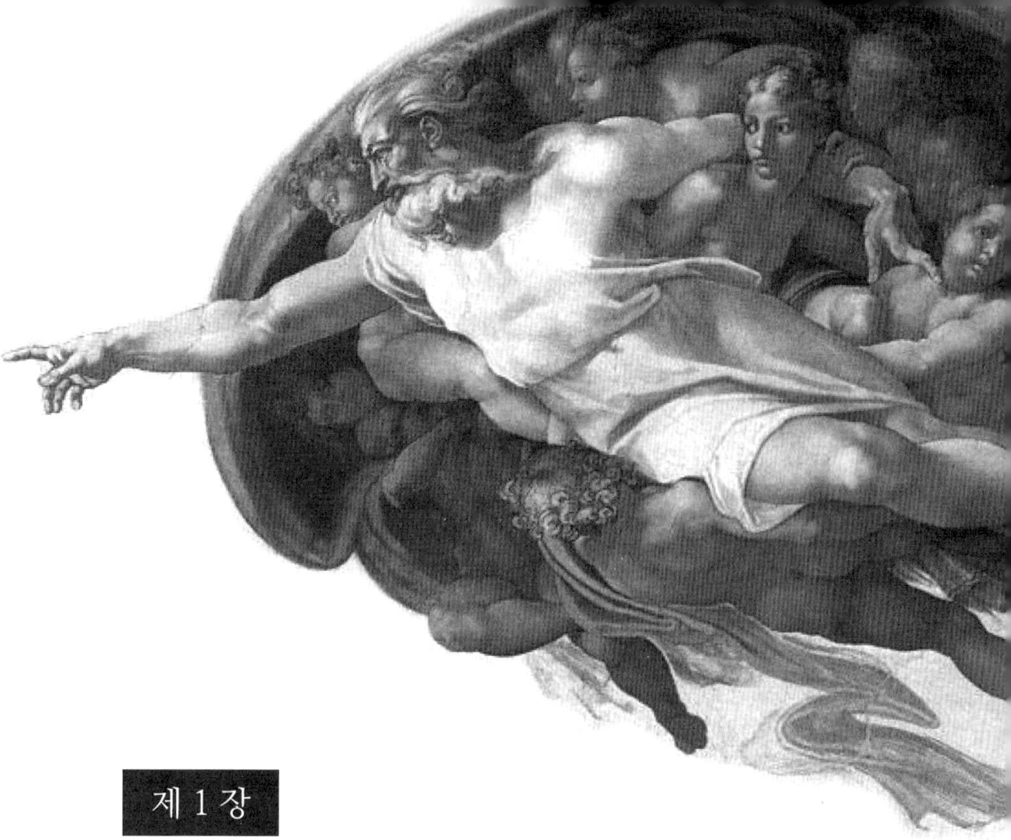

제 1 장

| 범재신론: 철학자들의 다른 신 |

고전적 유신론, 관계적 신학, "철학자들의 신"

아브라함과 이삭과 야곱의 하나님을 철학자들의 하나님으로 대체하는 것에 반대하는 그 유명한 경고의 메시지를 던지기 위해 파스칼이 펜을 들었을 때,[1] 그가 겨냥하고 있던 논적은 성경 계시와 유대교-기독교 전통이 말하는 초자연적인 하나님을 배격했던 당대의 계몽주의 지성인들이었다. 이신론자(자연신론자)들과 바룩 스피노자(Baruch Spinoza)가 그 일차적인 예다. 그들은 초자연적인 계시가 아니라 오직 이성(理性, reason)에 근거한 신학을 구축했다. 그들은 성경을 무시하거나 재해석했다. 그로써, 지적인 인간이 단순히 명석하게 사유하는 것을 통해서는 발견할 수 없는 하나님과 구원에 대한 어떠한 주장도 성경이 할 수 없게 했다.[2] 이 철학자들의 신들은 아브라함과 이삭과 야곱, 그리고 예수 그리스도의 하나님과 대립한다. 이 철학자들의 신들은 이스라엘을 통해 그리고 예수 그리스도를 통해 인류를 대하시는 하나님의 구속 행위의 특이성과 초자연적 성격에 대한 유대교-기독교적인 믿음과 충돌한다. 파스칼은 전통적 기독교 신학이 하나님에 대한 순수한 헌신의 표현인 한 전통적 신학을 비판하지 않았다.

---

[1] Blaise Pascal, "The Memorial," in *Pensées and Other Writings*, trans. Honor Levi (New York: Oxford University Press, 1955), 178.

[2] James Livingston, "The Religion of Reason," chap. 2 in *Modern Christian Thought: From the Enlightenment to Vatican II* (New York: Macmillan, 1971).

그러나 지난 200년 동안 신학자들이 철학자들의 신(the God of the philosophers)에 대해 경고해오면서, 신학자들은 다른 무언가를 자신의 공격 대상으로 삼았다. 신학자들이 볼 때 철학자들의 신은 **고전적 유신론**(classical theism)의 하나님이다. 고전적 유신론은, 가장 이른 시기부터 20세기에 이르기까지 기독교 전통 가운데서 표준이 되어온 주류 입장의 신론(神論)을 말한다. 간단히 말해서, 고전적 유신론은 하나님이 세계와 관련해서 초월적이며 자충족적이며 영원하며 불변하시다는 견해다. 따라서 그 하나님은 시간을 통과하면서 변하지 않으며, 자신의 피조물들과의 관계에 의해서도 영향을 받지 않는다.[3] 최근의 신학자들 대다수는—그들이 비그리스도인이든, 모더니스트 그리스도인이든, 심지어 전통적 그리스도인이든 간에—고전적 신론이 성경적 신론도 아니며 철학적으로 일관성 있는 신론도 아니라는 사실에 동의한다. 그래서 그들은 신학생들과 생각이 깊은 신자들에게 "철학자들의 신"을 멀리하라고 경고한다. 그러므로 고전적 유신론과 이에 대한 비판들을 좀더 충분하게 고찰하는 것이 중요하다.

고전적 유신론은 아우구스티누스(Augustine), 안셀무스(Anselm), 아퀴나스(Aquinas), 스코투스(Scotus)와 같은 탁월한 기독교 교사들에 의해서 서구 교회 안에서 수백 년에 걸쳐서 형성되어 왔으며, 종교개혁 이후에도 로마 가톨릭과 개신교 신학자들에 의해 공히 전해 내려온 복합적인 신론이다. 동방 기독교는 요하네스 크리소스토무스(John Chrysostom), 바실리우스(Basil), 니사의 그레고리우스(Gregory of Nyssa), 나지안주스의 그레고리우스(Gregory of Nazianzus)에 의해 형성된 약간 변형된 해석을 수용하고 있다. 고전적 유신론은 하나님을 단순히 이성으로 알 수 있는 분으로만이 아니라 초자연적으로 계시된 분으로 제시하려는 의도를 갖고 있다. 그러나 고전적 유신론은 성경이 하나님에 관해서 가르친다고 이해하고 있는 바를 명

---

3 Thomas Morris, "The God of Abraham, Isaac, and Anselm," in *Anselmian Explorations: Essays in Philosophical Theology* (Notre Dame, IN: University of Notre Dame Press, 1987), 10-25은 고전적 유신론과 그 수정안을 현대의 비판에 반응하며 규정하고 있다.

확하게 진술하기 위해서 헬라 철학자들, 특히 플라톤과 신플라톤주의자들에게서 얻은 철학적이며 신학적 관념들을 차용했다. 현대의 많은 신학자들은, 이런 식으로 헬라 철학을 사용한 것으로 인해 하나님에 대한 성경의 제시가 왜곡되어왔다고 믿는다. 바로 이 점 때문에 많은 현대 신학자들은 고전적 유신론에다 "철학자들의 신"이라는 부정적인 이름표를 붙인다.

서방의 고전적 유신론은 하나님 자신이—절대적으로 자충족적이며, 영원하며, 불변하며, 전능하며, 전지하며, 완전히 활동적이며, 모든 면에서 탁월하신—최대 존재자(maximal Being)라고 주장한다.[4] 하나님에게는 세계가 필요하지 않지만, 하나님은 영원히 그리고 자유 의사로 무로부터 세계를 창조하고 시간을 통해서 그 세계를 유지하기로 선택하신다. 하나님은 세계의 역사 내내 항상 모든 곳에서 모든 존재자들에게와 모든 사건들 가운데 초자연적으로 현존하시며 피조물들에게 힘을 주시며, 피조물들의 자연적인 실존성과 자유로운 행위들을 통해서 자신의 영원한 지식과 의지를 유효하게 하신다는 의미에서 내재적(immanent)이다. 그러나 하나님 자신은 전적으로 초월하며, 만사를 결정하며, 불변하시다. 세계는 하나님의 본성이나 존재의 일부가 아니다. 하나님은 시간 안에 존재하지 않으며, 피조물들이 세계 질서 안에서 존재하고 관계 맺고 있는 방식의 맥락 속에 있는 인과 관계 네트워크의 일부가 아니다. 시간적인 것은 아무것도 하나님의 존재와 인식 혹은 의지에 영향을 주지 못한다. 다시 말해서, 고전적 유신론은 하나님이 자신의 창조세계와 관계 맺고 계시지만, 영원하며 불변하다고 단언한다.

고전적 유신론은 전통적 기독교의 독점적인 점유물이 아니다. 전통적인 유대교 및 이슬람 신학자들 역시 그것을 지지했다.[5] 파스칼 시대의 대부

4　신플라톤주의를 따라서 동방 신학은 하나님 자신이 존재를 넘어서는 분이시기 때문에 영원하며, 불변하시며, 창조세계에 대해 전적으로 초월적이라고 확증한다. 앞으로 적절한 곳에서 동방 및 서방의 고전적 유신론과 범재신론 사이의 차이점들을 지적할 것이다.
5　예수의 동시대인이었던 Philo는 유대 신학을 표명하기 위해서 플라톤 철학을 사용했다. 유대교 랍비였던 Moses Maimonides와 이슬람 신학자들인 Avicenna와 Averroës는 Thomas Aquinas의 저술 가운데 소개되어 있는 고전적 유신론자들이었다.

분의 이신론자들은 비록 기독교의 몇몇 특징적인 교리들을 받아들이지 않았지만, 여전히 고전적인 유신론을 고백했다. 사실상 스피노자는 자기식의 범신론을 주장하기 위해 고전적 유신론을 사용했다. 즉 하나님은 영원하며 불변하며 완전하며 만사를 결정하시기 때문에 필연적으로 정확히 그런 세계를 산출한다는 것이다. 19세기 초 슐라이어마허(Schleiermacher)도 여전히 상당히 고전적인 신관을 견지했다.

그러나 그 이래로 점점 많은 수의 사상가들이 철학자들의 하나님— 곧 고전적 유신론의 영원하시며 불변하시는 하나님—을 공격하고 역동적인 대안들을 제시했다.[6] 헤겔(Hegel), 셸링(Schelling), 제임스(James), 베르그송(Bergson), 화이트헤드(Whitehead)와 같은 철학자들은 자연과 역사 안에서의 신적 발전에 대한 신학들을 발전시켰다. 그리고 20세기 초반에 로마 가톨릭 사제인 테이야르 드 샤르댕(Teilhard de Chardin), 유대교의 랍비였던 마르틴 부버(Martin Buber)도 그러한 신학을 전개했다. 20세기 후반 동안 "관계 가운데 계신 하나님"(relational God, 관계적/관계 중심적 하나님), 즉 시간 가운데 참여하고 피조물들과 상호 작용하며 그것들에 의해서 영향을 받는 하나님을 긍정하는 일이 그리스도인들과 비그리스도인들 모두에게 다반사가 되었다. 리처드 스윈번(Richard Swinburne), 니콜라스 월터스토프(Nicholas Wolterstorff), 윌리엄 크레이그(William Craig) 같은 전통적인 입장의 그리스도인들도 하나님이 시간 안에 개입하신다는 점을 긍정한다.[7] 복음주의자들 가운데서 최근에 벌어진 "열린 유신론"(open theism, 개방적 유신론) 혹은 "자유 의지 유신론"(free-will theism)에 대한 논란은 하나님이 과연 사람들

---

[6] 무신론자인 Ludwig Feuerbach는 *The Essence of Christianity* (1841)에서 그 둘을 다 배격하기 위해서 철학자들의 하나님과 대중 종교의 하나님 사이를 분리시키고 있다. Adolf von Harnack의 독보적인 저술인 *History of Dogma* (3 vols., 1886-1889)는 고전적인 기독교 유신론을 성경의 언어로 가장하고 있는 헬라 철학이라고 공격하는 장문의 글이다.

[7] Richard Swinburne의 *The Coherence of Theism* (Oxford: Oxford University, 1993)과 *The Christian God* (Oxford: Oxford University Press, 1994)은 하나님의 시간내적 개입을 인정한다. 또한 Gregory Ganssle, ed., *God and Time: Four Views* (Downers Grove, IL: InterVarsity, 2001)도 보라. 이 책에서 Alan Padgett, William Lane Craig, Nicholas Wolterstorff는 하나님의 시간 내적 참여를 인정하는 데 비해서 Paul Helm은 영원성에 대한 고전적 견해를 변호한다.

이 장래에 무엇을 행하기로 선택할지를 아시는가에 관한 논란이지, 하나님이 시간 안에서 피조물들과 상호 작용하시는가의 여부에 관한 논란은 아니다.[8] 20세기 초에는 대다수의 신학자들이 하나님을 이해함에 있어서 관계 가운데 계신 분으로 이해하는 견해들에 동참했다. 거기에는 종교다원주의에서부터 복음주의 기독교에 이르는 광범위한 스펙트럼이 존재한다.

고전적 유신론에 대한 이러한 도전들은 성경적·신학적·철학적 이유들에서 비롯되었다. 이제 각 범주에 속하는 핵심적인 비평들을 살펴보도록 하자.

고전적 유신론을 비판하는 사람들은 성경이 하나님을 행동하시고 상호 작용하시며 자신이 만든 피조물들에게 응답하시는 거대한 인격자(혹은 인격자들)로 묘사한다고 지적한다. 성경의 하나님은 역동적이며 참여적이시다. 성경은 고전적 유신론이 추론해내고 있는 듯 보이는 바 하나님의 영원한 현실태(eternal actuality)와 세상 가운데서 하나님의 행위들로 계산되는 사건들의 시간내적 연속성(temporal sequence of events) 사이의 신비한 평행론(parallelism)을 제시하지 않는다. 현대 신학자들은 성경적 하나님의 인격적-관계적 성격(the personal-relational character)을 보존할 것을 주장한다. 만일 하나님이 성경이 제시하고 있듯 관계적이라면, 하나님은 어느 정도 시간과 변화에 얽히게 된다고 그들은 주장한다. 마지막으로 비판자들은 성경적 기독교가 하나님의 장래의 나라와 마찬가지로 이 세상 안에서의 하나님의 구원 활동을 강조한다는 점을 지적한다. 많은 현대 신학자들은 전통적인 신학이 헬라 철학을 따라, 구원과 그리스도인의 생활에 대한 관점에 있어서 지나치게 초자연주의적이며 신령화되어(spiritualized) 있으

---

8 예를 들어, Richard Rice, *The Openness of God: The Relationship between Divine Foreknowledge and Human Free Will* (Washington, DC: Review and Herald, 1980; rev. ed., Minneapolis: Bethany House, 1985); William Hasker, *God, Time, and Knowledge* (Ithaca, NY: Cornell University Press, 1989); Clark Pinnock et al., *The Openness of God: A Biblical Challenge to the Traditional Understanding of God* (Downers Grove, IL: InterVarsity, 1994); David Basinger, *The Case for Freewill Theism* (Downers Grove, IL: InterVarsity, 1996); John Sanders, *The God Who Risks* (Downers Grove, IL: InterVarsity, 1998); Gregory Boyd, *God of the Possible* (Grand Rapids: Baker, 2000)을 보라.

며 피안적이라고 비판한다.

    한 가지 중요한 신학적 쟁점은 하나님, 자유, 그리고 악의 관계다. 만일 하나님이 영원 전부터 세상 가운데 있는 모든 것을 아시고 뜻하신다면, 피조물들에게는 진정한 자유가 없다고 비판자들은 주장한다. 피조물 자신들이 행하는 악을 포함하여 피조물들이 선택하는 것은 무엇이든 다 영원 전부터 알려져 있고 결정되어 있다. 그렇다면 하나님이 악의 원인(the cause of evil)이다. 대부분의 현대 신학자들은 인간에게 더 많은 자유를, 그리고 하나님에게는 더 적은 결정권을 할당한다. 그들은 그렇게 함으로써 하나님으로부터 악에 대한 책임을 배제하고자 한다. 이것이 바로 화이트헤드 및 자유 의지 유신론자들과 같은 다양한 신학자들이 지닌 주요 동기다.

    그리스도인에게 있어서 두 번째 신학적 쟁점은 성육신이다. 전통적 정통주의에서 예수 그리스도는 참 하나님이며 참 사람이시다. 그 사실은 영원하신 하나님이 시간 속으로 들어오셨음을 함축한다. 이것이 고전적 유신론의 난제다. 역사적 정통주의에 대한 많은 변호자들은 하나님에 대한 관계적 견해가 성육신의 시간성(temporality)을 설명함에 있어서 더 나은 설명을 제공해준다고 믿는다.

    철학적 정합성 또한, 고전적 유신론이 비판받는 세 번째 이유다. 이미 제기된 한 가지 쟁점이 바로 영원성과 시간의 논리다. 만일 하나님이 전적으로 영원하시다면, 시작하고 끝나고 또한 연속으로 이어지는 개별 행위들을 하나님이 수행한다고 주장하는 것은 논리에 맞지 않는다는 것이다. 그런 것은 시간과 연관되어 있는 성질의 특성들이라고 한다. 정합성이 없다고 지목되는 또 하나는, 비록 하나님이 영원 전부터 인간의 행위들을 알고 계시지만 인간들은 여러 가능한 행위들 가운데서 자유롭게 선택한다는 주장이다. 만일 내가 내일 아침 식사로 달걀을 선택한다는 사실을 하나님이 영원 전부터 아신다면, 내가 그 선택을 자유롭게 한다 할지라도 나는 불가피하게 달걀을 선택하게 된다. 자유와 필연성(불가피성)은 서로 양립할 수 있는 것처럼 보이지 않는다.

요약하자면, 많은 종교적 전망과 철학적 관점을 지니고 있는 현대 신학자들은 철학자들의 신에 대해, 즉 고전적 유신론의 하나님에 대해, 성경적이며 신학적이며 철학적인 이유로 비판적 자세를 취한다. 그들은 고전적 유신론에 대한 소소한 수정안에서부터 상당한 개정안, 혹은 다양한 범재신론이나 새로운 버전의 자연주의적 범신론 등을 다양하게 제공한다.[9]

철학자들의 다른 신: 범재신론 전통

이들 신학자들 중에서 많은 이들이 고전적 유신론을 "철학자들의 신"과 동일시함으로써 수사학적인 이점을 취하고 있다. 이런 식으로 고전적 유신론을 기각시켜버림으로써, 그들은 "아브라함과 이삭과 야곱의 하나님"에 대한 유리한 고지를 주장할 수 있게 된다. 이제는 철학자들의 하나님이 폭로되고 기각되었기 때문에 새롭고 성경적이며 지적으로 적합한 신학을 할 수 있다는 것이다. 이러한 수사법의 힘은 다음과 같은 진술되지 않은 전제, 곧 배타적인 선언명제(exclusive disjunction, 배타적인 분리)에 의존하고 있다. 즉 신학은 철학적-고전적이든지, 아니면 성경적-관계 중심적이라는 것이다. 전자를 배격하면, 후자를 인정하는 것이 된다.

그러나 고전적 유신론에 대한 현대의 대안들이 철학으로부터 자유롭다는 제안은 그 어떤 것이라 할지라도 전적으로 허위이며 오도하는 것이다. 모든 현대 신학은 각각 역사에 깊이 뿌리를 두고 있는 병행되는 철학과 철학적 원천을 갖고 있다. 예를 들어 자유 의지 유신론을 생각해보라. 자유

---

9 Richard Swinburne, Nicholas Wolterstorff, William Craig 및 많은 여타의 보수적 그리스도인들은 변형된 고전적 유신론자들이다. 열린 유신론 혹은 자유 의지 유신론은 고전적 유신론을 상당 폭으로 개정한 형태다. 이 책은 다양한 현대 범재신론을 살핀다. "하나님은 주사위를 굴리지 않는다"는 Einstein의 빈정거림과 Carl Sagan이 지니고 있는 생명을 제공하는 우주에 대한 유사 종교적 견해는 자연주의적 범신론에 대한 대중적인 예들이다. 우리는 마지막 장에서 고전적 유신론에 반대하는 다양한 신학들 및 그들의 반론들을 다시 논할 것이다.

의지 유신론은 하나님이 자유로운 피조물들의 미래 행위를 알지 못한다고 주장하는데, 이는 피조물에 대한 하나님의 지식이 시간내적 성격으로 제한되어 있고 피조물들의 행위가 아직 결정되어 있지 않기 때문이라고 말한다. 이 입장은 이미 루터와 칼빈 이후 한 세대 만에 파우스투스 소키누스(Faustus Socinus, 1539-1604년)가 상세하게 상세하게 표명했다. 그리고 그 입장은 미래의 명제들에 관하여 아리스토텔레스가 주장한 논쟁의 여지가 있는 견해를 차용하고 있다.[10] 현대의 관계 중심적 신학들은 모두 깊은 역사적 뿌리들을 갖고 있으며, 그 뿌리들은 고대 그리스인들에게까지 소급된다. 이런 의미에서 그 신학들은 모두 "철학자들의 신"을 대변한다.

이러한 뿌리들은 많거나 다양하지 않을뿐더러, 찾아내기도 어렵지 않다. 고전적 유신론에 대한 현대의 대안들 대부분은 플라톤과 신플라톤주의에 뿌리를 두고 있는 단일한 가계도에 속한 가지들이다. 폭넓게 말해서 이것은 이 책의 주제인 **범재신론**(panentheism)의 고대 전통이다. 신정통주의와 자연주의적 범신론과 같은, 이 군집에 들지 않는 신학들은 그 이웃들이며 대화 상대자들이다. 간단히 말해서, 범재신론은 하나님과 세계가 존재론적으로는 구별되며 하나님은 세상을 초월하지만, 세계는 존재론적으로 하나님 "안"에 있다고 단언한다. 이와는 대조적으로 고전적 유신론은 하나님과 세계 사이의 무조건적인 철저한 구분을 제시한다. 비록 하나님과 피조물들이 밀접하게 서로 연관되어 있기는 하지만, 하나님과 피조물들은 언제나 전적으로 서로에 대해 타자다. 아이러니하게도 범재신론은 고전적 유신론과 중요한 뿌리들을 공유하고 있다. 고전적 유신론 역시 플라톤과

---

10 Charles Hartshorne and William Reese, "Temporalistic Theism," chap. 6 in *Philosophers Speak of God* (Chicago: University of Chicago Press, 1953)을 보라. 이 장은 Socinus를 과정신학의 선구자로 제시한다.
    자유 의지 유신론은 우연적인 장래 사건들에 관한 진술들이 아무런 현재적 진리 값을 갖지 않는다고 주장한다. "존은 오후 6시에 집에 간다"는 진술은 오후 6시까지는 참도 거짓도 아니다. 옳든 그르든, 이 입장은 Aristotle에 의해 주장되었다. 그러나 Aristotle의 하나님은 시간내적인 것들이 아니라 오직 자신만을 안다. Socinus와 자유 의지 유신론자들은 시간내적인 것들이 발생하는 경우에만 하나님이 그것들을 아신다고 생각한다. 그러나 만일 하나님이 영원하거나 영구히 전지하시다면, 하나님은 모든 시제의 진술들의 참을 아신다. 어쨌든 핵심은 모든 현대 신학이 철학적 뿌리들을 갖고 있다는 것이다.

신플라톤주의로부터 차용한 것이기 때문이다. 바로 이런 이유로 그 둘은 하나님에 관해 몇 가지 공통적인 단언을 한다.

그 중요한 차이점은 하나님이 어떻게 세계와 연결되느냐 하는 것이다. 그리고 이 점은 플라톤의 신학의 다른 양상들을 반영하고 있다. 대화록 『티마이오스』(*Timaeus*)에서 플라톤은 신성(the Divine)에 대한 복합적이고 다소 모호한 견해를 제시한다. 신은 초월적인 아버지이며, 정신(Mind, 누스)이며, 물질로부터 우주를 만드는 장인(Craftsman)이다. 더 정확히 말해서, 신은 세계-영혼(World-Soul)으로서의 우주를 만든다. 플라톤은 그 우주를 "하나의 (작은) 신"(a god)이라 부른다. 그 신은 물질 세계를 그 몸으로 갖는다. 플라톤이 보기에, 인간의 몸이 영혼 "안에" 있듯 세계는 세계-영혼 안에 존재한다. 이것이 신성 "안에" 있는 세계 존재(the world's being "in" the Divine)의 씨앗이다.

폭넓게 보자면, 고전적 유신론과 범재신론 사이의 차이점은 각각 플라톤과 신플라톤주의로부터 무엇을 전용했느냐에 있다. 기독교 교부들은 성경적인 창조론을 표현하기 위해 플라톤의 영원한 초월적 신, 아버지, 정신, 그리고 그가 만드는 세계와는 전적으로 다른 타자인 장인을 채택했다. 교부들은 그것을 삼위일체론에 맞게 수정했다. 그리하여 그들은 성부, 이데아들을 포함하고 있는 말씀으로서의 성자, 그리고 세계-영혼으로서가 아니라 창조자로서의 성령을 제시했다.

범재신론 전통은 플라톤에게서 두 개의 선택안을 발견했다. 대부분의 범재신론자들은 신플라톤주의자인 플로티누스를 따랐다. 플로티누스는 플라톤의 신학적 우주론을 신적인 위계질서로, 곧 하나의 "거대한 존재의 사슬"(Great Chain of Being)로 다시 만들어냈다.[11] 유일한 신(One God)이 정신을 유출한다. 정신은 세계-영혼을 유출한다. 세계-영혼은 세계를 유출한다. 그리고 그 세계는 세계-영혼 안에 존재하며, 세계-영혼은 정신 안에 존재하며, 정신은 일자(一者) 안에 존재한다. 신플라톤주의는 범재신론적이

---

11 이 용어(Great Chain of Being)는 Arthur O. Lovejoy, *The Great Chain of Being: The History of an Idea* (Cambridge, MA: Harvard University Press, 1936; repr., 1964)에서 나온 것이다.

다. (단 하나의 중심을 갖고 있는) 일련의 동심원적 유출 가운데서 모든 것이 신 안에 존재하기 때문이다. 신플라톤주의에서 신은 세계 가운데 내재하는 초월적 일자이며 정신이며 세계-영혼이다. 따라서 신성은 초월적인 동시에 내재적이고, 영원한 동시에 시간내적이고, 불변하는 동시에 변한다. 이러한 신성의 개념은 범재신론 전통이 되었다. 그러한 범재신론 전통은, 하나님이 두 본성을 가지고 있다는 화이트헤드와 하트숀(Hartshorne) 같은 과정신학자들의 양극성(dipolarity) 개념 가운데서 여전히 표현되고 있다. 이 전통은 플라톤에서 화이트헤드에 이르는 단절되지 않은 역사를 지니고 있다. 화이트헤드는 서구 철학사가 "플라톤에 대한 일련의 각주"에 불과하다고 보았다.[12] 그는 신학에 대해서도 똑같은 말을 할 것이다. 대부분의 범재신론은 신플라톤주의의 초월-내재 신학을 수반하고 있다.

범재신론의 다른 분파는 하나님을 주로 세계-영혼과 동일시한다. 이 분파는 신플라톤주의적 신성인 일자와 정신의 초월적 양상들을 세계-영혼 안으로 동화시킨다. 이 분파는 하나님을 생명력(Life Force)으로, 우주 안에서 생명과 지성적 질서, 하나됨을 발생시키는 역동적 영으로 본다. 이러한 종류의 범재신론은, 예컨대 낭만주의와 슐라이어마허의 살아 계신 하나님, 뉴잉글랜드 초월론(New England transcendentalism)의 대영혼(超靈魂, Over-Soul), 베르그송의 엘랑 비탈(élan vital, "생명의 약동"), 류터(Ruether)나 맥페이그(McFague)와 같은 생태여성주의, 위카의 신이교주의(Wiccan neopaganism)에서 발견된다.

이 책은 신플라톤주의에 놓여 있는 그 뿌리에서부터 21세기의 다양한 많은 가지들에 이르기까지, 범재신론의 발전과 확산을 조사한다. 고전적 유신론에 대한 현대의 거의 모든 대안들은 이 가족사의 일부이거나 그것으로부터 영향을 받고 있다.

---

12 Alfred North Whitehead, *Process and Reality: An Essay in Cosmology* (New York: Macmillan, 1929); ed. David Griffin and Donald Sherburne, corrected ed. (New York: Free Press, 1978), 39. Free Press 판에서 인용.

그렇지만 다음 세 가지 이유로 신플라톤주의와 범재신론을 간단히 동일시할 수는 없다. 첫째, 서방 및 동방 기독교 전통 모두 신플라톤주의의 양상들을 전용하면서도 범재신론적인 것으로 바뀌지는 않았다. 아우구스티누스와 바실리우스가 그 예다. 둘째, 범재신론에 영향을 준 몇몇 철학적 요소들은 신플라톤주의와 관련된 것이 아니다. 예를 들어, 고대 스토아주의자들, 조르다노 브루노(Giordano Bruno), 스피노자는 독일 낭만주의적 범재신론자들에게 영향을 주었던 자연주의적 범신론자들이다. 뵈메(Böhme)의 삼중적 신성은 영지주의를 반영하고 있다. 셋째, 범재신론은 또한 신플라톤주의의 범위를 넘어선 종교들 가운데서도 발견된다. 예를 들어, 서구 신학을 알고 있는 몇몇 힌두교도들, 불교도들, 애니미즘 신봉자들도 자신의 전통들이 범재신론적이라고 확인하고 있다.

그러나 이러한 유보 조건들을 인정한다면, 범재신론의 역사는 주로 신플라톤주의의 역사라고 말하는 것이 정확하다. 사실상 고전적 유신론에 대한 현대의 거의 모든 대안들은 이 전통에서 비롯되었으며, 그에 의해 형성되었다. 만일 고전적 유신론이 "철학자들의 신"을 대변하고 있다면, 범재신론은 "철학자들의 **다른** 신"을 내세운다.

이 연구의 두 가지 목적

이 연구의 주된 목표는 범재신론을 역사적으로 개관하는 것이다(2-13장). 두 번째 목표는 범재신론에 대해 비판적이고 변증적인 대응을 하려는 것이다(14장). 그 각 목적에 대해 그리고 그것들의 관련성에 대해서 몇 마디 하고자 한다.

내가 아는 한, 최소한 영어권에서는 이 책이 범재신론의 역사 전체에 대한 첫 번째 개관이다. 다른 책들은 이 역사의 중요한 부분들만을 제시하고 있다. 리즈(Reese)와 하트숀의 『철학자들이 말하는 하나님』(Philosophers Speak of God)에는 고대에서부터 20세기에 이르기까지의 화이트헤드의 과정 신학을 예견하고 있는 상당수의 사상가들이 포함되어 있다. 틸리히의 『기독교 사상사』(A History of Christian Thought)에는 중요한 주제와 인물들이 포함되어 있다.[13] 존 맥쿼리(John Macquarrie)의 『신성에 대한 탐구』(In Search of Deity)는 플로티누스에서부터 하이데거에 이르는 다양한 핵심 인물들을 부각시킨다.[14] 필립 클레이튼(Philip Clayton)의 『현대 사상에서의 신 문제』(Problem of God in Modern Thought)는 데카르트 이후 철학적 신학에서의 범재신론의 등장에 대한 상세한 연구서로, 중세 신학과 신플라톤주의 흐름 속의 선구자들을 언급하고 있다.[15] 필립 클레이튼과 아서 피코크(Arthur Peacocke)가 편집한 최근의 논문 선집인 『우리가 그 안에서 살며 기동하며 존재한다』(In Whom We Live and Move and Have Our Being)는 많은 역사적 출전을 포함하고 있으되, 현대의 범재신론의 다양성에 초점을 맞추고 있다.[16] 이상의 다른 책들에 나오는 자료들은 단일한 내러티브의 각 부분을 이루고 있다. 그리고 이 책의 목적은 그 단일 내러티브의 역사적 틀을 정리하는 것이다.

    내가 강조하고 싶은 것은 이 책이 모든 것을 망라하는 철저한 역사가 아니라 개관이라는 점이다. 이 책은 각양 범재신론의 대표적 예들과 가장 중요한 사상가들을 고찰한다. 또한 범재신론자들에 대한 백과사전도 아니며, 중요한 기여자들을 다 포함하고 있지도 않다. 이 책은 신학자들의 사상 체계 전체를 정리하는 것이 아니라, 그들의 사상 중 범재신론과 관련 있는

---

13 Paul Tillich, *A History of Christian Thought: From Its Judaic and Hellenistic Origins to Existentialism*, ed. Carl Braaten (New York: Simon and Schuster, 1967, 1968).
14 John Macquarrie, *In Search of Deity: An Essay in Dialectical Theism*, Gifford Lectures, 1983 (New York: Crossroad, 1985)은 Plotinus, Dionysius, Eriugena, Nicholas of Cusa, Leibniz, Hegel, Whitehead, Heidegger를 다룬다.
15 Philip Clayton, *The Problem of God in Modern Thought* (Grand Rapids: Eerdmans, 2000).
16 Philip Clayton and Arthur Peacocke, eds., *In Whom We Live and Move and Have Our Being: Panentheistic Reflections on God's Presence in a Scientific World* (Grand Rapids: Eerdmans, 2003). 그 중에서 Michael Brierly의 에세이, "Naming a Quite Revolution: The Panentheistic Turn in Modern Theology," 1-15는 19세기 초에서부터의 범재신론의 등장을 조사한다. 이 선집에 있는 상당수의 에세이들이 역사적 출전을 포함하고 있지만, 범재신론에 대한 전반적인 역사는 제시하고 있지 않다.

부분에만 초점을 맞춘다.

　이 개관의 또 하나의 목적은 비판과 변증이다. 이 책은 모든 독자들이 고려해볼 만한 쟁점들을 제기할 뿐 아니라, 특히 전통적 유신론에 대한 비판들이 설득력 있다고 생각하여 전통적 유신론 대신에 현대의 관계 중심적인 신학을 채택하는 경향이 있는 그리스도인들이 고려해볼 만한 쟁점들을 제기한다. 그러한 이들이, 현대에 제시된 대안들이 더 성경적이며 철학적으로도 문제가 덜하다는 결론으로 비약하기 전에 이 책을 살펴본다면, 도움을 얻을 수 있을 것이다. 그 선택은 전형적으로 제시되어왔던 것보다는 훨씬 더 복잡·미묘하다. 범재신론에 대한 충분한 대응과 비판을 하려면 또 하나의 두꺼운 책이 필요할 것이다. 여기서는 단 한 장만을 할애할 수 있을 뿐이다. 그 장은 고전적 유신론에 대한 상당히 전통적인 해석을 제시하고 변호한다.

　나는 이 두 가지 목적을 혼동하지 않으려고 노력하고 있다. 변증은 역사 부분에서는 배제되어 있다. 그렇게 한 목적은 범재신론자들을 포함한 모든 독자들에게 도움이 될, 범재신론을 깊이 있게 파악하고 있는 정확한 개관을 제시하려는 것이다. 때때로 나는 다른 철학자들이나 신학자들이 하는 방식으로 비판적인 의문을 제기하며, 범재신론을 고전적 유신론과 대조한다. 그러나 나는 범재신론을 나 자신의 입장과 비교하며 부정적으로 제시하지는 않는다. 희화화는 피했다. 희화화는 비전문적이며, 부정직하며, 변증에 도움이 되지 않기 때문이다. 범재신론의 역사를 공정하게 제시할 경우에만, 나의 최종적인 평가에 동의하든 동의하지 않든 간에 모든 사람에게 범재신론의 철학적 의미를 명확히 이해할 수 있도록 도움을 줄 수 있을 것이다.

　그 두 가지 목적과 관련하여, 독자들이 내 입장에 대해 아는 것이 좋을 것이다. 나는 북미개혁교회(Christian Reformed Church)에 속해 있는 목사이며, 개혁주의 신앙고백 전통에 진술되어 있는 역사적 성경적 기독교에 헌신하는 칼빈 신학교에서 철학적 신학을 가르치는 교수다. 나는 신적 영원성과 불변성이 성경적으로나 철학적으로나 유지될 수 없으며 하나님과 그의 피조물들 간의 관계에 대한 진정한 진술을 낳을 수 없다고 보지 않는 고전적 유신론자다. 그러나 나는 하나님이 시간에 대해 갖는 관계를 포함하여, 몇 가지 쟁점들에 있어서 고전적 유신론에 최소한의 변형을 가하는 것을 받아들일 수 있다. 어느 경우든, 나는 모든 시간, 모든 장소, 모든 피조물들, 모든 사건들에 대한 하나님의 주권(주재권, sovereignty)과 지식을 인정한다. 그래서 나는 하나님이 "배우신다"거나 "성장하신다"거나 "위험을 감수하신다"고 주장하는 사람들에게 동의하지 않는다.

마지막 장에서 나는 내 입장과 신학적 견해들을 밝힌다. 나는 또한 모든 입장들에 대해 존중한다는 점과 비록 내가 여러 형태의 관계 중심적 신학과 범재신론들에 동의할 수는 없지만 그것들을 진정성 있는 보편교회적(authentically ecumenical) 기독교 신학들로 기꺼이 인정한다는 점을 밝힌다. 나는 나 자신의 관점 때문에 내가 범재신론을 이해하지 못하거나 공정하게 제시하지 못할 것이라고 생각하지 않는다.

대상 독자들: 신학을 공부하는 사람들

나는 이 개관을 대학의 고학년 학생들과 신학교 학생들, 목회자들, 신학에 관심이 있는 모든 사람들을 대상으로 삼고 썼다.[17] 거대한 범재신론 전통에 대해 감을 잡는 것이 역사 신학과 현대 신학 이해에 중요하기 때문에 이 책은 학생들을 위해서 쓰여진 것이다. 나 자신의 경우를 보자면, 내가 받은 교육이 훌륭한 것이긴 했지만 이 범재신론 전통에 대해서는 그리 많은 것을 배울 수 없었다. 아마도 이 책을 읽는 대부분의 독자들도 마찬가지일 것

---

17 이러한 종류로 탁월한 두 권의 책은 Diogenes Allen, *Philosophy for Understanding Theology* (Atlanta: John Knox, 1985)와 Livingston, *Modern Christian Thought*다.

이다. 내 수업에 들어오는 학생들도 대개 이 자료에 대해 그 전에 거의 들어본 적이 없다고 말하곤 했다.

비록 입문적인 수준이라 할지라도 철학과 신학을 약간 알고 있다면 이 책을 읽는 데 분명 유리한 점이 있다. 그렇지만 기본적인 사상들은 명료하게 그리고 전문 용어를 별로 사용하지 않고 제시해놓았다. 전문 용어들에 대한 정의도 제공해두었다. 정기적으로 명확한 표지판들을 제시함으로써 길을 따라오는 일이 그리 어렵지 않게끔 했다. 자주 나타나는 인용문들은 독자들로 하여금 일차 자료에 더 익숙해지게 해줄 것이며, 제시된 해석들을 지지해줄 것이다. 주요 중심 주제들은 반복해서 언급된다. 정기적인 요약은 많은 에피소드를 진행되어가고 있는 스토리 안에 자리매김할 수 있게 할 것이다. 이러한 특징들은 독자들이 이 책을 읽어가는 데 도움을 줄 것이다.

그렇더라도 독자의 과제란 부담스러운 것이다. 범재신론은 철학적이고 신학적인 복잡한 사상들의 다양한 조합을 포함하고 있다. 그리고 각 사상에는 그 변종들도 있다. 아무리 명료한 소개라 할지라도 독자로 하여금 겁을 먹게 만들기 십상이다. 또 한 가지 복잡한 점은 제시하는 층위가 서로 다르다는 점이다. 어떤 범재신론자들은 몇 개의 단락으로 소개되고, 어떤 이들은 여러 쪽에 걸쳐서 소개되며, 어떤 사람들에 대해서는 아예 장 전체가 할애되어 있다. 이 책이 비록 입문적이긴 하지만, 어떤 부분들은 다른 부분들에 비해서 훨씬 더 상세하다. 만일 어느 항목이 지나치게 촘촘하게 다루어져 있다면, 독자들은 중간을 건너 뛰어 그 결론으로 넘어간 다음에 계속 읽어갈 수 있을 것이다. 일일이 모든 나무를 다 조사하지 않으면서도 숲을 통과하는 길을 따라갈 수 있을 것이다.

예비적 개관

이 책의 일반적인 특징을 보여주는 지도가 도움이 될 것이다. 제2장은 플라톤에서부터 기독교 신플라톤주의까지를 살핀다. 이미 시사했듯, 플로티누스는 플라톤의 신-세계 이원론(God-world dualism)을 신플라톤주의적인 거대한 존재의 사슬(Great Chain of Being)로 재투사한다. 즉 일자가 정신을 유출하고 정신이 세계-영혼을 유출하고, 세계-영혼은 세계를 내포한다는 것이다. 플로티누스의 학도인 프로클루스(Proclus)는 세계가 신으로부터 유출되는 변증법적 과정을 만들어냈다. 변증법은 대부분의 종류의 범재신론에 있어서 항상 중요한 요소이며, 헤겔의 경우가 그중 가장 유명하다. 위-디오니시우스(Pseudo-Dionysius)는 신플라톤주의와 기독교 신학을 혼합시킨 사람으로, 기독교적인 범재신론의 원천이다. 에리우게나(Eriugena)와 에크하르트(Eckhart) 및 니콜라우스 쿠자누스(Nicholas of Cusa)는 직접 디오니시우스를 가지고 작업한 세 사람의 중세 기독교 범재신론자들이다. 니콜라우스 쿠자누스는 하나님을 모든 변증법적 대립의 통일로 결론을 맺는 신학 체계를 만들어낸다. 그러나 그는 또한 인간은 하나님 안에 있는 이 통일을 설명할 수 없다고 주장한다. 야콥 뵈메(Jakob Böhme)는 대담하게도 니콜라우스 쿠자누스가 할 수 없다고 말한 바를 설명한다. 그는 하나님이 세 개의 대립적 권능의 영원한 변증법적 통일이며, 세계는 이 영원한 변증법의 시간내적 유출이라고 가정한다. 뵈메는 헤겔과 몰트만(Moltmann) 같은 신학자들의 근원적인 원천이다. 그들은 삼위일체를 변증법적으로 이해하며 역사를 삼위일체와 세계의 변증법적 재통일로 바라본다.

제3장은 르네상스에서부터 낭만주의까지를 다룬다. 이 장은 범신론자들인 조르다노 브루노와 스피노자에게서 시작한다. 독일의 낭만주의적 범재신론자들에 대한 그들의 영향력 때문이다. 영국 이신론에 담겨 있는 신플라톤주의는 미국의 설교자인 조나단 에드워즈(Jonathan Edwards)의 배경으로 소개된다. 에드워즈는 신학에 있어서는 칼빈주의지만, 그의

철학은 범재신론적이다. 독일에서는 초기의 낭만주의자들이 절대적 실체(Absolute Substance)로서 하나님이라는 스피노자의 신론을 살아 있는 영(the Living Spirit), 혹은 생명력(Vital Force)로 변환시킨다. 이것은 플라톤의 세계-영혼과 흡사하다. 이러한 신 개념은 『기독교 신앙』(The Christian Faith)에 나오는 슐라이어마허의 낭만주의적 철학과 신학에 명확히 존재한다.

제4장은 셸링과 헤겔을 다룬다. 이 두 사람은 플로티누스와 현재 사이의 범재신론 가운데서 가장 중요한 인물들이다. 이 두 사람이 처음으로 하나님 자체가 세계 안에서 그리고 세계를 통하여 자기를 발전 혹은 전개시켜 나가고 있다는 개념을 표출한다. 이때까지 플로티누스의 거대한 존재 사슬은 여전히 수직적이었다. 즉 일자가 최고 높은 자이며 아래를 향하는 위계질서를 유출한다. 그리고 다시 모든 것을 그 자체에게로 끌어올린다. (일자로서의) 신은 역동적이지만 변하지는 않는다. 셸링과 헤겔은 존재의 위계질서를 일자가 미래가 되도록 옆으로 눕혀버린다. 그리고 그들은 일자로서의 신의 존재를 자연과 역사 속에 자리매김한다. 따라서 하나님의 본질은 변하지 않지만 그의 존재는 세계를 통해서, 일자 안에 많은 것을 포괄하면서 세계 안에서 발전/전개된다. 그 전체 과정은 변증법적이다. 즉 셸링과 헤겔은 모두 하나님과 세계에 대한 뵈메의 변증법적 존재론을 채택하고 있다. 세계를 자기 안에 완벽하게 다 포함시킬 때까지 그 자체를 세계 역사 안에서 실현해나가는 삼위일체에 대한 이 일반적인 묘사는 여전히 몰트만과 판넨베르크에 의해 대변되고 있다. 그러나 셸링과 헤겔 사이에는 중요한 차이점이 하나 있다. 헤겔의 변증법은 이성적이며 결정론적이다. 셸링의 변증법은 인격적이며 역사적이다. 그리고 자연과 인간과 하나님 사이의 상호 작용이다. 그 셋에서 그들의 공동의 운명을 형성해나간다. 그러므로 셸링이 콜리지(Coleridge), 퍼스(Peirce), 제임스, 하이데거, 틸리히, 맥쿼리, 몰트만, 클레이튼과 같은 후기 계몽주의 범재신론자들에게 훨씬 더 큰 호소력을 갖고 있다.

제5장은 수 세기에 걸쳐 상당수의 영향력 있는 사상가들에게 집중

함으로써 19세기 동안에 범재신론이 어떻게 퍼져나갔으며 다양하게 발전했는지를 보여준다. 그 사상가들로는 독일의 경우 이자크 도르너(Isaak Dorner)와 역사가인 에른스트 트뢸취(Ernst Troeltsch)가 포함된다. 영국 쪽의 대변인들은 새뮤얼 콜리지, 여러 차례의 기포드 강좌들(Gifford Lectures), 새뮤얼 알렉산더(Samuel Alexander), 세인트폴 성당의 주임 사제였던 윌리엄 인지(William Inge)가 있다. 랄프 왈도 에머슨(Ralph Waldo Emerson), 찰스 샌더스 퍼스(Charles Sanders Peirce), 윌리엄 제임스(William James)는 미국의 범재신론자들이다. 철학자인 앙리 베르그송(Henri Bergson)은 프랑스에서 가장 잘 알려져 있는 예다. 이 사상가들은 헤겔과 셸링, 계몽주의 신플라톤주의의 신학들을 현대 과학에 맞게 수정하여 20세기 범재신론자들에게 넘겨주었다.

제6장은 베르그송의 진화론적 철학과 로마 가톨릭 신학을 종합한 과학자이자 사제였던 테이야르 드 샤르댕을 제시한다. 테이야르는 인간 실존을 향한 우주의 진화를 세계 안에서의 하나님의 점진적인 화육으로 본다. 그 화육은 예수 그리스도 안에서 충만하게 드러난다. 그 화육은 종말론적 오메가 포인트인 우주적 그리스도(the Cosmic Christ) 가운데서 정점을 이룬다. 우주적 그리스도 안에서 하나님과 인류는 완전한 영적 존재 양태로 진화해 들어가 충만한 사귐에 도달한다. 테이야르의 비전은 전 세계에 잘 알려져 있다.

제7장은 주로 미국적 형태의 범재신론인 과정신학을 검토한다. 과정신학은 헤겔과 셸링보다는 주로 영국의 신플라톤주의에서 끌어오고 있다. 이 장은 알프레드 노스 화이트헤드(Alfred North Whitehead)의 철학 사상들을 소개하며 어떻게 그 사상들이 그의 신론을 발생시키는지를 보여준다. 그런 다음에 찰스 하트숀이 화이트헤드의 신관을 어떻게 수정했으며 기여하고 있는지를 설명한다. 두 사람 모두 하나님이 양극적(dipolar)이라는 점을 강조한다. 하나님에게 영원과 시간, 불변과 변화, 초월과 내재, 가능태와 현실태 등등의 두 본성이 있다는 것이다. 이 장은 두 사람의 지도적인

기독교 과정신학자들인 존 캅(John Cobb)과 데이비드 그리핀(David Griffin)을 소개함으로써 결론을 맺는다. 간단한 부록은 과정신학과 열린 유신론 사이의 유사성과 핵심적 차이점들을 명확히 밝히고 있다.

제8장은 폴 틸리히의 실존주의적 범재신론을 소개한다. 그것은 주로 셸링의 신학을 하이데거의 철학의 용어로 현대화시켜서 기독교 신학의 언어로 진술한 것이다. 틸리히는 인간 실존의 핵심 가운데 있는 존재와 비존재 간의 긴장이 신적 본성 자체 안에서 일어난다고 주장한다. 따라서 진정한 실존에 대한 인간의 추구—틸리히가 말하는 "존재의 용기"—는 존재/비존재의 근거에 참여하는 것이다. 존재의 근거가 하나님이다. 하나님에의 참여는 "새로운 존재"를 가능하게 한다. 이것이 틸리히의 구원론이다. 틸리히의 실존주의적 범재신론은 존 로빈슨(John Robinson), 존 맥쿼리, 제임스 콘(James Cone), 그리고 로즈마리 류터(Rosemary Ruether)에게 깊은 인상을 주었다. 이들에 대해서는 이어지는 장들에서 다룬다.

제9장은 기독교 전통 안팎의 대표적인 철학자들, 신학자들 및 종교 사상가들을 소개함으로써 20세기의 다양한 범재신론을 드러낸다. 철학자들로는 마르틴 하이데거가 가톨릭 전통 가운데서, 한스-게오르크 가다머(Hans-Georg Gadamer)가 개신교 전통 가운데서, 그리고 니콜라이 베르댜예프(Nikolai Berdyaev)가 러시아 정교회 전통 가운데서 작업을 했다. 기독교 신학자들 중에는 윌리엄 템플(William Temple)과 존 로빈슨, 존 맥쿼리가 성공회 소속이며, 칼 라너(Karl Rahner)와 한스 큉(Hans Küng)이 로마 가톨릭 소속이다. 기독교 전통을 넘어서서는, 마르틴 부버가 하시드 유대교 랍비이고, 무하메드 이크발(Muhammed Iqbal)이 수피 무슬림이며, 사르베팔리 라다크리슈난(Sarvepalli Radharkrishnan)이 힌두교도이며, 앨런 와츠(Alan Watts)와 마사오 아베(Masao Abe)가 선불교도이며, 미리엄 스타호크(Miriam Starhawk)가 위카(Wicca) 교도이다. 여러 다양성이 있긴 하지만, 그들 모두 세계가 존재론적으로 그들이 정의하는 대로 신성 안에 존재한다고 확언한다.

제10장은 몰트만을 다룬다. 몰트만은 명시적으로 "기독교 범재신론"

에 동의하고 있는 오늘날의 인기 있는 신학자다. 그는 계속해서 뵈메와 헤겔, 셸링 및 베르댜예프가 제시한 것처럼 삼위일체와 세계에 대한 광범위한 변증법적 견해를 탐구하고 있다. 몰트만은 예수가 십자가에 달려 계시는 동안의 성부와 성자와 성령의 상호 작용에서부터 시작한다. 이 십자가에 달리심은 세계의 고난을 포함한다. 그런 다음 몰트만은 삼위일체의 사역을 확대시켜 창조에서부터 완성에 이르는 세계사 전체를 수용한다. 완성이란 세계가 삼위일체의 생명 안으로 완전히 포함되는 때를 말한다. 몰트만의 범재신론은 페리코레시스적(perichoretic, 상호 공유적 혹은 상호 내재적)이다. 페리코레시스(perichoresis, 상호 공유성 혹은 상호 내재성)는 삼위일체의 위격들 간의 완전한 사귐/교통의 관계를 가리킨다. 몰트만은 페리코레시스를 자기의 존재론으로 삼고, 그것을 단순히 삼위일체에만이 아니라 피조물들 간의 관계들과 세계와 삼위 하나님 사이의 관계에 적용시킨다.

  제11장은 판넨베르크가 스스로는 부인함에도 불구하고 범재신론자임을 논구한다. 이 장은 그의 철학 방법과 매우 인상적인 자연 및 인간, 역사, 종교에 대한 철학적 신학을 조사함으로써 검토를 시작한다. 판넨베르크의 철학은 그 구조와 전망에 있어서 헤겔의 체계를 반영하고 있다. 그러나 그의 방법은 해석학적이며 헤겔의 것보다는 훨씬 느슨하다. 헤겔, 셸링, 몰트만과 마찬가지로, 판넨베르크는 자연과 역사가 하나님 안에서의 만물의 종말론적 성취를 향해 점진적으로 자기를 실현해나가는 하나님의 자기 실현에 포함되는 것으로 이해한다. 판넨베르크의 신학은 플로티누스의 거대한 존재의 사슬을 옆으로 뉘어놓은 것처럼 보인다. 그래서 초월적 일자는 세계의 위에 있는 것이 아니라 미래에 놓인다. 판넨베르크는 일종의 범재신론자다. 그 까닭은 그가 하나님을 무한한 삼위일체적 힘의 장(the infinite triune force field)으로 정의하기 때문이다. 그 힘의 장 안에서 우주가 창조되고 완성된다.

  제12장은 해방신학, 여성신학, 생태신학 가운데 존재하고 있는 다양한 범재신론들을 드러낸다. 이러한 신학들은 여러 다른 모양으로, 하나님 안

에서 이뤄지는 우주 전체의 화해의 일부로서 특정 집단 사람들의 해방을 강조한다. 제임스 콘의 흑인신학은 틸리히에서 많은 것을 차용하고 있다. 라틴아메리카의 해방신학자들인 구스타보 구티에레즈(Gustavo Gutiérrez), 후안 루이스 세군도(Juan Luis Segundo), 레오나르도 보프(Leonardo Boff)는 테이야르에게 상당히 많은 빚을 지고 있으며, 보프의 경우는 몰트만에게도 그렇다. 생태 여성신학자들인 류터와 맥페이그는 세계-영혼과 유사한 (물질적) 신적 생명력(divine Life Force)에 대한 신학들 가운데 테이야르와 틸리히, 그리고 과정적 사고를 통합시키고 있다. 매튜 폭스(Matthew Fox)의 창조세계 영성(creation spirituality)은 테이야르를 선호하며 범재신론을 명시적으로 승인하고 있다.

제13장은 과학적 우주론과 신학에서 여러 현대 전문가들을 고려한다. 그 가운데 이언 바버(Ian Barbour), 폴 데이비스(Paul Davies), 아서 피코크, 필립 클레이튼, 존 폴킹혼(John Polkinghorne)이 있다. 그들은 다 현대 과학이 그리는 세계상을 인정한다. 그 세계상은 우주를 점차적으로 복잡한 체계들과 존재 양식들로 발전해나가며 진화하는 체계로 본다. 그들은 이러한 세계상이 하나님을 지향하고 있으며, 범재신론은 과학과 신학의 가장 합리적인 종합이라고 주장한다. 그들 사이에는 흥미로운 차이점들도 있다. 바버는 과정신학을 선호한다. 반면에 다른 대부분의 학자들은 몰트만과 판넨베르크식으로 하나님과 세계를 연관 짓는 방식을 선호한다. 클레이튼은 또한 셸링의 후기 신학과 견해를 같이한다. 이 사상가들은 정신과 육체의 관계가 하나님과 세계의 관계에 대한 좋은 모델이 될 수 있는지를 놓고 나뉜다. 폴킹혼은 다른 사람들과 구별되는데, 비록 그가 장차 올 세계에 대해서는 범재신론을 긍정하지만, 당장의 현재 세계에 대해서는 변증법적 신학을 선호하기 때문이다. 이 장은 범재신론의 역사를 현재로까지 인도해준다.

제14장은 역사적인 성경적 기독교에 대한 헌신에 근거하고 있는 고전적 유신론과의 비교를 통해서 범재신론에 도전한다. 이 장은 고전적 유신론이 해결해야 할 의미심장한 성경적·신학적·철학적 의문점들을 인정한

다. 성경 자체가 "그(하나님) 안에" 그리고 "그리스도 안에" 있는 존재에 대해 말한다. 그러나 이 장은 미묘하게 수정된 고전적 기독교 유신론(nuanced classical Christian theism)이 어떤 종류의 범재신론보다 더 성경에 충실하고, 신학적으로 더 적절하며, 철학적으로 정합성이 있다고 주장한다. 만일 이로써 독자들의 신학적 숙고에 도움이 될 만한 더 나은 정보가 제공된다면 그것으로 만족이다. 독자들이 내 말에 설득된다면, 매우 기쁠 것이다. 그러나 독자들이 내게 동의하지 않는다 하더라도, 내게 동의하지 않는 그 독자들도 내가 풀어놓은 쟁점들이 공정하게 제시되었다는 점을 인정하게 되길 바란다.

범재신론의 기본 용어들과 구별

고전적 유신론과 마찬가지로, 범재신론은 획일적으로 통일되어 있는 신학이 아니다. 범재신론은 기본적인 확언들을 공통으로 가지고 있는 연관되어 있는 견해들의 군집이다. 이 역사를 시작하기에 앞서서, 이 확언들이 무엇인지를 확인하고 서로 간에 차이가 있는 쟁점들을 소개하는 것이 중요하겠다.

"범재신론"(panentheism)은 말 그대로 "모든 것이 신 안에 있다는 주의"(all-in-God-ism)이다. 이 말은 독일어 단어인 알인고트레레(Allingottlehre), 곧 "모든 것이 하나님 안에 있다는 교설"을 헬라어를 활용하여 번역해놓은 것이다. 이 독일어 단어는 슐라이어마허, 셸링, 헤겔의 동시대인이었던 카를 크라우제(Karl Krause, 1781-1832년)가 만든 조어로, 고전적 유신론과 범신론으로부터 자신의 신학을 구별하기 위해 만든 말이었다.[18] 그렇지만 범재신

---

18 제5장에 있는 Krause에 대한 항목을 보라.

론이란 용어는 20세기 중반에 찰스 하트숀이 대중화시키기 전까지는 일반적으로 사용되지 않았다.[19] 그 이후로 그 말은 사람들이 공통적으로 받아들이는 다음과 같은 일반적인 정의를 획득하게 되었다. "하나님의 존재는 우주 전체를 포함하며 관통한다. 그래서 모든 부분은 하나님 안에 존재하지만 그의 존재가 우주보다 더 크며 우주에 의해서 망라되지 않는다."[20] 다시 말해서, 하나님과 세계는 존재론적으로 구별되고 하나님이 세계를 초월하지만, 세계는 존재론적으로 하나님 안에 있다는 것이다.

모든 일반 용어들이 그렇듯 범재신론을 이해함에 있어서, 그리고 특히 "하나님 안에 존재함"이 무슨 뜻인지 그리고 어떤 식으로 하나님의 존재가 우주를 초월하는지를 이해함에 있어서는 넓은 차이점이 존재한다.[21] 그 결과 범재신론에 동의하는 신학자들도 무엇이 범재신론이며, 범재신론은 어떠해야 하는지에 대한 일치된 견해를 갖고 있지 않다. 어떤 신학자들은 범재신론을 사실상 과정신학과 동일시한다. 어떤 신학자들은 범신론보다는 고전적 유신론에 훨씬 더 근접한 견해들을 수용한다. 반면에 다른 신학자들은 범신론에 가까운 견해들을 견지한다. 몰트만과 같은 몇몇 학자들은 흔쾌히 "범재신론"이라는 용어를 수용한다. 그렇지만 판넨베르크 같은 다른 학자들은 그들의 신학들이 그 정의에 부합하는 것 같은데도 그 용어를 배격한다.

이러한 다양성 때문에 범재신론에 대한 소개가 더욱 복잡해진다. 명확

---

19 Charles Hartshorne이 *The Divine Relativity: A Short Conception of God* (New Haven: Yale University Press, 1948) 서문에 쓴 글을 보라. 그 글에서 Hartshorne은 자기 견해를 "초상대주의 혹은 범재신론"(surrelativism or panentheism)으로 칭한다. 또한 Hartshorne and Reese, "Introduction: The Standpoint of Panentheism," in *Philosophers Speak of God*을 보라. Charles Hartshorne, "Pantheism and Panentheism," *EncRel* 11:165-71도 보라. Brierley, "Naming a Quiet Revolution," 1-15은 이 용어의 역사를 자세히 밝히고 있다.
20 F. L. Cross and E. A. Livingstone, eds., *The Oxford Dictionary of the Christian Church*, 3rd ed. (New York: Oxford University Press, 1997). 또한 E. R. Naughton, "Panentheism," in *Oxford Encyclopedia of the Reformation*, 4 vols. (Oxford: Oxford University Press, 1996), 1:943-45을 보라.
21 다시 이 점에서 Clayton and Peacocke, eds., *In Whom We Live*를 추천한다. 이 책은 여러 종류의 범재신론자들이 쓴 에세이들을 포함하고 있으며, 범재신론의 모든 유형에 공통적인 핵심 신념들을 확인하고자 시도하고 있는 여러 편의 에세이들이 포함되어 있다. 그러나 좀더 전문적인 쟁점들에 대해서는 전혀 의견 일치가 이뤄져 있지 않다.

성을 위해서 출발선에서부터 이 책 전체를 통해 거듭 등장하는 기본적인 쟁점들에 대한 다섯 가지 특징들을 확인해놓는 것이 중요하겠다. 그것은 명시적 범재신론과 암묵적 범재신론의 구분, 인격적 범재신론과 비인격적 범재신론의 구분, 부분-전체의 범재신론과 관계적 범재신론, 의지적 범재신론과 본성적 범재신론의 구분, 그리고 고전적 (신적 결정론) 범재신론과 현대적 (협동적) 범재신론의 구분이다.

명시적 범재신론(explicit panentheism)과 **암묵적 범재신론**(implicit panentheism)을 구별하는 것은 중요하다. 범재신론을 함축하고 있는 신학을 전개하는 많은 사상가들이 있다. 즉 그 사상가들이 범재신론이라는 용어를 명시적으로 사용하지 않는다 할지라도 그들의 신학은 범재신론의 정의에 부합한다. 이러한 점은 그 말이 만들어지기 이전에 글을 썼던 사상가들에게 명백히 해당한다. 따라서 플로티누스, 니콜라우스 쿠자누스, 헤겔은 그들의 신학에 그 용어가 사용되고 있기 때문이 아니라 그들의 신학이 그 조건에 부합하기 때문에 우리는 그들을 범재신론자들이라 일컫는다. 엄밀히 말해서, 그들을 범재신론자라고 부르는 것은 시대착오적이다. 그러나 그들은 암묵적인 범재신론자다.

범재신론과 범신론 사이의 구별을 정밀하게 할 경우, 암묵적인 범재신론을 좀더 정확하게 식별해낼 수 있다. 지금은 우리가 범재신론적이라고 일컫는 신학들은 전통적으로 범신론에 속하는 것으로 분류되어왔다.[22] 실제로 슐라이어마허와 셸링은 그들이 범신론이라고 불렀던 입장들에 동의했다.

테이야르 드 샤르댕의 경우도 마찬가지였고, 그 다음에도 우리는 암묵적 범재신론자들인 현대 신학자들의 예를 만나게 된다. 하트숀과 몰트만

---

22 C. A. Beckwith, "Pantheism," *Schaff-Herzog*, 8:328-32과 Alasdair Macintyre, "Pantheism," *EncPhil*, 7:31-35는 범재신론과, Hegel과 Schelling 같은 범재신론자들을 범신론의 범주 안에 포함시키고 있다. Paul Feinberg, "Pantheism," in *Concise Evangelical Dictionary of Theology* (Grand Rapids: Baker, 1991), 369은 아직도 "세계-영혼" 개념을 "상대주의적 일원론적 범신론"이라고 확인하고 있다.

과 같은 몇몇 현대 범재신론자들은 명시적으로 자신이 그렇다고 밝힌다. 그러나 화이트헤드와 틸리히와 같은 다른 사람들은 그렇게 하지 않는다. 소수의—예를 들어, 판넨베르크와 아마도 폴킹혼 같은—학자들은 자신의 견해가 범재신론에 대한 표준적인 정의에 부합함에도 불구하고 범재신론을 비판한다.

그러므로 정의와 분석의 명확성이 중차대하다. 이 연구는 범재신론의 조건들에 부합하는 모든 사상가들을 검토하면서 암묵적인 범재신론자들이라는 용어를 사용하지 않는다. 나는 그들이 과연 범재신론에 부합하는지, 그리고 어느 정도 부합하는지를 보여줄 책임과 정확하게 그 결과를 진술할 책임이 있음을 받아들인다. 몇몇 신학자들과 관련해서 나는 그들이 "개연적"(probable) 또는 "잠재적"(virtual) 범재신론자들 이상은 아니라고 결론을 내린다. 왜냐하면 분명하게 확인할 수 있을 만큼 충분하게 그들의 입장이 명확하지 않기 때문이다.

이 책 전체에서 두 번째로 중요한 구분은 **인격적 범재신론**(personal panentheism)과 **비인격적** 혹은 **존재의 근거 범재신론**(nonpersonal or Ground-of-being panentheism) 사이의 구별이다. 플로티누스, 피히테, 틸리히, 류터, 라다크리슈난, 와츠에게, 신성은 인격성과 상호 인격적 교통의 근거—궁극적 원인, 원천, 및 권능—지만, 인격 그 자체는 아니다. 셸링, 테이야르, 부버, 하트숀, 몰트만에게 하나님은 궁극적으로 인격적인 분이며 상호 인격적인 관계를 위해 세상을 창조하신 분이다. 베르댜예프와 몰트만과 같은 그리스도인들은 삼위일체를 확인하는 기반으로서 (상호) 인격적인 범재신론을 활용한다.

세 번째 주요 쟁점은 "하나님 안에 존재함"의 혹은 "하나님 안에 참여함"의 의미다. 몇몇 범재신론자들은 세계를 신적 본성의 일부로, 곧 창조세계와 별개인 하나님의 정신의 암묵적 부분으로, 그리고 창조세계 안에 있는 세계에 대해 신적 정신이 품고 있는 이데아의 명시적인 유출로 본다. 다른 범재신론자들은 "하나님 안에 존재함"을 좀더 관계적으로 혹은 실존적으로 본다. 그래서 하나님과 역사 가운데 있는 피조물들 사이의 상호 작용은 하나님과 세계를 매우 총체적이고도 밀접하게 내포하기 때문에 존재론적으로 하나이며 정신과 신체 혹은 공생적 유기체에 비유할 수 있다. 범재신론의 역사는 이 양 입장의 다양한 변형들을 드러내준다. 그러나 **부분-전체 범재신론**(part-whole panentheism)과 **관계적 범재신론**(relational panentheism) 사이의 기본적인 구별은 그대로 유지되고 있다.[23]

"하나님 안에 존재함"은 네 번째 구별을 낳는다. 그것은 **의지적 범재신론**(voluntary panentheism)과 **본성적 범재신론**(natural panentheism, 자연적 범재신론)의 구별이다. 하나님이 세계 없이 존재할 수 있는가? 하나님이 다른 세계를 창조하기로 혹은 전혀 세계가 존재하지 않게 하기로 선택할 수 있는가? 어떤 범재신론자들은 거리낌없이 하나님에게는 세계가 필연적이라고 주장한다. 신플라톤주의는 신이 즉각적으로 본성상 더 낮은 종류의 존재들 속으로 "흘러넘친다"고, 혹은 유출한다고 주장한다. 하트숀은 하나님이 반드시 어떤 세계를 가져야 한다고 주장한다. 어떤 세계를 내포하는 것이 신적 본성이라는 것이다. 그러나 대부분의 기독교 범재신론자들은 하나님의 자유를 긍정하며, 세계의 필연성을 거부한다.

그러나 이 쟁점은 좀 복잡하다. 비록 하나님이 자유롭게 창조하신다는 점을 그들이 인정한다 할지라도, 그리스도인들을 포함해서 거의 모든 범재신론자들은 궁극적으로는 세계가 하나님에게 불가피하다는 점을 암시하고 있다.[24] 그들의 논리는 이것이다. 하나님은 사랑이시고, 창조는 그의 본성에 따른 필연은 아니지만 하나님의 사랑에 따른 자유로운 표현이다. 그러나 하나님은 자신 이외에 사랑할 어떤 대상이 없이는 사랑할 수 없다. 따라서 하나님은 무엇인가를 창조함 없이는 하나님일 수 없다는 것이다.

---

23 Philip Clayton, "Panentheism Today: A Constructive Systematic Evaluation," in *In Whom We Live*, eds. Clayton and Peacocke, 252-54은 범재신론자들이 견지하는 "하나님 안"(in God)이라는 말의 다양한 의미를 좀더 정확히 규정한다. 여기에서 설명하는 구별은 현재의 목적을 위해 사용하는 일반화다.

24 Philip Clayton은 특이한 예외다. 그는 하나님이 무엇인가를 창조하는 일을 억제한다면, 자신을 손상시키지 않을 수 없다고 주장한다. 제13장을 보라.

이러한 주장을 하거나 암시하는 사람들은 신적 자유에 대한 양립 가능론적 견해(compatibilist view of divine freedom)를 채택한다. 양립 가능론(compatibilism)은 자유와 필연성의 양립 가능성을 주장한다. 이 견해는 만일 어떤 행위가 자기 바깥의 어떤 것에 의해 강제되지 않거나 (예를 들어, 근육 통증이나 심리적인 강박과 같은) 어떤 내면적인 것에 의해서 비자발적으로 강요되지 않는 어떤 것의 본성에 따른 자기 결정적인 표현일 경우에는 그 행위는 자유로운 것이라고 주장한다. 이 정의에 따르면, 하나님은 자기 결정을 해나가시며, 자기의 사랑을 표현하기 위해서 자유롭게 창조하신다. 왜냐하면 그것이 하나님의 본성이기 때문이다. 그러나 거기에 함의되어 있는 바는 하나님이 사랑해야 할 세계를 창조하지 않기란 불가능하다는 것이다. 이 주제는 이 연구 내내 반복하여 등장할 것이다.

다섯 번째 쟁점은 하나님에게 영향을 줄 수 있는 피조물들의 자유로서 **고전적 범재신론**과 **현대 범재신론**을 나누는 주요 쟁점이다. 고전적 유신론과 마찬가지로, 플로티누스에서부터 슐라이어마허에 이르는 범재신론은 신의 전능함을 인정하고 있으며, 피조물들이 신 안에 존재하고 있다 해도 신에게 영향을 준다는 점을 인정하지 않는다. 셸링은 인간의 자유를 하나님의 자유에 대해 상호 의존적인 관계 가운데 자리매김한 첫 번째 인물이다. 그리하여 하나님의 존재는 인간의 행위에 의해서 영향을 받는다. 거의 모든 범재신론자들은 신과 인간의 협동적 관계를 인정한다. 하트숀은 피조물의 자율성을 참된 범재신론의 시금석으로 삼기까지 한다. 비록 궁극적으로는 하나님이 유일한 결정권자라 할지라도, 범재신론이 참이라는 것이다.[25] 행동하고 역사를 형성하고 하나님에게 영향을 끼칠 수 있는 피조물들의 자유 의지론적 자유(the libertarian freedom, 방임적 자유)가 현대 범재신론의 기본 원칙이다. 그 점을 명백하게 긍정하지 않는 판넨베르크 같은 사람들은 가차없이 도전받는다.

---

25 Hartshorne, "Pantheism and Panentheism," *EncRel*, 11:165-71.

이상 범재신론 안에서의 기본적인 구별점 다섯 가지—명시적 혹은 암묵적, 인격적 혹은 비인격적, 부분-전체 혹은 관계적, 의지적 혹은/동시에 본성적, 고전적 (신의 결정에 달린) 혹은 현대적 (협동적) 범재신론—은 이제 우리가 상술하기 시작하는 긴 역사 내내 견지될 것이며 그 역사 전체에 대한 어떤 틀을 제공해준다. 마지막 장은 범재신론이 과연 성경적으로 신학적으로나 철학적으로 하나님에 대한 기독교 신론으로서 고전적 유신론보다 더 선호할 만한 것인지에 대해 논하면서 이 주제들에 대한 변형들을 소개할 것이다.

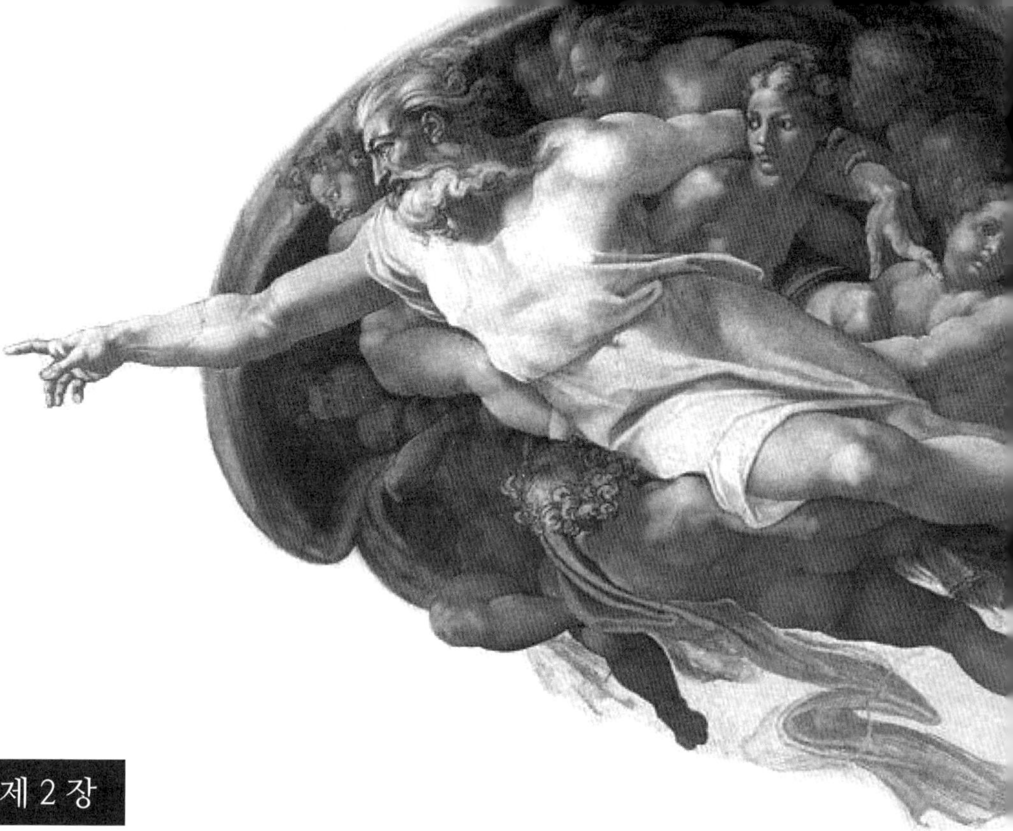

제 2 장

| 플라톤에서 기독교 신플라톤주의까지의 범재신론 |

플라톤주의: 두 가지 신학 전통의 원천

유대교, 기독교, 이슬람은 "그 책의 종교들"이다. 이 종교들은 인간이 기록해놓은 하나님의 특정한 의사 소통에 근거하고 있다고 주장한다. 각 신자들은 자기 종교의 가르침이 인간의 논리가 아니라 신적 계시에서 비롯되었다고 믿는다. 그러나 플라톤 철학은 이 세 종교들 모두의 신학에서 중요한 역할을 해왔다. 알렉산드리아의 필론(Philo of Alexandria)은 기독교 신학이 등장하기 이전부터 유대교의 유일신 신앙을 표현하기 위해 플라톤 철학을 이미 사용했다. 그리스도인들 가운데는 유스티누스(Justin Martyr)와 오리게네스(Origen)가 가르침의 틀을 짜면서 플라톤의 범주들을 활용했다. 플라톤주의의 손자 격인 신플라톤주의는 서방에서는 아우구스티누스 신학의 철학적 배경이 되었으며, 동방 정교회 신학에서는 4세기 이후에 약간 다르게 그 신학의 철학적 배경이 되었다. 유대교 신학자인 마이모니데스(Maimonides)와 무슬림인 이븐 시나(Avicenna) 및 아베로에스(Averroës, 이븐 루슈드)에 대한 토마스 아퀴나스의 응답은 신플라톤주의가 중세 시기에 이상 세 신학 전통들에 공통적이었음을 드러내준다.

　플라톤의 범주들은 고전적 유신론 혹은 안셀무스적 유신론의 형성에 중요한 역할을 해왔다. 그 견해는 하나님은 순일(純一, simple), 절대, 무한, 영원, 불변, 전능, 전지, 완전한 선이며 세계에 대해 본질적으로 독립적인 완전 존재자라는 견해다. 고전적 유신론은 아우구스티누스, 아퀴나스, 스코투스, 루터, 칼빈, 및 현재까지 그들을 따르는 서구 기독교 정통주의의 입장이었다. 비록 성경이 그 원천이자 표준이기는 하지만, 전통적 기독교 신학은 플라톤 철학의 유산에 크게 빚겼음을 부인할 수 없다.

그러나 플라톤은 또 하나의 신학 전통에게도 영감을 주었는데, 현재 우리가 범재신론이라고 부르는 전통이다. 범재신론은 모든 것(만물)이 하나님의 존재 안에 거하지만, 그럼에도 하나님의 존재는 만물을 초월하신다는 견해다. 범재신론은 19세기에 이르러서야 명확하게 명명되긴 했지만, 플라톤의 『티마이오스』에 제시되어 있으며, 플로티누스의 신플라톤주의 철학 가운데서 정교화되었고, 위-디오니시우스에 의해서 기독교 정통주의와 뒤섞이게 되었다. 범재신론은 로마 교회가 수호했던 엄격한 정통주의의 천 년 동안에 때로는 정죄당하기도 했던 소수파 견해였다. 몇몇 예외, 가장 현저하게는 요하네스 스코투스 에리우게나와 니콜라우스 쿠자누스와 같은 예외가 있긴 하지만, 중세 신학자들은 안셀무스의 노선을 따랐던 고전적 유신론자들이었다. 그러나 범재신론은 르네상스와 종교개혁이 중세 교회의 제약들을 약화시킴에 따라 다시 부상했다.

이 장은 플라톤에서부터 종교개혁 이후의 신비주의자 야콥 뵈메의 사색에까지 이르는 발전을 검토할 것이다. 플로티누스의 신플라톤주의는 신성과 세계 사이의 관계를 설명하는 플라톤 철학 안에 내재해 있는 애매성(ambiguity, 重義性)에서부터 범재신론을 끄집어내고 있음이 명백하다. 프로클루스는 플라톤의 변증법을 사용해서 신플라톤주의 존재론을 체계화한다. 위-디오니시우스는 신플라톤주의와 기독교를 종합시켰는데, 그것이 중세 기독교 신학자들의 범재신론의 원천이다. 요하네스 스코투스 에리우게나의 기독교 범재신론은 암흑 시대 동안의 보기 드문 지적 광명 가운데 하나다. 니콜라우스 쿠자누스의 신학은 중세와 르네상스를 잇는 가교가 된다. 니콜라우스는 "유식한 무지"(learned ignorance, 학식된 무지)를 옹호한다. 그 말은 모든 변증법적 대립은 하나님 안에서 통일되지만, 인간은 어떻게 그리되는지를 파악할 수 없다는 말이다. 야콥 뵈메는 대담하게도 변증법이—바로 영원히 삼위일체를 생성하며 시간적(즉 일시적)으로는 세계를 생성하는—하나님 자신의 역동적 중심(heart)이라고 주장한다. 그렇게 해서 뵈메는 우리가 나중에 마주치게 될 헤겔과 셸링, 틸리히와 몰트만 안에 있는 변증법적 범재신론의 기원이 된다.

플라톤

플라톤(Plato, 주전 427-347년)이 범재신론자인지 아닌지는 명확하지 않다. 그의 신학은 시간이 경과하는 가운데 발전했으며 다소 모호하다. 예를 들어, 『국가』(The Republic)에서 플라톤은 신을 이데아 세계 가운데 있는 전적으로 초월적인 최고선과 연결시킨다. 그러나 플라톤의 후기 작품인 『티마이오스』는 신이 세계를 만드신 조물주이며 세계는 신의 영혼을 지닌다는 창조 신화를 제시한다. 2,000년 동안 학자들은 플라톤의 신학의 정확한 해석에 대해서, 즉 신에 관한 그의 다양한 주장들을 일관성 있게 꿸 수 있느냐를 놓고서 논쟁을 벌였다. 그 논란과는 무관하게 세계-영혼에 대한 플라톤의 교설은 범재신론자들 사이에서 하나님과 우주 사이의 관계를 그려주는 일종의 유비(類比, analogy)로서 지속적인 인기를 누려왔다.[1]

---

[1] Alexander Pope, *Essay on Man*, Epistle 1 (London: Methuen; New Haven: Yale University Press, 1951), 267, "모든 것은 하나로 되어 있는 광대한 전체의 부분들일 뿐이다. 그 전체의 몸은 자연이며 신은 영혼이다." Friedrich Schleiermacher, *On Religion: Speeches to Its Cultured Despisers*, trans. John Oman (New York: Harper Torchbook, 1958; repr., London: Routledge and Kegan Paul; Louisville: Westminster/John Knox, 1994), 40에서 Schleiermacher는 "세계영혼"에 의해 영감을 받은 "배척받은 성자 스피노자"를 언급하고 있다. Sallie McFague, "The World as God's Body," *Models of God: Theology for an Ecological, Nuclear Age* (Philadelphia: Fortress, 1987). 또 Philip Clayton, *God and Contemporary Science* (Grand Rapids: Eerdmans, 1997), 101, "세계는 신체가 정신 혹은 영혼에 대해 맺는 관계와 유사하게 하나님과 관계를 맺고 있다."

실재에 대한 플라톤의 이원론적 견해

플라톤의 신학을 이해하기 위해서는, 그의 철학을 소개하는 것이 필수적이다.[2] 플라톤은 형이상학적 이원론자다. 그는 실재(reality, 實在)를 두 개의 궁극적이며 상이한 차원으로 구성되어 있다고 상정한다. 하나는 시간에 속하며 변화하며 우연적(contingent)이며 불완전하며 눈에 보이는 것들로 이루어진 혼돈 가능성이 있는 물질세계이며, 다른 하나는 이성적으로 질서가 잡혀 있는 이데아의 세계, 곧 영원하며 필연적이며 완전하며 불변하는 이데아의 세계 혹은 이성적 형상들(Forms)의 체계다.[3]

물질 영역은 인간의 감각들에 즉시 명백하게 잡힌다. 물질 영역은 기본적인 요소들(땅, 공기, 불, 물)과 그 요소들로부터 나와 우주 안에 자리 잡고 있는 것들(별들, 나무들, 동물들, 인간의 신체들, 그리고 인간의 조형물들)로 이루어져 있다. 물질적인 것들은 생겨나 존재하게 되고 변화하고 마침내 존재하기를 그친다. 형상이 없는 물질은 순전한 혼돈이고 무질서다.

역으로, 형상은 물질세계에 있는 것들의 원형적 형태들(archetypal patterns) 혹은 원형적 설계들(prototypical designs)이다. 그 패턴 혹은 설계들이 세계 및 그 안에 있는 모든 것의 본성, 특성, 질서를 규정해주는 이데아(관념)들이다. 그렇지만 그 이데아들은 물질적 우주에 대해서는 독립해 있다. 원(圓)은 이데아적 형상의 일례다. 세상에 둥근 것이 얼마나 많은가. 그렇지만 그 둥근 것들 가운데서 완벽한 원은 없다. 그러나 우리의 마음은 완벽한 원에 대한 이데아 혹은 정의를 확인할 수 있다. 비록 우리가 둥근 것들을 전혀 볼 수 없다 할지라도, 그리고 그 정의(definition)에 대해 생각하는

---

[2] Diogenes Allen, *Philosophy for Understanding Theology* (Atlanta: John Knox, 1985)에 있는 Plato에 대한 장들은 신학도들을 위한 훌륭한 입문이다. 좀더 충분한 기술로는 Copleston, *History of Philosophy*, vol.1. part 3가 있다. 상세한 최근의 기술은 Giovanni Reale, *History of Ancient Philosophy*, ed. and trans. John Catan (Albany: State University of New York Press, 1985-), vol. 2이 있다.

[3] 형상들의 세계와 형상들에 대한 인간의 인식에 대한 Plato의 기술 중에서 가장 용이한 진술은 *Rep.* 5.472에서부터 7권에 있는 철인왕(philosopher-king)의 교육에 대한 논의다. 인용 표시는 Plato의 저작들에 대한 표준 표기 방식을 따랐다.

사람이 전혀 없다 할지라도, 이 정의는 실질적이며 참될 것이다. 따라서 이데아는 세상에 대해 독립해서 존재한다. 비록 둥근 것들은 변하지만, 원의 이데아는 결코 변하지 않는다. 그 이데아는 영원하며 불변적이다. 또한 태양이나 금속 반지 등과 같이 우주 안에 있는 모든 둥근 것들의 단일 원형이기 때문에 그 이데아는 단 하나이며 보편적이다. 정리하자면, 플라톤은 이데아 혹은 형상이 실재하며 보편적이며 불변하고 물질세계에 대해 독립적이면서 어떤 식으로든 우주의 질서에 대해 책임이 있다고 주장한다.

플라톤은 네 가지 종류의 이데아 혹은 형상이 있다고 본다. 먼저 수(數) 일(一, 하나)과 모양인 원(圓)과 같은 수학적 형상들이 있다. 그는 또 진리, 아름다움, 정의와 같은 도덕적 형상 혹은 가치 형상들이 있다고 말한다.[4] 이 형상들은 진, 선, 미를 예증해주는 지상의 것들에 대한 보편적인 이데아적 기준들이다. 세 번째 형상의 범주로는 살아 있는 존재[5]와 같은 자연에 속하는 것들, 나무 이데아, 말(馬) 이데아와 같은 개별 종류들의 형상이 있다. 그리고 마지막으로, 침대들이나 가옥들과 같은 인간의 조형물과 문화적 물체들의 이데아들이 있다.[6] 물질세계는 관념적 형상들의 여러 복잡한 조합들을 반영한다.

계속해서 플라톤은 그 이데아들이 일관성 있으며 궁극적으로는 통일되어 있는 하나의 체계 가운데서 서로 연결되어 있다고 가르친다. 그 이유는 그 이데아들이 모두 모든 형상들의 형상인 선(the Good)에 의해 발생하며 그 선을 반영하기 때문이다. "이 형상들은 알려지는 힘만이 아니라 그것들 자체의 아름다움과 실재를 그 선으로부터 도출한다." 그 형상들은 태양으로부터 빛이 나오듯 그 선으로부터 유출된다.[7]

세계는 형상들을 반영하고, 형상들은 선을 반영하기 때문에, 지식과

4　Plato, *Rep.* 524-528, 수학적 형상들; *Rep.* 478, 아름다움과 정의.
5　Plato, *Tim.* 30-31.
6　Plato, *Rep.* 597은 신의 작품으로서의 침대 이데아를 인간 장인들이 만든 물질 침대들과 대조한다. 그리고 화가들이 그린 침대 그림들은 이데아의 실재에서 그보다 훨씬 더 떨어진다.
7　Plato, *Rep.* 508 [Plato, *Republic*, trans. Francis Cornford (New York: Oxford University Press, 1945, repr. 1968)에서 인용].

진리에 이르는 길은 반드시 세계로부터 그 선으로 이어져야 한다. 플라톤은 『국가』 509-541에서 이 길의 지도를 그린다. 그곳에 "동굴의 풍유"(the Allegory of the Cave)가 등장하는데, 이 풍유는 어떻게 인간의 정신이 물질적인 것들에 대한 감각적 인지로부터 영원히 참된 형상들에 대한 지적 인식으로 진행하는지를 보여준다. 수학적 성찰은 물질적인 것들의 감각적 이미지들로부터 정신을 고양시켜 수적 형상들과 기하학적 형상들에 대한 관조(貫照, contemplation)에 이르게 해준다. 이와 유사한 추상화 과정이 정의 및 아름다움 같은 보편적 이데아들에게 접근할 수 있게 해준다.

마지막으로, 변증법(dialect)은 모든 형상들의 궁극적 통일인 선 자체(the Good itself)에 대한 인식으로 이어진다. 변증법은 각 개별 형상의 진리를 시험하며, 그 형상들이 어떻게—선에 근거를 두고 있으며 선으로부터 따라나오는—단일한 정합 체계를 집합적으로 구성하는지를 식별하면서 개별 형상들 사이를 왔다 갔다 하는 사고의 방법이다. 변증법에 근거해 사고하는 사람(dialectician)은 "반드시 선을 다른 모든 형상으로부터 떼내어 그 본질적 본성을 구별해낼 수 있어야 한다. 그리고 모든 비판을 뚫고 나아가 실재와 진리의 표준에 의해 매 단계를 점검해야 한다." 오직 변증법을 수단으로 해서 선을 획득할 때만, 어떠한 것에 대한 인식/지식도 확실해진다. "변증법은 가정들을 제거하면서 모든 것의 제1원리에까지 도달하여 그곳에서 확실하게 확증하기 위해 이 경로를 택하는 유일한 방법이다."[8] 절대적 진리에 대한 변증법적 추구는 감질나기는 하지만 그 이래로 철학자들에 대한 꾸준한 도전이 되었다. 변증법적 전통은 플라톤 이후 2,000년 뒤에 헤겔의 체계 가운데서 절정을 이루었으며 마르크스주의, 실존주의, 포스트모더니즘 사고를 계속해서 형성하고 있다.

---

8   Plato, *Rep.* 534bc, 533d.

형상들, 세계, 하나님

『티마이오스』에서 플라톤은 형상들이 어떻게 물질세계에 질서를 부여하는가에 대한 은유적 진술, 일종의 "있음직한 이야기"를 제시한다. 그는 메타포(은유)를 사용한다. 그 이유는 아무리 철학 용어라 할지라도 지상의 언어는 초월적 실재를 충실하게 설명할 수 없다고 믿기 때문이다.[9] 만일 우리가 세계를 조물주이자 아버지, 곧 "호 쎄오스"(ho theos, 그 하나님)라 일컬어지는 "데미우르고스 카이 파테르"(dēmiourgos kai patēr)에 의해 만들어진 것이라 생각할 때에 세상 만물과 형상들과의 관계를 가장 잘 이해할 수 있다고, 플라톤은 말한다. 데미우르고스는 영원한 형상들을 원형(prototypes) 혹은 범형(paradigms)으로 사용한다. "세계는 이성적 담론을 통해 이해될 수 있으며…언제나 동일한 상태 가운데 있는 것의 모델에 근거해서 형성되어 있다."[10] 데미우르고스는 계획을 가지고서 나무로 집을 만드는 건축자처럼 혹은 진흙으로 어떤 모형을 본뜨는 조각가처럼, 주어져 있는 물질을 가지고서 만물의 세계를 형성한다.

우주 전체를 만들면서 데미우르고스가 사용하는 특별한 형상은 "살아 있는 존재"(Living Being)라는 형상이다. 이 형상은 인간들과 신들(gods)을 포함하여 모든 살아 있는 만물의 모형(母型, prototype)이다. 따라서 "이 세계는 그 신의 섭리에 의해서 실로 영혼과 이성을 가진 살아 있는 피조물로서 존재하게 되었다." 우주는 살아 있는 존재다. "살아 있는 모든 것들을 그 자체 안에 내포하고 있는 단일한 보이는 살아 있는 피조물"이며, "여러 지체들을 가지고 있는 완벽한 몸들을 지니고 있는 전체적이며 완벽한 하나의 몸이다."[11] 우주는 많은 살아 있는 것들을 내포하고 있는 단일한 생명체(a single

---

9 Plato, *Tim.* 29d [Plato, *Timaeus*, trans. Francis Cornford (New York: Macmillan, 1959)에서 인용].
10 Plato, *Tim*, 29a. Plato은 *Rep.* 597에서 또한 하나님이 침대의 이데아를 만드는 것과 장인이 침대를 만드는 것, 그리고 화가가 침대를 그리는 것을 비교한다.
11 Plato, *Tim.* 30c, 34b.

living thing)다.

살아 있는 생명체로서 우주의 가장 중요한 부분은 그 영혼(Soul)이다. "그 한가운데에 [데미우르고스는] 영혼을 자리하게 해놓고 그 영혼이 전체로 뻗어나가도록 했으며, 바깥으로는 그 몸으로 영혼을 감싸도록 하여…그 몸의 안주인이자 통치자가 되게 했다."[12] 이리하여 물질세계는—영혼이 그 몸인 세계 안에 거하는 것이 아니라—실질적으로 영혼 안에 존재한다.

영혼은 힘(power)으로서 그 힘에 의해 영원한 이데아들이 세계 안에 실현되며 세계를 지배한다. "마치 이성과 조화로움에 참여하는 영혼이, 지적이며 영원한 것들 중 가장 탁월한 것에 의해서 존재하게 된 것들 가운데 최상의 것이듯" 말이다. 영혼은 아버지인 장인이 세계 가운데서 "살아 있는 존재"의 이데아를 실현하기 위해 사용하는 수단이며, 그리하여 시간을 발생시킨다. "자, 그 살아 있는 존재의 본성은 영원했다.…그러나 그[데미우르고스]가, 말하자면, 영원에 대한 움직이는 모사품(a moving likeness of eternity)을 만들 생각을 했고, 그 모사품을 우리는 시간(Time)이라 이름 붙였다."[13] 영혼은 우주의 이성적 생명이며, 물질과 시간 안에 있는 영원한 이데아들의 역동적 질서다. 『티마이오스』는 어떻게 시간, 하늘, 천체들, 신들, 인간 영혼들, 땅, 바다, 살아 있는 모든 생물체들이 세계-영혼에 의해 형성되고 주입되어 있는지에 대한 광범위한 기술을 제공하고 있다. 데미우르고스는 세계-영혼이라는 동일한 질료를 가지고서 별들(즉 "신들")의 영혼들과 인간의 영혼들을 만들었다. 그래서 그 영혼들은 영원한 영역과 시간의 영역들 모두에 대한 시민권을 지니고 있다. 플라톤은 인간들을 매크로코즘(macrocosm, 대우주)의 마이크로코즘(microcosm, 소우주)으로, 우주적인 생명(cosmic Life)의 이성적 형태들 가운데 의식적으로 참여할 수 있는 세계에 대한 신체-영혼의 축소물들(miniatures)로 간주한다.

---

12 Plato, *Tim.* 34b-c. Plato은 또한 *Philebus* 30a에서 "우주의 몸은…영혼을 소유하게 되었다"고 주장하기도 한다[trans. D. Frede, in Plato, *Complete Works*, ed. John M. Cooper (Indianapolis and Cambridge, UK: Hackett, 1997)].
13 Plato, *Tim.* 37a, c-d.

플라톤의 사상은 범재신론인가?

그가 만물을 신 안에 존재론적으로 자리매김하지 않는 한 플라톤은 범재신론자는 아니다. 그리고 이 점은 플라톤이 과연 만물을 내포하고 있는 세계-영혼을 신으로 혹은 신의 일부로 간주하느냐의 여부에 달려 있다. 그가 신을 우주를 형성하는 정신 혹은 데미우르고스와 동일시하고 있다는 점에는 의심할 바가 없다. 그러나 세계-영혼의 신학적 위상이 애매하다. 세계-영혼은 "신"(the God)의 일부인가? 아니면 단지 신의 피조물에 불과한가?

『티마이오스』에서 플라톤은 "신"을 세계의 조물주로 규정하며, 심지어 그를 "아버지"라 칭하기까지 한다. 이 데미우르고스는 장인이 본에 따라 물건을 만들 듯이 이데아에 따라 세계를 만든다. 『국가』(597b)는 동일한 견해를 확인해준다. 즉 신은 장인과 같다는 것이다. 그리고 신이 형상들의 원천이라고 덧붙인다. 원천으로서의 역할은 또한 선(the Good)에 속한 것이기도 하다. 이와 같이 공유되어 있는 역할은 창조주 신과 선의 동일함을 함축하고 있다. 이에 덧붙여서, 『필레보스』(*Philebus*, 30c)에서 신은 우주의 질서를 세우는 정신 혹은 신성한 이성(누스, nous, 정신)이다. 이러한 연관성은 다시금 『티마이오스』로 되돌아가게 해준다. 거기서 우주의 질서를 세우는 일은 데미우르고스의 일이다. 마찬가지로 데미우르고스가 만든 작품들이 "정신/이성의 작품들"로 언급되어 있다(47e). 정리하자면, 신에 대한 플라톤의 발전된 견해는 형상들 및 데미우르고스와 더불어서 선, 정신/이성을 포함하고 있음이 분명하다.[14]

여기까지는 플라톤의 신학에 범재신론적인 것이 전혀 없다. 물질 우주 전체는 데미우르고스나 선 혹은 신성한 이성 안에 존재하지 않는다. 지상

---

14 Plato의 신학과 형상들의 관계에 대해서는, Copleston, *Hist. Phil.*, vol. 1, chap. 20, sec. 9을 보라. 또한 Reale, "The Demiurge (and Not the Idea of the Good) Is the God of Plato," *History*, 2:113-15을 참고하라.

의 사물들이 관념적 형상들에 "참여한다"고 언급되지만, 그 참여는 오직 그것들이 이데아를 실증하거나 이데아에 따라 만들어진다는 뜻이지 그것들이 이데아 안에 내재한다는 뜻이 아니다. 물질과 변화는 결코 이데아의 영역의 일부가 아니다.

『티마이오스』는 세계를 세계-영혼 안에 자리매김한다. 그래서 만일 그 세계-영혼이 신의 일부라면, 플라톤은 범재신론자다. 이 방향을 보여주는 암시들이 있다. 『티마이오스』(34ab)는 세계-영혼을 하나의 "신"(a god)이라 일컫는다. 또한 『필레보스』(30c)에서 플라톤은 지혜롭게 우주에 질서를 세우는 신적 정신은 영혼(a Soul)을 소유하고 있다고 주장한다. "영혼이 없이는 이성도 지혜도 있을 수 없다." 만일 영원한 신적 이성의 영혼을 『티마이오스』에 나오는 세계-영혼과 동일시할 수 있다면, 그 세계-영혼은 신의 한 측면이며, 따라서 플라톤은 범재신론자다.

그러나 주의가 요망된다. 신성한 이성이라는 "그 신"(the god)과 플라톤이 "신들"이라고 칭하는 다른 존재자들 사이에는 본질적인 차이가 있기 때문이다. 이미 언급했다시피, 『티마이오스』 34b은 세계-영혼을 하나의 신, 곧 "때때로 존재하게 되었던 신"이라 일컫는다. 그러나 이 신은 데미우르고스에 의해서 계획되고 발생된 신이었다. 데미우르고스가 "영원히 존재하는 신"이다. 세계-영혼은 데미우르고스의 신성 비슷한 피조물에 더 가깝다. 『티마이오스』 또한 전통적인 헬라 "신들"(Greek gods)의 창조를 설명하고 물질 우주를 "지각 가능한 신"(a perceptible god)이라 암시하고 있기 때문이다.[15] 플라톤은 기꺼이 피조된 사물들을 "신들"이라 일컫는다. 그리고 그는 영원하며 창조되지 않은 "신"과 시간 안에서 발생하고 시간 안에 참여하고 있는 다른 "신들" 사이의 절대적인 구별을 유지시킨다. 세계-영혼은 명백히 후자의 범주에 속한다. 세계-영혼 "안에" 있는 세계의 존재는 세계를 그 세계를 만든 영원한 신 안에 자리매김하지 않는다. 그러므로 플라톤은

---

15 Plato, *Tim.* 40d-41a, 92c.

가차 없는 범재신론자는 아니다.

하트숀과 리즈(Reese)는 플라톤을 "고대의 범재신론자 혹은 유사-범재신론자"로 분류한다. 그들은 플라톤이 영원한 하나님과 세계-영혼을 동일시하지 않는다는 점을 인정한다. 그러나 그들은 만일 플라톤이 논리적으로 일관성이 있다면, 그 영원한 하나님을 "구체적 본성"(concrete nature)으로 간주하지 않고, 그 대신에 영원한 하나님과 세계-영혼을 한 신적 존재자의 상관적 성질들(correlative natures)로 간주하였을 것이며, 그게 바로 "본질적으로 화이트헤드의 견해"라고 주장한다.[16]

비록 하트숀과 리즈의 비판이 정확하다 할지라도 플라톤을 범재신론자로 볼 수는 없다. 그렇지만 세계-영혼에 대한 플라톤의 사상은 현재까지 범재신론자들에게 영감을 주고 있다.

스토아주의: 자연주의적 범신론

스토아주의자들은 신적 이성을 세계의 영혼과 동일시한다. 그러나 그들은 범재신론자들이라기보다는 자연주의적 범신론자들로 판명된다. 우리는 여기서 범신론과 범재신론의 차이점을 부각시키기 위해 그리고 스피노자와 같은 사상가들의 선구자들로서 스토아주의자들을 살펴보고자 한다.

스토아주의는 제논(Zeno, 주전 264/263년 사망)으로부터 로마의 황제 마르쿠스 아우렐리우스(Marcus Aurelius, 주전 180년 사망)에 이르기까지 주기

---

16 Charles Hartshorne and William Reese, *Philosophers Speak of God* (Chicago: University of Chicago Press, 1953, 38-57. 55-56에서 인용. 마찬가지로 Robert Whittemore, "The Proper Categorization of Plato's *demiurgos*", *TSP* 27 (1978): 163-66과 Leonard Eslick, "Plato as Dipolar Theist," *Process Studies* 12 (Winter 1982): 243-51은 Plato이 원조-화이트헤드주의자라고 주장한다. 그러나 Plato의 *Timaeus*에 대한 그의 서문(xiv)에서, Cornford는 "『티마이오스』에 화이트헤드적인 것이 있는 것보다는 [화이트헤드의] 『관념의 모험』(*Adventures of Ideas*)에 플라톤적인 것이 훨씬 더 많다"고 비꼰다.

적으로 번성했다.[17] 스토아주의는 물질 우주가 내재적인 로고스나 신적 이성에 의해 질서를 잡고 활력을 얻는다고 가르친다. 자연의 다양성은 단일한 통일체 내에 존재한다. 아우렐리우스에 따르면, "만물은 상호적으로 얽혀 있으며 그 얽힘은 신성하다.…만물로 이뤄져 있는 하나의 우주와 만물 안에 내재해 있는 한 분 신이 있으며, 하나의 실체, 하나의 법, 모든 지성적 피조물에게 공통적인 하나의 이성이 있기 때문이다."[18] 신적 이성의 "씨앗"(logos spermatikos 혹은 semen rationalis)이 모든 개별 존재자 안에 있다. 그 씨앗은 식물 안에서는 생명력으로, 동물 안에서는 욕구로, 인간 안에서는 이성으로 그 자체를 드러낸다. 이 능력들을 사용해서, 피조물들은 신 안에 참여한다. 인간은 이 세 가지―생명력, 욕구, 이성―를 모두 행사하고 있기 때문에 신 안에 더욱 충만하게 참여한다. "그대는 신의 편린이다. 그대 안에 있는 그대는 신의 일부분이다.…그대가 사회 안에서 뒤섞일 때마다, 그대가 신체를 훈련시킬 때마다, 그대가 대화할 때마다, 그대는 자신이 신을 부양하고 있으며, 신을 연습하고 있다는 사실을 알지 못하는가? 그대는 그대와 더불어서 신을 입증하고 있다."[19] 신에게 참여한다는 점에 대한 강조가 매우 강력하다.

이것이 범재신론일 수 있을까? 결국 신과 우주는 구별될 수 있다. 그리고 영혼 안에 몸이 있듯 우주는 신 안에서 존재한다.[20] 바울이 마르스 언덕(Mars Hills) 위에서 인용했던 유명한 시구(행 17:28)는 스토아 시인이었던 크레타의 에피메니데스(Epimenides)가 읊은 것이다. "우리가 그 안에서 살며 기동하며 있느니라."[21] 어쩌면 스토아주의자들은 최초의 원(proto)-기독교

---

17 스토아주의 시대들에 대해서는 Copleston, *Hist. Phil.*, vol. 1, chaps. 36, 39-40을, 초기와 중기 스토아주의에 대해서는 Reale, *History*, vol. 3, pt. 3를, 후기에 대해서는 4:53-103을 보라.
18 Marcus Aurelius, *Meditations* 7.9, trans. G. Grube (Indianapolis: Hackett, 1983).
19 Epictetus, *The Discourses as Reported by Arrian* 2.8.11-13, trans. W. Oldfather, 2 vols. (London: Heineman; New York: G. Putnam's Son, 1926-1928).
20 Copleston, *Hist. Phil.*, vol. 1, chap. 36, sec 3, p. 133: "세계가 존재할 때 하나님은 몸에 대한 영혼의 관계처럼, 세계의 영혼이 되어서 그 곁에 존재한다."
21 F. F. Bruce, *The Book of Acts* (Grand Rapids: Eerdmans, 1977), 359-60; Allen, *Philosophy for Understanding Theology*, 69.

범재신론자들일 수 있다.

그러나 이 결론은 근거가 없다. 스토아주의는 플라톤에게 있어서 신과 세계를 구분하는 형이상학적인 구분을 담보해주는 이데아계와 물질계 사이의 이원론을 배격한다. 스토아주의자들에게 우선적인 실재는 살아 있으며 이성적인 우주 자체다. "제논은 신의 실체는 전체 우주이며 하늘이라고 말한다."[22] 다시 아우렐리우스의 "하나의 우주"와 "한 분 신"은 존재론적으로 구별되는 존재자들이 아니라 "한 실체"의 다른 양상 혹은 다른 차원들일 뿐이다. 따라서 스토아주의는 범재신론이 아니라 자연주의적 범신론이다.[23] 그것은 브루노, 스피노자, 존 톨런드(John Toland)의 『범신론』(Pantheisticon, 1720)과 아인슈타인을 예견하고 있지, 슐라이어마허나 셸링, 헤겔을 내다보고 있지 않다.

신플라톤주의

신플라톤주의는 고전적 범재신론의 진정한 원천이다. 플로티누스(Plotinus, 204-270년)는 이 운동의 독창적인 사상가다.[24] 이 운동은 서구 사상에 막대한 영향력을 행사했다.[25] 플로티누스는 플라톤의 철학 가운데 해소되지 않

22　Diogenes Laertius, *Lives of Eminent Philosophers* 7:148, trans. R. Hicks (London: Cambridge, 1958). Reale, *History*, 3:241에 인용됨.
23　"에픽테투스(Epictetus)는 범신론과 스토아주의의 유물론을 버릴 수 없다. 왜냐하면 그에게는 초감각적인 것과 초월적인 것에 대한 이론적 개념이 결핍되었기 때문이었다"(Reale, *History* 4:83); "마르쿠스 아우렐리우스는…신에 대한 범신론적 개념을 인정했다. 그 신은 모든 것을 포함하며 모든 것을 자체 안으로 포섭한다"(4:95).
24　Porphyry, Iamblicus, 및 여타의 사람들 역시 신플라톤주의자들이다. Proclus를 제외하고, Plotinus에 대한 그들의 변형이 이 개관에 포함될 필요가 없다. 후기 신플라톤주의에 대해서는 Copleston, *Hist. Phil.*, vol. 1, chap. 46과 Reale, *History*, 4:400-450을 보라.
25　Stephen MacKenna, "Then Influence of Plotinus," appendix to *The Essence of Plotinus*, trans. Stephen MacKenna (New York: Oxford University Press, 1934), 249-71와 Dominic J. O'Meara, "Epilogue: Plotinus in Western Thought," in *Plotinus: An Introduction to the Enneads* (New York: Oxford University Press, 1993), 111-19을 보라.

았던 쟁점들을 가지고 작업을 했으며, 실재에 대한 통일된 진술을 발전시켰다. 그 진술에 의하면, 신적인 정신/데미우르고스, 세계-영혼, 그리고 우주는 선, 즉 신성한 일자로부터 위계적으로 유출(emanate, 발출)한다. 일자는 무한하며 철저하게 초월적이다. 그렇지만 그 자체로부터 유출되어 나오는 모든 것을 포함 혹은 내포한다.[26]

플로티누스의 철학

플로티누스는 의도적으로 플라톤의 변증법을 사용해서 형상들을 확인하고 거기에서 흘러나오는 모든 것을 분석하며, 모든 진리가 단일 원리로 이어지도록 그 결과들을 종합한다.[27] 변증법에 의해 획득된 원리는 플라톤의 선이다. 플로티누스는 그 선을 많은 형상들의 원천인 단일 형상(the One Form, 일자 형상)이라고 강조한다.[28] 그러나 플로티누스는 플라톤을 훨씬 뛰어넘어 일자의 절대적 초월성을 주장한다. 그 일자는 심지어 플라톤이 정신(Mind)과 이데아들(Ideas)과 존재(Being)라고 확인하는 것을 넘어선다. "그에 대한 '어떤 개념이나 지식은 존재하지 않는다.' 그것은 실로 '존재를 넘어서' 존재한다고 말할 수 있다." 그 자체로 일자는 전적으로 순일(simple, 단순)하여, 부분이나 양상, 속성이나 권능의 어떠한 구별도 내포하고 있지 않다. "만물 이전에 뭔가 순일한 것이 있었음에 틀림없다. 그리고

---

26 Copleston, *Hist. Phil.*, vol. 1, chap. 45; Allen, *Philosophy for Understanding Theology*, 73-90; Elmer O'Brien, introduction to *The Essential Plotinus* (New York: New American Library, 1964); O'Meara, *Plotinus*; Reale, "Plotinus and Neoplatonism," part 3 of *History*, vol. 4.

27 Plotinus, *Enn.* 1.3.4 [*Plotinus*, trans. A. H. Armstrong, 7 vols. (Cambridge, MA: Harvard University Press, 1966-1988), 1:159]: "[변증법은] 형상을 식별하고, 각각의 것의 본질적 본성을 규명하게 해주며, 우선적인 종류들을 발견하게 해주며, 지성을 가지고서 지적 세계 전체를 횡단할 때까지, 그리하여 세계의 구조를 다시금 그 각 부분으로 해소시키고 출발점으로 복귀하여 통일에 도달할 때까지 이 우선적인 종류들로부터 발생하는 모든 것을 서로 엮어낼 수 있게 해준다."

28 Plotinus, *Enn.* 2.9.1 (Armstrong, 2:225): "우리가 '일자'를 말할 때마다, 그리고 우리가 '선'을 말할 때마다, 우리가 말하고 있는 본성이 동일한 본성임을 생각해야 한다."

이것은 그것에 따라나오는 모든 것과는 다를 수밖에 없으며, 그것으로부터 도출되는 것과 뒤섞이지 않고 그 자체로 존재하고 있음에 틀림없다."[29] 일자는 절대적으로 무한하다. 단지 시공간 혹은 수적으로 무한한 것이 아니다. 왜냐하면 일자는 자기 자신과 자기 이외의 모든 것을 산출하는 파악할 수 없는 무제한적인 힘이기 때문이다.[30]

플로티누스는 일자의 무한한 힘이 영원히 "흘러나온다"고 혹은 유출하여 다른 것을, 곧 그 자체보다 덜 완전한 것을 낳는다고 상정한다. 그러나 일자는 마치 끊임없이 흘러나오는 샘물처럼 혹은 빛을 발생시키는 태양처럼, 그 자체가 줄어들지 않으면서 그렇게 한다. 각각의 유출 혹은 각각의 "휘포스타시스"(hypostasis, 기체)는 가능한 한 자체의 원천에 필적하고자 한다. 그리하여 다시 각각의 유출은 또 하나의 수준의 존재, 그 자체로 덜 완전한 모방을 발생시킨다. 마찬가지로 그것도 그 자체의 원천을 닮으려고 분투한다. 그렇게 해서 실재는 일자를 맨 꼭대기로 하여 바닥으로는 물질 우주의 아직 형성되지 않은 질료에 이르는 다른 층위들의 차서적/위계적 질서이다. 만물은 일자로부터 나와 일자에로의 회귀를 추구한다.

위계질서가 일자로부터 나온다. 일자는 지성[Intellect, 정신(Mind)]을 발생시키며, 지성은 영혼을 낳는다. "영혼은 지성이 일자의 표현이듯, 지성의 표현이며 일종의 활동이다."[31] 영혼은 세계-영혼이며, 세계-영혼은 우주를 활성화시킨다. 이것을 순서대로 살펴보도록 하자.

일자로부터의 첫 번째 유출은 지성으로, 일자의 영원한 그러나 덜 완전한 표현이다. 지성으로서 일자는 다양한 플라톤적 이데아들 혹은 형상들의 맥락에서 자체를 인식한다.[32] 따라서 일자(the One)는 정신과 관념들

---

29 Plotinus, *Enn*. 5.4.1 (Armstrong, 5:141).
30 Plotinus, *Enn*. 6.9.6 (Armstrong, 7:323): "그리고 그 크기와 수가 측정할 수 없거나 셀 수 없기 때문이 아니라 그 권능을 이해할 수 없기 때문에 무한하다고 이해되어야 한다."
31 Plotinus, *Enn*. 5.1.6 (Armstrong, 5:33).
32 Plotinus, *Enn*. 6.7.16 (Armstrong, 7:139): "지성이 선을 바라보았을 때 일자를 다자로 생각했을까? 그리고 지성 자체가 하나이기 때문에 일자를 다자로 생각해서 전체를 즉각적으로 생각할 수 없음으로 말미암아 일자를 나누어 생각했을까?"

로서, 생각과 사상들로서, 주체와 객체로서, 하나[the one, 일(一)]와 많음[the many, 다(多)]으로서 드러난다. 그러므로 지성은 일자 자체이면서 동시에 일자와는 다르다. 『엔네아데스』(Enneads 5.1)는 신적 지성을 플라톤의 데미우르고스와 동일시한다.

지성은 다시 영혼을 발생시킨다. "발설을 통해 나오는 생각이 영혼 속에 들어 있는 생각의 이미지이듯, 영혼 자체는 지성이 표출된 생각이며, 지성의 전체적인 활동이며, 지성이 다른 실재를 성립시키기 위해 내보내는 생명이다."[33] 영혼은 지성보다 덜 완전하기 때문에, 모든 형상들을 영원히 소유할 수 없고, 그래서 우주 안에 자체를 육화함으로써 점차적으로 그 형상들을 표현한다.

그러므로 영혼은 다름 아닌 세계-영혼 혹은 "만유-영혼"(All-Soul)이다. 그 영혼은 자체 안에 신들과 인간들의 모든 개별적 이성적인 영혼들을 포함한다.[34] 그 영혼은 또한 물질 우주의 생명 원리이기도 하다. "그 영혼이 모든 생명체를 만들었으며, 그것들 안에 생명을 불어넣어 준다. 그것들은 땅이 먹여주는 것들이며 바다가 키워주는 것들이며, 하늘에 있는 신성한 별들이다. 그 영혼이 태양 자체를, 그리고 이 큰 천체를 만들었으며, 태양을 장식하고 태양이 질서 있는 운동을 통해 회전하도록 만들었다."[35] 영혼이 만물을 발생시켜서 만물은 영혼 안에 존재한다. "그리고 영혼(soul)의 본성은 단번에 몸 전체를 파악할 수 있는 그런 것이다. 몸이 뻗어나가는 곳은 어느 곳이든 거기에 영혼이 있다.…우주는 영혼이 가는 만큼 확장된다. 그 확장의 한계는 우주가 뻗어나가서 그 가운데 영혼을 유지시킬 수 있는 지점까지다."[36]

플로티누스의 존재론을 정리하자면, 물질세계와 그 가운데 포함되는

---

33 Plotinus, *Enn.* 5.1.3 (Armstrong, 5:19-20).
34 Plotinus, *Enn.* 6.4.4 (Armstrong, 6:289): "영혼들은 몸이 있기 이전에 다자이자 동시에 하나였다. 이는 다자가 이미 전체 안에 가능태(잠재태)로서가 아니라 활동적인 현실태로서 각자 존재하고 있기 때문이다."
35 Plotinus, *Enn.* 5.1.2 (Armstrong, 5:15).
36 Plotinus, *Enn.* 4.3.9 (Armstrong, 4:65).

모든 것은 최고 실재인 일자로부터 유래하는 일련의 연속적인 유출들로 구성되는 영구적인 구조 가운데 존재한다는 것이다. 실재는 수직적인 차서적 위계질서, "거대한 존재의 사슬"이며, 가장 완전하고 무한한 것을 정점으로 해서 가장 불완전하고 가장 제약적인 것(순전한 물질/질료)을 밑바닥에 지닌다. 이 상하 위계질서는 만물이 끊임없이 다시금 일자에게로 회귀하려고 노력하면서 밑바닥에서부터 동시에 재강화된다. 물질적인 것들은 힘을 부여받아 세계-영혼에 의해서 합리적인 질서를 갖게 되는 우주로서 정돈된다. 세계-영혼은 지성에 버금가려고 노력하며 지성은 일자를 추구한다. 그러한 것들이 이성적이기 때문에, 인간 영혼들은 본성적으로 물질적 실존성(물리적 현존)으로부터 신을 향해 이끌린다. 만물을 하나로 지탱해주는 끌어당기는 힘(the attractive power)은 에로스 혹은 사랑이다.[37] 어떤 그리스도인들은 플로티누스의 유출-회귀 도식이 사도 바울에게 반영되어 있다고 생각했다. "이는 만물이 주에게서 나오고 주로 말미암고 주에게로 돌아감이라"(롬 11:36).

플로티누스의 신학: 범신론인가, 범재신론인가?

일자로부터의 만물의 유출은 플로티누스의 신학이 일종의 일원론적 범신론 형태임을 시사하는 것일 수도 있다. 만물은 신성하다. 일자인 신의 확장이기 때문이다. 더 나아가 일자의 유출은 필연적이다. 유출은 일자의 선택, 곧 일자가 자제했을 수도 있는 창조의 자발적인 행위가 아니다. 일자는 자체의 무한한 본성에 의해서 영원히 필연적으로 흘러나온다. 그리고 뒤에 이어지는 각각의 유출도 마찬가지다. 일자는 자유롭다. 그러나 그 자체 이외의 다른 어떤 것에 의해서 어쩔 수 없이 할 수밖에 없었던 것이 아니

---

37 Plotinus, *Enn.* 3.5 (Armstrong, 3:163-203).

라는, 양립 가능론적 의미에서 자유롭다.[38] 그리하여 세계는 일자에게 의존해 있기 때문에 우연적(contingent, 비필연적)이다. 그러나 세계는 그 자체로 필연적인 것은 아니지만, 신적 필연성의 자연적/본성적 표현으로서 필연적 혹은 불가피하기도 하다. 이 입장은 범신론처럼 들릴 수도 있다.[39]

그러나 범신론과 전통적 유신론 사이에는 현재 범재신론이라 일컬어지고 있는 중간 지대가 있다.[40] 범재신론은 전형적으로 불가피한 신적 유출을 함축하면서도 또한 하나님과 세계 사이의 강력한 존재론적 차이를 유지한다. 세계-영혼에 대한 플로티누스의 설은 이러한 조건들에 부합한다. 즉 세계-영혼은 신성하다. 그 영혼은 세계를 포함한다. 그러나 그 영혼은 세계와는 구별되며 초월한다.[41]

플로티누스가 볼 때, 영혼(Soul)은 물질적 우주와 그 우주를 구성하는 만물을 내포한다. 분명히 그는 이 점에서 플라톤의 세계-영혼에 호소하고 있다. "플라톤이 우주에 대해 말하면서 올바르게도 영혼을 육체에 집어넣지 않고 육체를 영혼에 넣었다." 그러나 플로티누스에게 영혼은 우주와 구별되기도 한다. 그가 세계-영혼의 내재성과 초월성 둘 다를 인정하기 때문이다. "영혼의 일부에는 육체가 존재한다. 그리고 육체가 전혀 없는 부분도 있다."[42] 그 본성상 영혼은 신성과 우주의 중계자다. 영혼은 지성의 영원한 영역에 그리고 물질 우주의 감각적 영역에 다 참여한다.[43] 『엔네아데스』

---

38 의지(will)에 대한 양립 가능론적 견해들은 자유와 완벽한 결정 혹은 필연이 양립 가능하다고 주장한다. 즉 행위자가 만일 내적인 충동이나 외적 강제가 없이 그 자체의 본성을 따라 행위할 수 있다면 그 행위자는 자유롭다는 것이다. 의지에 대한 양립 불가능론 견해들은 자유는 완벽한 결정과 양립될 수 없다고 주장한다. 자유로운 선택은 자기 결정성에 덧붙여서 행위자가 진정한 선택 사항들을 소유할 것을 요구한다. 하나님의 자유의 본성은 유신론자들과 범재신론자들 가운데서 큰 쟁점이다.
39 전통적으로 신플라톤주의는 일종의 범신론으로 분류되어왔다. 예를 들어, C. A. Beckwith, "Neoplatonism," *Schaff-Herzog*, 8:328-32을 보라.
40 Copleston, *Hist. Phil.*, vol. 1 chap. 45, sec. 2, p. 211은 Plotinus가 "한편으로는 유신론적 창조와 다른 한편으로는 충실한 범신론적 혹은 일원적 이론 사이의 중간 코스를 저어가려고 노력한다"고 관찰한다.
41 Plotinus, *Enn.* 4.3.9 (Armstrong, 4:65): "만일 몸이 존재하지 않는다면, 크기와 관한 것은 영혼에 아무런 차이를 만들 수 없을 것이다. 영혼이 그런 것이기 때문이다."
42 Plotinus, *Enn.* 4.3.22 (Armstrong, 4:103).
43 "그래서 지성은 언제나 분리할 수 없으며 나눌 수 없다. 그러나 영혼은 그곳에서는 분리할 수

4.2.1.에서 플로티누스는 세계-영혼의 초월적 양상을 "신적"(divine)이라고 지적한다. 이리하여 우주는 신적인 세계-영혼 안에 포함되지만 구별된다. 이것은 이미 일종의 범재신론이다.

그러나 플로티누스의 범재신론은 훨씬 더 심오하다. 세계-영혼과 그 영혼이 포함하는 모든 것은 일자 안에 기반을 두고 있는 더 높은 통일성의 일부다. 한편으로 플로티누스는 유한한 물질적 존재자들, 전체로서의 우주, 세계-영혼, 지성, 그리고 궁극적 일자 사이를 구별한다. 다른 한편으로, 만물은 일자로부터 유출하여 일자로 복귀하며, 일자 안에 포함되어 있다. 따라서 만물은 신적 일자 안에 존재한다. 신적 일자는 만물을 무한히 초월한다. 레알레(Reale)는 플로티누스의 포섭적 위계질서(inclusive hierarchy)를 간명하게 요약한다. "어떤 의미에서 세계 자체는 신 안에 있다. 세계가 영혼 가운데 있고, 영혼은 정신(누스) 가운데 있으며, 정신은 일자 안에 있기 때문이다. 그리고 일자는 다른 것 안에 존재하지 않고 자체 안에 만물 전체를 다 포괄한다."[44] 만물은 신적이지 않다. 그러나 모두가 다 신 안에 참여한다. 신은 무한히 만물을 초월한다. 이것은 고전적 범재신론이다.

만일 한 인격자가 된다는 것이 정신과 영혼을 요구한다면, 일자는 인격적이 아니라 모든 존재와 인격성의, 심지어 신적 인격성의 초인격적 근거(the suprapersonal Ground of all)다. 이 쟁점은 범재신론 가운데 끈덕지게 남아 있는 문제이며, 기독교의 삼위일체론에 대한 도전이기도 하다. 즉 삼위로 계신 하나님은 세 위격들을 발생시키는 원형적 일자가 아니라 영원히 그리고 충실하게 원형적 신적 본성을 공유하고 있는 세 위격들이다.

신에 대한 참여라는 플로티누스의 개념 역시 논평할 가치가 있다. 플로티누스는 자신의 유출 이론과 일자에의 참여론으로 플라톤의 궁극적인

없고 나눌 수 없지만, 그 본성상으로는 나누어진다" [Plotinus, Enn. 4.2.1 (Armstrong, 4:21)]. "영혼이 지성 가운데 존재하는 것은 좋은 일이지만, 항상 이러한 종류의 본성을 갖고 있기 때문에, 영혼은 불가피하게 인지될 수 있는 것에 참여할 수 있게 되어 있다"[4.8.7 (Armstrong, 4:418)].

44 Reale, History, 4:370.

이원론을 극복한다. 이 사실이 철학 용어인 "참여"(participation)의 의미를 바꾼다는 점을 주목하는 것이 중요하다. 플라톤에게, 세계 가운데 있는 것들은 형상을 반영함으로써 혹은 형상들을 본뜸으로써 신적 정신에 참여한다. 그러나 세계에 속하는 것들은 신적 정신의 이데아적 실존성에 "참여"하지는 않는다. 플로티누스에게, 참여는 신성의 반영을 의미할 뿐 아니라 신성에의 "참여"를—세계-영혼에는 직접적으로, 지성에게로는 매개적으로, 그리고 일자에게는 궁극적으로 참여함을—의미한다. 이것이 바로 많은 범재신론의 특징인 참여의 의미, 즉 신의 일부가 된다는 것이다.

프로클루스와 변증법적 존재론

프로클루스(Proclus, 410-485년)는 아테네의 신플라톤주의자다. 그는 플로티누스가 확인한 유출들의 변증법적 구조를 정교화함으로써 매우 중요한 인물이 되었다. 그 역시 일자로부터 시작한다. 그 일자는 "말로 형언할 수 없는…그리고 이해할 수 없는 원인이며, 그 자체로부터 만물을 빛 가운데로 펼쳐내며, 만물에 앞서 존속하며 만물을 자신에게로 되돌리는 원인이다."[45] 일자로부터 무한성과 경계성(한계성)이라는 두 개의 대립하는 원리들이 나오며, 이 원리들은 다시 존재(Being)와 생명(Life)과 지성(Intelligence)을 구성하기 위해 상호 작용한다. 이것들은 뒤이어지는 유출들을 발생시키고 그리하여 살아 있는 우주를 구성하기 위해 변증법적으로 상호 작용하는 세 "신들"(three "gods") 혹은 세 개의 영원한 원리들이다.[46]

일자 아래 있는 실재의 각 층위는 변증법적으로 발생하며 따라서 존재

---

45 Proclus, *The Platonic Theology* [Theologia platonica], trans. T. Taylor, 2 vols. (1816; repr., Kew Gardens, NY: Selene, 1985-1986); *Stoicheiosis theologike: The Elements of Theology*, ed. and trans. E. R. Dodds, 2nd ed. (Oxford: Clarendon, 1963). 또한 Copleston, *Hist. Phil.*, vol. 1, chap. 46, sec. 3; Reale, *History*, 4:427-53.
46 Proclus, *Theol. plat.* 3.3 (Taylor, 1:165).

론적 구조상 변증법적이다. "지성으로만 지각할 수 있는(intelligibles) 삼중의 휘포스타시스(위격, 기체)로부터…만물이 삼중적 유출에 의해 유지되어야 한다는 점은 필수적이다."[47] 상위의 층위로부터 유출되는 존재의 새 층위는 각각 그 원천이 동일한 동시에 원천으로부터 달라진다. 즉 동일성은 차이를 낳는다. [피히테와 헤겔에 의해서 나중에 대중화된 언어로 말하자면, 정립(테제)이 그 반정립(안티테제)을 발생시킨다.] 그러나 가능한 한 충실하게 그 원천을 닮고자 하는, 유출된 층위의 본성적 욕구는 그 층위를 다시 그 원천을 향하게 끌어간다. 그 결과 유출된 층위는 원천과의 동일성과 원천과의 차별성의 연합이 된다(정립과 반정립의 종합이다). 그 과정은 거대한 존재의 사슬을 끝까지 내려갔다가 다시 돌아오기를 반복한다. 변증법적 성찰을 사용해서 프로클루스는 일자로부터 다자를 추적하고, 다시 일자로 복귀하면서, 최상위 실재로부터 최하위 실재에 이르는 삼자(triads, 삼위)의 전체 체계를 표출한다. 이렇듯 일자로부터 유출하는 모든 존재의 기본 구조는 변증법적이다.

프로클루스는 범재신론의 역사에서 변증법적 존재론과 논리가 감당하고 있는 핵심적인 역할의 원천이다. 그와 플로티누스가 일자 자체를 변증법을 넘어서는 것으로 간주한다는 점을 눈여겨 보는 것이 중요하다. 오직 후대에 가서야 이 삼자적 통일성의 역동성(tri-unifying dynamic)이 하나님 자신의 내적 생명 안으로 투사되었다.

---

47 Proclus, *Theol. plat.* 4.2 (Taylor, 2:228).

위-디오니시우스와 기독교 신플라톤주의

플라톤주의에 대한 기독교의 평가

그리스도인들은 플라톤 전통에 다양하게 응답했다.[48] 테르툴리아누스(Tertullian)와 같은 몇몇 사람들은 플라톤 전통을 전적으로 이교적이라고 보고 배격했다. 순교자 유스티누스와 오리게네스를 포함하여 다른 몇몇 사람들은 플라톤주의를, 대체적으로 참이지만 기독교에 대한 불완전한 예기(豫期)로 보았다. 주류 기독교 전통은 헬라 철학에 대해 비판적으로 응하여, 정통적인 가르침이라 여겼던 바를 설명하고 변호하는 데 사용할 수 있는 요소들은 전유하거나 채택하고, 갈등을 일으키는 요소들은 배격했다. 예를 들어, 회심할 당시에 신플라톤주의자였던 아우구스티누스는 어떤 측면들은 비판하고 다른 측면들은 승인하고 있다.[49] 아타나시우스(Athanasius)와 니사의 그레고리우스는 수정된 신플라톤주의 범주들을 사용하여 니케아 신조의 삼위일체론을 형성했을 뿐만 아니라 그 신조의 삼위일체론을 신플라톤주의와 구별했다. 니케아 신조에서 성부, 성자, 성령은 각각 휘포스타시스(위격)로 명명되어 있다. 비록 아들과 성령이 아버지로부터 "나오셨지만" 그들은 유출(emanations)이 아니라 아버지와 동일한 신성한 본성[혹은 본질, "호모우시오스"(homoousios)]을 영원히 그리고 충실히 공유하고 있다.[50] 더 나아가 기독교 사상가들은 세계를 필연적인/불가피한 신적 유출의 결과가 아니라 하나님의 자유 의사에 의한 창조 행위의 산물로 보았다. 이러한 예들은 대다수의 그리스도인들이 교리를 확립하기

---

[48] Copleston, *Hist. Phil.*, vol. 2, chap. 2은 이 상호 작용에 대한 탁월한 정리를 제공한다. 또한 Etienne Gilson, *History of Christian Philosophy in the Middle Ages* (New York: Random House, 1955), parts 2-3; Leo Scheffczyk, *Creation and Providence*, trans. R. Strachen (New York: Herder and Herder, 1970), chap. 2을 보라.

[49] Augustine, *The City of God against the Pagans*, ed. and trans. R. W. Dyson (New York: Cambridge University Press, 1988), 특히 8권과 10권.

[50] J. N. D. Kelly, "The Doctrine of the Trinity," chap. 10 in *Early Christian Doctrines*, rev. ed. (New York: Harper and Row, 1978).

위해서 어떻게 헬라 철학을 복속시키고 수정했는지를 잘 드러내준다.

위-디오니시우스

그러나 때때로 신플라톤주의로의 경도는 정통주의와 긴장 관계를 형성한다. 이 경우를 위-디오니시우스(pseudo-Dionysius)의 저술이 지니고 있는 양상들 가운데서 확인할 수 있다. 이 저술들은 전통적으로는 아테네에서의 바울의 첫 개종자였던 아레오바고의 디오니시우스(Dionysius the Areopagite)의 저술로 여겨졌으나 지금은 더 이상 그의 저술로 받아들이지 않는다.[51] 이 책들 중 많은 부분이 매우 기독교적이며 정통적이다. 그래서 보나벤투라(Bonaventure)와 아퀴나스와 같은 대 신학자들에게도 존중을 받았을 정도였다. 그러나 앞으로 살펴보겠듯이, 그 책들은 또한 교회가 정죄했던 견해들의 원천이기도 하다.

위-디오니시우스는 변증법적 신학 방법을 표현한 것으로 유명하다. 그 방법론은 기독교 전통 가운데서 널리 사용되어왔다. 즉 "긍정의 방법"(via positiva)은 피조물에 해당하는 범주들을 하나님에게 붙인다. 그러나 "부정의 방법"(via negativa)은 피조물에 해당하는 범주들을 하나님에게 적용하기를 거부한다. "탁월성의 방법"[via eminentiae, 수승(殊勝)의 방법]은 결국에는 피조물에 해당하는 범주들을 하나님에게 적용시키되, 그 범주들에 의해 규정되는 것이 아니라 그 피조물적 범주들의 원천으로 여긴다[via eminentiae는 보통 "우월의 방법" 혹은 "탁월성의 방법"이라 번역하며, "뛰어남/빼어남을 통한 길/방법"이라는 뜻이다. "수승(殊昇)의 방법"이라고도 한다—옮긴이]. 따라서 "하나님은 선하시다"라는 말은 단순히 하나님이 어떤 인간이 선하다고 말

---

[51] Pseudo-Dionysius, *The Complete Works*, trans. Colin Luibheid (New York: Paulist, 1987), 특히 *The Divine Names* [*De divinis nominibus*]와 *The Celestial Hierarchy* (*De divinis nominibus*의 대목들은 Luibheid의 번역); Copleston, *Hist. Phil.*, vol 2, chap. 9.

할 수 있듯 선하시다는 뜻일 수 없다. 왜냐하면 하나님의 선하심은 무한하고 완전하기 때문이다. 그러므로 우리는 또한 하나님이 선하시다는 사실을 거부해야만 한다. 이 방법에 따르면 해결책은 이것이다. "하나님이 선하다"는 말은 하나님이 피조물에 해당하는 선함의 근원이시다라는 뜻이다. 그러므로 그 주장은 적합하지만 하나님의 선하심에 대한 확정은 아니다.[52] 이 방법은 어떤 점을 긍정한 다음 다시 부정하고 그 다음에 긍정의 사실과 부정의 사실을 조화시킨다는 점에서 변증법적이다. 정립(thesis), 반정립(antithesis), 종합(synthesis)이 존재하는 것이다.

위-디오니시우스의 변증법은 플로티누스와 프로클루스의 신학에 크게 빚졌다. 예를 들어, 위-디오니시우스의 탁월성의 방법은 일자가 모든 존재와 이성을 초월한다고 전제한다.[53] 위-디오니시우스의 신플라톤주의를 고려한다면, 그의 공식적 어구들 중에서 어떤 것들은 니케아의 정통성을 표현하지만 다른 것들은 애매하거나 비정통적이다. 예를 들어, 하나님이 "이 형언할 수 없는 선, 이 일자, 이 모든 통일의 원천, 이 초실존적 존재"[54]라는 그의 주장은 신플라톤주의의 전형적인 예다. 이 주장은 삼위일체에 대한 다음의 정통적 선언과 일치한다. "성부는 사실상 존재를 초월해 계시는 신성의 유일한 원천이며, 성부는 아들이 아니며, 아들은 아버지가 아니다."[55] 그러나 디오니시우스의 신플라톤주의는 그가 하나님을 "단자 혹은 단일자"(a monad or henad)로, 그리고 삼위일체의 세 위격들을 "현시들"(manifestations)로 지칭할 때 강하게 나타난다.[56] 이 진술은 니케아 신조에는 반대되는, 위격들이 일자의 유출들이라는 사실을 함의한다.[57]

---

52 이 방법은 Pseudo-Dionysius의 *The Mystical Theology*에 표현되어 있으며 적용되어 있다.
53 Aquinas 역시 이 방법을 사용한다. 그러나 그는 하나님에 대한 우리의 언어가 피조물 안에 창조주의 어떤 유한한 모사가 존재한다는 의미에서 유비적임을 긍정한다. 이것은 존재와 이성이 하나님에게 본유적임을 전제한다. 그의 *ST*, Ia, q. 13을 보라.
54 Pseudo-Dionysius, *Div. nom.* 1.1.
55 Pseudo-Dionysius, *Div. nom.* 2.5.
56 Pseudo-Dionysius, *Div. nom.* 1.4.
57 "위-디오니시우스는 신플라톤주의 철학의 틀과 도식 가운데서 두 요소를 조화시키고, 기독교 신학과 기독교 신비주의를 조화시키고자 했다. 그러나 충돌이 벌어졌을 때, 신플라톤주의 요소들이 더 우세한 경향을 띠었다는 말에 반대할 수 없을 것이다"(Copleston, *Hist. Phil.*, vol. 2,

마찬가지로 모호하게 위-디오니시우스는 성경의 창조 교리를 신플라톤주의의 유출과 회귀의 위계질서의 맥락에서 해석한다. 따라서 하나님은 "만물의 창조주이며 발원자이며, 만물을 완성으로 인도하는 일자이며…만물을 자신에게로 복귀시키는 권능이며…실질적으로 자체 안에 만물을 미리부터 내포하고 있다."[58] 세계는 하나님의 한량없이 풍성한 지성과 선과 사랑의 자연적/본성적이며 자유로운, 그러나 불가피하지 않은/필연적이지 않은 흘러나옴이다.

비록 위-디오니시우스가 강력하게 세계를 하나님으로부터 구별하지만, 그는 만물이 하나님 안에 포함되어 있음을 강조한다. "'일자'라는 이름은 하나님이 하나의 통일이 지니는 초월성을 통해서 독특하게 만물이심을 의미하며, 그가 그 하나됨으로부터 떠나지 않으면서 만물의 원인이시라는 의미다. 세계에 있는 어떤 것도 그 일자에로의 분유(分有, share)를 결여하지 않는다. 모든 숫자가 통일성 가운데 참여하듯…만물 및 만물의 각 부분은 일자에 참여한다. 일자이기 때문에, 일자는 곧 만물이다."[59] 위-디오니시우스가 신플라톤주의에 개념적으로 의존하고 있음을 인정할 때, 그의 이 진술은 범신론이라기보다는 범재신론이라고 해석하는 것이 합리적이다. 신플라톤주의는 일자와 피조물들 사이의 무한한 차이점을 상정하면서 동시에 일자 안에 피조물들을 포함시킨다.

요하네스 스코투스 에리우게나

요하네스 스코투스 에리우게나(John Scotus Eriugena, 810-877년)는 기독교 신

---

chap. 9, sec. 7, p. 115).
58 Pseudo-Dionysius, *Div. nom.* 1.7.
59 Pseudo-Dionysius, *Div. nom.* 13.2.

제2장 플라톤에서 기독교 신플라톤주의까지의 범재신론 77

플라톤주의에 경도되어 위-디오니시우스의 저술들을 번역했다.[60] 에리우게나는 모든 기독교 진리가 건전한 철학과 일치하며 그 철학의 용어로 진술될 수 있음을 증명하고자 노력했다. 그에게 있어 건전한 철학이란 신플라톤주의를 의미했다.

에리우게나의 철학적 신학

그의 주요 저작인 『본연의 구분에 관하여』(On the Division of Nature)는 본연(本然, Nature, 자연)을 "존재하고 있거나 그렇지 않거나 간에 모든 만물"로 규정하고, 자체적인 구분을 반영하고 있는 본연의 네 가지 종류(species)를 다음과 같이 구분함으로써 시작한다. "첫째는 창조를 하되 피조되지 않는 부분이며, 둘째는 피조되었으되 창조를 하는 부분이며, 셋째는 피조되었으나 창조하지는 않는 부분이며, 넷째는 창조하지도 않고 피조되지도 않은 부분이다."[61] 본연의 첫째 범주와 마지막 범주는 하나님을 가리킨다. 만물의 원천으로서 하나님은 피조되지 않은 창조주다. 만유의 최종적 완성으로서 하나님은 창조하지도 않고 피조되지도 않는다. 창조하는 피조물들은 "원초적인 원인자들"(primordial causes)로서 신플라톤주의적인 원형적 이데아들 혹은 신적 정신 안에 있는 원리들(Principles in the divine Mind)이다. 창조하지 않는 피조물들은 집단적으로 생명계를 구성하고 있는 유한한 것들이다. 정리하자면, 본연은 하나님과, 그 하나님으로부터 나오는 만물이다.

본연(Nature)이라는 용어로 하나님을 정의한다고 해서 자연주의적 범

---

60 Copleston, *Hist. Phil.*, vol. 2, chaps. 12-13; Jean Porter, introduction to John Scotus Eriugena, *Periphyseon: On the Division of Nature* [*De divisione naturae*], trans. Myra Uhlfelder (Indianapolis: Bobbs-Merrill, 1976); John O'Meara, *Eriugena* (Oxford: Clarendon, 1988); Dermot Moran, *The Philosophy of John Scotus Eriugena* (Cambridge University Press, 1989); Dierdre Carabine, *John Scotus Eriugena* (Oxford: Oxford University Press, 2000).
61 Eriugena, *Div. nat.* 1.1. 이 인용과 다음 인용은 Uhlfelder의 번역.

신론으로 해석해서는 안 된다. 에리우게나가 말하는 "본연"은 단순한 물질적 우주가 아니라 "실재"와 같은 것이다.[62] 하나님은 자연 세계의 한 차원이 아니라 자연 세계의 진정한 원천이다. 반복해서 프로클루스를 인용하면서, 에리우게나는 하나님 자신은 절대적인 무한 초본질적 일자(the Absolute Infinite Supraessential One)이며, 모든 생각과 존재와 범주들 및 분화들의 초월적 원천이라는 표준적인 신플라톤주의 입장을 취한다.[63] 『본연의 구분에 관하여』 제2권은 하나님-세계의 구별을 명확히 인정하며, 무로부터의 창조를 삼위일체의 사역이라 설명한다. 에리우게나는 하나님의 이데아적 자기 표현을 영원한 로고스 곧 성자로 여기며, 세계 안에서의 하나님의 임재를 성령으로 본다. 그의 견해들에 담겨 있는 기독교적인 의도와 내용은 명백하다.

그러나 에리우게나의 신학의 어떤 양상들은 기독교 교리와 긴장 관계에 있다. 그 양상들이 하나님과 세계 사이의 차이점을 절충하는 것 같기 때문이다. 그는 종종 마치 하나님이 단지 본연(Nature)의 피조되지 않은 부분들에만 해당하는 것이 아니라 본연의 모든 것(all of Nature)에 해당하는 양 말하곤 한다. "만일 그 순일성(simplicity)을 침해할 수 없으며 그 통일성을 분리시킬 수 없는 동일자인 본연(Nature)이 있다고 한다면, 하나님이 모든 곳의 모든 것이며, 전체 안에 있는 전체라는 점을 확실하게 인정하게 될 것이다." 따라서 하나님은 신적 특질들과 피조물적 특성들을 다 소유한다. "창조자이며 피조되는 자, 보는 자이며 보여지는 자, 시간과 장소, 본질과 만물의 실체, 우연, 그리고 간단히 말해서 참으로 존재하는 것과 존재하지 않는 모든 것, 본질 중의 초본질, 실체의 초실체, 모든 창조세계의 위에 초월한 창조주, 모든 창조세계 안에서 피조된 자,…자신으로부터 존재하기 시작한 자,…자기 본성의 순일성을 저버리지 않고, 자기의 무한한 다양성을 사신에게로 불러들이면서 종과 류를 통해서 자기 안에서 무한정으로

---

62 Copleston, *Hist. Phil.*, vol. 2, chap. 13, sec. 1, p. 133.
63 Eriugena, *Div. nat.* 1.75-78.

증식되는 자. 이는 그 안에서 만물이 하나이기 때문이다."⁶⁴ 이 대목에서 하나님은 본연 혹은 실재의 모든 것이며, 단순히 피조되지 않은 양상들이 아니다. 범신론이 함축되어 있음이 아주 명백해 보인다.

　에리우게나는 하나님이 다른 것들을 창조함으로써 스스로를 창조하기 때문에 하나님이 창조주인 동시에 피조물이라고 주장한다. "그러므로 우리는 하나님과 창조세계를 두 개의 다른 것으로 이해해서는 안 되고, 하나이며 동일한 것으로 이해해야 한다. 그러므로 창조세계는 하나님 안에서 존속하며, 하나님 자신은 현시하면서 놀랍고 형언할 수 없는 방식으로 창조세계 안에서 피조된다." 창조함으로써 하나님은 자신에게 비신성적(nondivine) 속성들을 제공한다. "비록…형태(形態, form)와 종(種, species)을 결여하고 있지만 자신에게 형태와 종을 수여하면서,…비록 초본질적(superessential)이지만 본질적인 자로서,…초자연적이지만 자연적인 자로서,…순일하지만 복합적인 자로서,…무한하지만 유한하게,…비록 시간을 초월하지만…시간내적으로,…비록 만물을 창조하지만 만물 가운데서 스스로를 피조되게 하는 자다. 만유 안에서 지음 받는 만유의 창조주는 영원하도록 시작하며, 비록 부동하지만 만물 안으로 이동해 들어가 만물 안에서 만물이 된다."⁶⁵ 하나님은 세계를 창조하면서 자신을 창조한다. 그리하여 나오는 신학은 명확히 변증법적이다. 하나님은 x인 동시에 x가 아니다. 그렇지만 그는 x의 원천이다. 그는 y인 동시에 y가 아니다. 그렇지만 y의 원천이다.

　에리우게나의 신학은 세계가 없이는 하나님이 하나님이 아니며, 존재할 수도 스스로를 알 수도 없게 만든다. 세계는 영원히 하나님 안에 존재한다. 세계는 신적 일자의 본연적 현시, 즉 신현(theophany)이다. 무로부터의 창조(creation *ex nihilo*)에 대한 그의 진술을 살펴보라. 신플라톤주의를 통해서 에리우게나는 "무"(nothing)—비존재(nonbeing), "흑암…무저갱"—를 확

64　Eriugena, *Div. nat.* 3.16.
65　앞부분.

인한다. 창조세계는 하나님의 "초본질적인 선···천상계의 탁월성···나눌 수 없는 통일성···[그리고] 순일성"을 가지고서 무로부터 지음 받았다.[66] 그러므로 무로부터의 창조는 단순히 원재료가 없는 창조가 아니라 하나님 자신으로부터의 창조를 의미한다. 하나님 자신은 존재(Being)가 아니기 때문에, 하나님은 비존재(Non-being), 공(空, No-thing)이다. 그래서 하나님은 창조세계가 없이는 존재 혹은 실존성을 소유하지 않는다. 창조 안에서 그는 "무(無)로부터 유(有)로"(*ex nihilo in aliquid*) 진행한다.[67] 그리하여 하나님은 자기를 창조하는 중이다. 또한 하나님 자신이 알 수 없는 분이다. 하나님은 단지 인간에게만 알려지지 않는 것이 아니라, 자신에게도 알려지지 않는다. 그 까닭은 하나님 스스로 안에는 하나님 자신이 알 것이 아무것도 없기 때문이다(in himself is Nothing for him to know). 그래서 하나님 역시 창조세계를 통해서 자기 지식에 이르게 된다. 정리하자면, 하나님은 존재하기 위해서 그리고 자신을 알기 위해서 무엇인가(有)를 만들어야 한다. 그리고 그는 무(the nothing)를 가지고 창조하는데, 그 무가 바로 자신이다. 에리우게나에게는, 무(없음), 존재(있음), 그리고 무엇인가에로의 생성(becoming, 되어 감)의 변증법적 관계가 신적 삶에 본유적이다. 이 견해를 틸리히와 몰트만도 견지하고 있다.

범신론인가, 범재신론인가?

아마도 에리우게나의 신학은 범신론적일 것이다. 13세기에 교회는 그의 신학을 하나님과 창조세계를 충분히 강력하게 구별하는 데 실패했다고 정죄했다. 어떤 진술들은 범신론적인 것처럼 보인다. "그러므로 우리는 하나

---

66 Eriugena, *Div. nat.* 3.2. 비존재로서의 흑암과 무저갱에 대한 언급은 2.7에 나온다. 신적 비존재는 예를 들어 Böhme, Hegel, Schelling, Moltmann에게 중대한 주제가 된다.
67 Eriugena, *Div. nat.* 3.19.

님과 창조세계를 두 개의 다른 것들로 이해해서는 안 되고, 하나이며 동일한 것으로 이해해야 한다."[68] 하나님을 본연(Nature)과 동일시하는 점에서, 에리우게나의 언어는 스피노자의 유명한 어구인 "신 즉 자연"(Deus sive natura, "하나님 또는 본연")을 예견하고 있으며, 또한 스피노자가 "능산적 자연"(Natura naturans)과 "소산적 자연"(Natura naturata), 곧 자연을 창조하는 자연/본연과 자연으로 만들어지는 자연/본연을 구별하는 것을 예견하고 있다.

그렇지만 에리우게나는 하나님과 세계를 피조되지 않은 자와 피조된 것으로 구별하고 세계를 하나님 안에 자리매김한다. "하나님은 자기 안에 감각되는 모든 물상들의 자연을 포함하며 내포한다. 그가 자기 안에 자기 이외의 어떤 것을 포함한다는 의미에서가 아니라 그가 실체적으로 그가 포함하는 모든 것이며, 그 안에서 피조되는 보이는 모든 것들의 실체라는 의미에서 말이다."[69] 하나님은 영원히 무한정으로 세계를 초월한다. 복잡하고 유한하고 자연적인 다자에 대해 순일, 무한, 초자연적 일자로서 말이다. 그렇지만 세계는 하나님 안에 존재한다. 이 입장은 신플라톤주의적 범재신론과 일치한다. 그러나 범신론에 근접해 있다.[70]

요하네스 스코투스 에리우게나의 변증법적 신학은 후대에 니콜라우스 쿠자누스와 같은 중세 사상가들과 더욱 후대에 셸링 및 헤겔과 같은 독일 관념론자들에 의해 인정받았다.[71]

---

68 Eriugena, *Div. nat.* 3.16.
69 Eriugena, *Div. nat.* 3.18. Copleston, *Hist. Phil.*, vol. 2, chap. 13, sec. 6, p. 142에서 재인용.
70 학자들은 양쪽으로 다 기운다. 예를 들어, Gordon Leff, *Medieval Thought: St. Augustine to Ockham* (Baltimore: Penguin Books, 1958, 1962), 72: "비록 그의 전망을 범신론이라 여기는 것이 상당히 엉뚱한 것일 수 있겠지만, 그것은 지음 받지 않은 자와 지음 받은 자 사이의 구분을 흐리게 하는 쪽으로 이어졌다." 그러나 Carabine, *John Scotus Eriugena*, 65: "하나님이 만물이라는 에리우게나의 계속적인 주장은 하나님이 만물에 전혀 해당하지 않는다는 사실에 비추어볼 때 마침내 부적절한 것임이 드러난다." Philip Clayton은 Eriugena를 현대 범재신론의 선구자로 간주한다. *God and Contemporary Science* (Grand Rapids: Eerdmans, 1997), 88을 보라.
71 Copleston, *Hist. Phil.*, vol. 2, chap. 13, sec. 6, p. 142: "만일 우리가 요하네스 스코투스를 헤겔 이전의 헤겔주의자라고 부르고자 한다면, 명심해야 할 사실은 그가 자기가 무슨 일을 하고 있었는지를 깨달았을 가능성이 거의 없다는 점이다." 또한 O'Meara, *Eriugena*, 217-19; Moran, "Eriugena and German Idealism," in *Eriugena*, 89-91을 보라.

마이스터 에크하르트

요하네스 에크하르트(Johannes Eckhart, 대략 1260-1327년)는 아우구스티누스, 안셀무스, 아퀴나스와 같은 교회의 대 박사들과, 위-디오니시우스와 같은 교리적으로 애매한 전통 모두로부터 영향을 받았다.[72] 교회의 교리에 대한 에크하르트의 헌신과 그의 많은 언명의 건전함은 전혀 의심할 바 없다. 그러나 삼위일체와 하나님-세계 관계에 대한 그의 진술들 가운데 몇 가지는 기독교와 신플라톤주의 사이의 긴장을 반영하고 있으며 그의 견해들이 범재신론적임을 시사한다.

에크하르트는 일자의 절대적 초월성이 존재와 지식의 모든 범주들을 초월한다고 주장한다는 점에서 신플라톤주의 전통을 따른다. "하나님은 반드시 존재 너머에 존재해야만 하는 어떤 것이다."[73] 결과적으로 때때로 에크하르트는 신적 본성(신성, Godhead)을 삼위일체 하나님으로부터 분리시킨다. "하나님과 신성은 하늘과 땅만큼 다르다."[74] 그리고 그는 때때로 마치 전적으로 초월하는 일자인 신성이 더 깊은 실재이며 거기서부터 삼위일체가 유출하는 것처럼 말한다. 예를 들어, 그는 순수 영혼은 "오로지 계신 그대로의 벌거벗은 하나님(naked God, 적나라한 하나님)을 원한다"고 설교한다. "순수 영혼은 이 본질의 원천을 알기 원하며, 성부도 성자도 성령도 아닌, 순일한 근원으로, 적막한 사막으로 들어가기를 원한다."[75] 이 진술에서 일자는 삼위를 초월하는 동시에 삼위의 근거가 된다. 이 견해는 위-디오니시우스에게서 찾을 수 있는 견해이지만, 니케아 신조에는 반대되는 것이다.

---

72 E. Colledge and B. McGinn, introduction to *Meister Eckhart: The Essential Sermons, Commentaries, Treatises, and Defense*, trans. E. Colledge and B. McGinn (New York: Paulist, 1981). 또한 Copleston, *Hist. Phil.*, vol. 3, chap. 12, sec. 2; Armand Maurer, "Master Eckhart and Speculative Mysticism," in *Medieval Philosophy* (New York: Random House, 1962); Gilson, *History of Christian Philosophy*, 438-42; James Clark, "Introduction to His Life and Works," in *Meister Eckhart: An Introduction to the Study of His Work with an Anthology of His Sermons*, ed. and trans. James Clark (New York: Thomas Nelson and Sons, 1957).
73 Eckhart, *Serm.* 17 (Clark, 205).
74 Eckhart, *Serm.* 12 (Clark, 183).
75 Eckhart, *Serm.* 48 (Colledge and McGinn, 198).

창조의 불가피성은 초본질적 일자로부터의 삼위일체의 발생에 뒤따른다. 창세기 1:1의 "태초"(The beginning)는 "영원의 최초의 단순 현재(first simple now of eternity)다.…그 현재 가운데서 신적 위격들의 유출이 영원히 존재한다." 그러나 말씀의 영원한 발생은 세계의 영원 발생을 포함한다. "그가 하나님이셨던 바로 그 시간 가운데서 그리고 그가 만물 가운데서 자신과 동등한 하나님으로서 자기의 동일하게 영원한 아들을 낳았던 그 시간 가운데서, 그는 또한 세계를 창조하셨다."[76] 에크하르트에게는 창조가 영원한 삼위일체 하나님의 불가피한 표현이다.

이처럼 창조세계의 모든 것은 하나님 안에 동참한다. 인간의 영혼은 창조세계의 일부로서 신적 본성에 가장 충실하게 참여한다. 진실로 에크하르트는 거듭해서 영혼이 삼위일체를 낳은 바로 그 신적 근원에 동참한다고 제시한다. 예를 들어 그는 "오로지 순일한 일자만이 만족시킬 수 있는" 순수 영혼에 대해 말한다. 그런 다음에 그는 "영혼의 근거(ground)"에 대해 언급한다. "그곳[영혼의 근거]에서 신의 근거와 영혼의 근거는 하나의 근거다."[77] 이것은 영혼을 신성한 근원, 즉 신성과 단도직입적으로 동일시하는 범신론인 것처럼 보인다.

그렇기 때문에 삼위일체 및 하나님-창조세계의 관계에 대한 에크하르트의 몇몇 진술들이 그의 사후에 즉시 이단설이라 정죄당했던 것이 전혀 놀라운 일이 아니다.[78] 그런 것들만을 따로 떼어서 본다면, 그 진술들은 이단설이다. 그러나 다음 두 가지 점을 고려해보면 그러한 판단을 좀 완화할 수 있을 것이다. 범재신론을 시사하고 있는 요소들이 있다.

첫째, 에크하르트의 신학적 방법은 변증법적이다. 온전한 진리를 추구

---

76 Eckhart, *Commentary on Genesis 1:1*, sec. 7 (Colledge and McGinn, 84-85). 삼위일체의 발생에 대한 그의 환기적인 용어는 "불리시오"(*bullitio*, 부글거림 혹은 끓어오름)다. "에불리시오"(*ebullitio*, 부글거림 혹은 끓어넘침)는 세계의 발생을 가리킨다. Colledge and McGinn, *Meister Eckhart*, 38-39을 보라.
77 Eckhart, *Serm.* 15 (Colledge and McGinn, 192).
78 *In agro dominico*, 교황 교서, 1329년 3월 27일. Colledge and McGinn, *Meister Eckhart*, 77-81. Copleston, Maurer, Clark는 그의 정통성을 변호한다. Gilson은 신플라톤주의가 우세하다고 주장한다.

함에 있어서, 그는 의도적으로 모순처럼 보이는 명제들을 병치시킨다. 예를 들어, 그는 "하나님이 세계다. 그리고 하나님은 세계가 아니다"라고 주장한다. 또한 "하나님이 만물이다. 그리고 하나님은 아무것도 아니다. 곧 무다"라고 주장한다. 그래서 종합적 전체로서의 에크하르트의 신학은 단순한 범신론이 아니다.[79] 변증법적 신학은 범재신론에 더 가까운 것을 함의하고 있다. 즉 세계는 하나님 안에 있으되, 그러나 하나님이 세계를 초월하는 한에 있어서 하나님 안에 있지 않은 것이다.

둘째, 범재신론에 대한 특정한 증거가 한 설교문 안에 등장한다는 점이다. 그 설교에서 에크하르트는 하나님과 자신과 세계의 관계에 대한 영혼-신체의 유비를 사용한다. "내 영혼이 내 몸 안에 있는 것 이상으로 내 몸은 내 영혼 안에 있다. 내 몸과 영혼은 그것들이 그것들 자체 안에 있는 것 이상으로 하나님 안에 있다."[80] 마우러(Maurer)는 이렇게 설명한다. "이 유비는 에크하르트가 어떻게 범신론을 피하고 있는지를 이해할 수 있게 해준다.…육신이 영혼이 아니듯, 우주는 하나님이 아니다. 그렇지만 우주는 하나님 안에 포함되어 있으며 우주에 대한 하나님의 임재를 통해서 존재한다. 마치 육신이 영혼 안에 포함되며 영혼의 실존을 통해서 존재하고 있듯이 말이다."[81] 창조주-피조물들의 관계에 대한 영혼과 신체의 유비에 대한 에크하르트의 호소는 범신론이라기보다는 신플라톤주의적인 범재신론을 시사한다.

비록 그의 견해들이 정죄당했지만, 에크하르트는 지지자들을 얻었다. 특히 슐라이어마허, 셸링, 헤겔을 지나 하이데거까지 이르는 전통 가운데서 지지자들을 얻었다.[82]

---

79 Clark, "Introduction to His Life and Work," 36: "만일 에크하르트가 범신론적 언어를 사용하고 있는 듯이 보인다면, 우리는 그가 오직 실재의 한 양상만을 진술하고 있음을 기억해야 할 것이다. 그가 말하는 바는 반드시 신적 초월에 대한 그의 가르침들 이외의 것으로 여겨야 한다."
80 Eckhart, *Serm.* 16 (Clark, 198).
81 Maurer, *Medieval Philosophy*, 298.
82 Scheffczyk, *Creation and Providence*, 167은 Eckhart가 "피조물과 창조주를 하나로 융합시킨 피조 세계에 대한 새로운 파악"을 제시하고 있으며, "그 이해가 조르다노 브루노, 스피노자…야콥 뵈메, 그리고 피히테의 정신을 물들였다"고 관찰한다. Heidegger는 Eckhart를 연구했으

니콜라우스 쿠자누스

니콜라우스 쿠자누스(Nicolaus Cusanus, Nikolaus Krebs of Kues, 1401-1464년)는 교회의 추기경이 되었으며 에크하르트를 존경했고 인용했다. 그는 대체로 에리우게나와 신플라톤주의로부터 강한 영향을 받았다.[83] 니콜라우스는 기독교 신학을 이성적 기반 위에 놓기를 원했으며, 경쟁하고 있는 스콜라 전통들 사이의 분열이 해소되기를 원했다. 그는 모순율에 의해 지배를 받았던 스콜라 학자들이 사용했던 아리스토텔레스의 논리를 배타적인 것으로 간주했다. 그 논리에 의하면, 하나의 명제는 참 아니면 거짓이어야 한다. 하나님도 무한적 아니면 유한적이어야 한다. 둘 가운데 하나여야 한다. 만일 한 신학자가 옳다면, 다른 신학자는 반드시 틀린 것이다. 니콜라우스는 신학상의 대적들을 화해시키는 목양적 수단으로 변증법을 수용했다.

모든 것을 포괄하는 무한 존재자로서 하나님

니콜라우스 쿠자누스의 가장 잘 알려진 논문의 제목인 『유식한 무지론』(On Learned Ignorance)은 그의 변증법 신학의 결실이다. 유식한 무지는 우리가 하나님 자체를 알 수 없음을 알고 있다. 그러나 만일 우리가 자신들의 한계를 인식한다면, 하나님에 대한 정당한 개념을 형성하는 게 가능하다고 니콜라우스는 생각했다.

니콜라우스의 신학적 기획은 이렇게 시작한다. "앞으로 나는 무지의 최대 배움(maximum learning of ignorance)에 대해 논하려 하기 때문에, 최대

며, "겔라센하이트"(Gelassenheit), 곧 존재의 자기 계시에 대한 항복이라는 Heidegger의 개념은 Eckhart에게 빚졌다.

83 Jasper Hopkins, *A Concise Introduction to the Philosophy of Nicholas of Cusa* (Minneapolis: University of Minneapolis Press, 1978); Copleston, *Hist. Phil.*, vol. 3, chap. 15; Gilson, *History of Christian Philosophy*, 534-40; James Collins, *God in Modern Philosophy* (Chicago: Henry Regnery, 1959), 2-11; Maurer, "Nicholas of Cusa," in *Medieval Philosophy*.

성의 본성(the nature of Maximality)을 다루어야 한다. 나는 그것보다 더 큰 것이 있을 수 없는 것에게 '최대'(Maximum)라는 이름을 붙인다." 이리하여 그는 무지로부터 능숙하게 "그것보다 더 큰 것이 있을 수 없는 것", 즉 존재론적 논증에 나오는 하나님에 대한 안셀무스의 정의로 옮겨간다. 그런 다음 그는 최대로 큼(maximal greatness)을 일자에게 연결시킨다. "그러나 충만은 하나인 것에 들어맞는다. 따라서 단일성(oneness)—그것은 존재이기도 하다—은 최대성과 일치한다.…그러므로 최대가 곧 절대적 일자다."[84] 니콜라우스가 "존재"(being)와 "단일성"(oneness)을 동일시하고 있음을 주목하라. 일자는 존재이지 존재를 넘어선 실재가 아니다. "절대적 최대성(Absolute Maximality)은 절대 존재(Absolute Being)다"(1.2.6). 그러므로 하나님은 일자인 절대 최대 존재(the One Absolute Maximal Being)다. 하나님을 존재와 동일시함으로써 니콜라우스는 자신을 신플라톤주의가 아니라 아우구스티누스, 안셀무스, 아퀴나스에게 맞춘다.[85]

둔스 스코투스(Duns Scotus)를 따라서, 니콜라우스는 그 다음에 존재(Being)와 무한(Infinity)을 결합시킨다.[86] "그러한 최대는 무한하다"(1.3.9). 그러한 최대는 무제약적으로 반대 없이, 혹은 어떠한 종류의 "타자성"도 없이 절대적으로 존재한다. "그러나 만일 그러한 단일성(oneness)이 전적으로 모든 관계와 수축으로부터 자유롭다면, 명백히 아무것도 그것에 반대되지 않는다. 이는 그 하나됨이 절대적 최대성이기 때문이다." 그러나 그때 그 단일성은 모든 것을—관념상의 구분들과 현실 존재자들을 모두—포함해야 한다. "그러므로 최대는 만유인 절대 일자(the Absolute One)다. 그리고 만유는 최대 안에 존재한다"(1.2.5). 다시 말해서, 참된 무한은 모든 실재를 다

---

84 Nicholas of Cusa, *On Learned Ignorance* [*De docta ignorantia*] 1.2.5 [본문의 대목들은 Nicholas of Cusa, *Complete Philosophical and Theological Treatises*, trans. Jasper Hopkins, 2 vols. (Minneapolis: A. J. Banning, 2001), vol. 1에서 인용].
85 하나님이 존재인지 혹은 존재를 넘어선 일자인지에 대한 논란은 앞으로 살펴보겠듯이 현재까지도 계속되고 있다. Paul Tillich는 두 입장을 다 가지려고 시도한다.
86 Maurer, *Medieval Philosophy*, 314. Duns Scotus (1266-1308)와 Scotus Eriugena를 혼동해서는 안 된다.

포함해야 한다. 그렇지 않다면, 어떤 실재는 무한의 바깥에 있게 되며 무한이 아닌 다른 것이어야 하기 때문이다. 그러나 그렇게 된다면 무한이 제약될 것이며, 그것은 무한이라는 말의 정의상 불가능한 것이다. 무한한 존재자로서 하나님은 모든 존재자들과 모든 차이들을 다 포함해야 한다.

최대 무한(Maximal Infinity)으로부터 펼쳐진 니콜라우스의 논증은 헤겔, 틸리히, 판넨베르크, 클레이튼을 포함한 후대의 범재신론자들에 의해 반복된다. 고전적 유신론이 무한하면서 유한한 것, 절대적이면서 상대적인 것, 및 여타의 그와 같은 반정립적 성질들(antithetical qualities)을 대립시킴으로써 하나님-세계 구분을 보호하고 있는 데 비해서, 니콜라우스는 진정한 무한은 이 양극성들의 양쪽을 다 포함해야 한다고 주장한다. 예를 들면, 최대는 최소를 반드시 포함해야 한다. "그것에 대해 대립되는 것이 하나도 없기 때문에, 마찬가지로 최소는 최대와 일치한다." 이것은 뚜렷한 변증법 신학이다. "하나님은 절대 최대성이며 단일성이다. 그는 절대적으로 다르며 분리된 것들—이를테면, 모순되는 것들—보다 선행하며 그것들을 하나로 연합시킨다. 그 사이에는 중간 지대란 전혀 존재하지 않는다" (2.4.113). 니콜라우스의 최대 일자(Maximum One)는 인간의 이해를 넘어서는 방식의 "코인키덴티아 오포시토룸"(*coincidentia oppositorum*), 곧 대립적인 것들의 일치, 차이의 동일이다.[87]

창조세계와 하나님의 관계에 대한 니콜라우스의 견해에 근거해서 이뤄지는 결론의 함의는 분명하다. 그 결론은 고전적인 신플라톤주의의 유출설을 표현하고 있다. "절대 최대가 절대 존재이듯…절대 존재로부터 존재의 보편적 단일성이 존재하며, 그 보편적 단일성을 '절대[최대]로부터 도출되는 최대'라고—그것으로부터 수축적으로(contractionally) 존재하는 최대라고, 그리고 우주라고— 말한다." 다시 말해서 우주는 본질적으로 일종

---

87 Nicholas of Cusa, *Doc. ign.* 1.2; 2.1. Socrates 이전의 그리스 철학자인 Heraclitus가 최초로 대립자들의 일치를 말했다. Nicholas는 Proclus와 Pseudo-Dionysius에 의해 발전된 변증법적 신학 방법을 사용해서 자신의 결론에 도달한다.

의 최대로서 하나님 안에 존재한다. 이 최대는 일종의 "수축"(contraction), 즉 최대의 특정화 혹은 자기 제한이다. 다시 그 최대 우주는 유한한 존재자들의 최대 다원성을 포함하는 무한성이다. "이 최대의 단일성(maximum's oneness)은 다원성으로 수축된다. 그래서 다원성 없이는 존재할 수 없다. 실로 그 보편적 단일성 가운데서 이 최대는 만유를 포함한다. 그래서 절대 최대로부터 도출되는 만물은 이 최대 안에 존재하며, 이 최대는 이 만물 안에 존재한다"(1.2.6). 이런 식으로 니콜라우스는 하나님의 절대 무한을 우주의 특징인 수학적·시간적·공간적 무한자들과 구별한다. "오직 절대적인 최대(absolute Maximum)만이 소극적으로 무한(negatively infinite)하다.…그러나 우주는 하나님이 아닌 만유를 내포하고 있기 때문에, 비록 무제약적이며 따라서 그 자체로서는 무한하지만, 소극적으로 무한할 수 없다"(2.1.97). 절대적 무한은 다른 모든 무한/유한의 양극성을 포함한다.

우주는 하나님 안에서 "펼쳐지며"(unfolds) 하나님 안에서 "싸인다/접힌다"(enfolded). "그러므로…실체 혹은 성질, 수량 등등…만물의 한 차례의 싸임/접힘(one enfolding of all things)이 존재한다.…이는 오직 단 하나의 최대가 있고, 최소는 그 최대와 일치하며, 그 최대 안에서 '감싸진/접힌 차이'(enfolded difference)가 '싸고/접고 있는 동일성'(enfolding identity)에 대립하지 않기 때문이다." 펼쳐짐의 전 과정은 변증법적이다. 즉 존재 양식은 오직 다시 연합되기 위해서 그 대립자를 상정한다. "동일성이 타자성에 선행하듯, 일점(一點, a point) 또한 방대함에 선행하며…휴지(休止)는 동작에, 동일성은 차이에,…동등성은 불평등에…선행한다.…이러한 것들은 단일성(Oneness)으로 전환될 수 있다. 단일성은 영원 자체다.…그러므로 하나님은 만유를 감싸 안음/접음이며, 그 접힘 안에서 만유는 하나님 안에 존재한다. 그리고 하나님은 만유의 펼쳐짐이다. 그 펼쳐짐 안에서 하나님은 만유 안에 존재한다"(2.3.107).[88]

---

[88] Nicholas의 변증법적 언어는 충격적일 만큼 Hegel을 예상하고 있다. Hegel은 Nicholas를 존경했다. 핵심적인 차이는 "유식한 무지"다. Nicholas는 이렇게 인정하고 있다. "당신은 접힘과

일자와 존재를 동일시함으로써, 니콜라우스 쿠자누스는 삼위일체를 일자의 유출로서 설명하려는 신플라톤주의의 유혹에서 벗어난다. 실로 그는 일자 자체가 "삼위"라고 주장한다. "하나의 영원한 것 이상은 있을 수 없다. 그러나 단일성이 영원하기 때문에, 동등성도 영원하며, 연합도 영원하다. 단일성, 동등성, 연합은 하나다. 그리고 이것이 삼위일체적 단일성(triune Oneness)이다. 피타고라스는 바로 그것을 경배할 가치가 있다고 인정했다" (1.7.21). 이렇게 해서 철학이 삼위일체 하나님 개념을 제공한다. "단일성은 성부, 동등성은 성자, 연합은 사랑 혹은 성령이라 일컬어진다"(1.9.26).

니콜라우스의 철학은 마찬가지로 그의 기독론도 형성시켰다. 우주를 절대 최대로부터의 "수축된 최대"(contracted maximum)로 구별하면서 그는 변증법적으로 "세 번째 종류의 최대"를 연역한다. "이 최대는…수축인 동시에 절대적이다. 그리고 이것을 우리는 영원히 복된 자 예수라 이름한다." 절대 최대(Maximum)인 동시에 (수축) 최대(maximum)로서 예수는 하나님인 동시에 피조물이다. 그는 창조세계의 중보자(매개자, mediator)이기도 하다. 그는 "우주가 그 자체의 목표 가운데 [도달해] 있는 것처럼 가장 크고 가장 완전하게 존재하는 단일 최대(the one maximum)다"(1.2.7). 『유식한 무지론』의 제3권은 니콜라우스의 기독론을 충실하게 전개하고 있다.

범신론인가, 범재신론인가?

하이델베르크의 신학 교수였던 요하네스 벵크(Johannes Wenck)는 니콜라우스 쿠자누스가 하나님과 창조세계를 동일시하는 이단설을 가졌다고 비판했다.[89] 범신론적인 진술들을 니콜라우스에게서 쉽게 찾을 수 있는

펼쳐짐이 어떻게 일어나는지에 대해 철저히 무지함을, 그리고 당신이 비록 하나님이 만물의 접힘과 펼침이시라는 점을 알고 있다 할지라도, 그 방식은 모른다는 점을 인식하고 있음을 인정해야만 할 것이다"(Doc. ign. 2.3.111). 그러나 Hegel은 철학이 종교를 초월하여 절대 정신의 절대 인식/지식을 획득할 수 있다고 믿었다. 다음 제4장을 보라.

것으로 여겨진다. "절대 최대는 절대적으로, 존재하고 있는 만물이다. 만물 안에서 절대 최대는 만물의 절대 시작이며, 만물의 절대 끝이며, 만물의 절대 존재다. 그 안에 만물은—구별 없이, 가장 순일하게, 다양성 없이—절대 최대다. 마치 하나의 무한 선(線)이 모든 도형이듯 말이다"(2.4.113). 이 말은 하나님을 세계와 동일시하고 있는 것처럼 보인다. 니콜라우스는 또한 세계의 영원성을 인정하고 있는 것 같다. "최대 안에서는 있음과 만듦, 그리고 창조가 동일한 것들이기 때문에, 창조는 하나님이 곧 만물이라는 것에 다름 아닌 것 같다. 그러므로…어떻게 우리가 창조세계가 영원하지 않다고 생각할 수 있겠는가? 하나님의 존재가 영원하신데 말이다"(2.2.101). 그러나 유식한 무지를 실천하면서, 니콜라우스는 자기의 물음에 대답하지 않는다. 하지만 이 문제를 정립하는 니콜라우스의 근거는 스피노자의 범신론을 예기하고 있다.

그럼에도 니콜라우스의 창조에 대한 기독교적 신앙고백과 범신론에 대한 그의 거부는 존중되어야 한다. 그를 범재신론자로 여기는 것이 더 정확하다. 에리우게나, 에크하르트와 마찬가지로, 니콜라우스는 변증법적으로 사고하며 하나님과 창조세계를 동일시하면서도 동시에 무한히 구별한다. 오직 하나님만이 절대시다. 절대 최대, 절대 존재, 절대 일자다. 우주는 "수축된 최대"다. 그리하여 다원적이며 다양하고 유한한 존재자들의 무한한 최대 통일체다. 만유는 하나님 안에 있다. 하나님 안에서 모든 차이들이 통일된다. 그러나 그의 최대 단일성(Maximum Oneness)은 만물을 무한히 그리고 절대적으로 초월한다. 더 나아가 니콜라우스는 존재(Being)인 하나님을 존재자들(beings)인 피조물들로부터 구별한다. 하나님은 모든 존재자들의 존재(the Being of all beings)다. 그리고 모든 존재자들은 존재(Being) 가운데 참여한다.[90] 니콜라우스는 변증법을 존재론적으로 살피고 있기 때문에,

---

89　Hopkins, introduction to *Philosophy of Nicholas of Cusa*, 12-15.
90　Hopkins, introduction to *The Complete Philosophical and Theological Works of Nicholas of Cusa*, 1:xi. "존재와 존재자들 사이의 이 구분을 니콜라우스가 마이스터 에크하르트에게서 도출하고 있다. 그리고 이것이 폴 틸리히와 마르틴 하이데거 양자에게 영향을 준 구분들 중 하나다."

하나님과 세계에 대한 그의 양자 인정의 견해는 범신론이 아니라 범재신론을 함의한다.

에크하르트처럼, 니콜라우스의 "세계-영혼" 채택은 그의 범재신론에 대한 또 하나의 증거다. 『유식한 무지론』 2.9은 신적 정신과 세계-영혼에 대한 플라톤의 교설들을 광범위하게 다루고 있다. 니콜라우스는 그 교설들이 계시의 혜택을 결핍하고 있다고 지적한다. "철학자들은 신적 말씀과 절대 최대에 대해서 적절한 가르침을 받지 못했다"(2.9.150). 그러나 그는 세계-영혼을 기독교의 하나님과 동일시한다. "이는 플라톤이 세계를 하나의 동물(as an animal)로 언급했기 때문이다. 만일 당신이 하나님을 세계와 뒤섞이지 않으면서 세계의 영혼이 되는 것이라 여긴다면, 내가 지적하고 있는 많은 요점이 명확해질 것이다"(2.12.166). 하나님은 세계의 영혼이다. 그러나 하나님은 그 세계와 "서로 뒤섞이지" 않는다.

신적 초월성에 대한 이 주장은 니콜라우스 쿠자누스가 범신론자가 아니라 범재신론자임을 확증해준다. 다른 여러 장들 가운데서 드러났듯이, 많은 면에서, 그는 독일 낭만주의와 관념론을 예견하고 있다.[91] 현대의 범재신론자인 필립 클레이튼은 그를 자신의 선조 중 한 명으로 간주한다. "니콜라우스는 범재신론 신학에 대한 초기의 선구자로 여길 수 있을 것이다. 그 범재신론은 세계가 하나님 안에 있으며, 동시에 하나님이 세계를 초월하는 것으로 이해한다."[92]

---

[91] Robert Williams, "Cusanus' Panentheism," in *Schleiermacher the Theologian* (Philadelphia: Fortress, 1978), 64-68은 Schleiermacher와 Nicholas of Cusa의 유사성을 주장한다.
    Copleston, *Hist. Phil.*, vol.3, chap. 15, sec. 9, p. 52: "예를 들어, 부정 신학에 대한 그의 주장과 하나님을 코인키덴티아 오포시토룸(*coincidentia oppositorum*)으로 보는 그의 설은 절대자를 모든 차이점과 구별들이 소멸되는 점으로 보는 셸링의 설에 흡수될 수 있으며, 세계를 신의 외현(*explicatio Dei*)으로 보는 그의 견해는 자연을 추상적 관념(이데아)의 구체적인 현시 혹은 구체화로서 자기의 타자성 가운데 있는 하나님으로 보는 헤겔의 자연설의 조조로 간주될 수 있을 것이다."
    Maurer, *Medieval Philosophy*, 324: "헤겔은 비모순의 원리를 극복하고, 모든 차이점들이 사라지는 절대에 도달하기 위해서 니콜라우스 쿠자누스의 노력과 유사한 노력을 한다. 니콜라우스 쿠자누스 가운데서 19세기 독일 관념론자들이 보여준 관심사가 발견된다는 사실은 그의 사상과 그들의 사상 사이에서 그들이 느꼈던 친화성을 시사하고 있다."
[92] Philip Clayton, *The Problem of God in Modern Thought* (Grand Rapids: Eerdmans, 2000), 149.

야콥 뵈메

니콜라우스 쿠자누스는 모든 대립자들이 어떻게 하나님 안에서 일치를 이루는지에 대해 무지하다고 고백했다. 야콥 뵈메(Jakob Böhme, 1575-1624년)는 자신이 바로 그 점을 설명한다고 주장한다. 즉 하나님 자신이 변증법적 삼위일체성(dialectical triunity)의 시원적 예라는 것이다.[93] 뵈메는 개신교 기독교를 신비주의, 신플라톤주의, 영지주의, 연금술 및 헤르메스적이며 카발라적인 전통들과 혼합한다.[94] 비록 공식 교육을 받지 못했지만, 뵈메는 여러 세대의 추종자들에게 영감을 주어왔다. 그 가운데는 셸링, 헤겔,

---

93 Jakob Böhme, *The Aurora*, ed. D. Hehner and C. Baker, trans. John Sparrow (1656) (London: J. M. Watkins, 1914; repr., 1960); *The Way to Christ*, trans. P. Erb (New York: Paulist, 1978); 주제별로 모아 놓은 발췌문은 John Joseph Stoudt, *Jacob Boehme: His Life and Thought* (New York: Seabury, 1968); Jakob Böhme, *Essential Readings*, ed. Robin Waterfield (Wellingborough, UK: Aquarian, 1989)에서 찾을 수 있다.
  입문서로는 Ernest Koenker, "Musician in the Concert of God' Joy: Jacob Boehme on Ground and Unground," chap. 3, *Great Dialecticians in Modern Christian Thought* (Minneapolis: Augsburg, 1971); Copleston, *Hist. Phil.*, vol. 3, chap. 17, sec. 5; 및 Waterfield, "Part One: The Background," in Böhme, *Essential Readings*; Arlene Adrinne Miller, "Jacob Boehme: From Orthodoxy to Enlightenment" (Ph.D. diss., Stanford University, 1971); Andrew Weeks, *Boehme: An Intellectual Biography of the Seventeenth-Century Philosopher and Mystic* (Albany: State Universtiy of New York Press, 1991); Cyril O'Regan, *Gnostic Apocalypse: Jacob Boehme's Haunted Narrative* (Albany: State University of New York Press, 2002)가 있다.
94 Miller, "The Occultist Heritage," chap. 2 in "Jacob Boehme"; Waterfield, "The World of Boehme's Writings," 및 "The Sacred Sciences," chaps. 3 and 4 in Böhme, *Essential Readings*; Weeks, *Boehme*, 48-51; O'Regan, introduction to *Gnostic Apocalypse*.
  영지주의는 초대 기독교의 경쟁자였다. 영지주의는—남자와 여자, 선과 악 등등의—한 쌍으로 계속해서 분화하며, 물질 세계를 유출하는 원초적 일자를 상정했다. 구원은 구원자, 종종 원인(原人, Primal man)에 의해서 얻을 수 있는 그노시스(영지), 비밀 지혜를 통해 영적 영역으로 복귀하는 것이다.
  *Corpus hermeticum*은 주후 100-300년 기간에 쓰인 저술들의 모음으로서 이집트의 주술사이며 헤르메스의 제사장이었던 Hermes Trismegistus가 썼다고 한다. 그 텍스트들은 주술과 오컬트, 점성술, 연금술을 신플라톤주의와 혼합시키고 있으며, 그리하여 유럽의 기독교 세기들 동안 비기독교적인 신플라톤주의 전통을 보전시켰다. 헤르메스주의(Hermeticism)는 르네상스 시대에 다시 부상하였으며, Marsilio Ficino 및 Pico della Mirandola 같은 현저한 사상가들에 의해 이루어진 플라톤주의의 재탄생의 일부로서 받아들여졌다.
  카발라는 유대교 신비주의 텍스트들로서 (여타의 것들 중에서) 신플라톤주의와 헤르메스주의를 채택하고 있다. 그 텍스트들은 하나님을 극성적인 힘들의 통일체로 여기며, 영의 세계와 물질 세계를 하나님의 유출로 본다. 범재신론에 있어 의미심장한 점은 카발라의 침춤(Tsimtsum)론이다. 이 이론은 하나님이 스스로를 부정하거나 수축시켜 자기 안에 세계를 위한 공간을 만든다는 것이다. 몰트만은 하나님 "안에 있는" 창조세계에 대한 자신의 견해를 위해 이 개념에 호소한다.

하이데거, 베르댜예프, 틸리히, 몰트만과 같은 저명한 범재신론자들이 포함되어 있다.[95]

뵈메는 자기의 신비적인 환상들로 만족하지 않았다. 수 년 동안 그는 자기에게 섬광으로 다가온 신-세계 복합체(the God-world complex)에 대한 직관을 표현할 수 있는 말을 찾기 위해 분투했다.

나는 모든 존재자들의 존재, 근원(Byss, 혹은 원 바닥), 그리고 심연(Abyss, 바닥이 없거나 밑이 없거나 깊이를 알 수 없는 것)을 보고 알았다. 그리고 삼위일체의 탄생 혹은 영원 발생을, 이 세계의 하강과 기원을, 그리고 신성한 지혜를 통한 모든 신적 피조물들의 기원을 보고 알았다.…그리고 셋째로, 생육 번성하는 외적인 보이는 세계의 기원도 보고 알았다. 그것은 외적 탄생 혹은 외적 세계와 영적인 세계로부터 표출된 혹은 토설된 실체이다.…그것은 마치 임신모(genetrix, 혹은 결실하는 영원의 자궁)가 출산해낸 것과 같았다.[96]

이 신플라톤주의적-영지주의적 비전에서 세계는 신성의 깊음들에서 나오는 삼위일체를 발생시키는 영원한 과정의 점진적인 확장이다. 깊음으로부터 나오는 이 묘사를 살펴보도록 하자.

---

95 Koenker, *Great Dialecticians*, 53: "셸링은 '첫 잠재력'(first potency)을 하나님 안에 있는 변증법적 비존재로 상정하기 위해 뵈메에게로 돌아가고자 했다. 그의 『역사 철학 강의』 (*Lectures on the Philosophy of History*)에서 헤겔은 자신이 튜토니쿠스 필로소푸스(teutonicus philosophus)에 깊이 빚졌음을 인정했다.…우리 시대에서, 그의 영향력은 마찬가지로, 찰스 하트숀의 범심론(汎心論, panpsychism)에서도, 틸리히의 '존재의 근원'에서도, 베르댜예프의 존재의 자유(meontic freedom)에서도, 하이데거의 시원적 무(primordial Nichts)에서도 추적할 수 있다." Miller, "Jacob Boehme," 1은 "헤겔, 콜리지, 노발리스, 셸링, 폰 바더, 피히테, 쇼펜하우어, 슐라이어마허, 키에르케고르, 베르댜예프, 하이데거 및 틸리히"를 열거한다.
96 Jakob Böhme, "A Letter to an Inquirer [Casper Lindner]," in *Essential Readings*, 62-81. 64에서 인용.

변증법적 삼위일체성으로서 하나님

뵈메는 하나님 자체가 존재를 넘어선 "영원한 일자로서 감추어져 있는 하나님"이고, 그렇기 때문에 비존재(Non-being) 혹은 공(No-thing, 무위)이라는 표준적인 신플라톤주의적 주장으로 시작한다.[97] 니콜라우스 쿠자누스처럼, 그는 하나님이 일자로서 그 안에서 대립하는 힘들과 반대되는 성질들이 조화를 이룬다고 본다.

그러나 뵈메는 다른 모든 만물을 따라 하나님을, 서로 대립되는 힘들 —곧 긍정과 부정의 "가능태들"—의 변증법적 통일로 흡수시킴으로써 신플라톤주의를 넘어서 영지주의로 진행한다.[98] 뵈메 자신의 요약을 길게 인용하는 것이 의미 있을 것이다.

> 독자는 그것이 신성하든, 마귀적이든, 지상적이든, 어떤 이름이 붙여질 수 있든 간에 만물이 긍정과 부정 안에(in Yes and No) 존재하고 있음을 알아야 한다. 긍정(the Yes)으로서 일자는 순수한 힘이며 생명이다. 그리고 하나님 혹은 하나님 자체의 진리다. 그분을 그분 자체로는 알 수 없다. 그리고 부정(the No)이 없이는 그분 안에는 기쁨도 희열도 감정도 전혀 없을 것이다. 부정은 진리가 명백히 드러나도록 하기 위한 긍정 혹은 진리의 반격이며, 상반됨이 있을 수 있는, 그리고 영원한 사랑이 활동하고 느끼고 의지할 수 있는 것이며, 사랑받아야 할 어떤 것이다. 그렇지만 긍정은 부정으로부터 분리되어 있다고, 그 둘은 서로 구별되는 두 개라고 말할 수 없다. 그 둘은 한 가지되, 스스로 두 개의 시작(Principia)으로 나뉘어 두 개의 중심을 형성하기 때문이며, 각각이 스스로 역사하고 의지하기 때문이다. 영구한 갈등 가운데 있는 이 둘 없이는 만물이 무가 되어버릴 것이며, 운동 없이 고요히 정지해 있을 것이다."[99]

---

[97] Böhme, *The Way to Christ*, 7.3.1. 모든 각주는 Erb 역.
[98] *Gnostic Apocalypse*에 있는 O'Regan의 논제는 Böhme가 이 전통들이 서로 차이가 나는 부분에서는 신플라톤주의적이기보다는 좀더 발렌티누스 영지주의적이라는 것이다.
[99] Jakob Böhme, *Reflection on Divine Revelation*, Question 3, Responses 2 and 3. Koenker, *Great*

이 유명한 인용문에서 하나님과 만물이 서로 반대되는 긍정과 부정의 힘들의 연합으로 이루어져 있음이 명백하다.

뵈메는 자기의 비전(환상)을 철학 용어로 설명한다. 하나님 안에 있는 시원적 원리는 "운그룬트"(Ungrund, 무근거, 터전 없음)다. 이것은 그가 사용하고 있는 비존재 혹은 무(No-thing, 공)에 해당하는 말이다. 이것은 신플라톤주의자들이 심연(Abyss, 혼돈, 무저갱), 신성한 깊이들(the divine depths)이라 일컫는 것이다. 이것이 바로 "부정"(the No), 비존재, 심연, 흑암, 진노에 해당하는 부정적 권능(negative potency, 부정적 가능태)이다. 그러나 "운그룬트"는 존재에 대한 절대적 부정은 아니다. 그것은 무한 잠재성, 존재하고자 하는 절대 자유, 그리고 심지어 존재하고자 하는 의지나 욕망을 내포한다. "'운그룬트'는 영원한 무이지만 하나의 욕구로서 영원한 시초를 시작한다. 이는 무가 무엇인가 유를 향한 강한 바람이기 때문이다. 그러나 무엇이든 줄 수 있는 무가 존재하듯, 따라서 열망 그 자체는 줌(giving)이다. 그렇지만 그것 역시 무 혹은 그저 바라서 추구하는 것이다."[100] 다시 말해서, "운그룬트" 안에 있는 부정적 권능은 존재하고자 하는 "의지"며, 자기와 반대인 "우어그룬트"(Urgrund, 원초적 근거)와의 통일에 대한 열망이다. "우어그룬트"는 첫 번째 근원으로부터 비롯되는 두 번째 근원 혹은 원리다. 그것은 긍정적 권능(positive potency, 긍정적 가능태), "긍정의 예"(the Yes), 존재의 힘, 이성, 빛, 선, 생명, 사랑이다. 그러나 부정적 권능과 긍정적 권능은 그 자체로는 어느 것에도 해당하지 않는다. 존재하기 위해서 하나님은 비이성과 이성, 자유와 필연, 흑암과 빛, 진노와 사랑이라는 부정적이며 긍정적인 권능들을 영원히 종합해주는 세 번째 권능을 반드시 포함해야 한다. 이 통일시켜주는 힘이 바로 신성한 성령이다.

심연으로부터의 영원한 신적 자기 발생은 삼위일체를 "낳는다." 『신

Dialecticians, 61-62의 번역.
100 Jakob Böhme, Concerning the Earthly and Heavenly Mystery, First Text. Koenker, Great Dialecticians, 59의 번역.

적 계시의 네 서판』(Four Tables of Divine Revelation)에서 뵈메는 설명과 함께 도표를 제공한다.[101] 첫 번째 서판은 "본성과 피조물이 없이 하나님이란 무엇인가"를 다룬다. 최고의 층위는 "심연, 무와 만유"다. 곧 다른 곳에서 "운그룬트"라 명명된 것이다. 다음 층위는 "심연의 의지(뜻)"다. 이것은 성부라 불리기도 한다. 세 번째 층위는 "그 의지의 기쁨 혹은 인상"이다. 그것은 "그 자체로부터의 생육, 하나님이 하나님을 낳는 곳"이다. 이것이 "우어그룬트"이며 말씀 혹은 성자(아들)라 불린다. 네 번째 층위는 "앎 혹은 운동"(Science or Motion)이다. 그것은 "하나님의 자리로 **의지**가 끌어감(the attraction of the Will to the place of God)이다.…그 때문에 날숨은 하나님의 성령이라 이해된다. 그리고 여기서 셋-하나의 존재(Tri-une Being)가 이해된다."[102] 다시 말해서, 삼위일체의 세 위격들은 신성한 깊이로부터 영원히 일어나며, 일자이신 하나님을 함께 구성하고 있는 세 권능(가능태)들 혹은 원리들이다.

이전의 신플라톤주의는 변증법을 일자 그 자체가 아니라 일자로부터 흘러나오는 것 가운데 자리매김했다. 니콜라우스 쿠자누스는 일자 안에 변증법적 통일성을 자리매김하면서도 그 통일성을 설명하지 못한다. 그러나 뵈메는 대범하게도 그 변증법적 통일성을 일자의 심장부에 자리매김하고 상세하게 설명한다. 하나님 자체가 영원한 변증법이다.

삼위일체 하나님의 외현화로서 세계

그러나 삼위일체의 발생이 신적 권능(가능태)을 완전히 소진하는 것은 아니다. 뵈메에 따르면, 말씀과 성령으로서의 하나님은 세상 가운데 자기를 계시하고 그 가운데서 자기를 알고자 하는 충동을 갖고 있다. 말들은 본

---

101 Böhme, in his appendix to *Four Tables of Divine Revelation*, in *Essential Readings*, 214-39; 도표는 216에 있음.
102 앞의 책, 217.

성상 표명적이다. 따라서 영원한 말씀에 본래적인 것은 "신적 관조의 능력으로 발화된 말씀을 의미하는 지혜"다. "그 지혜 안에서 하나님은 자기에 대해 가지적이 되며, 인식되며 계시된다."[103] 에리우게나와 마찬가지로, 뵈메는 하나님이 존재하고 스스로를 알기 위해서는 반드시 창조해야 한다고 생각한다. 지혜로서 발설된 하나님의 말씀은 본성적으로 세계를 발생시킨다. 뵈메는 심지어 하나님을 세계를 낳는 "임신모"(genetrix, 혹은 결실하는 영원한 자궁)라 일컫는다.[104] 세계의 발생은 "신적 이탈(Divine Extrication) 혹은 신적 계시이며, 하나님이 영원한 본연 가운데서, 곧 사랑과 진노 가운데서 자기를 소개하는 방식"이다.[105] 그 긍정적 권능과 부정적 권능을 통일시키는 하나님의 영원한 본성이 모든 창조세계 가운데 명백히 드러난다.

삼위일체와 마찬가지로, 하나님의 본성의 발생은 변증법적이다. "그는 자기 안에서 자기를 불러내어 나누고, 중심체들을 이룬다. 그리하여 그 유출 가운데서 반대적인 것이 발생하게 한다."[106] 뵈메는 하나님으로부터 세계가 흘러나오는 것을 영지주의적·헤르메스적·연금술적 범주들을 가지고서 설명한다.[107] 일곱 개의 에너지들 혹은 성질들은 두 개의 삼중성 가운데서 작동한다. 즉 높은 삼중성(사랑, 표현, 조화), 그리고 일곱 번째의 에너지인 "섬광" 혹은 "불꽃"(Blitz, Fünkelein)에 의해서 합쳐지거나 종합되는 낮은 삼중성(수축, 분화, 그리고 회전 혹은 진동)이 그것이다. 뵈메는 높은 삼중성을 삼위일체의 위격들에게 연결시킨다. 이 맥락에서 사랑은 성부이며, 표현은 성자이며, 조화는 성령이다. 높은 삼중성은 더 낮은 삼중성으로 유출되어 흘러들어가며, 그렇게 해서 세계와 그 세계를 구성하는 개별자들을 낳

---

103 앞의 책, 앞의 쪽.
104 Böhme, "A Letter to an Inquirer," 64. 여성신학자들은 빈번히 이 전통에 호소한다. 이 전통은 Tillich에 의해 중개되어 하나님에 대해 모성적 언어를 사용하는 것을 정당화하기 위해 활용되고 있다. 제12장을 보라.
105 Böhme, Appendix to *Four Tables*, 217. 소피아와 임신한 자궁으로서의 지혜의 이미지는 Böhme가 수용한 영지주의 신학적 주제들이다. 영지주의는 남성-여성을 보편적 양극성으로 보았다. 그래서 Böhme의 타락 이전의 아담은 남녀양성적이다.
106 Böhme, *The Way to Christ*, 7.1.14.
107 Böhme, in his Appendix to *Four Tables*, 217-39; Waterfield가 요약을 제시하고 있다. 28-31, 33-34.

는다. (정전기에서 일어나는 불빛과 같이) "섬광"은 삼중성의 대립에 의해 발생되는 화해(reconciliation)다. 그것은 피조물들 안에서 하나님 나라를 이루는 성령의 역사다. 그 가운데서 삼위일체와 자연은 궁극적으로 화해되며, 연합한다. 우주적 역사에서 "자연 안에 있는 다른 모든 것처럼, 삼중적 신성은 성취를 향해 일곱 단계의 과정을 거친다."[108] 정리하자면, 삼위일체 하나님은 본성적으로/자연적으로 세계를 발생시키며, 그 세계는 하나님 안에서 영원한 셋의 통일과 똑같은 과정을 시공간 안에서 반영한다. 세계사 가운데서의 삼위일체의 현실화는 헤겔, 셸링, 베르댜예프, 틸리히, 몰트만에게도 역시 기본적이다. 이들 모두는 의도적으로 야콥 뵈메의 유산을 수용하고 있다.

또한 뵈메는 하나님의 창조 행위의 필연과 자유를 변증법적으로 다룬다. 한편으로 창조는 필연적이다. 왜냐하면 세계를 발생시키는 것이 하나님의 본성이기 때문이다. 하나님의 창조 의지는 신적 잠재성의 충만한 현실화를 향한 열망이다. "만일 감추어진 하나님이…자기로부터 나오는 자기의 의지에 의해 스스로를…자연적이며 피조물적인 삶으로 이끌지 않았다면…어떻게 그 자체로 하나(one)인 하나님의 감추어진 뜻이 그 자체에게 계시되었겠는가?"[109] 다른 한편으로 창조는 두 가지 점에 자유롭다. 하나님은 어떠한 제약이나 강제적 부과 없이 창조세계를 의지(뜻)하시기 때문이다. 그리고 하나님은 피조물들에게 자기 창조의 힘을 수여하시기 때문이다. "영원한 일자는…스스로를 인도하여…다원성으로 이끈다.…각 영적 특성은 그 자체의 '분리자'(Separator), 곧 분배자(divider)와 창조자(maker)를 자체 안에 갖고 있다.…그래서 각 의지의 분리자는 끊임없는 다원성이 일어나는 그 자체로부터 특성들을 다시 이끌어낸다."[110] 하나님은 피조물들의 자기 창조성을 의지(뜻)하시기 때문에, 뵈메는 때때로 현실태로서의 세

---

108 Miller, "Jacob Boehme," 56. Böhme, Appendix to *Four Tables*, 218-32.
109 Böhme, *Way to Christ*, 7.1.10.
110 앞의 책, 7.3.10-11.

제2장 플라톤에서 기독교 신플라톤주의까지의 범재신론   99

계의 기원을 창조주로부터의 자유롭고 자발적인 "도약" 혹은 "타락"이라고 말하곤 한다. "타락"으로서의 창조라는 그의 견해는 헤겔과 셸링, 하이데거와 틸리히 안에서 다시 등장한다.

신적 변증법은 악에 대한 뵈메의 취급도 형성하고 있다. 뵈메의 방식은 신플라톤주의적이기도 하며 또한 영지주의적이기도 하다. 하나님 자체는 본래적으로 대립적이다. 긍정과 부정(Yes and No)이며, 근원과 심연(무근원)이며, 빛과 어둠이며, 사랑과 진노이다. 그렇지만 그는 본질적으로 선하다. 그리하여 하나님은 자기 안에서 양극성들을 완전하게 조화시킨다. 그러나 하나님이 우발적인/비필연적인 세계를 발생시키기 때문에, 양극성들이 꼭 균형 잡혀 있지 않으며, 따라서 잠재적인 악이 현실적인 악이 된다. 그러나 악의 실질성은 선이라는 사실이 판명된다. 마침내 악은 제거될 수 있고 오직 선만이 하나님 안에서 성취되기 때문이다. "우리는 하나님의 단일한 선한 의지에 관해 다음과 같이 철학화시키고 말할 수 있다.…하나님은 자기로부터 자기를 나눈다.…그래서 그 선은 악 가운데서 인식 가능하고, 작용하고, 의지될 수 있다. 즉 악으로부터 분리되기를 원하여 다시 단일한 하나님의 의지로 복귀하기를 바랄 수 있다."[111] 역사는 하나님 나라의 임함이다. 거기에서 모든 유한한 대립들은 점진적으로 하나님 안에서 현실화되고 화해된다. 유한한 악의 실질성이 없이는 창조도 구속도 불가능하다. 하나님은 악을 가능하게 하신다. 그러나 피조물들은 악을 현실화한다. 셸링은 하나님과 자유와 악에 대한 뵈메의 진술에 깊은 영향을 받았다. 그리고 베르댜예프와 틸리히, 몰트만이 셸링의 뒤를 따르고 있다.

---

111 앞의 책, 7.1.14.

뵈메의 범재신론

뵈메는 우선, 그 이후의 범재신론자들에 대한 그의 영향력이 크기 때문에 중요하다. 그렇지만 뵈메를 그 후대의 범재신론자들과 더불어 분류할 만한 충분한 이유가 있다. 뵈메의 하나님은 자기 발생적이며 자족적(self-contained, 자급적)이되, 세계 안에서 자기를 실현하는 것이 그의 본성이다. 그렇지만 하나님과 세계는 구별되어 있다. 하나님 안의 말씀과 성령은 지혜와 세계-영혼 가운데서의 그 현현과 구별된다. 뵈메는 세계-영혼을 하나님의 한 양상이라 명백히 일컫는다. 그것은 "외적 세계의 영혼이다.… 보이는 세계에 속한 모든 피조물들의 생명이다. 그 생명에 의해 이 세계의 분리자 혹은 창조자가 그 자체를 형성하며 영적 세계의 이미지를 만든다. 그리고 내면의 영적 세계의 힘이 그 자체를 형성하고 표현하며 본다."[112] 세계는 세계의 영혼에 의해서 파악되며, 그 영혼은 하나님의 한 차원이다. 이것은 범재신론에 해당한다.[113]

결론

여태까지의 범재신론 역사는 대체로 신플라톤주의의 이야기다. 신플라톤주의는 선, 이데아들, 데미우르고스, 세계-영혼에 대한 플라톤의 교설을 어떻게 신성한 일자로부터 유출하고 그 일자에 의해서 포섭되는지에 대한

---

112 앞의 책, 7.3.18.
113 Miller, "Jacob Boehme," 56은 "범재신론"이라는 용어를 사용하지 않지만, Böhme를 범신론과 배타적인 초월적 유신론 사이에 자리매김한다. "자기 폐쇄적인 신성이라는 그의 개념을 보았을 때, 한편으로 뵈메는 위험하게 범신론에 근접해 있으며, 그래서 그가 그렇다고 종종 비난받고 있다. 다른 한편으로, 그는 창조세계와 피조물로부터 완전히 분리되어 있는 초월적 하나님에 근접해 있다. 그러나 뵈메는 이 두 입장들의 진퇴양난의 사이를 용감하게 헤치고 나아간다. 그의 하나님은 초월적인 동시에 내재적이다."

종합적인 진술로 재정리하고 있다. 위-디오니시우스는 신플라톤주의가 기독교 신학 안으로 들어오게 만든 주요 도관이었다. 비록 대부분의 중세 기독교 사상가들이 위-디오니시우스를 인정했지만, 에리우게나, 에크하르트, 니콜라우스 쿠자누스와 같은 몇몇 사상가들은—고전적 유신론의 주류 전통 가운데 서 있었던 안셀무스나 아퀴나스, 스코투스와 같은 사상가들이 받아들였던 것보다—훨씬 더 많이 위-디오니시우스의 신플라톤주의를 수용했다.

    신플라톤주의의 두 측면은 범재신론으로 유입되는 길이다. 하나는 세계가 신적 유출이라는 개념이다. 세계라는 이데아(관념)는 하나님의 정신 안에 영원히 존재할 뿐 아니라, 세계를 자신이 아닌 "타자"로서 실현하고 파악하는 것이 하나님의 본성이다. 하나님은 세계가 없이 존재하는 그런 종류의 존재가 아니다. 창조는 신적 삶(생명)의 본성적/자연적 단계이다. 세계의 발생 및 완성은 하나님의 최대 위대성(maximal greatness, 최대로 큼)에 본질적이다. 따라서 세계는 존재론적으로 신적 본성(본연) 안에 함축되어 있으며 그 본성의 일부이다. "무로부터의 창조"(creatio ex nihilo)는 실질적으로 "신으로부터의 창조"(creatio ex Deo)에 해당한다. 이 입장은 하나님이 세계를 창조하든 하지 않든 전적으로 완전하시며, 무로부터의 창조는 창조를 하든 하지 않든 하나님의 자유롭고 주권적인 선택 행위라고 말하는 기독교 교리와 다르다.

    범재신론에 자양분을 공급해주는 두 번째 요소는 하나님 안에 있는 서로 반대되는 것들의 발생과 화해를 말하는 변증법적 신학의 등장이다. 하나님 자체는 모든 양극성을 넘어서는 통일성으로, 존재와 비존재, 무한과 유한, 내재와 초월, 우연과 필연, 자유와 결정이 다 포함되어 있으며 화해를 이루는 일자로 이해된다. 세계가 이러한 양극성들에 의해 특징지어지는 만큼, 세계는 하나님 안에 반드시 포함되어야 하지만 하나님과 동일하지는 않다. 하나님은 또한 초월적인 일자를 유지한다.

    유출과 변증법이라는 이 두 요인들은 밀접하게 연결되어 있다. 변증법은 존재론적이다. 변증법은 유출된 존재의 과정이 지니는 형식과 구조다. 따라서 변증법 사상과 유출 사상은 역사적으로 범재신론적 신학들을 진작시키는 데 협력해왔다. 그 전통이 발전함에 따라서 변증법과 하나님 사이의 관계는 점차적으로 더 굳건해지게 되었다. 애초의 신플라톤주의는 변증법에 대해서 일자의 절대적 초월성을 강조했으나, 니콜라우스 쿠자누스는 하나님을 자기 안에서 모든 대립들을 통일하는 단일 무한 존재자로서 확인했으며, 뵈메는 변증법을 세계의 발생에만이 아니라, 하나님 자신의 영원한 자기 발생의 형식으로서 하나님 자신의 중심 가운데에 집어넣었다.

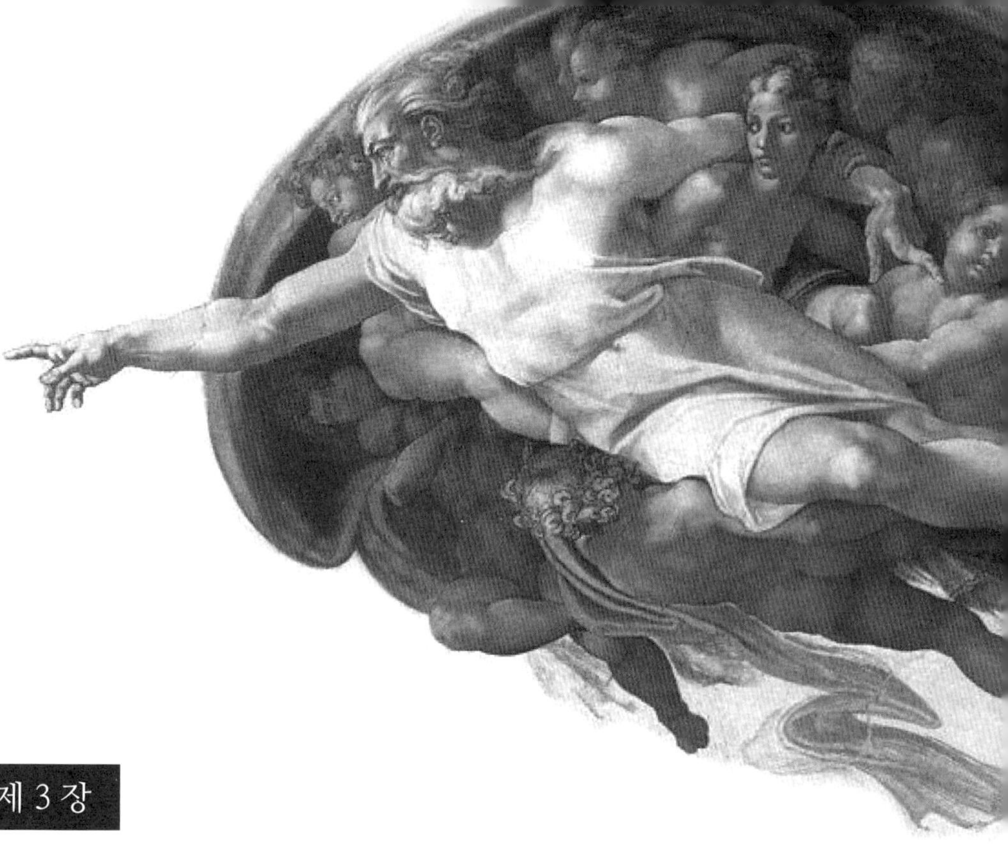

제 3 장

| 르네상스에서 낭만주의까지의 범신론과 범재신론 |

앞 장에서 우리는 플로티누스에서 시작해서 기독교 신플라톤주의를 거쳐 야콥 뵈메의 종교개혁 이후 신비주의에 이르는 범재신론의 역사를 추적했다. 이 장은 비그리스도인인 조르다노 브루노와 바룩 스피노자의 르네상스 직후의 범신론에서부터 시작한다. 그 이유는 이 두 사람이 그 이후의 범재신론자들에게 지대한 영향을 행사하고 있기 때문이다. 그런 다음에 17세기 케임브리지 플라톤주의자들 가운데서 범재신론에 대한 어떤 증거를 찾아보고, 조나단 에드워즈의 철학적 신학에 초점을 맞춘다. 그 다음으로 기독교, 신플라톤주의, 초기 낭만주의가 합류하는 가운데 근대 범재신론이 형성되기 시작하는 독일로 다시 초점을 옮긴다. 그리고 이 장은 프리드리히 슐라이어마허로 결론을 맺는다. 그는 스피노자와 신플라톤주의를 결합하여 기독교 낭만주의의 범재신론 신학을 만들고 있다.

조르다노 브루노

조르다노 브루노(Giordano Bruno, 1548-1600년)는 니콜라우스 쿠자누스와 비기독교적 신플라톤주의 전통에 크게 영향을 받았다.[1] 그의 철학적 신학은 스피노자의 범신론을 예견하게 하는 방식으로 발전했다. 그 이유는 부분적으로 그가 니콜라우스 쿠자누스와는 달리 창조주와 피조물 사이의 관계에 대한 교회의 교리에 헌신적이지 않았기 때문이었다.

자연의 무한한 내재로의 하나님

두 주요 저작 『원인, 원리, 일자에 관하여』(Concerning the Cause, Principle, and One)와 『무한 우주와 세계들』(On the Infinite Universe and Worlds)에서, 브루노는 자연과 그 안에 있는 만물의 원천인 신성한 일자의 인지적 초월성(cognitive transcendence)을 강조하면서 시작한다.[2] 에리우게나, 니콜라우스 쿠자누스와 마찬가지로, 브루노는 하나님과 자연을 구별하고 있으며, 우주를 하나님의 현시로 바라본다. 그는 또한 세계의 원리들과 원인들을 설명함에 있어서 세계-영혼에 현저한 역할을 부여하고 있다. "세계의 영혼…만물 안에 있는 만물인 신적 본질은 만물을 채우고 있으며 사물들 자체의 본질보다 사물들에 더욱 본래적으로 편만해 있다. 이는 그것이 본질들 중의 본질이며, 생명들 중의 생명이며, 영혼들 중의 영혼이기 때문이다."[3] 언뜻 보기에 브루노는 신플라톤주의의 신-유출-세계의 도식을 따르는 것처럼 보인다.

그러나 사실 브루노의 입장은 고대 스토아주의의 자연주의적 범신론에 더 가깝다. 세계-영혼은 물질세계를 발생시키는 더 높은 실재가 아니라

---

1 Nicholas of Cusa의 영향에 대해서는, Copleston, *Hist. Phil.*, vol. 3, chap. 16을 보라. Böhme와 마찬가지로, Bruno는 헤르메스 사상 및 카발라 사상에 정통해 있었다. Francis A. Yates, *Giordano Bruno and the Hermetic Tradition* (Chicago: University of Chicago Press, 1964); 및 Karen Silva de Leon-Jones, *Giordano Bruno and the Kabbalah: Prophets, Magicians, and Rabbis* (New Haven: Yale University Press, 1997)를 보라.
2 Giordano Bruno, *Concerning the Cause, Principle, and One*, trans. Sidney Greenburg, in Sidney Greenburg, *The Infinite in Giordano Bruno* (New York: King's Crown, 1950; repr., New York: Octagon, 1978); *On the Infinite Universe and Worlds*, trans. D. W. Singer, in D. W. Singer, *Giordano Bruno: His Life and Thought* (New York: Schuman, 1950). 또한 Copleston, *Hist. Phil.*, vol. 3, chap. 16, sec. 6; 및 James Collins, *God in Modern Philosophy* (Chicago: Henry Regnery, 1959), 20-29을 보라.
3 Bruno, *On the Infinite*, dialogue 1 (Singer, 267).

세계 안에 내재해 있는 합리적인 인과적 행위자(causal agent)다.[4] "마치 영혼이—영혼이 존재를 부여하는—전체 형태 안에 있으면서도 동시에 개별적이듯이, 그리고 따라서 전체 안에서와 모든 개별체 안에서 유사한 방식으로 존재하듯이, 우주의 본질도 무한자 가운데서와 동시에 그 각 부분 혹은 지체 안에서 하나(One, 일자)다. 그리하여 전체와 모든 부분은 실체상으로 하나가 된다."[5] 다시 말해서, 세계-영혼과 우주 둘 다에, 곧 형태와 질료 둘 다에 단 하나의 실체가 있을 뿐이다. 신성한 본질은 우주 안에 내재하는 생산력이다. 하나님은 구별된 초자연적 실재이지만 자연(본연) 자체의 무한한 깊이들이다.

하나님과 세계의 일치(coincidence)는 무한성에 대한 브루노의 분석을 통해 다시 강화된다. 브루노는 절대적인 신성한 무한과 상대적인 세상의 무한(수리적 무한, 시간적 무한, 공간적 무한 등) 사이를 구별하는 니콜라우스 쿠자누스의 구별을 재정리하여 하나님이 이 두 무한을 다 소유한다고 본다. 세상은 또한 유한하기 때문에 상대적으로 혹은 확장적으로 무한하다.[6] "나는 우주를 '투토 인피니토'(tutto infinito)라 일컫는다. 우주에 가장자리나 한계나 표면이 없기 때문이다. 나는 세계를 '토탈멘테 인피니토'(totalmente infinito)라고 부르지는 않는데, 그 이유는 우리가 취하는 어떤 부분이든 유한하기 때문이다." 그러나 하나님은 절대적으로 그리고 동시에 상대적으로 무한하다. "나는 하나님을 '투토 인피니토'라고 일컫는다. 그는 자신에게서 모든 제한들을 배제하고 있기 때문이며, 그의 속성들 각각이 하나이며 무한하기 때문이다. 그래서 나는 하나님을 '토탈멘테 인피니토'라고 일컫는데, 그가 전체 세계 가운데서 전반적이시며, 그 각 부분에서 무한하며

---

4 Bruno, *Concerning the Cause*, dialogue 2 and 3; *On the Infinite*, dialogue 1 (Singer, 264-69); Greenburg, "Universal Soul and Universal Form," in *The Infinite*, 28-30; 또한 Singer, *Giordano Bruno*, 98-99을 보라.
5 Bruno, *Concerning the Cause*, dialogue 5 (Greenburg, 164).
6 Philip Clayton, *The Problem of God in Modern Thought* (Grand Rapids: Eerdmans, 2000), 152: "니콜라우스가 [세계의] 사적인 무한성에 대해 언급한 자리에서, 브루노는 외연적 무한과 내포적 무한을 구별한다." Bruno에게 있어서 세계는 외연적 무한이며 하나님은 이 두 가지 의미에서 무한하다.

전체적이시기 때문이다. 이것은 우주의 무한성과는 구별된다. 그 무한성은 우주 전체 안에서 전체적이되 그 부분에서는 아니기 때문이다."[7] 그래서 니콜라우스 쿠자누스가 주장했듯이, 하나님의 무한성은 세계의 무한-유한 양극성을 초월하며 동시에 포함한다. 브루노의 하나님과 세계 사이의 구별은, 세계 안에서의 하나님의 내재를 특징짓는 무한성의 종류에서의 부분적인 차이에 해당한다. 그것은 하나님의 존재의 초자연적인 초월성을 함축하지 않는다.

하나님과 세계의 존재론적 중첩은 『삼중적 최소와 측량에 대해서』(De triplici minimo et mensura)에서 확인된다. 브루노는 하나님이 우주 안에 있는 그의 특정한 현시들로부터 구별되는 것으로 간주될 경우에 능산적 자연(natura naturans, 자연을 발생시키는 자연)이라고 주장한다. 그리고 하나님이 세계 안에 있는 그의 현시라고 간주될 경우에는 소산적 자연(natura naturata, 발생된 자연)이라는 것이다.[8] 이 용어는 하나님을 본연(자연)의 구분들로부터 접근하는 에리우게나의 접근 방식을 반영하고 있으며, 스피노자에 의해 채택되었다.

브루노의 범신론

비록 브루노가 신플라톤주의를 피상적으로 반향하는 일종의 하나님-세계 구분을 인정하기는 하지만, 무한에 대한 그의 분석과 하나님을 능산적 자연으로 보는 그의 정의는 하나님이 자연을 발생시키고 내포하는 초자연적 실재가 아니라 자연이 지니고 있는 무한한 역동적 깊이들(dynamic depths, 역동적 심연)임을 시사한다. 따라서 브루노는 범재신론을 함의한다기보다는 스토아주의의 범신론을 닮았으며, 스피노자와 톨런드를 예견하

---

7 Bruno, *On the Infinite*, dialogue 1 (Singer, 261).
8 영어 번역본이 전혀 없기 때문에, Copleston, *Hist. Phil.*, vol. 3 chap. 16, sec. 6에 의존했다.

고 있다.⁹

그럼에도 브루노는 이 역사에서 중요하다. "최소한 플로티누스로부터 위-디오니시우스를 거쳐서 요하네스 에리우게나와 같은 초기 중세 사상가들에게로, 르네상스 시기의 신플라톤주의(와 헤르메스 전통)에 대한 재발견을 통해 니콜라우스 쿠자누스와 브루노에게로 이르는 끊이지 않는 선이 있다." 청년 셸링은 그의 대화록 『브루노: 사물에 존재하는 자연적이며 신적 원리에 대하여』(Bruno: On the Natural and Divine Principle in Things, 1802)에서 그 자신의 목소리로 브루노를 선택했다.¹⁰

바룩 스피노자

대부분의 독자들에게 바룩 스피노자(Baruch Spinoza, 1632-1677년)의 이름은 범재신론이 아니라 범신론을 연상하게 만든다. 여기에 스피노자의 이름을 포함시킨 것은 그러한 판단을 바꾸려는 것이 아니다. 물론 그런 분류에 논란의 여지가 있긴 하지만 말이다. 어쨌든 스피노자를 존경하고 그러면서도 그의 견해들을 수정했던 사상가들은 현대 범재신론의 형성에 큰 영향을 주었다. 클레이튼은 스피노자의 범신론이 비록 지지할 수는 없지만, "서구 철학에서 체계적으로 다듬어졌을 때, 하나같이 **범재신론**으로 전환되었다"고 주장한다.¹¹ 레싱(Lessing), 헤르더(Herder), 슐라이어마허, 피히테, 셸

---

9 Greenburg, *The Infinite*, 76은 Bruno를 범신론자로 여긴다. "하나님, 자연, 지성, 형상, 질료, 영혼은 하나다." Collins, *God in Modern Philosophy*, 22도 그렇다. "하나님은 실체적 본성과 하나다.…감지될 수 있는 본성에 대한 하나님의 실질적인 실체적 초월성은 전혀 없다. 자연 자체의 무한 실체를 향한 인간 지성과 사랑의 끊임없는 진보만 있을 뿐이다." Clayton, *The Problem of God*, 151-52은 그를 일원론자(monist)/범신론자로 분류하며, 직접 Spinoza에게로 연결시킨다. Copleston, *Hist. Phil.*, vol. 3, chap. 16, sec. 6, p. 69은 좀더 조심스럽다. "그의 철학은 니콜라우스 쿠자누스로부터 스피노자에 이르는 도중에 자리 잡고 있을 수 있다. 그러나 브루노 자신은 그 길의 끝까지 가지 않았다."
10 Clayton, *The Problem of God*, 215-16. Schelling에 대해서는 다음 장을 보라.
11 앞의 책, 389.

링 및 헤겔은 모두 스피노자의 견해를 찬탄했고 수정했다.

스피노자는 유대교 신앙 가운데서 성장했으나 그의 비정통적인 견해들 때문에 청년 시절에 회당에서 쫓겨났다. 그의 신학적 성찰들에 대한 직접적인 자극은 르네 데카르트(René Descartes, 1596-1650년)의 작품이었다. 흔히 데카르트는 근대 철학의 아버지로 간주된다.

비록 데카르트는 몇 가지 전통적 의견들과 종교적 신념들을 견지하고는 있지만, 그 의견들과 신념들을 괄호 안에 넣어두고, 과연 그런 것들이 순전한 지식/인식(knowledge)으로서의 자격이 있는지를 알아보고자 한다. 그는 지식/인식을 그 관념들이 자명하든지 아니면 자명한 진리들로부터의 타당한 연역적 사유에 의해 도출되기 때문에 참이라고 확실하게 알려질 수 있는 명석판명한(clear and distinct, 분명하고 뚜렷한) 관념들을 소유하는 것으로 규정한다. 그는 모든 지식은 반드시 전적으로 그와 같은 진리들을 토대로 해서 구축되어야 한다고 주장한다. 그리고 그는 최소한 초월적인 하나님에 대한 일반적인 신념은 순전한 지식/인식으로서 정당화될 수 있다고 생각한다.[12]

스피노자의 일원론적 철학

비록 스피노자가 데카르트의 철학에서부터 시작해서 그의 인식론에 동의하고는 있지만, 스피노자의 결론은 데카르트의 형이상학과는 반대된다. 데카르트는 형이상학상 철저한 이원론자다. 그는 사고하는 실체(하나님, 천사들, 인간의 정신)와 연장적 실체(인간의 신체, 동물, 물질적인 사물들) 사이에 줄어들 수 없는 차이를 상정한다. 사고하는 실체의 범주 안에서 그는 독립적 실체(하나님)와 의존적 실체(피조물들) 사이에 그보다 더 기초적인 구

---

12 René Descartes, *Meditations on First Philosophy* (1641).

분을 상정한다.

스피노자의 형이상학은 정반대다. 스피노자의 형이상학은 서구 사상에서 가장 분명하고 일관성 있는 일원론(하나의 실체)이다. 그의 일원론의 씨앗들은 아마도 일찍이 그가 유대교 신비주의 저작 및 카발라 문헌들을 읽으면서 심어졌고, 조르다노 브루노에게 친숙해짐에 따라 자라났던 것으로 보인다.[13]

범신론이라는 비판이 제기되는 이유는 스피노자가 오직 하나의 실체만 존재한다는 결론을 내리기 때문이다. 스피노자는 그 단일 실체를 일정하게 하나님이라고 부르고 있으며, 때때로 "하나님 또는 자연"(신 즉 자연)이라고 부른다. 이것은 그가 하나님 이외의 유한한 존재자들의 실재성을 부인하고 있거나 하나님을 자연을 구성하고 있는 것들의 총합과 동일한 것으로 간주하고 있다는 인식을 준다. 어느 경우든, 스피노자의 철학은 "모든 것이 하나님"이라는 사실을 함축하고 있는 듯 여겨진다. 이것은 단도직입적인 범신론이다. 그러나 그의 입장은 훨씬 더 미묘하다.[14]

하나님과 자연에 대한 스피노자의 철학

스피노자는 데카르트의 정의를 채택하여 자신의 실체 개념을 정립한다. "실체라는 말로 내가 이해하는 바는 자체적으로 있으며 그 자체를 통해서 생겨나는 것, 즉 그 개념(concept)이 다른 존재에 대한 개념을 요청하

---

13 Copleston, *Hist. Phil.*, vol. 4, chap. 10, pp. 214-15. Spinoza는 또한 Moses Maimonides (1135-1204)를 공부했다. Spinoza는 Maimonides에게서 신플라톤주의적 유일신론을 배웠다. Spinoza는 여러 유대교 카발라 사상가들을 출처로 언급한다. 비록 Spinoza가 Bruno의 이름을 직접 언급한 적이 없지만, 그의 초기 저술들에 풀이되어 있는 대목들과 능산적 자연(*natura naturans*)과 소산적 자연(*natura naturata*)이라는 용어들을 사용하는 것을 보면 그가 Bruno의 철학을 알았을 가능성이 아주 높다.

14 앞의 책, chap. 10; Collins, *God in Modern Philosophy*, 69-70; Etienne Gilson and Thomas Langan, "Benedictus Spinoza," chap. 9 in *Modern Philosophy* (New York: Random House, 1963); Roger Scruton, *Spinoza* (New York: Oxford University Press, 1986); Richard Mason, *The God of Spinoza: A Philosophical Study* (Cambridge: Cambridge University Press, 1997).

지 않는 것, 다른 개념으로부터 형성되어야 하지 않는 것을 의미한다." 그는 이 정의로부터 하나의 자충족적인 실체가 불가피하게 존재하며, 그 실체는 절대적이며, 영원하며, 소인(素因)이 자기로부터 비롯하며, 무한해야만 한다고 결론을 내린다. 간단히 말해서, 그 유일한 자충족적 실체는 하나님이다. "나는 하나님이라는 말을, 절대적으로 무한한 존재자로, 즉 속성들의 무한성으로 이루어진 실체로 이해한다. 그 실체에 의해 각 속성은 영원하며 무한한 본질을 표출한다고 본다."[15] 지금까지의 하나님에 대한 스피노자의 철학적 정의는 전통적이며 논쟁의 여지가 없어 보인다.

그러나 범신론 쟁점이 즉시 등장한다. 왜냐하면 실체에 대한 그의 정의는 오직 한 실체만이 존재할 수 있음을 함축하기 때문이다. 그것은 자기 폐쇄적이며 자충족적인 실체다. "하나님 이외에 어떠한 실체도 존재할 수 없고 생겨날 수 없다."[16] 이 정의의 귀결은 "실체라는 것은 다른 어떤 것에 의해서도 생산/산출될 수 없다"는 것이다.[17] 그러므로 유한한 존재자들이란 데카르트가 제안하고 있듯이 전체 기독교 전통을 따라 하나님에 의해서 창조되었으며 하나님에게 의존하고 있는 정신적 (그리고/혹은) 물질적인 개별 실체들이 아니게 된다. 실로 스피노자는, 아리스토텔레스 이래로 우연적(필연적이지 않은) 개별 실재들(entities)을 실체들이라 이해하고 있는 주류 서구 철학 전통으로부터 이별하고 있다. 스피노자의 조처는 유한한 것들은 비실재적이며, 하나님만이 유일한 실재라는 인상을 남길 수 있다.

그러나 실제로 스피노자는 세계 안에 있는 개별적인 것(개별자)들을 비실재적이라 보지도 않고 개별적 실체들이라 보지도 않으며, 단일한 무한 실체(the One Infinite Substance)의 변형들(modifications, 변이들)이라고 본다. 데카르트는 정신적 속성들과 물질적 속성들에 대한 우리의 경험으로부터 정신적(사고하는) 실체와 물질적(연장적) 실체의 실재성을 끌어낸다. 반면

---

15 Baruch Spinoza, *The Ethics*, I, D6, in *A Spinoza Reader*, trans. and ed. Edwin Curley (Princeton, NJ: Princeton University Press, 1994), 85.
16 앞의 책, I, P14 (Curley, 93). 이 인용들에서, P = proposition이다.
17 앞의 책, I, P6 (Curley, 87).

스피노자는 정신적 속성들과 물질적(물리적) 속성들을, 신성한 실체가 지닌 속성들의 무한성 중 두 가지의 유한적 현현으로 간주한다. 단 하나의 실체가 존재하기 때문에 유한한 정신적 실재들과 물질적 실재들은 유한의 관점에서 볼 때, 그 실체의 변형들임에 틀림없다는 것이다.

이것을 인간의 몸과 정신에 적용시켜볼 때, 스피노자가 의미하는 바가 더 명확해진다. 데카르트는 정신과 몸을 각각의 인간 존재 안에서 결합해 있는 두 개의 구별된 실체들이라 생각한다. 스피노자는 그 대신에 몸과 마음을 하나의 유한한 것의 두 측면, 즉 하나의 개별 인간 존재자에게 속한 상호 환원될 수 없는 두 가지 양상들이라고 본다. 정신은 사고의 범주에 따라 간주되는 사람이며 몸은 연장(extension)의 범주에 따라 간주되는 사람이다. 각 개별 인간 존재는 두 실체들의 결합이 아니라 하나님의 영원한 정신 안에 있는 한 특정한 관념의 연장된(물질적) 현실태다. 유비적으로 말해서, 세계 가운데 있는 각각의 개별 실재는 단일한 실체(the one Substance)의 영원하며 필연적인 속성들의 한 가지 혹은 두 가지의 유한적 변형이자 실증이다. 이런 방식으로 개별적인 것들은 현실태가 되지만, 구별되어 존재하는 실체들은 아닌 것이다.

스피노자의 입장이 범신론적인 듯 보이는 또 하나의 이유는 때때로 그가 하나님과 자연을 동일시하고 무한 실체를 "신 즉 자연"(*Deus sive natura*, 하나님 또는 자연)이라 칭하기 때문이다.[18] 이런 식의 발언은 오래된 미묘한 역사를 지니고 있다. 에리우게나는 『본연의 구분에 관하여』에서 하나님과 자연에 상관적 의미들을 부여하고 있다. 니콜라우스 쿠자누스는 하나님이 자기의 창조 행위를 통해서 창조되는 것으로 말한다. 그리고 브루노는 이 사상을 능산적 자연(*natura naturans*)과 소산적 자연(*natura naturata*)으로 표현하고 있다. 스피노자는 자연을 하나님의 자기 발생으로, 하나님을 자신이 스스로의 원인이 됨으로써 야기되는 분으로 여기는 이 전통을 물

---

18 앞의 책, IV, preface (Curley, 198). 이 표현은 이따금씩만 사용된다.

려받았다. 스피노자는 하나님 혹은 자연이 고려될 수 있는 두 가지 길에 대한 진술에서 이러한 사상들을 유지하고 병합시키고 있다. 능산적 자연은 "하나님이 자유로운 원인으로 여겨지는 한에서의 하나님"이다. "하나님 안에 있다고 여겨지며, 하나님 없이는 존재할 수도 없고 생겨날 수도 없는 것인 한, 하나님의 본성의 필연으로부터 혹은 하나님의 어느 속성들로부터 즉 하나님의 속성들의 모든 양태로부터 흘러나오는 것은 무엇이든" 다 소산적 자연이다.[19]

여기서 볼 수 있는 것은 하나님-피조물 사이의 필연적인 일방적인 관계를 가지고 그 둘에 대한 명확한 구별을 제시하는 복합적인 그림이다. 하나님은 세계 안에 있는 개별적인 것들의 총합으로서의 자연과 단순히 동일하지는 않다. 하나님은 고유하게 능산적 자연이다. "자유로운 원인으로서의 하나님"이다. 이것은 세계 안에 있는 것들을 낳는 무한하며 영원하며 자충족적이며 능동적인 본성을 가진 실체다. 소산적 자연은 "하나님의 본성의 필연성으로부터 따라나오는 모든 것"이다. 그러나 소산적 자연을 구성하고 있는, 신적 필연성으로부터 집단적으로 따라나오는 개별적인 것들은 영원하지도 무한하지도 필연적이지도 않으며, 자가 원인적이지도 않다. 따라서 그런 것들은 신적이지 않다. 그래서 무한한 실체와 세계를 구성하고 있는 개별 실재들 사이에서 신적/비신적 구별을 할 수 있게 된다.

그러나 하나님과 세계는 필연적으로 연결되어 있다. 소산적 자연이 없다면, "하나님은 있을 수도, 생각될 수도 없다." 소산적 자연 역시 영원하며 필연적이다. 비록 능산적 자연이 "자유로운 원인으로서의 하나님"이지만, 하나님의 자유는 선택의 자유가 아니라, 다른 어떤 것에 의해서도 결정지어지지 않는 (필연성과 양립될 수 있는) 자유다. 스피노자에게 있어서 하나님이 지금 하고 있듯 바로 그렇게 세계 가운데서 자신을 현시하지 않는 것은 절대적으로 불가능하다. "만물은 하나님 안에 있으며, 발생하는 모든 만

---

19 앞의 책, I, P29, 난외주(Curley, 104-5).

물은, 하나님의 무한한 본성의 법칙들을 통해서만 발생하며…그의 본질의 필연으로부터 따라나온다."[20] 다시 말해서, 스피노자는 우리가 스토아주의와 신플라톤주의, 에리우게나, 니콜라우스 쿠자누스 및 브루노에게서 보고 있는 사상, 즉 세계가 필연적으로 그러나 유한하게 하나님 안에 있는 무한한 관념적(이데아적) 가능성들을 현시하거나 현실화한다는 사상을 가지고 계속해서 작업을 하고 있다.[21]

이 입장은 또한 인간의 선택들과 행위들을 포함해서 발생하는 모든 것이 절대적으로 결정되어 있음과 세계 안에 있는 모든 악이 반드시 발생한다는 점과 그 악이 하나님에 의해 야기된다는 점을 함축한다. "**자연 안에 우연적인 것은 아무것도 없다. 모든 것이 어떤 식으로 존재하고 효과를 낳을지가 신적 본성의 필연에 의해 결정되어 있다.**"[22] 이러한 견해들에 대한 불만 때문에 후대의 스피노자의 찬양자들은 좀더 피조물 쪽의 자기 결정을 강조하는 범재신론으로 기울게 되었다. 셸링이 그런 사람들 중 선두 주자다.

마지막으로, 스피노자에 따르면, 하나님과 세계 사이의 필연적인 관계는 하나님이 구성한 고유성이다. 하나님은 세계가 하나님 안에 있도록, 그리고 세계 안에 하나님이 있도록 결정하신다. 명제 15 "하나님에 대해서"는 세계를 하나님 안에 자리매김한다. "**존재하는 것은 무엇이든지, 하나님 안에 존재한다. 하나님이 없이는 아무것도 존재할 수도, 생겨날 수도 없다.**" 그리고 명제 18은 세계에 대한 하나님의 관계가 오로지 내재적이라고 주장한다. "**하나님은 만물의 운행적인 원리가 아니라 내재적 원인이다.**"[23] 브루노가 이미 무한한 내재성으로서의 자연 안에서의 신적 활동 개념을 만들어냈었다.

---

20 앞의 책, I, P15 [VI] (Curley, 97).
21 앞의 책, I, P16 (Curley, 97). "신적 본성의 필연성으로부터 무한히 많은 양태의 무한히 많은 것이 반드시 따른다(즉 무한한 지성 아래 올 수 있는 모든 것)." 신플라톤주의 철학이 말하는 꽉 차 있는 세상이 활발히 살아 있다.
22 앞의 책, I, P29 (Curley, 104).
23 앞의 책, I, P15 (Curley, 97); I, P18 (Curley, 100).

스피노자의 범신론에 대한 논란

스피노자는 흔히 범신론자로 간주되고 있기 때문에, 이 칭호가 논란거리라는 사실을 알게 되면 놀랄 수 있다. 만일 범신론이 단순히 하나님과 세계를 동일시하는 것이며, 그에 비해 범재신론은 하나님과 세계의 구별을 상정하면서도 세계를 하나님 안에 두는 것이라면, 스피노자는 범재신론자일 것이다.[24]

그러나 상황은 훨씬 더 복잡하다. 비록 스피노자가 하나님과 세계를 구별하고는 있지만, 핵심은 과연 그가 그 둘 사이의 존재론적 차이점에 대해 적절하게 설명하고 있는지, 소산적 자연 안에 있는 유한한 것들이 그들 자체의 실질성(현실태)를 소유하는지의 여부이다. 그의 유일 실체론(Doctrine of One Substance)은 세계 안에 있는 개별자들이 능산적 자연으로서의 하나님의 일시적인 자기 변형들에 불과한 것이 되게 만든다. 심지어 인간의 정신이나 영혼도 그것들의 육체적 상관물들이 존재하는 한에서만 존재한다.[25] 최종적으로 분석해볼 때, 실재들(entities)은 하나님의 유한하며 일시적이며 수동적인 현현들에 불과하다. 스피노자는 하나님과 피조물들이 다른 현실태들이라고 주장할 것이다. 그러나 스피노자의 철학은 이 주장을 정당화시켜주지 못하고 있다. 스피노자가 하나님과 자연 사이의 강력한 존재론적 차이를 충분한 정도로 강조하지 못하기 때문에, 그가 일

---

24 Mason, *The God of Spinoza*, 28-38을 보라. E. M. Curley, *Spinoza's Metaphysics* (Cambridge, MA: Harvard University Press, 1969)와 Alan Donagan, *Spinoza* (Chicago: University of Chicago Press, 1989), 90은 Spinoza가 하나님으로부터의 피조물들의 존재론적 구별을 긍정하고 있기 때문에 범신론자가 아니라고 본다. M. P. Levine, *Pantheism* (London: Routledge, 1994), 137, 361-62 n. 7은 양쪽의 가능성을 다 두고 있다. Clark Butler, "Hegelian Panentheism as Joachimite Christianity," in *New Perspectives on Hegel's Philosophy of Religion*, ed. David Kolb (Albany: State University of New York Press, 1992), 138은 "스피노자는 마땅히 범재신론자다. 이는 유한한 것들—무한 실체의 예지적 양태들과 속성들—이 환영이 아니고 그것들을 드러내주는 무한자 안에 유한하게 내포되어 있기 때문이다"라고 주장한다.

25 Spinoza, *Ethics*, V, P23은 "우리의 정신은 신체의 실질적인 실존성을 지니고 있을 경우에만 유지될 수 있고 그 존재가 확정된 시간대에 의해 규정될 수 있다"고 지적한다. Spinoza, *The Ethics* (Malibu, CA: Joseph Simon, 1981). 인간의 영혼은 실질적인 개별 실존 가운데서가 아니라 하나님의 정신 안에서만 영원하다. 개인적인 사후 생명은 전혀 존재하지 않는다.

종의 범신론자라는 견해를 유지시키는 것이 적절하다.[26] 그러나 그를 찬양하는 자들 대부분은 그의 사상들을 범재신론의 방향에서 채택해왔다.

17세기 신플라톤주의

지금까지 범재신론의 역사는 사실상 신플라톤주의와 일치한다. 이러한 연관성은 르네상스에서 계몽주의에 이르기까지 계속해서 이어졌다. 디오니시우스와 에리우게나, 니콜라우스 쿠자누스의 고전적 신플라톤주의는 1492년에 피코 델라 미란돌라(Pico della Mirandola)와 마르실리오 피치노(Marsilio Ficino)가 플로티누스의 『엔네아데스』를 번역함으로써 다시 활기를 찾았다. 그 일은 소위 르네상스의 기독교 인문주의를 형성했다. 존 콜레트(John Colet)는 1500년경에 영국에 신플라톤주의를 도입했다. 그리하여 그것은 마침내 17세기 케임브리지 플라톤주의로 성장했다. 이 신플라톤주의의 부흥은 그 안에 함축되어 있던 범재신론을 초기 계몽주의에 중개해주었다. 초기 계몽주의에서 이러한 범재신론이 철학과 신학, 과학과 문학에 등장했다.[27] 앞으로 몇 가지 중요한 예들을 살펴볼 것이다.

케임브리지 플라톤주의자들은 한편으로는 청교도 칼빈주의에, 다른 한편으로는 토머스 홉스(Thomas Hobbes)의 유물론에 저항했던 17세기 영국의 신플라톤주의자 집단이었다.[28] 그의 저술 가운데서 그 집단의 창시자

---

26 비이원적(nondual) 힌두교 사상은 극단적인 범신론이다. 즉 오직 신만이 실재한다. Spinoza는 하나님과 자연을 동일시한 것으로 이해되어 왔지만, 이 동일시는 그의 시대로부터 현재에 이르기까지 대다수의 학자들과 신봉자들에 의해 절대적 유신론과 자연주의적 무신론 둘 다로 이해되어왔다. Copleston, Hist. Phil., vol. 4, chap. 15, sec. 6; T. L. Sprigge, "Spinoza," in The Oxford Companion to Philosophy, ed. Ted Honderich (Oxford, NY: Oxford University Press, 1995), 845-48을 보라.

27 Arthur O. Lovejoy, chaps. 5-9 in The Great Chain of Being: The History of an Idea (Cambridge, MA: Harvard University Press, 1936; repr., 1964)는 17세기와 18세기 사상의 모든 측면에서 나타나는 신플라톤주의에 대한 상세한 기술이다.

28 Ernst Cassirer, The Platonic Renaissance in England, trans. James Pettegrove (Edinburgh:

인 벤저민 휘치코트(Benjamin Whichcote, 1609-1683년)는 하나님의 성령 안에서의 생명에 대한 강력한 느낌을 "일종의 집 안에 있는 것으로" 표현하고, 사도 바울의 설교에서 "우리가 그 안에서 살며 기동하며 있다"는 말을 일정하게 인용한다.[29] 존 스미스(John Smith, 1618-1652년)는 범재신론을 좀더 철학적으로 내비치면서, "만물을 관통해 흘러가며, 자기 안에 서로를 내포하며 단단히 붙잡고 있는 그 무소부재한 생명"에 대해서, "그리고 그러므로 고대 철학은 하나님이 세계 안에 있다기보다는 오히려 세계가 하나님 안에 있다고 말하곤 했다"고 쓰고 있다.[30] 랄프 커드워스(Ralph Cudworth, 1617-1688년)는 물질적 원자들이 신성한 세계-영혼의 중개 역할을 통해서 우주의 단일한 조화로운 체계 안으로 짜여 들어가게 된다고 주장한다.[31] 케임브리지 플라톤주의자들의 철학과 신학은 명확히 하나님 안의 본질에 대한 신플라톤주의의 설을 주장한다.

이 관점은 또한 자연에 대한 그들의 철학을 형성시켜주었다. 헨리 모어(Henry More, 1614-1687년)는 플로티누스를 연구했는데, 세계-영혼설을 17세기 과학에 자연의 정신(the Spirit of Nature)으로, 곧 세계-기계(world-machine) 안에서 작동하는 신적 작용으로 채택한다. 그는 하나님이 무한하기 때문에 그리고 우리가 하나님 안에 있기 때문에, 무한한 연장 혹은 공간은 반드시 하나님의 속성임에 틀림없다고 생각한다.[32] 후에 모어의 교설은 대 과학자인 아이작 뉴턴(Isaac Newton, 1642-1727년)이 채택했다. 뉴턴은 시공간이 신의 속성들이라고 믿었으며, 우주가 말 그대로 하나님 안에 존재

Nelson, 1953); J. Deotis Roberts, *From Puritanism to Platonism in Seventeenth Century England* (The Hague: Martinus Nijhoff, 1968).

29 W. C. Pauley, *The Candle of the Lord: Studies in the Cambridge Platonists* (London: SPCK; New York: Macmillan, 1937), 8-9.

30 Douglas Elwood, *The Philosophical Theology of Jonathan Edwards* (New York: Columbia, 1960), 100에서 재인용한, John Smith, "The Existence and Nature of God," in *Selected Discourses* (London, 1660), 145.

31 Pauley, *The Candle of the Lord*, 108.

32 Basil Wiley, *The Seventeenth Century Background* (New York: Columbia University Press, 1962), 167: "잘 알려져 있다시피, 이 무한 연장 혹은 무한 공간은—모어의 바로 그 유비대로—무한한 성신인 하나님의 한 속성이 되었다. 이렇게 공간을 우주의 신적 기반으로 만드는 일을 로크와 뉴턴이 뒤따라했다."

하고 있음을 내비쳤다.³³

세계-영혼 사상은 18세기에 이르러는 상당히 광범위하게 퍼져서 알렉산더 포프(Alexander Pope, 1688-1744년)가 그 사상을 시로 표현해놓았을 정도였다. "모든 것은 방대한 단일 전체의 부분들이다. 그 전체의 몸이 자연이며 하나님은 그 영혼이다."³⁴ 신플라톤주의에 함축되어 있는 범재신론적 주제들이 계속해서 계몽주의 영국에서 반복하여 등장했다.

플로티누스의 저작들에 덧붙여서, 야콥 뵈메의 글들 역시 1640년대 동안 영국에서 인기를 끌었으며, 그리하여 신플라톤주의와 당시에 "뵈메주의"(Behmism)라 일컬었던 사조의 주제들이 때때로 합쳐졌다.³⁵ 이러한 점은 성공회의 신학자이자 신비주의자였던 윌리엄 로우(William Law, 1686-1761년)의 글에 분명히 나타난다. 그는 케임브리지 플라톤주의와 뵈메 및 위-디오니시우스와 에크하르트를 연구하고 수용했다.³⁶

이러한 예들은 비록 명시적으로 진술되지 않았다 할지라도 범재신론의 모든 요소들이 영국 계몽주의의 지성과 영성의 삶에서 거의 표면에 부상해 있었음을 잘 보여준다.

---

33 E. J. Dijksterhuis, *The Mechanization of the World Picture* (New York: Oxford University Press, 1961), 487; 또한 William Lane Craig, *Time and Eternity: Exploring God's Relation to Time* (Wheaton, IL: Crossway, 2001), 32-35, 44-47. Newton은 "하나님의 무한 존재가 그 결과로서 무한 시간과 무한 공간을 갖고, 그것은 하나님의 지속과 임재의 분량을 대표한다"고 주장했다(앞의 책, 46). Clayton, *God and Contemporary Science*, 89에 따르면, "뉴턴은 신학적으로 공간이 반드시 하나님의 한 속성으로, 그러므로 하나님의 일부분으로 이해되어야 한다고 보았다."
34 Alexander Pope, *An Essay on Man* (New Haven: Yale University Press, 1951), Epistle I, p. 267.
35 Jacob Behmen [Jakob Böhme], *Forty Questions concerning the Soul*, trans. John Sparrow (London: Matthew Simmons, 1647); *Letters* (London: Matthew Simmons, 1649).
36 Erwin Rudolf, *William Law* (Boston: Twayne, 1980), 49, 62-63, 69-76, 82-90; Caroline Spurgeon, "William Law and the Mystics," chap. 12 in *Cambridge History of English and American Literature*, 15 vols. (New York: G. P. Putnam's Sons, 1907-1921), vol. 9.

조나단 에드워즈

비록 범재신론의 역사는 전통적인 개신교 정통과 겹치는 일이 자주 없지만, 미국의 첫 번째 위대한 신학자인 조나단 에드워즈(Jonathan Edwards, 1703-1758년)에게서 그 둘이 만난다. 에드워즈의 마음과 영혼과 정신과 힘은 성경적인 기독교와 칼빈주의 신학에 바쳐져 있었다.[37] 그러나 그의 철학적 정식들은 케임브리지 플라톤주의자들과 뉴턴 그리고 로크의 영향을 받아서, 학자들이 오랫동안 확인해온 범신론 및 범재신론과 흡사한 점들을 지니고 있다.[38]

하나님과 세계

에드워즈의 철학적 신론은 전통적인 고전적 유신론이다. 그는 하나님이 영원하며 무한하며 필연적이며 완전하며 자충족적인 존재로 존재하는 다른 모든 것의 원인이시라고 주장한다. 범재신론의 문제는 피조물들 및 그것들이 하나님과 맺고 있는 관계에 대한 그의 존재론과 관련해서 일어난다. 그는 분명하게 하나님 안에 만물이 내재해 있다는 만물의 내재성을

37　George Marsden, *Jonathan Edwards: A Life* (New Haven: Yale University Press, 2003).
38　Colin Brown, *Christianity and Western Thought* (Downers Grove, IL: InterVarsity, 1990-), 1:273. Robert Whittemore, "Philosopher of the Sixth Way," *Church History* 35 (March 1966): 66-75은 Edwards가 범재신론자가 아니라 신비주의적 범신론자라고 주장한다. Elwood, *Philosophical Theology of Jonathan Edwards*는 그가 몇 가지 점에서 Whitehead와 Hartshorne을 예기하고 있는 범재신론자라고 주장한다. John Gerstner, "An Outline of the Apologetics of Jonathan Edwards," *Bibliotheca sacra* 133 (1976): 3-10, 99-107, 195-201, 291-98은 Edwards가 의도상으로는 기독교 범재신론자이지만, 함의상으로는 범신론자라고 주장한다. Robert Jenson, *America's Theologian: A Recommendation of Jonathan Edwards* (New York: Oxford University Press, 1988)는 Edwards가 범재신론자라는 점을 암시하기 하지만 명확히 인정하지는 않는다. (그의 책, 223에 있는 "범재신론" 항목을 보라.) Sang Hyun Lee, *The Philosophical Theology of Jonathan Edwards* (Princeton: Princeton University Press, 1988)는 범재신론이라는 진단에 대해 도전하지만 최종적으로는 고전적 유신론과 범재신론 사이에서 결정을 내리지는 않는다.

인정한다. "하나님은 만유의 총합이다. 그래서 하나님의 존재 없이는 아무 것도 존재하지 않는다. 만물은 그 안에 있으며, 그는 만유 안에 있다."[39] 그러나 고전적 유신론자인 아퀴나스도, 범신론자인 스피노자도 하나님 안의 내재성을 긍정하고 있기 때문에, 과연 에드워즈가 범재신론자인지의 여부를 결정하기 위해서는 더 많은 증거가 필요하다.

여러 주제들이 "안에 있음"(in-ness, 내함성)에 대한 에드워즈의 견해가 존재론적임을, 곧 만물이 실제로 신의 존재 안에 존재하고 있다는 것임을 시사해주고 있다. 실체에 대한 그의 견해를 살펴보자. 그는 이 용어를 사용하는 사람들이 "반드시 그 용어를 신의 존재에 적용해야 한다"고 주장한다.[40] 스피노자와 마찬가지로, 에드워즈는 실체라는 것이 그 정의상 자충족적이며, 따라서 의존적 실체라는 개념은 온당하지 않다고 본다. 오직 하나님만이 실체(substance)다. 그리고 하나님이 유일한 실체다. 피조물들은 실체들이 아니다. 그 대신에 에드워즈는 하나님의 힘을 피조물들의 현실태(the actuality of creatures)와 동일시한다. 하나님의 힘은 하나님의 지식/인식과 동일하다. 피조물들에 대한 하나님의 존재론은 이러한 결론에 이른다. 즉 존재하는 것은 하나님이 존재하도록 생각하는 것이다.

에드워즈는 이에 준해서 물질을 설명한다. 물리적인 원자들에 관하여 그는 "물체 자체의 실체"는 "다름 아닌 신적 능력이거나 그 능력의 지속적인 행사"라고 쓴다.[41] 원자는 연장된 신적 능력의 분출이다. 다시 말해서 원자는 실질적인 원자에 대한 하나님의 생각이다.

---

39 Jonathan Edwards, "Entry 880.1" in *The Works*, vol. 20, *The "Miscellanies,"* 833-1152, ed. Amy Plantinga Paauw (New Haven: Yale University Press, 2002), 121-23.

40 Jonathan Edwards, *The Works*, vol. 6, *Scientific and Philosophical Writings*, ed. Wallace Anderson (New Haven: Yale University Press, 198), 215. Edwards는 17세기에 실체 개념이 의심의 대상이었음을 의식하고 있었다. Jenson, *America's Theologian*, 25-27을 보라. 한 가지 문제는 실체가 자충족성을 수반한다는 사상이다. 이것은 그리스인들과 Spinoza, 유물론자들이 견지했던 견해로서 유신론자들이 피조물들을 실체들로 간주하기 불가능하게 만들었다. 또 하나의 전선에서는 Locke의 경험론이 만일 실체가 단지 속성들이 내재하는 곳일 뿐이라고 한다면, 속성은 인식될 수 없는 텅 빈 x라는 점을 함의했다. 우리가 오직 속성들을 가지고 있는 사물들만을 경험하기 때문이다.

41 Jonathan Edwards, "On Atoms," in *Scientific and Philosophical Writings* (New Haven: Yale University Press, 1980), 351-52.

공간에 대한 에드워즈의 견해는 실체에 대한 그의 견해와 상호 연결되어 있다. 공간은, 하나님 자신이 창조한 것에 대한 하나님의 임재의 양식이다. 그는 하나님의 무소부재가 우주가 존재하고 있는 절대 공간이라는 뉴턴의 견해를 채택한다. "나는 이미 그 공간이 하나님이라고까지 말했다."[42] 자연에 대한 에드워즈의 철학은 범신론과 범재신론 사이를 배회한다.

에드워즈의 견해로는, 인간의 영혼은 영적 실체(spiritual substance)가 아니라 하나님의 정신에 의해서 직접적으로(immediately, 중간에 거치는 것 없이) 현실화되며, 유지되며 채워지는 의식이다. 젠슨(Robert Jenson)의 요약은 정확하다. 정신들(minds)은 "지속적인 실재들(entities)로서, 그들의 실체성(substantiality)을 오직 하나님의 정신 안에서만 지니기 때문에, 정신들은 오직 하나님이 일관성 있는 관념들의 '시리즈'를 형성하고 전달하시는 한에서만 존재한다."[43] 물질적인 사물들과 마찬가지로, 인간의 정신들은 그것들을 실질적인 것으로서 생각하는 하나님의 생각(God's thinking of them as actual)이다.

에드워즈는 물질적인 사물들과 인간의 영혼들에 대한 그의 존재론을 하나님이 어떻게 인간들 안에서 전체 창조의 절정에 대해 생각하는가에 대한 기술과 결합시킨다. 인간은 하나님을 따라서 하나님의 생각들을 생각한다. "실로 모든 물체들의 실체가 되는 것은 동일한 의지를 확립된 법칙들에 따라서 다른 정신들에게로 점차적으로 전달하게 될 하나님의 안정적인 의지와 더불어서 하나님의 정신 안에 있는 무한히 정확하고 엄밀하며 완벽하게 안정되어 있는 관념들이다."[44] 다시 말해, 하나님의 지속적인 생

---

42 앞의 책, 342-43.
43 Jenson, *America's Theologian*, 29-33. 33에서 인용.
44 Edwards, "On Atoms," 344. Jenson, *America's Theologian*, 32: "물체들의 세계는 의식들의 **공동적 복수성**(communal plurality)을 생각하기 위해 하나님이 생각하시는 것이다. 그 의식들은 복수적 상태를 유지하면서 서로의 생각과 감정을 느끼고 생각한다." 이 입장은 George Berkeley의 철학과 유사하다. 비록 과연 Edwards가 Berkeley를 읽었는지의 여부는 불분명하지만 말이다. 그리고 또한 Malebranche에게서 나오는 주제들과도 유사하다. Malebranche는 하나님이 인간의 영혼에 사물들의 효과를 발생시키기 위해서 물질적인 사물들을 필요로 하지 않으신다고 가르쳤다.

각과 의지가 우주의 질서를 세우며 우주를 채워주며, 우주에 대한 관념들로 인간의 정신들을 채우며, 우주에 관한 인간의 생각과 커뮤니케이션을 활성화시키고 지시한다. 자연에 대한 하나님의 생각은 자연에 대한 인간의 생각에서 정절에 달한다. 인간은 "창조세계의 의식이다. 그에 의해 우주는 그 자체의 존재를 의식한다." 그리고 이 모든 것은 "창조주의 행위들"이다.[45] 창조세계 전체가 하나님의 정신 가운데 있는 실재다. 그리고 물질적인 개별자들과 정신적인 개별자들은 모두 그 전체에 대한 하나님의 일관된 인식/지식 안에 있는 하나님의 특정한 생각들이다. 젠슨은 하나님-우주의 관계에 대한 에드워즈의 견해를 이렇게 정리한다. "하나님은 다른 모든 실재를 포함하고 감싼다.…마치 의식이 자기가 의식하고 있는 것을 내포하듯이 말이다."[46] 이렇게 만물은 하나님 안에 존재한다.

에드워즈의 신플라톤주의는 그의 유명한 논문 「하나님이 세계를 창조하신 목적에 관하여」(Concerning the End for Which God Created the World)에 특히 분명히 나타난다. 그는 하나님에 대해 세계-영혼의 유비를 환기시킨다. "전체 우주는…마치 체계 전체가 하나의 공동의 영혼에 의해 활성화되고 지시를 받듯이, 혹은 완전한 지혜와 엄정함을 소유하고 있는 그러한 어떤 조정자가…우주의 공동의 영혼이 된 것처럼…하나님에 대한 하나의 견해를 가지고 진행하는 것임에 틀림없다."[47] 또한 그는 창조세계를 신의 선택 사항이 아니라 신성한 본성의 불가피한/필연적인 유출로 간주한다. "**우리는 그의 본성의 원래 속성으로서 하나님 자신의 무한한 충만의 유출을 향한 하나님 안에 있는 어떤 성향이 하나님을 자극하여 세계를 창조하게 했다고, 그래서 유출 자체가 하나님에 의해서 창조의 최후의 목적으로 겨냥되었다**고 가정할 수 있다."[48] 에드워즈는 이 사실이 하나님 안에 어떠

---

45 Jonathan Edwards, "Entry 1," in The Works, vol. 13, The "Miscellanies," Entry Nos. a-z, aa-zz, 1-500, ed. Thomas A. Schafer (New Haven: Yale University Press, 1994), 197. Emerson이 이 진술을 기록했을 수 있다. 제5장을 보라.
46 Jenson, America's Theologian, 21.
47 Jonathan Edwards, "Concerning the End for Which God Created the World," in The Works, vol. 8, Ethical Writings, ed. Paul Ramsey (New Haven: Yale University Press, 1989), 424-25.

한 부족이나 결핍을 함축한다는 점을 부인한다. "흘러넘치는 성향이 있다는 사실은 원천의 공허나 결핍에 대한 주장이 결코 아니다." 그는 하나님이 강요받지 않는다는 점에서 자유롭다고 단언한다. "그는 그를 저지하는 다른 어떤 것에 대해서도 독립해서 존재한다." 그렇지만 본성상 하나님은, 하나님을 사랑하고 영화롭게 하는 피조물들을 발생시킴으로써 사랑과 자기 영화 가운데서 흘러넘치지 않을 수 없다. "만일 하나님이 덜 선하시다면, 혹은 만일 그가 그 자신의 충만함을 확산시키는 본성의 성향을 구성하고 있는 본성의 완전함을 소유하고 있지 못하다면, 하나님은 덜 행복할 것이다."[49] 에드워즈에게 있어서 하나님의 주재권(sovereignty, 주권)은 세계를 창조할 것인지의 여부에 대한 선택을 포함하지 않는다.

범신론인가, 범재신론인가?

어째서 학자들이 에드워즈가 과연 범재신론자인지 아니면 범신론자인지에 대해 논란을 벌이는지가 명백해졌다. 스피노자처럼 그는 하나님을 단 하나의 실체로 간주하고 있으며, 세계와 하나님의 관계에 대한 결정론적 관점을 수용하고 있다. 피조물들은 단순히 하나님의 정신과 능력, 개별적인 신의 생각들 및 행위들의 직접적인 투사다. 이것은 범신론처럼 들린다.

그렇지만 에드워즈는 스피노자에게서는 불가능할 정도로 여러 면에서 창조세계에 대한 하나님의 초월성을 긍정한다. 에드워즈는 "하나님"과 "자연"이 같은 실체에 대한 두 개의 용어들이라고 할 수 없다고 말한다. 그는 자연의 생산성(Natura naturans, 능산적 자연)을 신적이라고 간주하지 않는다. 더욱이 비록 그가 인간은 실체들이 아니라는 점에서 스피노자에게 동의하고는 있지만, 에드워즈는 인간이 영구히 그들의 개별적인 실존성을

---

48 앞의 책, 435.
49 앞의 책, 447-48.

보유한다고 본다. 이 점은 스피노자가 거부하고 있는 설이다. 이러한 요소들은 범신론적 일원론으로부터 멀리 벗어나게 하는 점이다. 그러나 에드워즈는 고전적 유신론의 창조주-피조물의 확고한 존재론적 구분을 결핍하고 있다. 에드워즈에게 있어서, 피조물들은 신의 생각들이다. 모든 점을 고려해볼 때, "전체는 하나님**에게** 속하며, 하나님 **안에** 있고, 하나님을 **위해** 존재한다"는 에드워즈의 확언은[50] 철학적으로 스피노자의 범신론에 인접해 있는 일종의 범재신론으로 해석하는 것이 가장 좋을 것이다.

에드워즈의 기독교 신앙과 칼빈주의적 정통성은 전혀 의심할 것이 없다. 그러나 하나님으로부터의 우주의 독립성을 인정하지 않고자 하는 그의 몇몇 철학적 진술들은 하나님으로부터 우주가 구별되는 점을 충분히 인정하지 않는다. 그의 기독교 신학의 맥락을 벗어나서 보았을 때, 에드워즈의 철학은 에머슨과 뉴잉글랜드의 초월론(초절주의)을 내다보고 있다.

초기 독일 낭만주의: 레싱과 헤르더

18세기 후반 독일에서 질풍노도(Strum und Drang) 운동은 계몽주의의 합리주의에 대한 낭만주의적 반동의 초기 표현이었다. 비록 범재신론이 이성의 시대에도 없었던 것은 아니었지만, 이 새로운 사조는 범재신론에 훨씬 더 잘 들어맞았다. 교양을 익혔던 엘리트는 보편적인 이성적/합리적 진리에 대한 계몽주의의 추구에서 떠나 그 대신에 역사적 발전과 문화적 다양성, 직관적 지식과 비교조적·비제도적 영성에 초점을 맞추기 시작했다. 우주는 점차로 신의 설계로 이루어진 기계가 아니라 영적으로 활력을 얻는 유기체로 비쳤다.[51]

---

50 앞의 책, 531.
51 James Livingston, "Christianity and Romanticism," chap. 4 in *Modern Christian Thought:*

그러나 낭만주의의 정신이 전적으로 새로운 것은 아니었다. 그것은 개신교의 전성기와 이성의 시대에 그늘 아래 숨어 있었던 좀더 이전의 전통들이 재등장하는 것이기도 했다. 이러한 것들 가운데 기독교 신비주의와 신플라톤주의가 들어 있었다. 자신의 고전적인 연구서인 『독일 낭만주의』(German Romanticism)에서 오스카 발첼(Oskar Walzel)은 플로티누스로부터 시작해서 중세 신학과 신비주의를 거쳐 르네상스, 종교개혁 이후의 독일, 그리고 케임브리지 플라톤주의에 이르는 이 유산을 추적한다. 그는 낭만주의가 "신플라톤주의적인 것과 독일적인 것의 고대 융합을 부활시켰으며…그것은 플로티누스의 유산을 지녔다"고 관찰한다.[52] 기독교 신플라톤주의 전통은 이미 에크하르트와 니콜라우스 쿠자누스, 그리고 뵈메를 통해서 독일 안에서 유구한 역사를 지니고 있었다.

희곡 작가이자 종교 사상가였던 고트홀트 레싱(Gotthold Lessing, 1729-1781년)은 계몽주의와 낭만주의 사이를 이어주는 과도기적 인물을 대표한다. 『인류의 교육』(The Education of the Human Race, 1780년)에서 레싱은 고대 및 최신 기독교 신플라톤주의를 끌어다가, 하나님의 계시가 주로 성경이나 다른 어느 책에 있는 것이 아니라 자연과 역사 안에, 특히 인간의 종교 경험/체험 안에 있는 하나님의 점진적인 자기 현시(God's progressive self-manifestation) 가운데 있다고 주장한다.[53] 레싱의 신플라톤주의는 유한한 세계가 무한한 하나님의 시간 가운데서의 자기 표출을 점진적으로 드러낸다는 레싱의 사상 가운데 명백히 나타난다. 세계 종교사는 점진적인 신적 자기 계시의 패턴을 따른다는 레싱의 견해는 슐라이어마허, 헤겔, 셸링 및

From the Enlightenment to Vatican II (New York: Macmillan, 1971)는 탁월하고 간명한 소개다. 또한 Oskar Walzel, German Romanticism, trans. A. E. Lussky (New York: Putnam's Sons, 1932; repr., New York: Capricorn, 1966); Lovejoy, "Romanticism and the Principle of Plenitude," chap. 10 in The Great Chain of Being; John Herman Randall, "The Romantic Protest against the Age of Reason," chap. 16 in The Making of the Modern Mind (Boston: Houghton Mifflin, 1940); repr., New York: Columbia University Press, 1976); Isaiah Berlin, The Roots of Romanticism (Princeton, NJ: Princeton University Press, 1999)을 보라.

52 Walzel, German Romanticism, 7; 4-8을 보라.
53 Gotthold Lessing, The Education of the Human Race, in Theological Writings: Selections in Translation, ed. and trans. Henry Chadwick (Stanford, CA: Stanford University Press, 1957).

트뢸취에 의해 채택되고 훨씬 풍성하게 발전되었다.

낭만주의적 범재신론의 또 다른 원천은 스피노자다.[54] 몇몇 사상가들은 스피노자에 대해 철저하게 반대했다. 고트프리트 라이프니츠(Gottfried Leibnitz, 1646-1716년)는 하나님과 자연에 대한 스피노자의 동일시를 무신론으로 간주했으며 하나님으로부터의 유한 개별 실체들의 존재론적 차이를 확보하기 위해 그 실체들이 "모나드"(monads)라는 개념을 재도입했다. 라이프니츠를 따라서, 크리스티안 볼프(Christian Wolff, 1679-1754년)는 신의 초월성을 강력하게 강조하는 좀더 고전적인 자연신학을 다듬어냈다.

그러나 레싱 및 여타의 사람들은 스피노자를 수용했다. 레싱은 종교적 진보주의(religious progressivism)와 관용을 장려하기 위해 진력했다. 그러나 그 점에서 볼테르와 같은 전형적인 이신론자(Deist, 부재신론자)처럼 하지는 않았다. 죽기 전에 레싱은 프리드리히 야코비(Friedrich Jacobi, 1743-1819년)에게 자신이 스피노자주의자라고 털어놓았다.[55] 레싱은 또한 하나님을 "일자이며 만유"(the One and All)라 불렀던 스피노자의 용어를 채택했다. 1763년에 쓴 에세이 「하나님 바깥에 있는 사물들의 실재성에 대하여」(On the Reality of Things outside God)에서 레싱은 하나님의 정신 바깥에서는 아무것도 생각할 수 없다고 주장한다. "어째서 우리가 실제 사물들에 대해 하나님이 갖는 관념들이 바로 그 실제 사물들 자체라고 말해서는 안 된단 말인가? 그렇지만 그 사물들은 충분히 하나님과 구별되어 존재한다. 그리고 그 사물들의 실재성은 하나님 안에서 실재적이 된다고 해서 반드시 필연적이 되어야 하는 것이 아니다."[56] 마찬가지로 『인류의 교육』에서 레싱은 하나님의 단일성이 "일종의 다원성을 배제하지 않는 통일성"이며, 하나님의 자기 지식/인식은 "자기 안에 있는 모든 것을 내포한다"고 쓴다.[57] 만일 우연

---

54 Clayton, "The Temptations of Immanence: Spinoza's One and the Birth of Panentheism," chap. 7 in *The Problem of God*.
55 Henry Chadwick, introduction to Lessing, *Theological Writings*.
56 Gotthold Lessing, "On the Reality of Things outside of God" (Chadwick, 102-3).
57 Lessing, *The Education of the Human Race*, par. 73 (Chadwick, 94).

적인(즉 필연적이지 않은) 것들이 하나님으로부터 충분히 구별되되 하나님의 생각들로서 하나님 안에 존재한다면, 이 신학은 범신론에 근접한 범재신론의 한 형태를 함의한다.[58] 레싱의 스피노자주의는 "범신론 논쟁"을 발생시켰다. 그 논쟁은 두 세대 동안 다양한 형태의 범재신론을 자극했다.[59]

또 한 사람의 초기 낭만주의 스피노자주의자는 역사가이며 언어학자였던 요한 고트프리트 헤르더(Johann Gottfried Herder, 1744-1803년)다. 그는 우주를 기계가 아니라 유기적으로 기능하는 살아 있는 생명력들의 연쇄(nexus, 연관체)라고 생각한다. 헤르더는 하나님을 무한 실체로 보는 스피노자의 개념을 배격한다. 그 개념이 하나님을 정태적인 존재로 제시하고 있기 때문이다. 대신에 그는 하나님을 "무한 실체적 힘"(Infinite Substantial Force)으로, 즉 모든 개별 힘들의 바탕을 이루며 그 힘들에 스며들어 있는 역동적인 활력적 힘(dynamic living power)으로 본다. 스피노자주의자로서 헤르더는 하나님과 자연을 구분하지만, 초자연적인 존재론적 초월성의 길을 통해서 구분하는 것이 아니다.[60] 그 무한 생명력은 전적으로 자연과 역사 안에 내재해 있다. 문학적 천재였던 요한 볼프강 괴테(Johann Wolfgang Goethe, 1749-1832년)도 스피노자주의자였다. 그는 스피노자를 "가장 유신론적이며, 실로 가장 기독교적인 사상가"라고 보았다.[61]

독일 낭만주의 안에서의 신플라톤주의와 스피노자주의의 연결은 전통적 범재신론과 최신의 범재신론의 주요 연결점을 형성해주었다. "스피노자주의와의 접촉 덕분에 범재신론은 신플라톤주의적 유출로서의 그 전

---

58 Clayton, *The Problem of God*, 413도 이에 동의한다. "레싱의 저술들은 명백히 범재신론의 형태에 해당한다."
59 Leo Scheffczyk, *Creation and Providence*, trans. R. Strachan (New York: Herder and Herder, 1970), 203: "이러한 범신론적 혹은 범재신론적 생각의 기미는 19세기 교육받은 계층들의 종교적 전망과 철학적 전망에 강력한 영향을 주게 되었다."
60 Johann Gottfried Herder, *God, Some Conversations*, trans. Frederick Burkhardt (New York: Veritas, 1940; repr., Indianapolis: Bobbs-Merrill, 1962); Julia Lamm, "Spinoza and Spinozism in Germany," in *The Living God: Schleiermacher's Theological Appropriation of Spinoza* (University Park: University of Pennsylvania Press, 1996), 16-24.
61 Kurt Weinberg, "Pantheismusstreit," *EncPhil* 6:35, 1785년에 Goethe가 Jacobi에게 썼던 한 편지를 인용하면서.

통적인 모습으로부터 진화 개념으로 진행해나갔다. 진화 개념은 헤겔의 철학 가운데서 (그리고 20세기에는 베르그송의 철학 가운데서) 절대자의 세계 안에서 및 세계와 더불어 이루어지는 발전/전개를 함의하게 되었다."[62]

프리드리히 슐라이어마허

프리드리히 슐라이어마허(Friedrich Schleiermacher, 1768-1814년)는 일반적으로 자유주의 신학의 아버지이며, 칼빈 이래 가장 중요한 신학자로 간주되고 있다.[63] 에드워즈와 마찬가지로, 슐라이어마허는 그의 신학을 형성해준 철학적 범주들보다는 그의 신학으로 더 잘 알려져 있다. 비록 하나님-세계 관계에 대한 슐라이어마허의 기술이 고전적 유신론을 대변하지 않음은 분명하지만, 그의 기술이 범신론과 범재신론 사이에서 어느 쪽에 해당하는지를 결정하기는 훨씬 더 어렵다. 그는 스피노자와 신플라톤주의 양자에게 깊은 영향을 받았다. 그리고 언제나 하나님에 대한 신인동형론적 "인격주의" 견해와 간단히 하나님을 자연과 동일시하는 견해 사이에서 제3의 길을 추구했다.

『종교론』에 나타나는 하나님과 세계

낭만주의적 영성은 슐라이어마허의 첫 번째 주요 저작인 『종교론: 종교를 멸시하는 교양인을 위한 연설들』(*On Religion: Speeches to Its Cultured*

---

62 앞의 책, 37. Weinberg의 "범신론"은 암묵적 범재신론이다.
63 Stanley J. Grenz and Roger E. Olson, *Twentieth-Century Theology: God and the World in a Transitional Age* (Downers Grove, IL: InterVarsity, 1992), 39-51은 탁월한 소개를 제공한다.

Despisers, 1799년)의 심장이며 정신이다.[64] 슐라이어마허는 종교 일반과 특히 기독교를, 유한하고 타락할 수 있는 세계 안에서 그 세계를 통하여 무한자에 대해 우리가 지닐 수 있는 가장 심오한 인간 직관의 가장 충만한 표현이라 변호한다. 그는 자신이 스피노자와 신플라톤주의에 빚졌음을 인정한다.

스피노자에 대한 슐라이어마허의 찬탄은 깊고도 지속적이었다. 학생 시절 그는 칸트 이후의 스피노자주의를 묘사하는 두 개의 에세이를 썼다.[65] 『종교론』은 다시금 이렇게 경의를 표한다. "거룩한, 배척당한 스피노자. 최고의 세계-정신이 그에게 스며들었다. 무한자는 그의 시작이자 끝이었다. 우주(보편)는 그의 유일한 그리고 그의 영원한 사랑이었다.…그는 종교의 충만, 성령의 충만이었다."[66] 그 책은 하나님에 대한 스피노자의 언급들로 가득했다. 출발부터 슐라이어마허는 신격자(the Deity)를 "세계 너머에 있는 영원하고 거룩한 존재"로, 그리고 "너를 만든 우주"로 일컫는다.[67] 이 병행 어구는 스피노자의 "신 즉 자연"을 반영하고 있다. 슐라이어마허는 또한 "만유 안에 일자, 그리고 일자 안에 만유"라는 스피노자의 경구를 환기시킨다.[68] 슐라이어마허는 "두 번째 연설"에서, "그대 안에 이성과 자연의 영원한 일치가, 무한자 안에 있는 모든 유한한 것들의 보편적 실존이 직접적으로(비매개적으로) 살아 있다"고 주장한다.[69] 그는 또한 하나님을 전체(the Whole)라 일컫는다. 전체는 세계 안에 있는 다양성의 최고의 통일성이다. 말하자면 하나님은 "-버스"(-verse, 다양)의 "유니-"(Uni-, 하나/단일)다. 슐라이어마허의 동시대인들이 그를 스피노자주의자로 간주했다는 사실은 전혀 놀랍지 않다. 나중에 그는 이 비난을 거부했다.[70]

---

64 Schleiermacher, *On Religion*.
65 Richard Brandt, "The Influence of Spinoza," in *The Philosophy of Schleiermacher* (New York: Harper and Row, 1941; repr., Westport, CT: Greenwood, 1962), 35-41; Lamm, "The Early Essays on Spinoza, 1793-1794," chap. 1 in *The Living God*.
66 Schleiermacher, *On Religion*, 40.
67 앞의 책, 1-2.
68 앞의 책, 7 및 그 책 전체에서 여러 차례.
69 앞의 책, 39.
70 *On Religion* (앞의 책, 104)의 1821년도 판에서, 그는 "성령을 그 말의 특별한 기독교적 의미에서 스피노자에게 돌렸음을 부인했다. 그는 자신이 Spinoza를 존경한다고 주장했지, "결코 그

그러나 무한한 일자이자 만유는 단순히 스피노자의 유산은 아니다. 그것은 플라톤과 플로티누스를 거쳐 파르메니데스(Parmenides)에게까지 소급되는 개념이다.[71] 슐라이어마허는 플라톤을 평생 공부한 연구자였으며, 베를린 아카데미에서 낸 플라톤의 대화록 헬라어판을 편집한 편집자였다. 베를린 대학교에서 개설했던 변증법에 대한 슐라이어마허의 강의들은 명백히 절대자를 향해 나아가는 플라톤의 방법을 따르고 있다.[72]

슐라이어마허의 플라톤주의는 분명히 신플라톤주의적이다. 세계는 만유가 대립과 통일의 변증법적 패턴을 따라 신적 일자로부터 줄기차게 유출되면서 발생한다. "불변의 법칙에 의해 신은 자기의 위대한 작품을 심지어 무한에 이르기까지 나누지 않을 수 없게 되었다. 한정적인 것 각각은 오로지 두 가지의 대립적인 활동들을 하나로 녹여냄으로써만 만들어질 수 있다. 신의 영원한 생각들 각각은 두 개의 서로 반대되는 한 쌍의 형태들 가운데서만 현실화될 수 있다. 한 몸을 이루고 있는 전체 세계는…결코 끝나지 않는 대립적인 힘들의 유희인 것처럼 보인다." 마찬가지로 유한한 영들은 대립자들의 일치에 의해서 다스려진다. "영이 유한한 생명 가운데서 그 자체를 드러내는 한, 영 또한 동일한 법칙에 종속되어야 한다. 인간의 영혼은 주로 두 개의 대립하는 충동들 가운데서 그 존재를 갖는다."[73] 이러한 변증법적 존재론은 플로티누스, 프로클루스, 니콜라우스 쿠자누스, 뵈메를 반영하고 있다.[74] 『종교론』 역시 세계-정신(World-Spirit)을 세계 형성

의 사상 체계를 변호하지 않았다"고 주장했다.

71 Lamm, *The Living God*, 125; Copleston, *Hist. Phil.*, vol. 7, chap. 8, sec. 1, p. 184: "그는 전체성(totality)에 대한 일반적인 낭만주의적 관심을 공유했다. 그리고 그는 스피노자에 대해 깊은 동정심을 갖고 있었다. 동시에 그는 세계를 참된 존재에 해당하는 이데아의 영역에 대한 가시적 이미지로 보는 플라톤의 견해에 일찍부터 끌렸었다." 또한 Robert Williams, "The Platonic Background of Schleiermacher's Thought," chap. 2 in *Schleiermacher the Theologian* (Philadelphia: Fortress, 1978)을 보라.

72 John Thiel, *God and the World in Schleiermacher's Dialektik and Glaubenslehre* (Las Vegas: Peter Lang, 1981), 14-15: "분명 변증법(Dialektik)에 대한 그의 이해에 가장 영향을 준 것은 플라톤 철학에 대한 슐라이어마허의 평생의 헌신이었다.…플라톤에게서와 마찬가지로 슐라이어마허에게 있어서 모든 사고는 상대적이며, 이 상대성은 사고를 넘어서는 최종적으로 완성된 통일성을 그 근거로 가리키며 또한 요청한다."

73 Schleiermacher, *On Religion*, 3.

의 일꾼으로 본다.[75]

이와 마찬가지로 『종교론』은 신플라톤주의적인 종말론을 그린다. 창조의 목표는 일자가 만유 안에 충만하게 거하는 것이며, 만유가 일자 안에 충만하게 거하는 것이다. 따라서 자연과 역사는 단순한 데서 시작하여 하나님 안에서의 더 복잡하며 더 아름다운 형태로 발전함에 따라서, 통일성과 조화와 하나님 닮음(Godlikeness)이 덜한 상태로부터 더 큰 통일성과 조화와 하나님 닮음의 상태로 이동한다.

종교 경험의 역사는 이 순례 길의 선봉장이다. "종교의 모든 것은 어떤 사람도 자기의 삶 가운데서 직접적으로 의식할 수 있는 가능한 모든 방법으로 파악되는, 하나님에 대한 인간의 모든 관계들의 총합에 다름 아니다."[76] 어떠한 신자 개인이나 종교도 하나님-의식(God-consciousness)의 모든 양식을 다 표현할 수 없기 때문에, 종교들의 점진적인 다양성이 있을 수밖에 없다. "종교의 모든 것은 오직 이런 의미에서 가능한 모든 형태의 총합 가운데서만 주어질 수 있다."[77] 기독교는 예수 그리스도가 그 자신 안에 완전한 하나님 의식을 소유하고 그 의식을 다른 사람들에게 전달해주었기 때문에 최고조의 종교이다.[78] 기독교와 다른 종교들에 대한 슐라이어마허의 견해는 최후의 심판과 분리에 대한 전통적인 기독교 견해에 의해서보다는 신플라톤주의의 변증법적 종합의 종말론에 의해 더 많이 형성되었다.

요약하자면, 『종교론』은 스피노자주의와 신플라톤주의 및 기독교의 주제들을 하나님과 우주에 대한 역동적인 낭만주의적 견해에 뒤섞고 있다.

---

74 Williams, "How Schleiermacher Resembles Cusanus," in *Schleiermacher the Theologian*, 68-71.
75 그는 1821년도 판에서 세계-정신(World-Spirit)에서 물러선다. "아무도 그것을 세계-영혼(World-Soul)과 혼동하지 않을 것이다. 그것은 세계와 최고 존재 간의 상호적인 행위를 표현하는 것도 아니고 최고 존재로부터의 세계의 어떠한 종류의 독립도 표현하지 않는다" (Schleiermacher, *On Religion*, 111). 그러나 Plato의 세계-영혼은 결코 상호성이나 의존성을 함의하지 않는다. 그런 점은 현대 범재신론에서 처음으로 등장한다.
76 앞의 책, 217.
77 앞의 책, 223.
78 앞의 책, 247: "하나님에 대한 그의 인식의, 그리고 하나님 안에 있는 그의 실존성, 자신 안에 이 인식이 존재했던 애초의 방식, 그리고 그에 의해 그 자체를 전달하여 종교를 각성시키는 힘의 특이성에 대한 이 의식은 중보자로서의 그의 직분과 그의 신성에 대한 의식이었다."

『기독교 신앙』에 나타나는 하나님과 세계

학자들은 과연 청년기 슐라이어마허의 낭만주의가 계속해서 그의 기독교를 규정했는지, 아니면 철학과의 긴장에도 불구하고 그의 깊은 충심은 역사적 기독교 신앙을 향해 있었는지를 놓고서 논란을 벌이고 있다.[79] 아무도 슐라이어마허의 철학이 신플라톤주의적 낭만주의라는 사실에 대해 논란을 벌이지 않는다. 우리의 관심은 과연 그의 책 『기독교 신앙』(The Christian Faith, 1820-1821년)이 범신론적인지, 아니면 범재신론적인지 하는 것이다.

먼저 전반적으로 개관을 해보도록 하자. 『기독교 신앙』은 세계 안에서의 우리의 상대적인 자유와 의존성에 대조적인 "절대 의존 감정"(the feeling of absolute dependence)을 끌어내면서 시작한다. 슐라이어마허는 이 근본적인 직관을 참된 경건이라고 본다. 그리고 하나님을 그 직관(즉 감정)의 "출처"이며 우리 안에 있는 원인이라고 본다.[80] 그 다음 그는 이 직관을 종교들의 역사를 거쳐서 기독교 안에서 그 절정에 이르기까지 추적해간다. 성경 안에는 혹은 참 기독교 안에는 절대 의존 경험으로부터 도출되지 않는 것, 그 경험에 의해 설명될 수 없는 것은 아무것도 없다. 세계의 절대 원인으로서의 하나님에 대한 숙고는 영원, 편재, 전지, 전능이라는 신적 속성들에 대한 정의를 낳는다. 창조 너머로 나아가면서 슐라이어마허는 거룩, 자비, 은혜와 같은 하나님의 인격적인 속성들을 설명하기 위해 예수 그리스도를 통한 구속에 대한 절대 의존 경험을 풀어놓는다. 이것을 기반으로 해서 슐라이어마허는 예수 그리스도의 됨됨이와 사역, 성령의 역사, 세상 가운데서의 성령의 삶, 성경, 종말을 설명한다. 『기독교 신앙』은 신적

---

79 Brandt, *Philosophy of Schleiermacher*, 252은 Schleiermacher의 기독교적 저술들에 있는 유신론적 언어가 그의 철학적 견해들을 표명하기 위한 수사에 불과한 게 아닌가 의심한다. Hendrikus Berkhof, *Two Hundred Years of Theology* (Grand Rapids: Eerdmans, 1989), 32-40은 Schleiermacher의 기독교를 변호하고 그 기독교에 대해 그의 철학을 상대화시킨다.

80 Friedrich Schleiermacher, *The Christian Faith*, ed. H. R. Macintosh and J. R. Stewart (Edinburgh: T & T Clark, 1989), par. 4, p. 16. 나는 더 이상 출전을 밝히지 않고 그 책을 요약한다.

본질을 가장 충만하게 표현하는 속성인 하나님의 사랑과 더불어 절정에 달한다. 이렇게 해서 슐라이어마허는 그의 전체 교의학을 절대 의존성의 직관으로부터 도출한다.

우리의 관심은 슐라이어마허가 범신론을 다루면서부터 시작되는, 하나님-세계 관계다. 『기독교 신앙』은 범신론을 옹호하지만, 스피노자의 이름은 언급하지 않는다. 슐라이어마허는 만일 범신론이 "유신론의 어떤 다양성 혹은 형태"를 표현하고 있으며 "이 말이 단순히 그리고 단적으로 유신론에 대한 유물론적 부정을 감추는 위장전술이 아니라고 한다면" 참된 경건과 양립할 수 있다고 주장한다.[81] 이 진술은 고전적 유신론에 대한 긍정이 아니라 단순히 범신론이 무신론은 아니라는 주장일 뿐이다.[82] 슐라이어마허는 그런 다음에 범신론의 정당성을 변호한다. 첫째, 범신론자들은 유신론자들과 마찬가지로, 동일한 절대 의존 감정에 신학의 기초를 둔다. "그러한 정신 상태들은 많은 유일신론자들의 종교 감정과 거의 구별할 수 없다." 둘째, 범신론은 하나님과 세계를 구별하지 않는다. "일자이자 만유라는 공식을 가지고 범신론을 확고히 붙잡자. 그렇게 할 경우 하나님과 세계는 최소한 기능상으로는 계속해서 구별될 것이다." 셋째, 유신론이 범신론보다 신의 초월성을 더 적절하게 인정하는지가 불명확하다. "세계 바깥에 그리고 세계 너머에 계신 하나님과 세계 안에 계시는 하나님 사이의 (언제나 좀 궁금한 점이며 만일 그렇게 말할 수 있다면 대충 그어진) 그 구별이 각별히 그 점에 부응하지 않는다."[83] 슐라이어마허는 범신론에 도전하지 않는다. 그는 "일자(하나)이자 만유"라는 공식을 변호하며 그 공식을 자기 신학의 기본으로 삼는다. 그의 신학은 만유 안에 그리고 만유를 통해 직관적으로 알

---

81 앞의 책, par. 8, postscript 2, p. 39.
82 Spinoza는 *Pantheisticon* (1720)에서 범신론(pantheism)이란 용어를 만들었던 John Toland의 경우처럼, 무신론자로 흔히 비난받았다. Thomas McFarland, "Toland and the Word Pantheism," in *Coleridge and the Pantheist Tradition* (Oxford: Clarendon, 1969), 266-68을 보라.
83 Schleiermacher, *The Christian Faith*, par. 8, postscript 2, p. 39.

수 있는 일자에 대한 절대 의존성으로부터 전적으로 도출된다.[84]

하나님과 세계는 동일하지 않다. 만유는 일자 안에 있고 일자는 만유 안에 있으되, 그 둘은 구별된다. "하나님과 세계는 최소한 기능상으로 계속해서 구별을 유지할 것이다."[85] 하나님과 자연은 동일한 것을 가리키는 두 단어가 아니다. 실제로 슐라이어마허는 하나님과 자연의 동일시는 유지될 수 없는 것이라 간주한다. "나는 과연 세계가 하나님이 없이 참 만유와 전체라고 생각될 수 있는지의 여부에 대해서는 여러분에게 맡긴다."[86] 그는 분명 일자로부터 만유를 구별한다.

그러나 그 둘은 분리될 수 없다. "하나님 없이는 전혀 세계가 존재할 수 없듯이 세계 없이 하나님은 존재할 수 없다."[87] 한 가지 이유는 칸트가 주장하듯이, 우리의 경험을 떠나서는 하나님 자체에 대해 생각한다는 것이 불가능하다는 것이다. 슐라이어마허는 칸트의 신학적 불가지론의 타당성을 인정하지만 가장 비칸트적인 방식으로—즉 우리의 직접적(immediate, 비매개적) 인식 가운데에 하나님에 대한 인식의 근거를 둠으로써—그 불가지론을 극복하고자 시도한다. **"우리가 하나님에게로 돌리는 모든 속성들은 하나님 안에 있는 특별한 것을 가리키는 것이 아니라 단지 절대 의존 감정이 하나님에게 관계를 맺게 되는 방식상의 특별함을 가리키는 것으로 받아들여져야 한다."**[88] 하나님과 그의 속성들에 대한 우리의 개념들은 하나님 자신 안에 속하는 것이 아니라 하나님에 대한 우리의 관계에 속한다는 것이다. 따라서 슐라이어마허는 하나님 자체가 세계 너머에 존재한다는 주장에 전혀 근거가 없다고 본다. **"절대 의존 감정이 역으로 지시하는 절대적 인과율(Absolute Causality)은 한편으로는 그것이 자연 질서의 내용과는 구**

---

84 Lamm, "Limits and Method: The Coincidence of Divine Causality and the Natural System," chap. 4 in *The Living God*.
85 Schleiermacher, *The Christian Faith*, 39.
86 Schleiermacher, "Explanation," in *On Religion*, 104 (*The Christian Faith*와 동시에 쓴 주해).
87 "Kein Gott ohne Welt, so wie keine Welt ohne Gott"는 Schleiermacher의 모토였다. Thiel, "The Philosophical Formulation of the God-World Relationship in the 'Dialektik,'" in *God and the World*, 144-59를 보라.
88 Schleiermacher, *The Christian Faith*, par. 50, p. 194.

별되며 따라서 그 내용과 대조되며, 다른 한편으로는 그 이해에 있어서 그 질서의 내용과 동일시되는 그런 방식으로만 기술될 수 있다."[89] 일자의 범위는 만유를 넘어서 확대되는 것으로 알려져 있지 않다. 램(Lamm)이 지적하듯, "신적 활동은 자연의 인과율을 넘어서 그리고 떠나서는 일어나지 않는다. 하나님은 유한한 것들의 총체 바깥에서는 발견되지 않는다."[90] 스피노자처럼 슐라이어마허는 신적 인과율이 전적으로 내재적이며 결코 초월적이 아님을 주장한다. 우리는 세계를 떠나서는, 하나님의 진리를 긍정하기는 고사하고 하나님에 대한 개념조차 형성할 수 없다. 그리고 우리는 초자연적인 기적들의 실재성을 인정할 수 없다.

슐라이어마허가 세계에 대한 하나님의 존재론적 독립성을 인정하지 못한다는 사실은 그가 다루고 있는 창조론에서도 나타난다. 그는 "무로부터의 창조"가 하나님이 시간과 더불어 유한한 존재자들을 발생시키시는 자발적인 행위(voluntary act)라는 개념을 정당화할 수 없다. 그는 창조세계를 유한한 존재자들의 하나님에 대한 지속적인 절대 의존성으로서만 인정할 수 있다. 따라서 그는 창조의 교리를 보존의 교리와 구별시킬 수 없다. "이 두 교리가 우리의 자의식에 연결되어 있을 때, 우리의 자의식은 그 보편성 속에서—유한한 존재자가 계속적인 존재인 한에 있어서—일반적인 유한한 존재를 대표할 수 있을 뿐이다. 이는 우리가 우리 자신을 이런 식으로만 알기 때문이며, 존재의 시작에 대해서는 전혀 의식할 수 없기 때문이다."[91] 슐라이어마허는 "무로부터의 창조"에 의해 함축되는, 창조의 영원성이나 하나님의 초월성 및 자존성을 긍정도 부정도 할 수 없다. "세계의 창조가 시간적(일시적) 창조인가 아니면 영원한 창조인가에 대한 논쟁은(이 문제는 하나님을 피조물들과 구별되어 존재하시는 분으로 생각할 수 있느냐, 혹은 필연적으로 그런 분이냐에 대한 문제로 볼 수 있다) 절대 의존 감정의 내용과 아무

---

89 앞의 책, par. 51, p. 200.
90 Lamm, *The Living God*, 150.
91 Schleiermacher, *The Christian Faith*, par. 39, p. 148.

런 연관성이 없다. 그러므로 그 문제가 어떻게 결정되는지에 대해 무관하다."[92] 그는 세계의 기원과 관련해서 기독교와 스피노자 및 신플라톤주의 사이에 아무런 중요한 차이가 없다고 본다.

슐라이어마허는 창조에 관한 하나님의 자유에 대해 양립 가능론적인 견해를 견지한다. 하나님은 자기 바깥의 다른 어느 것에 의해서도 강제 당하거나 제약받지 않고 스스로 결정하는 분이기 때문에 세계를 창조함에 있어서 하나님은 자유롭다. "그러나 만일 우리가…자유를 하나님이 마찬가지로 세계를 창조하지 않았을 수도 있음을 의미하는 것으로 해석한다면, (왜냐하면 우리가 이런 가능성이 있었음에 틀림없다고 생각하기 때문에, 그렇지 않다면 하나님은 창조하지 않을 수 없었다고 생각하기 때문에) 우리는 자유와 필연 사이의 대립을 가정하는 것이며, 이런 종류의 자유를 하나님에게 돌림으로써 그를 모순의 영역 가운데 두게 된 것이다."[93] 슐라이어마허는 창조가 하나님의 자유로운 선택이라는 점을 긍정할 수 없다. 그의 추리는 표준적인 변증법적 신학이다. 하나님 안에서는 "자유로운 선택 대 필연"을 포함해서, 유한한 존재의 모든 대립들이 통일되고 초월된다. 하나님은 스스로 결정을 내린다는 점에서 자유로운 동시에 결정되어 있다. "만일 하나님이 스스로를 뜻하신다면, 그는 자신을 창조주이며 유지자로서 뜻하시며, 그리하여 자신을 뜻하심에 있어서 세계를 뜻하심이 이미 포함되게 된다."[94] 슐라이어마허는 우주를 신적 본성의 본질적 표출로 본다는 점에서 신플라톤주의자들과 스피노자를 따른다.

슐라이어마허는 신적 인과율과 피조물의 인과율 사이의 협력(cooperation)의 문제에 대해서는 범신론으로부터 자신을 의도적으로 떼어놓는다. "만일 유한한 존재자의 차이점들이 최고 존재 내에 배치되지 않게 하려면, 따라서 범신론의 견해와 거의 구별할 수 없는 견해로서 하나님 자신이 그

---

92 앞의 책, 155.
93 앞의 책, par. 41, postscript, p. 156.
94 앞의 책, par. 54, p. 217.

총체인 것처럼 보이지 않게 하려면, 이 표현['협력']은 최소한 매우 조심스럽게 취급할 필요가 있다."[95] 그는 하나님에 **더하여서**(in addition to God) 유한한 피조물들의 실재성과 활동을 긍정하고, 피조물들을 신적 존재와 힘의 단순한 수동적 변형으로 보지 않기를 원한다. 이 점은 스피노자의 범신론보다는 범재신론에 더 가깝다. 그러나 지적해야 할 중요한 점은 슐라이어마허에게 "협력"이—현대의 범재신론의 경우에서처럼—하나님에게 피조물들이 어떤 영향을 준다거나 역사의 과정을 함께 결정짓는다는 것을 의미하지 않는다는 점이다. 인간이라는 행위자는 세계 안에 속하며 신적 인과율에 절대적으로 의존한다. 그러나 그 두 가지는 함께 작용(협력)한다.

슐라이어마허는 창조세계 안에서 명백히 드러나는 하나님의 본성은 구속사와 종말론에서 훨씬 더 충만하게 계시된다고 주장한다. 만물의 목표는 "인간 본성과 신적 본질의 통일"이다. 그것이 바로 하나님 나라다. 그러므로 세계 역사에 대한 하나님의 지배는 구속적(redemptive)이며, 자기와 만물의 화해를 목적으로 하고 있다. 구속(redemption)은 하나님의 지혜와 사랑을 드러낸다. "**신적 인과율은 세계에 대한 지배 가운데서 사랑으로 그리고 지혜로 우리에게 그 자체를 제시한다.**"[96] 하나님의 사랑은 "신적 자기 나눔"(divine self-impartation)이며, 세계 안에서와 세계를 위한 하나님의 본질의 현시다. 슐라이어마허는 사랑을, 그것으로써 다른 모든 신적 속성들이 이해되어야 하는 속성으로 여긴다.[97]

사랑과 지혜에 대한 이러한 정의 때문에 슐라이어마허가 하나님을 세상 바깥에서 세계를 운영해나가는 생각과 의지를 지닌 한 인(위)격자(혹은 세 위격들)[98]로 본다고 여길 수 없다. 그는 그와 같은 신인동형론을 배격한

---

95 앞의 책, 192.
96 앞의 책, par. 165, p. 726.
97 앞의 책, par. 17, pp. 730-32. 그는 요일 4:16에 호소한다.
98 Schleiermacher는 삼위일체를 "기독교 교리의 극치"라고 간주한다. 그러나 삼위일체에 대한 교회의 역사상의 교리는 "기독교적 자의식에 대한 직접적 표명이 아니라 일관성 있게 정리되지 못한 여러 개의 그러한 표명들의 조합일 뿐"이다(앞의 책, par. 170). 삼위일체는 그 책의 부록에서 다룬다.

다. "그러나 최고의 경건은 최고 존재자가 한 인격으로서 생각하고 세계 바깥에서 뜻한다고 고백하는 것으로 이루어진다고 주장하는 자는 누구나 경건의 지대를 멀리까지 여행해본 사람일 수 없다." 그는 대신에 살아 계신 하나님(a Living God)을 제안한다. "한 인격을 참으로 무한하며 고난을 당할 수 없는 것으로 생각한다는 것이 어렵기 때문에, 인격적인 하나님과 살아 계신 하나님 사이를 확실히 구별해야 한다. 오직 후자의 사상만이 유물론적 범신론과 무신론적인 맹목적 필연성으로부터 구별된다."[99] 살아 계신 하나님은 신인동형론과 범신론과 무신론 사이를 헤쳐나가는 슐라이어마허의 방식이다. 그것은 헤르더의 "생명력"(Vital Force)과 매우 흡사하다. 헤르더의 생명력은 스피노자의 실체의 한 가지 변형 형태다.[100] 슐라이어마허는 절대적인 생명력(Absolute Vitality)을 세계 안에서의 하나님의 임재를 생각하는 최선의 길이라 본다.[101] 생명력(Life Force)으로서의 세계-영혼이라는 신플라톤주의적 개념이 그의 신학 가운데서 명맥을 유지하고 있는 것이다.

정리하자면, 슐라이어마허의 살아 계신 하나님은 무한한 생산력(productive power)이다. 그 힘의 본질은 세계 가운데서 실증되며, 변증법적으로 피조물들의 무한한 다양성을 발생시키며, 피조물들을 점차적으로 자체 안에 포괄하면서 서로를 조화시킨다. 이 활력(Living Force, 원동력)은 자의식의 능력을 지닌, 따라서 그 활력 자체에 대해 의식하는 인간을 발생시킴으로

---

99 *The Christian Faith*가 이미 출간된 뒤에 Schleiermacher, *On Religion*, 99과 "두 번째 설교에 대한 설명," number 19, p. 116이 쓰여졌다. Lamm, *The Living God*, 101-9을 보라.
100 Schleiermacher가 "나는 결코 그의 사상 체계를 변호하지 않았다"고 썼을 때(*On Religion*, 104), 그는 Spinoza를 전적으로 거부하지 않았다. 그는 그 차이점을 설명했다. "나의 책에 있는 철학적인 것은 어떤 것이든…실체의 통일성이 아닌 다른 기반을 지녔다." 다시 말해서 그는 실체의 통일성(the unity of substance)으로서의 하나님 위에 자기의 사상 체계를 기초하고 있는 Spinoza를 따르지 않았다. 그러나 그는 Spinoza의 일반적인 전망을 채택했으며, 절대적인 생명력(the Absolute Vital Force)으로서의 하나님이라는 용어로 다시 받아들였다. 이런 점에서 Schleiermacher는 신-스피노자주의자다. Lamm, "Spinozism, Pantheism, and Christian Dogmatics: Explanations and Revisions, 1821-30," chap. 3 in *The Living God*을 보라.
101 Schleiermacher, *The Christian Faith*, 203. Lamm, *The Living God*은 그 절대적 생명력이 Schleiermacher가 Spinoza를 전유하고 있는 핵심 개념이라고 길게 논한다. 특히 chap. 5, "The First Part of the *Glaubenslehre* and Schleiermacher's Post-Kantian Spinozism."

써 더욱 명확히 그 일을 한다. 신성(the Deity)은 만물에 대한 자기 의식, 하나님의 의식적인 조화를 예수 그리스도 안에서 가장 충만하게 현실화하며, 실증하며 전달한다. 예수 그리스도는 완전한 인간의 실현이며, 만유와 더불어 이루어지는 만유의 교통에 대한 하나님-의식의 매개적 원천이다. 죄는 일자 안에서의 만유의 교통을 가치 있게 여기지 못하고 참여하지도 않는 인간의 실패를 말한다. 구원은 그 교통 안에 포함되어 참여하는 것이다. 하나님의 지혜는 만물을 하나님 자신에게로 오게 하시는 하나님의 질서다. 그의 사랑은 만물을 자신에게로 이끌어오기 위해 만물 가운데 자신을 나누어주는 것이다. 이 요약을 통해 슐라이어마허의 무르익은 신학이 어떻게 신플라톤주의와 스피노자주의의 양상들을 『기독교 신앙』이라는 낭만주의적 판본 가운데서 독창적으로 결합시키고 있는지를 명확히 볼 수 있다.

범신론인가, 범재신론인가?

슐라이어마허는 분명히 아우구스티누스, 아퀴나스, 칼빈의 전통 가운데 서 있는 고전적 유신론자는 아니다. 그러나 학자들은 그가 어떤 입장이냐에 대해 일치된 결론에 도달하지 못한다. 예를 들어서, 그렌츠(Grenz)와 올슨(Olson)은 그를 범재신론자라고 생각한다.[102] 그러나 대부분의 저명한 과정신학적 범재신론자들은 그를 범신론자로 본다.[103]

---

102 Grenz and Olson, *Twentieth-Century Theology*, 50은 이렇게 결론 내린다. "슐라이어마허의 신론은 하나님과 세계를 상호 연관적으로 연결시키며 분리할 수 없는 것으로 만들고 있다는 점에서 범재신론적이라고 보는 것이 가장 적합하다."

103 Lamm, *The Living God*, 2-4은 Schleiermacher의 신관에 대한 학자들의 견해의 범위를 정리하고 있다. 주 9는 John Cobb, Charles Hartshorne, William Reese, Schubert Ogden이 Schleiermacher를 범신론자로 본다고 지적한다. 쟁점은 Schleiermacher의 절대적 결정론이다. Hartshorne은 피조물의 자유를 하나님으로부터 존재론적 구별을 위해 필수적인 것으로 간주한다. Lamm, 6은 Schleiermacher의 "살아 계신 하나님 개념이…흔히 그에 반대해서 이루어지고 있는 범신론이라는 비난으로부터 자유롭다"고 주장한다. 그녀의 논제(thesis)가, Schleiermacher는 "유기체적 일원론자"(organic monist)라는 것임에도 불구하고 그렇게 말한다.

모든 점을 고려해볼 때, 슐라이어마허는 범신론에 가까운 범재신론자로 분류되는 것이 가장 적합하다. 그는 확실하게 하나님과 세계를 구별한다. 우주를 가리키기 위해 슐라이어마허가 『종교론』에서 사용하고 있는 신에 대한 스피노자의 용어들은 그의 『기독교 신앙』에서는 배제되어 있다. 슐라이어마허는 일자가 만유의 절대적 원인이기 때문에, 만유가 일자와 동일한 실재일 수 없다고 주장한다. 이에 덧붙여, 그는 유한한 존재자들이 그 자체로 인과율의 힘을 갖는다고 주장한다. 비록 그가 유한한 존재자들의 개별적 실재에 대한 형이상학적인 설명을 제공하고 있지는 않지만 말이다. 슐라이어마허에게서 하나님과 세계는 구별된다.

그렇지만 그 둘은 분리할 수 없다. 실제로 세계가 없는 자충족적 존재를 슐라이어마허는 생각할 수 없다. 세계를 발생시키고 채우는 것이 하나님의 본성이며 의지(뜻)다. 하나님은 자유롭되, 필연적으로 그렇게 하신다. 더 나아가 세계는 하나님 안에 있으며, 하나님은 세계 안에 있다. **일자 안에 만유, 만유 안에 일자다.** 슐라이어마허는 하나님과 세계가 비대칭적으로 존재하지만, 존재론적으로 함께 내주하고 있다고 주장한다.

이것이 바로 슐라이어마허를 스피노자로부터 구별시켜주는 개별자들(individuals)에 대한 슐라이어마허 자신의 보다 확고한 견해다. 에드워즈처럼, 슐라이어마허는 개별적인 피조물들, 특히 인간을 그의 윤리학과 종말론에서 극도로 진지하게 취급하고 있는 그리스도인이다. 물론 그는 유한한 존재자들의 존재론을 작성하지는 않는다.[104] 그는 인간을 일자의 단순한 일시적인(시간내적인) 변형들이 아니라 꾸준하며, 축소될 수 없으며, 창의적이고 활동적이며, 책임 있는 존재자들로 간주한다.[105] 이 차이점은 슐

---

104 Copleston, *Hist. Phil.*, vol. 7, part 1, p. 192: "그의 형이상학에 있는 범신론적 요소들은 그의 도덕 행위론과 사회 이론 가운데 있는 개인/개별자에 대한 그의 강조의 파생물이다." 나는 이 주장에 그의 종말론의 무게를 덧붙인다.
105 *The Christian Faith*, par. 163에서, Schleiermacher는 하나님에게 인격적 불멸성이 있음을 긍정하지만, 그것을 일관성 있게 변호하지 못하다. 그 점은 그 의미에 불확실함을 남긴다(p. 720). 그는 또한 "모든 영혼들의 보편적 회복"을 변호한다. 그래서 최종적으로는 아무도 소실되지 않는다(p. 722).

라이어마허를 스피노자의 범신론의 경계에 인접해 있는 범재신론자로 자리매김하기에 충분하다.

결론

르네상스에서부터 낭만주의까지의 범재신론의 발전은 다시 소생한 신플라톤주의 및 종교개혁 이후의 기독교가 계몽주의 철학 및 과학과 조우하면서, 훨씬 더 다양해지고 미묘함을 지니게 된다. 갈릴레오, 케플러, 뉴턴이 이해한 대로 하나님과 우주의 관계를 재구성하는 일이 이 시기 동안 최고의 우선순위가 된다.

범신론자들은 우주를 하나님의 한 측면, 한 양상으로 보는 견해에 이른다. 브루노는 하나님의 절대 무한성 안에 본연(자연)의 무한성을 두며, 하나님의 초월성을 자연의 절대적 내재성으로 정의한다. 스피노자는 하나님을 절대 실체(Absolute Substance)로 정의하며, 자연을 사유와 연장(extension)이라는 신적 속성들의 유한한 표현이라고 본다. 그러나 이 시기의 대부분의 신학자들은 범신론에 저항한다.

케임브리지 플라톤주의자들은 17세기에 발전된 자연에 대한 기계론적 묘사에 신적인 세계-영혼이라는 신플라톤주의 교설을 적응시킨다. 그들은 신적 정신(divine Spirit)이 원초적인 물질적 원자들로부터 우주를 기계와 유사한 체계로 발생시키는 힘(the force)이라고 생각한다. 뉴턴과 같은 탁월한 과학자들은 암묵적으로 이러한 범재신론적 자연신학을 공유하고 있다. 크게 보자면 조나단 에드워즈도 이 견해를 긍정한다.

초기 독일 낭만주의자들은 플라톤의 세계-영혼을 좀더 유기체적인 자연관에 적응시킨다. 그들은 절대적 실체로서의 하나님이라는 스피노자의 정의를 절대적 생명력으로서의 하나님(God as Absolute Life Force)으로 대체한다. 이 신학이 가지고 있는 유기체적 함의는, 기계론적 모델보다 훨씬 더, 세계가 어떤 영혼(a Soul)에 의해 활력을 갖는 살아 있는 몸(물체)이라는 플라톤의 생각과 일치한다. 슐라이어마허의 신학은 대체로 이러한 종류의 범재신론을 다듬은 것이다.

그러나 신의 내재성에 대한 강조 때문에 그리고 의존적 실체에 대한 전통적인 형이상학적 범주의 배척 때문에, 하나님과 세계 사이의 차이를 유지하기 어렵게 된다. 스피노자는 유한자(유한한 존재자들)를 하나님의 변형체들(modifications)로, 에드워즈는 신적 생각들(divine thoughts)로, 헤르더는 생명력의 개체화(individuations of the Life Force)로 간주한다. 뒤돌아보건대, 범신론자들을 범재신론자들로부터 구별시켜주는 것은 범재신론자들이 얼마나 열정적으로 하나님과 피조물들의 구별성을 강조하고 있느냐에 있다. 아마도 에드워즈와 슐라이어마허는 완벽하게 구별된 피조물의 실존성을 확보하기에 충분한 존재론들을 제공하지 않고 있다. 그러나 그들이 스피노자보다도 훨씬 더, 하나님에 대한 인간의 호응적 관계를 강조하기 때문에 그들이 범재신론자들이라고 결론을 내리는 것이 공정하다. 그리고 스피노자와는 달리, 그들은 죽음 이후에도 인간이 지속적으로 존재한다는 점을 인정한다. 이러한 견해들은 인간이 하나님과 효과적으로 영구적으로 구별되어 있음을 함축한다.

에드워즈와 슐라이어마허의 범재신론은 또 하나의 쟁점을 불러온다. 그것은 종교와 철학의 관계다. 에드워즈는 처음부터 끝까지 전통적인 성경적 그리스도인이며 정통 칼빈주의자였다. 에드워즈가 가졌던 종교와 철학 사이에 어떤 긴장이 있든지 간에, 그의 철학은 그의 종교의 맥락에서 이해되어야 할 것이다. 그러나 슐라이어마허는 다르다. 슐라이어마허가 청년 시절에 떠났던 복음적 성경적 경건주의는 에드워즈의 무르익은 신앙에 훨씬 더 가깝다. 그러나 슐라이어마허의 무르익은 신앙은 낭만주의를 통해 개작된 기독교다.

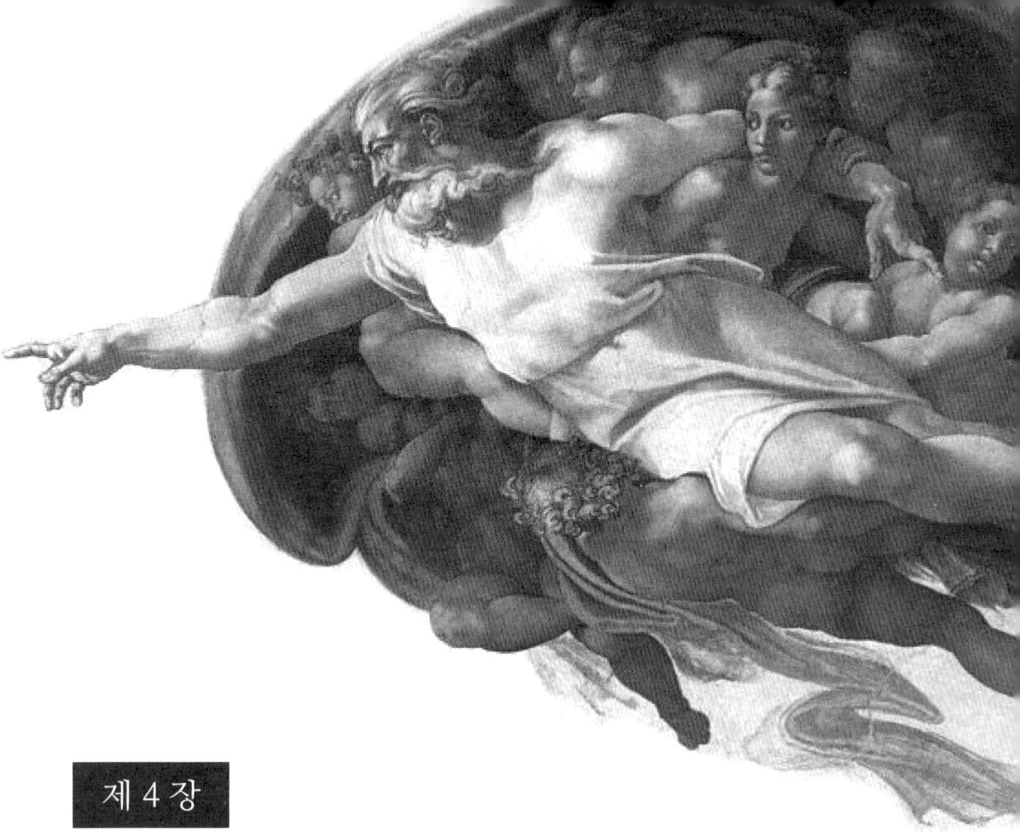

제 4 장

셸링과 헤겔: 현대 범재신론의 대부들

이 장은 고전 범재신론에서 현대 범재신론으로의 이행을 다룬다. 즉 세계를 포함하고는 있지만 부동하는 하나님으로부터, 발전하는 세계 안에서 그 존재가 실제로 변화하는 하나님으로의 이행에 초점을 맞춘다. 슈라이어마허는 종교 경험에 신학을 정초하려는 낭만주의적인 시도에 있어서는 진보적이었지만, 그의 신학 자체는 상당히 전통적이었다. 슈라이어마허가 말하는 살아 계신 하나님은 여전히 부동의 원동자―세계에 의해 영향을 절대로 받지 않는―역동적인 생명력이다. 세계가 절대적으로 그 생명력에 의존하기 때문이다.

독일 관념론자들인 셸링과 헤겔은 하나님 자체가 세계―즉 자연과 역사 및 초월에 대한 인간의 추구―안에서, 세계를 통해서 실질적으로 발전해나간다고 보는 범재신론을 표명한 첫 번째 사람들이다. 역동적 하나님으로의 이 진전은 범재신론 역사의 분수령으로, 고전적 형태로부터 현대적 형태로 전환하는 핵심 단계다. 셸링과 헤겔은 그 이후에 일어난 이 신학 전통의 흐름에 영향을 주었기 때문에, 현대 범재신론의 대부들이라 말할 수 있다. 여기에는 기독교 범재신론의 다양성이 내포된다. 두 사람 모두 삼위일체 신학들을 야콥 뵈메의 방식으로 정교화했기 때문이다. 헤겔의 유산은 19세기와 20세기 내내 큰 폭으로 계속해서 영향을 미쳤다. 지금도 한스 큉과 위르겐 몰트만, 볼프하르트 판넨베르크의 신학 가운데서 그 영향이 확인되고 있다. 셸링의 영향이 훨씬 더 크지만, 덜 알려져 있다는 점은 아이러니다. 셸링은 새뮤얼 콜리지, 퍼스, 윌리엄 제임스, 앙리 베르그송, 폴 틸리히, 하트숀, 몰트만, 클레이튼에게 영감을 주었다.

배경: 칸트와 피히테

셸링과 헤겔은 독일에서 그들 이전 세대의 거장 철학자들인 칸트(범재신론자가 아니었음)와 피히테(범재신론자였음)에 대한 반응으로 자신들의 신학을 발전시켰다. 그러므로 먼저 셸링과 헤겔에게 동기를 부여해준 칸트와 피히테의 사상을 조명해보도록 하자.

하나님과 세계에 대한 칸트의 이해

이마누엘 칸트(Immanuel Kant, 1724-1804년)는 계몽주의자로서 이신론자였으며, 그 입장에 따라서 기독교를 해석했다.[1] 그러나 칸트의 철학에는 범재신론으로 유도해주는 두 가지 측면이 있었다. 소극적인 면에서 보자면, 칸트의 철학 체계는 하나님과 세계 사이의 간격을 포함하여 해소되지 않은 여러 개의 대립성(oppositions) 혹은 "이율배반"(antinomies)을 그대로 남겨두고 있다. 이런 점들은 변증법적 사상가들, 그 가운데서도 범재신

---

1 Kant의 *Religion within the Limits of Reason Alone* (1793)은 성경과 기독교의 기본 교리를 자신의 도덕 철학에 따라 해석한다. Kant의 종교 사상에 대해서는 Emil Fackenheim, "Kant's Philosophy of Religion," in *The God Within: Kant, Schelling, and Historicity*, ed. John Burbidge (Toronto: University of Toronto Press, 1996), 3-19; James Livingston, *Modern Christian Thought: From the Enlightenment to Vatican II* (New York: Macmillan, 1971), 63-76; 및 Alan Wood, "Rational Theology, Moral Faith, and Religion," in *The Cambridge Companion to Kant*, ed. Paul Guyer (New York: Cambridge University Press, 1992), 394-416을 보라. Diogenes Allen, "Kant and the Limits of Knowledge," chap. 9 in *Philosophy for Understanding Theology* (Atlanta: John Knox, 1985)는 Kant에 대한 탁월한 짧은 소개다. Copleston의 *Hist. Phil*, vol. 6, part 2는 좀더 자세하다.

론자들로 하여금 그러한 대립이나 이율배반을 해결해보고자 하는 마음이 일도록 만들고 있다. 적극적인 면에서 보자면, 칸트는 "초월적 주체성"(transcendental subjectivity) 이론을 제안하는데, 피히테와 셸링, 헤겔이 이 이론에서부터 다양한 범재신론을 발전시키게 된다.

첫째, 해소되지 않은 이율배반에 대해 말하자면, 데이비드 흄(David Hume, 1711-1776년)은 모든 지식/인식이 경험으로부터 도출되는 것이기 때문에, 경험으로부터 떨어져 있는 자연이나 우리 영혼, 혹은 하나님을 안다고 우리가 주장할 아무런 근거가 없다고 결론을 내렸다.[2] 흄은 칸트를 "독단적 잠"으로부터 "깨어나게" 만들었다. 자연, 영혼, 하나님과 같은 실재들에 대한 지식의 근거를 확보하기 위해서, 칸트는 물자체를 설명하는 이론적 지식과 우리가 어떻게 살아야 하는지를 말해주는 실천 이성을 구분한다. 『순수이성비판』(Critique of Pure Reason, 1781년)에서 칸트는 이론 지식이 물자체를 설명해주지는 못하고 다만 그것들에 대한 우리의 경험(phenomena, 현상들)만을 설명할 뿐이라고 물러난다. 그러나 경험은 자연, 우리 자신의 영혼, 하나님에 대한 적절한 관념들[예지(叡智)적 실체들, noumena]을 발생시킨다. 그래서 우리는 그러한 것들이 실재한다는 실천적 지식을 가질 수 있다.[3] 칸트는 『실천이성비판』(Critique of Practical Reason, 1788년)에서 자기의 입장을 진술한다.[4] 간단히 말해서, 우리 인간들은 최고선을 획득할 도덕적 책임을 확실히 알고 있다는 것이다. 그러나 만일 우리가 불사의 존재가 아닌 한, 또한 하나님이 도덕적 재판장이자 세상에 대한 심판자로 존재하지 않는 한, 최고선은 획득될 수 없다. 따라서 우리의 도덕적 본성은

---

[2] Hume의 회의주의적 결론들은 *An Inquiry concerning Human Understanding* (1748)에 나와 있다. Hume이 하나님에 대한 지식에 도전하는 내용은 *Dialogues concerning Natural Religion*에 전개되어 있다. 이 책은 그가 죽은 뒤에 1779년까지 출판되지 않았다.
[3] Immanuel Kant, *Critique of Pure Reason*, trans. N. K. Smith (New York: Macmillan, 1929; repr., 1965). "The Canon of Pure Reason," chap. 2 of part 2, "The Transcendental Doctrine of Method"는 그의 전체 철학 프로젝트에 대한 간명한 요약이다.
[4] 불멸성(immortality), 하나님, 본성과 도덕성의 일치성에 대한 논의는 Immanuel Kant, *The Critique of Practical Reason*, trans. L. W. Beck (Indianapolis: Bobbs-Merrill, 1956), bk. 2에 있다.

하나님, 영혼, 자연을 믿을 만한 충분한 실천적인 이성을 제공해준다는 것이다. 비록 우리가 하나님이나 영혼이나 자연을 이론적으로는 입증할 수 없긴 하지만 말이다.

흄에 대한 칸트의 대답은 독창적이다. 그러나 이론적 지식과 실천적 지식, 현상적 실재와 예지적 실재(noumenal reality, 감각이 아니라 지성으로만 파악 가능한 실재), 결정론과 자유, 세계와 하나님 사이를 큰 간격으로 벌려놓았다. 그 당시 대부분의 독자들은 칸트의 『판단력 비판』(Critique of Judgment, 1790년)에서 칸트가 이 이원성을 조화시키려고 했던 시도가 성공적이지 못했다고 보았다. 칸트에게 있는 해소되지 못한 이율배반은 신플라톤주의적이며 낭만주의적이었던 변증법 학자들로 하여금 자기들의 손으로 해결해보고자 하는 마음이 일게 만들었다.[5]

칸트의 철학에서 범재신론을 향한 두 번째 자극은 초월적 자아(Transcendental Ego)에 대한 그의 이론이다. 인간의 영혼에 대해 성찰하면서 칸트는 자아와 세계에 대한 경험(phenomena, 현상들) 배후에 있는 초월적 주체 혹은 자아(a noumenon, 예지적 실체)를 상정한다. 주체성이 가지고 있는 이 의식 이전(preconscious)의 차원에서, 이성(Reason)과 지성(Understanding, 오성)이 자아와 자연과 도덕성에 대한 우리의 경험을 구성하고 정리하고 통일시킨다.[6] 그 초월적 자아가 실재를 관할한다. 그러나 또한 칸트는 세계를 지은 분이자 도덕법의 수여자로서 하나님이 하나의 초월적 자아임을 시사한다.[7] 자신의 글 「학부간의 갈등」(The Conflict of the Faculties, 1789년)에서 칸트는 또한 "우리 자신의 예지(intellect)와 이성(reason)을 통해 우리와 더불어 말씀하시는, 우리 안에 있는 그 하나님"을 언급한다. 이 언급은 하

---

5   Kant의 이원론에 대한 낭만주의 및 관념론적(이상주의적) 응답들은 다음 책에 있는 Emil Fackenheim의 글 "Schelling in 1800-1801: Art as Revelation"의 처음 두 부분에 자세히 서술되어 있다. *The God Within*, ed. John Burbidge, 50-74. 또 Steve Wilkens and Alan G. Padgett, *Christianity and Western Thought* (Downers Grove, IL: InterVarsity, 2000), 2:16-18, 24를 보라.
6   Kant, "The Paralogisms of Pure Reason," chap. 1. of "Second Division: Transcendental Dialectic," bk 1, in *Critique of Pure Reason*.
7   Kant, *Critique of Practical Reason*, bk. 2, chap. 2, sec. 7.

나님과 인간 이성을 밀접하게 연결하고 있다.[8] 하나님과 인간의 주체성 및 초월적 주체성을 상호 연결시키고 있는 칸트의 말은 여러 문제점을 야기시킨다. 도대체 초월적 자아는 몇 개나 있단 말인가? 하나님은 인간의 주체성과는 구별되는 이성적인 도덕적 자아인가? 만약 그렇지 않다면, 무신론이 바탕에 깔려 있는 것이다. 반대로, 각 사람이 개별적인 초월적 자아란 말인가? 만약 그렇지 않다면, 우리들 각자는 단일한 초월적 자아의 편린일 뿐이다. 그것은 범신론에 해당한다.

"칸트의 독자들은 그의 위대한 시도를 범신론이나 무신론적 방향으로 재해석하는 경향이 있었다. 피히테가 바로 범신론적 방향에서 해석하려고 시도했던 첫 번째 사람이었다."[9] 그러나 세 번째 가능성으로서 범재신론이 있다. 무한한 주체(Infinite Subject) 안에서 유한한 주체들(finite subjects)을 확인함으로써 범신론에 대해서는 개별성(individuality)을, 무신론에 대해서는 하나님을 보전시켜주는 방식으로 칸트의 철학을 받아들일 수 있다. 이것이 끝에 가서 피히테가 도달한 해결책이다.

피히테의 범재신론

요한 고틀리프 피히테(Johann Gottlieb Fichte, 1762-1814년)는 칸트의 이원론을 극복하기 위해서 초월적 자아와 도덕 의지에 대한 칸트의 강조를 발전시킨다.[10] 『지식학』(The Science of Knowledge, 1794년)에서 피히테는 영혼과 자연을 경험을 넘어서는 물자체로 볼 필요가 없다고 주장한다. 자아

---

8 Hendrikus Berkhof, *Two Hundred Years of Theology* (Grand Rapids: Eerdmans, 1989), 15-16에서 재인용.
9 앞의 책, 17.
10 Wilkens and Padgett, *Christianity and Western Thought*, 2:66-72은 Fichte에 대한 훌륭한 간단히 소개다. 또한 Philip Clayton의 책 *The Problem of God in Modern Thought* (Grand Rapids: Eerdmans, 2000)에 있는 "Excursus: Limits of Divine Personhood: Fichte and the Atheism Debate," chap. 8은 범신론 및 범재신론과 관련하여 Fichte의 신학을 논한 탁월한 해설이다.

(Ego)는 경험 안에서 그 자체와 관련지어서만 세계를 가정하기 때문이라는 것이다.[11] 자아는 실체(an entity)—어떤 사물이나 본체—가 아니라, 이성적-도덕적 활동, 곧 인식과 행위의 통일이다. 이성적-도덕적 의지의 의식 이전 행위에 의해서 자아는 경험 안에서 그 자체를 비아(非我, Non-ego)에 의해 제약을 받으면서, 비아에 근거하여 행위하는 동시에 비아와는 구별되도록 자리매김한다. 그리고 자아는 이성적-도덕적 활동 영역을 갖기 위해서 그렇게 한다. 그렇게 자리매김하는 과정은 변증법적이다. 자아(Ego)는 실천적-이성적 활동을 통해서 종합(synthesis: A and not-A)을 성취하기 위해서 그 자체(thesis: A)를 비아(anti-thesis: not-A)로서 상정한다(posit). 피히테는 정반합(theis, antithesis, synthesis, 정립, 반정립, 종합)이라는 용어들을 처음으로 사용한 사람이다. 이 말을 통해서 피히테는 전통적인 신플라톤주의 변증법을 전유하여 셸링과 헤겔에게 전해주게 된다.[12]

그러나 칸트의 물자체로서 세 번째 것인 하나님은 어떻게 되는가? 피히테는 「세계에 대한 신의 통치에 대한 우리의 신념의 토대에 관해」(On the Foundation of Our Belief in a Divine Government of the World, 1798년)라는 글에서, 개별 자아들과 유한한 것들의 세계를 상정하는 이성적-도덕적 활동이란 것은 그 자체가 유한할 수도 상대적일 수도 없기 때문에 자아(Ego)는 무한하며 절대적이어야만 한다고 주장한다.[13] 또한 하나님은 무한하며 절대적인 자아이기 때문에, 인격자일 수 없다고 말한다. 인격자들은 본질적으로 다른 인격자들에게 응답하고 상호 연관을 맺는데, 그러한 점은 인격자들을 유한하게 만들기 때문이라는 것이다. 하나님은 인간의 자아(human ego) 안에 내재해 있으며 자아 안에서 드러나는 영원한 이성적-도덕적 활

---

11 Johann Gottlieb Fichte, *Science of Knowledge* (Wissenschaftslehre), ed. and trans. Peter Heath and John Lachs (New York: Apple-Century-Crofts, 1970).
12 변증법에 대한 좀더 충분한 설명을 보려면, 이 장의 뒷부분에 나오는 Hegel에 대한 항목인 "변증법: 세계 안에서의 하나님의 본성과 방식"을 보라.
13 Johann Gottlieb Fichte, "On the Foundation of Our Belief in a Divine Government of the World," trans. Paul Edwards, in *Nineteenth-Century Philosophy*, ed. Patrick Gardiner (New York: Free Press, 1969), 19-26.

동과 동일하다는 것이다.

『인간의 소명』(The Vocation of Man, 1800년)에서 피히테는 하나님을 "영원하며 무한한 단일 의지,…세계가 존재할 수 있는 유일한 방식이라는 점에서 그리고 그 안에서만이 창조세계가 요구된다는 점에서 세계의 창조자"라고 되풀이하고 있다.[14] 무한한 의지는 필연적으로 그 자체를 유한한 자아를 통해서 그 자체 안에 통합되어 있는 유한한 존재자들의 복수성(plurality) 가운데서 드러낸다. "이 의지는 나를 그 자체와 연합시킬 것이다. 이 의지는 나와 같은 모든 유한한 존재자들을 나와 연합시켜준다. 그래서 이 의지는 우리 모두 사이의…**수많은 개별 의지들의 세계 혹은 시스템의…일반적인 중개자다.…이 세계는 수많은 자율적이며 독립적인 의지들의 연합이며 직접적인 상호 작용이다.**" 다시 말해서, 우리 모두는 단 하나의 의지(Will)의 일부분이다. 그러나 그 의지는 우리를 다 합친다 할지라도 우리보다 더 크다. "우리의 생명 전부는 그 의지의 생명이다. 우리는 그 의지의 손 안에 있으며 그곳에 머물러 있다. 그리고 아무도 우리를 그 의지에서 떼어낼 수 없다. 우리는 그 의지가 그러하기 때문에 영원하다."[15]

피히테의 철학은 종종 일종의 범신론적 관념론으로 간주된다. 하나님을 정신과 물질적인 것들 모두가 해당하는 유한한 모든 것을 상정하는 절대 자아(Absolute Ego)로 본다는 것이다. 실제로 피히테의 견해는 스피노자의 견해와 비슷하다. 특히 스피노자의 무한 실체(Infinite Substance)를 절대 자아/절대 의지(Absolute Ego/Will)로 대체시키고 있다. 그러나 피히테는 모든 유한한 실체들을 절대 자아 안에 자리매김하긴 하지만, 유한한 자아들을 절대 자아로부터 강력하게 구별한다. 또한 그는 개인의 도덕 책임을 아주 강하게 강조하여 개별 자아들이 단순히 절대 자아에 의해서 결정될 수 없다고 본다. 어떤 수준의 개별자의 자율성이 수반되어 있는 것이다. 스피

---

14 Johann Gottlieb Fichte, "Faith," bk. 3. The Vocation of Man, trans. Peter Preuss (Indianapolis: Hackett, 1987), 110.
15 앞의 책, 107-8, 111.

노자의 견해를 이처럼 피히테가 수정한 점들로 봐서 몇몇 학자들은 피히테의 무르익은 신학은 범재신론이라고 확신하게 되었다. 코플스턴은 그것을 "역동적 범재신론적 관념론"이라고 이름 붙였다.[16] 헨드리쿠스 베르코프(Hendrikus Berkhof)는 그를 "신비주의 범재신론자"로 간주한다.[17] 필립 클레이튼은 그를 "신비주의 혹은 형이상학적 범재신론자"라고 분류한다.[18]

셸링

실재를 절대 자아로부터 설명하고자 하는 피히테의 변증법적 시도는 그의 동시대인들 대부분에게 한편으로 치우쳐 있는 불완전한 것으로 간주되었다. 이에 대한 대답으로, 프리드리히 빌헬름 요제프 폰 셸링(Friedrich Wilhelm Joseph von Schelling, 1775-1854년)과 게오르크 프리드리히 빌헬름 헤겔(Georg Friedrich Wilhelm Hegel, 1770-1831년)이 더 종합적인 체계들을 발전시켰다. 그들은 학창 시절 친구이자 급우였다. 셸링이 먼저 자신의 철학을 출판했고 즉시 유명해졌으며, 헤겔에게 영향을 주었다. 그래서 셸링을 먼저 살펴보고자 한다. 헤겔은 자기의 사상 체계를 발전시키는 데 더 오랜 시간이 걸렸다. 그러나 일단 사상 체계가 완성되자 그 명성과 영향력에 있어서 셸링을 압도해버렸다. 셸링은 중요하지 않은 존재로 물러나게 되었다. 그러나 그는 헤겔보다 더 오래 살았다. 그래서 셸링이 최종적인 발언을 하게 되었다.

셸링은 어려서부터 일자에 대한 낭만주의적 열정을 지니고 있었으

---

16 Copleston, *Hist. Phil.*, vol. 7, part 1, sec. 4, p. 109.
17 Berkhof, *Two Hundred Years of Theology*, 25-29, esp. "Panentheism as the End of the Road."
18 Clayton, *The Problem of God*, 445: "피히테의 입장이 범재신론인 것은 그의 입장이 개별자들의 더 이상 축소할 수 없는 실존을 일자에 의해 공급되는 만물의 전체적인 통일과 결합시키고 있기 때문이다."

며, 모든 이원주의와 양극성을 해소시킬 수 있는 종합적인 철학을 세워보 겠다는 도전에 착수했다. 그는 플라톤에서부터 에크하르트, 니콜라우스 쿠자누스, 뵈메, 스피노자의 철학에 해박했다.[19] 풍부한 사상가였던 셸링 은 평생 세 가지 철학적 전망을 발전시켰다. 하나님과 세계를 동일시하는 철학, 역사 안에서 하나님과 인간들의 자유와 협력을 강조하는 인격주의 (personalism), 종교를 신적 계시로 보는 종교 철학이 그것이다.[20] 평생에 걸 쳐 셸링은 "참된 범신론"을 옹호했는데, 그것은 현대의 (역동적·협력적) 범 재신론인 것으로 판명된다. 절대적 동일성(absolute identity)에 대한 셸링의 초기 사상 체계는 그 범재신론을 일관성 없이 진술하고 있다. 우리가 주로 초점을 맞추게 될 셸링의 인격적 자유 철학은 그 이론을 만들어내고 있다. 우리가 간단히 살펴보고 지나갈 그의 무르익은 종교 철학은 그 이론을 세 련되게 만들어 적용하고 있다. 이러한 사상적 단계들을 지나가는 셸링의 범재신론의 발전을 살펴보도록 하자.

셸링의 절대적 동일성 철학

셸링의 첫 번째 접근 방법은 절대적 일자(Absolute One)의 맥락에서 만 물을 설명할 것을 목표로 삼는다. 『독단주의와 비판주의에 대한 철학적

---

19 Friedrich Schelling, *On the History of Modern Philosophy*, trans. Andrew Bowie (Cambridge: Cambridge University Press, 1994)는 이 전통에 자신을 자리매김한다. 또한 Copleston은 이 렇게 말한다. Copleston, *Hist. Phil.*, vol. 7, part 1, chap. 7, sec. 5: "칸트와 피히테는 말할 것도 없고, 플라톤, 신플라톤주의자들, 조르다노 브루노, 야콥 뵈메, 스피노자, 라이프니츠가 다 영 감의 원천으로 사용되었다."
20 Paul Tillich, *A History of Christian Thought: From Its Judaic and Hellenistic Origins to Existentialism*, ed. Carl Braaten (New York: Simon and Schuster, 1968), 437-48 및 Wilkens and Padgett, *Christian and Western Thought*, 2:71-76은 간략한 정리들이다. Copleston, *Hist. Phil.*, vol. 7, part 1, chaps. 5-7, 및 Alan White, *Schelling: An Introduction to the System of Freedom* (New Haven: Yale University Press, 1983)은 Schelling의 신관을 포함해서 그의 전체 프로젝트에 대한 탁월한 기술들이다. Rowland Gray-Smith, *God in the Philosophy of Schelling* (Philadelphia: University of Pennsylvania Press, 1933)은 오래되었지만, 아직도 혜안이 번뜩 인다.

서신들』(Philosophical Letters on Dogmatism and Criticism, 1795년)에서 셸링은 스피노자(독단주의)와 피히테(비판주의)가 생각한 세계의 근거를 비교한다.[21] 두 사상가는 무한에서 유한으로 진행하며, 둘 다 유한한 주체를 상실한다. 즉 스피노자는 절대 객체(실체)로, 피히테는 절대 주체 혹은 절대 자아로 소멸한다. 어느 경우도 적절하지 않다. 그러나 셸링은 스피노자의 결정론보다는 피히테의 자유를 선호한다.

셸링은 『자연 철학에 대한 이념』(Ideas for a Philosophy of Nature, 1797년)에서 절대에 대한 자신의 견해를 진술한다. 절대 자체 안에서는 개관적 자연과 자연에 대한 주관적 인식 사이에 아무런 차이가 없다. "절대는 자연으로서의 자연도, 이상 세계로서의 이상 세계도 포함하지 않는다. 그 둘은 하나의 세계로서 존재한다." 그렇지만 절대는 그 자체를 주관적으로와 객관적으로 이상 세계로서 상정한다. "자연 그 자체 혹은 영원한 자연은 객관성으로 태어난 정신, 형태화된 하나님의 본질이다." 셸링의 언어는 스피노자적이다. 자연에 대한 절대의 주관적 지식은 능산적 자연(Natura naturans)이다. 소산적 자연(Natura naturata)은 객관적 자연, 즉 "절대자에 대해 외적인…자연으로 나타나는 한에서의 자연"이다.[22] 독일 낭만주의자들과 마찬가지로, 그는 스피노자와 플라톤주의를 혼합한다. 『세계 영혼론』(On the World Soul, 1798년)은 세계-영혼을 능산적 자연과 동일시한다.

셸링은 『초월적 관념론 체계』(System of Transcendental Idealism, 1800년)에서 자신의 철학을 진행시키는 가정을 정당화시키고자 노력한다. 그 가정은 절대에 대한 지식이 가능하다는 것이다. 첫 부분들은 공간과 인과율과

---

21 Friedrich Schelling, *Philosophical Letters on Dogmatism and Criticism*, trans. Fritz Marti, in *The Unconditional in Human Knowledge: Four Early Essays, 1794-96* (Lewisburg, PA: Bucknell University Press, 1980).

22 Friedrich Schelling, introduction to *Ideas for a Philosophy of Nature as Introduction to the Study of This Science* (1797), trans. Errol Harris and Peter Heath (New York: Cambridge University Press, 1988), 50. 또한 Joseph Esposito, *Schelling's Idealism and Philosophy of Nature* (Lewisburg, PA: Bucknell University Press, 1977); Dale Snow, *Schelling and the End of Idealism* (Albany: State University of New York Press, 1996), chap. 3, "Philosophy of Nature."

같은 자연의 형이상학적인 범주들을 도출해서, 자신의 자연 철학을 이론 철학으로 확대시킨다. 그러나 결국 셸링은 칸트 및 피히테와 마찬가지로 자아(Ego)의 주요 관심사가 이론적인 것이 아니라 실천적인 것이라고 결론을 맺는다. 자아의 활동은 두 영역 모두에서 기본적인 것이기 때문에, "이 철학의 시작과 끝은 자유다"라고 주장한다.[23] 이렇게 해서 절대에 대한 셸링의 추구는 실천 철학으로 전환한다.

여기서 우리는 처음으로 셸링의 역동적 범재신론의 주제를 엿보게 된다. 먼저 그는 만일 도덕적 행위자들이—도덕에 복속할 뿐만 아니라 도덕을 결정하면서—자율적이 아니라고 한다면, 우리는 자연의 법칙에 더해서 또 하나의 결정론의 대상들이 될 뿐이라고 주장한다. 개인의 도덕적 자율성의 근거를 확보하기 위해서, 셸링은 피히테를 따라서 하나님 안에 인간을 자리매김한다. "각 개별 예지(intelligence)는 하나님을 혹은 도덕적 세계 질서를 구성하는 일부분으로 간주될 수 있다."[24] 하나님의 부분들로서 우리는 자유를 갖고 있다는 점에서, 즉 도덕적 자기 결정을 내린다는 점에서 하나님을 닮았다.

그런 다음 셸링은 하나님은 역동적이어야 한다고 주장한다. 자유는 절대 안에서의 객체와 주체(객관과 주관)의 완벽한 통일, 자연과 도덕의 동일성을 수반한다. 그러므로 세계에 대한 하나님의 관계는 일종의 정태적이면서 완전히 현실적인 실재일 수 없다는 것이다. 그 이유는 이것이다. 만일 하나님의 온전한 존재성이 이미 현실적이며 완전히 성취되어 있는 상태라고 한다면, 하나님에게 연결되어 있는 모든 것 역시 이미 완벽하게 결정되어 있을 것이라는 것이다. 사람들은 자유롭지 않을 것이며, 따라서 인간적이지 못하게 된다는 것이다. 간단히 말해서, "만일 하나님이 이런 식으로 존재하신다면, 우리는 그럴 수 없다." 그러므로 하나님은 인간의 역사 안에

23　Friedrich Schelling, *System of Transcendental Idealism*, trans. Peter Heath (Charlottesville, VA: University Press of Virginia, 1978), 33.
24　앞의 책, 206.

서 점진적으로 서서히 자신을 제시해야 한다.

세 번째 함의는 이렇다. 우리 인간이 신적 자유에 참여하기 때문에—즉 우리가 하나님 안에 있기 때문에—하나님은 자유로운 인간 행위가 없이는 존재할 수 없다. "만일 하나님이 우리와는 독립해서 존재하지 않고 계속 우리의 자유의 활동을 통해서만 자신을 계시하며 드러내신다면, 그리하여 이 자유가 없이는 하나님 자신이 **존재하지도 못한다**고 한다면, 우리는 그 전체의 협력자들이며 우리가 감당하고 있는 독특한 역할들은 우리가 스스로 창출해낸 것이 된다."[25] 그러므로 하나님과 사람들은 상호적 자기 실현의 과정을 함께 결정한다. 하나님은 역사의 목적과 전반적인 궤도를 결정하며, 인간은 그 여정의 세부 사항들을 결정한다. 셸링에게 하나님은 인간 자유의 역사적 정점에 이를 때까지는 완전하게 존재하지 않는 것이 된다. "이 시기가 시작될 때…하나님도 그때부터 **존재하게** 될 것이다."[26] 이런 식으로 셸링은 현대 범재신론의 두 주제 즉 하나님의 존재는 본질적으로 역사적이라는 주제와 하나님과 인간이 그들의 운명을 성취하고 역사 가운데서 그들의 본질을 실현하고자 하는 공동의 실존적 추구에서 협력한다는 주제를 분명하게 진술한다.

셸링은 또한 인식론적 결론을 도출한다. 역사가 점진적이기 때문에, 절대에 대한 지식은 부분적이며 잠정적이다. 그리고 철학은 절대 지식을 획득할 수 없다. 그렇다면 『초월적 관념론 체계』라는 책이 나오게 된 질문은 바로 초월적 관념론의 토대는 무엇인가다. 칸트와 피히테는 도덕 안에서 절대에 접근한다고 주장했다. 그리고 슐라이어마허는 종교에 호소했다. 청년 셸링은 예술(art)을 가리킴으로써 낭만주의자들을 즐겁게 해준다. "절대적으로 순일하며 동일한 [실재(Reality)는] 기술(description)을 통해서도, 개념들을 통해서도 전혀 파악되거나 전달될 수 없다. 그 실재는 오직 직관될 수 있을 뿐이다.…이 직관은 미학적이다."[27] 오직 예술만이 절대자

---

25 앞의 책, 210.
26 앞의 책, 212.

를 계시해준다. 예술적인 창의성은 하나님에 대한 가장 명확한 현시다. 철학은 위대한 예술가들이 직관하고 표상한 것에 근거한다.

정리하자면, 셸링의 첫 철학은 자아와 비아, 인간과 자연, 하나님과 세계의 점진적인 통일을 주장하고 그러한 것들을 자기 동일적인 절대의 현현으로 간주하는 미학에 근거한 관념론이다. 셸링은 『브루노』(*Bruno*, 1802년)에서도 여전히 이 입장을 고수한다. "절대 그 자체는 차이와 비차이, 무한과 유한…하나님 안에 있는 자연과 자연 안에 있는 하나님으로 나뉘어 있는 것처럼 보인다."[28]

이 단계에서의 셸링의 신학은 범신론과 우리가 말하는 범재신론 사이를 왔다 갔다 하는 것처럼 보인다. 세계를 하나님의 필연적 현시로 보는 셸링의 견해는 스피노자를 연상시킨다. 모든 피조물들은 살아 계신 하나님 안에 있으며, 이 하나님은 인간 세계를 구성하고 있는 영혼(the Soul)—즉 능산적 자연—과 동일하다. 동시에 인간의 자유로운 행위가 부분적으로 하나님의 자기 실현을 구성한다는 주장은 현대 범신론을 예기하고 있다. 이러한 신학적 이중성은 절대적 동일성에 대한 셸링 철학의—부정합성은 아니라 할지라도—불안정성을 반영한다. 만일 동일성이 절대적이라고 한다면—만약 하나님이 그 자신 안에 구별됨이 전혀 없는 완전한 단순성(utterly simple)이라고 한다면—어떻게 유한한 인간의 관점, 다극적인 세계, 신의 자유와 인간의 자유가 필연적이기는 고사하고 가능할 수 있단 말인가? 절대적 동일성과 자유는 논리적으로 양립 불가능하다.

---

27 앞의 책, 229.
28 Friedrich Schelling, *Bruno: On the Nature and the Divine Principle of Things*, ed. and trans. Michael Vater (Albany: State University of New York Press, 1984), 222. Schelling은 이 대화록에서 Giordano Bruno를 선택하여 자신의 목소리를 내고 있다.

셸링의 인격주의: 뵈메로의 회귀

이 긴장을 완화시키기 위해서, 셸링은 야콥 뵈메로부터 상당히 많은 부분을 빌려서 하나님에 대한 좀더 인격주의적인 견해를 발전시켰다. 이 전환에 대한 힌트들은 1804년에 그가 썼던 에세이 『철학과 종교』(Philosophy and Religion)에서 이미 나타나고 있다.[29] 결정론을 피하면서 절대 안에 세계를 정초하기 위해서, 셸링은 계속해서 양자 모두의 자유를 강조한다. "그 상대에게 그 자신의 존재와 또한 독립성을 부여하는 것이 절대성의 독특한 특성이다. 이 존재 자체가—비전의 원초적 대상인 이 참되고 순전한 실재가—자유(Freedom)다."[30] 그러나 만일 하나님과 피조물들이 둘 다 진정으로 자유롭다면, 이성은 세계의 존재를 완전하게 설명할 수 없다. 그것은 비이성적인 도약이다. "감각들에 속하는 세계의 기원은 오로지 도약을 통한 절대성으로부터의 완전한 단절로…절대로부터의 **타락**을 통한 **멀어짐**으로 생각할 수 있다."[31] 『철학의 체계』(System of Philosophy, 1804년)에서, 셸링은 유한 실체들의 현실태를 "하나님으로부터의 타락, 곧 '결함'(defectio)"이라 일컬으며, "…이것이 죄"라고 말한다.[32] 여기서 셸링은 창조가 우주적 타락이며, 창조세계가 연원하는 하나님 자신 안에 있는 근거 없는, 비합리적 자발성(Urgrund)이라는 뵈메의 개념을 채택한다.[33]

---

29 James Gutman, introduction to Friedrich Schelling, *Philosophical Inquiries into the Nature of Human Freedom*, trans. James Gutman (Chicago: Open Court, 1936), xl-xliii; Copleston, *Hist. Phil.*, vol. 7, chap. 7, sec. 1; 및 White, *Schelling*, 97-101을 보라.
30 Friedrich Schelling, *Philosophie und Religion* [*Philosopy and Religion*], in *Samtliche Werke*, ed. K. Schelling, 14 vols. (Stuttgart: Cotta, 1856-1861), 6:39-40, 영어 번역은 Gutman, introduction to Schelling, *Philosopical Inquiries*, xli에서 인용. Heidegger의 *Being and Time*은 "타락한 존재"로서, "일종의 도약"으로서, "세계에 던져진" 존재로서의 인간 실존성(Dasein)에 대한 Schelling의 아이디어들을 발전시키고 있다.
31 Schelling, *Philosophy und Religion*, 6:38. White, *Schelling*, 98에서 재인용.
32 Friedrich Schelling, *System der gesamte Philosophie und der Naturphilosophie inbesondere* [*System of Philosophy in General and of Nature in Particular*], in *Samtliche Werke*, 6:552. Thomas O'Meara, "'Christianity Is the Future of Paganism': Schelling's Philosophy of Religion, 1826-1854," in *Meaning, Truth, and God*, ed. Leroy Rouner (Notre Dame, IN: University of Notre Dame Press, 1982), 235 n. 18에서 재인용.
33 앞의 제2장에서 다룬 Böhme에 대한 항목을 되새겨보라. 또한 Copleston, *Hist. Phil.*, vol. 7,

『인간 자유의 본성에 대한 철학적 탐구』(Philosophical Inquiries into the Nature of Human Freedom, 1890년)는 범재신론에 대한 셸링의 가장 중요한 기여로서 셸링은 그것을 "가장 활발한 의미에서의 자유"를 긍정하는 "참된 범신론"이라 부른다.[34] 스피노자의 오류는 "그가 **하나님 안에 만물을** 포함시키고 있다는 것"이 아니라 "영원한 실체라는 추상적 개념"이라고 셸링은 쓰고 있다.[35] 셸링은 "사람이 하나님 바깥에 존재하는 것이 아니라 하나님 안에 존재한다는 사실과 사람의 활동 자체가 하나님의 생명에 속한다"는 점에 동의한다. 그러나 그 신적 존재 안에 있는 것은 "인간과 그의 자유"다.[36] 사람들이 하나님 안에 있기 때문에 그들이 자유롭듯이, 하나님의 자기 실현은 자유로운 인간 행위를 요청한다. "하나님으로부터 만물의 유출이 곧 하나님의 자기 계시다. 그러나 하나님은 자기를 닮은 피조물들, 자유롭고 스스로 활성화하는 존재들 가운데에서만 자신을 계시할 수 있다."[37] 이러한 생각들은 이미 셸링의 『초월적 관념론 체계』에 진술되어 있었다.

『인간 자유의 본성에 대한 철학적 탐구』의 주관심사는 악의 문제다. 셸링은 그 딜레마를 이렇게 진술한다. "진정한 악이 인정될 경우 무한한 실체 안에 혹은 근원적 의지 안에 악을 포함시키지 않을 수 없으며 따라서 모든 면에서 완전한 존재자라는 개념은 완전히 무너지게 된다. 그렇지 않으려면 악의 실재가 어떤 식으로든 부정되어야 하는데, 그럴 경우 자유에 대한 실제적인 개념은 그와 동시에 사라지게 된다."[38] 악이 비실재적이든지, 하나님이 악의 원인이든지일 수밖에 없다는 것이다. 이 끈질긴 문제에 대한 셸링의 해결책은 하나님의 자유를 악의 **가능성**(possibility)의 근거로 보고, 인간의 자유를 악의 **현실태**(actuality)에 대한 책임으로 보자는 것이다.

셸링은 니콜라우스 쿠자누스와 뵈메로부터 물려받은 변증법의 맥락

---

chap. 7, sec. 1을 보라.
34 Schelling, *Of Human Freedom*, 10.
35 앞의 책, 22.
36 앞의 책, 11.
37 앞의 책, 19.
38 앞의 책, 26.

에서 신의 자유(divine freedom)를 설명한다. 하나님의 인격적 실존은 신적 본성 안에 있는 두 개의 대립적 원리들의 영원한 자기 통일이라는 것이다. 셸링 자신의 "변증법 해설"은 조밀하긴 하지만, 시사적이다. "근거(Grund)의 본질 혹은 존재성의 본질은 전체 근거(Urgrund, 전체 기반)에 선행될 수밖에 없다. 그것은 직접적으로 바라본 절대로서, 무근거(Ungrund, 무기반)다. 그러나…두 개의 동등하게 영원한 시작으로 나뉘어지지 않고서는 이렇게 존재할 수 없다.…그러나 무근거성(the groundlessness)은 오직 그 둘이 사랑을 통해서 하나가 되기 위해서만 두 개의 동등하게 영원한 시작으로 그 자신을 분할한다. 즉 생명과 사랑과 인격적 존재성이 있을 경우에만 그 자신을 분할한다는 것이다."³⁹ 요약하자면, 하나님 안에 있는 이 두 개의 영원한 원리들은 세 번째 요소인 사랑에 의해서 통일된다.

따라서 세 개의 신성한 "가능태들"(potencies)이 있다. 한 개의 영원한 원리는 "심연"(the abyss, 나락, 무저갱, 혼돈), "공허함"(emptiness), "비존재"(non-being), "무"(nothingness), "순수 잠재력"(pure potentiality), "우연성"(contingency), "하나님 마음속의 어둠", "무의식", "의지", "영원한 일자가 스스로를 낳고 싶어하는 욕구", "하나님의 인격적 존재성의 원초적 근거(Urgrund)인 무근거(Ungrund)"다. 또 하나의 원리는 "하나님의 본질, 흑암의 심연에서 빛을 내는 생명의 빛", "존재의 원리", "이성", "질서", "실증성"(positivity), 혹은 "사랑"의 원리다.⁴⁰ 하나님의 현실태―그의 인격적 실존성 혹은 생명―는 세 번째의 현실화시켜주는 사랑에 의해 이루어지는 이 두 원리들의 영원하며 필연적이며 자생적인 종합이다. 이 진술을 보면, 하

---

39 앞의 책, 88-89.
40 Schelling은 Böhme의 이 용어들을 다 사용하며 그 이상으로 사용하고 있다. 앞의 책, 32-98. Robert F. Brown, *The Later Philosophy of Schelling: The Influence of Boehme on the Works of 1809-1815* (Lewisburg, PA: Bucknell University Press, 1977)을 보라. 1841년 베를린에서 Schelling의 강연을 들은 후에 Heinlich Heine는 이렇게 야유했다. "과거에는 구두수선공 야콥 뵈메가 마치 철학자처럼 이야기하더니, 지금은 철학자 셸링이 마치 구두수선공처럼 이야기한다"[Heinrich Heine, *Die romantische Schule*, in *Samtliche Werke* (Leipzig: Insel, 1910-15), 5:294, 영어 번역은 Fackenheim, "Schelling's Philosophy of Religion," in *The God Within*, ed. Burbidge, 209, n. 3에서 재인용].

나님 안에 참으로 자유롭고 미결정적이며 자발적이며 창조적인 차원이 있다. 따라서 신적 본성의 필연성이 하나님 안에 있는 혹은 하나님으로부터 나오는 모든 것을 완전히 결정하지는 않는다. 이와 같은 세 가지의 신성의 원리들 혹은 신적인 잠재력을 포함하고 있는 셸링의 신성 기원론 혹은 우주 발생론은 사실상 뵈메의 영지주의적인 비전을 재진술하고 있다.

셸링은 신의 무규정성(divine indeterminacy)의 개방성 가운데서 자발적인 우주적 타락으로서의 창조의 공간, 악의 가능성의 공간, 실질적 악의 원천으로서의 인간 자유의 공간을 찾는다. 이미 살펴보았듯, 악의 가능성은 하나님의 자유 안에—사랑과 이성을 초월하는 흑암의 심연 안에—있다. 그러나 하나님의 자기 실현은 영원히 그리고 필연적으로 완벽한 조화 가운데서 하나님의 본성의 두 측면을 통일시켜준다. 본성상 하나님은 자유롭게 선을 의지한다. "그러나 만일 하나님이 본질적으로 사랑이며 선이라면, 하나님 안에 도덕적으로 필연적인 것이 진정으로 형이상학적 필요성과 더불어 따라오게 된다."[41] 그러나 선은 사람들 속에서는 필연적인 것이 아니다. 인간 안에서는 본성과 자유와 선이 우연적으로 연결되어 있으며, 따라서 분리될 수 있다. "하나님 안에서 해소될 수 없는 그 통일성이 사람 안에서는 해소되어야 한다. 그리고 이 사실은 선과 악의 가능성을 구성한다."[42] 이리하여 하나님의 본성은 악을 가능하게는 해주지만, 현실화되게 하지는 않는다. 오직 사람들만이 악을 현실화시킬 수 있으며, 우리는 불가피하게 그렇게 한다.

그러나 하나님이 세상을 창조하지 않으심으로써 악을 막을 수 있지 않았을까? 셸링은 단도직입적이다. 만일 하나님이 존재한다면, 세계와 자유와 악은 불가피하다. 셸링은 "유일한 한 분 하나님이 있듯, 단 하나의 가능한 세계가 있다"라고 라이프니츠에게 동의한다.[43] 하나님이 타락한 세계를

---

41 Schelling, *Of Human Freedom*, 77.
42 앞의 책, 39.
43 앞의 책, 78.

피할 유일한 방법은 존재하지 않기를 선택하는 것이다. "악이 존재하지 않기 위해서는 하나님 자신이 존재해서는 안 된다." 그러나 하나님은 선하기 때문에 비존재를 거절한다. "하나님의 자기 계시는 도덕적으로 필연적인 행위로서 간주되어야 한다. 그 행위를 통해서 사랑과 선이 절대적 본성에 대해 승리했다."[44] 하나님, 자유, 악은 필연적이다. 선하신 하나님이 존재하기로 뜻했기 때문이다. 악은 제거되기 위해서 반드시 현실적이 되어야만 한다. 이것이 바로 하나님의 존재의 목적이다. "선은 하나님과 영원히 거주하기 위해서 흑암으로부터 나와 현실태로 성장해야 한다. 그리고 악은 영원히 비존재로 던져지기 위해서 선으로부터 분리되어야만 한다. 이것이 바로 창조(창조세계)의 최종적인 목적이다."

따라서 세계사는 하나님의 역사이며 또한 구속의 역사이다. 세계사는 선을 현실화시키며, 선을 하나님 안으로 통합시켜주며 궁극적으로는 악이 불가능하도록 해준다. 이 과정은 인류와 세계를 구원할 뿐만 아니라 하나님의 충만한 존재 안에서 절정을 이룬다. "이리하여 그 자유 안에서 그 근거(Grund)는 [악의] 분리와 심판을 가져오며, 이렇게 해서 하나님의 완전한 실현을 달성한다."[45] 뵈메의 영지주의적인 선악의 변증법이 셸링 안에서 생명력을 얻고 있다.

피히테의 하나님과는 달리, 셸링의 하나님은 인격적이다. 악에 대해 승리하는 바로 이 변증법적 자기 발생이 하나님을 인격적으로 만든다. 마치 사람들이 자신의 경쟁적인 이성적-도덕적 본성과 육체적-감정적 본성을 서로 통합시킴으로써 성숙하면서 인격성과 개성을 획득하듯이 말이다.

---

44 앞의 책, 83. 하나님에게는 존재하지 않을 자유가 있다는 생각은 믿기 어렵고 불합리하게 보일 것이다. 그러나 그것이 Schelling의 신학에서는 당연시되는 것이다. Robert Brown, "Schelling and Dorner on Divine Immutability," *JAAF* 53.2 (1985), 241-42을 보라. "셸링의 하나님은 의지적인, 통일 안의 이중성(a voluntary duality-in-unity)이다. 한편으로 이 하나님의 존재는 자유롭게 의지한다. 즉 자유의 극은 힘의 트리오를 지배할 필요가 없다. 그리고 만일 그렇지 않다면, 실재화된 하나님은 전혀 존재하지 않는다. 다른 한편으로, 하나님은 자신이 소유하고 있는 구조를 소유해야 한다.…그러므로 하나님은 자신이 존재하는 그대로를 자유롭게 의지한다(그리고 반드시 의지할 필요는 없다). 그러나 그렇게 의지함에 있어서 하나님은 현재의 그 자신을 (변덕스러운 의미에서) 원하지 않는다."

45 Schelling, *Of Human Freedom*, 85.

"우리는 하나님을 살아 있는 힘들의 통일체(the living unity of forces)로 설명했다. 그래서 만일…자율적인 존재가 그것과 독립되어 있는 근거와 연결되는 가운데, 말하자면 이 두 가지가 서로 완전히 상호 침투적이며 단일 존재가 되는 그런 방식으로 연결되는 가운데 인격성이 구성된다면, 하나님이야말로 최고의 인격체다."[46] 하나님 안에 있는 세 가능태들의 통일은 하나님을 그의 영원한 본질 가운데서 인격적으로 만든다. 더욱이 현실태 안에서 하나님은 사람들이 그렇듯이 고통을 통해서 성장한다. "하나님은 단지 하나의 존재자가 아니라 하나의 생명이다. 모든 생명은 어떤 숙명을 갖고 있으며, 고난과 발전에 종속되어 있다. 하나님 역시 태초에 인격적이 되기 위해서 빛을 어둠의 세상과 나누었을 때 자유롭게 이 일에 자신을 바쳤다. 존재는 오직 되어감 가운데서만 자체를 의식하기 때문이다."[47] 따라서 하나님의 본질은 영원하며 부동적이지만, 하나님의 존재는 성장, 변화, 고난을 포함한다. 하나님 그 자신은 인격적이지만, 실질적 실존 가운데 계신 하나님은 세계 안에서 세계를 통해서 특히 세계의 갈등과 고난/고통을 통해 발전함으로써 인격성을 획득한다.

셸링은 하나님의 변증법적인 자기 발생이 어떻게 자연과 역사를 통해 삼위일체를 실현하는가를 자세히 설명하면서 뵈메를 따르고 있다. "하나님 자신 안에서 신적 존재의 첫 진동이 탄생한다.…하나님은 자기 자신의 형상 안에서 태어난 하나님…그리고 그 안에서 영원한 로고스를 느끼며 영원히 사모하는 마음을 느끼는 영원한 성령을 본다. 이 성령은 말씀을 토해내며 그리하여 말씀은 창조적이며 전능한 의지가 된다.…그것이 자연을 형성한다."[48] 다시 말해서 일자가 그 자체를 말씀으로 재현하며 그 말씀

---

46 앞의 책, 74. "하나님 안에는 실재의 독립된 기반이 있어서, 두 개의 동등하게 영원한 자기 계시의 시작이 있기 때문에, 그러므로 자신의 자유와 관련하여 하나님은 또한 그 두 개의 시작과 관련해서 바라봐야 한다. 창조의 첫 번째 시작은 자체를 낳으려는 일자의 소원 혹은 깊음의 의지이다. 두 번째 시작은 사랑의 의지로서 그 의지를 통해서 말씀(the Word)이 자연 가운데서 진술되며, 그 의지를 통해서 하나님이 맨 처음으로 자신을 인격적으로 만든다." Fichte와 Schleiermacher가 하나님이 인격이심을 부인했음을 기억하라.

47 앞의 책, 84.

48 앞의 책, 3-36. Gary-Smith, "The Triune God," chap. 7. in *God in the Philosophy of Schelling*은

이 성령으로서 힘을 발휘한다는 것이다. 셸링은 자연이 바로 하나님이 자신의 삼위일체적 본질을 실현하는 첫 발걸음이라고 설명한다. 자연은 신성한 말씀을 표현한다. 그러나 자연은 언어를 사용하지 않는다. "오직 사람 안에서만이 그 말씀(the Word)이 완벽하게 표현된다. 다른 모든 피조물 가운데서는 그 말씀이 뒤로 물러섰으며 미완성인 채 남아 있다. 그러나 표현된 말씀 가운데서 성령이 그 자체를 계시한다. 그것이 바로 실천 가운데 존재하고 있는 하나님이다."[49] 계속해서 셸링은 세계를 하나님의 자기 실현과, 인간의 자유를 하나님의 자유와, 인간의 언어를 신성한 말씀과, 종교를 신성한 자기 계시와 동일시한다. 이 모든 것 가운데서 하나님의 삼위일체적 본질은 자연과 인간의 역사 안에서, 그것들을 통해서 실질적으로 삼위일체가 된다.[50]

셸링은 자기의 신학을 범신론과 계속 연결시키면서 『인간 자유의 본성에 대한 철학적 탐구』를 끝맺는다. "모든 대립들은 절대자로 간주되는 것과 관련해서는 사라지기 때문에 이 체계를 범신론이라고 부르고자 하는 사람은 누구나 그 특권을 누릴 것임에 틀림없다."[51] 그러나 셸링은 인간과 자유에 대한 자신의 강조가 스피노자의 "신 즉 자연"과는 구별된다고 주장한다. "오직 인간만이 하나님 안에 있으며, 이러한 하나님 안에 있음을 통해서 자유가 가능하게 된다.…오직 인간을 통해서 하나님이 자연을 받아들이듯, 인간 안에서 만물이 피조된다.…인간은…중보자…자연의 구속자…말씀으로서…새 언약의 시작이다."[52] 이 대목에서 하나님과 인간을 서로 연결시키는 셸링의 상관성은 너무나도 강해서 인간이 그리스도에 해당한다. 하나님이 인간 안에 있고 인간은 하나님 안에 있다. 인간은 세계의 구원을 위해서 살고 있으며 활동하고 고난당하는 성육한 자이다. 절대적

"세 개의 가능태"의 맥락에서 삼위일체를 설명한 Schelling의 삼위일체론을 상세히 설명한다: $A1 = -A$ (비존재), $A2 = +A$ (존재의 원리), 그리고 그 둘의 종합인 $A3 = (-A$ 와 $+A)$.
49 Schelling, *Of Human Freedom*, 39.
50 이것이 Rahner, Moltmann, Pannenberg의 공통적인 주장이다.
51 Schelling, *Philosophical Inquiries*, 91.
52 앞의 책, 92.

동일성에 대한 셸링의 이전의 언어는 더 이상 존재하지 않는다. 모든 사실들을 참작해볼 때, 그의 "범신론"은 협력적인 인격적 범재신론(cooperative personal panentheism)으로 이해하는 것이 더 정확할 것이다.

이 시기에 셸링이 쓴 마지막 작품인 『세계의 시대들』(The Ages of the World, 1811-1815년)은 셸링의 뵈메적인 자유의 신학에 대한 치밀한 시적 표현이다.[53] 애초의 생각은 원대했다. 셸링은 그 자신 안에서의 하나님의 변증법(하나님의 과거), 하나님의 본성(nature, 자연)의 발생(하나님의 현재), 인간의 역사 안에서의 하나님의 자기 계시(하나님의 미래)에 대해 세 권의 책으로 쓰고자 했다. 그러나 셸링은 그 자신 안에서의 하나님과 본성(자연) 안에서의 하나님에 대한 부분인 1권만을 완성시켰다.[54]

셸링의 인격적 자유의 범재신론은 그 발전의 정도에 있어서 『인간 자유론』에서보다 훨씬 더 정교하고 충격적이다. 하나님의 존재는 하나님의 본성과 자유의 종합이다. "신격(神格, Godhead)은 온전하며 나뉨이 없으며, 영원한 긍정이며 동시에 영원한 부정이다. 신격은 이것이나 저것이 아니라 양자의 통일이다."[55] 신격은 먼저 자연 안에 자신을 세계를 구현하는 영혼으로서 실현한다. "이 영혼은 외형적인 영적인 몸을 지닌 존재 가운데서 그 재생물을…하나님의 최초의 실제적 존재를 갖는다."[56] 그러나 하나님의 생명의 중심적 목적은 인간의 역사, 특히 그 고난에의 구속적 참여

53　Friedrich Schelling, *The Age of the World* (3rd version, 1815), trans. Jason M. Wirth (Albany: State University of New York Press, 2000); 또한 *The Ages of the World* (2nd draft, 1813), trans. Judith Norman, in Slavoj Zizek, *The Abyss of Freedom/Ages of the World* (Ann Arbor: University of Michigan Press, 1997); Paul Collins Hayner, "The History of Mankind," chap. 5 in *Reason and Existence: Schelling's Philosophy of History* (Leiden: E. J. Brill, 1967). Charles Hartshorne and William Reese, *Philosophers Speak of God* (Chicago: University of Chicago Press, 1953), 233-43은 Schelling이 "최초의 현대 범재신론자"임을 보여주기 위해서 *Ages of the World*로부터 몇몇 대목들을 발췌해서 싣고 있다.
54　Wirth는 그가 번역한 Schelling, *Ages of the World*, trans. Wirth, xxxiii-xxxiv에서 Schelling의 아들 Karl이 만들고 초판에 실었던 "Synoptic Table of Contents"를 제시하고 있다. 그 목차는 Schelling의 신 발생론과 우주 발생론에 있는 변증법적인 그리고 하부-변증법적인 층들의 윤곽을 명확하게 제시하고 있다.
55　앞의 책, 74.
56　앞의 책, 88.

(redemptive participation)에 있다. "고난은…또한 창조주와 관련해서…보편적이다.…하나님은 인간 본성을 하나님 자신이 반드시 통과해야 하는 그런 길로 인도한다. 눈 멀고, 어둡고, 악한 모든 것에 참여하는 하나님의 본성의 고난은 최고의 의식으로 하나님을 고양시키기 위해서는 필수적이다."[57] 하나님은 몸소 세계에 참여함으로써 그리고 세계를 구함으로써 자신을 실현한다. 셸링은 "참된 범신론"에 대한 자신의 주장을 반복하면서 『세계의 시대들』을 끝맺는다.[58] 되돌아보건대, 이것이 현대 범재신론의 첫 번째 표현이다.

셸링의 "긍정적" 종교 철학

셸링은 『세계의 시대들』을 끝맺지 않았다. 아마도 하나님의 미래가 개방되어 있기 때문에, 하나님의 역사는 아직 작성될 수 없음을 그가 깨달았던 것 같다.[59] 하나님까지도 역사 안에서의 인간의 자유의 코스를 예견할 수도 그 자신의 운명의 구체적 사실들을 알 수 없다. 이 때문에 사람들은 하나님의 임재가 임할 때에 역사 안에서 하나님의 임재를 받아들여야 한다. 그러므로 철학은 역사 안에 지금까지 계시된 것에서부터 출발함으로써 반드시 "긍정적"(positive)이 되어야 한다. 이성은 계시를 정당화할 수도 없으며, 온전히 설명할 수도 없다. 바로 이 사실 때문에 셸링이 "긍정적 철학"(positive philosophy)과 명백한 계시로 회귀했던 것이다.[60] 그러나 셸링은 이미 초창기의 『초월적 관념론 체계』에서부터 철학의 제한적인 기반

---

57 앞의 책, 101.
58 앞의 책, 104-8.
59 Schelling, 앞의 책, 45은 출 3:14에 나오는 하나님의 이름을 "나는 나일 것이다"(I will be that I will be)라고 번역함으로써, 하나님이 발전한다고 생각하는 많은 20세기 신학자들을 예견하고 있다.
60 Fackenheim, "Schelling's Philosophy of Religion"과 "Schelling's Conception of Positive Philosophy." In *The God Within*, ed. Burbidge, 92-108 및 109-21; O'Meara, "Christianity Is the Future of Paganism," 216-36.

을 강조해왔다.

셸링의 최종적인 종교 철학이 그의 신-인적 자유(divine-human freedom)의 범재신론으로부터 떠나간 것이 아니라 그 범재신론 위에 세워진다는 점을 강조하는 것이 중요하다. 또 한 가지는 "세 개의 가능태들"이라는 뵈메의 언어가 더욱 현저해지고 있다는 점이다.[61] 바뀐 점은 그의 초점이다. 즉 하나님이 인간 안에서 그리고 인간을 통해서 정확히 어디에서 자신을 실현하느냐 하는 점이다.

종교는 역사 안에서의 하나님의 전반적인 자기 실현이 가장 명시적으로 드러나는 곳이다. 하나님은 자연과 인간의 역사 가운데 존재하신다. 그러나 종교, 특히 종교의 신화와 상징들은 사람들이 자연과 인간 안에서 자신을 인격화하는 그 하나님에 대해 의식하게 되는 곳이다. 상호 관련된 것으로, 하나님의 인격적 자기 의식은 인간 종교 안에서의 하나님의 자기 시현을 통해서 창발한다. 그러므로 계시의 역사와 종교의 역사는 동전의 양면이다.[62] 계시는 점진적이기 때문에, 종교와 그 상징은 단계별로 전개된다. 그 단계는 자연 종교상의 신화, 초자연적 종교상의 실증적 계시, 그리고 최종적으로 철학적 종교의 단계이다. 그러나 헤겔과는 반대로, 셸링은 철학이 하나님의 신비를 몰아낼 수 있다는 사실을 거부한다. 그 하나님의 신비는 신-인적 자유에 뿌리박혀 있다.[63]

---

61 Edward Allen Beach, *The Potencies of God(s): Schelling's Philosophy of Mythology* (Albany: State University of New York Press, 1994).
62 Schelling은, 종교적 상징들은 하나님을 묘사하는 것이 아니라 하나님 안에 "참여하는" 것이라는 이론을 비롯해서 Paul Tillich의 신학의 주요 원천이다. Paul Tillich, "Religious Symbols and Our Knowledge of God," *Christian Scholars* 38/3 (1955): 189-97; 및 *The Construction of the History of Religion in Schelling's Positive Philosophy: Its Presuppositions and Principles*, trans. Victor Nuovo (Lewisburg, PA: Bucknell University Press, 1974)를 보라.
63 Friedrich Schelling, *Philosophie der Mythologie* [*Philosophy of Mythology*], 2 vols. (Darmstadt: Wissenschaftliche Buchgesellschaft, 1957); *Philosophie der Offenbarung* [*Philosophy of Revelation*] (Darmstadt: Wissenschalftliche Buchgesellschaft, 1966). 손으로 작성한 텍스트를 사진으로 영인한 판본임.

셸링의 범재신론: 정리

셸링은 그 생애 내내 자신을 "참된 범신론"의 수호자로 간주했다. 이것을 지금 우리의 용어로 말하자면 현대 범재신론 혹은 역동적 범재신론이된다. 셸링의 "신 즉 자유"는 스피노자의 "신 즉 자연"과는 다르다. 심지어 셸링의 초기의 절대적 동일성 철학조차도 하나님과 피조물들을 강력하게 구분하고 있으며, 그 둘에게 자유를 부여하고 인간을 "하나님 안"에 자리매김한다. 셸링의 범재신론은 그의 뵈메적인 신-인적 인격성 신학(Böhmian theology of divine and human personhood)과 더불어 명징성을 획득한다. 하나님의 본질은 대립하는 양자의 영원한 자기 발생적인 연합이다. 그러나 하나님의 존재는 자유로운 피조물들의 행위와 고난과 그리고 마침내 맞이하는 승리 안에서, 또한 그것들을 통한 하나님의 본질의 점진적인 자기 실현이다.

상당수의 학자들이 셸링을 범재신론자로 여긴다. 신-인 상호 작용에 대한 그의 강조와 (그 사실이 지니고 있는) 하나님이 두 개의 성질(영원한 성질과 시간적 성질)을 지녔다는 사실의 함축 때문에 하트숀과 리즈는 그를 최초의 진정한 현대적 범재신론자로, "화이트헤드 이전의 모든 철학 가운데서 만날 수 있는 가장 급진주의자"로 제시하게 만든다.[64] 윌킨스(Wilkens)와 패지트(Padgett)는 "셸링의 견해는 범신론이 아니라 범재신론적이다. 하나님은 자신의 창조세계와 연합되어 있지만 동시에 그 세계의 창조자이다"라고 결론을 내린다.[65] 클레이튼은 셸링의 후기 신학을 자신의 신학의 기반으로 삼는다. "가장 적합한 입장은 셸링이 말하는 '참된 유신론'이다.…그 견해가 바로 내가 여기서 '범재신론'(panentheism)이라고 이름 붙이고 있는

---

64 Hartshorne and Reese, *Philosophers Speak of God*, 233-34. Arthur O. Lovejoy, *The Great Chain of Being: The History of an Idea* (Cambridge, MA: Harvard University Press, 1936; repr., 1964), 323은 Schelling이 하나님 자신이 실질적으로 발전한다는 진정으로 진화론적 신학을 전개한 첫 번째 사상가임을 지적한다. 그러나 그는 범재신론(panentheism)이라는 용어는 사용하지 않는다.

65 Wilkens and Padgett, *Christianity and Western Thought*, 2:73.

견해다."⁶⁶

비록 헤겔의 그늘에 가려졌지만, 셸링의 영향력은 19세기 및 20세기 신학에 강한 흐름을 유지했다. 실로 틸리히와 몰트만과 같은 현대 신학자들은 역사에 대한 비결정론적 견해 가운데서 삼위일체적인 범재신론을 인간의 자유와 결합시키고 있다는 점에서 헤겔보다는 셸링을 더 많이 반영하고 있다.

헤겔

게오르크 빌헬름 프리드리히 헤겔(Georg Wilhelm Friedrich Hegel, 1770-1831년)과 셸링은 청년 시절 튀빙겐 대학교의 신학부 친구였다. 셸링은 장래가 촉망되는 철학자로서 신속하게 명성을 얻었다. 헤겔은 셸링의 중심적 사상들 몇 가지를 채택했지만, 셸링의 동일성 철학이 다양성의 통일을 설명하는 데 전적으로 실패했다고 결론 내렸다. 헤겔은, 예술과 종교가 절대자에게로 이르는 가장 확실한 접근로를 제공해준다는 셸링의 평생의 신념을 실패에 대한 자백으로 간주했다. 그와 대조적으로 헤겔은 자신의 철학이 절대적 자기 지식에 이르는 하나님의 길이라고 주장했다.

헤겔의 신학적-철학적 프로젝트

헤겔은 셸링 및 다른 낭만주의 사상가들이 받아들였던 것과 똑같은 도전을 받아들인다. 그 도전은 상대와 절대, 다자와 일자, 세계와 하나님에

---

66 Clayton, *The Problem of God*, 479-80. "참된 유신론"은 Schelling이 일찍이 "참된 범신론"이라고 일컬었던 것과 똑같은 신학을 가리키는 후대의 용어다.

대해 종합적으로 진술하는 것이다.[67] 헤겔은 피히테의 철학이 자아(Ego)를 절대화시키고 자연을 도덕성의 기회로 전락시키고 있다는 셸링의 말에 동의한다. 그러나 헤겔은 셸링과 슐라이어마허를 반대하고 피히테의 편에 서서 미학이나 종교적 직관이 아니라 철학이 절대에 대한 우리의 주장들을 정당화시켜야 한다고 주장한다.

셸링과는 달리 헤겔은 그의 이력에 관점의 변화가 없다. 그의 지속적인 화두인 세계 안에서 세계를 통한 절대[하나님, 성령(정신, Spirit)]의 변증법적 자기 실현은 이미 『체계의 단편들』(Fragments of a System, 1800년)과 『피히테의 철학 체계와 셸링의 철학 체계의 차이』(The Difference between Fichte's and Schelling's Systems of Philosophy, 1801년)에 스케치되어 있다. 이어서 나온 책들은 각각 헤겔의 비전을 좀더 상세히 다루고 있다. 헤겔의 철학과 신학은 구별할 수는 있지만 결코 분리될 수 없다.

헤겔의 첫 번째 주저인 『정신 현상학』(Phenomenology of Spirit, 1807년)은 점차적으로 복잡하게 되어가는 인간 의식의 차원—자연에 대한 개별적인 감각적 인상들에서부터 다양한 종류의 사회 의식을 통해, 도덕과 예술과 종교에 이르는 각 수준들—을 통해 정신(Spirit)이 등장하는 변증법적 역사를 설명한다. 헤겔은 철학에서 정신이 최종적으로 자기 지식에, 즉 "존재와 사고의 통일"에 도달할 수 있다고 주장한다. "…그러므로 여기서 하나님은 있는 그대로의 자신으로 드러나며, 자신을 그대로 매개 없이 제시한다. 즉 그가 직접적으로 정신(Spirit, 성령)으로서 현존한다."[68] 『논리학』(The

---

67 Georg Hegel, *Lectures on the History of Philosophy*, trans. H. S. Haldane, 3 vols. (London: Kegan Paul, Trench, Trübner, 1892-1896; repr. With introduction by Frederick C. Beiser, Lincoln: University of Nebraska Press, 1995).
Eric Rust, "The Absolute Spirit and Process—From Being to Becoming," chap. 2 in *Evolutionary Philosophies and Contemporary Theology* (Philadelphia: Westminster, 1969); Robert Solomon, "Hegel and the Apotheosis of Self as Spirit," chap. 4 in *A History of Philosophy since 1750* (New York: Oxford University Press, 1988); Allen, "Hegel and the Restoration of Optimism," chap. 10 in *Philosophy for Understanding Theology*, 및 Wilkens and Padgett, *Christianity and Western Thought*, 2:76-86은 Hegel에 대한 신학적 평가를 담고 있다. Copleston, *Hist. Phil.*, vol. 7, part 1, chaps. 9-11은 Hegel의 체계 전체에 대한 명확한 해설이다. 한 권의 책으로 잘 다루고 있는 책으로는 Charles Taylor, *Hegel* (Cambridge: Cambridge University Press, 1975)이 있다.

Science of Logic, 1812-1816년)은 존재 자체로부터 시작하여 실재에 대한 기본적인 논리적 범주들과 형이상학적 범주들을 변증법적으로 연역해내는 헤겔의 변증법적 연역이다. "이 내용은 자연과 유한한 지성을 창조하기 이전의, 자신의 영원한 본질 가운데 있는 그대로의 하나님에 대한 해설이다."[69]

헤겔은 철학과 종교는 "둘 다 **하나님**이 그리고 오직 하나님**만이** 진리라고 주장한다. 철학과 종교는 또한 유한의 영역을, **자연**과 **인간 정신**을, 그 둘 서로 간의 관계를, 그리고 진리로서 하나님에 대한 그 둘의 관계를 다룬다"는 말로 『철학백과사전』(The Encyclopedia of Philosophical Sciences, 3 editions: 1817, 1827, 1830년)을 시작한다.[70] 『철학백과사전』은 이 주장에 대한 종합적인 정당화다. 헤겔은 이러한 책들에 덧붙여서, 베를린 대학교에서 정치와 역사, 예술과 종교 및 철학에 대한 여러 강의를 계속했는데, 그는 이 강의들에서 자신의 신학적 철학적 체계를 가차없는 논리로 그리고 아주 상세하게 더 정교화한다.

1827년의 『종교 철학 강의』(Lectures on the Philosophy of Religion)는 철학이 "종교에 대한, 특히 참 종교인 기독교에 대한 정당화이며, 그 필연성과 이성에 부합하게 그 내용을 알고 있다"고 결론을 맺는다. 또한 "철학은 바로 이러한 범위에서 신학이다. 철학은 하나님의 자신과의 화해 그리고 자연과의 화해를 제시하며, 타자인 자연이 신 안에 암묵적으로 존재함을 보여준다. 또한 철학은 한편으로 그 자체의 화해에로의 상승이 유한한 정신에 함의되어 있는 바이며, 다른 한편으로는 유한한 정신이 세계의 역사 가운데서 이 화해에 도달한다는 점을 혹은 역사 안에서 화해를 이룩한다는 점을 제시한다."[71] 1831년 헤겔이 콜레라로 사망했을 때, 그의 사상 체계는

---

68 Georg Hegel, "Revealed Religion," in *The Phenomenology of Spirit*, trans. A. V. Miller (Oxford: Oxford University Press, 1977), par. 761, p. 461.
69 Georg Hegel, introduction to *Science of Logic*, trans. A. V. Miller (London: Allen and Unwin, 1969; repr., Atlantic Highlands, NJ: Humanities Press International, 1989), 50.
70 Georg Hegel, introduction to *The Enclepedia of Logic, with the Zusätze: Part 1 of the Encyclopedia of Philosophical Sciences with the Zusätze*, trans. T. F. Geraets, W. A. Suchting, and H. S. Harris (Indianapolis and Cambridge, UK: Hackett, 1991), par. 1, 24.
71 Georg Hegel, *Lectures on the Philosophy of Religion*, ed. P. Hodgson, 1-vol. ed. (Berkeley:

거의 완성되어 있었다. 그의 철학은 그저 신학적인 것이 아니라, 또한 기독교 신앙을 변증법적인 역사적 범재신론으로 완전히 재구성한 것이다.[72]

변증법: 세계 안에서의 하나님의 본성과 방식

헤겔은 자기 친구 셸링으로부터 절대자(the Absolute, 절대)가 자연과 역사를 통해서 점진적으로 그 자체를 실현한다는 생각을 얻은 것으로 여겨진다. 그러나 헤겔은 셸링의 절대적 동일성(absolute identity, 절대적 동일률) 철학을 배격했다. 그 까닭은 그 철학이 어떻게 절대적 동일성(A = A)에서부터 양극성(A와 -A) 및 다양성(B, C, D,…N)이 도출될 수 있는지를 설명할 수 없기 때문이었다. 헤겔은 셸링이 하나님과 세계 사이의 비지성적인 간격을 남겨놓았다고 판단했다. 그래서 그는 셸링의 절대적 동일성 개념을 "모든 소가 검정색인 어둔 밤"이라고 기각시켜버렸다.[73]

셸링이 실패한 자리에서 성공하기 위해서, 헤겔은 절대 그 자체가 세계의 다양성 및 양극성으로부터 구별되는 단순한 동일성(identity)이 아니라 절대 그 자체 안에 그러한 것들을 반드시 포함해야 한다고 제안했다. "절대 그 자체는 **절대적 동일성**(absolute identity)이다. 그래서 이것이 절대자에 대한 **규정**(determination)이다. 왜냐하면 그 안에서 세계 자체와 표상의 세계의, 혹은 안팎 전체의 모든 다양성이 지양(止揚, sublated, 헤겔 철학 중 Aufhebung의 번역어로 어떤 것을 그 자체로는 부정하면서 오히려 한층 더 높은 단계에서 이것을 긍정하는 일로, 모순 대립하는 것을 고차적으로 통일하여 해결하면서 현

University of California Press, 1988), 487, 489.
72 Hegel의 종교적 신학적 관심사가 최소한 영어권 철학자들에 의해서 한 세기 이상이나 거의 무시되었다는 사실이 놀랍다. 이러한 무관심은 1960년대에 들어오면서 바뀌기 시작했다. 예를 들어 Stephen Crites, "The Gospel according to Hegel," *JR* 46 (1966): 246-63과 Emil Fackenheim, *The Religious Dimension in Hegel's Thought* (Bloomington: Indiana University Press, 1967)를 보라.
73 Hegel, *Phenomenology*, preface, par. 16 p. 9.

재의 상태보다 더욱 진보하는 것이다―옮긴이)되기 때문이다."[74] 그의 논리는 무한성 개념을 가지고 시도하는 익숙한 주장이다. "만일 하나님이 자신에 대해서만 유한성을 갖는다면, 그때 하나님 자신이 유한하며 제한적이 된다. 유한성은 하나님 자신 안에 자리 잡아야 한다."[75]

절대자의 본성은 3차원적이다. 자기 동일성(self-identity), 타자성(otherness), 그리고 자체 안에서의 그 둘의 영구적인 통일(their perpetual unification within itself)이다. 헤겔 자신의 좀 어려운 용어로 말하자면, 절대(the Absolute)는 "**정신**(Spirit)이다.…영적인 것(정신적인 것, the spiritual)만이 실재적인 것(the actual)이다. 그것이 본질이며, 또는 그 존재 자체(being in itself)를 갖는 것이다. 그것이 **스스로에게 스스로를 연결하는**(relates itself to itself) 것이며 동시에 **규정적**(determinate)이다. 그것이 **타자 존재**(other-being)며 동시에 **자기에 대한 존재**(being-for-self)다. 그리고 그것이 이 결정성 가운데서 혹은 그 외면성 가운데서 자체 안에서 거한다. 다시 말해서, 그것은 **자체 안에 동시에 자체에 대해 존재한다**."[76] 다시 설명하자면, "그 자체", "자체에 대해", "자체 안에 동시에 자체에 대해"라는 말은 정태적인 절대자의 추상적 차원이 아니라는 말이다. 그러한 것들은 그 자체의 생명의 실재 안에 자리 잡고 있는 역동적 상호 연결자들이다. "이 **삼중적 형태**(triadic form)는 용어표로 퇴락한 생명 없는 도식으로 전락되어서는 안 된다." 이는 "[그것이] 개념 그 자체의 생명…, 실현된 내용의 자기 운동을 하는 영혼"이기 때문이다.[77]

절대는 자체 안에 있는 차이들의 자의식적 통일을 구성하기 위해서 자체를 자체가 아닌 타자로서 상정한다. 절대는 절대적 인식(knowledge, 지식)을 얻기 위해서 "헤라클레이토스의 원리", 즉 변증법에 따라 존재한다.

---

74 Hegel, "The Absolute," chap. 1 in *Science of Logic*, vol. 1, bk. 2, sec. 3, p. 531.
75 Hegel, *Lectures on the Philosophy of Religion* (1988), 406. 이것이 Eriugena와 Nicholas of Cusa에게서 발전되었으며, Pannenberg와 Clayton이 여전히 사용하고 있는 참된 무한으로부터의 논증에 대한 Hegel식 버전이다.
76 Hegel, *Phenomenology*, preface, par. 25, p. 14.
77 앞의 책, par. 50, 53, pp. 29, 31-32.

각 사물의 본질은 규정 속에, 그 자체의(즉자의) 대립성에 있다.…이 동일성으로서의 그 본질은…자체의 대립자에게로 넘겨지는 것 혹은 그 자체를 실현하는 것, 그 자체가 어떤 다른 것이 되는 것이다. 그리하여 자체 안에 있는 대립은 자체적으로 실현된다.…그 대립성의 진정한 화해는 이 대립성이 그 자체의 절대적 극단에까지 확대되었을 때에 해소되는 지각이다. 셸링이 말하듯이… 영원한 생명은 지속적으로 대립을 생산하면서 지속적으로 화해시키는 바로 그 과정으로 이루어진다. 통일 가운데서의 대립을 알고, 대립 가운데서의 통일을 아는 것이 바로 절대적 인식(지식)이다.[78]

변증법을 세계 안에서만이 아니라 절대 자체의 본질에 자리매김함으로써 헤겔은 셸링의 문제가 해결되고 일자 안의 다자, 무한 안의 유한, 절대 안의 상대 즉 하나님 안의 세계에 대한 일관된 진술을 제공한다고 주장한다.[79]

변증법에 대해 좀더 자세히 설명하는 것이 유익할 것이다.[80] 변증법적 논리는, 지식의 각 수준에 있는 입장들 및 반대 입장들, 혹은 "정립"(theses, 명제)과 "반정립"(antitheses, 반대 명제)—양극성과 모순들—을 넘어선다. 변증법적 논리는 그러한 것들이 더 높은 통일, 즉 "종합"(synthesis, 종합 명제)의 요소들임을 드러낸다. 이 종합은 비모순적 방식으로 각각의 본질적 진리를 보존시킨다. 처음에는 서로 의견을 달리하는 사람들이 각자 애초의 입장들과 일치하는 공통 근거를 찾을 때까지 대화를 해나가는 일상적인 대화에서 이러한 종류의 합리성을 볼 수 있다. 형식적으로 말하자면, 명제 A는 그 반대 명제인 "A가 아닌 것"(not-A)을 끌어낸다. 보통 논리에서, 이것

---

78 Georg Hegel, *Lectures on the History of Philosophy: The Abridged Student Edition*, trans. H. S. Haldane, ed. Tom Rockmore (Atlantic Highlands, NJ: Humanities, 1996), 701-2.
79 Schelling 역시 자신의 동일률 철학을 넘어 Böhme를 따르며 하나님 안에 변증법을 포함시킨 인격주의로 넘어갔음을 상기하라. 그러나 Hegel의 1807년 *Phenomenology*는 변증법을 하나님과 세계 모두에 적용시키고 있다는 점에서 Schelling을 훨씬 능가했다.
80 Michael Forster, "Hegel's Dialectical Method," in *The Cambridge Companion to Hegel*, ed. F. C. Beiser (Cambridge: Cambridge University Press, 1993), 130-70은 유익하다. Michael Kosok, "The Formalization of Hegel's Dialectical Logic," in *Hegel: A Collection of Critical Essays*, ed. A. MacIntyre (Notre Dame, IN: Notre Dame University Press, 1976), 237-88은 좀더 전문적이다.

은 모순이다. A이거나 "A가 아닌 것"이지, 둘 다가 아니다. 그러나 변증법적 논리에서는 A와 "A가 아닌 것"은 더 높고 더 복합적인 종합 명제(synthesis) B 가운데서 보존될 때 참임을 보여준다. 그러므로 B는 (A이면서도 A가 아닌 것)의 진리다.

헤겔은 절대 지식이 모든 반대 명제들(antitheses)이 도출되고 단 하나의 포괄적인 종합 명제(synthesis) 가운데 들어갈 때까지 변증법적으로 사유함으로써 획득될 수 있다고 주장한다. 형식적으로 말하자면, A는 "A가 아닌 것"을 도출하며, A와 "A가 아닌 것"은 B 안에서 화합한다. 다시 B(A와 "A가 아닌 것")는 "B가 아닌 것"을 도출하며, B와 "B가 아닌 것"은 C 안에서 화해되고 보전된다. 다시 C[B(A와 "A가 아닌 것")와 "B가 아닌 것"(A와 "A가 아닌 것")]는 "C가 아닌 것"을 함축한다. 이것은 D 안에서 합쳐진다. 그리고 계속 그렇게 전개된다. 원리상으로 이러한 사고 노선은 Y와 "Y가 아닌 것"이 Z 안에서 화해될 때까지 계속 진행된다. 그리고 Z는 "Z가 아닌 것"을 전혀 발생시키지 않는다. 그 까닭은 그것이 이전의 모든 양극성을 포함함으로써 그것에 반대되는 것은 아무것도 그 자체의 바깥에 남겨두지 않기 때문이다. 그 경우 막대하게 복잡한 개념 Z는 단 하나의 일관된 통일 안에서 더 낮은 층위들에서 나오는 더 낮은 진리들 사이의 어떠한 모순들이나 대립이 없이 그 아래에 속하는 모든 진리들의 진리를 포함하게 될 것이다. 즉 Z는 [(Y와 "Y가 아닌 것")이며, Y는 (X와 "X가 아닌 것")이며, X는 (W와 "W가 아닌 것")이며,…그리고 B는 (A와 "A가 아닌 것")]이다. 그러므로 Z는 단일의 무한하며 절대적이며 필연적인 명제임이 드러난다. 그러나 그는 모든 다자의 유한하며 상대적이며 우연적인 명제들을 다 포함한다. 만약 Z가 단순한 관념이 아니라, 스스로 안에 자기를 포함하는 하나님의 정신이라고 한다면, 만물은 다 하나님 안에 있는 것이며, 범재신론은 온전히 현실적(fully real)이며, 온전히 이성적(fully rational)이다.

자신 안에 세계를 포괄하는 하나님

헤겔은 정신으로서의 절대자(the Absolute as Spirit, 흔히 "절대 정신"으로 번역한다—옮긴이)가 자체를 포괄하기 위해서 세계 안에서 자체를 변증법적으로 실현한다고 주장한다. 이 점을 그의 『역사 철학 강의』(*Lectures on the History of Philosophy*)의 "최종적 결과"에서보다 더 명확하게 진술한 곳은 없다.[81] 절대자가 어떻게 자연(Nature)과 정신(Spirit)과 이성(Reason)의 변증법적 관계를 통해서 자체를 현실화하는지에 대한 헤겔의 상세한 설명은 셸링을 훨씬 능가한다. 이 점을 전형적으로 치밀하게 설명하고 있는 대목은 자세히 분석해볼 만한 가치가 있을 것이다.

첫째, 헤겔은 자연과 정신과 이성의 구별성과 상관성을 주장한다. "[절대자의] 자체 분화의 양 측면인 자연과 정신은 각각이 이데아의 총체성을 대표하는 것으로 인식된다.…자연, 그리고 정신의 세계 혹은 역사는 그 두 실재들이다. 실재적 자연으로서 존재하는 것은 신적 이성(divine Reason)의 이미지다. 자의식적인 이성의 형태들은 또한 자연의 형태들이기도 하다." 그런 다음 그는 절대 안에서의 자연과 정신의 통일을 철학에 의해 파악되고 정당화되는 이성(Reason)의 현현으로 설명한다. "파악 가운데서 정신적 우주와 자연적 우주는 하나의 조화로운 우주로서 상호 침투한다. 그 우주는 자체 안으로 물러나며, 다양한 면에서 절대를 총체적으로 질서 있게 발전시키며, 그렇게 하는 그 과정을 통해서 그 통일 가운데서 사유(Thought) 가운데서 자체를 의식하게 된다. 그러므로 철학은 참된 신정론(theodicy)이다."[82] 자연 가운데 함축되어 있는 바로 그 합리적 정신(Spirit)이 사회와 국가와 문화, 그리고 특히 이론적 지식 가운데 있는 인간 정신을 통해서 점차적으로 늘어나는 자기 의식과 더불어서 그 자체를 표출한다. "정신은 자체를 자연으로, [그리고] 국가로 산출한다. 자연은 정신의 무의식적인 작용이

---

81 Hegel, *Lectures on the History of Philosophy* (1996), 696-705.
82 앞의 책, 696-97

다. 그 과정에서 정신은 자체에게 대해 정신으로서가 아니라 다른 것으로 현현한다. 그러나 국가 안에서, 역사의 행위와 생명 안에서, 또한 예술에 속해서, 정신은 자체를 의식하게 만든다. 그리하여 정신은 그 실재의 매우 다양한 양태를 안다. 그렇지만 그 양태는 다만 양태일 뿐이다. 오직 학문적(과학적) 지식 가운데서만이 정신은 그 자체를 절대 정신(absolute spirit)으로 인식한다. 그리고 이 지식 혹은 정신은 그 유일한 참 실재다."[83] 인간의 지식 가운데서, 정신은 자연과 인간 모두 안에 함축되어 있는 그 이성을 해명한다.

헤겔은 담대하게 철학은 가장 명확하며 가장 포괄적인 인간 지식일 뿐 아니라, 하나님의 집적적인 자기 인식이기도 하다고 주장한다. "이 점에서 세계 정신이 등장한다. 그리고 각 단계는 참된 철학 체계 가운데서 그 자체의 형식을 취한다. 아무것도 소실되지 않는다. 모든 원리들이 보전된다. 그 최종적 양상에서 철학은 형식들의 총합이기 때문이다." 철학의 역사는 하나님 자신의 탐색의 여정이다. "그 자체를 알고자 하는 정신의 이 작용이…정신의 생명이며 정신 그 자체다.…철학사는 그 역사 내내 정신의 목적이 었던 바에 대한 계시며…발전해나가는 하나의 철학이며, 그 자신이 어떠한 자인지를 알아가는 하나님의 계시다." 헤겔은 이 역사 가운데서 자신의 역할을 주장함에 있어서 머뭇거리지 않는다. "새로운 시기가 세계에 등장했다. 그 시기는 마치 세계 정신이 마침내 절대 정신으로서 자신을 파악하는 데 성공한 것처럼 보인다.…유한한 자기 의식이 유한하기를 그친 것이다.…이것이 현 시기에 이르기까지 세계 일반의 전체적인 역사며 특히 철학의 역사다.…이 시점에서 나는 이 철학의 역사를 종결짓는다."[84] 마리아와 같이 헤겔은 하나님 자신의 자기 인식을 수태하고 있는, 주님의 겸손한 종이다.

헤겔의 신-인 체계(divine-human system)는 깔끔한 정리가 필요하다.

---

83 앞의 책, 703.
84 앞의 책, 697-98, 702-3.

절대자 자체는 본질적으로 변증법적이다. 따라서 절대자는 그 자체만으로 그저 존재하지 않고 본성적(자연적)으로 그 자체를 자체와는 다른 타자로 내놓는다. 그 무한 절대 일자는 먼저 자연 가운데서 많은 유한하고 상대적인 실체들로서 나타난다. 이 단계에서 정신은 자연의 생명력이다. 무의식적이며 비정신적인 자연으로부터, 정신은 유한한 정신 가운데서 자연이 아닌 타자로서 그 자체를 내놓는다. 그 정신은 다시 인식과 의사 소통 및 실행 활동의 능력을 지닌 인류를 발생시킴으로써 주관적 정신(subjective Spirit)을 내놓는다. 이러한 능력들을 통해서 정신은 인간들이 역사 가운데서 발전시키는 문화적인 산물들, 정치 공동체들, 도덕의 형태들, 지적 구성물 가운데에서 그 자체를 객관적으로 내놓는다. 그러나 비록 정신이 인간 문화와 사회 가운데서 활동하며 의식을 한다 할지라도, 그 정신은 여전히 유한하며 그 자체를 정신으로—즉 일자, 무한자, 절대자로—명시적으로 의식하지는 못한다. 자기 의식을 향한 정신의 중차대한 전환은 종교의 역사 가운데서, 정신의 "타자성" 즉 하나님으로서의 보편성과 창조의 권능에 대한 점진적인 각성 가운데서 등장한다. 그러나 궁극적인 자기 인식은 오직 철학을 통해서만 획득된다. 철학에서 정신의 참된 본성과 역사는 개념적으로와 체계적으로 완벽하게 제시된다.[85] 정리하자면, 세계사는 하나님의 자기 실현이며 자기 해방이며 자기 파악이다. "진리(the Truth)는 전체(the whole)다. 그러나 그 전체는 다름 아닌 자체의 발전을 통해 자체를 완성해나가는 본질에 다름 아니다. 절대에 대해서는 그것이 본질적으로 하나의 결과임을, 즉 종국에 가서만 그것의 참 진상을 보여준다는 점을 말해야 할 것이다."[86]

---

[85] Hegel은 절대자가 예술과 종교 가운데서 접근 가능하다는 점에 대해 Schelling의 말에 동의하지만, Schelling 및 Schleiermacher에 반대해서 철학이 절대자를 가장 온전히 그리고 명확히 드러낸다고 주장했다.
[86] Hegel, *Phenomenology*, par. 20, p. 11.

신적 자유와 역사 결정론

신의 자유는 헤겔에게 핵심적인 중요성을 갖는다. 세계의 역사는 하나님의 자기 해방이기 때문이다. 자유는 "세계의 절대 목적이며 종결이다."[87] 하나님은 절대적으로 이성적이며 스스로를 의식하면서 자기를 결정해나가고 있다는 점에서 자유롭다. 하나님의 행위는 어떠한 내적인 강박이나 외부로부터의 강압이 없이 의도적으로 자기의 본성을 표현한다. 그러나 그 자체와 전적으로 하나가 되기 위해 자체를 내놓는 것이 절대의 본성이다. 세계를 소유하지 않는 것은 하나님에게 해도 되고 안 해도 되는 선택 대상이 아니다. "창조자가 된다는 것은 그의 존재에 속하며 그의 본질이다."[88] 그러므로 하나님은 세계를 내놓지 않을 자유가 없으며, 세계 가운데서 세계를 통해서 자기를 실현하지 않을 자유가 없다. "세계가 없이는 하나님은 하나님이 아니다."[89] 존재하는 것은 반드시 그래야 한다.

그러므로 헤겔은 하나님의 자유에 대해 **양립 가능론적 견해**(a compatibilist view)를 견지한다. 자유와 결정론은 둘 다 성립할 수 있다. 그것은 동전의 양면이다. 하나님은 **마음대로 하는** 자유를 갖고 있지 않다. 하나님에게는 세상을 창조할 것인지, 어떤 세계를 창조할 것인지, 혹은 그 세계와 어떻게 관계를 형성할 것인지에 대한 선택권이 없다. 하나님은 필연적으로 현재의 모습대로의 세계와 역사의 경로를 결정한다.

그러나 헤겔의 견해는 자연과 역사의 세세한 모든 점에 대한 결정이 아니라 일반적인 신적 결정을 요구한다. 사회, 문명, 정치 제도, 종교, 철학들의 종류들은 다소간에 현재의 모습처럼 발전해야 한다. 그러나 각 개인의 실존, 그들 각자가 취하는 행위들, 심지어 각 개별 민족들과 문화들의

---

[87] Georg Hegel, *Philosophy of Right*, trans. T. M. Knox (Oxford: Clarendon, 1942), sec. 129. Richard Schacht, "Hegel on Freedom," in *Hegel : A Collection of Critical Essays*, ed. MacIntyre, 289-328을 보라.
[88] Hegel, *Lectures on the Philosophy of Religion* (1988), 417.
[89] Georg Hegel, *Lectures on the Philosophy of Religion*, trans. E. Haldane and F. Simpson, 3 vols. (London: Routledge and Kegan Paul, 1955), 1:120.

사건들조차도 하나님에 의해서 치밀하게 결정되어 있는 것으로 생각할 필요는 없다. 정신의 지혜는 가차없이 개인들과 민족들의 삶과 역사의 사건들을 그 자체의 필연적인 자기 성취의 원대한 대화로 엮어간다. 그러므로 인간의 자유에 대한 헤겔의 견해 역시 양립 가능론이다. 사람은 참으로 강제나 충동 없이 그 자신의 이성적인 본성과 세계 역사 안에서의 숙명과 일치하게 의지적으로 행위하는 자유로운 존재다. 여기서 헤겔은 셸링보다는 스피노자에 더 가깝다.

철학은 삼위일체와 성육신을 해명한다

헤겔은 자신의 철학을 단지 종교 일반에 대한 해명일 뿐만 아니라 기독교 신앙에 대한 결정적인 해명으로 간주한다.[90] 그는 기독교를 세계 종교들의 절정으로, "절대 종교", "계시 종교", "완성된 종교"로 여긴다.[91] 기독교의 성육신 교리와 삼위일체 교리가 궁극적인 철학적 진리를 가장 온전하게 상징화하고 있다고 생각하기 때문이다.

헤겔에 따르면, 예수 그리스도가 신인(하나님이며 사람)으로 성육했음에 대한 기독교의 확언은 하나님이 한 개인으로서 시작해서 인류 안에서 자기를 실현해나간다는 진리에 대한 종교적 표현이다. 그는 이 견해를 이미 『정신 현상학』에서 견지하고 있다. "하나님은 하나의 자기(a Self)로서, 실질적인 한 개인으로서 감각적이며 직접적으로 존재한다. 오직 이렇게 함으로써 이 하나님은 자기 의식적이 된다.…신적 존재자의 이러한 성육신

---

[90] Crites, "The Gospel according to Hegel," 및 Livingston, *Modern Christian Thought*, 143-57은 기독교에 대한 Hegel의 철학적 진술에 대한 탁월한 정리들이다. 또한 Philip M. Merklinger, *Philosophy, Theology, and Hegel's Berlin Philosophy of Religion, 1821-1827* (Albany: State University of New York Press, 1993)과 Stephen Crites, *Dialectic and Gospel in the Development of Hegel's Thinking* (University Park: University of Pennsylvania Press, 1998)을 보라.

[91] Hegel, *Phenomenology*, par. 759, pp. 459-60; *Lectures on the Philosophy of Religion* (1988), part 3, "The Consummate Religion."

이…절대 종교의 간명한 내용이다."[92] 그는 『종교 철학 강의』에서 다시 이 점을 확증한다. "신적 본성과 인적 본성의 통일은, 한 인간이 하나님으로서 의식하게 되고 하나님이 한 인간으로서 의식하게 되는 방식으로 인류에 대한 의식에 이른다."[93] 실로 헤겔의 이 무르익은 작품은 예수의 성육신과 사역, 죽으심과 부활 및 성령의 보냄(mission)을 세계 안에다 하나님이 스스로를 배치하는 일의 변증법적인 단계들로—"신의 역사", "구속사", "하나님 나라의 도래"로—이해하는 철학적 해석을 제공한다.[94]

성육신은 삼위일체를 포함한다. 그리스도는 하나님의 아들, 육체가 된 말씀이기 때문이다. 헤겔은 철학적 작업 내내, 기독교의 삼위일체 교리를 절대가 본질적으로 그 자체 안에서와 세계 안에서 본성상 변증법적이라는 개념적 진리에 대한 종교적 표상으로—"종교 공동체의 그림 언어적 생각"[95]으로—간주한다.[96] 『정신 현상학』에서 헤겔은 "세 개의 독특한 순간들: 본질, 본질의 타자성인 자기에 대한 존재(being-for-self),…그리고 그 '타자' 안에 있는 자기에 대한 존재 혹은 자기에 대한 인식"을 지적한다. 그는 "본질의 그 자신의 자기에 대한 인식"을 말씀으로, 성령을 "구별들이 일어나자마자 곧 구별들을 해소시켜버리는…내재적인 순환 운동"이라고 확인한다. 여기서 헤겔은 그 첫 순간인 본질이, 명명되지 않은 성부임을 암시한다.[97]

『종교 철학 강의』는 헤겔의 삼위일체론을 좀더 온전하게 전개하고 있다. 살아 있는 정신으로서의 하나님은 변증법적으로 하나 안의 셋이다. "그는 절대 활동이다.…그리고 그의 활동은 자신을 모순 가운데 내놓는다. 그

---

92 Hegel, *Phenomenology*, par. 758-59, p. 459.
93 Hegel, *Lectures on the Philosophy of Religion* (1988), 454.
94 앞의 책, part 3, "The Consummate Religion," 452-89.
95 Hegel, *Phenomenology*, par. 771, p. 465.
96 Crites는 삼위일체에 대한 변증법적 정교화가 잘 표명되어 있는 *Phenomenology*보다 훨씬 이전의 원고들을 논한다. "The Eternal Triangle," in *Dialectic and Gospel*, 220-23을 보라. 또한 Dale M. Schlitt, *Hegel's Trinitarian Claim: A Critical Reflection* (Leiden: E. J. Brill, 1984); Patricia Marie Calton, *Hegel's Metaphysics of God: The Ontological Proof as the Development of a Trinitarian Divine Ontology* (Burlington, VT: Ashgate, 2001)를 보라.
97 Hegel, *Phenomenology*, par. 770, 771, p. 465.

러나 이 모순을 영구적으로 해소시키고 화해시킨다. 하나님 자신은 이 모순들의 해소다." 그 다음에 헤겔은 정신의 신적 생명이 지니는 세 가지 양상을 구분한다. "첫째,…창조 이전의 자신의 영원성 가운데 있는 하나님…. 둘째, 하나님은 세계를 창조하여 분리를 내놓는다.…셋째, 정신은 자체로부터 정신 자체가 구별시킨 것을 자체와 화해시킨다."[98] 다시 말해서 정신(성령)의 이 세 측면은 자기 안에 계신 하나님, 자기를 향하는 하나님, 그리고 자기 안에 계시며 동시에 자기를 향하는 하나님이다. 헤겔은 이 각각의 양상을 본질과 현실태 안에서 차례로 고찰한다.

우리는 창조세계와는 별개로 하나님 자체 안에서의 하나님과 더불어 시작한다. 자기 안에서의 하나님이라는 관념 바로 그 자체가 삼위일체적이다. "그 영원한 관념은 거룩한 삼위일체의 용어로 표현된다. 그것은 영원히 삼위일체적인 하나님 자신이다." 정신(성령) 자체는 하나님 안에 있는 두 개의 시원적 차원들인 성부와 성자의 연합 혹은 "지양"(止揚, sublation)이다. **"성령은 영원한 사랑이다."** "성부, 일자, '온'(ὄν, 헬라어)은 추상적 요소,…혼돈, 심연,…언어절(言語絶, the inexpressible), 불가해(不可解, the inconceivable)다." "두 번째 요소인 타자 존재, 결정 행위, 자기 결정 활동 전체는 가장 폭넓은 명칭으로 말하자면, 로고스—이성적으로 결정하는 활동 혹은 정확히 말씀—다.…이 두 번째 순간은 또한 소피아, 곧 지혜라고 정의되는데, 원초적이며 전적으로 순수한 인간, 실존하는 타자다."[99] 따라서 하나님의 본질은 삼위일체적이다. 즉 동일성과 타자성의 영원한 통일이다. 이것이 **존재론적 혹은 본질적 혹은 내재적 삼위일체**다.

헤겔에게 있어서, 삼위일체적인 자기 안에 계신 하나님이 하나의 관념이라는 사실, 즉 정신으로서의 살아 있는 하나님으로부터 신학자들과 철학자들이 추상화시킨 하나의 개념이라는 사실을 인정하는 것이 중요하다. 세계와 별개인 하나님 자체는 현실태적으로 존재하는 것이 아니다. 실

---

98 Hegel, *Lectures on the Philosophy of Religion* (1988), 413, 415-16.
99 앞의 책, 417-18, 430.

질적인, 즉 현실태적인 하나님은 언제나 하나의 세계를 갖는다. 그러므로 창조는 기원을 발하는 사건이 아니다. "그것은 그의 존재에 속하는 것이며, 창조주가 된다는 것이 그의 본질이다.···그의 창조의 역할은 과거에 발생한 어떤 행위(an actus)가 아니다." 창조는 "관념의 영원한 규정(an eternal determination of the Idea)이다." 그러므로 하늘과 땅의 창조주인 성부 하나님은 하나의 추상이다. "만일 우리가 '성부 하나님'이라고 말한다면, 오로지 추상적으로만 우리가 그분을 보편이신 분이라고 말하는 것이다."[100]

그래서 그 변증법은 두 번째 양상인 세계 안에서 자신을 향하는 하나님으로 진행해야 한다. 하나님은 현실태적으로는 오로지 정신(Spirit)으로서만, 즉 자연과 정신의 유한한 세계 안에서의 자기 실현 과정으로서만 존재한다. 그리하여 존재론적 삼위일체는 실질적으로는 오로지 **경륜적 혹은 외면적 삼위일체**, 즉 세계 안에서 전개되고 세계를 감싸 안는 삼위일체로서만 존재한다.[101] 마찬가지로 말씀으로서의 아들은 세계와 별개로 존재하지 않으며, 오직 세계 안에서 하나님의 자기 타자화 가운데서의 지혜로서 존재한다. "관념의 시원적 분열은 우리가 아들이라고 부르는 타자가 타자라는 결정성을 획득하는 방식으로—즉 이 타자가 자체를 향하는 자유로운 존재로서 존재하며 또한 이 타자가 실질적인 것으로, 하나님 바깥에 그리고 하나님과 별개로 존재하는 것으로 나타나는 방식으로—생겨나게 된다."[102] 로고스로서 아들은 전체 창조세계의 이성적 (변증법적-목적론적-종말론적) 질서다. 그리고 지혜로서 그 아들은 사람들 안에 있는 하나님의 형상의 현존이다.[103] 그리고 성부의 완벽한 "자기 타자화"로서 그 아들은 유일무이한 신-인(God-man) 예수 그리스도다.[104]

---

100   앞의 책, 417, 421.
101   Pannenberg와 Moltmann은 삼위일체가 역사 없이는 실질적이 아니고 종말 때까지는 완전한 실질을 이루지 못한다고 주장한다. 그들은 존재론적 삼위일체가 경륜적 삼위일체와 동일하다는 "라너의 규칙"을 따른다.
102   Hegel, *Lectures on the Philosophy of Religion* (1988), 434.
103   앞의 책, 438.
104   앞의 책, 452-58.

세 번째 양상인 자기 안에 계시며 동시에 자기를 향하는 하나님은 성령으로서, 곧 그리스도의 죽음 이후 교회 안에 거하시는 하나님의 임재로서 명시적으로 존재한다(정신은 성령 이상의 존재다). 교회 안에서의 성령의 내주와 더불어, 한 개인 인간과 하나님의 자기 동일화인 예수는 변증법적으로 그 자체를 공동체적 동일화로 변화시켰다. "공동체 자체는 존재하는 정신이며, 성령의 존재이며, 공동체로서 존재하는 하나님이다."[105] 이리하여 교회는 말 그대로 "그리스도의 몸", 예수의 부활 생명의 좌소, 세계 가운데서의 하나님의 현실태가 된다.

정리하자면, 헤겔은 자신의 철학 전체를 존재론적 삼위일체와 경륜적 삼위일체를 다 포함하는 기독교 삼위일체론의 표명으로 바라보고 있다. 하나님/정신(God/Spirit)은 그의 본질이 자기의 동일성을 구별하고 화해하는 영원한 과정이라는 점에서 존재론적으로 삼위일체적이다. 그러나 하나님은 정신이 점진적으로 세계 역사의 모든 양상과 시기를 통해 자신을 구별하고 동시에 화해시킴에 따라 경륜적 삼위일체로서 존재한다. 이 일은 교회와 기독교 세계 가운데서 절정에 달한다.[106] 헤겔은 자신을 최후의 최고 기독교 철학자로 자리매김하며, 편만한 변증법을 세계를 통해서 그 자체를 실현해나가는 삼위일체 하나님의 임재라고 본다.

정통적인 그리스도인들은 헤겔이 역사적 기독교를 전혀 보존하고 있지 않다고 반대한다. 그 대신 헤겔은 역사적 기독교를 엄청나게 바꾸어놓고 있으며, 그것을 세계에 대해서 독립해 계신 하나님과 존재론적 삼위일체의 현실성, 성육신과 구속의 본성, 세상과 하나님의 관계의 양식에 대한 기독교의 언명에 모순되는 철학으로 동화시키고 있다.[107]

---

105 앞의 책, 473.
106 Joachim of Fiore이나 Schelling과 마찬가지로, Hegel은 종교의 역사적 시기들과 발전 단계들을 성부와 성자와 성령의 **시대들**과 **왕국들**로 지칭했다. Hegel, *Lectures on the Philosophy of Religion* (1988), 416-17을 보라. 그리고 성부와 성자와 성령의 나라들에 대해서는 Raymond Williamson, *Introduction to Hegel's Philosophy of Religion* (Albany: State University of New York Press, 1984), 163-78을 보라.
107 Cyril O'Regan, *The Heterodox Hegel* (Albany: State University of New York Press, 1994)은 기독교에 대한 Hegel의 해석에 대한 철저한 분석이다. 또한 William Desmond, *Hegel's God: A*

헤겔은 자신이 철학사 전체를 의식하고 있듯, 변증법적 삼위일체론의 특정한 원천에 대해서도 의식하고 있다. "야콥 뵈메는 만물 가운데서 모든 곳에서 삼위일체의 임재를…확인한 첫 번째 사람이었다."[108] 이 사실이 헤겔에게 갖는 중요성에 비추어 이 역사를 간략하게 정리할 필요가 있다. 플라톤은 선의 이데아에 대한 인식을 획득하기 위해서 변증법을 사용한다. 프로클루스는 일자로부터 정신과 영혼과 세계의 유출들 가운데서 변증법을 식별한다. 에리우게나, 에크하르트, 니콜라우스 쿠자누스는 하나님을 유한한 존재의 모든 대립적 입장들이 그 안에서 화해를 이루는 일자로 바라본다. 그러나 야콥 뵈메는 변증법을 세계 안에서와 마찬가지로 영원한 신적 본질의 마음에, 하나님 자신의 삼위일체적 본성 가운데에 자리매김한다. 그렇게 함으로써 뵈메는 기독교 신학 안으로 영지주의의 원리 한 가지를 도입하게 되며, 헤겔과 셸링은 그것을 19세기와 20세기로 중계한다.

헤겔의 범재신론

헤겔의 사상이 범신론이라는 신학자 프리드리히 아우구스트 토루크(Friedrich August Tholuck)의 비난에 대답하면서 헤겔은 그 딱지를 배격한다. 그는 일자와 만유(All)를 간단히 동일시하는 것을 "생각 없고 허울만 좋으며 비철학적인 견해"라고 일소에 부친다. "…이는 '만유가 하나님'이라는 설에서 만일 하나님이 만유라면 오직 단 하나의 하나님만 있게 될 것이다. 그리고 만유 안에서 개별적인 것들은 다 흡수되며, 단지 우연적인 것들 혹은 단지 그림자나 허상이 되어버린다."[109] 헤겔은 스피노자를 옹호하기까지 한다. "스피노자의 철학은 범신론 철학이 아니라 실체에 대한 철학

Counterfeit Double? (Burlington, VT: Ashgate, 2003)을 보라.
108 Hegel, *Lectures on the Philosophy of Religion* (1988), 431.
109 앞의 책, 261.

이었다. '범신론'이라는 말은 오해의 가능성이 있기 때문에, 형편없는 표현이다." 피히테 및 셸링과 마찬가지로, 헤겔은 스피노자를 넘어서 진행한다. "하나님은 유일하며 절대적인 실체다. 그러나 동시에 하나님은 또한 주체다. 그래서 실체 그 이상이다. 사람에게 인격성이 있듯, 하나님 안에 주체성, 인격성, 정신, 절대 정신의 성격이 들어간다."[110]

이 "그 이상"―주체성, 인격성, 정신―은 헤겔이 범신론자가 아니라 범재신론자임을 함의한다. 하나님은 언제나 타자이며 비록 세상이 자기의 일부이긴 하지만, 세계 그 이상이시다. 만물이 다 이념적으로나 실질적으로나 하나님 안에 있다. 그러나 유한한 것들은 집단적으로 세계라고 이해한다 할지라도 하나님의 전체는 아니다. 하나님은 언제나 세계 안에 계시며 동시에 세계가 아닌 타자다. 정신과 세계 사이의 존재론적 구분, 정신의 영원한 동일성 가운데서의 구분들, 세계 안에서의 그 자기 분화, 그리고 절대 정신으로서의 자기 파악은 헤겔의 체계 내에서 일관성 있게 유지되고 있다.

헤겔의 체계에 대한 이 전체적인 해설은 범재신론을 함축하고 있다. 셸링의 동일성(동일률) 철학에 대해 헤겔이 내놓은 대안의 출발점은 일자 안에 다자를, 무한 안에 유한을, 절대 안에 상대를 자리매김하는 것이다. 헤겔의 변증법은 형식상으로 일자 안에 만유를 포함시키는 것이다. Z[Y + "Y가 아닌 것"(X + "X가 아닌 것")…]. 세계 역사 안에서의 정신의 경력에 대한 헤겔의 전체적인 진술은 무한과 유한의 종합, 일자와 다자의 종합, 절대와 상대의 종합, 자유와 필연의 종합을 보여주고자 한다. 기독교에 대한 그의 해석은 이 이해에 일조한다. 삼위일체 하나님은, 자신을 세계 안에서 변증법적으로 실현해나가면서, 세계를 자기 안으로 통합시킨다는 것이다.

헤겔 철학의 복잡성과 범신론 같은 용어들의 모호성은 여러 세대 동안 논쟁을 촉발시켰다. 그러나 최근의 학계는 점점 더 범재신론으로 보

---

110 앞의 책, 263. Daniel Jamros, *The Human Shape of God: Religion in Hegel's Phenomenology of Spirit* (New York: Paragon House, 1994)을 보라.

기를 선호한다.[111] 이 쟁점을 가장 철저히 다룬 책으로는 레이먼드 윌리엄슨(Raymond Williamson)의 『헤겔의 종교 철학 입문』(Introduction to Hegel's Philosophy of Religion)이 있다. 윌리엄슨은 헤겔이 유신론자인지 무신론자인지 아니면 스피노자 계열의 범신론자인지에 대한 논의들을 광범위하게 분석하고 있으며, 필립 머클링거(Philip Merklinger)와 마찬가지로[112] 헤겔이 범재신론자였다고 결론을 내린다.[113] 시릴 오리건(Cyril O'Regan)은 최근에 그 진단을 내러티브 변증법적 범재신론(narrative dialectical panentheism)이라고 칭했다.[114] 이 용어는 내가 붙인 변증법적 역사적 범재신론(dialectical historical panentheism)이라는 말과 흡사하다.

결론

셸링과 헤겔은 현대 범재신론의 선조들이다. 그들이 바로 하나님이 비록 본질상으로는 영원하지만 세계 안에 자기를, 그리고 자기 안에 세계를 내포시킴으로써 실존성 가운데서 발전한다고 확언한 첫 번째 인물들이기 때문이다. 그리하여 그들은 아직도 슐라이어마허 안에 확실하게 나타나고 있는 신플라톤주의 및 스피노자의 전통들을 뛰어넘었다. 그 전통들은 영원하고 부동적인 하나님을 긍정하고, 변화하는 세계를 하나님의 시간내적인 투사나 현시로 간주한다. 그러므로 셸링과 헤겔은 둘 다 하나님의 본질을 하나님의 존재(실존)와 구별하고 신의 본성 안에 이중성이 있다고 본

---

111 Robert Whittemore, "Hegel as Panentheist," *TSP* 9 (1960): 134-64은 이 판단에 대한 최초의 광범위한 사례다. 또한 Clark Butler, "Hegelian Panentheism as Joachimite Christianity," in *New Perspectives on Hegel's Philosophy of Religion*, ed. David Kolb (Albany: State University of New York Press, 1992); Wilkens and Padgett, *Christianity and Western Thought*, 2:85을 보라.
112 Merklinger, *Philosophy, Theology*, 160, 232 n. 70.
113 Williamson, "Ambiguity of Hegel's God," part 3, in *Introduction to Hegel's Philosophy of Religion*, 특히 chap. 12, "A Medial View: Hegel as a Panentheist"를 보라.
114 O'Regan, *The Heterodox Hegel*, 296-98.

다. 하나님은 영원한 동시에 시간적이며, 가능태인 동시에 현실태이며, 무한한 동시에 유한하며, 부동적이지만 발전한다. 이 두 사상가들은 모두 세계 안에서의 하나님의 본성과 길을 이해하는 핵심적인 열쇠로서 변증법에 의지한다. 그리고 두 사람 모두 자연 안에서가 우선이 아니라 인간 안에서, 곧 인류 안에서의 하나님의 활동에 초점을 맞춘다. 셸링과 헤겔은 나란히 그 이후의 철학에 큰 영향을 끼치고 있다.

그들은 또한 신학을 형성한다. 둘 다 스스로를 기독교 철학자들로 간주한다. 둘 다 야콥 뵈메의 변증법적 사색들을 채택하여 삼위일체의 역동적 교리들을 표현한다. 신적 본질의 내면적 삼위일체성과 역사 가운데서의 그 삼위일체성의 외향적 자기 실현을 표현한다. 셸링과 헤겔 둘 다 역사와 종교의 시기들을 성부와 성자와 성령의 시대들로 분류한다. 둘 다 예수 그리스도 안에서 시작하고 있는, 인류 안에서의 하나님의 역사적 자기 실현으로서의 성육신에 대한 존재론적 진술을 제공한다. 그리고 둘 다 세계사를 구속사로 간주한다. 세계사는 하나님이 일자 안에서 만유를 화해시키면서 악을 해명하고 제거하는 과정이다. 많은 현대 신학의 형태는 셸링과 헤겔이 윤곽을 잡아놓았다.

그러나 그들의 프로젝트들의 놀라운 유사성에도 불구하고, 그 둘 사이에 나타나는 커다란 차이점들은 역사 안에서의 이성 및 하나님의 지식의 본성과 역할에 대한 근본적인 불일치에서 나온다. 역설적이게도, 비록 헤겔이 더 유명하지만, 이 점에서 셸링이 더 선견지명이 있다.

헤겔은 하나님에게 그리고 인간에게 이성이 근본적이며 궁극적이라고 담대하게 확언한다. "현실적인 것이 이성적인 것이고 이성적인 것이 현실적인 것이다"(What is real is rational, and what is rational is real).[115] 역사 안에서의 하나님의 자기 실현이 그렇듯, 하나님의 본질 그 자체가 이성적 변증법이다. 철학은 궁극적인 이성적 분야이기 때문에, 철학은 하나님이 자신

---

115 Hegel, preface to *Philosophy of Right*.

안에, 자신에 대한, 자신을 향한 절대 지식에 이르는 매개물이다. 헤겔은 자신감 있게 신적 생명의 지상적 경력의 모든 측면 가운데서 그 생명의 변증법적 복잡성과 상호 관계들을 상세히 설명한다. 예술, 종교, 자유에 대한 인간의 추구는 신적 이성(Divine Reason)의 자기 파악과 관련된 모든 양상과 기능이다. 헤겔은 자신이 하나님에 대한 결정적인 전기를 작성하고 있다고 믿는다. 그는 아리스토텔레스, 플라톤, 파르메니데스에게까지 소급되는 긴 합리주의 전통에 속하는 가장 야심 찬 사상가다. 그리고 또한 그 전통 최후의 인물이기도 하다.

셸링은 이성에 대해 언제나 좀더 온건한 견해를 견지했다. 그래서 그는 헤겔의 비웃음을 받았다. 셸링의 초기의 관념론은 예술 안에서 절대에 대한 철학의 근거를 찾는다. 셸링은 그의 무르익은 철학을 종교라는 기초 위에 둔다. 거기에서 그는 하나님이 가장 충만히 온전히 현실태적이라고 생각한다. 인간 이성에 대한 셸링의 온건함은 그의 신론을 반영하고 있다. 셸링은 신적 본질 안에 있는 무근거성, 무합리성, 자발성, 완전한 자유의 요소인 "운그룬트"(Ungrund)를 인정한다. 이 점에서 셸링은 하나님의 본질을 변증법적 이성으로 규정하고 있는 니콜라우스 쿠자누스(그리고 헤겔)보다는 뵈메에게 더 충실하다. 하나님의 이성적인 개방적 성격은 세계의 창조와 악의 실재가 완전히 설명될 수 없음과 인간의 역사가 예견될 수 없음을 의미한다. 하나님의 자유는 인간의 자유를 낳는다. 사람들이 하나님 안에 참여하고 있기 때문이다. 역사는 진정 모험이다. 그 모험 가운데서 하나님과 인류가 상호 향상과 성취를 위해 협력한다. 하나님과 온전하게 인간화된 세계가 만유 안의 만유가 될 때 악과 고통은 궁극적으로 제거될 것이라는 사실을 제외하고는 아무것도 미리 정해진 것이 없다.

그러나 셸링의 하나님의 자유 문제는 햄릿의 말처럼, "사느냐 죽느냐"(to be or not to be)의 문제라는 점에 주목해야 한다. 그것은 완전히 제멋대로 하는 자유가 아니다. 하나님은 존재하기를 혹은 존재하지 않기를 선택할 수 있다. 그러나 만일 하나님이 존재한다면, 곧 그렇게 하는 것이 올바른 일이기 때문에 하나님이 그리 선택한다면, 하나님은 세계를 창조할 것인지의 여부를 혹은 역사의 경로를 결정할 자유를 지닌 인간을 창조할 것인지의 여부를, 혹은 악을 허락할 것인지의 여부를 선택할 자유가 없다. 만일 하나님이 존재한다면, 실질적으로(즉 현실태적으로) 존재하고 있는 세계는 필연적으로 존재해야만 한다. 문제를 풀어가는 방식에 있어서 셸링 역시 양립 가능론자다. 신의 자유에 대한 셸링의 개념은 신의 주권성에 대한 고전적 유신론 개념과 똑같이 취급할 수 있는 대안은 아니다. 고전적 유신론 개념에서는 하나님이 자유롭게 여러 대안들 중에서 선택하기 때문이다.

계시에 근거한 셸링의 이성에 대한 온건한 견해는 헤겔이 주장하는 것보다는 더 쉽게 기독교 전통과의 연속성을 주장할 수 있다. 물론 성경과 핵심 교리들에 대한 셸링의 견해들은 역사적 기독교의 정통성과는 거리가 멀지만 말이다. 셸링은 이성을 궁극으로 삼지 않고, 하나님을 종합으로 이해하지 않으며, 인간의 역사를 하나님에 의해 예견 가능한 것으로 간주하지 않는 많은 계몽주의 이후의 사상가들—낭만주의자들, 역사주의자들, 실용주의자들, 실존주의자들, 포스트모더니스트들—에게 인정받고 있다. 셸링은 헤겔보다는 덜 알려져 있지만, 현대 범재신론에 헤겔보다 더 기여했다. 그 두 사람의 상대적인 중요성이 무엇이든지 간에, 그 이후의 철학 신학에 헤겔과 셸링 두 사람이 함께 끼친 영향력은 막대하다.

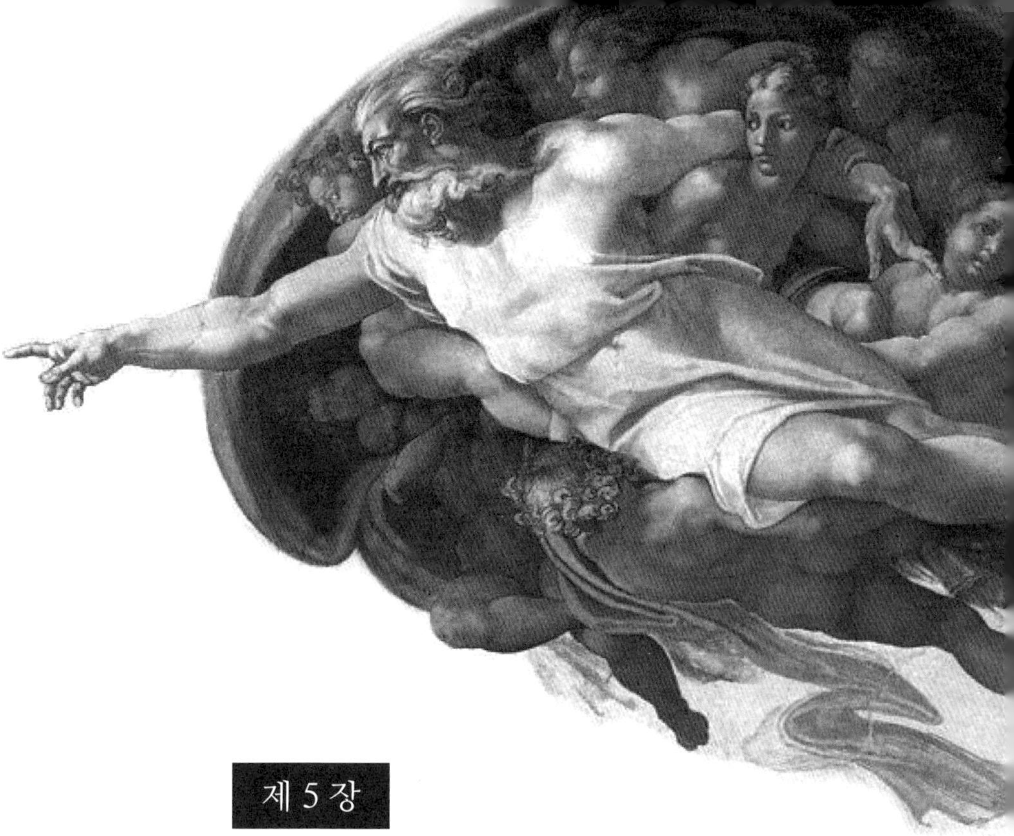

제 5 장

| 19세기 동안의 확산 |

20세기 신학에 친숙한 독자들이라면, 테이야르 드 샤르댕과 알프레드 노스 화이트헤드, 폴 틸리히의 중요성에 대하여, 아마도 그들 각각의 범재신론의 중요성에 대해 알고 있을 것이다. 그러나 그들이 19세기 철학적 신학에 친숙했다는 배경은 잘 알려져 있지 않다. 이 배경을 떠나서는, 테이야르나 화이트헤드, 틸리히가 신학의 무대 위에 혜성같이 등장한 급진적인 혁신가들처럼 보인다. 그러나 사실은 그렇지 않다. 비록 그들이 창의적인 사상가들이긴 하지만, 그들은 헤겔과 셸링 및 신플라톤주의를 통해서 고대의 세계로까지 소급되는 긴 가족사 가운데 단지 또 하나의 세대일 뿐이다.

이 장은 19세기 범재신론에 대한 완벽한 기술은 아니다. 그 대신에 이 장은 독일과 영국과 미국에서 셸링과 헤겔의 범재신론적 신학들을 채택 수정하고 그 사상들을 20세기에 중계시켜주었던 가장 흥미롭고 영향력 있는 인물 몇 사람을 조명한다. 콜리지, 에머슨, 퍼스, 제임스, 베르그송과 같은 몇몇 사람들은 비록 그들의 범재신론에 대해서는 그다지 알려지지 않았을지 몰라도 문학이나 철학에서는 유명한 인물들이다. 다른 이름들은 학계 이외에서는 그리 알려져 있지 않다. 어떤 식으로든 범재신론은 19세기 동안 다양화되고 엄청나게 확산되었으며, 20세기에 이르러서는 주요 신학적 선택안이 되었다.

자연 과학과 인문 과학의 발전은 특히 이러한 확산을 자극했다. 자연 과학 분야에서 다윈의 진화론은 생물학의 기본 패러다임이 되었으며, 간접적으로 우주 전체가 진화하고 있음을 제시했다. 자연에 대한 이 새로운 견해는 플라톤 전통이 선호했던 유기적인 메타포를 계속해서 유지하고는 있었지만, 낭만주의가 가지고 있었던 양극의 변증법을 경험 과학으로 대체시켜버렸다. 인문 과학에서는 더욱 경험적인 접근 방법이 문화와 세계관, 종교의 역사적 다양성과 다형식에 대한 낭만적 신념을 강화시켜주었다. 이신론이 계몽주의의 일반적인 입장이었듯, 범재신론은 인간의 다양성 가운데서의 신성에 대한 공통분모적인 견해로 제시되었다. 새롭게 등장하는 심리학 분야는 진화론적 생물학과 일치하게 인간의 정신과 마음에 대한 새로운 이론들을 내놓았다. 그 이론들은 플라톤주의 전통의 영육 이원론을 대체했다. 범재신론자들에게는 이러한 사실이 세계-영혼에 대한 새로운 모델을 제시하는 것이었다. 즉 그것은 범심론(汎心論, panpsychism), 곧 "만물이 영혼"이며 더 높은 존재자들 안에서 의식되는 생명력이라는 것이다.

과학과 인문학의 발전에 덧붙여서 몇몇 19세기 범재신론자들은 역사적 기독교에 대한 헌신적인 신앙을 유지했다. 그들이 맞이하고 있었던 도전은, 그들의 시대의 지적 전망에 신학을 통합시킴에 있어서, 신적 초월성, 삼위일체, 창조, 그리스도의 성육신, 속죄론, 부활 및 기독교 복음의 궁극적 특성에 대한 적절한 교리들을 유지시키는 데 있었다.

독일

카를 크라우제

카를 크라우제(Karl Krause, 1781-1832년)는 주목할 만한 인물이다. 그가 자신의 입장을 전통적인 유신론 및 범신론과 구별하고자 시도하면서 범재신론(Allingotteslehre, 직역하자면 "만유가 하나님 안에 있다는 이론")이라는 용어를 만든 사람이기 때문이다.¹ 피히테를 따라서 그는 자아(ego)에서부터 시작한다. 인간의 자아가 스스로가 영육의 발전해나가는 유기체적 통일체임을 발견하듯, 자기 안의 절대적 통일성인 하나님은 자연과 이성의 역동적 일치로서 나타난다. 이 통일성은 인류 안에서—능동적으로와 수동적으로—가장 충만하게 현실화된다. 그 통일성의 모든 자기 표현들 가운데서 인류는 자연과 역사 가운데서 하나님에 대한 가장 높은 현시다.

크라우제는 하나님을 "하나이신 무한한 관념적 존재자"(the one infinite ideal Being)로 생각한다. 자존 상태의 하나님은 시원적 존재자이며, 절대적으로 자기 동일적인 일자이며, 존재하는 모든 것의 통일이다. 그러나 하나님의 본질에 본래적인 양극성(polarity)이 존재한다. 그 양극성은 만유, 세계의 실존성 가운데서 현시된다. "자체 안에서 그리고 자체를 통해서 일자는 또한 만유다."² 만유는 본질적으로 일자와는 구별된다. 일자와는 달리 만유의 개념은 다자의 관념을 포함하고 있기 때문이다. 아르눌프 츠바이크(Arnulf Zweig)는 하나님과 세계에 대한 크라우제의 견해를 이렇게 설명한다. "비록 [하나님이] 세계를 내포하고는 있지만, 그럼에도 그는 세계가 아닌 타자이며 세계보다 우월하다. 하나님과 세계 사이의 구별은 전체와 부분의 구별에 해당한다."³ 이것이 범재신론에 대한 최초의 정의다. 크라우제는 세계에 대한 하나님의 관계 방식을 사랑과 단일 군주적 권력의 맥락에서 기술한다. 따라서 과연 그가 피조물들이 자유롭다는 것인지, 하나님에 의해 결정되어 있다는 것인지, 아니면 양립 가능론적 의미에서 둘 다라는

---

1 Karl Krause, *Vorlesungen über die Grundwahrheiten der Wissenschaft* (Göttingen, 1829), 484. Thomas MacFarland, "Penentheism," excursus 4 in *Coleridge and the Pantheist Tradition* (Oxford: Clarendon, 1969), 268-70을 보라. 또한 Karl Krause, *The Idea of Humanity and Universal Federation*, trans. W. Hastie (Edinburgh: T & T Clark, 1900), translation of *Das Urbild der Menschheit* (1812); Arnulf Zweig, "Krause, Karl Christian Friedrich," *EncPhil* 4:363-65; Charles Hartshorne, "Pantheism and Panentheism," *EncRel* 11: 165-71, 특히 169; David Pailin, *Probing the Foundations: A Study in Theistic Reconstruction* (Kampen, Neth.: Kok Pharos, 1994), 116-117을 보라.
2 Karl Krause, *Vorlesungen über das System der Philosophie* (Göttingen, 1828), 255-56. McFarland, 268에서 재인용.
3 Zweig, "Krause," 4:364.

것을 인정하고 있는지가 불명확하다.⁴

비록 셸링과 헤겔이 크라우제가 표현한 철학적 직관들을 더 잘 표명하긴 했지만, 크라우제는 "범재신론"이라는 용어를 만들어낸 당사자라는 인정을 받을 자격이 있다.

이자크 도르너

이자크 도르너(Isaak Dorner, 1809-1884년)는 기독교 교리의 역사 특히 그리스도의 성육신에 대한 저작으로 유명한 루터교 신학자였다. 도르너에 대해서 덜 알려져 있는 사실은 그가 신적 부동성(divine immutability) 교리를 수정했으며,⁵ 셸링에 대한 영향력 있는 에세이를 썼다는 사실이다.⁶

도르너는 하나님에 대한 역동적-역사적 견해를 진작시킴에 있어서 당대의 독일 철학이 행하고 있었던 주도적인 역할에 대해 잘 알고 있었다. "하나님이 사람이 되신다는 생각은 19세기의 30년대와 40년대에 셸링과 헤겔의 철학을 통해서 받아들여지게 되었다"라고 도르너는 관찰한다. 도르너는 그리스도의 신성에 대한 셸링 및 헤겔의 진술에 동의하지 않는다.⁷ 그러나 도르너는 무한성으로부터 이끌어낸 그들의 범재신론적 논증은 수용한다. "유한과 무한이 서로를 배제하지 않는다는 인식은 셸링 이래 최근의 과학적 사고의 수확이라고 간주되어야 할 것이다.…만일 신적인 것이 인간적인 것에 반대하여 배타적으로 그 자체를 유지해야 한다면…헤겔이

---

4 Pailin, *Probing the Foundations*, 117.
5 Isaak Dorner, "Dogmatic Discussion of the Doctrine of the Immutability of God" (1856), trans. Claude Welch, in *God and Incarnation in Mid-Nineteenth Century German Theology*, ed. Claude Welch (New York: Oxford University Press, 1965), 115-80. 이 책의 181-284에는 Dorner의 *System of Christian Doctrine: The Doctrine of Christ*도 수록되어 있다.
6 Isaak Dorner, "Uber Schellings neues System" (1860). Robert F. Brown, "Schelling and Dorner on Divine Immutability," *JAAR* 53/2: 237-49을 보라. Brown, 238은 또한 Böhme의 신학에 대한 Dorner의 인정을 입증하고 있다.
7 Dorner, *System of Christian Doctrine*, 197.

보여주었다시피, 유한은 하나님에 대한 유례 없는 이원론적 제약이 될 것이다. 그리고 그렇게 됨으로써 하나님은 즉시로 유한적이 될 것이다."[8] 도르너는 현대 범재신론의 아버지들이 한 것과 똑같은 일반적인 철학적 접근 방법을 취한다.

도르너는 신적 부동성 문제를 다루면서, 셸링의 무르익은 신학과 직접 대화한다. 뵈메를 따라서 셸링은 하나님을 영원한 자기 발생으로—자유로우면서도 자기 규정적으로—본다. 셸링을 따라서 도르너는 신적 부동성을 정태적인 동일성이 아니라 살아 계신 하나님의 불변하는 자기 발생적 역동성으로 본다. "하나님은 스스로 다시 젊어지는(self-rejuvenating) 신적 생명 과정 덕택에 영구적인 절대적 잠재성과 절대적 실현인 것으로서 생각되어야 한다."[9]

그러나 도르너는 하나님의 필연적인 선함의 문제에 대해서는 헤겔의 편에 선다. 신적 자유에 대한 셸링의 개념은 비록 하나님이 실제로는 언제나 선을 원하시지만, 하나님이 전혀 존재하지 않으실 수도 있기 때문에 선하지 않으시고자 하실 수도 있다고 주장한다. 따라서 하나님은 자신의 본성의 필연성에 의해서가 아니라 선택에 의해서 선하시다. 그러나 도르너는 헤겔을 따라서 자신의 견해가 "이 대립 명제들(필연성과 자유)을 윤리적 신적 위격성(personality)의 영원한 절대적 현실성으로 성립시킨다"라고 말한다.[10] 그는 살아 계신 하나님이 필연적으로 존재하시며, 불변적으로 선하시다고 결론을 내린다.

도르너는 하나님과 세계의 관계에 대한 자신의 견해를 위해서 범신론과 이신론 양자를 피하려고 한다. 그래서 그는 "하나님의 불변/부동적 초월성"과 "세계 안에서의 하나님의 살아 계신 내재성" 둘 다를 상정하는 "최근래의 신학"(recent theology)을 인정한다.[11] 이러한 입장은 브라운이 관찰

---

8 앞의 책, 182.
9 Dorner, "Dogmatic Discussion," 121.
10 앞의 책, 150-162. 158에서 인용. Brown, "Schelling and Dorner," 245-48은 Dorner의 입장을 상세하게 다루고 있다.

하고 있듯이 그를 개념상 범재신론의 자리에 넣게 만든다. "도르너는 하나님 안에 존재하고 있는 세계, 그럼에도 불구하고 하나님과 동일하지 않으며 하나님을 망라하고 있지 않은 세계라는 셸링의 사상에 더 우호적이다.…셸링은 이것을 '참된 범신론'이라고 부른다. 오늘날 우리는 그것을 '범재신론'이라고 부를 수 있을 것이다."[12] 하나님과 세계에 대한 이러한 개념을 사용해서, 도르너는 자연 철학을 약술한다. 시간과 공간, 그리고 피조물로서의 유한성에 속하는 모든 형태들은 개념적으로와 잠재적으로 하나님 안에 영원히 본질적으로 불변적으로 있다. 하나님이 창조하는 세계는 어떠한 세계라 할지라도 하나님의 이름에 순응해야 한다. 살아 계신 하나님은 세계 안에 참여하면서, 이러한 범주들을 현실화시킨다. 하나님은 세계에 대해서는 불변하지 않으며, 그의 영원한 본성에 있어서 불변하다. "세계 안에서의 하나님의 전체적인 역사적 생명은 하나님 자신의 영원한 완전성을 희생시키면서 발생하는 것이 아니라 정확히 이 내재적인 완전함 덕분에 발생하는 것이다."[13]

도르너의 역동적 범재신론은 그의 기독론에 있어서도 마찬가지로 근본적이다. 고전적 유신론에서 성육신은 하나님의 영원성과 불변성을 조화시키기 어렵게 만든다. 영원하신 아들이 하나님의 내적 본질 가운데서 인간의 본성을 취하기 때문이다. 그러나 셸링과 헤겔은 하나님이 사람이 되신 것이 하나님의 내적 본질에 고유한 것이라고 가르쳤다. 도르너는 그들을 따른다. "기독교의 객관적인 근본적 사실인 하나님의 성육신은 하나님의 불변성과 살아 계심을 연합하는 문제에 대한 실질적인 해결책이다."[14] 성육신은 신적 본성을 부정하지 않고 사실상 그 본성의 내적인 변증법적 역동성을 현시한다.

---

11 Dorner, "Dogmatic Discussion," 146: "어떤 최신 신학은…이신론과 범신론을 논박하는 일을 매우 잘 하고 있다.…최신 신학은 흔히 하나님의 초월성과 혼동되고 있는 하나님의 부동성과 종종 세계 안에서의 하나님의 내재성과 동일시되고 있는 하나님의 생명성을 상정한다."
12 Brown, "Schelling and Dorner," 243-44.
13 Dorner, "Dogmatic Discussion," 145.
14 앞의 책, 149.

도르너는 역동적 범재신론이 하나님과 세계와 및 성육하신 하나님으로서의 그리스도에 대한 교리들을 표명하는 데 고전적 유신론보다 더 적합하다고 결론을 내렸던 역사적 기독교에 투신한 신학자였다. 이 점에서 그는 판넨베르크와 몰트만보다 앞선다.

구스타프 페흐너

구스타프 페흐너(Gustav Fechner, 1801-1887년)는 라이프치히에서 물리학, 심리학, 철학을 차례로 가르쳤다.[15] 그의 실험과 일시적인 시력 상실을 통해서 그는 "행성들과 마찬가지로 식물들"을 포함하는 모든 실체(entities)가 다양한 비율의 심리적(감각적) 물리적 상태를 나란히 소유하고 있다고 생각하게 되었다. 그렇게 해서 그는 철학적 범심론(panpsychism)을 받아들이게 되는데, 그 견해는 만물의 기본 실재는 "영혼"(soul)이라는 것이다. 심지어 물질까지도 가장 압축된 형태의 영혼이라고 보았다.[16]

페흐너는 자신의 범심론적 형이상학을 하나님에게까지 확장시키는 데 주저하지 않는다. 그러므로 하나님은 세계의 영혼이라는 것이다. "우리는 세계를 하나님과 대조적인 것으로 보는 대신, 오히려 세계를 신적 실존의 다른 측면으로, 마치 우리가 사람의 몸을 바라보는 것과 마찬가지로, 하나님에게 속한 어떤 것으로 취급한다.…하나님의 영은, 인간의 영혼이 그렇지 않듯, 물리적인 세계 위에서 죽어 있는 외적인 형태로 떠 있는 것이 아니라 오히려 세계 안에 내재하는 살아 있는 본질로서 그 자체를 현시한다. 아니…자연 그 자체가 하나님의 표현이다. 하나님은 자기 속에서 내재

---

15 A. Zweig, "Fechner, Gustav Theodor," *EncPhil* 3:184-86; Copleston, *Hist. Phil.*, vol. 7, chap. 20, sec. 2; Charles Hartshorne and William Reese, *Philosophers Speak of God* (Chicago: University of Chicago Press, 1953), 243-57; Johann Erdmann, *A History of Philosophy*, trans. W. S. Hough, 2nd ed., 3 vols (New York: Macmillan, 1890-1892), 3:282-98.
16 Gustav Fechner, *Elemente des Psychophysik*, 2 vols. in 1 (Leipzig: Breitkopf und Härtel, 1860). 또한 Paul Edwards, "Panpsychism," *EncPhil* 6:22-31을 보라.

해 있다."¹⁷ 자연이 하나님 안에 있기 때문에, "모든 공간과 모든 시간과 모든 실재는 하나님 안에 내포되어 있으며, 하나님 안에서 그들의 기반과 진리와 본질을 발견한다."¹⁸ 페흐너의 범심론은 낭만주의적 범재신론과 일치한다.

페흐너에 따르면, 하나님은 자신의 신체의 모든 부분에 현존하며, 그들의 존재를 유지시켜준다. 그러나 하나님은 그 각 부분들의 행위를 결정하지도 예견하지도 않는다. 피조물들은 하나님의 자유와 유사한 자기 결정의 자유를 소유한다. 따라서 하나님의 존재는 하나님의 몸을 구성하고 있는 피조물들에 의해서 조건 지어져 있으며 부분적으로 결정된다. 우주가 성장하면서, 하나님 또한 현실태 가운데서 의식과 지식과 권능이 자라난다. 그렇지만 페흐너는 하나님과 인간들 사이의 중요한 차이점을 지적한다. 영아에서 성인으로, 본능과 감각에서 합리성과 도덕의 수준으로 발전하는 사람과는 달리 "하나님의 원초적 이성은 오늘날과 마찬가지로 태초부터 하나님의 물리적 본성을 지배했다."¹⁹

페흐너의 "성장하는 인격적 하나님"은 셸링의 인격주의와 상당히 유사하지만, 발달 심리학의 좀더 학문적인 언어로 표현되어 있다. 페흐너를 추종하는 사람들은 많지 않았다. 그러나 그의 작품은 그의 동료들에게 진지하게 취급되었다. 윌리엄 제임스는 페흐너의 범심론과 범재신론을 좋게 평가했다.²⁰

---

17 Gustav Fechner, *Zend-Avesta; oder, Über die Dinge des Himmels und des Jenseits* [*Zend-Avesta: Things of Heaven and the World to Come*] (1851), 2 vols. (Leipzig: Leopold Voss, 1922), 1:200-202 (Hartshorne and Reese, 244).
18 Fechner, *Zend-Avesta*, 1:222-23 (Hartshorne and Reese, 249).
19 Fechner, *Zend-Avesta*, 1:242 (Hartshorne and Reese, 253).
20 William James, "Concerning Fechner," lecture 4 in *A Plualistic Universe* (1909). Reprinted in *Essays in Radical Empiricism* (New York: Longmans, Green, 1947).

헤르만 로체

헤르만 로체(Hermann Lotze, 1817-1881년)는 의학을 공부했으며, 페흐너의 학생이었다. 그는 스승보다 철학자로서 더 널리 인정을 받게 되었다.[21] 그러나 헤르만 로체는 페흐너의 범심론이나 페흐너 식의 범재신론을 채택하지 않았다.

로체는 물리학과 화학의 기계론적 설명들이 생물학에는 충분하고, 또한 그 분야들은 생물체들의 진정 목표 지향적인 행위와 양립할 수 있다고 주장한다. 그러므로 로체는 생명을 설명하기 위해 신비스러운 "생명력"(vital force)을 상정할 필요가 없다고 결론 내린다. 그러나 그는 물리학적 화학적 설명이 의식의 자료를 설명할 수 없음을 발견한다. 그 의식 자료에는 개인의 의식의 통일성과 의식적 존재자들 사이의 소통 가능성이 포함된다. 그러므로 그는 의식의 통일성은 영혼의 실제를 제시하며, 공동의 상호작용은 작용하는 공통의 "유기적" 장(common "organic" field)을 전제로 한다고 결론을 내린다. 또한 개인의 영혼과 영혼들의 공동체는 그 자체를 가능하게 해주는 더 심오한 실재인 인격적 하나님을 가리켜준다. 그러나 이러한 유신론적 증거에도 불구하고, 로체는 하나님에 대한 우리의 신념의 최종 근거는 형이상학적이 아니라 도덕적ㅡ즉 인격적 실존 안에 있는 가치와 의무에 대한 경험ㅡ이라고 주장한다.[22]

로체의 신학은 범재신론적이다. 하나님은 무한하고 절대적이지만 인격적이다. 하나님은 무한하기 때문에, 유한한 모든 존재자를 내포한다. 모

---

21 Hermann Lotze, *Metaphysic, in Three Books: Ontology, Cosmology, and Psychology* (1841), ed. and trans. Bernard Bosanquet (Oxford: Clarendon, 1884); *Microcosmos: An Essay concerning Man and His Relation to the World* (1856-1864), trans. E. Hamilton and E. E. Constance Jones (New York: Scribner and Welford, 1886); *Outlines of the Philosophy of Religion: Dictated Portions of the Lectures*, ed. and trans. George T. Ladd (Boston: Ginn, Heath, 1885; repr., New York: Kraus, 1970). 또한 Copleston, *Hist. Phil.*, vol. 7, chap. 20, sec. 3; Rubin Gotesky, "Lotze, Rudolf Hermann," *EncPhil* 5:87-89; Erdmann, *History of Philosophy*, 3:298-327을 보라.
22 이 점에서 Lotze는 Kant의 전통을 따른다. Kant는 하나님에 대한 신념을 도덕성에 근거했었다. 신칸트 학파는 도덕성을 Kant가 했듯이 법의 맥락에서 정의하기보다는 가치의 맥락에서 정의했다.

든 유한한 인격들은 무한한 인격자 안에 내재한다. 하나님은 절대적이다. 그러나 하나님은 도덕적으로 선하고 (상호) 인격적이기 때문에, 유한한 인격자들을 (또한 다른 것들을) 절대적으로 결정하지 않고 하나님이 가지고 있는 진정한 개별성과 응답할 자유에 동참하도록 허락한다. 비록 로체가 모든 유한한 존재자를 하나님 안에 자리매김하긴 하지만, 그는 그 유한한 존재자들의 응답적 성격을 인정하기 때문에 자신이 범신론을 피하고 있다고 믿는다. "우리는 흔히 무한을 선호해서 유한한 것을 다 억누르는 범신론적 상상력을 지배하는 경향성을 공유하지 않는다."[23] 이 주장은 범재신론을 함축하고 있다.

로체의 철학은 20세기에도 영향력을 끼쳤다. 윌리엄 제임스와 조사이아 로이스(Josiah Royce)는, 영국에서 관념론자들이 그랬듯, 로체의 철학을 공부했다. 독일에서 로체는 젊은 에른스트 트뢸취에게 의미심장한 영향을 주었다. 이에 덧붙여 로체의 신칸트학파적 인식론과 도덕적 경험에 근거한 인격적 하나님에 대한 주장은 자유주의 개신교의 위대한 옹호자였던 알브레히트 리츨의 신학에 큰 영향을 끼쳤다.[24]

오토 플라이더러

오토 플라이더러(Otto Pfleiderer, 1839-1908년)는 헤겔과 셸링 및 페흐너에게 영향을 받았던 베를린 대학교의 신학자였다. 리즈와 하트숀은 플라이더러를 현대 범재신론자로 본다. 그 이유는 그가 고전적 유신론을 비판하고 하나님이 영원한 동시에 시간적이며, 초월적인 동시에 세계 안에서 내재적으로 활약하셔야 한다는 점을 강조하고 있기 때문이다.[25] "살아 있

---

23 Lotze, *Microcosmos*, bk. 9, chap. 4, sec. 3. Copleston, *Hist. Phil.*, vol. 7, chap. 20, sec. 3에서 재인용.
24 James Livingston, *Modern Christian Thought: From the Enlightenment to Vatican II* (New York: Macmillan, 1971), 248-249.

으며 자의식적 영(self-conscious spirit)으로서의 하나님이라는 사상은 하나님의 본질 및 하나님의 생각과 의지의 형태를 특징짓는 영원한 불변성에도 불구하고, 신적 인식과 행위의 내용상의 시간내적 변화를 인정할 것을 절대적으로 요구한다." 이에 덧붙여서 플라이더러는 하나님에 대한 고전적인 범재신론 모델을 끄집어낸다. "전체 물리 세계에 대한 하나님의 관계는 인간 정신의 물리적 유기체에 대한 인간의 정신의 관계와 유사하다."[26] 하나님은 정신이며 세계는 하나님의 몸이다. 세계에서 일어나는 일은 하나님의 정신의 활동이다. 그러나 그 일은 또한 하나님의 정신에 변화를 준다. 이것은 역동적 인격적 범재신론이다.

에른스트 트뢸취

에른스트 트뢸취(Ernst Troeltsch, 1865-1923년)는 그 시대의 가장 명석한 독일 지성인들 중 한 사람으로서 철학자이자 신학자였으며 종교사가였다. 트뢸취의 역사 방법론과 종교다원주의는 성경에 대한 고등 비평학계에 지대한 영향을 끼쳐왔다.[27]

역사 안에서의 하나님의 내재성에 대한 트뢸치의 견해는 슐라이어마허, 헤겔, 셸링에게서 물려받은 것이다. 자신의 경력 대부분에서 트뢸치는 기독교를 세계 종교들 가운데서 하나님의 가장 진보된 자기 계시로 변호

---

25 Hartshorne and Reese, *Philosophers Speak of God*, 269-71.
26 Otto Pfleiderer, *Grundriss der christlichen Glaubens- und Sittenlehre* [*Outline of Christian Faith and Ethical Doctrine*] (Berlin: G. Reimer, 1888), 69-71, (Hartshorne and Reese, 270). Otto Pfleiderer, *The Philosophy of Religion on the Basis of Its History*, trans. Alexander Stewart and Allen Menzies, 4 vols. (London: Williams and Norgate, 1886-188); *Philosophy and Development of Religion*, Gifford Lectures, 1894 (Edinburgh: W. Blackwood, 1894)을 보라.
27 Walter Wyman Jr., *The Concept of Glaubenslehre: Ernst Troeltsch and the Theological Heritage of Schleiermacher* (Chico, CA: Scholars Press, 1983); Sarah Coakley, *Christ without Absolutes: A Study of the Christology of Ernst Troeltsch* (Oxford: Clarendon, 1988); Hendrikus Berkhof, *Two Hundred Years of Theology* (Grand Rapids: Eerdmans, 1989), 150-59. 이상 모든 저자들이 Troeltsch를 범재신론자로 간주한다.

한다는 점에서 그들을 추종하고 있다. 그의 논의는 칸트주의적이다. 즉 기독교가 신인적(divine and human) 인격성에 대한 최상의 그리고 가장 고상한 견해를 견지한다는 것이다.[28] 그러나 제1차 세계대전이 서구 문명 및 그 문명이 기반을 두고 있는 기독교의 우월성에 대한 트뢸취의 자신감을 분쇄해버렸다. 그의 최종적인 신학은 문화적으로 종교적으로 다원주의적이다. 생애 말년에 트뢸취는 이렇게 쓰고 있다. "역사 안에 존재하는 신적 생명은 언제나 새롭고 항상 특수한 개별화 가운데서 끊임없이 그 자체를 현시한다." 그래서 "그 경향은 전혀 통일성이나 보편성을 지향하지 않는다." 그러므로 "기독교를 역사의 모든 힘들의 화목이자 목표라고 특정화한다는 것은 불가능하다."[29] 기독교 신앙은 이성의 문제가 아니라 역사적 신앙의 문제다.

이러한 변화에도 불구하고 트뢸취의 경력 전체에서 내내 어떤 범재신론적인 신학을 추적할 수 있다. 『기독교 신앙』(The Christian Faith)에 나오는 트뢸취의 신론은 스피노자, 라이프니츠, 슐라이어마허, 헤겔, 윌리엄 제임스와의 대화 가운데서 전개되고 있다.[30] 헤겔과 유사하게 트뢸취는 하나님이 무한한 정신으로서 성령 안에 어떤 "내적인 분리"(inner separation)가 있어서 그 분리가 세계를 발생시킨다고 생각한다. 자연과 유한한 정신들은 하나님으로부터 유출하여 하나님 안에서 존속한다. 하나님은 내재적인 생명력으로서 새로운 형태들의 존재 가운데에서 영구적으로 자체를 드러낸다. 스피노자식의 범신론을 피하기 위해서 트뢸취는 라이프니츠의 단자론(doctrine of monads)을 끌어들인다. 하나님은 모든 유한한 단자들을 내포하

---

28 Ernst Troeltsch, *The Absoluteness of Christianity and the History of Religions* (1902), trans. David Reid (Richmond, VA: John Knox, 1971).

29 Ernst Troeltsch, *Christian Thought: Its History and Application* (1923), ed. F. von Hügel (London: University of London Press, 1923; repr., New York: Meridian, 1957), 44-45. Meridian 판에서 인용.

30 Ernst Troeltsch, *The Christian Faith: Based on Lectures Delivered at the University of Heidelberg, 1912-1913*, trans. Garret Paul (Minneapolis: Fortress, 1991). 나는 Wyman, "Fundamental Theology: The First Distinctive Mark," chap. 2 in *Concept of Glaubenslehre*의 요약과 인용에 의존했다.

고 있는 궁극적 단자다. 유한한 단자들은 하나님과는 구별되며, 또한 진정한 자유와 반응적 성격의 요소를 소유하고 있다. 정리하자면, 세계는 신적 생명으로부터 나온다. 그러나 세계는 신적 생명과는 구별된다는 것이다. 피조물들은 "참여"의 방법을 통해서 하나님 안에 내포된다. 그리고 그 일에는 하나님의 궁극적인 본성의 변화, 정신으로서의 변화도 포함된다. 그 정신은 하나님의 피조물들의 활동 가운데, 그 활동을 통해서 역사한다.

트뢸취는 자기 신학의 신플라톤주의적 도식이, 만물이 하나님에게로부터 유출되었다가 하나님에게로 복귀하는 것이라고 지적한다.[31] 더욱 충격적인 사실은 트뢸취가 『기독교 신앙』과 여타의 작품 가운데서 범재신론이라는 용어를 명시적으로 채택하고 있다는 사실이다.[32] 트뢸취가 나중에 갖게 된 다원주의도 이 입장을 변화시키지 못했다. 『기독교 사상: 그 역사와 적용』(Christian Thought: Its History and Application)은 "형이상학적 신앙"(metaphysical faith)을 주장하며, 신적 정신(a divine Spirit), 역사의 근거, 모든 종교의 내재적 역사적 자원을 확인한다.[33] "이러한 하나님 개념이, 그의 『신앙론』(Glaubenslehre)에 있는 범재신론적 대안에 대한 그의 추구와 갖고 있는 유사성은 명백하다."[34]

---

31 Wyman, *Concept of Glaubenslehre*, 44.
32 앞의 책, 44, 191, 202, 245; Michael Brierley, "Naming a Quiet Revolution: The Panentheistic Turn in Modern Theology," in *In Whom We Live and Move and Have Our Being: Panentheistic Reflections on God's Presence in a Scientific World*, ed. Philip Clayton and Arthur Peacocke (Grand Rapids: Eerdmans, 2003), 4 n. 83.
33 Ernst Troeltsch, *Christian Thought: Its History and Application* (London: University of London Press, 1923).
34 Wyman, *Concept of Glaubenslehre*, 191.

영국

새뮤얼 테일러 콜리지

새뮤얼 테일러 콜리지(혹은 코울리지, Samuel Taylor Coleridge, 1772-1834년)는 아주 유명한 낭만주의 시인이다. 그러나 그는 또한 평생 철학과 신학에 지대한 관심을 기울였다. 존 스튜어트 밀(John Stuart Mill)과 존 헨리 뉴먼(John Henry Newman)은 콜리지를 그의 시대의 위대한 지성 중 한 사람으로 여겼다. 콜리지는 칸트, 헤겔, 셸링의 철학을 영어권으로 전달해주는 중요한 통로였다. 신학에 있어서 콜리지는 그의 인식론으로 잘 알려져 있다. 그 인식론은 이성과 직관 및 상상력을 조화시키는 것을 목표로 하고 있었다. 또한 그 인식론을 이성과 계시 및 성경 해석 일반에 적용하려 한 것으로 유명하다.[35]

그러나 또한 콜리지는 하나님과 세계에 관한 문제들을 숙고했다.[36] 콜리지의 견해들은 그의 종교적 신념들을 변화시켰다. 성공회 신자로 성장한 그는 삼위일체 기독교에 정착하기 전에 이신론, 유니테리언, 또한 잠깐 동안 유물론에도 빠졌다.[37] 그의 사상들은 당대의 독일 철학 및 그 뿌리에도 크게 의지하고 있었다. 플라톤, 플로티누스, 프로클루스, 에리우게나, 에크하르트, 니콜라우스 쿠자누스, 브루노, 뵈메, 스피노자, 또한 칸트, 헤겔, 셸링이 모두 콜리지의 사상에 기여했다.[38]

---

35 Livingston, *Modern Christian Thought*, 87-96, 및 Steve Wilkens and Alan G. Padgett, *Christianity and Western Thought* (Downers Grove, IL: InterVarsity, 1990-), 2:40-49은 좋은 입문서다.

36 John Muirhead, *Coleridge as Philosopher* (New York: Macmillan, 1930); James Boulger, *Coleridge as Religious Thinker* (New Haven: Yale University Press, 1961); Thomas McFarland, *Coleridge and the Pantheist Tradition* (Oxford: Clarendon, 1969); Raimonda Modiano, *Coleridge and the Concept of Nature* (Tallahasse: Florida State University Press, 1985); J. Robert Barth, *Coleridge and Christian Doctrine* (Cambridge, MA: Harvard University Press, 1987); Mary Anne Perkins, *Coleridge's Philosophy : The Logos as Unifying Principle* (Oxford: Clarendon, 1994).

37 Wilkens and Padgett, *Christianity and Western Thought*, 2:41-42.

38 모두가 Samuel Taylor Coleridge, *Philosophical Lectures* (1819), ed. Kathleen Coburn (London:

청년 시절 콜리지는 셸링의 자연 철학 및 동일성 철학으로 무장했다. 셸링의 철학이 하나님과 우주, 일자와 다자, 주체와 객체 사이의 전통적 이원론을 극복한다고 주장하기 때문이다. 그는—천문학적, 물리학적, 화학적, 유기체적—우주 질서의 모든 층위와 양상을 양극성의 상호 작용으로 설명하는 자연 철학을 수용함에 있어서 셸링과 신플라톤주의 전통을 따랐다. 빛과 자력, 색깔, 음향, 활력의 역동성 등등의 자연의 모든 것은 인간의 생명 가운데서 변증법적 위계질서의 극치를 이루는 무한정한 형태와 조합의 다양성 가운데서 일자이신 하나님을 현시한다.[39] 그러나 콜리지는 마침내 셸링의 철학과 거리를 둔다. 콜리지는 셸링의 철학을 예리하게 "최종적으로는 단지 범신론으로 빠지는 뵈메주의"로, 그리고 "플로티누스주의적 스피노자주의"로 여긴다.[40]

그 대신 그는 기독교의 삼위일체를 그의 제1원리로 채택한다. 그는 여러 이유를 댄다. 기독교의 삼위일체는 인격적인 "스스로 있는 자"(I AM)다. 그것은 상호 인격적이다. 그것은 이성과 의지와 사랑을 통일시킨다. 그리고 그것은 모든 타자성과 양극성의 근거가 된다.[41] 콜리지는 그의 기본적인 원리인 삼위일체를 가지고서, 그렇지 않았으면 배격했을 뵈메와 셸링으로부터 유래한 주제들을 병합시킨다. 콜리지는 그들의 자연 철학에서 상당 부분을 유지시킨다. 또한 그는 좀 세련되지 못한 공식 가운데 명백히 드러나 있듯이, 삼위일체에 대한 그들의 가르침 중에서 어떤 부분들을 유지시키고 있다.[42] "하나님은 하나(one)이지만, 삼중적 행위 가운데서

Routledge and Kegan Paul, 1949)에 해설되어 있다. Coleridge는 자신의 글 가운데서 그들의 사상 중에서 어떤 것들을 전유하고 있으며, 자신이 가지고 있는 그들의 작품의 여백에 생각을 적어놓았다. McFarland, *Coleridge*, 242-51; Perkins, *Coleridge's Philosophy*, 10-13, 113-15을 보라.

39 Schelling의 초기 철학에 대해서는 앞의 제4장을 보라. 또한 McFarland, *Coleridge*, 148-52; Modiano, "Origins of Coleridge's System of Naturphilosophie," in *Coleridge and the Concept of Nature*, 151-85; Perkins, *Coleridge's Philosophy*, 113-32을 보라.

40 Samuel Taylor Coleridge, *Collected Letters*, ed. E. L. Griggs, 6 vols. (Oxford: Oxford University Press, 1966-1971), 4: 883; Perkins, *Coleridge's Philosophy*, 120.

41 McFarland, "The Trinitarian Resolution," chap. 4 in *Coleridge*; Modiano, "Naturphilosophie and Christian Orthodoxy in Coleridge's View of the Trinity," in *Coleridge and the Concept of Nature*, chap. 4.

42 Modiano, in *Coleridge and the Concept of Nature*, 189: "뵈메나 오켄(Oken)에 대한 그의 여백

각자 안에서 총체적으로 모두 안에서 하나로 존재하며 혹은 즉시 자기에게 자기를 현시한다. 예비 테제(Prothesis) = 하나님, 테제(These) = 성자, 안티테제(Antithesis) = 성령, 종합 테제(Synthesis) = 성부. 그러므로 만물 가운데서 종합 테제는 오직 하나님 안에서만 존재하는 것, 현시된 예비 테제를 표출해낸다. 그것은 예비 테제로의 귀환 혹은 재확인이다. 그러므로 모나스(Monas, 하나), 다이아스(Dyas, 둘), 트리아스(Trias, 셋), 테트락타이스(Tetractys, 넷)는 하나다."[43] 이 구절에서 콜리지는 하나님의 깊음은 이성(로고스, 성자)과 사랑(성령)의 삼중적 일체(성부)로서 그 자체를 영원히 내어놓는 행위를 하는 자기 제출적 의지(self-positing Will)라는 뵈메와 셸링의 가르침을 인정한다. 이 그림은 삼위일체가 하나님 안에 있는 더 깊은 차원의 영원한 산물임을 시사하고 있다. 이것은 역사적 기독교 정통주의와는 반대된다. 그러나 콜리지는 자기의 견해가 니케아 신조에 부합하는 것으로 믿고 있는 듯 보인다.[44]

콜리지는 범재신론자인가? 그가 삼위일체론을 붙잡기 전 시기에는 거의 확실히 그랬다. 콜리지가 소장했던 뵈메의 책 『오로라』(Aurora)의 여백에 적어놓은 글귀를 보면, 그는 "희미한 구별, 비록 하나님은 세계이지만, 세계는 하나님이 아님. 마치 하나님이 부분들로 구성된 전체이듯, 그 전체에 대해서 세계는 하나임!"을 긍정하고 있다.[45] 이 진술은 세계가 "하나님의 부분"이라고 보는 크라우제의 범재신론에 매우 가깝다. 그러나 콜리지는 그 뒤로부터 뵈메와 셸링의—실제로는 범재신론인—"범신론"으로부터 거리를 두었다. 콜리지가 삼위일체론자가 된 뒤에도 범재신론자로 남아 있었는지를 확인하기는 매우 어렵다. 물론 증거는 이 결론을 지지하고 있

의 글과 여러 노트에 적힌 기록은 콜리지가 자연 철학에서 특히 셸링에게서 삼위일체에 대한 철학적 모델을 추출했다는 강력한 증거를 보여준다."
43 Samuel Taylor Coleridge, *The Notebooks*, ed. Kathleen Coburn (Princeton, NJ: Princeton University Press, 1957-), vol. 3, para. 4427 (August-September 1818).
44 Coleridge의 정통주의에 대한 인정과 하나님에 대한 그의 견해 안에 있는 "네 가지 요소" 사이의 긴장에 대해서는 Barth, *Coleridge and Christian Doctrine*, 92-95, 100-104을 보라.
45 그가 소장한 Böhme의 *Aurora*, ed. W. Law (1764) p. 127 여백에 있는 노트. McFarland, *Coleridge*, 250-71.

긴 하지만 말이다.[46] 콜리지는 자신의 삼위일체론이 신조에 맞는 정통주의라고 믿고 있다. 그러나 그는 범재신론을 함의하는 뵈메와 셸링의 신론 및 자연에 대한 가르침의 변증법적 요소들을 보유하고 있다. 무르익은 시기의 콜리지는 하나님 및 세계와 관련해서 규칙적으로 창조세계에 대한 로고스와 성령의 참여(participation) 및 그 둘에 대한 세계의 참여를 언급한다. 그 참여가 과연 존재론적인 것인지 단순히 관계적인 것인지에 대해 콜리지가 명백하게 진술하지는 않지만, 그가 끌어 쓰고 있는 모든 독일 낭만주의 철학자 및 신플라톤주의 철학자들은 그것을 존재론적으로 정의하고 있다. 콜리지도 그들을 따르고 있을 가능성이 아주 높다.[47]

그러므로 모든 사실을 고려해볼 때, 콜리지는 기독교 범재신론자일 가능성이 매우 높다.[48] 어쨌든 그는 그 범재신론적인 성향들과 함께 독일 철학을 영국과 미국에 소개한 일차적 통로다.

그러나 콜리지가 영국 사상계에서 독일 철학의 유일한 원천은 아니다. 대부분의 영국 철학자들이 독일 관념론자들의 글을 읽었다. 몇몇 두드러진 인물들을 살펴보려고 한다.

토머스 힐 그린

옥스퍼드의 철학자 토머스 힐 그린(Thomas Hill Green, 1839-1882년)은 직접 헤겔을 읽고 작업했으며 아주 단도직입적인 범재신론자다. 『윤리학 서

46　McFarland는 Coleridge의 관점의 변화를 아주 직접적으로 지적한다. 그러나 그는 Coleridge가 다음의 근거 위에서 전통적 유신론자라고 너무 쉽게 결론을 내린다. "범재신론은 범신론과 구별될 수 없다"(*Coleridge*, 269). 그러나 그것은 허위다. 따라서 범재신론이 가장 가능성 있는 결과라고 볼 수 있다.

47　Barth, "Creation and Sinful Man," chap. 5 in *Coleridge and Christian Doctrine*; Perkins, *Coleridge's Philosophy*, 117-18을 보라.

48　특히 그의 창조 안에서의 로고스 가르침은 우주적 그리스도의 성육신으로서의 Teilhard de Chardin의 진화론적 우주론을 예견하고 있다. Barth, *Coleridge and Christian Doctrine*, 137, 197; Perkins, *Coleridge's Philosophy*, 279-82을 보라.

론』(Prolegomena to Ethics)에서 그린은 자연과 도덕성에 대한 인간의 인식에서부터 시작한다. 그린은 우리가 유한한 정신을 "부분적으로나 점차적으로 그 자체를 우리 안에서 재생산하는" 무한 영원한 의식 혹은 지성의 생명에 동참하고 있는 것으로 생각해야만 한다고 결론을 내린다.[49] 따라서 하나님은 우리 안에 자신을 현시하시며, 우리는 하나님 안에 참여한다. 그러나 하나님과 피조물들은 여전히 구별된다. 그러나 하나님과 관련하여 인간의 자유를 옹호하는 그린의 강력한 견해는 헤겔보다는 셸링에 더 가깝다.[50]

존 캐어드와 에드워드 캐어드

존 캐어드(John Caird, 1820-1898년)와 에드워드 캐어드(Edward Caird, 1835-1908년) 형제는 둘 다 기포드 강좌에 참여했던 헤겔 철학자들이다.[51]

『종교의 진화』(The Evolution of Religion)에 포함되어 있는 1891-1892년에 행해졌던 기포드 강좌에서 에드워드 캐어드는 종교사가 곧 인간의 주관성과 객관적 실존 사이의 긴장들의 화해를 추구하는 인간 추구의 역사이기 때문에, 종교가 인간 실존에 본질적이라고 주장한다. 그와 상호 연관적으로, 또한 종교는 그 화해에 대한 하나님의 내재적인 역사적 계시라는 것이다. 캐어드는 종교의 역사에 대한 헤겔의 단계들을 밀접하게 추종한다. "객관적 종교"(자연이나 특정한 신들 가운데서 객체화된 하나님), "주관적 종교"(절대적 주체로서의 하나님, 특히 유대교에서의 하나님), 그리고 "절대 종교"(기독교). 기독교의 성육신 교리에서, 하나님은 더 이상 자연과 인류 위에 군림하는 영적 존재자로서가 아니라 "우리의 생명과 세계의 생명의 궁극적 통일"로 표현된다고 주장한다.[52] 사실상 캐어드는 범재신론을 주장한다. "우리는 무

---

49 Thomas Hill Green, *Prolegomena to Ethics*, ed. A. C. Bradley (Oxford: Clarendon, 1899), 38; Copleston, *Hist. Phil.*, vol. 8, chap. 7, sec. 2.
50 Copleston, *Hist. Phil.*, vol. 8, chap. 7, sec. 3.
51 Livingston, *Modern Christian Thought*, 161-68.

한한 존재자를 생각할 때에 자기가 만들어낸 것에 대해서…적어도 '그 안에 살며 기동하며 그 존재를 갖는' 영적인 존재들에 대해서…외적인 어떤 의지로서 생각할 수 없다. 하나님의 내재성에 대한 이러한 사상이 기독교의 개념에 놓여 있다."[53] 또한 캐어드는 헤겔을 따라서, 그 자신의 실재성에 대한 하나님의 지식이 하나님에 대한 인간의 지식 안에서, 그 지식을 통하여 실현된다고 주장한다. 그리고 캐어드는 하나님과 인류의 통일에 대한 역사적 실현이 동시에 그 둘 사이의 독특함을 포함하면서 동시에 보존한다는 점을 강조하다. 이 모든 것은 범재신론을 함의한다.

존 캐어드는 『기독교의 근본 사상』(The Fundamental Ideas of Christianity)에 있는 자신의 기포드 강연들에서 범신론과 이신론 사이의 딜레마를 해소하려고 시도한다. 범신론에서는 "모순이 유한을 소멸시키는 대신에 유한을 포함하고 설명하는 무한을 추구하면서 스스로의 생각의 힘 가운데서 모순을 감싸 안는다." 이와는 대조적으로 이신론은 하나님의 "세계에 대한 초월적 대립"을 상정한다. 그러므로 "무한과 유한 사이의 커다란 격차가 이어지지 않고 남게 된다."[54] 이 딜레마를 해결하기 위해서, 캐어드는 하나님을 "단순히 세계의 외형적인 창조주가 아니라 만물이 그 안에서, 그를 통해 살아 있으며 움직이며 그 존재를 갖는 내적인 성령으로서 세계의 실재를 구성하는 무한한 정신 혹은 무한한 지성"으로 본다.[55] 캐어드는 범신론에 반대해서, 피조물들이 하나님과 구별된다는 점과 피조물들이 조건적인 자유를 지니고 있음을 긍정한다. 이 사실은 범재신론을 함의한다.

캐어드 형제는 분명 화이트헤드 과정철학의 배경에 있는 영국 지성계의 일부를 이루고 있는 역동적 범재신론자들이다.[56]

---

52 Edward Caird, *The Evolution of Religion*, 2 vols., Gifford Lectures, 1890-1891, 1891-1892 (Glasgow: MacLehose and Sons, 1893), 1:140; 또한 *Hegel* (Edinburgh: W. Blackwood and Sons, 1883); Copleston, *Hist. Phil.*, vol. 8, chap. 7, sec. 4.
53 Caird, *The Evolution of Religion*, 1:195-96.
54 John Caird, *The Fundamental Ideas of Christianity*, 2 vols., Gifford Lectures, 1892-1893, 1895-1896 (Glasgow: J. MacLehose, 1899), 1:141-42.
55 앞의 책, 1:143-44.
56 Livingston, *Modern Christian Thought*, 164: "캐어드는 20세기 범재신론의 신론과 여러 면에

제임스 와드

제임스 와드(James Ward, 1843-1925년)는 케임브리지 철학자이며 심리학자로서 로체의 학생이었다. 1896-1899년의 기포드 강좌 『자연주의와 불가지론』(Naturalism and Agnosticism)에서 그는 범심론을 선호하고 유물론과 이원론에 반대한다. 윌리엄 제임스와 마찬가지로, 와드는 비록 모든 것이 의식에 떠오르는 것은 아니라 할지라도 실재가 활동의 센터들의 다원성으로 구성된다고 결론을 내린다. 1907-1910년 기포드 강좌인 『목적들의 영역』(The Realm of Ends)에서 와드는 하나님이 유한한 세계의 인격적, 초월적-내재적 원천이며 성취인 신학을 주장한다. 하나님은 자신의 피조물들의 자유로운 주관성과 협력하기 위해 스스로를 제한한다.[57] 와드는 하나님의 존재가 증명될 수 없음을 인정하지만, 우주적인 피조물들의 공동체의 근거가 되며 그 공동체에 참여하는 인격적 하나님의 존재가 유한한 물질적 존재자들의 궁극적 다원성보다는 더 직관적이며 개연적이며 의미 있는 신념이라고 논의한다. 와드의 신학은 역동적인 인격적 범재신론으로서 그 범재신론에 의하면 하나님 자신이 사랑과 선함을 실현하고 악을 극복하기 위해 피조물들과 함께 일해나가면서 성장한다.

앤드류 세스 프링글-패티슨

스코틀랜드의 철학자 앤드류 세스 프링글-패티슨(Andrew Seth Pringle-Pattison, 1856-1931년)도 마찬가지로 인격적인 하나님이 자율적인 피조물들과 협동한다는 범재신론을 발전시킨다. 기포드 강좌 『하나님 관념』(The

---

서 유사한 신론을 발전시킨다." Livingston은 Whitehead와 Hartshorne을 지적한다.
57 James Ward, *Naturalism and Agnosticism*, 4th ed., Gifford Lectures, 1896-1898 (London: A. & C. Black, 1915); *The Realm of Ends; or, Pluralism and Theism*, Gifford Lectures, 1907-1910 (Cambridge: Cambridge University Press, 1911).

Idea of God)에서 프링글-패티슨은 자연과 인류와 하나님이 일종의 하나님이 발생시킨 유기적 전체를 구성한다고 제안한다. 유한한 주체들은 "객체들의 세계 가운데서 그 자체를 그들에게 매개하는 보편적 생명 바깥에서 독립적으로 전혀 영위할 수 없다." 다시 하나님은 "자신의 현시로서의 우주와 분리된다면 하나의 추상이 된다."[58] 피조물들은 하나님으로부터 구별되지만 분리될 수 없으며 하나님 안에서 존재한다. 하나님이 인격적이기 때문에, 하나님은 자연적으로 세상을 발생시킨다. 충만한 인격성은 오직 다른 인격체들과의 상호 작용을 통해서만 가능하기 때문이다. "하나님-세계"의 통전성은 비록 역동적이긴 하지만 이 상호 작용을 통해서 참으로 새로운 수준의 존재를 창조하지는 않는다. 상호 작용은 태초부터 하나님 안에 존재하고 있는 것을 실현하는 것이다.

새뮤얼 알렉산더

새뮤얼 알렉산더(Samuel Alexander, 1859-1938년)는 맨체스터 대학에서 철학을 가르쳤으며, 창발적 진화론(the theory of emergent evolution)으로 가장 잘 알려져 있다. "시간과 공간의 모든 것을 포용하는 것 안에서 우주는 시간 안에서 유한한 실존의 연속적 층위들의 창발(創發, emergence)을 드러낸다."[59] 신성(the Divine)까지도 창발한다. 신성은 정신을 뛰어넘는 층위다. "따라서 신성은 정신보다 한 단계 더 높은 경험적 성질이다. 정신은 우주가 탄생시키는 것이다."[60] 하나님은 우주의 진화로부터 창발하지만, 하나님의 단 한 가지 양상일 뿐이다.

---

58 Andrew Seth Pringle-Pattison, *The Idea of God in the Light of Recent Philosophy*, 2nd ed., rev., Gifford Lectures, 1912-1913 (New York: Oxford University Press, 1920), 314.
59 Samuel Alexander, *Space, Time, and Deity*, 2 vols., Gifford Lectures, 1916-1918 (New York: Macmillan, 1920; repr., New York: Dover, 1966), 2:345.
60 앞의 책, 2:347.

하나님의 다른 양상은 시공간 및 물리적 우주와 더불어 존재하는 양상이다. 시공간 및 물리적 우주로부터 하나님의 다른 양상이 창발한다. "하나님은 신성의 성질을 소유하고 있는 것으로서의 전체 우주다. 그와 같은 존재에서 전체 세계는 '몸'이며, 신성은 '정신'이다. 그러나 이 신성 소유자는 실질적(actual, 현실태적)이 아니라 관념적(ideal, 이데아적)이다. 실질적 존재자로서 하나님은 신성을 향한 충동을 지니고 있는 무한한 세계다."[61] 하나님은 전체 세계이며, 전체 세계는 마침내 그 암시적인 가능태를 현실화시켜서 하나님을 낳는다. 전체로서의 하나님은 몸과 정신이다. 우주적 정신은 하나님의 창발적 양상이다. 그러나 이 정신은 몸을 지니고 있기 때문에 언제나 성장하며 결코 절대적 무한성을 실현할 수 없다. 그래서 관념적(ideal, 이데아적)으로 남아 있다.

알렉산더의 하나님은 두 가지 본성을 소유하고 있다. 하나는 현실적이며 역동적이다. 다른 하나는 추상적·관념적·잠재적이다. 앞으로 보겠지만, 화이트헤드는 하나님에 대한 이 양극적 견해에 있어서 알렉산더에게 깊이 빚지고 있으며, 과학적 세계상으로부터 신학을 도출시키는 전략에 있어서도 큰 빚을 졌다.

알렉산더의 사변은 매력적이다. 그 사유는 세계에서 신적 영혼을 주시하는 오래된 플라톤적 사유를 채택하여 현대의 자연주의적 진화주의(modern naturalistic evolutionism)에 접목시킨다. 세계는 세계 영혼의 자기 실현적 유출이 아니다. 신적 영혼(divine Soul)이 시원적으로 신성한 세계의 자기 실현적 유출이다. 알렉산더의 비전은 헤겔과 셸링, 페흐너를 자연주의적으로 뒤엎는 것이다. 신성은 그 자체를 충만히 실현하기 위하여 자체를 자연으로, 그 다음으로는 인류로 상정한다. 만일 하나님이 오로지 시공간 우주라고 한다면, 알렉산더는 자연주의적인 범신론자일 것이다. 그렇지만 비록 "하나님이 전체 세계를 내포하고 있긴 하지만" 창발하는 하나님과 세계 사이에

---

61 앞의 책, 2:353.

형이상학적인 구별이 존재한다고 주장하기 때문에 그는 범재신론자다.[62]

윌리엄 랄프 인지와 성공회 신학

신플라톤주의의 범재신론적 경향은 이 시기의 성공회 신학에도 영향을 주었다. 콜리지는 이 영향의 중요한 원천이었다. 그러나 케임브리지 플라톤주의의 유산은 17세기 이래로 강하게 남아 있었다.

윌리엄 랄프 인지(William Ralph Inge, 1860-1954년)는 런던에 있는 세인트 폴 성당의 주임 신부로 오랫동안 봉직했다. 인지는 기포드 강좌를 맡으면서 플로티누스의 철학을 강의 주제로 선택했다. 제1차 세계대전 동안 인지는 이렇게 경고했다. "우리는 기독교 없이는 플라톤주의를 보존할 수 없으며, 플라톤주의 없이는 기독교를 보존할 수 없고, 둘 다 없이는 문명을 보존할 수 없습니다."[63] 유명한 작품인 『기독교 신비주의』(Christian Mysticism)에서 인지는 자신의 입장을 명확히 기독교 플라톤주의의 전통 가운데서 확인한다. "또한 초월자인 하나님의 내재성에 대한 신앙. 이것은 범신론이 아니라 크라우제가 만든 유용한 말인 범재신론이라 불려야 한다. 그 진정한 형태상 그것은 기독교 철학의 핵심 부분이며, 실로 모든 합리적 신학의 중심이다."[64] 이것은 찰스 하트숀 이전에—영어권에서 이뤄진—범재신론에 대한 가장 명시적이며 정통한 지지다.

윌리엄 템플, 존 로빈슨, 존 맥쿼리는 20세기에 성공회 신학자들 가운데서 범재신론을 정교화시킨 학자들이다.

---

62 Hartshorne and Reese, *Philosophers Speak of God*, 365-72은 그 대신에 자신을 "극단적 시간내 재적 유신론자"(extreme temporalistic theist)로 분류한다. 그 이유는 신적 초월성과 영원성에 대해 그가 충분할 정도로 강하게 주장하지 않기 때문이다.
63 William Inge, *The Philosophy of Plotinus*, 3rd ed., 2 vols, Gifford Lectures, 1917-1918 (New York: Longmans, Green, 1929), 2:228; John Macquarrie, *Twentieth-Century Religious Thought* (London: SCM Press, 1963), 148-50을 보라.
64 William Inge, *Christian Mysticism* (London: Methuen, 1899), 121.

미국

랄프 왈도 에머슨과 초월론

페리 밀러(Perry Miller)에 따르면, 초월론자(초절주의자 혹은 선험주의자)들은 "과거 청교도들의 후예로서 유니테리언에 의해 뉴잉글랜드의 당초의 칼빈주의에서 벗어난 자들로 낭만주의 문학과 독일의 철학적 관념론으로부터 새로운 종교적 표현 형태를 발견한 사람들"이다.[65] 랄프 왈도 에머슨(Ralph Waldo Emerson, 1803-1882년), 헨리 데이비드 소로(Henry David Thoreau, 1817-1862년), 에이모스 브론슨 알코트(Amos Bronson Alcott, 1799-1888년), 오리스티스 브라운슨(Orestes Brownson, 1803-1876년)과 같은 초월론자 명사들의 청교도 조상들은 "일찍이 자연 가운데서 하나님을 발견하는 신비적 성향과 능력을 보여주었다." 이에 덧붙여 그들의 철학적 선호는 명백히 신플라톤주의적이었다. "청교도의 철학적 사상은 플라톤주의의 관념론(이데아론)과 물질 세계와 영적 영역 사이의 유비의 체계를 지닌 플라톤 전통을 선호했다."[66] 조나단 에드워즈는 이 전망을 전형적으로 대표한다. 에드워즈의 철학을 그의 신학과 분리시키면 초월론(transcendentalism, 초절주의 혹은 선험주의)으로 넘어가는 길이 된다.

초월론자들은 미국에만 틀어박혀 있던 자들이 아니었다. 그들은 여행을 했으며, 독일에서도 공부했다. 독일에서 그들은 칸트와 피히테, 슐라이어마허와 헤겔, 셸링을 읽었다.[67] 또한 콜리지의 저작을 통해서 독일 철학

---

[65] Perry Miller, forward to *The American Transcendentalists: Their Prose and Poetry* (Garden City, NY: Doubleday, 1957; repr., Baltimore: Johns Hopkins University Press, 1981), ix. 또한 Donald Koster, "Major Influences," chap. 2 in *Transcendentalism in America* (Boston: Twayne, 1975)를 보라.

[66] Catherine L. Albanese, introduction to *The Spirituality of the American Transcendentalists* (Macon, GA: Mercer University Press, 1988), 3.

[67] 앞의 책, 6-7. Octavius Frothingham, "Transcendentalism in Germany," chap. 2, 및 "Theology and Literature—Schleiermacher, Goethe, Richter, etc.," chap. 3 in *Transcendentalism in New England* (New York: Putnam's, 1876; repr. Gloucester, MA: Peter Smith, 1965)를 보라. 초월론자인 Frothingham은 수입된 독일 철학과 초월론자들의 지속적인 대화를 논의하고 있

을 배웠다. 더 광범위하게는 초월론자들은 야콥 뵈메와 에마누엘 스베덴보리(Emanuel Swedenborg, 1688-1772년)를 "영적 영웅들"로 간주했다.[68] 몇몇 초월론자들은 힌두교와 유교의 영성에 대한 저술들을 묵상했다.[69] 그 운동의 직관적 기풍 덕택에 초월론은 유사한 정신을 가진 다양한 공동체와 때때로 서로 양립할 수 없는 관념들까지도 수용하게 되었다.

랄프 왈도 에머슨은 영향력 있는 인물이다. 「자연」(Nature)에서 에머슨은 "철학적으로 생각해볼 때, 우주는 자연과 영혼으로 구성되어 있다"고 주장한다.[70] 이렇게 해서 에머슨은 초월론에서 가장 유명한 설인 "대영혼"(Over-Soul)을 도입한다.[71] 에머슨은 이 전망을 이렇게 요약한다. "사람은 자신의 개인적인 생명 안에 있는 혹은 그 배후에 있는 우주적 영혼을 의식한다. 그 생명 안에서 마치 궁창 안에서처럼 정의와 진리와 사랑과 자유의 본성(자연)들이 일어나 빛을 발한다. 이 보편 영혼을 그는 이성이라 부른다.…지성적으로 생각해서 이성이라 부르고, 자연(본성)과 관련해서는 성령(Spirit, 정신)이라 부른다. 성령은 창조주시다. 성령은 자체적인 생명을 갖고 있다."[72] 영혼 혹은 성령은 신적 일자의 유출이다. 그것은 전체 세계에 생명력을 주며, 개별 영혼 가운데서 드러난다. "사람 안에는 전체의 영혼이 있으며, 지혜로운 침묵이 있으며, 우주적인 아름다움이 있다. 거기에 모든 부분과 티끌이 똑같이 연결되어 있으니, 영원한 일자다."[73] 대영혼의 현

다. 또한 Joseph Esposito, "Schelling's Influence in Nineteenth-Century America," chap. 7 in *Schelling's Iealism and Philosophy of Nature* (Lewisburg, PA: Bucknell University Press, 1977); Henry Pochmann, *New England Transcendentalism and St. Louis Hegelianism* (New York: Haskell House, 1970)을 보라.

68 Albanese, *Spirituality of the American Transcendentalists*, 7. Swedenborg는 기독교 신플라톤주의 신비주의자로서 무로부터의 창조 대신에 유출을 긍정했다. 그렇지만 그는 하나님을 창조세계와 구별했으며, 범신론을 인정하지 않았다. 그가 범재신론자라는 좋은 옹호가 제시될 수 있을 것이다. Emerson은 열정적인 헌신자였다.

69 앞의 책, 9. 또한 Arthur Christy, *The Orient in American Transcendentalism: A Study of Emerson, Thoreau, and Alcott* (New York: Columbia University Press, 1932; repr., New York: Octagon, 1972)를 보라.

70 Ralph Waldo Emerson, "Nature," in Albanese, *Spirituality of the American Transcendentalists*, 46-75. 47에서 인용.

71 Ralph Waldo Emerson, "The Over-Soul," 앞의 책, 92-105.

72 Emerson, "Nature," 55.

존은 각 영혼으로 하여금 세계가 참으로 일자를 현시하고 있음을 파악하게 일자가 세계의 초월적 본질임을 이해할 수 있도록 깨닫게 해준다. 실로 세계는 각 영혼 안에 있는 대영혼을 통해 드러나는 일자의 현시다. 대영혼은 "그 자신이 깨닫게 하는 사람 속으로 들어가서 그 사람이 된다.…대영혼은 그 사람을 자신에게로 흡수한다."[74] 다른 곳에서 에머슨은 이 점을 좀더 시적으로 표현한다. "나는 투명한 안구(eyeball)가 된다. 나는 아무것도 아니다. 나는 모든 것을 본다. 나를 통해 순환하는 우주적 존재의 흐름들, 나는 하나님의 부분 혹은 티끌이다."[75]

비록 에머슨의 주장들이 언제나 명확하게 제시되어 있는 것은 아니지만, 분명 그는 범재신론자이다. 에머슨은 자신과 모든 피조물을 "하나님의 부분 혹은 티끌"로 본다. 그렇지만 에머슨은 하나님과 자연을 구별하며, 하나님이 세계의 영혼으로서 자신을 현시하는 초월적 일자임을 긍정한다. 에머슨이 그의 에세이들 가운데서 플로티누스, 뵈메, 스베덴보리에게 호소하고 있다는 점은 미국적인 낭만주의 방식으로 신플라톤주의 전통을 불러들이고 있음이 분명하다.

초월론은 다양하게 미국적 전망을 형성하고 있다. "미국의 슐라이어마허"라 불리는 유명한 목회자이자 신학자인 호레이스 부슈넬(Horace Bushnell, 1802-1876년)은 그의 책 『자연과 초자연』(Nature and the Supernatural)에서 그 점을 반영한다.[76] 또한 초월론은 월트 휘트먼(Walt Whitman)의 시집 『풀잎』(Leaves of Grass)에서 특히 "나 자신의 노래"(Song of Myself)에서 시적으로 표현되고 있다. 초월론은 찰스 샌더스 퍼스와 윌리엄 제임스가 성장했던 지적·영적 환경이다.

---

73 Emerson, "Over-Soul," 93.
74 앞의 책, 98.
75 Emerson, "Nature," 48.
76 Horace Bushnell, *Nature and the Supernatural: As Together Constituting the One System of God* (New York: Scribner's, 1864).

찰스 샌더스 퍼스

찰스 샌더스 퍼스(Charles Sanders Peirce, 1839-1914년)는 미국 실용주의의 아버지다.[77] 그는 자신의 지적 유산에 완전히 친숙하다. "나는 콩코드(Concord)—즉 케임브리지—의 이웃에서 태어나고 자라났다. 그 당시 그곳에서는 에머슨과 헤지(Hedge) 및 그의 친구들이, 그들이 셸링으로부터 끌어온 사상들을 퍼트리고 있었다. 그리고 셸링은 플로티누스로부터, 뵈메로부터, 혹은 하나님으로부터 동방의 괴기스러운 신비주의에 충격을 먹은 정신을 알고 있다.…그리하여 오랫동안 잠복해 있다가 그것이 수학적 개념들과 물리적 탐구에 대한 훈련을 통해 수정되어 표면으로 부상한다."[78] 퍼스는 윌리엄 제임스에게 보낸 한 편지에서 자신을 셸링과 동일시하고 있다. "만일 그대가 나의 철학을 현대 물리학에 비추어 변화된 셸링주의라고 부른다면, 나는 그 말을 어렵지 않게 받아들이겠다."[79] 퍼스는 과학적 정확성과 미국적 실용성(Yankee practicality)을 가지고서 낭만적 신플라톤주의를 현대화시킨다.

퍼스는 실재의 형이상학적 구조가 삼중적이라는 견해를 헤겔 및 셸링과 공유한다. 그는 일차성(firstness), 이차성(secondness), 삼차성(thirdness)을 논리와 형이상학의 기본 범주로서 구분한다. "처음은 존재의 개념이며 다른 모든 것에 대해 독립적으로 존재하는 것이다. 두 번째는 다른 것에 대해 상대적인 존재의 개념, 다른 것에 대한 반작용의 개념이다. 세 번째는 매개의 개념이다. 그 매개를 통해서 처음과 두 번째가 관계를 맺게 된다.…우연

---

[77] Wilkens and Padgett, *Christianity and Western Thought*, 2:217-26은 그의 철학에 대해 유익한 소개를 제공한다. 또한 Copleston, *Hist. Phil.*, vol. 8, chap. 14; Bruce Kucklick, "Charles Sanders Peirce," chap. 6 in *The Rise of American Philosophy* (New Haven: Yale University Press, 1977); Robert Neville, "C. S. Peirce as a Non-Modernist Thinker," chap. 1 in *The Highroad around Modernism* (Albany: State University of New York Press, 1992)을 참고하라.

[78] Charles Sanders Peirce, *The Collected Papers*, ed. C. Hartshorne and P. Weiss, 8 vols. (Cambridge, MA: Harvard University Press, 1931-1935), vol. 6, par. 102-3.

[79] Charles Sanders Peirce가 1894년 1월 28일자로 William James에게 보낸 편지. Ralph Barton Perry, *The Thought and Character of William James*, 2 vols. (Boston: Little, Brown, 1935), 2:416에 수록.

은 처음이며, 법은 두 번째며, 습관을 취하는 성향은 세 번째다. 정신이 첫 번째며, 물질이 두 번째며, 진화는 세 번째다."[80] 퍼스는 각각의 범주는 그 자체로 단순한 추상화라고 주장한다. 실질적으로 존재하는 것들은 세 가지 모두에 의해서 구성되며 실증된다. 실체들은 삼중적 존재자들이다.

일차성, 이차성, 삼차성과 상호 연결되어 있는 것이 실재하는 존재자들의 우주를 함께 구성하고 있는 기본 요소들 혹은 기본 힘들의 삼위인 타이캐즘(tychasm), 아낭캐즘(ananchasm), 아가패즘(agapasm)이다.[81] 타이캐즘은 일차성 가운데 있는 자발성 혹은 우연의 요소를 가리킨다. 아낭캐즘은 이차성, 필연성의 요소를 반영한다. 우연을 전적으로 제거함 없이 우연의 질서를 세우고 구조를 세워준다. 아가패즘은 사물의 자발성, 질서, 및 구조에 연속성과 방향 및 최종 목적을 제공해주는 요소다. 전체적인 우주의 진화는 우연과 결정 및 다른 것들에 대해 상대적인 모든 만물 안에 있는 목적의 상호 작용으로 구성된다.[82] 퍼스의 삼중성과 뵈메 및 셸링의 세 가지 가능태의 유사성은 우연이 아니다.

전체 우주의 구성은 자연적으로 하나님의 문제를 제기한다. 퍼스는 하나님의 실존성이 입증될 수 있다고 믿지는 않지만, 인격적인 신성에 대한 우리의 심연에 자리 잡고 있는 직관적 신념은 자연의 목적 있는 진화의 질서에 대한 우리의 의식에 의해 정당화된다고 주장한다.[83] 우리 인간이 하나님에 대해 알 수 있는 것은 제한되어 있으며 발전한다. 그래서 확고한 철학적 신학은 우리의 범위를 초월한다. 그러나 퍼스는 일반적인 제안을 한

---

80 Peirce, *Collected Papers*, vol. 6, sec. 32, pp. 25-26.
81 앞의 책, 6:302.
82 Peirce, "Evolutionary Love," 앞의 책, 6:287-317. Peirce는 두 가지 점에서 Hegel보다는 Schelling에게 더 가깝다. Schelling의 변증법과 마찬가지로, Peirce의 변증법은 Hegel의 변증법보다는 훨씬 더 광범위하고 더 느슨하다. 그리고 모든 실재의 환원될 수 없는 양상으로서의 자발성에 대한 그의 긍정은 Schelling의, 자유에 대한 후기 철학을 반영하고 있다. 그는 Hegel이 아낭캐즘(ananchasm)을 지나치게 강조한다고 비판한다.
83 Peirce, "A Neglected Argument for the Reality of God," 앞의 책, 6:452-92; "Answers to Questions concerning My Belief in God," 앞의 책, 6:494-519, 특히 500. 그곳에서 그는 "모든 사유가 세워져야 하는 바탕으로서 본능에 [하나님에 대한] 신념을 두는 것에 대한 변명"을 제공하고 있다.

다. 퍼스는 창조주 하나님을 "절대적 처음"(Absolute First)이라고 말하며, 만물의 끝으로서의 하나님을 "절대적 버금"(Absolute Second)이라고 말한다.[84] 마찬가지로 퍼스는 진화하는 우주를 사랑의 공동체로 이끌어가는 아가페즘을 하나님의 권능이라고 본다.[85] 피조물들과 유사하게, 신적 본성 자체는 일차성, 이차성, 삼차성을 자발성, 질서 있는 결정, 목적으로 예시한다. 퍼스는 하나님이 목적적으로 진화하는 정신 물리적(psychophysical) 우주로서의 심오하며 역동적인 구조를 구성하는 "정신" 혹은 "막대한 의식"과 같다고 제안한다.[86] 어째서 퍼스가 자신의 견해를 "물질이 단순히 특정화되어 있으며 부분적으로 죽어 있는 정신이라고 주장하는 셸링식의 관념론의 일종"으로 간주했는지를 볼 수 있을 것이다.[87] 물질을 가장 멀리 떨어진 유출로 보는 플로티누스의 견해가 배후에서 어른거리고 있다.

셸링과 마찬가지로, 퍼스는 범재신론자다. 일차성과 이차성과 삼차성은 명백히 셸링의 세 가지 가능태와 유사하다. 셸링과 마찬가지로, 그는 하나님 본연의 실재성을 우주 밖에 상정할 수 없다. 이는 그 실재성이 오로지 절대적 처음이기 때문이다. 사실상 그 우주가 반응하는 신적인 아가페와 더불어서 진화하는 우주가 처음이자 버금으로서의, 제1원인이자 최종 원인으로서의 하나님을 필연적으로 매개해주는 세 번째 것이다. 비록 우주는 신적 정신의 한 양상이며 따라서 신적 정신 "안"에 있지만, 퍼스는 하나님과 피조물들을 강력하게 구별한다. 그리고 하나님은 물질적 우주 그 이상이라고 확언한다. 또한 피조물들은 범신론의 경우에서처럼 단순히 신적 본질의 연장들이 아니다. 이는 피조물들이 그 자체의 실재성과 자발성을 소유하고 있기 때문이다. 비록 충분히 체계화되어 있지는 않지만, 하나님과 세계에 대한 퍼스의 견해는 명백히 현대 범재신론의 사례에 해당한다.

---

84 앞의 책, 1:362.
85 Peirce, "Evolutionary Love."
86 Peirce, "My Belief in God," in *Collected Papers*, 6:501-3.
87 앞의 책, 6:102.

윌리엄 제임스

퍼스와 마찬가지로, 윌리엄 제임스(William James, 1842-1910년)는 초월론적인 분위기가 만연한 뉴잉글랜드에서 성장했다. 아버지 헨리는 열렬한 스베덴보리주의자였다. 의학을 공부했던 제임스는 하버드에서 심리학을 몇 년 동안 가르친 후에 철학으로 눈을 돌렸다.

제임스는 실용주의를 방법론으로 수용한다. 그 방법론은 자동적으로 특정한 철학적 입장을 수반하는 방법론이 아니다.[88] 실용주의는 명제들의 의미를 결정하고 그 실질적인 결과들에 따라 명제들의 진실성을—그 명제들이 우리의 경험을 명료화하는지, 우리의 신념들과 경험 사이의 불합치를 제거해주는지, 우리가 더 잘살 수 있도록 해주는지를—검토한다. 과학에 의해 틀을 갖춘 제임스의 인식론은 모든 인식/지식을 경험에 근거하는 급진주의 경험론이다.

급진적 경험론은 제임스에게 범심론과 다원주의라는 두 가지 형이상학적 결과를 가져다주고 있다.[89] 범심론은 일련의 추론에 의해 도달한 입장이다. 정신적 실재와 물질적 실재 사이의 모든 구별들은 경험으로부터 도출되기 때문에, 이렇게나 저렇게나 아니면 둘 다로 다양하게 나타나는 정신이나 물질보다 더 기본적인 경험적 실재가 있음에 틀림없다. 이 입장이 중립적 일원론(neutral monism)이다. 제임스는 이 일원론을 생기론[生氣論, 혹은 활력론(vitalism)]이라고 말한다. 이 입장은 시원적 실재는 강력한 우주의 생명력이라는 것이다.[90] 페흐너를 따라서, 제임스는 또한 이 생명력을 "의식의 흐름"이라고 규정한다. 이 의식의 흐름에 의해서 생명과 느낌

---

88 William James, *Pragmatism: A New Name for some Old Ways of Thinking together with Four Related Essays Selected from The Meaning of Truth* (New York; London: Longmans, Green, 1948).
89 Kucklick, "Jamesean Metaphysics," chap. 17 in *The Rise of American Philosophy*는 명료한 요약이다.
90 James의 생기론(활력론)은 프랑스 철학자 Henri Bergson을 공부하고 그와 서신 교환을 함으로써 확인받았으며 강화되었다. Bergson에 대해서는 이 장 뒷부분에서 다룰 것이다. 또 Perry, "James and Bergson," chap. 36 in *Thought and Character of William James*를 보라.

(sentience) 사이의 간격이 이어지게 된다.[91] 이 입장은 범심론, 즉 "만유가 심령적"이라는 설과 동일하다.

제임스의 경험주의의 두 번째 결과는 실존하는 것들의 환원될 수 없는 다원성이다. 우리가 경험하는 것은 단 하나의 실재가 아니며, 단 하나의 실재를 낳지도 않는다. 따라서 제임스는 그의 동시대인이었던 조사이아 로이스 및 브레들리(F. H. Bradley)의 일원론적 관념론과는 정반대의 형이상학적 다원주의를 인정한다.

이 두 결론을 결합하고 있는 제임스의 형이상학은 범심론적 다원주의(panpsychic pluralism)다. 기본 실재는 의식이 있는 생명력이다. 그 생명력은 개인들의 환원될 수 없는 다원성 가운데서 다양화되며 그 다원성을 포함한다. 그 가운데 어떤 것은 의식이 있지만, 어떤 것은 의식이 없다.[92]

이 기본적 실재가 하나님이다. "나는 이 더 높은 우주의 부분을 하나님이라는 이름으로 부르겠다." 제임스는 비록 하나님의 존재성은 증시될 수 없지만, 하나님에 대한 신념은 인간 생활 가운데 있는 그 신념의 유의미한 결과들에 의해서 합리적으로 정당화된다고 주장한다.[93] 각 사람의 깊은 곳에 있는 생명력에 대한 의식 이전의 자각이 다양한 형태로 되어 있는 종교의 씨앗이다. "초월론자들은 '대영혼'(Over-soul)이라는 용어를 선호한다." 그러나 그들은 하나님을 단순히 "사귐의 매개체"로만 생각한다고 지적한다. 반대로 제임스는 "하나님은 사귐의 매개인 동시에 사귐을 유발시켜주는 작인자이며, 그것이 내가 강조하고 싶은 측면이다"라고 말한다.[94]

그러나 하나님은 두 가지 이유에서 유일한 작인자는 아니다. 첫째, 우

---

91 James, "Concerning Fechner." James는 기본적인 것이 "심리적"이라고 주장하지만, 바위와 식물들은 감추어져 있는 심리적 생명을 소유하고 있는 것은 아니다.
92 William James, *Essays in Radical Empiricism* (1912)과 *A Pluralistic Universe* (1909)는 함께 한 권으로 출판되었다(New York and London: Longmans, Green, 1947). Whitehead의 범재신론 역시 범심론과 다원주의를 인정하고 있다.
93 William James, "The Will to Believe" (1896) in *The Will to Believe and Other Essays in Popular Philosophy* (New York and London: Longmans, Green, 1911).
94 William James, *The Varieties of Religious Experience* (New York: Longmans, Green, 1911), 512-19. 516-517 n. 2에서 인용.

주는 진정 다원주의적이기 때문이다. 둘째, 우주는 선만 아니라 악도 포함하기 때문이다. 제임스는 하나님과 세계의 관계를 이해하는 최선의 길은 "초인적 의식과 더불어, 그것이 전부를 포괄하는 것이 아니라는 개념, 다시 말해서 어떤 하나님이 계시되 그가 권능이나 지식이나 혹은 이 두 가지 면에서 동시에 유한하다는 개념을 받아들이는 것"이라고 결론을 내린다.[95] 셸링의 견해와 마찬가지로, 제임스는 신적 권능을 제약함으로써 피조물의 자유를 긍정하며 그렇게 함으로써 악에 대한 책임에서 하나님을 면제시킨다.

비록 제임스가 종종 유한 유신론자로 그리고 최소한 한 사람의 논평자는 그를 범신론자로 부르고 있지만,[96] 증거들은 그가 범재신론자임을 시사하고 있다. 제임스는 자신을 헤겔, 브래들리, 로이스의 "범신론적 관념론"과 "일원론"으로부터 구분하며, 피조물들이 하나님 안에 있음을 긍정한다.[97] "가능한 어떠한 범심론 체계로 본다 할지라도, 우리는 진정으로 하나님의 내면적인 부분들이지 외면적인 피조물들이 아니다. 그렇지만 하나님은 절대적이지 않기 때문에, 그리고 그 체계를 다원주의적으로 생각할 때 그 자신이 그 한 부분이기 때문에, 하나님의 기능들은 다른 더 작은 부분들의 기능들과 전적으로 다른 것으로 취급될 수 없다."[98] 제임스의 견해에서 실재는 하나님과 피조물들을 다 포함하는 단일 체계다. 그 체계 안에서 하나님과 피조물들은 형이상학적으로 구별되고 다원적이되 피조물들은 하나님의 일부이며 따라서 하나님 "안"에 있다. 제임스의 하나님은 유한하다. 절대적이거나 무한하거나 모든 것을 결정짓지 않는다. 그러나 그의 신학은 단순히 유한 유신론이 아니라 유한 범재신론이다.[99]

퍼스와 제임스의 범재신론적 유산은 알프레드 노스 화이트헤드(나중

---

95 James, "Conclusions," section VIII. *A Pluralistic Universe*, 311.
96 Kucklick, *The Rise of American Philosophy*, 333.
97 James, *A Pluralistic Universe*에 있는 에세이들은 이 사상가들 각각을 다룬다.
98 앞의 책, "Conclusions," 318.
99 James Collins, *God in Modern Philosophy* (Chicago: Henry Regnery, 1959), 440 n. 28: "오늘날 그의 입장은 아마도 '범재신론'의 일례로서 혹은 하나님 안에 만물의 현존한다는 예로서 분류할 수 있을 것이다."

에 영국에서 하버드로 옮겨온다), 에드거 브라이트만(Edgar Brightman), 윌리엄 호킹(William Hocking), 및 찰스 하트숀과 같은 사상가들에 의해서 20세기 미국 철학 가운데 보존되었다. 그들은 모두 퍼스와 제임스를 주의 깊게 읽었다.

프랑스

쥘 르퀴에

쥘 르퀴에(Jules Lequier, 혹은 Lequyer, 1814-1862년)는 하나님을 상대화시킬 정도로까지 인간의 자유를 강조했던 프랑스의 철학자이자 신실한 로마 가톨릭 교도였다.[100] 피히테의 의지로서의 자아(ego as will) 철학에 영향을 받은 르퀴에는 사람들이 하나님에게서 환원될 수 없는 방임적인 자유를 부여받았다고 주장한다. 그렇기 때문에, 그리고 자유로운 행위들은 유발되지도 결정되어 있지도 않기 때문에, 하나님의 전지는 사람들이 자유롭게 행하려고 선택하게 될 것에 대한 영원한 혹은 예견적인 지식을 내포하지 못한다. "그대는 자유롭게 무엇인가를 할 수 있다. 하나님은 그대가 그 일을 할 것임을 모른다. 그대가 그렇게 하지 않을 수 있기 때문이다. 그리고 하나님은 그대가 그 일을 하지 않을 것임을 알지 못한다. 왜냐하면 그대가 그 일을 할 수 있기 때문이다."[101] 하나님은 오로지 우리가 그 일을 할 때

---

100 Jules Lequier, *Oeuvres complètes* (Neuchatel: Baconniere, 1952); *Translation of the Works*, ed. Donald Wayne Viney, Studies in the History of Philosophy 48 (Lewiston, NY: Edwin Mellen, 1998). 또한 Etienne Gilson, Thomas Langan, and Armand A. Maurer, *Recent Philosophy: Hegel to the Present* (New York: Random House, 1962), 736-37; Hartshorne and Reese, *Philosophers Speak of God*, 227-30; Donald Wayne Viney, "Jules Lequyer and the Openness of God," *Faith and Philosophy* 14/2 (1997): 212-35을 보라.

101 Jules Lequier, *La recherché d'une Première verité* [*The Search for a Primary Truth*], ed. Charles Renouvier (Saint-Cloud, France: Belin, 1865), 253 (Hartshorne and Reese, 230).

우리가 하는 일을 알 뿐이다. 그러므로 하나님은 역사가 전개되어나감에 따라 지식이 증가한다. 하나님은 마찬가지로 다른 식으로도 변화한다. 이는 "피조물들에 대한 하나님의 관계가 하나님에 대한 피조물들의 관계만큼 실질적이기 때문이다.…사람의 행위는 절대 안에 한 자리를 만든다. 그 자리는 절대성을 파괴한다. 사물들이 변화하는 것을 보시는 하나님은 그 변화들을 봄으로써 함께 변한다. 그렇지 않다면 사물들이 변화할 때 인지하지 못한다."[102] 르퀴에는 하나님이 절대적인 동시에 변화하신다고 주장한다.

르퀴에는 기독교 교리를 전복하려고 시도하는 것이 아니라 기독교가 참으로 다른 어떤 철학도 할 수 없는 방식으로 인간의 자유를 보전한다고 주장하고자 하는 것이다. 하나님은 장래를 모르며, 하나님은 우리의 행위를 관찰함으로써 배운다는 것, 그리고 그렇기 때문에 그가 변화하신다는 그의 주장들은 소키누스주의적인 냄새가 나며, 현재 미국 복음주의자들 사이에 논란이 되고 있는 개방적인 자유 의지 유신론(the open free-will theism)을 예견하고 있다.[103]

르퀴에는 아마도 만개한 범재신론자는 아닐 수도 있다. 그가 피조물들이 어떻게 하나님 "안"에 있는지를 설명하고 있지 않기 때문이다. 그러나 르퀴에는 자유로운 인간 행위들이 "절대성을 파괴하는 흠(spot, 지점)을 절대 안에" 만든다고 진술하고 있다. 만일 그 절대 "안"에 있음이 피조물들이 하나님에 대해 갖는 모든 효과들을 하나님이 내면화시키는 것으로서 이해한다면, 이 주장은 범재신론을 함의한다고 말할 수 있다. 만일 피조물들이 하나님이 아시고 행하시는 바를 의미 있게 형성한다면, 피조물들은 그들의 존재론적 구별됨을 보유하면서도 신적 생명의 부분이 되는 것이다. 하나님과 그의 피조물들의 실존과 역사는 완벽하게 서로 연결되어 엮여 있

---

102 Lequier, *Recherche*, 141-42 (Hartshorne and Reese, 229).
103 다음 제7장과 제14장에 있는 개방적 유신론 혹은 열린 유신론에 대한 논의를 보라.

다. 이런 점에서 르퀴에의 입장은 최소한 관계적 범재신론을 시사한다.[104] 르퀴에는 주요 인물은 아니었다. 그러나 그는 그의 학생이었던 샤를 르누비에에게 그리고 그를 통해서 윌리엄 제임스에게 영향을 주었다. 윌리엄 제임스는 르누비에를 만나 평생 그와 서신 왕래를 했다.[105]

샤를 르누비에

샤를 르누비에(Charles Renouvier, 1815-1903년)는 대학교에서 교수직을 얻지 못했지만 널리 존경받았던 철학자였다.[106] 형이상학에 대한 칸트의 비판과 콩트의 실증주의에 영향을 받아 르누비에는 현상 혹은 경험 자료들이 인식/지식의 토대라고 주장한다. 칸트처럼 그는 인간 실존의 어떤 현상은 자연의 범주로 환원될 수 없다고 주장한다. 인간은 자유로운 인격적 도덕적 행위자들로서 그런 현상들을 경험하기 때문이다. 칸트와 르퀴에를 따라, 르누비에의 도덕 철학은 인간의 자유를 도덕적 책임의 필요 조건으로 강조한다.[107]

르누비에의 신학은 놀라우리만큼 제임스의 신학과 유사하다. 르누비에는 인간의 자유를 긍정하면서, 스피노자주의와 절대적 관념론, 및 고전 기독교 신학을 배격한다. 하나님을 무한하며 전지하며 전능하다고 보는 그러한 입장들의 견해가 결정주의적이라고 보기 때문이다. 그렇지만 그는 하나님을 아예 배격하는 것이 아니라 대신에 위대하시지만 지식과 권능에

---

104 Hartshorne and Reese, *Philosophers Speak of God*, 228은 Socinus와 Lequier를 시간내적 유신론자들(temporalistic theists)로 분류하지만 "아마도 그들이 범재신론자들이었음을 증명할 수도 있을 것"이라고 말한다. 같은 이유에서 열린 유신론자들 혹은 자유 의지 유신론자들도 그들 자신은 그 호칭을 거절하고 있긴 하지만 범재신론자들일 수 있다.
105 Perry, *Thought and Character of William James*, 152-53.
106 George Boas, "Renouvier, Charles Bernard," EncPhil 7:180-82; Copleston, *Hist. Phil.*, vol. 9, chap. 7, sec. 2; Gilson, Langan, and Maurer, *Recent Philosophy*, 318-21.
107 Charles Renouvier, *Science de la morale*, 2 vols. (Paris: Librairie Philosophique de Ladrange, 1869); *Philosophie analytique de l'histoire* (Paris: Laroux, 1896-97).

있어서는 유한한 인격적인 하나님을 상정한다. 하나님은 인격적이라고 봐야 한다. 인격성(위격성)이 인간들에게 알려져 있는 최고의 존재론적 지위이기 때문이다. 르누비에의 신학은 인간의 자유를 보존할 뿐만 아니라 또한 하나님을 인간들이 저지르는 악으로부터 면제시켜준다. 하나님의 실존성은 입증될 수는 없지만, 도덕적 경험은 그 실존성을 시사할 뿐 아니라 뒷받침해준다. 일반적인 신념과 마찬가지로, 하나님에 대한 신념(믿음)은 의지(will)의 요소를 필요로 한다. 우리는 인격적인 하나님을 믿겠다고 뜻한다. 이 믿음이 세계 안에서의 인격적 실존에 대한 경험으로부터 나오며 그 경험을 강화시켜주기 때문이다. 르누비에 자신의 말에 따르면, 하나님은 "세계 안에 있는 영구적인 인격성"이다.[108] 제임스는 이 견해들을 다 공유하고 있다.

르누비에는 명시적인 범재신론자는 아니다. 그가 직접 피조물들이 하나님 안에 존재론적으로 자리하고 있다고 말하지 않기 때문이다. 그러나 르퀴에처럼 우주 안에서 인간들과 신적 인격 사이의 관계를 상호 작용하는 것으로 보는 르누비에의 견해는 범재신론에 이를 수 있다. 그 사실은 하나님이 두 가지 본성을 소유하고 있음을 함의한다. 제임스와 그가 갖고 있는 유사성이 그 사례를 강화시켜준다. 그러나 비록 그가 범재신론자가 아니라 할지라도, 그는 앙리 베르그송과 제임스를 포함하는 몇몇 사람들에게 영향을 주었다.

앙리 베르그송

앙리 베르그송(Henri Bergson, 1859-1941년)은 1900년에서 1924년까지 프랑스 대학(Collège de France)에서 철학 교수로 있었다. 그는 다음의 두 사

---

[108] Gilson, Langan, and Maurer, *Recent Philosophy*, 321에서 Renouvier의 *Philosophie analytique de l'histoire*를 언급한다.

조를 조화시키고자 하는 독특한 형이상학 체계를 발전시켰다. 그 두 사조는, 경험적 사실들 및 진화론에 대한 프랑스의 실증주의적 관심과 유물론을 피하고 인간의 인격성, 문화, 도덕성 및 종교를 위한 공간을 보존하기 위한 관념론적 관심이다.[109]

베르그송은 인간의 의식 자료와 우리 자신을 세상에 있는 대상들로부터 구별하게 되는 과정에서부터 시작한다.[110] 기본 자료는 우리 자신의 내면 경험에 대한 직접적/비매개적인 의식 흐름 혹은 심적 생명(psychic life)이다. 수학과 과학을 포함한 우리의 관념들과 언어는 다 경험으로부터 발생한다. 심지어 형이상학까지도 직관으로부터 도출되어야만 한다. 과학과 철학은 결코 경험의 우선성을 전복시켜서는 안 된다. 사실상 과학은 우리가 경험하는 것을 전부 다 표현하기에는 부적합하다. 베르그송에게 기본 실재는 생명의 경험적 운동(the experiential movement of life)이다. 이 입장은 페흐너와 제임스의 생기론(vitalism, 활력론)과 범심론(panpsychism)과 유사하다.

『창조적 진화』(Creative Evolution)는 과학이 말하는 진화적 세계상을 병합시키고 있는 일종의 직관적 형이상학을 베르그송이 정교화한 것이다.[111] 경험으로부터 우리는 우리가 결정되어 있는 동시에 자유로움을 인식한다고 베르그송은 주장한다. 우리 인간은 우리 자신의 제한되어 있는 능력과 마찬가지로 삶의 조건들과 다른 존재자들에 의해서 속박되어 있다. 그러나 또한 선택하고 행동할 힘을 갖고 있다. 그 선택과 힘을 통해서 우리는 우리의 세계를 형성한다. 베르그송은 철학에 대한 자신의 직관적 접근 방법이 "인간의 의식이 흘러나오는 생명 원리와 인간 의식의 합치, 창조적 노

---

109 Copleston, *Hist. Phil.*, vol. 9, chaps. 9-10. Gilson, Langan, and Maurer, *Recent Philosophy*, 306-17; Daniel Herman, *The Philosophy of Henri Bergson* (Washington, DC: University Press of America, 1980); Alan R. Lacey, *Bergson* (New York: Routledge, 1989); John Mullarkey, *Bergson and Philosophy* (Notre Dame, IN: University of Notre Dame Press, 2000).
110 Henri Bergson, *Time and Free Will: An Essay on the Immediate Data of Consciousness*, trans. F. L. Pogson (London and New York, 1910), translation of *Essai sur les données immdiates de la conscience* (1889).
111 Henri Bergson, *Creative Evolution*, trans. Arthur Mitchell (New York: Henry Holt, 1911), translation of *L'évolution creatrice* (1907).

력과의 접촉"이라고 생각한다. "창조적 작용"(the creative effort)은 생명과 인간의 창의성을 발생시키는 우주적 힘이다. 다시 제한된 창의성에 대한 우리의 능력에 대한 자각을 통해서 사람들은 이 힘에 직접 접근하게 된다. 베르그송의 철학은 이 관계를 명시적으로 표명한다고 주장한다. "생명의 충동은…창조의 필요에 있다. 그 충동은 절대적으로 창조할 수는 없다. 그것이 물질에 부닥치기 때문이다. 말하자면 그 자체의 뒤집힘인 운동과의 부딪힘이다. 그러나 그 충동은 이 물질을 장악하는데, 그것은 필연성 자체다. 그리고 그 안으로 비결정성과 자유를 가능한 한 많이 집어넣으려고 노력한다."[112] 여기에서 생명의 충동은 플라톤의 데미우르고스처럼 물질(메테르, 질료)을 가지고 형태를 만든다.

이 "창조적 작용" 혹은 "생명의 충동"에서 우리는 베르그송의 유명한 엘랑 비탈(élan vital, 생명의 약동), 세계의 진화 가운데서 드러나는 생명력(Vital Force, 활력)을 대면하게 된다. 이 생명력은 창조적이다. 그 힘이, 세계의 이전 상태들에서는 실행되지도 않았고 미리 결정되지도 않았던 존재의 새로운 수준들의 창발과 새로운 종류의 존재자를 발생시키기 때문이다. 진화에는 자연에 내함되어 있는 인과적 결정과 구조적 제한성과 마찬가지로 진정한 우연과 자발성과 참신성이 있다. 생명력은 목적적이다. 생명력은 더 높은 존재의 형태들을 실현시킬 것을 목적으로 하고 있다. 그러나 인간이 갖게 되는 특정한 영적-이성적-도덕적 특성들을 포함해서, 정확히 어떤 형태들을 취하게 될 것인지는 창조적 과정에 열려 있다.

『창조적 진화』는 하나님에 대한 전통적 견해들을 비판하지만, 생명력을 신격화하는 일은 주저한다. 베르그송은 자기의 결론들을 직관의 한계들 너머로 밀고 나아가고 싶어하지 않는다. 그렇지만 그 책에 함축되어 있는 자연신학은 명백하다. 그 신학은 신플라톤주의와 독일 낭만주의와 지극히 유사하다. 코플스턴이 관찰하고 있듯, "엘랑 비탈의 개념은 고대 철학

---

112 앞의 책, 251.

에서와 셸링과 같은 몇몇 현대 철학자들에게서 발견되는 것과 같은 세계 영혼 개념과 어떤 유사점이 있다."[113]

훨씬 더 후기의 작품인 『도덕과 종교의 두 근원』(*The Two Sources of Morality and Religion*)에서 베르그송은 『창조적 진화』의 결론들을 종교와 신학으로까지 확대시킨다.[114] 그는 "역동적 종교"(dynamic religion)에 초점을 맞춘다. 그것은 인간이라는 종의 능력으로서 진화한 신비스러운 의식(consciousness)이다. "우리 눈으로 볼 때 신비주의의 궁극적인 목적은, 생명이 그 자체를 명시적으로 드러내는 창조의 노력과의 접촉의 확립, 따라서 그 노력과의 부분적 합치의 확립이다."[115] 신비스러운 경험에서 인간은 자신들을 발생시킨 생명력(활력, 엘랑 비탈)으로의 직접적인/비매개적인 참여를 향유한다. 신비스러운 경험은 베르그송에게 『창조적 진화』의 단지 철학적인 결론들을 넘어설 수 있는 길을 제공해준다. "철학자가 그 논리적 결론, 곧 신비주의가 우주에 대해서 그에게 제시하는 관념을 따라가는 일을 막을 것이 아무것도 없다. 우주는 이 창조적 감정에 부수적으로 따르는 그 모든 결과들과 더불어 사랑의 그리고 사랑할 필요성의 단지 눈에 보이며 만질 수 있는 측면일 뿐이다."[116]

베르그송은 창조적 힘이 신성하다고 결론을 내린다. "이 노력은 비록 하나님 자신은 아니라 할지라도 하나님에게 속하는 것이다."[117] 하나님은 자신의 피조물들인 인간들과 특별한 상호 연관적인 관계를 갖는다. "존재자들은 사랑하고 사랑받도록 운명 지어져 있는 자로 존재하도록 부름을 받는다. 이는 창조의 에너지가 사랑으로 정의되어야 하기 때문이다. 그 자

---

113 Copleston, *Hist. Phil.*, vol. 9, chap. 9, sec. 5, p. 223. Gilson은 Gilson, Langan, and Maurer, *Recent Philosophy*, 314에서 "베르그송의 창조적 진화의 배후에 있는 활동력은 기독교 신학의 하나님에게 가담하기 전에 아직 갈 길이 여전히 멀다"고 관찰하고 있다.
114 Henri Bergson, *The Two Sources of Morality and Religion*, trans. R. Ashley Audra and Cloudesley Brereton (New York: Henry Holt, 1935), 244, translation of *Les deux sources de la morale et de la religion* (1932).
115 앞의 책, 209.
116 앞의 책, 244.
117 앞의 책, 209.

신이 이 에너지 자체이신 하나님과는 구별되지만 존재자들은 오직 우주 가운데서만 존재하도록 솟아날 수 있다. 그러므로 우주가 존재하게 되었던 것이다."[118] 다시 말해서, 하나님은 사람들을 창조하여 그들 가운데 어떤 사람들이 다시 하나님을 직접적으로 알고 사랑할 수 있도록 하기 위해서 세계를 창조하셔야 했다. 하나님에 대한 신비적인 참여는 세계의 진화의 궁극적인 목적이다.

베르그송 자신의 요약은 인용할 만한 가치가 있다.

인류의 신비스러운 사랑은…다른 모든 것들의 근저에 있으며 마찬가지로 감정과 이성의 뿌리에 놓여 있다. 자신의 작품에 대한 하나님의 사랑, 만물의 원천이 되는 사랑과 일치하여 그 사랑은 그 사랑에 대해 어떻게 묻는지를 알게 된 모든 사람에게 창조(세계)의 비밀을 제공해준다.…그 사랑이 하고자 하는 바는 하나님의 도움을 받아 인간이라는 종의 창조를 완성시키고, 만일 인간 자신의 도움이 없이 그 최종적인 형태를 취할 수 있다고 한다면 즉시 될 수 있는 상태를 인간에게서 만들어내려는 것이다. 혹은 다른 말을 사용하자면…그 방향은 정확히 생명력…충동의 방향이다. 그것은 예외적인 특별한 사람들에게만 온전하게 전달되는 이 충동 그 자체다.[119]

베르그송에게 신비주의는 신적 목적을 향해 나아가는 진화의 수단이다. 그 목적은 완전한 인간 진화와 하나님과의 사귐이다.

베르그송의 신학은 현대 역동적 범재신론의 한 종류다. 하나님은 진화하는 우주의 창조의 힘이다. 하나님은 세계를 필요로 한다. 그리고 모든 피조물들이 살고 움직이고 그들의 존재를 갖게 되는 생명력으로서 우주 안에 내재한다. 비록 우리가 하나님 안에 있지만, 피조물들은 존재론적으로 하나님과는 구별되며, 그들이 진화해나가는 방법상 부분적으로 자유롭다.

---

118 앞의 책, 245-46.
119 앞의 책, 223.

그리고 비록 만물이 하나님 안에 있지만, 하나님은 신비스러운 경험을 할 수 있는 특별한 능력을 가진 인간이라는 피조물들을 발생시켰다. 그 신비스러운 경험이란, 생명력(엘랑 비탈) 그 자체에 대한 직접적이며 자의식적이며 상호적인 참여다.

베르그송의 신비주의적인 생기론(vitalism, 활력론)은 독특하다. 그러나 그의 우주론적이며 신학적인 사상들이 셸링, 제임스, 알렉산더와 같은 사상가들의 사상들과 대체로 유사하다는 점은 틀림이 없다. 그는 널리 읽히고 있지만, 근접한 제자들은 거의 없다. 20세기에 그와 같은 프랑스 출신인 피에르 테이야르 드 샤르댕이 종교와 우주적 진화의 종합을 진행시켰다.[120]

결론

이 장은 헤겔과 셸링의 거대한 체계들 이래로 범재신론의 확산에 초점을 맞추었다. 헤겔과 셸링의 영향력은 독일에서만이 아니라 영국과 미국 및 프랑스에서도(마찬가지로 여기에는 포함되지 않았지만, 이탈리아와 스페인에서도) 추적될 수 있다. 혁신적인 사상가들은 19세기 동안 자연 과학, 심리학, 사회 과학, 철학, 신학, 종교에 종사하면서 다양하게 신플라톤주의적이며 낭만주의적인 범재신론을 개량했다. 그들의 여러 정교화된 다양한 기여들이 그들보다 훨씬 더 유명한 20세기의 범재신론자들인 테이야르, 화이트헤드, 틸리히가 자신들의 사상을 만들고 다듬은 마당을 제공해주었다.

---

[120] Teilhard는 그의 영적 자서전에서 여러 번 자신이 Bergson에게 진 빚을 인정하고 있다. Pierre Teilhard de Chardin, "The Heart of Matter" (1950), in *The Heart of Matter*, trans. René Hague (New York: Harcourt Brace Jovanovich, 1979).

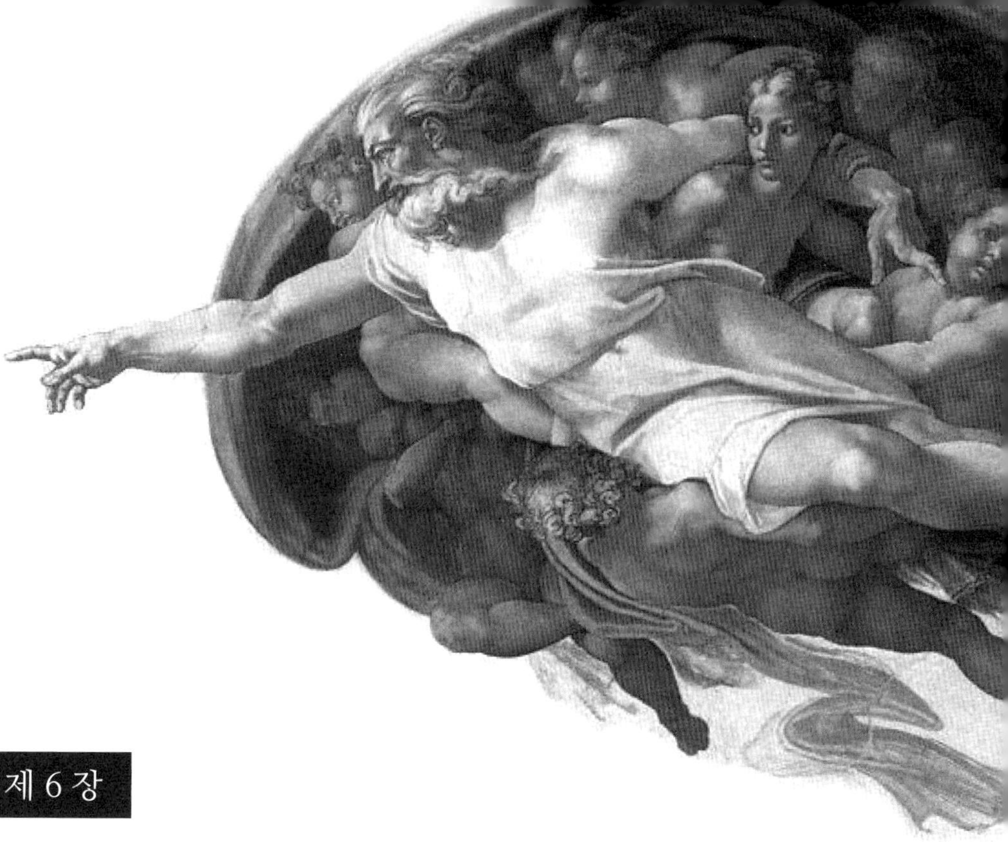

제 6 장

| 테이야르 드 샤르댕의 그리스도 중심적 범재신론 |

피에르 테이야르 드 샤르댕(Pierre Teilhard de Chardin, 1881-1955년)의 우주 진화론적 영성은 기독교 신플라톤주의의 유산을 물려받았으며, 앙리 베르그송의 철학에 의해서 형성되었다. 테이야르는 20세기의 다른 어떤 범재신론자보다 더 광범위한 영향을 끼쳤다. 학계에 속하는 신학자들과 지성인들을 훨씬 넘어서, 그의 전망은 제2차 바티칸 공의회 이후에 로마 가톨릭 교회 안의 진보적인 세력에 영감을 주었다.[1] 많은 해방신학, 여성신학, 생태신학이 그의 범재신론적 비전에 터를 두고 세워지고 있다. 테이야르는 종교 간의 대화를 추구하는 진영이나 비그리스도인 진영에서, 영성을 현재의 포스트모던 세계관과 통합하는 모델로 널리 간주되고 있다.[2] 실제로 1984년에 유엔은 테이야르 토론회를 후원하기도 했다.[3]

테이야르의 영적 자서전은 그의 종교 세계관이 어떻게 발전했는지를 진술하고 있다.[4] 헌신적인 로마 가톨릭 가정에서 자라난 그는 이미 어렸

---

1 David Lane, *The Phenomenon of Teilhard: Prophet for a New Age* (Macon, GA: Mercer University Press, 1996), 특히 chap. 3, "'Patron Saint' of 'New Age' Catholicism?"
2 예를 들어, 뉴에이지 주창자인 Marilyn이 Teilhard에 대해 언급한 부분들을 보라. Marilyn Ferguson, *The Aquarian Conspiracy: Personal and Social Transformation in the 1980'* (Los Angeles: J. P. Tarcher, 1980).
3 Leo Zonneveld, ed., *Humanity's Quest for Unity: A United Nations Teilhard Colloquium* (Wassenaar, Neth.: Mirananda, 1985).
4 Pierre Teilhard de Chardin, "The *Heart of Matter*," in *Heart of Matter*, trans. René Hague (New York: Harcourt Brace Jovanovich, 1979). Ursula King, *Spirit of Fire: The Life and Vision of Teilhard de Chardin* (Maryknoll, NY: Orbis, 1996)은 Teilhard에 대해 동정적이다. Doran McCarthy, *Teilhard de Chardin* (Waco: Word, 1976)은 Teilhard의 사상에 대한 훌륭한 입문서다. Henri de Lubac, *The Religion of Teilhard de Chardin*, trans. René Hague (New York: Desclee,

을 때 하나님의 임재를 느꼈다. 그가 예수회의 수습생으로서 배웠던 스콜라 철학과 신학은 그의 고생물학 및 진화론적 생물학 공부와 잘 들어맞지 않았다. 테이야르로 하여금 처음으로 우주 진화를 받아들여, "정태적인 우주에서 우주 발생의 유기적 상태와 존엄함…일종의 '진화하는' 우주로" 진행할 수 있게 해준 책이 베르그송의 『창조적 진화』였다.⁵ 대체적으로 말해서, 테이야르의 전체 프로젝트는, 우주적 사랑과 신비적 경험을 인간 진화 및 신적 엘랑 비탈(생명력)의 절정적인 일치로 보는 베르그송의 철학을 진보적인 로마 가톨릭의 입장에서 수정하고 확대시키는 것이다.⁶ 테이야르는 우주의 진화가 생명을 향해 나아가고, 생명이 인간의 정신을 향해 나아가며, 인간 정신이 보편적인 사랑의 공동체를 이루어 마침내 정점인 그리스도와의 연합이라는 오메가 포인트에 도달한다는 전망을 표출한다. 테이야르의 독특한 언어로 표현하자면, "우주 발생(Cosmogenesis)은 그 자체를 먼저 생명 발생(Biogenesis)으로, 그 다음으로는 정신 발생(Noogenesis)으로, 그리고 최종적으로 모든 그리스도인이 흠모하는 그리스도 발생(Christogenesis)에서 절정을 이룬다." 이 전체 과정은 그리스도에게 집중된다. "계시의 그리스도(Christ of Revelation)는 다름 아닌 진화의 오메가(Omega of Evolution)다."⁷ 이런 식으로 테이야르는 그리스도에 대한 헌신과 로마 가톨릭 신학에 대한 이해와 자신의 진화론적 우주론을 거대한 과학적-형이상학적-신비적 비전으로 종합한다.

  이 장은 그 궁극적 상태를 향한 우주 진화에 대한 테이야르의 진술에서부터 시작한다. 그런 다음에 이 과정에 대한 그의 신학적 해석을 고찰하

  1967); Emile Rideau, *The Thought of Teilhard de Chardin*, trans. René Hague (New York: Harper and Row, 1967); Donald Gray, *The One and the Many: Teilhard de Chardin's Vision of Unity* (New York: Herder and Herder, 1969)은 좀더 광범위한 연구서들이다.
5 Teilhard, "Heart of Matter," 25-26.
6 앞의 제5장에 나와 있는 Bergson에 대한 항목을 보라. "Creative Union"(1917)에서 Teilhard는 자신의 견해가 Bergson의 견해와의 대화라고 설명한다. Bergson에게는 우주가 유출의 중심으로부터 빛을 발한다. Teilhard에게는 우주가 끌어당기는 인력의 중심을 향해서 상향 집중한다. Henri de Lubac, *Religion of Teilhard*, 198을 보라. Teilhard는 Emerson, James와 같은 범재신론 전통에 속한 자들에 대해서도 공부했다. King, *Spirit of Fire*, 59를 보라.
7 Teilhard, "The Christic," in *Heart of Matter*, 94, 92.

고 그의 범재신론에 대한 관찰로 끝을 맺을 것이다.

오메가 포인트로의 우주 진화

『인간 현상』(The Human Phenomenon)은 우주와 인간 진화에 대한 테이야르의 가장 충만한 진술이다. 그는 그 책이 과학적이라고 주장한다. 그 책은 "어떤 신학 에세이와 같은 종류는 말할 것도 없고, 형이상학 책으로 읽어서도 안 되며, 오로지 과학 연구서로 읽어야 한다."[8] 간단히 요약하자면, 그 책은 현재의 사회적·문화적·지적·영적 업적들과 함께 마침내 인류를 생산해낸 우주 진화의 기본 요소들과 역동성과 패턴들을 이해하기 위해서 우주의 기원과 발전에 대해 표준이 되는 과학적인 진술을 반영한다. 과거의 진화로부터 미래의 진화로의 궤적을 추적하면서, 테이야르는 인간 진화의 절정, 혹은 "오메가 포인트"를 투사한다. 그것은 영적인 인격체들의 공동체다. 테이야르에게는 우주 전체가 이 절정 상태의 인류를 실현하기 위해서 수천만 년 존재했고 발전해나온 것처럼 보인다. 그리고 오직 에필로그에서만 우주 진화를 기독교 계시에 비추어 해석한다.

에너지에서 인류로의 진화

『인간 현상』은 물질에서부터 시작하는데, 그 물질은 순전히 물질적인 실체가 아니다. 테이야르는 베르그송에게서 "물질과 정신이 더 이상 두

---

8 Pierre Teilhard de Chardin, *The Human Phenomenon*, trans. Sarah Appleton-Weber (Portland, OR: Sussex Academic Press, 1999), 1. 이 책은 1947년에 완결되었으며, 1955년에 처음으로 출간되었다. 이전 번역(1959)의 제목은 *The Phenomenon of Man*으로 나왔다.

가지가 아니라, 하나의 동일한 우주적인 것의 두 상태 혹은 두 양상이었다"는 점을 배웠다.[9] 제임스, 베르그송, 화이트헤드처럼, 테이야르는 범심론(panpsychism)을 채택한다. "모든 에너지는 본질적으로 심적(psychic)이다." 물질과 정신은 심적 에너지의 다른 형태들이다. "이 근본 에너지는 접선적 에너지(tangential energy)와…방사적 에너지(radial energy)라는 두 개의 구별된 요소로 나뉜다."[10] 접선적 에너지는 물질 원리, 사물들의 "외면"으로서 비교적 안정된 패턴들과 구조들로 조직화되며, 존재의 일정한 층위들 위에서 원심적으로 분배된다. 접선적 에너지는 물리, 화학, 생물학의 실체들과 기능들의 규칙성 가운데 명확히 드러난다. 방사적 에너지는 영적 원리다. 사물들의 "내면"으로서 사물들을 구심적으로 끌어모아 존재의 새로운 층위들이 창발하도록 새롭게 재조직한다. 화학적인 것으로부터 생명이, 생명으로부터 의식이 창발하는 것은 방사적 에너지의 효과들이다. 존재의 새로운 종류들의 창발을 가리키는 테이야르의 용어는 "변형론"(Transformism)이다.[11]

그런 다음 테이야르는 접선적 에너지와 방사적 에너지가 어떻게 상호 작용하여 우주와 땅과 지표와 생명을 지원하는 환경들("지구중심권, 지각층, 수권, 대기권, 성층권")을 발생시키는지를 약술한다.[12] 그는 생명을 설명하면서, 화학적 복잡성을 접선적으로 분배하는 작용과 화학적 물질들을 방사적 에너지가 집중시키는 일이 상호 작용하면서 새로운 형태들을 만들어낸 결과로 생명이 시작되었다고 설명한다. "원자가 조직화되지 않은 물질의 자연적 입자이듯 세포는 **생명의 자연적 입자**다."[13]

테이야르의 생태계 및 생명의 계통도의 각 부분의 발전에 대한 개관은 의식을 향한 진화를 추적한다. "생명은 머리에 있다. 물리학의 전체가 머리

---

9   Teilhard, "Heart of Matter," 26.
10 Teilhard, *Human Phenomenon*, 30.
11 Teilhard, "Notes on the Essence of Transformation," in *Heart of Matter*, 107-14. Lane, "Transformation and Cosmogenesis," in *Phenomenon of Teilhard*, 37-44.
12 Teilhard, *Human Phenomenon*, 34.
13 앞의 책, 43.

에 종속되어 있다. 그리고 그 진척을 설명하자면, 생명의 심장부에는 의식의 등장이라는 추진력이 있다."¹⁴ 그러므로 생태계는 감각 작용과 지각의 영역인 심리계를 지향한다. 단순한 벌레로부터 더 높은 영장류에 이르기까지, 동물들은 많은 다른 형태로 생명과 의식을 향한 이 능력들을 공유한다.

그러나 오직 인간만이 의식을 지성으로 변형시키는 방사적 에너지, 즉 성찰하는 능력을 소유하고 있다. 그 성찰 능력이 의식을 그 자체에게로 향하게 한다. "심리 발생은 우리를…정신 발생으로 인도한다." 이 발전은 우리 인간으로 하여금 세계와 관련을 맺는 엄청난 능력들, 동물들은 향유하지 못하는 능력들을 제공해준다. 또한 이 발전은 우리에게 자각을 제공해주는데, 그 자각이 바로 인격성이다. "세포는 '누군가'(someone)가 된다. 물질의 입자 다음에, 생명의 입자 다음에, 여기에서 마침내 **생각의 입자**(the grain of thought)가 성립된다!"¹⁵ 인류의 진화는 끊임없이 완성을 향해 나아간다. 테이야르가 전문적으로 사용하고 있는 용어를 그대로 인용하자면, "인간화(hominization)는…본능에서 생각으로의 개별적인 즉각적 도약이다. 그러나 그것은 또한 폭넓은 의미에서 동물성 안에 내포되어 있는 모든 힘들이 인간의 문명 가운데서 점진적으로 계통 발생적으로 영화(spiritualization)한 것이다."¹⁶ 다시 말해서, 진화는 몸을 정신(minds)으로, 자연을 문화로 변모시킨다.

테이야르는 호모 사피엔스(Homo sapiens)의 발달과 역사를 추적한다. 테이야르의 세계사 읽기는 아무런 거리낌 없이 유럽 중심적이다. "인류 발생의 주축은 서구를 통해 진행되었다.…인류 발생은 오로지 유럽의 사상 체계와 점유 안으로 통합됨으로써 분명한 인간 가치를 지니게 되었다."¹⁷ 그는 근대 문명의 모든 결실─사회 조직, 테크놀로지, 정치 정의, 고급 문화─을 방사적 에너지를 통해 이전의 모든 실존의 층위가 진화적으

---

14 앞의 책, 96.
15 앞의 책, 123, 117.
16 앞의 책, 122.
17 앞의 책, 146.

로 변형된 것으로 설명한다. "인위적·도덕적·사법적인 것은 단순히 자연적·물리적·유기적인 것이 **인간화한 것**이 아니겠는가?"[18] 문화의 발전과 진보는 인간의 유전 인자가 공동체적 교육을 통해 확대되고, 습득된 행위가 지적 혁신을 통해 풍부해졌기 때문에 가능하다. 문화와 더불어, 진화의 경로는 인간의 행위에 종속된다. "근본적으로 우리는 그것[진화의 경로]을 **우리 손에 넣게 되었다**. 그 과거에서부터 장래에까지 책임지게 되었다."[19]

그러한 힘은 축복이며 동시에 파멸의 원인이 되었다. 현대 문명의 진보와 혜택에는 그 문제점 및 어두운 측면들도 뒤섞여 있다. 그 측면들은 새로운 질병들, 도심 빈민층, 사회적인 동요와 노동의 불안정, 환경의 손상, 테크놀로지 전쟁 등이다. "현대에 들어 편치 않은 마음의 저변에서 형성되어 부풀어오르고 있는 것은 다름 아닌 진화에서의 유기적 위기(organic crisis)다"라고 테이야르는 경고한다. 인류는 궁극적인 딜레마에 직면해 있다. "자연이 우리가 미래에 대해 요구하는 바에 대해 문을 닫을 수 있다. 그럴 경우 수십만 년의 노력의 열매가 질식되어 부조리한 우주 가운데서 태어나기도 전에 사산될 것이다. 그렇지 않다면 우리의 영혼들을 넘어서는 초영혼(supersoul)에 대해 열리는 일이 있을 것이다."[20] 진화는 계속해서 정신을 향하여 향상되지 않을 때 타버릴 것이다.

이 점에서 테이야르는 순전히 합리적인 성찰을 뛰어넘는다. "과학의 관찰은 믿음의 예상에 양보해야 한다." 그는 과거의 진화 역사에 근거해서 장래에 대한 믿음의 논증을 제공한다. "근본적으로 무슨 일인가가 일어날 것이라는 최상의 보장은 그 일이 우리에게 사실상 필연적으로 여겨지기 때문이다."[21] 인류가 생존하고 그 잠재성을 충분히 달성하기 위해서는 인류가 현재까지 도달했던 것과 똑같은 방향으로 계속해서 진화해나갈 것이라는 확실한 믿음에서 행동해야 한다. 인류는 미래를 믿어야 하며, 미래를

---

18 앞의 책, 155.
19 앞의 책, 158.
20 앞의 책, 161, 163.
21 앞의 책, 163.

향해서 살아야 한다. 이에 덧붙여 장래의 번영은 인간의 연대를 요구한다. 그것은 개인주의와 부족주의와 인종주의를 배제한다. "장래의 문들, 초인으로의 진입은 어떤 소수의 특권층이나 단 한 개인에게 미리 열리지 않을 것이다.…그 문들은 지구의 영적인 갱신의 일에 동참하고 서로를 완성시켜주는 방향으로 오로지 **모두 함께** 주력할 때만 열릴 것이다."[22]

인류로부터 초인적 오메가로의 진화

테이야르는 역사상의 다른 모든 악과 더불어서 나치즘(국가사회주의)과 공산주의의 사악한 집단주의 때문에, 자신의 견해가 그러한 유토피아주의라는 비난을 받을 수 있음을 의식하고 있다. 테이야르는 심지어 인간이 적응하기를 실패하고 사멸할 가능성을 제기하기까지 한다. 그러나 그는 자기의 소망을 정당화하기 위하여 진화의 심오한 역동성을 지적한다. "진화는 최상의 의식 가운데서 절정에 달해야 한다." 이는 "구조적으로 정신계와, 더 일반적인 의미에서 세계가 단순히 폐쇄되어 있지 않고 '오메가'(Omega)라 불리는 한 점에 집중되는 양상블을 대표하기 때문이다. 오메가는 그것들을 융합시키며, 자체 안에서 그것들을 통합적으로 완성시킨다."[23] 그는 이어서 설명한다. 애초에 인간 인격체들을 생산한 바로 그 방사적 에너지가 계속해서 그 인격체들을 한 점에 집중시키고 모은다. 그 점은 초의식적이며 초인적(superpersonal, 초인격적) 혹은 초인간적(hyperpersonal)임에 틀림없다. 인격적이 되기 위해서, 이 중심은 다른 인격체들에 흡수되어서는 안 되며, 그 인격체들과 교류해야 한다. "그 궁극적인 원리상 오메가는 **중심부들의 체계의 핵심에서 방사하고 있는, 구별된 중심부일 수밖에 없다**.…그것은 전체의 인격화와 각각의 요소적 인격화가 동시적으로 그러나 뒤섞이

---

22 앞의 책, 173.
23 앞의 책, 183-84.

지 않으면서 그 최대치에 이르는 일종의 집단화다."[24] 오메가 포인트는 모든 개별 인격체들의 공동체 가운데 있는 초인이어야 한다.

공동체가 진화할 수 있는 유일한 길은 무작위적인 결사나 강제를 통해서가 아니라 사랑을 통해서 존재한다. 테이야르는 그에게 소망의 이유를 제공해주는 것이 낭만적인 유토피아주의가 아니라 우주적 진화라고 주장한다. "사랑(말하자면 상호 간의 친밀성)은…모든 생명의 일반적인 속성을 대표한다.…만일 분자 안에서까지라도 연합하고자 하는 어떤 내적 성향이 존재하지 않는다면,…사랑이 물리적으로 우리 가운데서, 즉 인간화된 상태로, 더 고양되어 나타난다는 것은 불가능할 것이다."[25] 우주적 진화는 인간의 사랑을, 그리고 우주적 연대 의식을 낳는다. 그러나 우주도 인류 일반도 인간애의 최고의 대상일 수는 없다. 그 둘 모두 비인격적인 집합이기 때문이다. 인격적 사랑이 진화해나가는 궤적은 궁극적인 인격자를 가리킨다. 우주적 진화는 "만일 누군가에게로 인도해주지 않는다면, 다만 우리를 다시 초물질(supermatter)로 몰아넣고 말 것이다."[26]

이리하여 테이야르는 이 누군가가 단지 미래가 아니라 항상 계속해서 곁에 존재한다고 주장한다. 그 누군가는 "우리의 중심들의 신비스러운 중심의 **이미 현존하는** 실재이며 발현으로서…'오메가'라 일컬어진다."[27] 그는 과학이 존재의 각 층위에서 어떤 신비스러운 "그 이상의 것"(something more)을 인식하고 있으며, 거기서부터 더 새롭고 더 고차원적인 층위들이 창발하고 있지만, 과학은 그것이 무엇인지를 설명할 수 없다고 지적한다. 그래서 "영혼들의 영혼"(a "Soul of souls")은 비합리적이거나 반과학적인 생각이 아니다.

테이야르는 오메가의 초월과 선재(先在, pre-existence)를 상정하기 위해 두 가지 주장을 한다. 첫 번째는 다시 사랑에 호소하는 것이다. 사랑이

---

24 앞의 책, 188.
25 앞의 책, 190.
26 앞의 책, 190.
27 앞의 책, 191.

란 우주적 진화 내내 서로를 잡아끄는 힘이 존재한다는 사실을 가리킨다. "최고도로 끌어당기기 위해서 오메가는 이미 최고도로 현존하고 있어야만 한다." 두 번째는 일종의 "부동의 원동자"에 관한 주장이다. 즉 생명의 진화는 죽음에 종속하지 않는 "초생명"(superlife)에 의존해야만 한다는 것이다. 인간의 생명과 사랑을 담고 있는 우주를 도출해내기 위해서, "오메가는 진화가 서로 연결되어 있는 힘들의 붕괴에 대해서 독립되어 있어야 한다."[28] 이상의 이유들 때문에, 테이야르는 우주적 진화에 대한 진정으로 과학적인 개관은 성령이 근본적이며, 성령이 "앞서 나가는 원동자"(Prime Mover ahead)라는 결론이 난다고 주장한다. 좀더 전문적으로 말해서, "그 방사적 중핵(radial neuclus) 가운데서 세계는 그 세계를 앞으로 끌어당기는 성령의 신적 초점을 향하는 중력에 의해서 그 형태를 이루고 본성상의 일관성을 갖는다." 정리하자면, 과학적 우주론은 사랑과 생명의 원리가 우주 안에도 또한 동시에 우주를 초월해서도 존재해야 한다는 뜻이다. "진화론적 측면에서는 오메가가 아직 그 자체의 **절반**만을 보여준다. 오메가는 그 일련의 조건 가운데 있으며 동시에 그 **바깥에** 있다."[29]

앞 단락에서 인용한 말 가운데 성령이 "신적"이라 언급되어 있는데, 이처럼 『인간 현상』의 바로 이 점에서 종교적인 언어가 도입되고 있다. 인간 진화에 대한 테이야르의 생각은 자연신학적인 것으로, 즉 우주의 본성과 질서로부터 하나님의 존재를 증명하려는 합리적인 논증인 것으로 드러난다. 심지어 테이야르는 자신의 과학적 투사의 목표에서부터 신적인 속성들 몇 가지를 연역하기도 한다. "그러므로 자율성, 실질성, 불가역성, 그리고 마지막으로 초월성은 오메가의 네 가지 속성이다."[30]

우주 진화의 영혼인 초생명(the Superlife)은 또한 인간 영혼이 죽음을 거쳐 살아남을 수 있게 해준다. 비록 식물과 동물은 죽어도, 인격성

---

28 앞의 책, 192.
29 앞의 책, 193.
30 앞의 책, 193.

(personhood)은 "역전될 수 없는 하나됨이다.…사람 가운데서 방사적인 것(the radial)은 접선적인 것(the tangential)을 피하며, 그것으로부터 벗어나 해방된다.…하나씩, 하나씩…'영혼들'은 우리에게서 떨어져 나가되, 위에 있는 것을 향해서 영혼이 지니고 있는, 공유될 수 없는 의식의 비축량을 운반한다."[31] 물질에서부터 개별 영혼들로서의 진화는 영구적이다.

궁극적 미래는 물질이 하나님과 연합하는 지성(mind) 및 정신(spirit)으로 진화하는 것을 불가피하게 완성시킨다. 종말론적으로 말해서 모든 것이 성령(Spirit)과 더불어 정신(spirit)이 된다. "세계의 끝: 평형상태의 뒤집힘으로서, 마침내 완성된 정신(the spirit)이 그 물질적인 모태로부터 떨어져 나와 지금 이후로부터 오메가-하나님(God-Omega)에게 그 무게 전체를 얹고 쉼을 갖는다."[32] 그 종결로는 "조화 가운데서의 환희나 부조화 가운데서의 환희"라는 두 가지 방식이 있을 수 있다. 하나는 평화롭고, 다른 방식은 완전히 발전된 악과의 맹렬한 묵시론적 충돌이다. 어느 것이 발생할지는 예견할 수 없지만 둘 다 오메가 안에서 절정에 달한다.

테이야르는 자신의 프로젝트 전체를 이렇게 정리한다. "세계 가운데 생각(사유)을 위한 자리를 만들기 위해서 나는 물질을 내면화시키고, 정신의 에너지론(an energetics of spirit)을 생각하고, 엔트로피에 대항하여 일어나는 정신 발생(noogenesis)을 생각하고, 진화의 방향과 진행 및 임계점들을 제공하고, 최종적으로 만물이 누군가(Someone)에게로 모아지도록 해야 했다."[33] 자연에 대한 과학적 성찰은 한 인격자(a Person)에게로 이끌었다.

---

31 앞의 책, 194.
32 앞의 책, 206-7.
33 앞의 책, 208.

테이야르의 신학: 오메가는 우주적 그리스도 안의 하나님이다

자연신학과 변증학

가톨릭 전통에서 자연신학은 계시 신학에 의해서 해석되며 보완된다. 따라서 『인간 현상』의 끝맺는 말은 기독교 신학이 우주 진화에 대한 풍성한 이해를 담고 있음을 간략하게 변호한다.[34] 테이야르에게 기독교의 진리와 사랑은, 오메가가 이미 세계 역사 가운데 현존하고 있음을 말해주는 증거다. "부분적으로 자신을 만물 가운데 스미게 함으로써…그리고 물질의 중심에서 내적으로 발견되는 이 기반으로부터 지금 우리가 진화라고 일컫는 일의 리더십과 머리를 자취함으로써" 하나님은 만물의 궁극적인 통일을 이룩하신다. 만물 가운데서의 하나님의 이러한 "구속적 성육신"은 예수 그리스도 안에서 절정에 달한다. "보편적 생명력의 원리이신 그리스도는…땅의 전체적인 혼(the entire psyche of the Earth)을 자기에게로 집합시키면서…우리 가운데 사람으로서 솟아나셨다."[35] 이런 식으로 해서 테이야르는 기독교 신앙이 현대 과학과 부합할 뿐만 아니라 현대 과학을 강력하게 확증해준다고 주장한다. 심지어 그는 기독교 신앙이 인간 진화의 완성에 필수적이라고 주장하기까지 한다. "기독교는 세계를 수용하기에 충분하리만큼 대담하며 진보적인 유일한 사상의 흐름을 대표한다.…현대의 지구상에 **오직** 기독교**만이**…중대한 단 한 차례의 행위 가운데서 전체(the whole)와 인격(the person)을 종합할 수 있음을 보여준다."[36] 기독교와 진화는 대립적이 아니라 실제로 서로를 필요로 한다.

---

34 Teilhard, "My Phenomenon of Man: An Essential Observation," in *Heart of Matter*, 150: "그것은 정확히 고전적인 변증학이지만, 그러나 (근대적인 견해들과 일치하게) 정태적인 우주에서 운동하는 우주로—코스모스에서 코스모제네시스로—바뀐 변증학이다."
35 Teilhard, *Human Phenomenon*, 211.
36 앞의 책, 212.

테이야르의 신학에 대한 개관

테이야르가 조직신학을 쓴 것은 아니기 때문에 다양한 자료를 통해서 그의 신학을 재구성해보아야 한다.[37] 「정신의 변증법 개요」(Outline of a Dialectic of Spirit)에 있는 테이야르의 "오메가 포인트에 대한 마지막 최상의 정의"는 그의 종합적인 신학적 비전에 대한 요약이다.[38] 오메가는 세 개의 동심원적이며 점진적인 더욱 심오한 중심들(centers)로 구성된 단일 복합 전일체(플레로마, Pleroma)의 중심이다. 가장 바깥에 있는 중심은 인간화된 우주의 자연적 절정이다. 이 중심 안에는 그리스도가 교회와 연합하는 자연적-초자연적인 절정이 있다. 가장 내면의 중심은 초월하시는 삼위일체 하나님이다. 그리스도는 그들을 함께 묶으면서 셋을 다 포함한다. 다시 말해서, 교회 가운데 계신 우주적 그리스도에 의해서 매개되는 삼위일체 하나님과 인간화한 창조세계가 하나의 복합적 전일체(one complex Whole)를 구성한다는 말이다. 하나님부터 시작해서 각 부분을 살펴보도록 하자.

하나님의 초월과 내재

「정신의 변증법 개요」는 "초월적 하나님의 실유성"을 재확언한다.[39] 그 점을 테이야르는 『인간 현상』에서 주장했던 바 있다. 범신론과 자연주의라는 비판에 대답하면서 테이야르는 우주적 오메가가 "그 배후에 있으며

---

37 Rideau, *The Thought of Teilhard*, 특히 chap. 6, "Theology"는 탁월한 진술이다.
38 Pierre Teilhard de Chardin, "Outline of a Dialectic of Spirit" (1946), in *Activation of Energy*, trans. René Hague (New York: Harcourt Brace Jovanovich, 1970), 149. 오메가는 "하나이며 동시에 복합적인 중심(center)이다. 이 중심은 그리스도의 위격에 의해 한데 묶여 있으며, 세 개의 점차적으로 더 깊어지는 중심들(centers) 안에서 하나로 내포되어 있다고 볼 수 있다. 가장 바깥에는 인간-우주 원뿔의 내재적('자연적') 정상, 그 다음으로 중간에는 '교회의' 혹은 그리스도적인 원뿔의 내재적('초자연적') 정상이 그리고 마지막으로 가장 깊은 중심에는 초자연적이며 삼위일체적이며 신적인 중심—그리스도-오메가의 매개 활동 아래서 하나로 모아지는 완전한 플레로마—이 있다."
39 앞의 책, 141.

그보다 더 깊은 초월적인—신적인—핵심"을 전제로 한다고 지적한다. 그것은 "필연적으로 일종의 **자존적**-중심(auto-center)이며…이 자존적 중심 덕분에 그는 시공간에 대해서 독립적으로 독자적으로 존속한다."[40] 따라서 하나님은 초월적이다.

하나님의 초월성은 또한 「나의 근본적 비전」(My Fundamental Vision)에서 변호되고 있다. 여기에서 테이야르는 그의 "통일의 형이상학"(metaphysics of union)을 재진술한다. 그것은 존재(Being)를 통일(Union, 연합, 하나됨)로 정의한다. 능동적으로 존재하기 위해서는, "존재한다는 것은 자신을 하나로 묶거나 다른 것들과 하나가 되는 것이다." 수동적으로 존재하는 것은 "타자에 의해서 하나가 되거나 연합되는 것이다."[41] 통일의 형이상학의 첫 단계는 어떤 "'최초 존재자'(우리의 오메가 포인트)의 돌이킬 수 없으며 자충족적인 현존"의 실존성을 상정하는 것이다.[42] 테이야르는 하나님의 초월성과 자존성을 명확히 인정한다.[43]

통일의 형이상학의 두 번째 단계는 초월적 하나님의 삼위일체성이다. "존재한다는 것은 연합하는 것이다." 그러므로 최초 존재자로서 하나님은 반드시 자기 통일적(self-uniting)이어야만 한다. 그것은 그의 삼위일체성을 낳는다. "만일 이 처음이자 마지막인 중심이 자체적으로 존속하는 것이라면,…우리는 그것을 그 자체의 자기 대립성을 내포하는 삼위일체적 성격 가운데…하나님이 **자신을 하나로 연합함으로써만**(by uniting himself) 존재하는 것으로 표현하지 않을 수 없다."[44] 그러므로 하나님 자체는 동일성과

---

40 앞의 책, 145-26.
41 Pierre Teilhard de Chardin, "My Fundamental Vision" (1948), in *Toward the Future*, trans. René Hague (New York: Harcourt Brace Jovanovich, 1973), 193. 부록 207에서 Teilhard는 이 진술을 이렇게 수정하고 있다. "존재와 연합"은 동일하지 않고, "자연적인 한 쌍"을 형성하며, "각각 똑같이 원초적이며 근본적으로 환원불가하지만, 그럼에도 존재론적으로 분리할 수 없다"고 말한다. 그러나 이것은 하나님의 자기 통일 혹은 세계를 자기 속에서 통일하는 일에 대한 함의를 바꾸어주지는 않는다. Teilhard의 통일의 형이상학은 일찍이 1917년에 쓴 「창조적 통일」(Creative Union)에 약술되어 있다.
42 Teilhard, "My Fundamental Vision," 193.
43 Rideau, *Thought of Teilhard*, 148-50 및 신적 초월성에 대한 Teilhard의 긍정에 대한 여러 인용문이 있는 각주들을 보라.
44 Teilhard, "My Fundamental Vision." 193-94.

타자성의 통일—하나 안의 셋—이다.

통일의 형이상학의 세 번째 단계는 세계를 포함한다. 만일 "존재하는 것 = 스스로를 통일하는 것 혹은 타자들과 연합하는 것"[45]이라면, 완전한 존재는 그 둘을 다 내포한다. 하나님의 존재 자체는 세계를 발생시키는 바로 그 활동이다. 시공간을 초월하는 하나님은 "오메가의 초월적 측면"이다. 그러나 초월성은 "자신의 가장 중심 부분"인 하나님의 한 측면일 뿐이다.[46] 다른 측면은 우주적 진화 가운데에서의 내재성이다.

많은 텍스트들은 오메가-하나님(Omega-God)이 초월적인 동시에 내재적이며, 영원한 동시에 시간적이며, 존재인 동시에 생성이며, 불변인 동시에 변화임을 확인한다. 예를 들어 「물질의 중심」(The Heart of Matter)에서 테이야르는 "자기 안에 스스로 계신 영원한 존재로서의 하나님 **우리를 위해** 형성의 과정 중에서 모든 곳에 계신다고 말할 수 있다"고 쓰고 있다. 하나님은 "사물과 뒤섞여 있지만 사물들로부터 여전히 구별된 존재며, 사물의 실체보다 더 높은 질서에 속하는 존재로서 그 사물들에 의해 둘러싸여 있으며, 그 사물들 가운데서 형성되는 존재다."[47] 다른 곳에서 테이야르는 하나님이 "물질의 참 정신"(the true Spirit of Matter)이라고 쓰고 있다.[48] 테이야르는 하나님의 초월과 내재에 대한 자기 견해가 안셀무스 및 아퀴나스의 전통과는 다르다는 점을 의식하고 있다. 테이야르의 목적은 고전적인 정통주의의 초월적 하나님과 우주 진화의 내재적인 하나님을 결합시키려는 것이다. "위에 계신 이전의 하나님과 앞에 계신 하나님 사이의 정확한 연결이 발생한다."[49]

---

45 앞의 책, 193.
46 Teilhard, "Outline of a Dialectic of Spirit," 146.
47 Teilhard, "Heart of Matter," 66, 74.
48 Pierre Teilhard de Chardin이 1951년 1월 22일자로 Lucile Swan에게 보낸 편지. King, *Spirit of Fire*, 217에서 재인용.
49 Teilhard, "The Christic," in *Heart of Matter*, 99.

하나님을 위한 세계의 필연성

존재(Being)는 연합(Union)이기 때문에 창조와 세계 안에서의 하나님의 내재성은 어떤 의미에서 필연적이며 하나님을 위해서는 불가피하다. 테이야르는 창조를 하나님의 자유로운 선택이자 가외의 선택(God's free, gratuitous choice)이라고 간주하는 일에 대해 반대하는 경향이 있다. "하나님을 인격적이며 자유한 자로, 비존재를 절대적으로, 창조를 가외의 것으로, 타락을 우연적인 것으로 만듦으로써, 우리가 우주를 **받아들일 수 없는 것**(intolerable)으로, 영혼들의 가치를 설명할 수 없는 것으로 만드는 위험에 빠져 있지 않은가?"[50] 그는 "하나님은 전적으로 자충족이다. 그럼에도 우주가 하나님에게 너무나도 필연적인 것을 제공해준다"고 확인한다.[51] 그리고 다시 이렇게 말한다. "나는 세계 가운데서 절대적 존재자 자신을 위한 완성과 성취의 신비스러운 산물을 본다."[52] 테이야르는 또한 "[우주적] 성육신의 **어떤 식**의 형태가 지니는 필연성에 대한 둔스 스코투스의 견해들"에 호소한다.[53] 테이야르는 "'삼위일체'가 이제는 고도의 지속성(a higher continuation)이 아니라 '그리스도적인 것'의 중심으로(as the very heart of the 'Christic') 여겨진다"고 진술하기까지 한다.[54] 이것은 우주적 성육신 없이는 삼위일체가 있을 수 없음을 함축한다. 삼위일체성과 성육신은 하나님에게 본질적이다. 결과적으로 하나님은 세계 없이는 존재할 수 없다. 하나님이 지닌 창조할 자유에 관해서 테이야르는 "우리의 지성으로는 최상의 필연성을 최상의 자유와 전혀 구별할 수 없다"는 점을 인정한다.[55]

50　Teilhard, "Note on the Presentation of the Gospel" (1919), in *Heart of Matter*, 219.
51　Pierre Teilhard de Chardin, "Chritianity and Evolution" (1945), Rideau, 508에서 재인용.
52　Teilhard, "Heart of Matter," 54.
53　Teilhard, "Outline of a Dialectic of Spirit," 150. 이 대목에서, Teilhard는 우주적 성육신에 대해 말한다. Scotus는 비록 사람들이 죄를 짓지 않았다 할지라도 하나님과 세계의 관계를 완성시키기 위해서 아마도 말씀이 육신이 되었을 것이라고 생각했었다. 그러나 그는 세계의 창조나 성육신이 하나님에게 필연적이거나 불가피했다고는 생각하지 않았다. 그 일들은 다 하나님의 자유로운 선택들이다.
54　Teilhard, "From Cosmos to Cosmogenesis," in *Activation of Energy*, 263 n.5.
55　Teilhard, "My Fundamental Vision," 194.

창조의 필연성에 대한 테이야르의 설명은 그의 통일(연합)의 형이상학이 니콜라우스 쿠자누스의 변증법과 마찬가지로, 하나님의 존재 자체에 적용된 전통적인 신플라톤주의적 변증법임을 분명하게 보여준다.[56] 하나님의 내적인 자기 통일은 다양성의 외적인 통일이 필연적으로 뒤따르게 한다. 우리는 테이야르의 변증법이 먼저 하나님을 자충족적 존재자로 상정한다는 사실을 살펴보았다. 하나님의 삼위일체성이 두 번째 단계다. 세 번째 단계는 하나님이 자기가 아닌 타자를 상정하는 것이다. 이리하여 "자신이 존재할 수 있기 위해서 자기에 대해 자기를 통일시킨다는 바로 그 사실에 의해서 제1존재자(the First Being)는 바로 그 사실 자체로 자기 존재의 핵심 가운데서가 아니라 자기로부터의 정반대의 축에서 다른 유형의 대립의 발발을 자극한다(세 번째 단계)." 한 존재자(the One Being)와 다수의 비존재자들(the many nonbeings)의 궁극적 양극성이 초래된다. 그 양극성이란 "존재의 극에 자리 잡고 있는 자기 영위적 통일체, 그리고 하나의 필연적 결과로서 그 주위를 둘러싸고 있는 다자, 곧 순수한 다양함…혹은 창조를 할 수 있는 공[creatable nil(쵼)], 즉 무(無)"다. 그러나 이 무는 절대적인 무가 아니다. 그 무는 하나님으로 하여금 거의 저항할 수 없이 창조하도록 끌어당긴다. 무는 "존재의 가능성이며, 존재를 위한 기도다.…그것은 마치 하나님이 거절할 수 없었던 것과 같은 상태다."[57] 무는 하나님이 존재에 대한 바람과 잠재력이 온통 충만하게 하여, 궁극적 통일자(the Ultimate Unifier)로서의 하나님은 실현 활동을 거절할 수 없다. 그러므로 통일의 네 번째 단계가 온다. 하나님은 모든 가능성이 현실화될 때까지 멈추지 않는다. "일단 다자의 환원이 발효되면, (내적이거나 외적인) 아직까지도 만족되지 않은 어떤 형태 대립도 '충만화된' 존재(the 'pleromized' being)에 대해서는 존립하지 않는다."[58] 하나님은 반드시 만물 안의 만물—완전한 충만—이 되어야 한다. 이

---

56 Gray, *The One and the Many*를 보라.
57 Teilhard, "My Fundamental Vision," 194.
58 앞의 책, 196.

모든 주제들은 신플라톤주의적 특징을 갖고 있으며, 뵈메와 셸링, 및 헤겔에서도 나타난다.

성육신, 그리고 하나님과 세계의 상호적 성격

우주 안에서의 하나님의 현존(임재)은 성육신(incarnation)이나 혹은 육화(embodiment)로 생각하는 것이 최선이다.[59] 테이야르는 주 하나님이 "호크 에스트 코르푸스 메움"(hoc est Corpus meum, "이것은 나의 몸이다")이라는 성례의 말씀의 실질을 가지고 전 우주를 축복하시기를 기도한다.[60] 테이야르의 우주적 "진화적 변형론"(transformism), 즉 존재의 더 높은 층위들의 진화적 창발은 말 그대로 **화체**(化體, transubstantiation), 물질의 점진적인 성례전적 신성화, 일종의 "세계를 향한 미사"다.[61]

더 정확히 말해서, 신적 현존(임재)은 그리스도의 우주적 성육신이다. "이 단순화된 세계의 중심 가운데서 일어나시는 분은 하나님 자신이다. 그리고 그렇게 해서 신성화된 우주의 유기체적 형태가 바로 그리스도 예수시다."[62] 그리스도의 성육신은 태초부터 우주적 진화를 활성화시킨다. "**물리적** 의미에서 성육신의 에너지는 우주적 중심 안으로 흘러들어 가도록 되어 있었다. 그 중심은 진화에 적극적으로 기여한다."[63] 마리아의 모태에 인간 개인인 예수가 수태된 일은 태초부터 진행되어 왔던 과정의 최고의 집중이다. "우주의 생명력의 원리인 그리스도는 우리 가운데 사람으로 솟아올라와 의식의 전반적인 홍기에 초활력을 불어넣는 일(superanimating)

---

59 Rideau, *Thought of Teilhard*, 162-69.
60 Pierre Teilhard de Chardin, "Pensée 17," in *Hymn of the Universe*, trans. Simon Bartholomew (New York: Harper and Row, 1965), 90.
61 1923년에 Teilhard가 쓴 소품의 제목.
62 Teilhard, "Pensée 46," in *Hymn of the Universe*, 119.
63 Teilhard, "Heart of Matter," 48-49.

에 자기를 진력한다."⁶⁴ 온 창조세계는 그리스도의 성육신에 참여하듯이, 또한 그의 십자가에 달림과 부활에도 동참한다. 우주의 과정 가운데서 일어나는 온갖 종류의 죽음은 새롭고 영원한 생명으로 변모한다. 그리스도 안에서 하나님은 세계를 자기와 화목시킬 뿐만 아니라 문자적으로 자기를 세계 안에 합일(incorporating)시킨다. 그리스도는 세계의 신적 영혼(the divine Soul of the world)이며, 세계는 그의 몸이다.⁶⁵

세계 안에서의 하나님의 유기적인 내재성은 세계가 하나님에게 어떤 영향을 끼친다는 사실을 의미한다. 하나님이 세계를 형성하시듯, 하나님은 그 세계에 의해서 형성된다. "물질의 심원으로부터 성령의 최정상으로 하나님이 세계를 '환태(換態)시키셨기'(metamorphized) 때문에, 그에 덧붙여 세계는 반드시 그와 똑같은 정도로 하나님을 '내부 변형'(endomorphize)시켜야 한다." 우리 인간들은 특히 우리가 의식상으로 하나님에게 말씀을 드림으로써 하나님 안에 변화를 발효(發效)시킨다. "우리 주위 전체에서, 그리고 우리 자신의 내부에서 하나님은 그의 자석과 같은 흡인력과 우리 자신의 생각의 일치의 결과로 일어나는 '변화'의 과정중에 계시다."⁶⁶ 예수 자신이 자신의 우주적 성육신으로부터 구속적 혜택들을 입는다. "구원하시는 분은 진리 가운데 계신 그리스도시지만, 우리는 즉시로 그와 동시에 진화에 의해서 구원을 받는 이가 그리스도라는 사실을 덧붙여야 하지 않을까?"⁶⁷ 성육신은 하나님-세계의 관계의 효과들을 상호 호혜적인 것으로 만든다.

비록 하나님이 자신의 존재의 충만함을 획득하는 데 창조세계의 협조가 필수적이지만, 피조물의 자유에 대한 테이야르의 견해는 역사의 불가피한 목표와 관련해서 볼 때 셸링이나 화이트헤드의 견해보다는 덜 개방적이다. 테이야르의 하나님은 의도적으로 그리고 불가항력적으로 자기의

---

64 Teilhard, *Human Phenomenon*, 211.
65 Gray, "Christ: the Soul of Evolution," chap. 6 in *The One and the Many*.
66 Teilhard, "Heart of Matter," 52-53.
67 Teilhard, "The Consummation of Christ by the Universe," in "The Christic," 92.

피조물들의 행동 가운데서, 그 행동들을 통해서 자신을 실현한다. 피조물들은 완전히 자율적이지 않으며, 사태가 어떻게 발전할 것이며 어떤 결과가 나타나게 될 것인지에 대해서 하나님과 함께 결정을 내리지 않는다. 피조물들의 행위들은 불가피하게 특정한 오메가를 향한 우주적인 행진을 진전시킨다.

정리하자면, 테이야르는 자신의 오메가 신학을 "완전한 충만"(complete Pleroma)을 형성하고 있는 세 개의 동심원들을 모델로 한다. 오메가의 중심은 "초월적·삼위일체적·신적 중심"이다. 바깥 원은 인간에게 초점을 맞추고 있는 우주다. 그것은 "인간-우주 원뿔의 내재적('자연적') 정상"이다. 그 둘 사이에 그리스도를 명백히 알며, 그를 사랑하며, 성례전을 통해서 그에게 참여하는 사람들이 있다. 이것이 바로 교회(church)로서, "'교회의'(ecclesial) 혹은 그리스도의 원뿔의 내재적('초자연적') 정상이다." 전체 충만은 "그리스도라는 위격에 의해서…그리스도-오메가의 매개적인 행위를 통해서…서로 묶여 있다."[68]

테이야르의 범재신론: "기독교 범신론"

테이야르는 거듭해서 다른 형태의 범신론과 일원론(monism)에 대해서는 거부하면서도 자신을 "기독교 범신론자"라고 밝힌다.[69] 그는 하나님을 자연과 동일시하거나 자연을 하나님에게 흡수시켜버리기를 거부한다. 그럴 경우 둘 다 사랑을 제거해버리기 때문이라는 것이다. "사랑의 반대편에 있는 극에는 동일화의 범신론(pantheism of identification)이 있

---

68 Teilhard, "Outline of a Dialectic of Spirit," 149.
69 Gray, "Pantheism," in The One and the Many, 149-154; de Lubac, Religion of Teilhard, 154-60; Rideau, Thought of Teilhard, 149-52.

다. '하나님이 만물이다'라는 것이다. 그리고 사랑을 초월해버리는 통일의 범신론(pantheism of unification)이 있으니, '하나님은 만유 가운데 만유'라는 것이다." 테이야르의 대안은 기독교적인 "변별의 범신론"(pantheism of differentiation)이다. 이 범신론은 두 실수를 피하고, 사랑이 본질적임을 인정하고자 한다. "기독교는…통일과 종합의…평형을 유지한다. 하나님은 순전한 은혜의 환경 가운데에서 최종적으로 만유 가운데 만유가 되시는 분이시다. 변별의 범신론이라는 그 놀라운 정의에…그리스도의 메시지의 정수가 표현되어 있다."[70] 마찬가지로 『인간 현상』은 "(그 단어의 어원적 의미상) 만약 당신이 그렇게 표현하고자 한다면, 절대적으로 정당한 것인데, 진짜 '범신론'"을 표현한다. "만일 궁극적으로 세계의 반성적 중심들(reflective centers)이 실로 '하나님과 하나'라고 한다면, 이 상태는 동일화(identification, 하나님이 만물이 되어가심)에 의해서 획득되는 것이 아니라 사랑의 변별적이며 소통적 행위(하나님이 만물 안에 만물이심)를 통해서 획득되는 것이기 때문이다. 그리고 이것이 근본적으로 정통적이며 기독교적인 것이다."[71] 결국 인간은 하나님 안에서 교통하지만, 하나님에 의해서 흡수되지는 않는다.

테이야르는 그의 "변별의 범신론"이 일자 안에서의 다자의 존재론을 충분히 내포하고 있기 때문에 범재신론자다. 테이야르의 연합의 형이상학에 따른다면 피조물들에게 있어서 "존재한다는 것은 통일되는 것(to be unified)"이기 때문에 피조물은 하나님과 구별된다. 그러므로 그들은 통일시키는 자로서의 하나님과 구별된다. 단지 인간만이 아니라, 우주 안에 모든 피조물은 하나님과 구별되는 진짜 존재자—접선적이며 방사적인 에너지의 개별화(individuations of tangential and radial energy)—다. 이에 덧붙여서, 장래의 오메가는 최고 인격자 안에 인간 인격자들이 영구적으로 동참함으로써 구성된다. 동시에 피조물들은 말 그대로 하나님 안에 존재한다.

---

70 Teilhard, "Two Converse Forms of Spirit," in *Activation of Energy*, 223, 225.
71 Teilhard, *Human Phenomenon*, 223.

창조의 태초부터 세계를 초월하시는 그 하나님이 최초의 물질을 발생시키고, 창발해나가는 우주 가운데 자신을 구체화시키신다. 그리스도 안에서 하나님은 만물 안에 계시며, 만물은 하나님 안에 존재한다. 그러나 내재적인 하나님은 또한 세계를 초월하신다. 알파에서부터 오메가에 이르기까지, 그리스도로서 하나님은 만물이 그 안에 존재하는 일자다. 테이야르의 "범신론"은 비록 그가 그 용어를 사용하고 있지 않다 할지라도 명백한 범재신론이다.[72]

테이야르의 범재신론이 애초부터 지닌 특성이 보여주듯, 그의 범재신론은 표준적인 신플라톤주의의 현대판이다.[73] 그 특성이란 테이야르가 하나님을 존재와 동일시하고 있다는 사실이다. 그는 위-디오니시우스나 에리우게나, 에크하르트의 경우처럼 하나님을 초-본질적 일자(the Super-essential One)가 아니라 니콜라우스 쿠자누스의 경우처럼 존재와 동일시한다. 테이야르의 나머지 신학은 전형적이다. 창조는 하나님의 주권적 선택이 아니라 하나님의 자연적(natural, 본성적) 표출 혹은 발생이다. 하나님의 존재는 통일적이다. 그래서 하나님은 자신을 통일시킬 뿐만 아니라 존재의 충만인 플레로마 가운데서 만물을 통일시키기 위해서 자신이 아닌 다른 다양성을 내놓는다. 하나님이 진행시키는 그 과정은 변증법적이다. 그 일자적인 존재는 영원히 자신을 삼위일체적으로 통일시킨다. 일자적 존재는 또한 종합을 통해 통일을 달성하기 위해서 그 자체가 아닌 다른 다양성을 내놓는다. 다시 말해서, 존재가 모든 것이 되기 위해서 비존재를 내놓는다. 오메가-하나님은 다자를 통일시키시는 분일 뿐 아니라 대립들의 일치이기도 하다. 테이야르의 플라톤주의를 보여주는 또 다른 증거는 그리스도 안에 계신 하나님이 세계의 영혼이라는 그의 견해다.[74] 마치 영혼이 몸

---

72 King, *Spirit of Fire*, 59, 86; Stanley J. Grenz and Roger E. Olson, *Twentieth-Century Theology: God and the World in a Transitional Age* (Downers Grove, IL: InterVarsity, 1992), 142; Lane, *Phenomenon of Teilhard*, 59, 134.
73 Jacobus Oosthuizen, *Van Plotinus tot Teilhard de Chardin* (Amsterdam: Rodopi, 1974).
74 참고. Pierre Teilhard de Chardin, "L'âme du monde" ["The Soul of the World"] (1918). 영어 번역을 찾지 못함.

에 스며 있으면서도 몸이 아닌 타자이듯이, 성육하신 하나님은 우주를 내포하는 동시에 초월하신다.

테이야르의 범재신론은 근대 진화론적 세계상과 결합한 기독교 신플라톤주의다. 그는 하나님이 자연(nature, 본연)을 창조하심으로써 자기를 창조하고 계시하고 성취한다고 주장한다는 점에서 에리우게나를 생각나게 한다. 테이야르의 체계는, 니콜라우스 쿠자누스의 무한 우주(infinite Cosmos)를 우주 발생(Cosmogenesis)으로 대체시키고 있다는 점을 생각해본다면, 니콜라우스 쿠자누스의 체계와 매우 흡사함을 알 수 있다. "하나님의 부분"은 원초적으로 또한 존재론적으로 초월적이라는 테이야르의 의미심장한 주장을 제외한다면, 하나님-세계의 관계 및 그 불가피한 결과에 대한 그의 변증법적 견해는 많은 면에서 헤겔의 견해와 유사하다.

테이야르의 범재신론은 피조물들이 하나님에게 영향을 준다고 주장한다는 점에서 전형적으로 현대적 범재신론이다. 그러나 그가 하나님과의 불가피한 연합을 향해 나아가는 우주 진화의 경로를 하나님이 결정한다는 것을 인정하는 점에서는 전형적인 현대 범재신론은 아니다. 피조물들은 자유를 갖고 있다. 그리고 몇몇 인간들은 불가피성에 대해 저항하기를 선택할 수도 있다. 그러나 역사의 숙명은 셸링 및 화이트헤드의 경우에서처럼 하나님과 피조물들의 공동 결정을 통해 이루어지지 않는다.

결론: 이단자에서 선지자로

테이야르는 한 가지 근본적인 쟁점에서 헤겔에게 반대한다. 헤겔은 기독교를 자신의 철학에 흡수시키려고 했던 데 비해서, 테이야르는 충실한 그리스도인이고자 애쓰며, 자기의 진화론 철학을 로마 가톨릭 신학에 병합시키고자 노력한다.

그렇지만 테이야르는 전통적인 신학을 비판하고 "변혁된" 기독교 판형(version)을 주장한다.[75] 테이야르의 견해들 몇 가지가 역사적 기독교 교리들과 긴장 관계에 있다는 점은 그리 놀랍지 않다.[76] 비판을 초래했던 세 가지 점은 자연과 초자연의 관계, 죄 및 악의 기원, 구원의 범위다. 이 각각을 간략하게 살펴보자.

테이야르의 철학은 그의 신앙을 합리적으로 만들고자 하는 방향으로 큰 영향을 미쳤다. "연합의 형이상학에서 기독교의 세 가지 근본 '신비'[하나님, 창조, 구속]는 충만화(pleromization, 혹은 다자의 통일시킴적 환원)의 양상, 곧 단순히 신비들 중 하나이고 나머지와 마찬가지인 신비의 세 측면(혹은 다자의 통일시킴적 환원의 양상)인 것으로 보인다."[77] 만일 충만화가 하나님에게 그처럼 본성적이며 필연적이라면, 세계의 존재와 그리스도의 성육신, 혹은 세계의 구원에 어떠한 초자연적인 가외의 측면이 있다고 보기 어렵다. 테이야르는 초월성과 신적 은혜의 상당 측면을 상실한 것으로 보인다.[78]

타락성과 악은 진화론적인 신플라톤주의에 본성적이며 핵심적이다. 그러나 아우구스티누스적인 기독교에서 타락과 악은 비본질적인 침입이다. 신플라톤주의적 일자는 필연적으로 부정성과 비존재를 내포하는 변증법적 양극성을 내놓음으로써 창조한다. 따라서 죄와 악은 우주적 진화와 인간 실존의 불가피한 부산물이다. 부정적인 양극들은 실제로 선을 위해서 필요하다. 일자가 대립을 변증법적으로 통일시킴으로써 세계를 구원하기 때문이다. 이와는 대조적으로 아우구스티누스의 기독교는 죄와 악을 부정적으로 간주하며, 원칙상 다른 선택을 할 수도 있었을 자유로운 인간의 선택을 하나님이 허용하신 것의 결과들일 뿐이다. 죄와 악은 창조세계

---

75 예를 들어 Teilhard, "The Religion of Tomorrow," in "'The Christic," in *Heart of Matter*, 96-99을 보라.
76 Lane, "Teilhard's Transformation of Christian Doctrines," in *Phenomenon of Teilhard*, 71-80.
77 Teilhard, "My Fundamental Vision," 198.
78 Eulalio Balthazar, *Teilhard and the Supernatural* (Baltimore: Helicon, 1966); Rideau, *Thought of Teilhard*, 152-54, 167-68, 245-51; de Lubac, *Religion of Teilhard*, 200-203; McCarty, *Teilhard*, 134-35.

에 존재론적으로 불가피하거나 핵심적이지 않다. 실제로 선과 악 사이에는 서로 화해시킬 수 없는 대립이 존재한다. 신플라톤주의와 아우구스티누스주의 사이의 긴장은 인간 창조 및 인간의 타락과 관련해서 첨예해진다. 죄와 죽음은 자연적인 진화의 유산들인가, 아니면 피할 수 있었을 불순종의 결과들인가? 테이야르는 두 가지 면을 다 포함하려고 노력하지만 성공하지 못한다.[79] 실제로 그는 때때로 명백하게 신플라톤주의적이다. "악은 불가피한 부산물이다. 그것은 창조세계와 분리시킬 수 없는 상실인 것으로 보인다." 더욱 음산하게는 "하나님은 악과 전쟁을 벌이지 않을 수 없는 상태다."[80] 원죄에 대한 그의 견해들은 1920년대에 처음 교회 당국자들의 검열을 받았다.

마지막으로, 신플라톤적 플레로마는—천사들과 사람들이 영원한 형벌을 감당해야 하는—지옥의 자리를 갖고 있지 않다. 결국 하나님 안에 통일되지 않은 모든 것은 존재하기를 그친다. 테이야르는 오메가에 대한 저항의 가능성을 인정한다. 그리하여 그러한 저항이 묵시론적인 대결과 분리를 낳을 수 있다. 그리고 그는 지옥에 대한 믿음을 인정한다. 그러나 지옥은 그리스도 발생(Christogenesis)의 포괄적인 논리와 일치하지 않는다. 그 논리에 따르면 전체 창조세계가 하나님과의 영적인 연합으로 진화해나가고 있기 때문이다.[81] 세계 종교들에 대한 테이야르의 진보적으로 긍정적인 견해는 제2차 바티칸 공의회에서 공창되었던 "암묵적인" 혹은 "익명의 기독교" 개념에 대한 주요 지지자가 되었다. 그것은 그리스도가 비기독교적 종교들을 통해서 비록 그 종교들이 그리스도의 이름을 모른다 할지라도 인류를 자신에게로 이끌고 계신다는 주장이다.

테이야르의 글 가운데에 있는 전통적인 정통주의와의 이와 같은, 그리고 여타의 긴장들을 고려하면서, 리도(Rideau)와 같은 동정적 논평가조차

---

79 McCarty, *Teilhard*, 135-36; Rideau, *Thought of Teilhard*, 169-71.
80 Teilhard, "My Fundamental Vision," 198, 196.
81 Rideau, *Thought of Teilhard*, 187-188 및 각주들.

도 로마 가톨릭 당국자들의 경고가 "테이야르를 읽고 그의 사상에 친숙해짐으로써 잘 알지 못하는 그리스도인들이 위험에 처할 수 있다는 점에서 정당화된다"고 결론을 내린다.[82]

이러한 긴장에도 불구하고, 많은 이들은 테이야르를 현대 세계에 대해서 기독교의 정수를 지성적으로 그리고 효과적으로 표현한 영적인 천재로 간주한다. 교회의 가르침에 완전히 일치하든 그렇지 않든 간에, 테이야르의 하나님은 새뮤얼 알렉산더의 창발하는 신성(the emerging Deity)이나 앙리 베르그송의 엘랑 비탈(생명력), 혹은 화이트헤드의 모든 것을 포괄하는 현실 계기들(the all-inclusive Actual Occasion)과는 달리, 실질적으로 초월적이며, 인격적이며 삼위일체적이다. 그리스도인이든 비그리스도인이든 모두 테이야르의 비전이 감동적임을 발견한다. 그래서 많은 사람들이 하나님과 우주와 지구촌의 장래에 대한 테이야르의 범재신론적인 견해를 바탕으로 해서 작업을 하고 있다. 그러한 사람들 가운데, 구스타보 구티에레즈와 후안 루이스 세군도, 레오나르도 보프, 로즈마리 류터, 샐리 맥페이그, 매튜 폭스가 있다. 이들에 대해서는 나중에 해방신학과 생태신학에 대한 장에서 다루도록 하겠다.

---

82 앞의 책, 250-51.

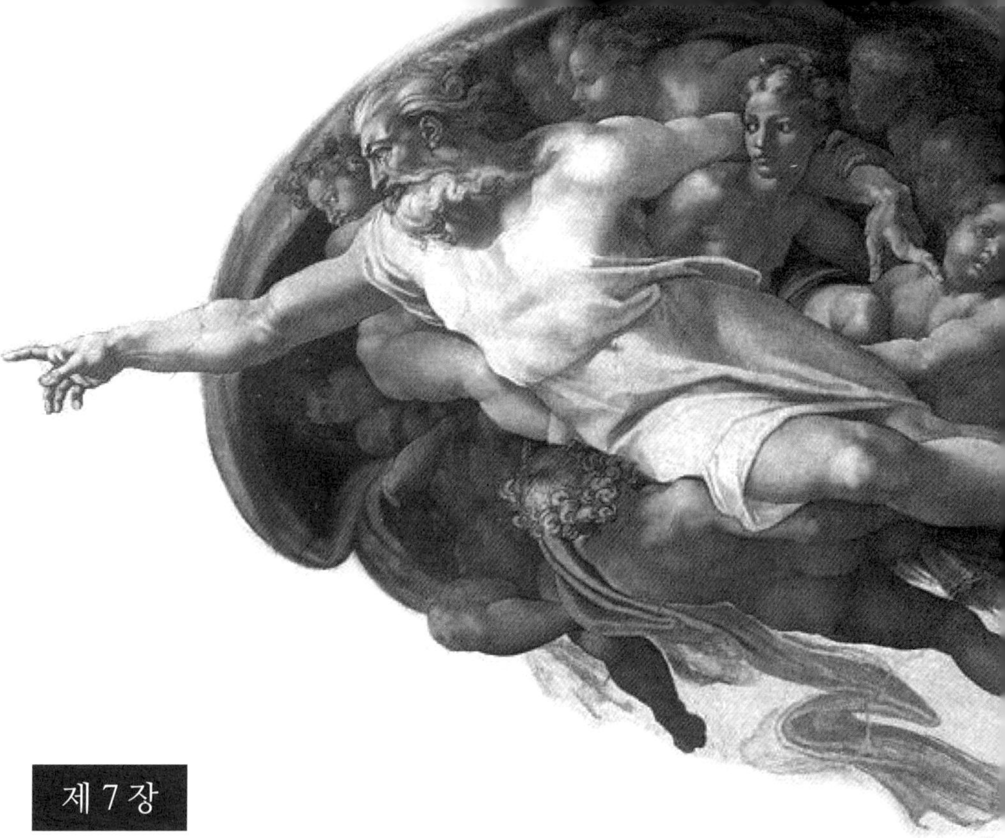

제 7 장

| 과정신학: 화이트헤드, 하트숀, 캅, 그리핀 |

북미권에서 가장 친숙한 형태의 범재신론은 과정신학이다. 과정신학은 알프레드 노스 화이트헤드(Alfred North Whitehead, 1861-1947년)의 철학에 근거한 하나님 이해를 말한다. 화이트헤드는 학자로서 최종적으로는 하버드 대학교에서 가르쳤던 영국의 수학자이자 철학자이다. 영국 관념론과 로이드 모건(Lloyd Morgan) 및 새뮤얼 알렉산더의 진화론적 철학의 영향을 받은[1] 화이트헤드의 체계는 자연 과학에서 출발하여 우리가 알고 있는 대로의 우주가 그 기본 실재로서 하나님을 요청한다고 결론 내린다. 하나님은 우주의 발전의 근거가 되며 그 발전에 동참하신다는 것이다. 과정신학은 하나님과 세계에 대한 이러한 견해를 철학적으로 정교화한 것이다. 18세기에 이신론(Deism)이 그랬듯이, 과정신학은 스스로를 현대 세계관들 중에서 가장 합리적이라고 간주한다. 과정신학은 다윈 이후의 과학과 셸링 이후의 신학이 결합한 데서 나온 범재신론들 중에 속한다. 그와 비슷한 견해들로는 페흐너, 퍼스, 제임스, 베르그송, 테이야르의 견해가 있다.[2]

화이트헤드의 철학은 단지 철학과 신학만이 아니라 다양한 분야의 학자들에게 영향을 끼쳤다.[3] 그중 어떤 학자들은 다른 학자들보다는 헤이트

---

1 Alfred North Whitehead, *Science and the Modern World: The Lowell Lectures*, 1925 (New York: Macmillan, 1950), xi.
2 David Griffin et al., *Founders of Constructive Postmodern Philosophy: Peirce, James, Bergson, Whitehead, and Hartshorne* (Albany: State University of New York Press, 1993); 또한 Charles Hartshorne, preface to *The Divine Relativity: A Social Conception of God* (New Haven: Yale University Press, 1948)을 보라.

헤드의 체계를 좀 느슨하게 따르고 있다. 그래서 "학파"라고 하기에는 부정확한 면이 있다. 그렇지만 화이트헤드의 철학과 강하게 연결되어 있는 과정신학(process theology)이라는 뚜렷한 운동이 존재하는 것이 사실이다.[4] 우리의 개관은 중심 인물들, 즉 화이트헤드와 그의 직접적인 신학적 계승자들인 찰스 하트숀, 존 캅, 데이비드 그리핀에 초점을 맞추고자 한다. 하트숀은 화이트헤드의 조교였으며, 화이트헤드의 체계 중 여러 부분을 수정하여 자신의 철학을 발전시켰다. 캅은 하트숀의 제자였다. 그리고 그리핀은 캅의 제자이자 동료였다. 그들의 견해는 하나의 학파라고 할 만큼 서로 밀접하다.

그러나 그들은 종교적으로는 다양하다. 화이트헤드와 하트숀은 하나님의 존재를 믿고 기독교를 인정했지만, 특별하게 자신들을 그리스도인이라 여기지는 않았다. 그 두 사람은 모두 전적으로 과학과 철학에 근거해서 자신들의 신학을 발전시켰다. 물론 하트숀은 화이트헤드보다는 훨씬 더 종교와 신학에 초점을 맞추고 있다. 캅과 그리핀은 기독교 교리들을 설명하고, 하나의 현대적인 세계관을 발전시키기 위해서 화이트헤드와 하트숀의 사상들의 종합을 받아들였던 현대 그리스도인들이다.

그러므로 우리가 행하는 개관은 일반적인 형태와 기독교적 형태 가운데서 과정 범재신론(process panentheism)의 특성들을 확인한다.[5] 그리고 과정신학과 자유 의지 유신론(free-will theism) 혹은 열린 유신론(open theism, 개방적 유신론)에 대한 간단한 비교를 포함시키고자 한다. 그 유신론은 때때로 일종의 과정신학이라는 느낌을 많이 준다.

---

3 John B. Cobb and David Griffin, "Appendix B: A Guide to the Literature," in *Process Theology: An Introductory Exposition* (Philadelphia: Westminster, 1976)은 철학과 신학 및 여타의 분야에서 Whitehead의 영향을 개관하고 있다.
4 Ewert Cousins, ed., *Process Theology: Basic Writings* (New York: Mewman, 1971)는 여러 대변자들이 쓴 에세이들을 포함하고 있으며, Teilhard de Chardin에 대한 부분도 들어 있다. Schubert Ogden, Norman Pittenger, Daniel Day Williams, Marjorie Suchucki 등이 과정신학을 주창한 현저한 여타의 학자들이다.
5 David Griffin, *Reenchantment without Supernaturalism: A Process Philosophy of Religion* (Ithaca, NY: Cornell University Press, 2001)은 현재 구할 수 있는 최상의 진술이다.

알프레드 노스 화이트헤드

화이트헤드의 "유기체 철학"

『과학과 현대 세계』(Science and the Modern World)에서 화이트헤드는 진정한 과학과 하나님에 대한 믿음이 서로 충돌하지 않으며, 실제로는 오히려 서로를 강화시켜준다고 주장한다.[6] 현대 과학은 중세 신학의 믿음, 곧 지적인 자연 질서를 창조하고 그 자연 질서를 다스리도록 사람들에게 사명을 준 인격적이며 이성적인 하나님에 대한 믿음의 결실이다.[7] 현대의 과학적 세계관은 여전히 하나님에 대한 어떤 개념에 근거할 필요성이 있다. "최초의 원동자라는 아리스토텔레스의 하나님의 자리에 우리는 구체화의 원리로서의 하나님(God as the Principle of Concretion)을 요구한다"[8][화이트헤드의 철학에서, "구체화의 원리"는 사물들을 그 형태(form, 형상)의 실현을 향해 혹은 더 복잡한 형태들(forms)로의 창발과 발전을 향해 현실화시키는 방향으로 몰고 가는 원리를 가리킨다—옮긴이]. 그러나 과학과 종교의 자연적인 연대는 데카르트 이후 사상 가운데 자리 잡게 된 거짓된 이원론에 의해서, 즉 정신과 물질을 분리되어 있는 실체들로 보는 이원론에 의해서 깨지게 되었다. 이 이원론에 따르면, 무한 정신(Infinite Mind)이라 여겨진 하나님은 물질적 우주에 대해 전적으로 외면적이다. 그래서 인간 정신들은 그 정신이 알고자 하는 물질 세계에 대해 전적인 타자로 존재한다. 화이트헤드는, 이러한 식의 이원론들이 과학만이 아니라 철학과 신학에 해결할 수 없는 문제들을 불러일으켰다고 비판한다. 그리고 다윈주의적 진화와 아인슈타인의 상대성 이론은 "정신-우주" 이원론에서 발전된 기계론적-유물론적 모델을 허물어뜨렸다.

이에 대한 화이트헤드의 제안은 "유기체 철학"이다. 이 철학은 1927-

---

6 Whitehead, "Religion and Science," chap. 12 in *Science and the Modern World*.
7 앞의 책, "The Origins of Modern Science," chap. 1.
8 앞의 책, "God," chap. 11, p. 250.

1928년에 그가 한 기포드 강좌, 『과정과 실재』(Process and Reality)에서 가장 충만하게 그리고 체계적으로 발전되었다.[9] 우리는 먼저 개관을 해본 다음에, 화이트헤드가 그 기본 요소들에서부터 전체를 어떤 식으로 구축했는지를 좀더 면밀하게 살펴보도록 하겠다.

요약하자면, 광대한 "하나님-우주" 복합 전일체(the whole vast God-universe complex)인 실재는 "정신과 메커니즘"의 이원론이라기보다는 "유기체적"(organic)이라는 것이다. 그 실체는 창조적 과정을 통해서 활성화된다. 그 과정은 하나님을 포함하는 개별 실체들(individual entities)이 끊임없이 스스로를 현실화시키고 있는 기본적인 사건들을 이룬다.[10] 이러한 사건들, 실재의 환원 불가능한 요소들은 "현실 계기(繼起)들"(actual occasions, 사건 계기들)이라 불리는 "경험의 조각들"(bits of experience, 경험의 비트들)이다. 그 조각들은 잠시 동안 스스로를 실현하고(혹은 "구체화시키고") 그 다음에는 사라진다(혹은 "멸절해간다").[11] 우리가 아는 지속적인 대상들―원자들, 분자들, 물질적인 물체들, 살아 있는 것들, 인간들―은 안정적인 패턴들에 따라서 진행되어나가는 지속적인 일련의 현실 계기들에서 결과로 발생하는 "현실 계기들의 집합들"(societies of actual occasions)로 조직화된다. 비유를 하나 드는 것이 도움이 될 것 같다. 실체들은 텔레비전 스크린 위에 비추어지는 물체들과 비슷한 경험의 조각들로 구성된다. 스크린에 비추어지는 물체들은 인간이 인식하기에는 너무나 미세하고 신속한 수천 개의 전자

---

9 Alfred North Whitehead, *Process and Reality: An Essay in Cosmology*, Gifford Lectures, 1927-1928 (New York: Macmillan, 1929); ed. David Griffin and Donald Sherburne, corrected ed. (New York: Free Press, 1978), 46/36. (페이지 언급은 두 판을 가리킴.) 나는 이 책과 마찬가지로 Alfred North Whitehead, *Adventures in Ideas* (New York: Macmillan, 1933)에 있는 Whitehead의 사상들을 요약한다. John B. Cobb, "Introduction to Whitehead's Philosophy," chap. 1 in *A Christian Natural Theology* (Philadelphia: Westminster, 1965)는 간편한 요약이다. Cobb and Griffin, "Basic Concepts of Process Philosophy," in *Process Theology* 역시 마찬가지다. 그러나 Charles Hartshorne, *Whitehead's Philosophy: Selected Essays, 1935-1970* (Lincoln: University of Nebraska Press, 1972)은 좀더 전문적이다.
10 그의 체계에 대한 예비적인 개관이 *Process and Reality* 제1부에 있는 2-3장, "The Categorical Scheme" 및 "Some Derivative Notions"에 있다.
11 앞의 책, 27-28/18. 과정 사상은 현실 계기들이 과학적 도구들과 세심한 인간의 성찰을 통해서 추적 가능하다고 주장한다. 현실 계기들은 단지 철학적 가정들이 아니다.

임펄스(electrical impulses)로 구성되어 있다. 또는 마치 영화 화면에 비추어지는 물체들과 같다고도 말할 수 있다. 그 물체들은 그 필름의 개별 프레임 각각이 급속도로 신속하게 이어지면서 생겨나는 상이다. 우리가 경험하는 각각의 사물들은 셀 수 없는 현실 계기들의 질서 정연한 진행이다.

이러한 역학은 하나님에게도 해당된다. "하나님은 물리학적 원리들의 붕괴를 막기 위해 요청되는 존재로서 모든 물리학적 원리들에 대한 예외로 취급되어서는 안 된다. 하나님은 모든 물리학적 원리들의 대표적인 실증이다."[12] 따라서 "실체"나 "존재"보다는 "과정"(process)이 화이트헤드의 기본적인 형이상학적 범주다. 실재(reality)―즉 "하나님-세계 복합체"(God-world complex)―는 순간적인 사건들의 무한성 가운데서 이루어지는 셀 수 없는 가닥들 및 조직체들의 광대한 "유기적" 네트워크 혹은 "연쇄"(nexus)다. 과정신학을 이해하기 위해서는 기본적인 원자적 사건들, "현실화된 계기들"로부터 시작하는 전체 우주에 대한 화이트헤드의 설명을 따르는 것이 중요하다. 그것을 정리해보면 다음과 같다.

먼저 "현실 계기들"(actual occasions)의 몇 가지 특성에 주목해보자. 가장 기본적인 사실은 각 계기가 자기 현실화(self-actualizing)이거나 자기 창조적(self-creative)이라는 것이다.[13] 비록 조건적이며 제한적이지만, 각 계기는 자기 아닌 바깥의 어느 것에 의해서, 심지어 하나님에 의해서도 존재하도록 유발되지 않는다. 실로 하나님 자신이 이 존재론에 대해 예외적이지 않다. 따라서 하나님이 아니라 "창조성"(creativity)이 화이트헤드의 궁극적 범주다. "유기체 철학에서, 이 궁극은 '창조성'이라 일컬어진다. 그리고 하나님은 그 창조성의 원초적이며 비시간적 사건(non-temporal accident)이다."[14]

똑같이 중요한 사실이 각 계기는 물질이나 정신의 비트가 아니라 하

---

12 앞의 책, 521/343.
13 앞의 책, 130/85.
14 앞의 책, 11/7.

나의 "경험"(experience)이라는 화이트헤드의 주장이다. 페흐너, 제임스, 베르그송, 테이야르와 마찬가지로, 화이트헤드는 정신도 물질도 아니지만 그 둘로서 기능하는 하나의 기본적인 "소재"(a basic "stuff")를 상정한다. 기본적인 요소들은 "경험"의 조각들이기 때문에, 화이트헤드의 형이상학은 범심론(汎心論, "만물이 영혼이다")의 또 다른 예다.[15] 다른 범심론과 마찬가지로, 화이트헤드의 경험 개념은 감각 작용이나 의식을 반드시 내포하지 않는다. 물론 감각 작용이나 의식은 복잡한 종류의 경험이긴 하지만 말이다. "의식은 경험을 전제로 한다. 그러나 경험이 의식을 전제로 하지는 않는다."[16] 경험은 기본적으로 "파악"(prehension)이다. 즉 자기 아닌 다른 것에 대한 반응이다. 경험의 각각의 계기는 자기를 유합(癒合, concresces) 혹은 현실화하면서, 자기를 넘어서는 어떤 것을 "파악"하고 그에 따라서 자기를 형성시킨다. 비록 각 계기가 자기 창조적인 개별자이긴 하지만, 그 계기는 또한 본질적으로 그 직접적인 환경 가운데서 다른 실재들과 연결되어 있다. 이렇게 연결되는 다른 실재들은 과거의 현실태들(past actualities)이며 또한 미래의 가능성들(future possibilities)이다.

우리는 과거와 더불어 시작한다. 각 현실 계기는, 그보다 (직접적으로) 바로 앞선 것들이 현실이기를 그치게 되는 즉시 그것들을 파악한다. 이런 식으로 과거는 하나의 계기가 이루어지는 바에 영향을 준다. 그러나 이루어지는 계기에 인과적으로 결정력을 행사하는 것은 아니다. 그와는 반대로, 과거 계기들의 효과는 현실 계기에 대한 과거의 계기들의 영향에 대한 현실 계기의 파악이나 혹은 능동적인 획득이다. 따라서 화이트헤드는 인과율이라는 상식적인 개념을 뒤집는다. 현재의 실재는 과거에 의해서 유발되는 것이 아니라 현재가 과거를 능동적으로 전유(專有, appropriate)하는 것이다. 그때 과거는 현재에 대한 효과가 된다. 이 점은 화이트헤드에게 과

15　Charles Hartshorne, "Panpsychism," in *A History of Philosophical Systems*, ed. Vergilius Ferm (New York: Philosophical Library, 1950), 442-53. Griffin, *Reenchantment*, 6은 "pan-experientialism"이란 말을 선호한다.
16　Whitehead, *Process and Reality*, 83/53.

거의 실재에 대한 하나의 설명을 제공해준다. 과거 사건들은 전적으로 사라져버리는 것이 아니라 현재 안에서 계속해서 생명을 영위한다. 그 사건들은 "객관적으로 불멸한다." 비록 각 계기가 오직 바로 앞에 있는 직접적인 과거에 있는 계기들만을 파악하지만, 현존하는 모든 계기들은 다 함께 우주의 전체 역사를 보존하고 전해준다. 각 계기는 그 계통에서 이루어진 우주 역사의 의미심장한 몫을 소유하고 있다. 각 계기는 과거 속으로 원뿔형으로 수평적으로 확장되어 나가는 시간 원뿔(a horizontal time-cone)의 꼭지점이다. 과거는 더 이상 현실이 아니지만 여전히 현재 안에서 실질적이다. 즉 "객관적으로 불멸한다."

과거는 다만 현재의 한 차원 혹은 한 "벡터"(vector)일 뿐이다. 각 계기는 또한 가능한 미래를 파악한다. 하나의 계기는 유합하면서 그 잠재성 즉 그 계기가 앞으로 될 수 있는 것에 대해 고려한다. 그리하여 그 계기는 "주관적 지향점"(subjective aim)—즉 그 계기가 되고자 하는 바, 그 목표(goal) 혹은 목적(purpose)—을 형성한다. 과거의 경우와 마찬가지로, 미래는 실질적(real)이기는 하지만, 현실적(actual)이지는 않다. 만일 미래가 실질적이지 않다면, 시간은 현재에서 얼어붙게 되고, 아무것도 변할 수 없을 것이다. 그러나 미래는 현실적(actual)이지 않고 가능성(possible)이다. 결정되어 있지 않고, 개방되어 있다. 비록 가능성의 영역 전체는 분명한 구조를 갖고 있지만(앞으로 논의될 것임), 구체적인 가능성들은 다양하며 우연적(contingent)이다. 현재의 어떤 계기가 스스로 한 가지 가능성 이상을 파악할 수도 있다. 그 계기가 과거와 약간 달라질 수도 있다. 따라서 선택과 "참신성"—새로운 존재 양식의 획득—은 창조적 과정의 본래적인 양상들이다.

정리하자면, 화이트헤드의 현실 계기론(the doctrine of actual occasions, 사건 계기론)은 각 계기가 유합하면서, 과거의 내용을 병합하며, 미래를 지향해나간다는 것이다. 그러므로 각 계기는 양극적("dipolar")이다. 각 계기의 자기 실현은 그 실존성의 "만족"(satisfaction) 혹은 "향유"(enjoyment, 즐김)이며, 전유된 과거와 연관되어 있는 가능한 미래의 현실화다. 그 계기가 존재하자마자, 그 계기는 쇠퇴하고 다음 세대의 계기들이 그것을 즉시 유용할 수 있게 된다. 그리고 그 다음 세대의 계기들 역시 그 과정을 반복한다. 그러므로 그 과정이 끊임없이 되풀이된다.

실재를 구성하는 기본 과정에 대한 이러한 분석을 통해서 화이트헤드는 수많은 다른 철학적 문제들에 대해 접근할 수 있는 길을 획득하게 된다. 그러한 문제들 가운데서 가장 으뜸이 되는 문젯거리가 "정신-물질" 문제다. 현대 철학은 정신과 물질을 기본 실체들로 상정했거나(이원론) 그 둘 중 하나를 기본 실체로 보고 그 실체를 바탕으로 해서 상대 실체를 설명하려고 시도했다(유물론이거나 관념론). 화이트헤드의 범심론에서는 경험의 계기들이 정신도 아니고 물질도 아니다. 암묵적으로 물질적인 동시에 정신적이다. 하나의 현실 계기의 "물리적인 극"(physical pole)은 그 계기의 과거에 대한 파악이다. 그 파악을 통해서 그 계기는 과거의 안정적인 내용을 전유한다.[17] 이 물리적인 활동은 더 높은 층위에서 이루어지는 복잡성에 속하는 "물질"과 "메커니즘"의 원천이다. 수많은 현실 계기들이 각각의 특정한 조직적 패턴들 가운데 끊임없이 과정을 진척시켜나가면서, 그 계기들은 자연 법칙들에 따라 행동하는 지속적인 물체들을 구성하게 된다. 그러나 "물질"이 기본 실체는 아니다. 물질은 과정의 한 양식 혹은 차원이다. 정신도 마찬가지다. 정신은 미래를 파악하는 능력이다. 현실 계기의 미래의 가능성들에 대한 현실 계기의 감성이 바로 그 계기의 "정신적인 극"(mental pole)이다. 그리고 그 계기가 무엇인가 되고자 택하는 바가 바로 그 계기의 "주관적인 지향점"이다. 그러므로 미래를 전유함으로써 각 계기는 지식과 자유, 선택과 목적의 기본적인 특성을 드러낸다. 그 특성들은 마음과 정신의 능력(powers)이다. 동물들과 같이 더욱 복잡한 계기들의 집합체들은 점차적으로 자각과 감각 작용 및 의식을 정교화해나간다. 인간들은 자의식적이며, 사물들에 대해 반성할 수 있다. 정신은 실체가 아니라 각각의 현실

---

17 앞의 책, 49/33.

계기의 암묵적인 "정신" 능력의 조직적인 실현이다. 화이트헤드는 정신과 물질이 대립적이거나 소통 불가능한 실체들이 아니라 하나의 기본 과정(a basic process)의 통합적이며 협동적인 측면들이라고 결론 내린다.[18]

화이트헤드의 파악 개념(the notion of prehension)은 또한 "주체-객체"라는 인식론적 문제를 해소시킨다. 주체와 객체의 문제는 현대 철학에서 정신과 물질의 이원론과 밀접하게 상호 연결되어 있는 문제다. 만일 정신과 물질이 본질적으로 서로 다른 실체들이라면, 정신 혹은 주관성이 어떻게 물질적인 두뇌와 신체의 감각 기관들을 통해서 세계 안에 있는 물질적인 물체들을 파악할 수 있느냐를 말하기가 힘들게 된다. 지각(perception)과 감각 작용(sensation), 상상(imagination), 및 개념 형성에 대한 다양한 이론들 중 어느 것도 정신과 물질 사이의 간격을 온전하게 이어주지 못한다. 그러나 만일 인간의 정신과 자연의 사물들이 현실 계기들의 복합적인 조직화라고 한다면, 그 미시적 차원에서의 물리적이며 정신적 파악은 인간이라는 거시적 차원에서 발생하는 지각과 인지의 기초적인 형태가 된다. 실로 우리가 지각하는 대상들은 우리에게 객체가 되기 전에 그 자체적으로 주체들이었다. 과정철학은 주체와 객체 사이의 존재론적 간격보다는 연속성과 상호성을 상정한다.

화이트헤드의 과정 존재론(process ontology)은 다른 형이상학적 쟁점들도 해소시켜 준다. 그는 "존재"(being)와 "실체"(substance)라는 전통적인 관념들을 "과정"(process)에 대한 설명으로 대체한다. 그는 "인과율"(causality)을 현재에 대한 과거의 결정이 아닌, 과거에 대한 현재의 전유(the present's appropriation of the past)로 정의한다. "자연 법칙들"은 기본적인 범주들, 규칙적인 패턴들로서 개별 계기들, 계기들의 집합들, 계기들의 집합들의 연쇄(넥서스)들은 그 범주와 패턴에 따라서 자신들을 현실화시킨다. "시간"(time)은 플라톤이 생각했듯 운동중인 영원성이나 칸트가 생각했듯

---

18 앞의 책, 165/108.

인간 오성의 한 범주와 같은 기본적인 형이상학적 차원이 아니라 연속성 가운데서 현실 계기들이 과정을 통과해나감에 따라 생겨나는 부산물이다. 시간이란 각 계기 안에 존재하지 않는다. 계기 안에는 시간이라는 것이 전혀 없다. 시간은 다만 계기들 가운데 존재한다. 시간과 마찬가지로, "공간"(space)도 현실 계기들이 서로를 파악하는, 계기들의 근사성과 유용성의 한 기능이다. 공간은 사물들을 담는 형이상학적인 "용기"(그릇)도 아니고, 인간 오성의 한 범주도 아니다. 이러한 예들은 개별 계기들에 대한 화이트헤드의 분석으로부터 자연에 대한 하나의 철학이 어떻게 자라나는지를 잘 보여준다.

화이트헤드의 철학은 현실 계기들의 맥락에서 우주 전체를 설명한다. 우리 인간이 보통 경험하는 사물들은 현실 계기들이 아니라 "계기들의 집합들"(societies of occasions)이다.[19] 원자와 분자까지도 그러한 집합들이다. 하나의 실체(entity)는 시간 내내 지속하면서 구별되는 속성들을 드러내주며, 다른 실체들(other entities)과 관계를 형성하고 있는 조직화된 구조 혹은 "집합"(society, 사회) 가운데서 발생하는 계기들의 집단(a group of occasions)이다. 따라서 하나의 수소 원자는 특별히 구별되는 특성과 능력을 지니고 있는 특정한 구조의 집합이다. 살아 있는 세포는 다른 실체들과 구별되는 분자들의 구조들 및 하부 구조들로 되어 있는 복합체다. 우리가 살아가는 환경인 모든 자연계의 물체들, 살아 있는 것들, 그리고 인간의 창작물들은 다른 유형들의 "집합들"이다. 돌과 나무들과 같은 "민주적"(democratic) 사회들 가운데서는 모든 구성원들이 서로 협동하되 아무도 주도적인 역할을 하지 않는다. 그러나 어떤 사회들 가운데서는 "지배적 계기"(dominant occasion) 혹은 "군주적 계기"(monarchial occasion)라 일컬어지는 일부가 지도적인 혹은 결정적인 기능을 감당한다. 고등한 동물들 가운데서는 이 중심부가 의식이며, 인간 가운데서는 이 중심부가 자아(the ego), 정신, 영, 혹

---

19 앞의 책, "The Order of Nature," 제2부, chap. 3.

은 인격성이다.[20] 그 일반적인 차이점과 특정한 차이점이 무엇이든지 간에, 모든 실체들은 현실 계기들의 집합이다. 전 우주는 그와 같은 집합(사회)의 복잡하며 역동적인 "연쇄"다. 화이트헤드의 철학은 단순히 "유기체적"인 것만이 아니라 또한 "공동체적"(communal)이기도 하다.

개별 계기들과 마찬가지로, 실체들은 시간이 흘러감에 따라 변화하면서, 과거를 체현하며, 미래를 예견한다. 따라서 가능성(possibilities)은 개별 계기들의 경우에서와 마찬가지로, 계기들의 집합(사회)인 실체들에게도 필수적이다. 예를 들어, 둥글고 붉은 아름다운 물체들이 있다면, 반드시 가능한 존재 양식으로서의 아름다움, 둥긂, 붉음이 있어야 한다. 그리고 만일 실체들이 그 정체성이나 특성 혹은 행위를 바꾼다면, 그 실체들의 실존성을 위해서는 이러한 대안적인 가능성들이 필수적이다. 논리적으로 말해서, 만일 무엇인가가 반드시 가능해야만, 그것이 현실화할 수 있는 것이다.

이러한 가능성들이 "보편자"(universals)다. 보편적인 형상 혹은 관념(Ideals, 이데아)의 문제는 플라톤 이래로 철학자들의 관심을 사로잡아왔다. 화이트헤드의 철학에서 보편자는 실체들(entities)이 현실화시킬 수 있는 가능한 실존 양식들을 가리킨다. 화이트헤드는 보편자들을 "영원한 대상물"(eternal objects)이라 부른다.[21] 여러 보편적 가능성은 실현되지도 그렇다고 해서 사라지지도 않는 것이기 때문에, 그 보편적인 것들은 "영원하다." 플라톤이 인식했듯이 삼각형은 어떠한 삼각의 사물들이 있든지 없든지 간에, 하나의 존재 양식이다. 그러나 플라톤이 형상들을 **현실적으로 존재하는** 관념적 실체들(actually existing ideal entities)로 보았던 데 비해서, 화이트헤드는 그 실체들을 **가능한** 존재 방식들(possible ways of existing)이라는 식으로 생각한다. 화이트헤드는 그것들을 "대상물"(objects)이라 일컫는데, 그 이유는 그것들이 세계 가운데 있는 대상들에 의해서 현실화되는 모든 범주들과 형태들을 구성하기 때문이다. 그 모든 범주와 형태란 질량, 형태,

---

20 앞의 책, 164-67/107-9.
21 앞의 책, 69-73/43-46.

물질적 속성들, 물리적 관계들, 감각 작용의 성질, 각종 자연적이며 살아 있는 것들, 각종 문화적인 물건들, 논리와 언어의 구조들, 미학, 도덕적 특성들 등등을 말한다. 화이트헤드의 "영원한 대상물들"은 플라톤에 대한 의도적인 "각주"(an intentional "footnote")다.

실로 화이트헤드의 존재론 전체는 플라톤에 대한 각주다. 플라톤처럼 화이트헤드는 실재의 두 영역 혹은 두 차원을 상정한다. 그 두 차원은 현실 차원("현실 계기들"의 우주)과 가능성의 차원("영원한 대상물들의 영역")이다. 플라톤과 마찬가지로, 화이트헤드의 하나님은 그 둘을 하나로 묶어준다. 그러나 화이트헤드의 하나님은 관념상의 형상들을 물질 세계 가운데서 실증해내는 대영혼(a Soul)을 발생시키는 플라톤의 정신이나 장인(Craftsman)이 아니다. 화이트헤드에게는, 현실적인 영원 영역이란 전혀 존재하지 않는다. 그의 하나님은 그 정신이 끊임없이 현실 세계를 향한 우주의 가능성에 대해서 끊임없이 생각하는 "세계-영혼"(a World-Soul)에 훨씬 더 가깝다.

화이트헤드의 신론

이 부분은 『과학과 현대 세계』로부터 『형성중인 종교』(Religion in the Making)를 통과하여 『과정과 실재』에서 가장 충실하게 전개된 화이트헤드의 신론의 발전을 검토하고자 한다.[22]

화이트헤드는 『과학과 현대 세계』에서 하나님을 현실 세계와 가능성의 영역을 연결시켜주는 "구체화의 원리"로 상정한다. 가능성들의 영역은 숫자상으로 무제한적일 수 있다. 그러나 합리적으로 일관성 있는 범주들의 묶음이 있어서 가능한 것이 무엇인지를 제한시켜준다. (이를테면, 둥근 사각형은 불가능하다.) 화이트헤드는 만일 가능성의 논리적 구조(the logical

---

22 Hartshorne, "Whitehead's Idea of God," chap. 5 in *Whitehead's Philosophy*; Cobb, "Whitehead's Doctrine of God," chap. 4 in *Christian Natural Theology*.

을 얼마나 잘 현실화시키는가에 대해 반응한다. "모든 행위는 세계에 하나님의 더 심오하거나 더 희미한 인상을 남긴다. 그런 다음 하나님은 관념적인 가치들(ideal values)을 확장시키거나 축소시켜 제시함으로써 세계에 대한 다음 관계로 돌입하게 된다."[26]

하나님의 관념은 선하기 때문에, 세계 안에 현실화된 어떠한 결핍이나 악도 하나님의 행위가 아니다. 그렇지만 하나님은 언제나 그의 관념적인 가치들의 맥락에서 세계를 지속적으로 파악함으로써 사물들을 개선하는 것을 목표로 삼는다. "악이 선하게 되는 이러한 변화가 하나님의 본성의 포함 덕분에 현실 세계 안으로 들어오게 된다. 하나님의 본성은 선의 회복을 이루기 위해 참신한 결과를 맞게 되는 각각의 현실적 악에 대한 형상적 비전이 포함된다." 하나님은 악의 예를 유발하지도 예방하지도 않지만, 더 큰 선에 대한 그 자신의 비전을 통해서 악의 예들을 바라보면서 그 예들을 선용하려고 노력한다. 그러므로 "악은 하나님의 모든 것을 포괄하는 이념들 가운데서 디딤돌이 된다."[27]

『형성중인 종교』는 화이트헤드의 신론의 개요를 완성한다. 그 책은 하나님을 두 측면을 가진 하나의 현실적 실체(an actual entity)로 제시한다. 한 가지 측면은 모든 가능성을 지닌 영원무한한 근거라는 측면이며, 다른 한 가지 측면은 세계에 대한 하나님의 현실적 파악과 그에 대한 응답의 측면이다.

『과정과 실재』는 하나님이 세계에 대해서 갖는 관계를 좀더 상세하게 설명하고, 화이트헤드의 전체 철학을 표출하고 있다. 이 책은 "하나님과 세계"라는 장에서 정점에 달한다. 주목할 만한 점은 화이트헤드가 그 책의 서두에서부터 "유기체 철학이 스피노자의 사상적 도식과 밀접하게 연결되어 있으나" 궁극(the ultimate)에 대한 다른 관점을 가지고 있음을 관찰하고 있다는 점이다. "유기체 철학에서 이 궁극은 '창조성'이라 일컬어진다. 그리

---

26 앞의 책, 160, 159 bis.
27 앞의 책, 155.

고 하나님은 그 궁극의 원초적이고 비시간적인 사건이다. 단자론적 철학들, 즉 스피노자나 절대 관념론에서 이 궁극은 하나님이다. 하나님은 또한 '절대자'라고 일컬어지기도 한다."[28] 스피노자의 절대적 하나님에 대한 화이트헤드의 대체물은 또 하나의 하나님 관념이 아니라 창조성(Creativity)이다. 화이트헤드의 하나님은 창조성의 "원초적 사건"(primordial accident) 혹은 최상의 예다.

"하나님과 세계"라는 장에서 화이트헤드는 세계를 설명하는 바로 그 존재론적 범주들이 하나님도 설명해준다고 재확인한다. "하나님은 모든 형이상학적 원리들의 붕괴를 막기 위해서 호소되는 존재, 그 원리들에 대한 예외적 존재로 취급되어서는 안 된다. 하나님은 그 원리들의 최고의 실증이다." 그러므로 화이트헤드는 위에 제시된 그의 과정적 형이상학을 직접적으로 하나님에게 적용한다.

모든 현실적 실체들과 마찬가지로, 하나님은 미래의 가능성들을 파악하는 측면과 과거의 현실성을 파악하는 다른 측면, 이 두 측면을 갖고 있다. 그러므로 "하나님의 본성은 양극적이다. 하나님은 원초적 본성과 결과적 본성을 갖고 있다." 그러나 다른 실체들과는 달리 하나님은 모든 것을 파악한다. 하나님의 원초적 본성(primordial nature)은 모든 관념적 가능성들을 다 포함하고 있다. 그러므로 하나님은 "자유롭고, 완결적이며, 원초적이며, 영원하고, 현실적으로 결핍되어 있으며, 무의식적"이다. 하나님의 결과적 본성(consequent nature)은 현실 계기들과 그 계기들의 과거 전부로 되어 있는 우주 전체를 파악한다. 따라서 그 본성은 "결정되어 있는 상태이며, 미완결이며, 결과적이며, '영구적'이며, 온전히 현실적이며, 의식적이다."[29]

화이트헤드는 하나님이 어떻게 가능성을 현실 피조물들에게 연결시키는지를 좀더 충분히 설명한다. 하나님의 원초적인 본성은 가능한 모든 존재 양식을, "잠재성의 절대적인 부요함에 대한 무제한적인 개념적 각

---

28 Whitehead, *Process and Reality*, 11/7.
29 앞의 책, 521/343, 524/345.

성"을, 다 포함하고 있다. 그러나 하나님은 어느 특정 가능성이 각 계기 자체의 과거의 연쇄 가운데서 그 계기에 가장 적합한지를 "개념적으로 느낀다." 그리하여 그 가능성들을 각 계기가 쓸 수 있게끔 해준다. 이 최상의 가능성이 하나님의 "시원적 지향점"(God's initial aim)이다. 이에 덧붙여서 하나님은 그 최상의 가능성을 현실화하기 위해서 "끌어당김"을, 일종의 매력 혹은 최종적인 인과율을 실체들에게 행사한다. "그는 느낌을 불러일으키는 유혹, 영원한 욕망의 충동이다." 그리하여 하나님은 그 자체의 "주관적인 지향점"으로서 자신의 "시초의 지향점"을 전유하기 위해서 각 계기를 끌어당긴다. 하나님은 피조물들이 그들의 최선이 되도록 격려는 하지만, 그렇게 되도록 유발시키지는 않는다.

각 계기를 위한 가능성의 원천으로 기능하기 위해서, 하나님은 반드시 각 실체와 세계 안에서의 그 실체의 자리를 파악해야만 한다. 이것이 하나님의 결과적 본성으로서, "하나님 안에 있는 세계의 객관화에서 도출되는" 본성이다. 각 개별 계기가 그 자체를 현실화하면서 쇠퇴해가는 계기들을 파악하듯이, 하나님 역시 자신을 현실화하면서 집단적으로 우주를 구성하고 있는 모든 실체들을 파악한다. 따라서 하나님의 현실태는 피조물들이 스스로 되기로 결정하는 그 결정에 의해서 상당 부분 형성되며 제약을 받는다.

그러나 동시에 하나님은 각 개별 계기와 전체 우주를 자신의 원초적 본성과 관련하여 파악한다. 하나님은 만물과 관련해서 각 계기를 위해 가장 유익한 것과 조화로운 것이 무엇인지를 직관한다. "각 피조물이 하나님 안에 이와 같이 파악되는 일은 주관적인 지향점을 향하며, 전적으로 하나님의 모든 것을 포괄하는 원초적인 가치 평가로부터 도출되는 주관적 형태를 띤다." 이처럼 하나님은 "그처럼 완전하게 된 체계 가운데서 그 피조물이 될 수 있는 바에 대해서 모든 현실성을 파악한다."[30]

이리하여 세계에 대한 하나님의 관계는 종교가 가치 있게 여기는 "섭

---

30 앞의 책, 523/345, 525/346.

리", "심판", "구원"을 구성한다. 하나님의 원초적 본성은 섭리적으로 세계를 보존해주고 강화시켜주는 자연 질서와 도덕 질서를 유지시켜준다. 그 관념(형상)의 맥락에서 현실태에 대한 하나님의 파악은 심판과 구원을 결과로 가져온다. 심판은 "순전히 자기만을 중심으로 하는 파괴적인 악의 반역들이 그저 개별적인 사실들로 사소하게 와해되어버리는 것"이다. 구원은 "개별적인 기쁨과 슬픔 가운데서, 필요한 대조의 도입 가운데서 개별적인 사실들이 성취한 선이, 완전해진 전체와 관련해서 구원받는 것"이다. 섭리와 심판과 구원이라는 자신의 모든 방식 가운데서 하나님은 양육하고, 끌어당기고, 설득하지만, 결코 결정을 내려주지는 않는다. "하나님은 세계를 창조하지 않고, 세계를 구원하신다. 좀더 정확히 말해서, 하나님은 자신의 진선미의 비전을 통해서 온유한 인내심을 가지고 세계를 이끌어나가는 세계의 시인이시다."³¹

화이트헤드는 천국과 지옥에 대한 신통적인 관념들을 받아들이지 않는다. 그러나 그는 어떤 종류의 "불멸성"이나 "영생"을 인정한다. 현실 계기들이 이제 방금 실존성을 상실해가고 있는 그들에 앞선 계기들을 파악(포촉)할 때, 현실 계기들은 그들에 앞선 계기들의 내용을 보존시키고 그 계기들을 "객관적으로 불멸적"으로 만들어준다. 하나님도 그와 똑같은 일을 우주적인 차원에서 행한다. "하나님의 결과적 본성은 하나님 안에 있는 그 객관적인 불멸성에 의해서 '영원하게' 된 유동적 세계다."³² 비록 개별 계기들은 현실적이기를 그치지만, 하나님 안에서 "생명을 영위한다." 그 계기들은 세계에 대한 그들의 기여들이 뒤이어지는 현실태들 가운데서 점점 더 하나님의 원초적인 본성의 이념들을 실증하는 방식으로 전유됨에 따라 점진적으로 완전해지게 된다.

『과정과 실재』는 하나님과 세계의 상호 연관성을 축하하는 기원과 더불어서 절정에 달한다. "하나님이 영구적이며 세계는 유동적이라고 말하

---

31 앞의 책, 525-26/346.
32 앞의 책, 527/347.

는 것이 참이듯, 세계가 영구적이며 하나님은 유동적이라고 말하는 것도 참이다. 하나님은 하나(one)이며 세계는 다자(多者, many)라고 말하는 것이 참이듯, 세계가 하나이며 하나님이 다자라고 말하는 것도 참이다." 그 뒤에 이어지는 글은 그러한 병행 대구를 사용하여, 두드러지는 현실태와 내재성, 및 초월성에 대해 지적한다. 그리고 그 피날레가 가장 충격적이다. "하나님이 세계를 창조하신다고 말하는 것이 참이듯, 세계가 하나님을 창조한다고 말하는 것도 참이다."[33]

화이트헤드의 범재신론

비록 화이트헤드가 범재신론이라는 용어를 사용하지는 않았지만, 그의 범재신론은 틀림없는 사실이다. 화이트헤드는 하나님과 세계를 구별한다. "하나님과 세계는 서로에 대해 대립적으로 존립하고 있다." 그 차이점은, 스피노자의 경우에서처럼 단지 개념적인 것이 아니다. 사물들은 하나님에 의해서 야기되지 않으며 자기 실현을 가능하게 하는 실질적인 능력을 소유하고 있다.[34] 그렇지만 만물이 다 하나님 안에 있으며, 그가 만물 안에 있다. "각 시간내적인 계기는 하나님을 체현(體現, embody)하며 하나님 안에 체현된다." 이 관계는 우연적이지도 않고, 하나님 편에서 자발적인 것도 아니다. 이 관계는 신적 본성에 본래적인 것이다. "하나님의 본성 안에서 영구성은 원초적이며 유동은 세계로부터 파생하는 것이다." 하나님과 세계는 더 큰 역동적인 전체의 부분들이다. "하나님도 세계도, 정태적인 완결에 도달하지 않는다. 그 둘 다 궁극적인 형이상학적 근거의 힘 안에, 참신함으로의 창조적 전진의 힘 안에 들어 있다." 플라톤에 대한 각주로서,

---

33 앞의 책, 528/348.
34 Hartshorne은 Whitehead를, 진정한 피조물의 자유가 그의 견해를 범신론 및 결정론적인 유신론과 구별시켜주기 때문에 범재신론자로 분류한다. Charles Hartshorne and William Reese, *Philosophers Speak of God* (Chicago: University of Chicago Press, 1953), 273-77을 보라.

화이트헤드의 하나님은 정신이나 데미우르고스가 아니라 관념적인 형상들을 그 가능성으로 인식하며 세계가 그 자체를 형상들을 따라 만들도록 초청하고 있는 "세계-영혼"이다. 하나님은 "이해를 해주는 큰 동무이며 고난의 동반자"다.[35]

찰스 하트숀

찰스 하트숀(Charles Hartshorne, 1897-2000년)은 하버드 대학교에서 화이트헤드의 조교였으며, 시카고 대학교, 에모리 대학교, 텍사스 대학교에서 오래도록 철학 분야에서 많은 글을 쓰고 책을 쓴 학자였다.[36] 하트숀은 퍼스와 제임스, 베르그송과 하이데거 및 "생성"(becoming)을 강조하는 여타의 철학자들을 연구했다. 하지만 그 자신의 체계는 화이트헤드에게 가장 크게 빚지고 있다. 그는 앞서 간략하게 진술한 과정적 존재론을 대부분 다 받아들인다. 하지만 하트숀은 화이트헤드의 사상에서 두 가지 중요한 수정을 한다. 인격자로서의 하나님에 대한 하트숀의 견해와 양극적 유신론(dipolar theism)에 대한 하트숀의 정교화가 그러한 수정이다.[37]

---

35 Whitehead, *Process and Reality*, 529/348-49, 532/351.
36 Alan Gragg, *Charles Hartshorne* (Waco: Word, 1973)은 유익한 입문서다.
37 Charles Hartshorne, *Reality as Social Process* (Glencoe, IL: Free Press; Boston: Beacon, 1953)는 하나님에 대한 그의 견해에서 절정에 이르는 Hartshorne의 철학 전체를 정리하고 있다. Hartshorne의 특히 신학적인 책들로는 *Man's Vision of God and the Logic of Theism* (Chicago: Willett, Clark, 1941); *Divine Relativity*; Hartshorne and Reese, *Philosophers Speak of God*; Charles Hartshorne, *The Logic of Perfection and Other Essays in Neo-classical Metaphysics* (La Salle, IL: Open Court, 1962); *Anselm's Discovery: A Re-examination of the Ontological Proof for God's Existence* (La Salle, IL: Open Court, 1965); *A Natural Theology for Our Time* (La Salle, IL: Open Court, 1967); *Omnipotence and Other Theological Mistakes* (Albany: State University of New York Press, 1983)가 있다.

살아 있는 인격자인 하나님

화이트헤드는 하나님을, 영원한 가능성들을 지닌 원초적 본성과 동시에 우주를 파악하는 결과적 본성을 지닌 단일 현실 실체(a single actual entity)로 여겼다. 그러나 하트숀은 화이트헤드의 신관이 몇 가지 점에서 문제가 있다고 비판한다.[38] 일례로 화이트헤드의 하나님은 다른 실체들처럼 계기들의 집합(사회)이 아니라 한 개의 현실 계기(an actual occasion, 사건 계기)다. 따라서 화이트헤드는 그 자신의 원리들을 사용해서는 어떻게 하나의 우주적 현실 실체(a Cosmic Actual Entity)가 세계 가운데서 다른 실체들과 상호 관련을 맺을 수 있는지를 충분히 설명할 수 없다. 아주 중요하게는 창조성에 종속되는 하나님은 궁극적이지 못하다는 것이다.

하트숀은 그 대신에 화이트헤드의 하나님을 살아 있는 인격자(a living person)로 다시 작상할 것을 제안한다. 화이트헤드는 고등 동물들과 인간들을, 하나의 "지배적인 계기" 혹은 "군주적인 계기"에 의해서 한가운데로 모아지고 지도를 받는, 현실 계기들의 복합적인 집합(사회)들이라 분석한 바 있다. 인간이라는 인격체는 하나의 유기체를 구성하는 틀 가운데서 원자들과 분자들로 이루어져 있으며, 그 유기체의 두뇌가 자연적·사회적·초월적 환경들 가운데서 다른 존재자들과의 인격적이며 자의식적이며 지성적인 교류를 가능하게 해준다. 인간은 하나의 군주적 지체를 지니고 있는 복합적인 집합(사회)이다. 화이트헤드는 "지속적인 실질 현실 사물들은 다 집합(사회)들이다"라고 말한 바 있다.[39] 하트숀은 화이트헤드의 주장을 인정하면서 하나님 역시 하나의 인격자, 자기 안에 우주 전체를 내함하는 군주적 사회(a monarchial society)라고 주장한다. "우리의 논증이 안내하고 있는 하나님 개념은 외부로부터 폭압적이거나 비사회적 방식이 아

---

38 이 문제들은 Hartshorne, *Whitehead's Philosophy*, 71-90; Cobb, *Christian Natural Theology*, 176-214; Griffin, *Reenchantment*, 150-56에서 논의된다.
39 Alfred North Whitehead, *Adventures of Ideas* (New York: Simon and Schuster, 1953), 204.

닌 다른 방식으로 세계 사회를 지배하거나 다스리는 사회적 존재(a social being)에 대한 것이다. 즉 이러한 하나님은 최상의 보존적이고 협력적인 영향력을 행사하는 사회의 구성원으로서 세계를 다스린다."⁴⁰ 하트숀은 정확히 『티마이오스』전통에 선다. "세계는 개별자들로 구성된다. 그러나 물리적 혹은 공간적 전체로서의 개별자들의 총합은 하나님의 몸이며, 그 몸의 영혼은 하나님이다."⁴¹

이러한 수정을 통해서 하트숀은 화이트헤드의 존재론을 충실히 적용하는 방식으로 하나님과 세계의 상호 작용에 대한 화이트헤드의 견해를 긍정할 수 있게 된다. 체화된 인격자로서(as an embodied person) 하나님은 진정으로 양극적이다. 하나님은 원초적 본성과 동시에 결과적 본성(a consequential nature)을 지니고 있다. 인간과 마찬가지로, 하나님은 자의식적으로 미래의 가능성들을 머릿속에 그리고, 그 가능성들을 현재의 현실태들을 위해 불러낸다. 인간과 마찬가지로, 하나님은 자신의 몸에 현존하면서 그 많은 부분들의 상대적으로 자율적인 기능을 약화시킴이 없이 다양한 방식으로 지도해주며 통제한다. 역으로 하나님의 몸은 하나님의 정체성의 일부이며 하나님의 정신에 영향을 준다. 세계 안에서의 개별자들의 경험들과 행위들은 집합적으로 하나님의 결과적 본성을 구성한다. 그것들은 전체 우주에 대한 하나님의 관념들에 의해 지도를 받는 것으로서, 하나님의 반응하는 행위를 위한 자료들이다. 이리하여 하트숀은 또한 우주 전체가 하나님 안에서 "객관적으로 불멸"하며, 하나님이 세계 가운데서 일어나는 고통과 악을 공감하면서 감내한다는 화이트헤드의 견해들을 보존시킨다. 하트숀은 이념적 미래의 맥락에서 과거를 병합함으로써, 하나님이 악한 것을 배격하며 선을 구하고 증대시킨다는 점에 동의한다.⁴²

하트숀은 신적 체화(divine embodiment)와 인간의 육체됨 사이의 의미

---

40 Hartshorne, *Reality as Social Process*, 40.
41 Hartshorne, *Omnipotence*, 94.
42 Hartshorne, *Reality as Social Process*, 41-43.

심장한 차이점들을 인정한다.[43] 하나님은 모든 가능성을 미리 내다보고, 모든 현실태를 파악하지만, 인간은 제한적이다. 인간은 죽을 수밖에 없지만, 하나님은 그렇지 않다. 인간은 과거의 대부분을 망각하지만, 하나님은 모든 것을 기억하신다. 인간은 다른 존재자들에 대해서 외적으로 관련을 맺지만, 반면에 하나님의 모든 관계들은 그 자신에 대해 내적이다. 그 이유는 하나님이 우주 전체 안에 화육해 있기 때문이다. 또한 하나님은 그의 몸 전체에 들어 있는 모든 개별자들에 대해서 직접적(비매개적)으로 의식하고 대응하지만, 인간은 의식적으로 어떤 신체 부위와 사건들에 연관을 맺되 다른 것들에는 접근할 수 없다. 인간은 특수한 개별자들에게 초점을 맞추는 경향이 있지만, 하나님은 모든 것을 보신다. 하나님의 포괄적인 직관에 대한 하트숀의 견해는 흥미로운 묘안을 하나 지니고 있다. "하나님은 다음과 같은 점에서 우리 인간과 같다기보다는 다른 동물들과 유사하다. 다른 동물들의 경우에는 시각의 영역이 거의 전체에 해당하기 때문이다."[44] 화이트헤드는 하나님을 단일 현실 계기(a single actual occasion)로 생각한다. 하트숀은 하나님을 살아 있는 인격자로 이해한다.

최상의 상대적 존재자인 하나님

하나님에 대한 자신의 다른 모델을 통해서 암시되는 수정에 덧붙여서, 하트숀은 과정신학을 훨씬 더 충분하게 만들어냈다. 하나님에 대한 화이트헤드의 취급 방식은 주로 그의 과학적 우주론에 의해 요청되는 바를 스케치한 것이었다. 화이트헤드는 하나님에 대한 양극적 견해를 광범위하게 정교화하지도 않았고 그 견해를 논증하지도 않았다. 그러나 하트숀은 그

---

43 Hartshorne, "The Theological Analogies and the Cosmic Organism," chap. 5 in *Man's Vision of God*.
44 Hartshorne, *Omnipotence*, 93.

두 가지 일을 다 하고 있다.

하나님의 양극적 성격에 대한 하트숀의 성찰은 고전적 유신론이 가지고 있는 "단극적"(monopolar) 견해에 대한 비판에서 출발한다. 고전적 유신론의 단극적 신관에서는 하나님의 본성이 절대적이며, 필연적이며, 순일하며(simple), 영원하며, 불변하며, 완전하다고 본다. 간단히 말해서, 하트숀은 그러한 하나님은 진정한 우연성과 변화, 인격적 상호 작용이 존재하고 있는 세상을 생산할 수도 없으며, 그러한 세계와 관련을 맺을 수도, 반응할 수도 없다고 주장한다.[45] 사실상 하나님에 대한 고전적 견해는 스피노자의 범신론을 함의하고 있다고 하트숀은 주장한다. 그 견해는 근대 철학 및 과학에 의해서 반박되었으며, 유일한 선택 사항으로 무신론을 남겨두었다는 것이다. 이에 덧붙여서 그러한 영원한 존재자는 종교가, 특히 기독교가 상정하는 개입하시며 응답하시는 하나님이 아니라는 것이다.

이와는 대조적으로, 하트숀은 하나님에 대한 양극적 이해가 종교적으로도 만족스럽고 철학적으로도 지지받을 수 있다고 강조한다. 하나님은 절대적인 동시에 상대적이며, 필연적인 동시에 우연적이며, 순일한 동시에 복잡하다. 그는 논리학자인 모리스 코언(Morris Cohen)이 말하는 "양극성의 법칙"에 호소한다. 그 법칙은 "헤겔을 통과해서 헤라클레이토스와 플라톤에게까지 소급될 수 있는" 법칙이다. 이 법칙은 "궁극적 대립자들이 서로 연결되어 있으며 상호 의존적"임을 규정한다. 따라서 "실제적인 것은 그 어느 것도 복잡성과 생성, 잠재성과 상호 연결되어 있는 대립물들이 결여되어 있으며 그에 대해 독립적인, 각각 '순수' 형태로 있는 순일성, 존재, 현실태 등등에 대한 전적으로 일방적인 주장을 통해서는 기술될 수 없다."[46] 따라서 고전적 유신론과 유물론은 둘 다 배제된다. 양극성의 원리는 모순률을

45　Hartshorne, "Failure of the Historical Doctrines," chap. 3 in *Divine Relativity*; Hartshorne and Reese, introduction to *Philosophers Speak of God*; Hartshorne, "Three Ideas of God," in *Reality as Social Process*; "Philosophical and Religious Uses of 'God,'" chap. 1 in *A Natural Theology for Our Time*; Charles Hartshorne, *Aquinas to Whitehead: Seven Centuries of Metaphysics of Religion* (Milwaukee: Marquette University Publications, 1976).
46　Hartshorne and Reese, *Philosophers Speak of God*, 2.

위반하지 않는다. 그 원리는 동일한 것을 **똑같은 방식으로** 주장하며 동시에 부인하는 것이 아니기 때문이다. 원추형이 둥글면서 뾰족하다고 말하는 것이 모순이 아니듯, 하나님이 양극적이라고 말하는 것도 모순이 아니다.

하트숀은 『신적 상대성』(The Divine Relativity)에서 이 신론을 가장 충분하게 전개하고 있다. 그는 자기의 신학을 "초상대주의"(Surrelativism) 혹은 "범재신론"이라고 명명한다. 그리고 자기의 신학을 플라톤, 셸링, 페흐너, 화이트헤드가 예견했음을 인정한다. 하트숀은 하나님이 다른 모든 현실성들을 포함하고 있는 인격자—하나의 사회적 존재자—이기 때문에, 최고로 상대적이신 분이라고 주장한다. 하나님은 만물과 관계하시며, 만물과 연결되어 있다. 즉 "최고로 탁월하며 구체적인 분인 하나님은 전적 절대자나 불변자로 생각되어서는 안 되고, 오히려 최고로 상대적이신 분으로, '초상대적인'(surrelative) 분임에 틀림없다". 그러나 하나님은 또한 절대적이기도 하시다. "추상적인 성격 혹은 본질을 내포하고 있는, 그의 최상의 상대성 때문인데, 실로 그러한 추상적 성격이나 본질과 관련해서는 하나님이 엄밀히 말해서 절대적이며 불변적이기 때문이다."[47] 정리하자면, "하나님은 그리고 오직 하나님만이, 그의 존재의 한 측면에서는 엄밀히 혹은 최대한으로 절대적이며, 다른 측면에서는 그에 못지 않게 엄밀하게 혹은 최대한으로 상대적이다."[48] "절대"와 "상대"는 하나님의 근본적인 양극적 속성들이다.

필연성과 우연성(contingency, 우유성) 역시 상호 연관적인 상대적 속성들이다. "하나님은 유일하게 비조건적으로 '필연적인' 존재다. 그러나 하나님 안에서 무조건적으로 필연적인 모든 것이 다 하나님에게 속한 것은 아니다. 비록 그것이 하나님에게 유일하다 할지라도 말이다. 그리고 다른 측면에서, 하나님은 우연적인 것들을 소유하고 있을 뿐 아니라, 모든 현실적

---

[47] Hartshorne, preface to *Divine Relativity*, ix. 또한 "Relative, Absolute, and Superrelative: The Concept of Deity," in *Reality as Social Process*, 122: "초상대적인 것(반성적인 초월)은 그 존재의 추상적 요소라는 측면에서 절대적일 수 있으며, 또한 그 구체적인 부분들로서 상대적인 것들의 세계를 내포할 수 있다."

[48] Hartshorne, *Divine Reality*, 32.

인 우연적 존재를 그 자신의 현실태로서 소유하고 있거나 소유할 수 있는 유일한 존재다."[49] 하나님의 실존성과 본성은 필연적이다. 하지만 하나님의 현실적인 실존성은 세계를 구성하고 있는 존재자들의 우연성과 예측 불가능성으로 충만하다. 세계가 그의 몸이기 때문이다.

우연성은 하나님의 완전성으로부터의 모자람이 아니다. 고전적 유신론에서 완전은 절대적인 완전함, 하나님에게 있어서의 모든 가능성들의 현실태를 의미한다. 만일 하나님이 탁월성을 증대시키고자 한다면, 하나님은 변할 것이다. 거기에는 시간도 포함된다. 시간은, 영원하고 불변하는 존재자에게는 불가능한 것이다. 그러나 만일 완전한 존재자가 "모든 것을 능가하는, 자기를 능가하는 자"(the self-surpassing surpasser of all)라고 한다면, 하나님은 "가장 탁월한 존재자"인 동시에 끊임없이 세계 안에 실현되어 있는 더 크고 더 높은 수준들의 아름다움과 선함, 지식과 여타의 가치들을 자기 속에 포함할 수 있는 분이다.[50] 하나님은 모든 최대한의 탁월성들을 추상적으로 실증해 보이신다는 점에서 완전하다. 그러나 하나님은 언제나 더 큰 완전에 대해 열려 있다. 그리하여 하나님은 자신의 결과적 본성 안에 그 이상의 현실적 탁월성(actual excellence)을 더 포함시킬 수 있다. 그러나 현실 세계의 질이 무엇이든지 간에, 하나님의 원초적 본성은 언제나 모든 것을 능가하는 탁월성이다.

또한 하트숀은 하나님의 탁월한 성품과 권력이 악의 실존성과 양립할 수 없는 것이 아니라고 주장한다. 신적 전능성은 하나님이 신비스럽게 자기의 영원한 지식과 의지에 따라서 세세하고 정확하게 만물이 행동하도록 만든다는 것을 의미하지 않는다. 전능함이란 하나님이 피조물들로 하여금 자기들의 힘을 행사할 수 있게 해주기 위해 모든 것을 행한다는 뜻이다. "그의 권능은 절대 최대, 최대 가능이다. 그러나 아무리 가장 큰 가능한 권능이라 할지라도 여전히 여러 권능 가운데 하나일 뿐이지 유일한 권능은

49　앞의 책, 32.
50　앞의 책, 20.

아니다. 하나님은 하나님으로서 할 수 있는 모든 것을, '더 높은 자가 있을 수 없는 존재자'가 할 수 있는 모든 것을 하실 수 있다." 하나님은 피조물들이 올바른 선택들을 하도록 하기 위해 가능한 모든 것을 행하신다. "적절한 우주적인 권능은 국지적 행위자들 편에서 바람직스러운 결정들을 내릴 수 있도록 최대한 편의를 봐주는 조건들을 설정해줄 수 있는 권능이다."[51] 그러나 하나님의 권능은 비록 피조물들이 악을 행하기로 선택한다 할지라도 피조물들의 자율성을 건드리지 않는다.

마찬가지로 하나님의 지식은 완전한(complete) 동시에 제한적이다. "하나님 안에는 절대적인 혹은 비상대적인 특별한 것, 그의 인지적 적합성이 있다. 그렇지만 현실적인 어떤 것(any actual thing)을 안다 할지라도, 하나님은 친히 그 현실적인 것에 대해서 관련되어 있으며, 그것과 관련해서 상대화된다." 하나님은 실제 현실적으로 있는 그대로 만물을 아시기 때문에 하나님의 지식은 철내적이며 완전하다. 그러나 그렇기 때문에 그 만물이 실제 현실적으로 있는 바에 대해서 상대적이다. "그 대상들에 대해 적절한 지식은 반드시 현실적인 것을 현실적인 것으로(the actual as actual), 가능한 것을 가능한 것으로(the possible as possible) 아는 지식이어야 하기 때문이다."[52] 그러므로 하나님은 과거와 현재를 인지적으로 파악함으로써 완벽하게 안다. 그러나 장래는 단지 가능성일 뿐이다. 미래를 참으로 안다는 것은 미래를 가능한 것으로 안다는 것이다. 그러므로 하나님은 고전적 유신론이 주장하듯이, 자유로운 피조물들이 어떤 일을 하기 전에 그에 앞서 그들이 무엇을 할지를 알지는 못한다.

절대성, 필연성, 완전성, 전능성, 전지성에 대한 하트숀의 재정의는 하나님을 최상의 인격적 사회적 존재자로 보는 그의 양극적 견해 가운데서 모든 신적 속성들을 다루는 전형적인 방식이다. 하나님은 절대적인 동시에 상대적이며, 존재인 동시에 생성이며, 가능태인 동시에 현실태이며, 추

---

51 앞의 책, 138, 135.
52 앞의 책, 122, 121.

상적인 동시에 구체적이며, 필연적인 동시에 우연적이며, 영원한 동시에 시간적이며, 불변적인 동시에 변화하고 있으며, 원인인 동시에 결과이며, 최대한의 탁월성이지만 언제나 개선해나가고 있다. 과정신학은 고전 신학을 거부한다기보다는 수정한다고 주장하기 때문에, 하트숀은 종종 자기의 견해를 "신고전적 유신론"(neo-classical theism)이라 칭한다.

하트숀은 신고전적 유신론적 신관을 표명할 뿐만 아니라 화이트헤드보다 더욱 광범위하게 하나님의 실존성에 대한 주장들을 전개한다.[53] 하트숀은 마르크스, 프로이트, 듀이, 러셀의 무신론이 자멸적이라고 주장한다. 그 무신론은 그들 자신의 휴머니즘을 무너뜨리기 때문이다. 참된 휴머니즘은 반드시 하나님 안에 근거해야 한다.[54] 하트숀은 만일 고전적 유신론의 일극적 신관(monopolar view of God)을 양극적 견해로 대체하기만 한다면, 하나님의 실존성에 대한 수많은 전통적인 주장들이 건전하다고 적극 옹호한다.

하트숀은 존재론적 논증에 대해 매우 주목한다.[55] 안셀무스는 『프로슬로기온』(*Proslogion*)에서 하나님에 대한 관념이 하나님의 실존성/실유성을 함의한다고 주장했었다. 정의상 하나님은 생각할 수 있는 최대의 존재자다. 그러한 존재자는 실질적으로/현실적으로 존재하든지, 아니면 그저 하나의 관념일 뿐이다. 만일 그것이 단지 하나의 관념일 뿐이라면, 존재하고 있는 더 큰 존재자를 생각할 수 있다. 따라서 하나님에 대한 이 정의는 하나님이 존재함을 함의한다. 이러한 식의 존재론적 논증은 수백 년 동안 논란거리가 되었으며, 인정도 받고 배척도 당했다.

한 가지 쟁점은 최대의, 능가할 수 없는 큼(insurpassable greatness), 탁월성 혹은 완전함과 같은 상태가 존재한다는 가정이다. 아마도 큼(greatness)

---

53 Griffin, "Natural Theology Based on Naturalistic Theism," chap. 5 in *Reenchantment*는 하나님의 실유성에 대한 Whitehead와 Hartshorne의 논증들을 정리한다.
54 Charles Hartshorne, *Beyond Humanism: Essays in the New Philosophy of Nature* (Chicago: Willett, Clark, 1937; repr., Lincoln: University of Nebraska Press, 1968).
55 Hartshorne, "Ten Ontological or Modal Proofs for God's Existence," chap. 2 in *Logic of Perfection*; *Anselm's Discovery*; 또한 *A Natural Theology for Our Time* (La Salle, IL: Open Court, 1967).

은 끝없이 개방되어 있거나 다양한 방식으로 실현될 수 있을 것이다. 하트숀은 최대치의 탁월성으로서의 큼(greatness as maximal excellence)에 대한 반론이 안셀무스가 수용하고 있는 하나님에 대한 고전적 정의에는 적용되지만, 신고전적 유신론에는 적용되지 않는다고 주장함으로써 존재론적 논증을 변호한다. 양극적 유신론은 최대치의 탁월성을 하나님의 추상적 본성이자 동시에 하나님의 능가될 수 없으면서도 계속해서 증가하는 현실적 실유성(his unsurpassable yet ever-increasing actual existence)으로 이해한다. "만일 하나님이 비록 오직 자기 자신에 의해서만이라 할지라도 능가될 수 있다면, 그럴 경우 하나님은 자기의 질(質, quality) 안에 양(量, quantity)을 내함할 수 있을 것이다. 아마도 있을 수 없는 그런 양, 넘을 수 없는 양(an unsurpassable quantity)이 아닌 양을 포함할 수 있을 것이다."[56] 따라서 하트숀은 양극적 유신론이 존재론적 논증에 대한 이 반론에 대답을 제시한다고 구상한다.

또 하나의 쟁점은, 어떤 관념의 필연성이 그 관념의 실유성을 함의한다고 가정하는 오류에 대한 것이다. 이를테면, 하나님 개념은 필연적이기 때문에, 하나님의 실유성은 필연적이라 가정하는 것을 말한다. 그 문제점에 대한 예시는 이렇다. 비록 삼각형이 (정의상) 필연적으로 세 면을 갖고 있고, 총각이 반드시 필연적으로 결혼하지 않은 성인 남성이지만, 삼각형들과 총각들이 필연적으로 존재하는 것은 아니다. 어떤 것의 본성의 필연성으로부터 곁길로 빠져서 그 실유성의 필연성으로 진행해나가는 것은 착오라는 것이다. 그러나 이에 대해 답변이 하나 있다. 하트숀은 안셀무스의 핵심, 즉 하나님의 실유성의 형이상학적 양태는 섬들이나 삼각형들이나 총각들과는 다르다는 점을 인정한 최초의 현대 철학자들 중 한 사람이었다. 하나님은 본성상으로 필연적인 존재자다. 섬들이나 삼각형들이나 총각들은 우연적인 존재자들이다. 그러한 것들이나 그런 사람들은 존재할 수도

---

56 Hartshorne, *Anselm's Discovery*, 29.

있고 그렇지 않을 수도 있다. 그러나 만일 하나님이 존재하신다면, 하나님은 **필연적으로**(necessarily) 존재한다. "따라서 만일 하나님이 논리적으로 필연적일 수 있다면, 하나님은 반드시 존재함에 틀림없다."[57] 그리고 만일 하나님이 존재하지 않는다면, 하나님의 비실유성은 필연적이다. 따라서 하나님의 실유성은 단지 우연적인 문제가 아니라 **불가능**(impossible)하다. 있을 수 없다. 존재론적 논증을 비판하는 자들에 대한 이러한 답변은 분명 오류가 아니다.

그 논증에 대한 하트숀의 형태는 신적 필연성을 가지고 최대치의 완전을 정의하는 그의 정의와 결합된다. "결론: 신성의 개념 혹은 완전의 개념은 우연적이지 않다. 그 개념에 대한 실증은 불가능하거나 아니면 필연적이다.···'하나님'이 일관성 있는 의미가 없이 존재하든지, 아니면 신성은 필연적으로 존재하는 것이다."[58] 그런 다음에 그는 인지 가능하고 피할 수 없는 것으로서의 완전에 대한 자신의 개념을 변호한다. 따라서 하나님/완전은 필연적으로 존재한다. 존재론적 논증은 건전하다.

그러나 하트숀은 결론에 있어서 신중하다. "단지 '필연적으로 존재하는 개별자'라는 자격만으로는 하나님은 그 자신의 구체적인 현실태 가운데 있는 하나님이 아니라 단지 어떤 그러한 현실태가 존재함에 틀림없는 추상적 필연성일 뿐이다."[59] 그러나 하트숀은 과정신학에 대한 옹호를 강화하기 위해서 주장하고 있다. 화이트헤드는 단지 현실 세계의 질서로부터 하나님을 유추해냈다. 따라서 하나님의 실유성의 필연은 우리의 세계에 대해서 우연적으로 연결되어 있다. 하트숀의 존재론적 논증은 더 강하다. 하나님은 이 세계가 존재하든 하지 않든 간에 필연적이다. 하나님이 양극적이기 때문에, 하나님은 반드시 이런 세계든 다른 세계든 어떤 세계를 가져야 하지만, 이 세계가 필연적인 것은 아니다.

---

57 Hartshorne, "The Irreducibly Modal Structure of the Argument," chap. 2, pt. 6 in *Logic of Perfection*, 53.
58 Hartshorne, *Logic of Perfection*, 70.
59 앞의 책, 94.

필연에 대한 더욱 무게 나가는 개념으로 무장하고서 하트숀은 또한 양극적 하나님에 대한 우주론적 논증과 목적론적 논증을 재구성한다. "각각의 논증을 충분히 발전시켜보면, 그 논증은 단순히 유신론적 결론이 아니라 이러한 신고전적 형태의 결론을 가리킨다."[60] 이러한 논증들을 다 합칠 경우, 이 논증들은 하나님의 실유성에 대한 견고한 집적적(集積的, cumulative) 입장을 제공해준다고 하트숀은 주장한다. 이처럼 하트숀은 양극적 유신론을 현재 존재하는 세계관 중에서 가장 합리적인 세계관이라 여긴다.

하트숀의 범재신론

하트숀은 스스로를 범재신론자로 불렀을 뿐 아니라, 그 용어가 현재 인기 있는 말이 되게 만든 장본인이다. 범재신론의 모든 특성이 그의 사상 가운데 명확하게 드러나 있다.[61] 하트숀은 하나님을 다른 모든 실체들(entities)과 구별하여 최고의, 그리고 모든 것을 포괄하는 인격자로 본다. 하트숀은 현실적인 만물과 가능적인 만물, 구체적인 만물과 추상적인 만물을 존재론적으로 하나님 안에 자리매김한다. "하나님의 본질만으로는 어떠한 우주도 담지 못한다. 우리는 참으로 하나님 안에 있으면서도 신적 본질 '바깥에' 있다."[62]

하트숀은 또한 자신의 신학을 "플라톤의 『티마이오스』로부터 시작해서 셸링의 『세계의 시대들』의 모호함과 페흐너의 『젠트 아베스타』(Zend Avesta)의 더 명료한 페이지들을 거쳐서 화이트헤드의 『과정과 실재』에 이르는" 위대한 범재신론 전통과 동일시한다.[63] 하트숀의 사상 안에는 플라

---

60 Charles Hartshorne, *Creative Synthesis and Philosophical Method* (La Salle, IL: Open Court, 1970), 296.
61 Griffin, *Reenchantment*, 140-43; Gragg, "Panentheism," in *Charles Hartshorne*, 91-97.
62 Hartshorne and Reese, *Philosophers Speak of God*, 22.
63 Hartshorne, *Divine Relativity*, xi; 또한 Hartshorne and Reese, 목차와 "Introduction: The Standpoint of Panentheism," in *Philosophers Speak of God*.

톤의 "세계-영혼"이 살아 있으며, 잘 나타나 있다. "세계는 하나님의 몸이며, 그 몸의 영혼은 하나님이다."[64] 이에 덧붙여서, 이 범재신론을 향해 나아가는 전통으로 이어지는 변증법적 논리가 양극성의 법칙에 코드화되어 있다. 그 법칙은 "헤겔을 거슬러서 헤라클레이토스와 플라톤에게까지 소급될 수 있다."[65] 하트숀은 진정 이 전통의 가장 자의식적으로 충실한 20세기 대변자들 중 한 사람이다.

범재신론의 종류들에 대한 하트숀의 분류는 주목할 만한 가치가 있다. 하트숀과 리즈는 여타 종류의 유신론과 범신론으로부터 세 가지 종류의 범재신론을 구별한다. 모든 범재신론은 하나님을 "세계를 알고 포섭하고 있는 영원한 동시에 시간적인 의식"(Eternal-Temporal Consciousness, Knowing and Including the World)으로 본다. 더 나아가 하트숀이 인정하는 "현대 범재신론은" 하나님이 [그 자신의 본질 안이 아니라] 그 자신의 현실태 안에" 세계를 포함시키고 있다고 적시한다. 현대 범재신론은 하나님의 양극적 성격을 인정하며, 세계를 하나님의 일부로 자리매김한다. 하트숀이 유대교-기독교 성경과 플라톤 안에 들어 있다고 주장하는 "고대의 혹은 유사-범재신론"은 명시적으로 양극적이지 않으며, 하나님의 본질과 현실태를 명확히 구분하지 않는다. 그 범재신론은 그저 세계를 하나님 안에 둘 뿐이며, 피조물들의 자율성의 문제는 모호한 채로 남겨두고 있다. 그러나 만일 하나님이, 이 전통이 인정하듯이, 절대적인 동시에 필연적이라면, 세계와 그 안에서 일어나는 것은 무엇이든 간에 신적 본질의 불가피한 연장들이다. 따라서 하트숀과 리즈는 고대의 범재신론을 "유사-범재신론"(quasi-panentheism)이라 부른다. 아래서 고찰하겠지만, 그들에게 쟁점은 하나님과 관련해서 피조물들이 소유하고 있는 자유의 문제다. 세 번째 종류의 "제한적 범재신론"(limited panentheism)은 윌리엄 제임스와 여타 사람들이 견지하고 있다. 그 범재신론은 양극성을 인정하지만, 세계에 대한 하나님의

64　Hartshorne, *Omnipotence*, 94.
65　Harrshorne, *Philosophers Speak of God*, 2.

지식과 포섭에 제한을 가한다. "세계를 알거나 부분적으로 알거나 부분적으로 포섭함." 이 하나님은 유한하다.[66] 이러한 종류의 유한한 유신론 또한 범재신론의 한 종이다.

하트숀은 하나님의 최대치의 크심이 피조물들의 자유와 일치한다고 주장한다. 실로 하트숀은 자유를 가장 중대한 쟁점으로 간주한다. 만일 하나님이 전적으로 절대적이고 필연적이라면, 하나님에게는 다른 대안이 전혀 없이 자신이 절대적으로 뜻하는 것만을 의지하게 된다. 그러나 그렇다면 하나님은 인격적일 수 없다. "그러한 반응의 흐름 속에서 개별적인 성격이나 본질을 영속시킬 뿐인 '인격성'이란 무엇인가?…하나님에 대한 어떤 관념을 비인격적인 것으로 만드는 것은 양자택일(alternativeness)에 대한 부정이다."[67] 설상가상으로 하나님은 세계 안에 있는 악의 원인이다. 마찬가지로 자유는 인간들에게 본질적이다. 자유가 없다면 우리는 사랑과 지식을 갖고 관계를 형성할 수 있는 책임성을 지닌 인격자들일 수 없다.

하트숀은 자기 창조 혹은 자기 결정을 하나님과 피조물들 사이의 중차대한 존재론적 구별을 위한 리트머스 시험지로 삼는다. 만일 하나님이 모든 것을 결정하는 의지(All-Determining Will)이거나 절대 원인(Absolute Cause)이라면, 하나님만이 유일하게 실질적인 존재이거나 실체가 되며, 따라서 스피노자의 범신론이 맞다.[68] 범재신론은 정확히 피조물들의 자기 결정성을 긍정한다는 점에서 범신론과 구별된다.[69] 과정적 존재론은 단지 개별자의 "실체"(substance)나 "존재"(being)만이 아니라 자기 현실화가 피조물들을 하나님으로부터 존재론적으로 구별시켜주는 것이라 주장한다.[70] 하

66　앞의 책, xiii.
67　앞의 책, 22.
68　앞의 책, 189-91.
69　Hartshorne, "Pantheism and Panentheism," *EncRel* 11:165-71.
70　Griffin, *Reenchantment*, 142: "범재신론은 하나님이 유한한 현실태들의 우주와, 창조력과는 구별되는 하나님 자신의 창조력을 소유하고 있다는 의미에서 우주를 초월하시기 때문에 범신론과는 결정적으로 다르다. 그러므로 각각의 유한 현실 실체(finite actual entity)는 어느 정도의 자기 결정을 행사하기 위해서 그 자체의 창조성을 소유하며, 그렇게 해서 그 실체에 대한 신적 영향력을 넘어선다."

트숀에 의하면, 피조물들의 자유에 대한 양면 가치가 고전적인 범재신론—고대 혹은 유사-범재신론—을 현대 범재신론으로부터 분리시켜준다. 이 기준에 의하면, 슐라이어마허의 창조주에 대한 피조물들의 "절대 의존성"은 "옛 것"에 속하지만, 신적 자유와 인간의 자유라는 셸링의 개념은 진정으로 현대적인 것이다.[71]

존 캅과 데이비드 그리핀의 기독교 과정신학

화이트헤드와 하트숀은 비록 둘 다 스스로를 그리스도인이라고 자처하지 않았어도 그리스도와 기독교, 특정한 기독교 교리들에 대해 자주 언급하곤 했다.[72] 그런데 이렇게 함으로써 그들의 작업은 존 캅(John Cobb)과 데이비드 레이 그리핀(David Ray Griffin)이 과정 사상을 벼리고 기독교적 과정신학을 발전시키는 데 방향을 제공해주었다. 다음은 캅과 그리핀 각각에 대한 간략한 소개와 그들의 공저인 『과정신학』(Process Theology)의 요약이다.

캅은 시카고 대학교에서 하트숀의 학생이었다. 그리고 클레어몬트 신학교(the Claremont School of Theology)에서 여러 해를 가르쳤다. 캅은 신학 분야를 한참 뛰어넘는 일종의 기독교적 과정 세계관을 발전시켰다. 그는 많은 책들과 소논문들을 썼으며, 개인 윤리와 사회 윤리, 환경 윤리, 정치, 종교 간의 상호 대화, 목회신학을 활발히 개진했다.[73] 그러나 그는 또한 과정신학 자체에도 기여했다.

---

71 Hartshorne and Reese, *Philosophers Speak of God*, 233-36.
72 이를테면, Whitehead, "The New Reformation," in *Adventure of Ideas*; Hartshorne, "Tragic and Sublime Aspects of Christian Love," in *Reality as Social Process*.
73 John B. Cobb, *Christ in a Pluralist Age* (Philadelphia: Westminster, 1975); *Process Philosophy as Political Theology* (Philadelphia: Westminster, 19882); *Beyond Dialogue: Toward a Mutual Transformation of Christianity and Buddhism* (Philadelphia: Fortress, 1982); *Sustaining the Common Good: Christian Reflection on the Global Economy* (Cleveland: Pilgrim, 1994); *Grace and Responsibility: A Wesleyan Theology for Today* (Nashville: Abingdon, 1995)가 그러한 예다.

『기독교 자연신학』에서 캅은 화이트헤드를 지극히 인정하면서도 종국에는 하나님을 하나의 인격자로 보는 하트숀의 모델을 택하는 "일종의 화이트헤드식 신론"을 전개한다. "그러므로 하나님이 하나의 현실적 실체(an actual entity)라 주장하는 주요 이유는 하나님이 살아 있는 한 인격자라는 견해에 의해 충족될 수 있고, 이 견해가 신론을 더 일관성 있게 해주며, 아무런 심각한 새로운 난제들을 불러일으키지 않기 때문이다."[74] 캅은 또한 하트숀의 신학을 화이트헤드에게서 유래한 어떤 것으로 수정하는 것이 불가피함을 발견한다. 그리핀에 따르면, 살아 있는 한 인격자로서의 하나님이라는 하트숀의 개념은 "하나님에 의해서 원초적으로 그려지는 영원한 대상들의 영역에 대한 관념을 보유하지 않았다."[75] 캅은 하나님이 "모든 가능태를 마음속에서 영원히 그린다"[76]고 주장하며, 그렇게 함으로써 화이트헤드의 신론과 하트숀의 신론을 종합시킨다.

클레어몬트 신학교의 종교 철학자인 데이비드 그리핀은 현재 가장 주도적인 과정 사상가다. 그는 신학적·철학적·종교적·사회적·문화적 쟁점들에 대해 글을 써왔다.[77] 그리핀의 최근작 『초자연주의를 배제한 새로운 마법: 과정 종교 철학』(Reenchantment without Supernaturalism: A Process Philosophy of Religion)은 과정철학과 그 철학이 담고 있는 종교와 기독교 신학에 대한 함축적 의미를 철학적으로 정교화하고 변호한다. 이 책은 아마도 지금까지의 과정 사상에 대한 최상의 제시일 것이다. 우리의 목적상 가장 흥미로운 점은 그리핀이 하나님에 대한 캅의 통합 모델을 채택한다는 사실이다. "화이트헤드 입장의 요소들과 하트숀 입장의 요소들을 결합함으로

---

74 Cobb, *Christian Natural Theology*, 192.
75 Griffin, *Reenchantment*, 159.
76 Cobb, *Christian Natural Theology*, 187.
77 David Griffin, *A Process Christology* (Philadelphia: Westminster, 1973); *God, Power, and Evil: A Process Theology* (Philadelphia: Westminster, 1976); *God and Religion in the Postmodern World* (Albany: State University of New York Press, 1989); *Pan-psychology, Philosophy, and Spirituality: A Postmodern Exploration* (Albany: State University of New York Press, 1997); *Religion and Scientific Naturalism: Overcoming the Conflicts* (Albany: State University of New York Press, 2000)가 그러한 예다.

써 우리는 과정 유신론에 본질적인 신적 양극성에 대한 두 종류(화이트헤드류와 하트숀류—옮긴이)에 대해 공정을 기하는 일관성 있는 신론을 발전시킬 수 있다."[78] 캅과 그리핀의 견해들은 많은 쟁점들에 있어서 매우 흡사하다.

그들의 공저 『과정신학』은 기독교 교리, 윤리, 세계관에 대한 그들의 입장과 적용에 대한 훌륭한 정리다. 그 서문은 현대의 종교적 감성에 호소하면서, 과정신학이 반대하는 다섯 가지의 전통적 신관들을 확인한다. "우주적 도덕주의자로서의 하나님"은 도덕성에 고정되어 있으며, 비도덕적 행위에 대해 처벌을 내린다. "불변하고 정감이 없는 절대자로서의 하나님"은 피조물들에 대해서 감정을 소유할 수 없고 반응할 수도 없다. "통제 권력으로서의 하나님"은 세계 안에서 일어나는 모든 일을 결정하며, 심지어 악을 유발하기까지 한다. "현상 유지를 재가해주는 하나님"은 똑같은 상태를 보존하는 일에 집중한다. "남성으로서의 하나님"은 "지배적이며 융통성 없고, 다정다감하지 못하고, 전적으로 독립적인('강한'이라고 읽기 바람) 남성의 원형이다."[79]

"창조적-반응적 사랑으로서의 하나님"은 화이트헤드-하트숀의 신관에 대한 분명하고 이해하기 쉬운 소개다. 또한 이 장은 캅과 그리핀이 고전적 유신론의 부정적인 함의들 및 하나님에 대한 전통적인 그릇된 표현들이라 간주하는 것이 무엇인지를 드러낸다. 안셀무스와 아퀴나스의 하나님은 감정이나 반응을 통해서 사랑하지 않고 선을 행함으로써 사랑하는 데 비해서, 양극적 하나님은 진정으로 "반응하는 사랑"(responsive love)을 드러낸다. 하나님은 자신의 최상의 관계성과 결과적 본성 가운데서, "우리의 즐거움을 즐거워하시며, 우리의 고통을 감당하신다." 하나님은 또한 "창조적 사랑"이기도 하다.[80] 세계에서의 하나님의 행위는 모든 것을 결정하는 것도 아니고, 자연적 작용 양식과 "기적적인" 초자연적 작용 양식 사이에 분

---

78 Cobb, *Christian Natural Theology*, 160.
79 Cobb and Griffin, *Process Theology*, 8-10.
80 앞의 책, 48.

리되어 있지도 않다. 캅과 그리핀에 따르면, 이런 식의 전통적 관념들이 현대 과학과 악의 문제에 부딪히자 무너지게 되었다. 과학은 자연 질서 안에서의 특별한 기적적 개입들이 있다고 호소할 필요성을 제거해버렸다.[81] 캅과 그리핀은 모든 것을 다 결정하는 사랑의 하나님이 세계 안에 이처럼 많은 악을 허용하실 리 없다고 본다. 그래서 캅과 그리핀은 대안을 제시한다. "과정신학은 하나님이 세계 가운데서 창조적으로 행하신다는 확신을 회복하고, 이 창조적 행위를 세계에 대한 신적 사랑의 표현으로 이해하는 길을 제공한다."[82]

과정신학은 "신적인 창조적 사랑을 설득력 있는 것으로" 간주함으로써 그렇게 한다. 하나님은 피조물들의 자기 실현을 위한 선하며 매력적인 가능성들을 제시해주신다. 그렇지만 그 피조물들이 무엇을 할지를 미리 정해주거나 심지어 미리 알지도 않는다. "하나의 현실성/현실태로서의 하나님은 본질적으로 세계에 연설되어 있다. 그와 같은 현실태는 부분적으로 자기 창조적이기 때문에, 미래의 사건들은 아직은 미결정 상태다. 그래서 완전한 지식이라 할지라도 미래를 알 수 없다. 그러므로 하나님은 세계를 전적으로 통제하지는 않으신다. 어떠한 신적 영향력도 강제적이지 않고 설득적임에 틀림없다." 그 이유는 사랑이다. "만일 우리가 진정으로 다른 자들을 사랑한다면, 우리는 그들을 통제하려고 하지 않는다." 캅과 그리핀은 "신적 창조적 행위에 모험이 포함되어 있음"을 인정한다. 그러나 그들은 하나님이 통제하지 않기 때문에, "진짜 악의 출현은 자신의 모든 피조물을 향한 하나님의 은혜로운 베푸심과 양립 불가능한 것이 아니다"[83]라고 주장한다. 하나님은 사랑하시며 권능이 많으시지만, 악에 대해서는 책임이 없으시다.

우주적 도덕주의자 및 통제하는 권력으로서의 하나님이라는 모델들

---

81   이것이 Griffin, *Reenchantment*의 한 가지 핵심이다.
82   Cobb and Griffin, *Process Theology*, 51.
83   앞의 책, 52-3.

은 전통적인 종교에서 서로 결합하여 하나님이 사람들에게 그들 자신에게와 또한 다른 사람들에게도 본래적으로 선하며 즐길 만하다고 여기는 성적 쾌락과 같은 많은 것들에 대항해서 싸우기를 원하신다는 인상을 준다. 이와는 대조적으로, 과정신학은 "즐거움을 진작시키는 신적 창조적 사랑"을 제시한다. 화이트헤드의 사상에서 "즐거움"(enjoyment, 향유)은 쾌락이 아니라 하나의 계기가 그 자신의 긍정적 가능성들을 최대로 현실화시키는 경험이다. 그러한 경험 가운데서 쾌락이 발견되는 것은 당연한 일이다. "과정신학은 하나님의 근본적인 목적을 피조물들 자신의 즐거움의 촉진이라 본다." 도덕성은 하나님이 뜻하시는 것이다. 그리고 하나님은 자신의 피조물들이 번성하기를 뜻하신다. 따라서 "과정신학에서 도덕성은 즐거움에 봉사하는 자리에 서 있다."[84] 그러나 과정윤리학은 개인의 쾌락주의나 방종을 정당화하지 않는다. 각 피조물의 즐거움은 밀접하게 연결되어 있는 우주적 공동체 안에서의 모든 피조물의 신(유익)에 대해서 상대적(relative, 관계적)이기 때문이다.

신적 창조적 사랑은 "모험을 좋아하기 때문에" 하나님은 현상 유지를 재가해주는 자나 우주적 도덕주의자가 아니다. 하나님의 원초적 본성은 질서의 원천이다. 그러나 자기 실현은 불가피하게 새로움을 내포하게 마련이다. "간단히 말해서 비록 하나님이 질서의 원천이지만, 그 질서는 새로움의 파생물이다. 그리고 질서와 새로움은 경험의 향유에 기여하는 한에서만 선하다." 모든 질서가 다 선한 것이 아니다. 예를 들어 "어떠한 유형의 사회 질서도 사회 성원들의 즐거움을 극대화시키는 경향이 없다면, 계속해서 유지되어서는 안 된다."[85] 하나님도 이 법칙에서 예외가 아니다. "하나님 자신의 생명이 일종의 모험이다. 피조물들 사이에서 촉진되는 새로운 즐거움들은 하나님 자신의 즐거움을 위한 자료를 제공해주는 경험이기 때문이다."

---

84 앞의 책, 54-57, 56-57.
85 앞의 책, 57-61. 60에서 인용.

마지막으로 창조적-반응적 사랑으로서의 하나님은 하나님이 배타적으로 혹은 천편일률적으로 남성적으로 대변될 수 없음을 의미한다. "능동적이며, 무반응적이며, 무감동적이며, 융통성이 없으며, 인내심이 없고 도덕주의적인" 남성일 수 없다. 그러나 하나님은 반남성적이지도, 오로지 여성적이지도 않다. 하나님은 남성적이며 여성적인 특성들을 둘 다 갖고 있다. "이러한 '남성적' 속성들의 긍정적인 측면들은 만일 판에 박힌 특성들이 통합되어 있는 혁명적인 하나님 개념 안으로 합병된다면, 그 파괴적인 함의가 없이 유지될 수 있을 것이다." 하나님은 남성적이며 여성적인 이미지 둘 다에 의해서 대표되어야 한다. "신성에 대한 과정적 양극 개념은 도에 대한 도교의 개념과 매우 유사하다. 그 개념에서는 실재의 '여성적' 차원과 '남성적' 차원(음과 양)이 완벽하게 통합되어 있다."[86] 이 책의 나중 장에서 캅과 그리핀은 이와 같은 성별 포괄적인(gender-inclusive) 신관에 있어서 많은 여성 신학자들에게 진 빚을 따로 기술한다.

캅과 그리핀은 그리스도, 삼위일체, 및 구원이라는 기독교 교리들에 대한 설명을 제시한다. 그리스도는 하나님의 창조적-반응적 사랑의 화육이다. 요한복음 1장은 로고스 혹은 말씀에 대해서 말한다. 그는 하나님이시며, 그는 창조하시며, 그는 "육체가 되신다." 로고스는 하나님의 원초적 본성이다. 그 본성은 모든 가능 세계들의 이념적 구조들이다. "**성육하신** 로고스가 그리스도다. 가장 폭넓은 의미에서, 그리스도는 만물 안에 현존해 계신다." 인간 실존의 근거로서 "그리스도는 반응하는 인간의 사랑, 창조하는 인간의 사랑 둘 다를 주시는 분이다." 그리스도는 예수보다 더 광범위하다. 그렇지만 예수는 독특(unique)하다. "그리스도는 모든 자 안에 성육해 계심에 비해서, 예수는 성육신이 그 자신의 자기됨을 구성하기 때문에 그리스도다." 이런 이유로 해서, 예수는 "하나님의 결정적인 계시"다.[87] 계시의 내용과 관련해서, "예수의 말씀과 행위를 통해 표현된 실재(reality)에

---

[86] 앞의 책, 61-62.
[87] 앞의 책, 98, 101, 105.

대한 비전은 우리와 관계 있는 일차적인 실재가 하나님의 창조적이며 반응하는 사랑인 그런 비전이다." 믿음과 회심에 대한 정의들은 이렇다. "신적 실재가 어떤 모습인지에 대한 결정적인 계시로서 예수를 영접하는 일은 우리에게 창조적으로 변모될 길을 열어준다." 하나님 나라에 대해 추구한다는 것은 그리스도인들이 예수에 의해서 시작된 창조적이며 반응하는 사랑의 역사적 "세력장"(force-field)에 참여한다는 것이다. 부활하신 그리스도는 "그리스도의 몸으로서의 교회" 안에 하나님의 사랑의 연장으로서, 그리고 "예수 안에서 시작된 그 성육의 확대로서" 여전히 세계 안에 현존해 있다.[88] 이러한 예들은 캅과 그리핀이 기독교 교리를 과정신학의 맥락에서 어떤 식으로 해석하는지를 보여준다.

캅과 그리핀은 삼위일체에 대해서도 똑같이 접근한다. 과정신학은 두 본성(two natures)을 가진 하나이신 하나님(one God)을 인정하지만, 세 위격으로 계신(in three persons) 하나이신 하나님(one God)은 인정하지 않는다. 캅과 그리핀은 솔직하게 자기들이 역사적 기독교 삼위일체론과 차이점이 있음을 인정한다. "'위격'(person)이라는 말을 현대적 의미에서 [합리적 행위자라고] 볼 때, 하나님은 한 인격자(a person)가 된다. '위격'이라는 말을 [관계라는] 전통적 의미에서 볼 때, 두 위격들, 즉 창조적 사랑으로서의 하나님과 반응하는 사랑으로서의 하나님으로 구별될 수 있다." 성육신 이전의 말씀은 하나님의 원초적 본성이다. 성육하신 그리스도는 그 악을 배제하면서, 세계 안에 긍정적으로 체화한 하나님의 원초적 본성이다. 세계 안에서의 하나님의 능동적인 내재성이 성령이다. 캅과 그리핀은 "두 위격"(two persons)은 인정하지만, 그리스도를 일관성 있게 한편의 신적 본성과 성령을 다른 편의 신적 본성과 상호 연결시킬 수 없다. 그들은 성부를 언급조차 하지 않는다. 아마도 그들이 하나님에 대한 배타적인 남성적 언어를 배격하고 있기 때문인 것으로 보인다. 그들은 전통적 삼위일체론을 "왜곡의 원천 및 신학에 대

---

88   앞의 책, 102, 107.

한 악평을 정당화할 수 있게 해준 인위적인 게임"이라고 비판한다.[89]

그들의 구원론과 종말론도 화이트헤드의 사상에 크게 의존하고 있다. 하나님은 세상을 파악해나가면서 계속해서 더 나은 미래를 향해 유혹하면서, 선을 "객관적으로 불멸"하게 만듦으로써, 그리고 악에 대해 후회하면서 세상을 구원하신다. 그러나 그들은 화이트헤드의 미래를 향한 "유혹"(lure toward future)에 대한 필수적인 보완으로서 테이야르의 오메가에 대한 "열의"(zest for Omega)를 추천한다. 오메가에 대한 열의는 피조물들 안에서 역사의 긍정적인 목표 달성에 협조할 더 큰 동기를 인정한다.[90] 비록 그렇다 할지라도, 캅과 그리핀은 하나님 나라를 얻는 일에 대해 전혀 확실성을 찾지 못한다. "테이야르와는 달리, 화이트헤드주의자는…미래가 개방되어 있다고 주장해야만 한다. 인간이라는 종이 전진해나갈 것이라는 확신이 전혀 존재하지 않는다." 과정신학은 "과정이 안식하게 될 끝을 전혀" 내다볼 수 없다. 그래서 과정신학에는 종말과 완성이 결여되어 있다.[91]

인간 개인들의 장래에 대해서 화이트헤드는 자신이 "불멸의 문제에 대해서는 전적으로 중립적"이라고 선언한다. 그리고 "어떤 중요한 의미에서 영혼의 실유성이 육체에 대한 의존성에서 벗어날 수도 있음"을 인정한다.[92] 하트숀은 주관적인 사후 생명(a subjective afterlife)라는 개념을 전적으로 배격한다.[93] 캅과 그리핀은 공저 『과정신학』에서, 이 쟁점에 대해서는 미결정으로 남겨두고 있다. 나중에 캅은 영혼의 부활을 땅의 유기체가 없는 새로운 종류의 실존성으로 주장한다.[94] 그리핀도 비슷한 입장을 발전

---

89 앞의 책, 109.
90 Ian Barbour, "Teilhard's Process Metaphysics," in *Process Theology*, ed. Cousins, 323-50은 Teilhard의 체계와 Whitehead의 체계를 전반적으로 비교한다.
91 Cobb and Griffin, *Process Theology*, 117-18.
92 Whitehead, *Religion in the Making*, 111; *Adventures of Ideas*, 267. 그러나 Whitehead의 존재론에서 어떻게 하나의 "군주적 계기"가 그 자체가 하나의 일원으로 있는 "유기적인 사회"와 별개로 존속할 수 있는지를 알 수 없다. 비록 하나님이라도 그런 일이 일어나게 할 만큼 충분한 힘을 소유하지 않기 때문이다.
93 Hartshorne, *Omnipotence*, 117-18.
94 John B. Cobb, "The Resurrection of the Soul," *Harvard Theological Review* 80/2 (1987): 213-27.

시켰다.⁹⁵

캅과 그리핀은 일종의 기독교적인 과정신학을 표명하는 일에 큰 기여를 했다. 이해할 수 있듯이, 전통적인 그리스도인들은 이러한 신관과 및 신앙의 핵심 교리들에 대해 그 신관이 갖는 함축적인 의미들로부터 거리를 둔다. 그러나 어떤 전통적 입장의 그리스도인들은 자신들이 판단하기에 정통 복음주의 기독교와 양립될 수 있을 만한 방식으로 과정신학의 어떤 측면들이나 단언들을 받아들이려고 시도하기도 했다.⁹⁶

과정신학과 자유 의지(열린) 유신론

가장 잘 알려진 현재의 예가 열린 유신론(open theism, 개방적 유신론)⁹⁷이라고도 일컬어지는 자유 의지 유신론(free-will theism)이다. 이 유신론은 복음주의 기독교 안에서 뜨거운 논란을 불러일으켰다. 이 유신론이 과정신학의 제반 측면에 동의하기 때문에 몇몇 비판자들은 이 유신론이 복음주의라는 양의 탈을 쓴 과정신학 늑대라고 단언하기도 했다.⁹⁸ 캅과 그리핀을 포함한 과정 유신론자들과 자유 의지 유신론자들 사이에 진행되었던

---

95 Griffin, "The Plausibility of Life after Death," in *Reenchantment*, 241-46.
96 예를 들어, Ronald Nash, ed., *Process Theology* (Grand Rapids: Baker, 1987)를 보라. Arthur Holmes, Donald Bloesch, Carl Henry, William Craig, Thomas Morris가 있으며, 주로 비판적이면서도 과정신학의 몇 가지 점을 긍정한 저자들로는 David Basinger, Norris Clark, Clark Pinnock이 있다.
97 Richard Rice, *The Openness of God: The Relationship between Divine Foreknowledge and Human Free Will* (Washington, DC: Review and Herald, 1980; rev. ed., Minneapolis: Bethany House, 1985); William Hasker, *God, Time, and Knowledge* (Ithaca, NY: Cornell University Press, 1989); Clark Pinnock et al., *The Openness of God: A Biblical Challenge to the Traditional Understanding of God* (Downers Grove, IL: InterVarsity, 1994); David Basinger, *The Case for Freewill Theism* (Downers Grove, IL: InterVarsity, 1996); John Sanders, *The God Who Risks* (Downers Grove, IL: InterVarsity, 1998); Gregory Boyd, *God of the Possible* (Grand Rapids: Baker, 2000)을 보라.
98 이를테면, "God at Risk," *Christianity Today*, March 5, 2001, 56에 있는 Royce Gruenler의 비판을 보라.

대화는 이 두 신학 사이의 유사점과 차이점을 밝혀주었다.[99] 그들이 도달한 일치를 살펴보는 것이 도움이 될 것이다.

복음주의 신학자인 클라크 피녹(Clark Pinnock)은 자신이 "과정신학의 기여라고 인정"할 수 있는 쟁점들을 확인한다. 이 쟁점들에는 "하나님이 세계에 대해 갖는 상호 작용적인 관계들과 세계에 대한 역동적인 이해" 및 "하나님 안에 있는 양극성, 인간의 자기 결정, 신적 설득"이 포함된다. 또한 피녹은 "우리 모두는(과정 유신론자들과 자유 의지 유신론자들 모두를 말한다―옮긴이) 고전적인 실체론적 형이상학을 비판할 필요성을 받아들이며, 하나님이 세계에 의해서 영향을 받지 않는 절대적 존재라는 개념을 배격한다"고 썼다. 양측은 하나님의 사랑과 긍휼 및 감성을 주장한다. "우리는 하나님이 일방적으로 사건들의 경로를 결정한다고 믿지 않는다. 우리는 미래가 개방되어 있으며, 어떤 종류의 변화들 또한 신적 완전에 속하며 서로 별개의 것이 아니라는 점을 믿는다. 우리는 하나님이 피조물들에게 영향을 주지만 피조물들도 하나님에게 영향을 준다고 믿는다. 우리 모두는 사태가 피조물들에 좋지 않게 흘러갈 때 하나님이 고통을 당하신다고 생각한다. 우리 모두는 자유방임적인 자유의 실재를 견지하며, 따라서 진정한 악이 존재한다는 점을 인정한다."[100] 이러한 일치를 살펴볼 때, 열린 유신론자들이 때때로 은밀한 과정 유신론자들로 여겨진다는 점이 놀라운 일이 아니다.

그러나 깊고 의미심장한 차이점들도 있다. 피녹은 기본적으로 두 가지 점을 확인한다. 첫째는 성경과 철학의 규범적인 질서다. 열린 유신론은 성경이 근본적이라고 고백한다. 그에 비해 과정신학은 철학에서부터 나온다. 이 차이점은 두 번째를 낳는다. "열린 유신론자들에게 궁극적인 형이상학적 사실은 하나님과 세계가 아니라, 하나님이다. 하나님을 위해서 세계가 필연적이라는 주장은 하나님의 자유와 주권적 사랑에 갈등을 일으키는

---

99 John B. Cobb and Clark Pinnock, eds., *Searching for an Adequate God: A Dialogue between Process and Free Will Theists* (Grand Rapids: Eerdmans, 2000).
100 앞의 책, ix-x.

것으로 보인다." 피녹은 자세히 설명한다. "열린 유신론 모델에서 하나님은 여전히 만물을 통제하는 힘을 유지하신다. 반면에 과정 사상에서 하나님은 피조물들의 자유를 무시할 수 없다." 열린 유신론자들은 "하나님이 세계에 대해서 본질적으로 연결되어 있지는 않다. 다만 하나님 자신이 세계에 의해서 영향을 받도록 허락할 뿐이다. 그리고 하나님이 세계에 의해서 반드시(필연적으로) 영향을 받는 것은 아니다."[101] 하나님의 본질적인 독립성에 대한 자유 의지 유신론의 강한 긍정은 과정신학과 명확히 선을 긋는다.[102]

그리핀은 이러한 차이점들을 인정한다.[103] 그는 하나님이 세계 없이 존재할 수 있으며, 하나님이 만일 그렇게 하기로 선택한다면, 피조물들의 행위들에 대해 완전한 결정력을 행사할 수 있으며, 하나님이 선택을 통해 무에서 세계를 창조했다는 사실, 하나님이 우주에 대한 자신의 통상적인 섭리 가운데서 초자연적으로 개입하실 수 있으며 하셨다는 사실, 하나님이 피조물들과 필연적이 아니라 의지적으로 상호 작용하신다는 사실(따라서 양극적이라는 점), 그리고 하나님의 사랑은 필연적으로 (삼위일체 안에서 일어나는) 내적인 것이지만 (자신이 창조하기로 선택한 세계에 대해서) 다만 외적으로 우연적이라는 사실, 그리고 하나님이 반드시 악에 대해서 승리할 것이라는 사실 등과 같은 자유 의지 유신론자들의 주장들을 열거하며 반대한다. 그리핀은 이러한 차이점들이 매우 중요해서 자신은 이 신학을 "고전적 자유 의지 유신론"으로 분류한다고 말한다. 그 이유는 이 유신론이 과정 사상보다는 아우구스티누스, 아퀴나스, 칼빈에게 훨씬 더 가깝기 때문이다. "양자는 모든 권력이 본질적으로 하나님에게 속한다고 주장한다는 점에서 그래서 만일 하나님이 그리하기로 선택한다면 모든 사건들이 하나님에 의

---

101 앞의 책, x-xi.
102 그것은 거의 모든 범재신론과 반대된다. 그러나 Clayton과 같은 소수의 범재신론자들은 세계가 하나님의 자유로운 선택이라고 주장한다. 그러므로 하나님이 창조세계에 대해서 갖는 본질적인 독립성으로는 범재신론을 피하기가 충분하지 않다. 이 점에 대해서는 마지막 장에서 다룰 것이다.
103 Cobb and Pinnock, eds., *Searching for an Adequate God*, 10-14.

해서 결정되는 세계를 창조할 수 있다는 점에서 고전적 유신론의 형태들이다." 그는 열린 유신론이 하나님이 피조물들에게 자유를 허락하기로 선택하셨다고 주장한다는 점에서 고전적 유신론에서 떠났음에 동의한다.[104] 열린 유신론이 과정신학의 한 종류는 아님이 분명한 것 같다.

그렇지만 열린 유신론은 하나님이 범재신론적으로 세계에 참여하시기로 자유롭게 선택하셨다고 말하는 "자의적 범재신론"(voluntary panentheism)일 수 있다. 그 유신론이 범재신론인가의 여부는 "하나님 안에 있음"(being in God)이 무엇에 해당하는지에 달려 있다. 열린 유신론은 세계가 하나님에게 본질적이라거나 일부분이라는 점을 부인한다. 그러나 만일 하나님 안에 있음이 하나님에 대한 피조물들의 영향이 하나님에 의해 온전히 충분하게 내면화된다는 것을 의미한다면, 또한 만일 하나님의 실유성과 정체성(그의 본질이 아닌)이—피조물들의 실존성과 정체와 마찬가지로—하나님의 모든 제반 관계와 그 관계들의 영향에 의해서 공동으로 결정된다는 것을 의미한다면, 실로 피조물들은 "하나님의 삶의 일부"가 된다. 하나님의 선택에 의해서, 피조물들은 끊임없이 하나님의 그때그때의 실유성을 결정한다. 피조물들은 하나님이 무엇을 알 수 있으며 할 수 있는지, 무엇을 모르고 무엇을 할 수 없는지, 무엇을 알아야 하고 행해야 하는지, 어떤 모험을 해야 하는지, 종국에 완벽한 승리를 거두기 위해서 현실적으로 무슨 일을 하기로 선택해야 하는지를 결정해준다. 다시 말해서, 만일 열린 유신론이 관계적인 존재론을 주장한다면, 하나님과 세계의 관계에 대한 그 유신론의 이해는 범재신론적으로 판명될 가능성이 높다. 이 점에 대해서는 마지막 장에서 다루도록 하겠다.

---

104 앞의 책, 8.

결론

화이트헤드적인 과정신학이 현대 범재신론의 전범이라고 한 하트숀의 말은 정확한 말일 것이다. 과정신학은 플라톤의 세계-영혼의 전통에 그 뿌리를 두고 있음을 자랑스럽게 여기면서, 하나님에 대한 피조물들의 자유라는 현대적 주제를 자랑스럽게 긍정한다. 하나님이 영혼이고, 세계는 하나님의 영혼이기 때문에, 각자는 상대방에게 영향을 준다. 피조물들은 하나님에 대해서 원인적 영향을 준다. 따라서 하나님은 양극적이다. 불변하는 본질과 변하는 실유성 양자를 다 소유하고 있다. 비록 하나님이 이 세계를 필요로 하는 것은 아니지만, 어떤 다른 세계라도 세계를 구현하는 것이 그의 본성이다. 현대 과학과 철학의 정교한 체계에 근거해서, 과정신학은 현대 범재신론에 대한 높은 지적 기준을 세워놓았다.

그러나 과정신학은 19세기의 뿌리를 공유하고 있는 수많은 범재신론 중 하나일 뿐이다. 유기적으로 설계된 하나의 우주로부터 창발하는 신적 자유와 인간의 자유에 대한 셸링의 강조는 페흐너와 퍼스, 제임스와 알렉산더, 베르그송과 테이야르에게 영감을 주어 과학에 근거한 신학들을 발전시키게 만들었다. 그 신학에 의하면, 하나님의 인격성은 자신이 구현하는 세계와의 상호 작용을 통해서 발전한다. 흥미롭게도 이 사상가들의 세대 전체가 "중립적인" 범심론적 존재론으로부터 나온다. 범심론이란 우주를 구성하는 기본 "내용"이 물질도 정신도 아니며 그 둘로서 기능한다는 것이다. 이에 비롯되는 물질과 영혼에 대한 "유기적" 견해(the organic view)는 하나님과 세계에 대한 유기적 관계로 이끌어준다. 역사적인 맥락에서 읽어볼 때 화이트헤드는 어떤 공통 주제에 대한 정교한 변주를 제시하고 있는 것이라 볼 수 있다.

기독교 신학에 대한 하나의 접근 방법으로서 과정 사상 역시 근대주의 전통에 서 있다. 헤겔 및 셸링과 마찬가지로, 그 사상은 전통적인 기독교의 맥락에서 당대의 세계관을 발생시키는 대신에, 역동적인 철학의 용어로 기독교를 재해석한다. 그 사상이 발생시키고 있는 교리들은 역사적인 로마 가톨릭의 가르침이나 개신교의 가르침이라기보다는 근대주의 기독교의 전형이다.

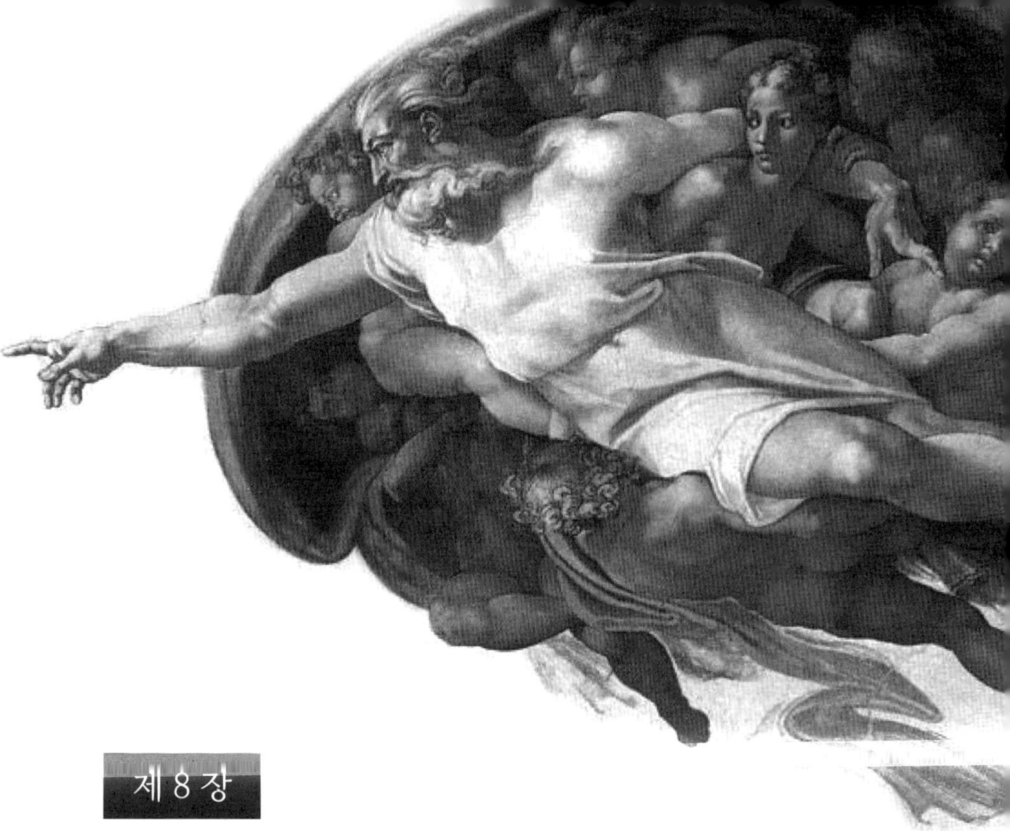

제 8 장

| 폴 틸리히의 실존주의적 범재신론 |

폴 틸리히(파울 틸리히, Paul Tillich, 1886-1965년)는 20세기의 다른 어떤 범재신론자보다도 더욱 자의식적으로 기독교 신플라톤주의와 독일 낭만주의를 수용했다. 틸리히의 『기독교 사상사』(History of Christian Thought)는 고전적인 기독교 세계관 형성에서 신플라톤주의가 차지하고 있는 중요성을 부각시킨다. 그는 19세기 신학에 최대의 영향을 준 두 사람이 기독교 신플라톤주의를 대표한다고 결론을 내린다. 그 두 사람은 신플라톤주의의 신비주의적 경향을 대표하는 슐라이어마허와 철학적 프레임을 대표하는 헤겔이다.[1] 그러나 다른 곳에서 틸리히는 실존주의적 관심사 때문에 자신이 슐라이어마허의 경건주의나 헤겔의 이성주의보다는 셸링의 성숙한 자유의 철학에 더 이끌렸다고 명확히 밝히고 있다. "내가 셸링에게서 배운 내용은 나 자신의 철학적 신학적 발전에 결정적이었다."[2] 자신의 계보를 더 광범위하게 드러내면서, 틸리히는 "자신의 영적인 아버지는 슐라이어마허였으

---

[1] Paul Tillich, *A History of Christian Thought: From Its Judaic and Hellenistic Origins to Existentialism*, ed. Carl Braaten (New York: Simon and Schuster, 1968), 292-93.

[2] Paul Tillich, "Schelling's Criticism of Hegel," in *Perspectives on 19th and 20th Century Protestant Theology*, ed. Carl Braaten (New York: Harper and Row, 1967), 141-52. 142에서 인용. Paul Tillich, *Gesammelte Werke*, 14 vols. (Stuttgart: Evangelisches Vertragswerk, 1959-1975)], vol. 1에 대한 서문에서 Tillich는 이렇게 쓰고 있다. "나의 계속적인 발전 전체에서 내가 셸링을 연구한 일의 영향력은 매우 강력했다." Victor Nuovo, introduction to Paul Tillich, *Mysticism and Guilt-Consciousness in Schelling's Philosophical Development*, trans. Victor Nuovo (Lewisburg, PA: Bucknell University Press, 1974), 9에서 인용. 또한 Paul Tillich, *The Construction of the History of Religion in Schelling's Positive Philosophy: Its Presuppositions and Principles*, trans. Victor Nuovo (Lewisburg, PA: Bucknell University Press, 1974)를 보라.

며, 지적인 아버지는 셸링이었고, 그 양자를 통해 이어지는 할아버지는 야콥 뵈메였다"고 털어놓는다.³ 폭넓게 정리하자면, 틸리히의 신학은 하이데거의 실존주의적 존재론에 의해서 확대되고 기독교적 언어로 진술된 신-인적 자유(divine-human freedom)에 대한 셸링의 철학을 각색한 것이다. 틸리히의 신학은 진정한 실존성에 대한 인간의 추구를 하나님 안에서 찾고자 하는 일종의 "실존주의적" 범재신론(an existential panentheism)이다.

독일의 루터교 목회자의 가정에서 태어난 틸리히는 철학과 신학을 공부했다.⁴ 그는 제1차 세계대전 때 군목으로 복무한 뒤에, 베를린 대학교의 교수가 되었다. 틸리히는 자신의 정치적 견해 때문에 히틀러와 어려움을 겪게 되어 1933년에 미국으로 이주했으며, 1955년까지 뉴욕의 유니온 신학교에서 가르쳤다. 그런 다음 하버드 대학교 신학부와 시카고 대학교 신학부에서 교수직을 이어갔다. 비록 그 자신이 하나의 신학 학파를 형성하지는 않았지만, 사신신학(the death-of-God theology)이나 여성신학 같은 운동 및 존 로빈슨이나 존 맥쿼리 같은 신학자들에게 중요한 영향을 미쳤다. 틸리히의 사상은 여전히 국제 컨퍼런스에서 정기적으로 논의되고 있다.⁵

이 장은 대중적으로는 『존재의 용기』(The Courage to Be)에, 학술적으로는 『조직신학』(Systematic Theology) 제1권에⁶ 진술되어 있는 틸리히의 신론이 뵈메와 헤겔과 셸링의 전통에 어떻게 뿌리박고 있는가를 조명할 것이다.⁷ 각 항들은 틸리히의 철학과 신학의 상관성, 그의 실존주의적 존재론,

---

3   John Newport, *Paul Tillich* (Waco: Word, 1984), 76. Newport는 신학자 Nels Ferré의 말을 인용하고 있는데, Tillich가 Nils에게 이 말을 했다고 함.
4   Paul Tillich, "Autobiographical Reflections," in *The Theology of Paul Tillich*, ed. C. Kegley and R. Bretall (New York: Macmillan, 1952), 3-21; Newport, "Paul Tillich: Life of an Identifying and Participating Philosophical Theologian," chap. 1, in *Paul Tillich*.
5   예를 들어, Gert Hummel, ed., *God and Being: Contributions Made to the II. International Paul Tillich Symposium, Held in Frankfurt, 1988* (New York: de Gruyter, 1989); Gert Hummel, ed., *History and Truth—a Dialogue with Paul Tillich: Proceedings of the VI. International Symposium, Held in Frankfurt/Main, 1996* (New York: de Gruyter, 1998).
6   Paul Tillich, *The Courage to Be* (London: Nisbet, 1952); *Systematic Theology*, 3 vols. (Chicago: University of Chicago Press, 1951-1963).
7   Adrian Thatcher, *The Ontology of Paul Tillich* (Oxford: Oxford University Press, 1978)는 폭넓은 기독교 사상의 전통에 대해서뿐만 아니라 Schelling, Hegel, Böhme에게 그가 진 빚을 상세하게

그의 신론에 집중한다. 그리고 마지막 항목은 틸리히의 범재신론을 성찰한다.

틸리히가 말하는 철학과 신학의 상관성

틸리히의 유명한 상관적 방법(the method of correlation)은 셸링의 이성과 계시의 변증법에 대한 그의 연구에서 발전되었다.[8] 이성과 계시의 변증법적 상관성은 틸리히의 신학에서 지극히 중요하다. 그 둘이 결국 역동적 범재신론을 함의하기 때문이다. 간단히 말해서, 이성은 인간의 실존성에 대한 철학적 분석을 제공해주며, 계시는 인간 실존성의 의미를 표현해주는 종교적 상징들—하나님에의 참여—을 제공한다. 이성과 계시의 상관성은 종교적 상징들에 대한 실존주의적이며 철학적인 해석에 해당하는 신학을 발생시킨다. 틸리히의 철학이 셸링에게서 많은 것을 전유하고 있기 때문에 틸리히의 신학은 역동적 범재신론의 일종, 즉 실존주의적 범재신론이다. 그러므로 먼저 그의 방법에서부터 시작해보도록 하자.

기록하고 있다. 또한 Newport, "Historical Influences on Tillich's Basic Idea and Basic Method," chap. 4 in *Paul Tillich*; Ian E. Thompson, "The Influences on Schelling, and Tillich's Distinctive Ideas," in *Being and Meaning: Paul Tillich's Theory of Meaning, Truth, and Logic* (Edinburgh: Edinburgh University Press, 1981), 30-32을 보라.

Tillich의 신학 전반에 대해서는 다음을 보라. Stanley J. Grenz and Roger E. Olson, "Paul Tillich," in *Twentieth-Century Theology: God and the World in a Transitional Age* (Downers Grove, IL: InterVarsity, 1992), 114-30; James Livingston, *Modern Christian Thought: From the Enlightenment to Vatican II* (New York: Macmillan, 1971), 356-70; David Kelsey, *The Fabric of Paul Tillich's Theology* (New Haven: Yale University Press, 1957); Newport, *Paul Tillich*; John Heywood Thomas, *Tillich* (New York: Continuum, 2000).

8 "그의 두 번째 셸링 논문에서 틸리히가 따르고 있는 방법은 이 변증법적 방법의 변형이다. 그 방법은 그의 후기 저작에서 '상관성의 방법'으로 재등장한다"(Nuovo, introduction to Tillich, *Construction of the History of Religion*, 14).

철학과 신학의 상관성

틸리히 신학의 동기는 복음이 인류의 기본 필요와 물음들에 대한 대답임을 보여주려는 변증적인 관심이다. 그래서 그는 기독교 신앙을 우리의 심연의 관심사들에 대한 실존주의 철학의 분석과 서로 연결시킨다. "나는 상관적인 방법을 사용한다. 나는 기독교 메시지가 자기 비판적인 휴머니즘에 내포되어 있는 모든 문제에 대한 대답임을 보여주려고 노력한다. 오늘날에는 이것을 실존주의라 부른다."[9]

각 역사적 상황에서, 철학은 나름의 방식으로 인간의 물음(the human questions)을 표출하며 신학은 계시된 답변(the revealed answer)을 명기한다. 『조직신학』에서 틸리히는 실존주의가 자기 시대의 최상의 철학이라고 설명한다. 실존주의는 가장 예리하게 "우리 실존성의 자기 소외가 극복되는 실재의 문제, 화해와 재결합, 창의성과 의미와 소망의 실재의 문제"를 제기하기 때문이다. 이 실재에 대한 긍정을 틸리히는 "새로운 존재"(the New Being)라 칭한다. 그것은 "구원"의 동의어다. 철학은 비록 올바른 물음을 제기하기는 하지만, 우리에게 새로운 존재를 어디에서 발견할지를 말해줄 수 없다. 그러나 "신학은 '예수 그리스도 안에서' 말함으로써 이 물음에 답변한다."[10] 틸리히에 따르면, 오직 성경만으로는 새로운 존재를 규정하기에 충분하지 않다. 기독교 메시지는 "성경에 포함되어 있지만, 성경과 동일시되는 것이 아니다."[11] 기독교 메시지는 해석을 요구한다. 신학은 각각의 역사적 상황에 대한 성경의 메시지의 불변하는 진리를 진술하기 위해서 당대의 철학을 사용해야만 한다.

---

9 Tillich, *History of Christian Thought*, 293. 그는 그의 *Systematic Theology* 제1권 서문에서 상관성의 방법을 자세히 설명한다. Newport, "Tillich's Basic Purpose: Apologist to Intellectuals," and "The Method of Correlation," chaps. 2 and 5, *Tillich*를 보라.
10 Tillich, *Systematic Theology*, 1:49.
11 앞의 책, 1:4. 성경은 "최종적인 계시 문헌"이며, "최종적인 계시에 참여하고 있다"는 점에서 하나님의 말씀이다. 하지만 말씀은 "그리스도 안에 있는 새로운 존재"(New Being in Christ)다 (158-59).

신학은 철학과 상관적이 될 수 있다. 이는 신학과 철학 양자가 궁극적 실재(ultimate reality)에 관심이 있기 때문이다. "철학은 필연적으로 전체 실재의 문제, 존재의 구조의 문제를 묻는다. 신학은 필연적으로 똑같은 문제를 묻는다. 우리의 궁극적인 관심사는 반드시 실재 전체에 속해야 하기 때문이다. 반드시 존재에 속해야 하기 때문이다."[12] 더 정확히 말해서 신학의 초점은 "**우리의 궁극적인 관심사가 되는 것**", 다시 말해서 "**우리의 존재나 비존재를 결정짓는 것**"이다.[13] 그 두 분야는 종교가 "하나님"이라고 말하는 궁극적 실재와 관련하여 인간 실존성의 문제를 제기한다.

이성과 계시는 구별되지만, 상관적인 자료들이다. 이성을 통해서 철학은 보편적인 로고스에—존재 일반의 인식 가능성(intellibility)에—관계한다. 신학 지식의 자료는 계시, 곧 "'육체가 되신' 로고스, 즉 특정한 역사적 사건 가운데서 그 자체를 현시하는 로고스"다.[14] 철학과 신학은 둘 다 동일한 궁극적 실재의 인식 가능한 현시를, 하나는 보편적인 현시를, 다른 하나는 특수한 현시를 고찰한다.

틸리히는 이성에 계시가 필요하다고 주장한다.[15] 궁극적인 것에 관한 주장들에 대한 완벽한 검증을 요구하는 현대 합리주의의 만족할 줄 모르는 요구는 회의주의로 이어졌으며, 우리에게 단지 과학적이며 기술적인 (technical) 이성만을 남겨주었다. 이 상황은 "진리에 대한 절망적인 포기 또는 계시에 대한 탐구로 이끌 것임에 틀림없다."[16] 계시는 이성이 열어 보여줄 수 없는 신비(a mystery)를 열어주기 때문에 중대하다. "계시되는 신비는 우리에게는 궁극적 관심이다. 그것이 우리 존재의 근거이기 때문이다." 계시는 한 개인이 실존적으로 존재의 근거와 마주치게 되는 어떤 사건에서도 발생한다.[17] 따라서 "하나님의 말씀"은 삶의 의미를 계시해주는 어떤 것

12　앞의 책, 1:20-21.
13　앞의 책, 1:12, 14.
14　앞의 책, 1:22-28. 23에서 인용.
15　앞의 책, "Reason and the Quest for Revelation," chap. 1, vol. 1, part 1. Newport, "Reason and the Quest for Revelation," chap. 6, *Tillich*.
16　Tillich, *Systematic Theology*, 1:105.

에서든 말씀하신다. 계시는 자연과 역사, 공동체 안에서 특히 언어적 발언에서 발생한다.[18] 그 모든 표현에서, 하나님의 말씀의 의미는 새로운 존재, 곧 "그리스도의 존재"(the being of the Christ)다.[19]

계시는 결코 존재의 신비를 완전히 풀어주지 않는다. 그러나 계시되는 것은 합리적이다. "계시는 이성의 깊이 및 존재의 근거에 대한 시현이다."[20] 역사적으로 말해서, 틸리히는 신비와 합리성이 셸링은 말할 것도 없고, "플로티누스, 에크하르트, 니콜라우스 쿠자누스, 스피노자, 뵈메와 같은 사람들 가운데서"[21] 제대로 균형을 잡았다고 판단을 내린다. 틸리히의 신학은 강력하게 이성과 계시를 서로 연결 짓는다.

철학은 신학에 대한 개념적인 한정사다

이성과 계시가 상관적이긴 하지만, 틸리히는 철학에 개념적 우선권을 준다. "변증신학에서 사용된 방법의 결과는 계시 개념이 '위로부터' 즉 계시의 신적 근거로부터가 아니라, '아래로부터' 즉 계시의 상황 가운데 있는 인간으로부터 접근된다는 것이다." 철학은 "아래로부터" 작업을 하기 때문에, 계시에 대한 신학적 성찰을 위한 개념적 틀을 적절하게 결정 짓는다. 그러므로 틸리히는 존재에 대한 철학적 분석을 통해서 신론에 접근한다. "계시의 근거로서의 하나님에 대한 신론은 존재와 하나님에 대한 논의를 전제로 한다."[22]

철학은 또 다른 이유로 신학 용어들을 규정해준다. 하나님에 대한 철학의 주장들은 개념적이며 비상징적인 데 비해서, 신학은 문자적인 것과

---

17 앞의 책, "The Reality of Revelation," chap. 2, 1:110-11.
18 앞의 책, 1:118-26.
19 앞의 책, 1:158-59.
20 앞의 책, 1:117.
21 앞의 책, 1:141.
22 앞의 책, 1:155-56.

상징적인 것을 결합한다. 틸리히는 "종교적 주장들은 상징적"이며, "존재론적 주장들은 문자적"이라고 말한다. 또한 "신학적 주장들은 종교적 상징들과 존재론적 개념들 사이의 상관성에 대한 문자적 기술이다"라고 말한다.[23] 철학에서 "하나님이 존재 그 자체라는 진술은 비상징적인 진술이다. 그 말은 그 자체를 넘어서서 가리키지 않는다. 그 말은 그 말이 직접적으로 고유하게 말하는 바 그대로를 의미한다." 존재론 분야는 하나님이 "존재들의 구조의 근거"인 동시에 "하나님이 바로 이 구조이기" 때문에 하나님의 본성에 대한 개념적 진리를 명확하게 진술할 수 있다.[24] 틸리히의 철학은 그러므로 그의 신학의 개념적 틀을 결정 지어준다.

신학은 상징적이다. 신학이 종교적 상징들의 의미를 표명하기 때문이다. 하나의 상징은 무엇인가를 임의적으로 지칭하는 단순한 표시가 아니다. 상징은 "그것이 대표하는 바의 실재에 참여하기" 때문이다. 참여는 지식인 성찰이 아니라 실존적 개입—살아 있는 상호 작용—이다. 이것이 바로 "종교적 상징, 곧 신적인 것을 가리키는 상징은 오직 그것이 가리키는 신적인 것의 권능에 참여할 경우에만 참 상징이 될 수 있다"라고 말하면서 틸리히가 의미하는 바다. 종교적 언어는 우리가 "유한한 것으로부터 무한한 것에 대한 결론들을 이끌어냄으로써 하나님에 대한 지식을 획득"하게끔 할 수 없다. 그 대신 종교적 언어는 하나님에 대한 실존적 참여의 의미를 전달해준다.[25] (앞으로 살펴보겠듯이, 그것은 실존주의적 범재신론에 해당한다.) 틸리히가 종교적 상징들에 대한 자신의 견해와 상관성의 방법을 주로 셸

---

23 Thatcher, *Ontology*, 38은 R. P. Scharlemann이 "Tillich's Method of Correlation: Two Proposed Revisions," *JR* 40 (1966): 95을 통해서 제시한 이 정식을 "전적으로 받아들였다"고 지적한다. Tillich의 동의는 같은 호에 나와 있는 그의 "Rejoinder"(답변)에 있다. 그것이 후기 Tillich의 분명한 입장이다. 그가 항상 일관적이거나 발전적이지는 않았다. Tillich, *The Courage to Be*, 169과 171에서 그는 하나님에 대한 어떠한 비상징적 언급도 거부한다. "존재 그 자체에 대한 모든 주장은 은유적이거나 상징적이다." "존재 그 자체에 대해서 비상징적으로 말하는 것은 참되지 않다." 그의 *Systematic Theology* 2:10 도입부에서 Tillich는 두 입장을 다 인정하는 것처럼 보인다. "만일 우리가 하나님이 무한자라거나 비조건적 혹은 존재 그 자체라고 말한다면, 우리는 이성적인 동시에 황홀한 기쁨 가운데서 말하는 것이다.…이 변증법적 상황은 인간의 실존적 상황에 대한 개념적 표현이다."
24 Tillich, *Systematic Theology*, 1:238-39.
25 앞의 책, 1:238-40.

링의 성숙한 종교 철학에서 전유하고 있음을 주목할 필요가 있다.

틸리히의 실존주의적 존재론

틸리히는 실존주의적 존재론(existential ontology)이라는 철학 분야를 통해서 신학에 접근한다. 그 분야는 인간의 존재와 비존재에 대한 연구를 말한다. "우리를 하나님에 대한 물음으로 몰고 가는 것은 존재의 유한성이기 때문이다." 틸리히는 하이데거가 『존재와 시간』(Being and Time)에서 분석한 현존재(Dasein)로서의 인간 실존에 대한 분석에서부터 그의 존재론을 발전시킨다. 하이데거는 인간 존재(human being)를 통해서 존재(Being)에 접근한다. 그는 "'다자인'(being-there, 현존재, 혹은 '터-있음'으로 번역한다ㅡ옮긴이)을 존재의 구조(the structure of being)가 드러나는 곳이라 부른다."[26] 틸리히는 두 개의 평행하는 길을 따라서 신학을 향해 하이데거의 분석을 조종해 나간다. 『조직신학』에서 틸리히는 존재, 비존재, 그리고 그가 하나님에게 적용하고 있는 존재 그 자체(being itself)와 관련해서 인간 실존의 기본 범주들에 대한 이론적 진술을 전개해나간다.[27] 『존재의 용기』에서 틸리히는 불안이라는 하이데거의 개념을 사용하면서 비존재에 직면해서 "존재의(에 대한) 용기"가 존재 그 자체인 "하나님 너머의 하나님"(the God beyond God)의 권능을 드러내준다고 주장한다.[28] 그 두 길을 정리해보자.

"존재, 그리고 하나님에 대한 물음"은 『조직신학』 제1권의 실존주의적 존재론 부분이다.[29] 그 첫 단락에는 자아와 세계가 단일한 존재론

---

26 앞의 책, 1:166, 168. 다음 장에서 Heidegger, 그리고 그가 Schelling의 자유의 철학에 진 빚, 그의 암묵적인 범재신론에 대해 고찰할 것이다.
27 Newport, "Tillich's Basic Idea (Ontology)," chap. 3, *Tillich*.
28 Tillich, *The Courage to Be*, 140-43은 *Being and Time*을 논하고 있다.
29 Tillich, *Systematic Theology*, "Being and God," chap. 1, vol. 1, part 2.

적 구조를 구성한다는 하이데거의 주장이 제시되어 있다. 두 번째 부분은 세계 안에서의 인간 존재를 구성하는 세 가지 상극적 "존재론적 요소들"(polar ontological elements) 집합을 고찰한다. 그 집합은 개별화와 참여(individualization and participation), 역동성(역학)과 형태(dynamics and form), 자유와 운명(freedom and destiny)이다.[30] 틸리히의 세 번째 부분인 "존재와 유한성"은 이 세 가지 상극성이―시간, 공간, 실체, 인과, 본질, 실존성 범주들과 마찬가지로―존재와 비존재, 유한성과 무한성이라는 근본적인 상극성을 어떻게 반영하는지를 검토한다. 마지막 부분은 하나님의 실유성에 대한 전통적인 논증들을 증명으로가 아니라 하나님에 대한 물음이 이성 자체에 고유함을 보여주는 징후로 취급한다. 틸리히의 전체 실존주의적 존재론의 궤적―인간 실존의 구성적 구조에 대한 분석―은 한 단락에 대한 정리 가운데 포착된다. 이 모든 범주들은 "유한한 모든 것 가운데서의 존재와 비존재의 연합을 표현한다. 그것들은 비존재의 불안을 받아들이는 용기를 표출한다. 하나님에 대한 물음은 이 용기의 가능성에 대한 물음이다."[31] 따라서 틸리히의 『조직신학』은 인간 실존에 대한 그의 존재론을 통해서 하나님에게 이르는 학문적인 길을 그려주고 그 길을 용기에 연결시킨다.

그 이상의 실존적인 여정은 『존재의 용기』에 제시되어 있다. 이 책은 문화와 사회, 종교와 철학의 역사 가운데서 이해된 대로의 용기와 불안의 현상들을 조사하고 20세기 실존주의에 특별히 주목한다. 틸리히는 하이데거가 "다른 어느 누구보다도 더욱 충실하게 자기로서 존재하는 용기(the courage to be as oneself)에 대한 실존적인 분석"을 수행했다고 결론 내린다. 그러나 하이데거는 다른 어느 누구보다도 "더 파괴적으로" 그렇게 했다. 틸리히의 판단으로 볼 때, 하이데거가 인간 개인을 궁극적으로 만들고 있기

---

[30] 특히 자유와 운명에 대한 Tillich의 진술은 Martin Heidegger의 논문을 바탕으로 해서 Schelling에게 근거를 두고 있다. Heidegger는 이 주제에 대해 강의한 적이 있다. Martin Heidegger, *Schelling's Treatise on the Essence of Human Freedom*, trans. Joan Stambaugh (Athens, OH: Ohio University Press, 1985).
[31] Tillich, *Systematic Theology*, 1:198. Newport, "Being and the Question of God," chap. 7, *Tillich*.

때문이다.³² 틸리히는 "자기 긍정의 궁극적 힘은 오로지 존재 자체의 힘(the power of being-itself)일 수밖에 없다"고 되받아친다. 틸리히는 죄책감과 죽음에 대면할 수 있는 용기를 끌어내주는 존재 그 자체(being-itself)와의 조우의 종류들을―특히 신비주의와 개신교의 개인적 경건을―조사한다. 틸리히는 "**존재의 용기는 의심의 불안 가운데서 하나님이 사라져버렸을 때 나타나시는 그 하나님에게 뿌리박고 있다**"고 결론을 내린다.³³ 마지막 장은 이 "하나님 너머의 하나님", 곧 존재와 비존재를 포함하고 있는 존재 자체에 대한 스케치다. 이것은 틸리히의 『조직신학』에서 충분하게 설명되고 있는 것과 동일한 견해다. 존재론에서 신학에 이르는 평행적인 길들은 동일한 지점에 도달한다.

틸리히가 『조직신학』에서 하나님에 대한 단락을 시작하기 전에 이미 변증법적 범재신론의 전통에 투신했음이 명백하다. 틸리히의 실존주의적 존재론은 인간의 삶 안에 있는 존재와 비존재에 의해서 발생하는 양극성을 중심으로 체계화되어 있다. 존재 자체 안에 있는 존재와 비존재는 정확히 뵈메와 셸링이 말하는 신성 안에 있는 근거와 심연―하나님 안에 있으며, 세계 가운데 드러나 있는 긍정과 부정 및 합일의 잠재 능력―이다.³⁴ 틸리히는 자기의 존재론 가운데 상당히 여러 군데에서 이 전통과 자신의 연관성을 명확히 밝힌다. 『존재의 용기』에서는 처음부터 존재, 비존재, 하나님의 관계와 관련해서 플로티누스, 위-디오니시우스, 뵈메, 헤겔, 셸링, 하이데거, 화이트헤드 및 여타의 사람들을 언급한다. 틸리히는 뵈메가 "만물이 하나의 긍정과 부정에 뿌리박고 있다는 사실에 대한 고전적인 진술을 했다"고 지적한다.³⁵ 『조직신학』에서 틸리히는 "뵈메의 운그룬트

---

32 Tillich, *The Courage to Be*, 141. 나중 한 장에서 비록 Heidegger가 엄밀하게 철학과 신학을 구별했지만, 아마도 그는 어떤 식으로든 범재신론자였음을 살펴볼 것이다. Heidegger는 급진적인 휴머니즘이라는 Tillich의 비난을 받을 이유가 없다.
33 앞의 책, 158, 180.
34 Nuovo에 따르면, "틸리히는 셸링의 가능태에 비추어서 셸링의 하나님, 세계, 인간에 대한 이론들을 발전시킨다." 이 설은 "틸리히 사상의 기저에 자리 잡고 있는 구조"다(introduction to Tillich, *Construction of the History of Religion*, 15).
35 Tillich, *Courage to Be*, 31.

(Ungrund), 셸링의 '최초의 가능태', 헤겔의 '반정립', 최근의 유신론이 말하는 하나님 안에 있는 '우연적인 것'과 '주어진 것', 베르댜예프의 '비존재적 자유'(meontic freedom)를 "비존재를 변증법적으로 존재 자체에 그리고 결과적으로 하나님에게 연결시키는" 개념들이라고 강조한다.[36] 틸리히의 신학적 정향은 그의 신론이 시작하기도 전에 분명히 드러난다.[37]

틸리히의 하나님과 세계에 대한 이론

종교와 철학에서의 하나님 개념

슐라이어마허, 헤겔, 셸링과 마찬가지로, 틸리히는 종교들의 역사를 통해서 신론에 접근한다. "'하나님'은 인간의 유한성 안에 함축되어 있는 물음에 대한 대답이다. '하나님'은 인간에게 궁극적으로 관심거리가 되는 것을 가리키는 이름이다." 그러나 궁극적인 것에 대한 인간의 신념들은 결코 적절하지 않다. 그 신념들은, 인간이 절대적인 초월과 "진정으로 하나님과 상호 작용을 하고 있다는 믿음" 사이에 있는 "하나님 관념 안에 있는 피할 수 없는 내적 긴장"에 사로잡혀 있다.[38] 종교들의 역사는 이 긴장을 통해서 변증법적으로 역사해왔으며, 기독교의 삼위일체론에서 절정에 달했다.[39] 틸리히는 이렇게 정리한다. "인간의 궁극적인 관심의 구체성은 인간을 다신교적 구조들로 몰고 간다. 이러한 다신교적 구조들에 대한 절대적

---

36 Tillich, *Systematic Theology*, 1:189. 최근의 유신론에 대한 언급은 아마도 과정신학을 가리키는 것일 것이다. 그 점에 대해서 Tillich는 180-181 및 다른 곳에서 논의하고 있다. Berdyaev는 다음 장에 제시될 것이다.
37 Thatcher, *Ontology*는 Plato과 신플라톤주의 이래 그 전체 철학 전통의 맥락에서 주해하고 있는 대작이다. 또한 Newport, "Historical Influences on Tillich's Basic Idea and Basic Method," chap. 4, *Tillich*; Thomas, "God, Being, and Existence," chap. 4, *Tillich*를 보라.
38 Tillich, *Systematic Theology*, 1:211.
39 앞의 책, 1:215-35; 또한 Tillich, *Construction of the History of Religion*.

요소의 반작용은 인간을 유일신론적 구조들로 몰고 간다.…그리고 구체와 절대 사이의 균형의 필요성은 그를 삼위일체적인 구조들로 몰고간다."[40] 따라서 삼위일체적인 유일신론은 "살아 계신 하나님, 그 안에서 궁극적인 것과 구체적인 것이 연합해 있는 하나님에 대해 말하려는 시도"다.[41]

철학에서 "하나님 관념 안에 있는 긴장은 어떻게 존재 그 자체(being-itself)가, 만일 그것을 그 절대적인 의미로 취할 경우, 실재의 상대성을 설명할 수 있는가 하는 근본적인 철학적 물음으로 변모한다." 그러나 철학은 종교의 역사를 따라가고 반추하기 때문에, 철학도 마찬가지로 변증법적 삼위일체성에서 절정에 달한다. "그 철학적 변모 가운데서 삼위일체적 유일신론은…변증법적 실재론으로 등장한다." 그 실재론은 "절대 안에 있는 만물의 구조적 단일성을 실재의 미결정적이며 미완성적인 다면성과 연합시키려고 노력한다."[42] 틸리히는 헤겔을 "변증법적 실재론"의 최고의 예로 간주한다. 종교사에 대한 이러한 이해를 통해서 틸리히는 신론에 접근함에 있어서 역동적 범재신론에 대한 자신의 철학적 투신을 강화하게 된다.

틸리히의 신론

『존재의 용기』에 있는 "하나님 너머의 하나님"은 『조직신학』에서 자세히 설명한 동일한 신론에 대한 대중적인 버전이다.[43] 용기는 하나님을 드러낸다. 용기는 계시해주는 힘이다. 존재의 용기는 존재 그 자체에 대한 열쇠다." 존재 그 자체에 관해서 용기가 무엇을 드러내주는지에 대한 틸리히의 간략한 서술 가운데 몇 가지 점이 주목할 만하다. 첫째, 용기는 존재와 비존재의 변증법적 관계를 현시해준다. "존재는 그 자체를 끌어안으며,

---

40 Tillich, *Systematic Theology*, 1:221.
41 앞의 책, 1:228-29.
42 앞의 책, 1:231, 234-35.
43 이 단락과 다음 단락의 인용은 Tillich, *Courage to Be*, 169-72에서.

그 자체에 대해 반대되는 것, 비존재를 끌어안는다. 비존재는 존재에 속한다. 비존재를 존재로부터 분리할 수 없다." 둘째, 존재와 비존재의 변증법은 존재의 힘을 함축한다. "만일 우리가 존재 그 자체의 힘에 대해서 말한다면, 우리는 존재가 비존재에 대항해서 그 자체를 긍정한다고 말한다." 셋째, 존재와 비존재의 변증법은 하나님 자신의 실유성을 구성할 뿐만 아니라 세계 안에서 하나님을 하나님 너머로 움직이게 만든다. "비존재는 존재를 그 침거 상태로부터 나오도록 재촉한다. 비존재는 존재가 그 자체를 역동적으로 긍정하도록 몰아간다." 하나님 안에 있는 비존재 때문에, 계시가 있고, 세계가 있고, 생명이 존재한다. 넷째, 신적 생명은 세계와 세상의 고난을 포함한다. "만일 우리가 비존재가 존재 그 자체에 속한다고 말한다면, 유한성과 불안이 존재 그 자체에 속한다는 말이다.…무한한 것은 그 자체와 유한한 것을 포용한다. '예'(the Yes, 긍정)는 그 자체와—예가 그 자체 안으로 끌어들이는—'아니오'(the No, 부정)를 내보한다."

틸리히는 "무한한 것이 그 자체와 유한한 것을 수용한다"고 주장함으로써, 암묵적으로 범재신론을 긍정한다. 그는 분명하게 "비존재가 하나님을 살아 계신 하나님으로 만든다"고 씀으로써 셸링과 뵈메를 반향하고 있다. "하나님이 자기 안에서 그리고 자기 피조물 가운데서 극복해야만 하는 '아니오'(the No)가 없이는, 신의 자신에 대한 '예'(the divine Yes to himself)는 생명 없는 것이 될 것이다." 또한 틸리히는 신플라톤주의, 헤겔, 과정철학자들, 및 삼위일체 신학이 존재의 변증법적 역동성에 대한 이 강조점을 공유하고 있다고 지적한다.

인간 존재자와 비존재가 참여하고 있는 존재 그 자체는 틸리히의 "하나님 너머의 하나님"이다.[44] 이 하나님에 대한 확신을 그는 "절대적 믿음"(absolute faith)이라고 부른다. 절대적 믿음은 신비주의, 인격적인 유신론(personal theism) 가운데, 심지어 무신론자들의 용기 가운데도 표현되어 있

---

44 앞의 책, 172-80.

다. 틸리히가 "넘어서고자" 하는 그 하나님은 인격적 유신론의 하나님이다. 그는 "유신론"(有神論)을 종교적 상징과 대중의 경건 가운데 있는 하나님에 대한 일반적인 긍정으로 기꺼이 받아들인다. 그러나 틸리히는 신학자들이 인격적 존재자를 세계 바깥에 정위(定位)시킴으로써 이 상징을 궁극적 실재와 혼동할 때, 그들은 하나님을 "하나의 대상"으로, "난공불락의 독재자"로, "존재 그 자체가 아닌 하나의 존재"로 만든다고 비판한다.[45] 이 신학은 그저 하나의 지적인 실수가 아니라, 우상 숭배 자체이기도 하다. 틸리히는 니체의 무신론을 그에 대한 정당한 반란이라고 긍정한다. 이 무신론까지도 존재의 용기를 표현하고 있다는 것이다.

『조직신학』에 있는 틸리히의 신론, "하나님의 현실태"(The Actuality of God)는 네 부분으로 되어 있다. "존재로서의 하나님"(God as Being), "살아 계신 하나님"(God as Living), "창조하시는 하나님"(God as Creating), 및 "관계하시는 하나님"(God as Related). 그 각각은 암묵적으로 범재신론적이다.

그 첫째 부분 "존재로서의 하나님"은 하나님에 대한 서로 밀접하게 연관된 여러 철학적 정의를 제시한다. 틸리히는 먼저 "하나님의 존재는 존재 그 자체" 또는 "존재로서의 존재"라고 주장한다. 하나님은 또한 "존재의 근거"(the ground of being)며 "존재의 힘"(the power of being)이다. 이 말은 하나님은 하나의 존재자가 아니며, 최고 존재조차 아니라는 말이다. 이렇게 말하는 것은 하나님을 그 자신의 실재적 존재와 이념적 존재 사이의 틈을 가지고 있는 하나의 피조물처럼 유한한 존재로 만드는 것이기 때문이다. "존재 그 자체로서 하나님은 본질적인 존재와 실존적인 존재의 대조를 넘어선다."[46] 정리하자면 하나님은 존재 그 자체, 곧 존재의 근거와 힘이다.

이 정의들은 다시 초월과 내재 개념들을 함의한다. "존재의 힘으로서 하나님은 모든 존재자를 초월하며, 존재자들의 총체인 세계를 초월한다.… 존재 그 자체는 모든 유한한 존재자를 무한히 초월한다." 동시에 만물은 하

45　앞의 책, 175.
46　Tillich, *Systematic Theology*, 1:235-36.

나님 안에 내재한다. "유한한 모든 것은 존재 그 자체에, 그리고 그것의 무한성에 참여한다. 그렇지 않다면, 유한한 것은 존재의 힘을 소유하지 못할 것이다."[47] 무한한 존재 그 자체 안의 유한의 내재성은 범재신론을 함의한다.

이런 식으로 정의되는 내재와 초월은 또한 신적 본성의 이중성(duality)을 함의한다. "만물이 존재 그 자체에 대해서 갖는 이 이중적 관계는 존재 그 자체에 이중적 성격을 제공한다."[48] 과정신학자들이 하나님 안에 있는 양극성을 말하는 자리에서, 틸리히는 뵈메와 셸링이 확인하는 창조적 근원과 심연(abyss, 무저갱, 혼돈)의 근원, 긍정적 가능태와 부정적 가능태를 가리킨다.[49] 창조적 측면은 "만물이 존재의 힘에 참여함"을 의미한다. 그러나 이 심연 가운데서 "모든 존재자들은 자신의 창조적 근거에 의해서 무한히 초월당한다."[50] 이에 덧붙여서 틸리히는 과정신학에 동의한다. 즉 진정한 자유는 하나님과 세계 사이의 충분한 존재론적 구별에 필수적이라는 것이다. "자연의 신성과 유한한 인간의 자유는 세계를 하나님에 대해 초월적으로 만들며, 하나님을 세계에 대해 초월적으로 만든다."[51] 다시금 피조물들의 자유가 범재신론을 범신론과 구별시켜주는 것임을 주목하라.

틸리히는 "존재로서의 하나님" 개념으로부터 "살아 계신 하나님"이라는 상징으로 이행하면서 철학과 신학의 상호 연결을 따라간다. 그는 신학을 위해서 변증법적 결론을 도출한다. "만일 우리가 하나님을 '살아 계신 하나님'이라고 부른다면, 우리는 하나님이 존재와 존재의 순수한 동일성이라는 점을 부인한다.…우리는 하나님이 그 가운데 분리가 자리 잡고 있으며, 재결합에 의해서 극복되는 영원한 과정이라고 주장한다."[52] 다시 말해서 살아 계신 하나님은 영원히 변증법적이다.

"살아 계신 하나님"은 틸리히의 가장 기본적이고 종합적인 신학적 범

---

47 앞의 책, 1:237.
48 앞의 책, 앞부분.
49 Thatcher, *Ontology*, 52-58; Thomas, *Tillich*, 70-72.
50 Tillich, *Systematic Theology*, 1:237.
51 앞의 책, 1:263.
52 앞의 책, 1:242.

주다. 그 범주는 성령으로서의 하나님에게 초점을 맞추며, 삼위일체에서 정점에 달한다.[53] 살아 계신 분으로서의 하나님에 대한 틸리히의 변증법적 분석은 그의 실존주의적 존재론으로부터 상극적 요소들의 짝들을 적용한다(개별화와 참여, 역동성과 형태, 자유와 운명). 틸리히는 종교가 하나님과 우리의 관계의 제 측면을 상징화하면서 이러한 요소들을 분리시키는 경향이 있다고 주장한다. 상관성은 철학적이다. "신적 생명 안에, 모든 존재론적 요소가 그 상극적 요소를 긴장이나 해소의 위협이 없이 완전하게 포함한다. 이는 하나님이 존재 그 자체이기 때문이다." 여기서 틸리히는 하나님이 대립자들의 일치라는 니콜라우스 쿠자누스의 견해, 즉 뵈메와 헤겔과 셸링에 의해서 심화된 주제를 긍정한다.[54]

틸리히는 "인격적 하나님" 관념이 개별화와 참여의 존재론적 양극성을 부적절하게 분리시킨다고 주장한다. 그는 "인격"이 합당한 종교 상징임을 인정한다. "사람은 궁극적으로 인격적이지 못한 것에 대해서는 어떤 것에 대해서도 관심을 가질 수 없기" 때문이다. 그러나 그는 "통상적인 유신론이 하나님은 세계와 인류 위에 거주하고 있는 천상적인 완벽히 완전한 인격자로 만든다. 그와 같은 최고 인격자에 대한 무신론의 항의는 올바르다"라고 반론을 편다. 실존주의적 존재론은 다시 수정안을 제시한다. 하나님은 "개별화의 원리일 뿐만 아니라 참여의 원리"다. "신적 생명은 모든 생명의 근거이자 목적으로서 그 생명에 참여한다."[55] 궁극적으로 하나님은 한 인격자도 세 위격도 아니며, 인간 인격자들에게 힘을 부여하는 생명(the Life)이다.

틸리히는 두 번째 존재론적 양극성인 역동성과 형태를 "현재의 어떠한 신론에 있어서도 중심적"인 것으로 간주한다. 그는 만일 "하나님이 존재 그 자체라면, 이것은 안식(rest)과 생성(becoming) 모두를, 정적인 요소들과 역

---

53 "살아 계신 하나님"이 또한 Herder, Schleiermacher, Schelling의 가장 기본적인 표어라는 사실을 기억하라. 그 말은 성경적인 표현이지만, Plato의 세계-영혼 전통 가운데 가장 현저하다.
54 Tillich, *Systematic Theology*, 1:241-44. "[유한에 대한 무한의] 이 초월은 모순이 아니라 오히려 대립자들의 일치를 확인시켜준다"(263).
55 앞의 책, 1:244-45.

동적인 요소 모두를 내포한다"고 생각한다. 그러므로 고전적 유신론은 부적절하다. "순수 현실태(actus purus)이신 하나님은 살아 계신 하나님이 아니다." 그 대신 틸리히는 하나님 안에 역동성과 형태 둘 다를 긍정한 뵈메와 셸링, 베르댜예프, 하트숀 등등을 칭찬한다.[56]

마찬가지로 자유와 운명의 양극성도 하나님에게 상징적으로 적용된다. 신적 자유는 "인간의 궁극적 관심인 것이 결코 사람에게나 어떠한 유한한 존재자에게나 혹은 어떤 유한한 관심사에 의존되어 있지 않음을 의미한다." 틸리히는 신적 자유가 대안적 가능성들 사이의 선택을 내포한다고 보지 않는다. 궁극적으로 자유와 운명은 하나님 안에서 하나다. "만일 우리가 하나님이 그 자신의 운명이시다라고 말한다면, 그 말은 존재의 무한한 신비와 동시에 생성 및 역사에 대한 하나님의 참여를 가리키는 말이 된다."[57] 여기서 틸리히는 역사와 운명 안에서 신적 자유와 인간의 자유에 대한 셸링의 상호 연설을 다시 긍정한다.

"살아 계신 하나님"은 "영으로서의 하나님과 삼위일체적 원리들로서의 하나님" 안에서 절정에 달한다. 헤겔과 셸링처럼, 틸리히는 생명이 영(Spirit, 정신)이 되기 때문에 살아 계신 하나님이 영이시라고 주장한다. "생명으로 현실화된 존재 그 자체는 **영으로서**(as spirit) 성취된다." "영"은 틸리히에게 있어서 가장 중요한 신학 범주다. 그것은 "신적 생명에 대한 가장 포괄적이고 직접적이고 무제한적인 상징"이다.[58] 그것이 인간 생명의 모든 존재론적 양극성을 다 담고 있기 때문에, 영은 인간들의 영적–정신적–육체적 실존성에서 가장 명확한 유사체를 갖는다. "영으로서의 생명은 영혼의 생명이다. 그것은 정신과 육체를 포함한다. 그러나 영혼과 더불어 있는 실재들로서 포함하는 것은 아니다.…그것은 존재의 구조에 속한 모든 요소들이 참여하는, 모든 것을 포괄하는 기능이다."[59] 인간이라는 소우주에

---

56   앞의 책, 1:245-47.
57   앞의 책, 1:248-49.
58   앞의 책, 1:249.
59   앞의 책, 1:250, 277: "분명 하나님이 몸이다라고 말할 수 없다. 그러나 만일 그가 영이시라고 말

대한 거시적 유비로서 틸리히의 영은 셸링의 신-인적 인격주의를 통해 전해진 플라톤의 세계-영혼의 자손이다.

삼위일체

살아 있는 영은 변증법적 삼위일체성이다. "하나님의 생명은 영으로서의 생명이다. 그리고 삼위일체적 원리는 신적 생명의 과정 내의 순간들이다." 뵈메, 셸링, 헤겔의 영지주의적 삼위일체성에 대해 틸리히가 진 빚이 명확히 드러난다.[60] "그 첫 번째 원리는 신성의 기반이다. 그 기반이 하나님을 하나님으로 만든다." 이것은 창조적 근거다. 그것은 또한 "심연"(혼돈, Ungrund)이기도 하다. 그 안에 존재의 **의지**와 **무한한 힘**이 있다. "존재의 힘은 무한히 비존재에 저항하며, 존재의 힘을 존재하는 모든 것에게 제공한다." 또한 두 번째 원리인 로고스 혹은 이성이 있다. 로고스는 첫 번째 원리를 특수화시키며, 질서를 주며, 규정한다. "로고스는 신적 근거와 그 근거의 무한성과 그 흑암을 연다. 그리고 그 충만함을 구별되게, 한정적이게, 유한하게 만든다." 이 원리들은 서로를 필요로 한다. "두 번째 원리가 없다면, 첫 번째 원리는 심연, 타오르는 불일 것이다. 그러나 창조적 근거는 되지 못할 것이다. 그래서 두 번째 원리 없이는 하나님은 마귀적이 된다." 첫 번째가 없는 두 번째 원리는 추상적이며 정태적이며 불임적이 될 것이다. 또한 두 번째 원리는 하나님을 움직여서 자신을 넘어서서 세계 안으로 들어오게 만든다. "로고스 안에서 하나님은 자기 안에서 그리고 자기를 넘어서서 자기의 '말씀'을 한다."[61] 틸리히가 뵈메의 언어에 진 빚에 주목하라.

세 번째 원리는 영이다. 영은 "다른 두 원리들의 현실화"다. 영은 하나

할 수 있다면, 생명력과 인격성의 존재론적 요소들이 신적 생명 안에 내포되며, 그와 더불어서 육체의 실존의 참여도 포함된다."
60 Thatcher, *Ontology*, 52-62은 이 점을 상세히 입증한다.

님을 자기 안에서 하나되게 한다. "영을 통해서 신적 충만은 신적 생명 안에서 한정적인 것으로 자리 잡는다. 동시에 영은 신적 근거 안에서 재결합한다." 영은 또한 하나님 안에 피조물들을 포함시킨다. "유한은 신적 생명의 과정 가운데서 유한하게끔 자리 잡는다. 그러나 그것은 동일한 과정 가운데서 무한과 재결합한다." 그것이 다른 두 원리들을 하나되게 하기 때문에, "영"은 하나님을 가리키기도 하고, 또한 성령(the Holy Spirit)을 가리키기도 한다. "세 번째 원리는 어떤 점에서 전체다(하나님은 영**이시다**). 그리고 어떤 점에서는 특별한 원리다(하나님은 로고스를 갖고 계시듯, 영을 갖고 계신다)." 삼위일체를 신적 생명 안에 있는 가능태들의 변증법적 통일로 보는 삼위일체에 대한 틸리히의 접근 방식은 독일 신학에서 뵈메와 헤겔, 셸링의 유산을 그대로 물려받은 것이다.[62]

창조, 타락, 악

틸리히의 암묵적인 범재신론은 하나님이 세계에 대해 갖는 창조적 관계에 대한 그의 견해에서 뚜렷이 드러난다. 시간과 공간 같은, 피조된 존재에 대한 구성적인 존재론적 범주들은 하나님의 일부분이다. "만일 유한이 신적 생명의 과정 안에 자리매김되는 것이라면, 유한의 형식들(범주들) 또한 그 과정 안에 현존한다." 따라서 "신적 생명은 시간성(temporality)을 내포한다. 그러나 시간성에 종속되는 것은 아니다." 똑같은 이유로, "하나님의 무소부재하심은 그의 피조물들의 공간적 실존성에 대한 하나님의 창조적 참여다."[63]

하나님의 창조 행위는 주권적 선택이 아니라 신적 본성의 한 측면이

---

61 Tillich, *Systematic Theology*, 1:250-51.
62 앞의 책, 1:249-52. Tillich는 제2권에서 기독론과 관련하여 삼위일체론을 완결하면서 이 접근 방법을 주장한다. Thatcher, *Ontology*, 91은 "틸리히가 삼위일체적 사고를 변증법적 사고의 삼중 구조와 혼동하는 잘못에 빠졌다"고 판단한다.

다. "신적 생명과 신적 창조성은 다른 것이 아니다. 하나님은 하나님이시기 때문에 창조적이다." 하나님 안에 있는 존재와 비존재의 결합이 바로 하나님을 창조적으로 만드는 것이다.[64] "무로부터의 창조"(creation ex nihilo)에 대한 틸리히의 설명이 이 점을 표출한다. 틸리히는 존재의 완전 부재인 "우크 온"(ouk on)과 존재에 대한 잠재성으로 충만한 비존재인 "메 온"(me on) 사이의 헬라어상의 구별을 지적한다. 고전 기독교는 존재에 대한 잠재성으로 충만한 비존재(meontic nonbeing)를 거부하는데, 이는 그것이 하나님 바깥에 있는 궁극적 원리가 되며 하나님이 그 원리로부터 창조하시게 되기 때문이라고 그는 지적한다. "만일 하나님이 살아 계신 하나님이라 일컬어진다면, 만일 하나님이 생명의 창조적 과정들의 근거라고 한다면, 만일 역사가 하나님을 위해 의의가 있는 것이라면, 만일 악과 죄에 대해 설명할 수 있는 부정적인 원리가 하나님에게 전혀 덧붙여지지 않는다면, 어떻게 변증법적 부정성을 하나님 자신 안에 자리매김하는 일을 피할 수 있겠는가?"[65] 무로부터의 창조는 하나님이 본성적으로 세계를 그 자신 안에 있는 "무"로부터 창조하심을 의미한다.

틸리히는 창조를, 자유로운 피조물들이 하나님과의 하나됨을 파열시키고 그리하여 "타락"하는 사건인 것으로 생각한다는 점에서 뵈메와 셸링을 따른다. 하나님 안에는 사물들의 관념적 본질과 그들의 현실적 실존성 사이의 구별보다 더 깊은 하나됨이 있다. 사물들의 현실적 실존성은 그들의 관념적 본질에 도달하지 못한다. "신적 생명의 창조적 과정은 본질들과 존재자들(existents) 사이의 분화에 선행한다." 인간 자유의 행사는 이 하나됨을 깨뜨린다. 그리하여 인간은 하나님 안에서 본질상 구별되게 된다. "신적 생명 바깥에 존재한다는 것은 현실화된 자유 가운데, 더 이상 본질과 연합되어 있지 않은 실존성 가운데 서 있음을 의미한다." 현실적 실존(actual

---

63 Tillich, *Systematic Theology*, 1:257, 277.
64 앞의 책, 1:252-54.
65 앞의 책, 1:188-89. 또한 Thatcher, *Ontology*, chap. 3, "Non-Being"을 보라.

existence)은 불가피하게 관념적인 것으로부터 벗어나기 때문에, 인간의 자기 실현은 "창조와 타락이 합치하는 지점"이다.[66] 거기에 연대기적인 순서는 전혀 없다. 바로 그 자유로운 인간 행위가 사람들을 인간으로 창조하며, 그들의 타락을 구성한다. 앞서 살펴보았듯이, 이러한 견해는 이미 틸리히보다 몇 세기 앞서서 나온 견해다.

창조와 타락에 대한 이 견해는 또한 틸리히에게 신정론(神正論), 즉 악에 대한 신학적 설명을 제공해준다. 하나님의 본성 그 자체가 악을 하나의 모험으로 만든다. "만일 하나님이 그 자체적으로 창조적이라면,…하나님은 반드시…자유를 내포하며, 그와 더불어서 자유의 위험들을 내포하는 생명을 창조해야 한다."[67] 하나님은 악이 가능하도록 하시며, 우리 인간들은 불가피하게 그 악을 현실적으로 만든다. "인간의 피조된 본성의 선함이란 그에게 자기 실현과 피할 수 없이 연결되어 있는 소외에도 불구하고, 자기를 실연하고, 자기를 실현함으로써 독립적이 되는 가능성과 필연성을 부여받았음을 말한다."[68] 하나님은 악을 초래하신다. 그러나 하나님의 실재는, 악에 대한 궁극적인 신-인의 승리(the ultimate divine-human triumph)를 필연적으로 만들 듯이, 악의 실존성을 불가피하게 만든다. 틸리히의 신정론은 사실상 셸링의 신정론과 똑같다.

섭리, 구원, 종말론

마찬가지로 셸링은 틸리히의 구원 이해를 형성시켜준다. 구원은 역사 가운데서의 상호 참여를 통해 인간과 하나님이 화해하고 재결합하는

---

66 Tillich, *Systematic Theology*, 1:254-56; "본질로부터 실존으로의 이행과 '타락'의 상징," 2:29-42. Thatcher, "The Transition from Essence to Existence," chap. 6, *Ontology*; Thomas, "Existence and Estrangement," chap. 5, *Tillich*.
67 Tillich, *Systematic Theology*, 1:269.
68 앞의 책, 1:259.

것이다. 창조의 목적은 선과 악을 포함해서 모든 피조물의 잠재력을 현실화하는 것이다. 그리하여 악이 초월되며, 존재하는 인간이 마침내 그 자신의 본질과 일치하게 될 때, 창조의 선함이 하나님 안에서 성취된다. 틸리히는 『조직신학』 제3권의 끝 부분에서 그 전 과정을 이렇게 요약한다. "시간 속으로의 창조는 피조물의 자기 실현과 소외와 화해의 가능성을 생산한다. 그 가능성이 종말론적 용어로 본질로부터 실존을 통해서 본질화(essentialization)에 이르는 길이다."[69] 인간의 자유는 하나님이 창조세계를 그 목표를 향해 움직이는 방법이다. "하나님이 지시하는 창조성은 언제나 인간의 자유를 통해서, 그리고 모든 피조물들의 자발성과 구조적 전체성을 통해서 창조한다." 하나님은 전적으로 피조물들을 통해서 일하기 때문에, 초자연적인 기적들이란 전혀 존재하지 않는다. 틸리히는 "유한성과 소외의 조건을 변경시키는 특별한 신적 활동"을 부인한다.[70] 또한 하나님이 세계를 통해서 일하시기 때문에, 세계의 성취는 또한 하나님을 성취시켜 준다. "세계 과정은 하나님에게 특별한 의미가 있다.···창조의 영원한 행위는 오직 받아들이거나 거절할 자유를 지닌 타자를 통해서만 성취를 찾는 사랑에 의해서 진행된다. 말하자면 하나님은 존재를 가진 모든 것의 현실화와 본질화를 향해서 추동해나가신다." 신적-우주적 성취는 완전의 시간적 시점에 도달하는 것이 아니라 하나님의 영원성에의 참여를 통해서 실존을 본질에 계속해서 더욱더 근사하게 하는 것이다. "우주에서 일어나는 일의 영원한 차원은 신적 생명 그 자체다."[71]

철학적으로 말해서, 구원은 "본질로부터 실존을 통해서 본질화에 이르는 길"이다. 본질화는 현실 실존이 본질에 완벽하게 일치하는 것이다. 그 일은 존재의 힘으로의 진정한 참여를 통해서 일어난다. 그 참여가 점차적

---

69 앞의 책, 3:422. Newport, "History and the Quest for the Kingdom of God," chap. 10, *Tillich*; Thomas, "History and the Kingdom of God," chap. 9, *Tillich*. 본질화(essentialization)는 아래에 설명되어 있다.
70 Tillich, *Systematic Theology*, 1:266-67.
71 앞의 책, 3:422.

으로 하나님 안에서의 그 실존의 본질과 그 본질로부터의 실존적 소외 사이의 격차를 막아준다.

기독교 복음의 종교 언어와 핵심 기독교 교리들은 존재와 새로운 존재(New Being)에 대한 철학적 이해를 통해서 인식 가능하게 된다. 종교적으로 말해서, 복음은 인간들이 그들만의 힘으로 비존재를 극복하지 않는다는 소식이다. 존재 그 자체의 힘이신 하나님은 비존재가 이기지 못하도록 보증하신다. 그러므로 인간들은 절망할 필요가 없다. 인간들은 삶의 고난과 무의미에도 불구하고, 절대적 믿음과 소망과 용기를 가지고 삶을 긍정할 수 있다. 틸리히는 이 긍정적인 삶의 방식을 새로운 존재라고 부른다. 그것은 "타락"을 극복하는 인간 실존의 새 양식이다. 예수는 그 안에서 새로운 존재의 신적 힘이 충실하게 드러나는 인간 존재인 그리스도다. 그리스도 안에서 하나님이 충분히 현존한다. 그렇게 함으로써 그리스도는 자기 안에서 신적인 새로운 존재를 실연하며, 그 존재를 다른 자들에게 매개해준다. 복음은 예수 그리스도 안에 있는 새로운 존재에 대한 기쁜 소식이다. 성령은 새로운 존재의 용기인 "절대적 신앙"을 일깨워주며(즉 중생시키며) 유지시켜주는 힘이다. 성화는 새로운 존재를 향해 나아가는 진척이다. 그리고 기타 등등의 것이 더 있다.[72] 틸리히는 자신을 한 사람의 그리스도인으로 여긴다. 그러나 그는 새로운 존재가 예수가 실제로 살아 있었든 그렇지 않든 간에, 그리고 인간들이 그를 알든 모르든 간에 인간들에게 가능하다고 주장한다.[73] 틸리히에게 예수는 구원의 유일한 수단이 아니라, 구원에 대한 최대의 상징이다.

---

72 앞의 책, "The Reality of the Christ," part 2는 이러한 논설에 대한 모든 해석들을 진술하고 있다. 특히 "The Expressions of the New Being in Jesus as the Christ," 2:121-25, 및 "The New Being in Jesus as the Christ as the Power of Salvation," 2:165-80. Thatcher, "New Being," chap. 7, *Ontology*; Newport, "Existence and the Quest for the New Being," chap. 8, *Tillich*; Thomas, "The New Being: Incarnation and Resurrection," chap. 6, *Tillich*를 보라. "새로운 존재"(New Being)는 Heidegger의 "진정한 실존"(authentic existence) 개념을 긍정적으로 받아들인 신학적 개념이다.
73 Newport, "Non-Judeo-Christian Religions," chap. 11, *Tillich*를 보라.

틸리히의 범재신론

그 독특한 성격

만일 범재신론이 하나님이 만물을 초월하면서도 자기 속에 존재론적으로 만물을 포함한다는 뜻이라면, 틸리히 역시 범재신론자에 해당함은 의심할 바 없다. 틸리히는 그러한 입장을 분명하게 진술한다. "존재 그 자체로서 하나님은 비존재를 절대적으로 초월한다. 반면에 창조적 생명으로서 하나님은 유한을 포함하며, 그와 더불어서 비존재도 포함한다. 물론 비존재가 영원히 정복되며, 유한은 영원히 신적 생명의 무한성 안에 다시 하나가 되지만 말이다."[74] 그렌츠와 올슨도 동의한다. "이것이 일종의 범재신론이라는 점에는 논란의 여지가 없다."[75] 하트숀조차도 그를 받아들인다. "그러므로 나는 (기꺼이) 그를 급속하게 증가하고 있는 '양극적' 유신론자들 혹은 '범재신론자들'의 무리 중 하나라고 주장한다. 우리 중 몇몇 사람은 그 무리에 속하는 것을 자랑스럽게 여긴다."[76]

틸리히의 범재신론은 그가 자랑스럽게 포용하고 있는 고대의 신학적 가족으로부터 물려받은 유산이다. 플라톤의 "세계-영혼"으로부터, 플로티누스의 변증법적으로 유출하는 일자, 니콜라우스 쿠자누스의 "대립자들의 일치", 뵈메의 "긍정과 부정의 영원한 연합", 헤겔의 변증법적 삼위일체론, 셸링의 역사 안에서의 신-인의 자기 실현(divine-human self-actualization)에 이르는 틸리히 신학의 신학 전통은 범재신론 전통의 가장 중요한 가지다. 그가 하이데거와 베르댜예프, 그리고 과정신학자들에게 호소하고 있다는 사실은 이 연관성을 확인시켜준다.

셸링을 따라, 틸리히의 범재신론은 하나님과 피조물들의 상호 참여를

74　Tillich, *Systematic Theology*, 1:270.
75　Grenz and Olson, *Twentieth-Century Theology*, 126, 또한 130.
76　Charles Hartshorne, "Tillich's Doctrine of God," *The Theology of Paul Tillich*, ed. Kegley and Bretall, 166.

강조한다는 점에서 명확히 현대적인 범재신론이다. 하나님 자신이 본성적으로 현실화되고 풍성하게 되지만, 역사 안에서의 점진적인 인간 자유의 행사 가운데서 절정에 이른다. 틸리히는 인간 실존에 대한 하이데거의 존재론을 활용해서 셸링의 사상들을 최신화한다. 자연과 역사의 변증법이라는 셸링의 변증법 대신에, 틸리히는 하나님 안에의 **실존적** 참여(existential participation)를 말한다. 이 용어는 사람됨에 대한 전반적인 존재론―믿음과 용기, 소망과 이해의 주체적인 역동성과 마찬가지로 자연적이며 역사적인 차원―을 포함한다. 이 실존적 범재신론은 틸리히의 독특한 기여다.[77] 실존적 범재신론은 인간들이 하나님 안에서 진정성 있게 살아갈 때 실질적이 된다. 오직 이 실존적 기반 위에서만 종교는 진리를 상징화하고, 신학은 그 진리를 개념화할 수 있다.

그 범재신론의 철학적 결함

그러나 틸리히의 신론에는 틸리히가 실존과 사상, 종교와 철학, 혹은 상징과 개념 사이에 상정하고 있는 격차(gap)로 설명할 수 없는 어떤 결함, 어떤 긴장이 있다. 틸리히가 거듭해서 "존재 그 자체로서 하나님은 비존재를 절대적으로 초월하지만, 창조적 생명으로서 하나님은 유한과 비존재를 포함한다"와 같은 명제들을 주장할 때, 그는 개념들과 상징들의 신학적 버무림(theological mix)이 아니라 모순을 주장하고 있다. 만일 존재 그 자체(being-itself)가 절대적으로 존재(being)와 비존재(nonbeing)를 초월한다는 것이 **존재론적으로**(ontologically) 참이라고 하면, 존재 그 자체가 존재와 비존재를 내포한다는 말은 실존적으로 그리고 신학적으로 참이 될 수 없다. 틸리히의 존재론은 실존적이기 때문이다. 틸리히의 입장은 두 가지를 다

---

77 Tillich, "Existentialism and Christian Theology," *Systematic Theology*, 2:27-29.

포함시킬 수 없다. 즉 초월성은 절대적이든지, 절대적이지 못하든지 둘 중 하나여야 한다. 틸리히는 젊은 시절의 셸링의 입장으로 물러선 것처럼 보인다. 셸링은 절대의 전적인 하나임(oneness)과 초월성 및 하나님 안에 피조물들이 참여함 둘 다를 주장했다. 헤겔은 이것이 일관성이 없다고 조롱했다. 그리고 셸링은 나중에 그 입장을 포기했다. 틸리히는 아직도 그 입장을 견지하고 있는 것처럼 보인다.[78] "하나님 위에 계신 하나님과 우리가 기도할 수 있는 하나님은 동일하신 하나님이다."[79]

"하나님 너머의 하나님"을 실존적인 참여의 하나님과 조화시키는 문제는 틸리히의 동료들의 눈을 비켜가지 못했다. 비록 하트숀은 틸리히를 범재신론 동아리 안으로 환영했지만, 하나님에 대한 틸리히의 견해가 "난점들이 없는 것이 아니다.…틸리히의 경우에는 다소 일관성이 없든지, 아니면 내가 핵심을 찾지 못했든지 둘 중 하나다"[80]라고 말한다. 애드리언 대처(Adrian Thatcher)는 내가나온 분식을 통해, 틸리히의 "근본적인 애매함은…플라톤에까지 소급되는, 그가 서 있는 전통의 고유한 문제인 것처럼 여겨진다"는 점을 증명했다.[81] 뵈메에 의해서[82] 심연(the Abyss, 혼돈, 무저갱)에 다시 자리를 잡은 플로티누스의 일자와 세계 영혼, 즉 세계에 참여하고 있는 하나님 사이에는 긴장이 있다. 대처는 절대적 일자와 세계 영혼을 결합시키는 셸링의 방식은 "양립 불가능하게 된다. 틸리히는 교묘하게 자신을 셸링의 전통 가운데 두고 있다. 그래서 똑같은 비난을 받지 않을 수 없다"고 판단한다.[83]

---

78 Thompson, *Being and Meaning*, 39-42은 Tillich가 Schelling의 동일성의 원리를 수정하려고 시도했다고 주장한다. Tillich는 어떤 모순을 인식하지 못하고 그의 *Perspectives on 19th and 20th Century Protestant Theology*, 142-45에서 Schelling의 사상들의 결합 안에 있는 긴장을 논하고 있다.
79 Paul Tillich, "The God above God" (1961), in Tillich, *Theological Writings/Theologische Schriften*, ed. Gert Hummel (New York: de Gruyter, 1992), 417-21.
80 Hartshorne, "Tillich's Doctrine of God," 166.
81 Thatcher, *Ontology*, 83-88. 87에서 인용.
82 John Herman Randall, "The Ontology of Paul Tillich," *The Theology of Paul Tillich*, ed. Kegley and Bretall, 143: "플라톤 전통에서는 [일자가] 예지와 누스(Noûs)보다 한 단계 더 높기 때문에, 뵈메와 셸링을 따라서, 틸리히는 그것을 한 단계 '아래'에, '깊음' 가운데 자리매김하고 있다."
83 Thatcher, *Ontology*, 88. 그는 이 전통에 선 신학에 자리 잡고 있는 긴장을 표현한 것은 Lovejoy

틸리히의 견해 가운데 있는 이 비일관성은 만일 "절대"라는 용어가 하나님의 하나됨과 초월성에서 하나님 자체에게만 적용된다면, 완화될 수 있다. 그럴 경우 존재 그 자체는 절대적일 것이다. 그러나 또한 존재 그 자체는 존재와 비존재 사이의 차이를 내포하며 연합시키며 초월할 것이다. 뵈메의 하나님과 후기의 셸링, 헤겔, 하트숀의 하나님과 마찬가지로, 틸리히의 하나님은 절대적이며 양극적일 수 있다. 그러나 그 하나님이 신플라톤주의나 젊은 셸링의 절대적 일자일 수는 없다.

틸리히의 신학을 전유하는 대부분의 사람들은 이 내적 긴장을 간과하고 그저 틸리히의 범재신론적 종합을 근거로 작업을 하고 있다. 하나님 너머의 하나님은 우리가 실존적으로 참여하고 있는 분이라는 것이다. 예를 들어, 페미니스트 신학자들은 하나님이 "남성적"인 동시에 "여성적"이시라는 근본적인 주장들을, 하나님이 초월적인 동시에 내재적이시라는 틸리히의 확인에 근거하여 말한다.[84] 존 로빈슨과 제임스 콘 같은 다양한 신학자들과 페미니스트 신학자들에게 끼친 틸리히의 중요한 영향에 대해서는 이어지는 장들에서 다룰 것이다.

가 처음이라고 말한다. Arthur O. Lovejoy, *The Great Chain of Being: The History of an Idea* (Cambridge, MA: Harvard University Press, 1936; repr., 1964).

84 Mary Ann Stenger, "The Limits and Possibilities of Tillich's Ontology for Cross-Cultural and Feminist Theology," *God and Being*, ed. Gert Hummel, 250-68, 특히, 263-64.

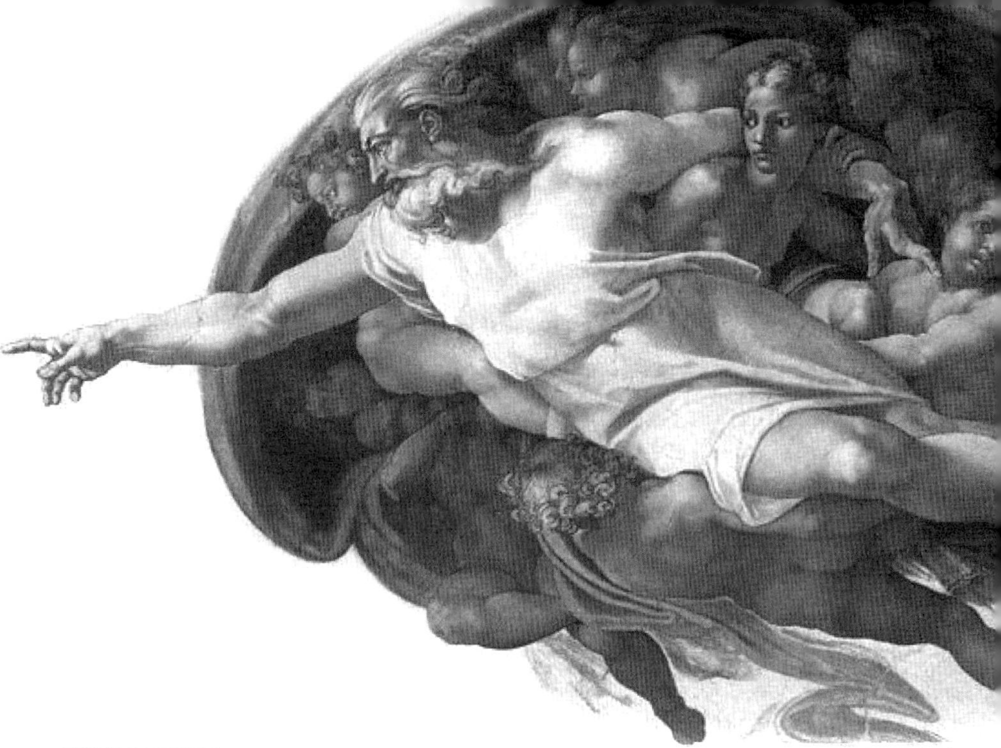

제 9 장

20세기 철학, 신학, 종교에서의 다양성

테이야르, 화이트헤드, 틸리히가 20세기 중반의 가장 유명한 범재신론자들이지만, 그들만 있는 것은 아니다. 19세기에 셸링 및 헤겔과 더불어 시작된 확산이 20세기에 계속 이뤄졌고, 범재신론은 전통적인 유신론, 관념론, 자연주의, 휴머니즘에 대한 대안적 세계관으로 신속히 자리를 잡았다. 신과 세계를 이해하는 일반적인 방식으로서 범재신론은 기독교 신플라톤주의 전통 가운데만 제한되어 있는 것이 아니라, 비기독교 및 비서구 종교 사상가들에게서도 발견된다.

    이 장은 이 다양성을 모두 나열하는 일람표가 아니라 하나의 예시다. 이 장은 개신교, 로마 가톨릭, 정교회와 같은 기독교 전통 출신의 잘 알려져 있는 소수의 철학자들과 신학자들만이 아니라 암묵적 범재신론자들인 비기독교 종교 출신의 현저한 사상가들을 조명한다. 기독교 전통 출신의 철학자들은 마르틴 하이데거, 한스-게오르크 가다머, 니콜라이 베르쟈예프가 있다. 신학자들로는 윌리엄 템플, 존 로빈슨, 존 맥쿼리, 칼 라너, 한스 큉이 있다. 비기독교 종교 출신으로는 마르틴 부버가 유대교를, 무하메드 이크발이 이슬람을, 사르베팔리 라다크리슈난이 힌두교를, 앨런 와츠와 마사오 아베가 선불교를, 미리엄 스타호크가 위카 신이교주의를 대표한다.

    이 다양성에 담긴 가장 큰 의미는 범재신론이 세계 종교들의 다원주의 가운데서 공통의 틀이 되었다는 것이다. 주류 지성 집단에서, 범재신론은 계몽주의에서 이신론이 획득했던 지위를 획득하게 되었다. 범재신론은 다양한 실증적 종교들에 함축되어 있는 보편적 "자연 종교" 혹은 "이성 종교"로 널리 간주되고 있다. 국제 회의에서 사용되는 영어의 경우와 마찬가지로, 범재신론은 세계 종교들 간의 대화상 주요 공용어가 되었다.

기독교 전통에 속한 철학자들

마르틴 하이데거

20세기의 가장 유명한 독일 철학자였던 마르틴 하이데거(Martin Heidegger, 1889-1976년)는 확실하게 결론을 내 분류할 수 있을 만큼 하나님에 대해 많은 말을 하지 않았다. 그러나 하이데거가 이따금씩 했던 신학적인 진술들은 범재신론을 강력하게 시사하고 있다. 그리고 그의 철학은 범재신론으로 유도하는 성향이 농후하다. 틸리히, 라너, 맥쿼리 같은 현저한 범재신론자들이 하이데거에게 많은 빚을 졌음을 인정하고 있다.

때때로 하이데거는 인생의 부침에 매료되어 있었던 실존주의자로 여겨진다. 그러나 그의 지속적인 철학적 관심사는 존재(Being), 곧 독일어로 자인(Sein)이다. 그의 유명한 초기 작품인 『존재와 시간』(Being and Time, 1927년)은 인간 실존에 초점을 맞춘다. 오로지 인간 실존이 바로 존재가 맞닥뜨려지는 "곳"(place), 질문이 되는 "곳"이기 때문이다.[1]

인간 실존의 존재론적 구조를 가리키는 하이데거의 용어인 현존재(Dasein, 다자인)는 말 그대로 "거기 있음"(being there), 즉 "세계-내-존재"

---

[1] Martin Heidegger, *Sein und Zeit* (Tübingen: Max Niemeyer, 1953). 영역본으로는 두 가지가 있다. *Being and Time*, trans. John Macquarrie and Edward Robinson (New York: Harper and Row, 1962); *Being and Time*, trans. Joan Stambaugh (Albany: State University Press of New York, 1996). Tillich는 그의 실존주의적 존재론을 Heidegger의 *Being and Time*에 근거해서 세우고 있다.

(being-in-the-world, 세계 안에 있음)라는 말이다. 인간이 되기 위해서는 특정한 역사와 개성 및 세계에 대한 견해와 더불어서, 세계 안에 자리 잡고 있는 자신을 발견해야 한다. 인간의 삶은 "에크-시스턴스"(ek-sistence), 즉 자신의 현재의 상황에서부터의 미래를 향한 "탈존"(脫存, standing out, 내뻗음)이다. 역설적으로 인생은 본질적으로 "죽음을 향한 존재"다. 실존이 비실존에서 정점에 다다르기 때문이다. 비존재의 위협은 실존적 불안을 낳는다. 인간 본성에 관한 이 진리가 드러난 마음 상태가 바로 불안이다. 이에 대한 응답으로, 우리는 자신의 독특한 잠재력을 용감하게 실현하든지, 그 도전을 회피하든지 하면서 "본래적으로"(authentically) 혹은 "비본래적으로"(inauthentically) 살아갈 수 있다. 하이데거의 기본적인 요점은 그 본래성의 수준이 무엇이든 간에, 인간 실존은 본질적으로 시간적이라는 것이다. 피할 수 없이 현재에 돌입하지 않을 수 없으며, 미래를 지향하며, 과거에 의해서 형성된다. 그러므로 『존재와 시간』은 시간성이 현존재의 기본적인 존재론적 내적 구조 및 의미라고 결론 내린다.

존재(Being)는 시간에 묶여 있는 인간들에 의해 조우되기 때문에, 하이데거는 존재에 대한 절대적인 불변적 지식이 가능하다는 점을 부인한다. 그것은 바로 인간들의 존재 가운데서 드러나기 때문에, 하이데거는 존재 그 자체가 과연 시간적(temporal)인지에 대해 의문을 제기한다. "**시간** 자체가 그 자체를 **존재**의 지평으로 드러내는가?" 한 유명한 각주에서 하이데거는 하나님의 시간성을 명시적으로 인정한다. "만일 하나님의 영원성이 철학적으로 '구성될 수' 있다면, 그 영원성은 더욱 원초적이며 '무한한' 시간성으로만 이해될 수 있다."[2] 이 쟁점에 대해서, 하이데거는 고전적 유신론보다는 현대 범재신론의 편이다.

『존재와 시간』은 의미심장한 신학적 성찰을 자극했는데, 그 대부분은 범재신론적 성찰이다. 예를 들어, 과정신학자인 슈버트 옥덴(Schubert

---

2 Heidegger, *Being and Time*, 437, 427 n. 13. 나는 Stambaugh의 번역을 인용하고 있지만, 두 역본에 나오는 원래의 페이지를 사용한다.

Ogden)은 하나님이 최대치의 현존재―세계-내-존재―임을, 그러므로 하나님이 (비록 인간 현존재의 시간적 제약들이 없긴 하지만) 본질적으로 시간적임을 제안하기 위해서 하이데거의 인간학과 하이데거의 신학적 각주를 사용한다. 옥덴은 하나님에 대한 하이데거의 논평이 지닌 함의를 구체화하기 위해서 화이트헤드와 하트숀의 신학을 추천한다.[3]

『존재와 시간』 이후, 하이데거는 존재를 좀더 직접적으로 숙고한다. 하이데거의 「휴머니즘 서간」(Letter on Humanism, 1947년)은 존재가 단지 인간의 추상화가 아니라 인간 안에서 인간에게 그 자체를 계시하며, 인간을 그 진리에 대해 책임 있게 만드는 실재라고 강조한다.[4] 역설적이게도, 존재의 편만한 내재성은 존재를 파악하고 이해하기 가장 어렵게 만든다. "존재는 가장 가까이에 있다. 그렇지만 그 가까움은 사람으로부터 가장 멀리 있다." 하이데거는 존재를 하나님과 동일시한 전통적인 입장을 배격한다. "'존재'는…하나님이 아니다. 그리고 우주적 근거도 아니다."[5] 그렇지만 하나님은 존재를 누미노제 혹은 거룩함으로 마주치는 경험 가운데 만날 수 있다. "거룩함만이 신성의 본질적인 영역이다. 그 영역은 다시 신들 혹은 하나님을 위한 차원을 제공해준다. 거룩함은 존재가 광범위한 준비 이전과 이후에 비추어지고 그 진리 가운데서 경험될 때 발산하게 된다."[6] 여기

---

3   Schubert Ogden, "The Temporality of God," chap. 5, *The Reality of God* (San Francisco: Harper and Row, 1966). 이 에세이는 *Being and Time*에 대한 명확한 요약을 포함하고 있다.
   Charles Hartshorne, *A Natural Theology for Our Time* (La Salle, IL: Open Court, 1967), 135은 Ogden에게 동의한다. "나는 옥덴과 마찬가지로 단순한 영원성이 아니라 무한한 시간성이 하나님 관념의 열쇠일 수 있다는 하이데거의 힌트가 범재신론을 가리킨다고 본다." 또한 Eugene Long, "God and Temporality: A Heideggerian View," *God and Temporality*, ed. B. Clark and E. Long (New York: Paragon House, 1984), 121-31. 129에서 인용. 하나님의 시간성은 "어떤 의미에서 자체 안에 유한한 인격자들의 시간성을 초월하며 아마도 내포한다." 하나님이 인간성을 내포한다는 사실은 범재신론을 내함한다.
4   Martin Heidegger, "Letter on Humanism," *Basic Writings*, ed. David Krell (New York: Harper and Row, 1977), 210: "인간은 오히려 존재 그 자체로부터 존재의 진리 안으로 '기투되었다' (thrown). 그래서 이러한 방식으로 내뻗음으로써 인간은 존재의 진리를 수호한다."
5   앞의 글. Heidegger는 Augustine와 Aquinas가 아니라 Plotinus와 노선을 같이한다. 그는 하나님이자 우주의 근거로서의 존재라는 전통적인 개념을 배격하고 존재의 역동적 개념에 대해 열려 있다. 그렇지만 Tillich와 Macquarrie는 존재에 대한 Heidegger의 관점을 하나님에게 적용한다.
6   앞의 글, 218. Heidegger는 Rudolf Otto의 *Idea of the Holy* (1917)에 빚지고 있다. Otto의 책은

서 하이데거는 "거룩함"을 종교의 영역으로, 하나님과 맞부딪칠 가능성으로 분명하게 인정한다. 하지만 그는 철학의 과제란 존재를 깊이 사유하는 것이지, 종교에 대한 주장이나 하나님의 실재성에 대해서 판단하는 것이 아니라고 믿기 때문에 더 이상 언급하지는 않는다.[7]

그의 신학적인 침묵에도 불구하고, 증거는 하이데거가 하나님의 실재를 긍정했음을 보여준다. 젊은 시절 하이데거는 사제가 되기 위해서 공부했으며, 규칙적으로 하나님과 종교에 대해 묵상했다. 그리고 그의 인생 후반기의 중요한 인터뷰에서 하이데거는 하나님에 대해 열려 있음을 인정했으며,[8] 가톨릭식 장례를 부탁했다.[9] 그러나 몇 가지 기본 주제들을 넘어서서 그의 신학을 재구축하기에는 증거가 불충분하다.

어쨌든 하이데거의 성숙한 생각은 많은 신학적 분석과 토론을 자극했다.[10] 통틀어서 볼 때, 하나님에 관한 하이데거의 논평은 어떤 한 종류의 범재신론을 함축하고 있다고 여겨진다. 하이데거는 고전적 유신론의 "존재신학"(onto-theology)을 비판하고 하나님이 "죽었다"고 선언한다.[11] 그

종교를 누미노제, 즉 거룩함 혹은 숭엄함에 대한 경험에 근거를 둔다.

7   John Caputo, *The Mystical Element in Heidegger's Thought* (New York: Fordham University Press, 1986); Robert Gall, *Beyond Theism and Atheism: Heidegger's Significance for Religious Thinking* (Boston: Martinus Nijhoff, 1987); Jeff Owen Prudhomme, *God and Being: Heidegger's Relation to Theology* (Atlantic Highlands, NJ: Humanities, 1997); Laurence Hemming, *Heidegger's Atheism: The Refusal of a Theological Voice* (Notre Dame, IN: Notre Dame University Press, 2002).

8   "오직 하나님만이 우리를 구원할 수 있다," 1966년 Heidegger와 한 인터뷰. 그의 사후에 간행됨. *Der Spiegel*, May 31, 1976, 193-219. John Macquarrie, *Heidegger and Christianity* (New York: Continuum, 1994), 104-5.

9   John Macquarrie, "Being and Giving: Heidegger and the Concept of God," *God: The Contemporary Discussion*, ed. F. Sontag and H. D. Bryant (New York: Rose of Sharon, 1982), 154. 그리고 John Caputo, "Heidegger and Theology," *The Cambridge Companion to Heidegger*, ed. Charles Guignon (New York: Cambridge University Press, 1993). Hans-Georg Gadamer는 Heidegger의 사후에 "사라진 하나님에 대한 기원"이라는 회고 강연을 했다.

10 James Robinson and John B. Cobb, eds., *The Later Heidegger and Theology* (New York: Harper and Row, 1963); Prudhomme, "The Theological Reception of Heidegger's Thought," *God and Being*, 30-37.

11 Martin Heidegger, "The Last God," *Contributions to Philosophy*, trans. P. Emad and K. Maly (Bloomington: Indiana University Press, 1999), 288-93; Otto Poeggler, "The Departure of the Last God," part 4, chap. 3, *The Paths of Heidegger's Life and Thought*, trans. J. Bailiff (Amherst, NY: Humanity, 1997).

는 하나님을 반드시 무한한 시간적 존재자로 생각해야 한다고 진술한다. 하이데거는 하나님과 피조물들을 구분하고, 세계 내 존재들의 "실질성"(facticity)을 강조한다. 세계 내 존재들은 존재 및 "신성"(the Divine)과는 존재론적으로 다르다. 그는 종교의 하나님이 능동적으로 그리고 역동적으로 존재와 시간의 "선물" 가운데서 자신을 드러낸다고 주장한다.[12] 존 윌리엄스(John Williams)는 하이데거 신학의 핵심적 특성을 이렇게 요약한다. "하나님의 우선성이 반드시 어떤 제약을 가진다는 점은 틀림없다. 만일 하나님과 사람 사이에 어떠한 진정한 상호 작용이 있어야 한다면, 하나님은 어떤 의미에서 모든 면에서 절대적이 아니라 사람에 대해서 상대적(relative, 관계적)이어야만 한다."[13] 옥덴과 마찬가지로, 윌리엄스는 하이데거의 견해들이 윌리엄 제임스, 화이트헤드, 하트숀의 "범재신론적 미국 신학"과 조화를 이룬다고 본다. 존 맥쿼리도 마찬가지로 하이데거의 신관이 범재신론적이라고 결론을 내린다.[14]

하이데거가 셸링에게 크게 빚지고 있으며 뵈메에게는 간접적으로 빚지고 있다는 사실은 하이데거의 범재신론에 대한 상황적 증거다.[15] 하이데거의 기본적인 용어 대부분은 셸링에게서 직접 나왔다. 예를 들어, "존재와 현존재"(Sein und Dasein), "무"(das Nichtige), "무근거"(Ungrund)뿐 아니라, "던져짐, 기투"(Geworfenheit), "퇴락성/빠져 있음"(Verfallenheit), "본래성"(Eigentlichkeit), "역사성"(Geschichtlichkeit), 인간 실존의 "역운"(Geschick, 운명) 등이 있다. 이 유산은 아주 강력해서 하이데거의 철학은 셸링의 명시적인 종교 언어 없이 셸링의 인격적-역사적 범재신론을 20세기에 채택한 것으로 읽혀질 수 있을 정도다.

---

12 Macquarrie, "Being and Giving"; John Caputo, "Heidegger's Gods," chap. 9, *Demythologizing Heidegger* (Bloomington: Indiana University Press, 1993).
13 John Williams, *Martin Heidegger's Philosophy of Religion* ([Toronto?]: Canadian Corporation for Studies in Religion, 1977), 148.
14 Macquarrie, *Heidegger and Christianity*, 99-100.
15 Martin Heidegger, *Schelling's Treatise on the Essence of Human Freedom*, trans. Joan Stambaugh (Athens, OH: Ohio University Press, 1985). Caputo, *The Mystical Element in Heidegger's Thought*, 98.

뵈메와 셸링을 따라서, 하이데거는 신플라톤주의 전통에 서 있다.[16] 하이데거는 하나님이 존재를 초월한다고 주장한다. 에리우게나와 더불어서, 하이데거는 인간 세계가 하나님의 본질적인 자기 계시라고 주장한다. 초연한 내맡김(Gelassenheit)—존재에 대한 열림—이라는 하이데거의 개념은 그의 마이스터 에크하르트 연구에서 직접 왔다.[17] 역사적 관점에서, 하이데거는 베르그송의 견해와 유사한 시간과 존재에 대한 역동적인 인간 중심적 견해를 가진 현대 신플라톤주의자다.[18] 모든 것을 고려해볼 때, 그는 암묵적인 역동적 범재신론자다.

한스-게오르크 가다머

교회에는 적극적으로 출석하지 않던 루터교 신자였던 한스-게오르크 가다머(Hans-Georg Gadamer, 1900-2003년)는 "사라져버린 하나님에 대한 기원"이라는 제목으로 하이데거에 대한 기념 연설을 행했다.[19] 이 연설은 철학적 신학에 대한 가다머의 관심을 시사해준다. 헤겔과 하이데거의 전통 속에 있는 가다머의 해석학은 실재의 존재론적 구조가 언어적이라는 원리를 기반으로 삼고 있다. "이해될 수 있는 존재는 언어다."[20] 인간 실존의 언어적 성격은 그저 유한한 것이 아니다. 그 언어적 성격은, 기독교 전통이 세계를 창조하고 예수 그리스도 안에 성육한 신적 말씀으로 상징화하는

---

16 Macquarrie, *Heidegger and Christianity*, 98-99; John Macquarrie, *In Search of Deity: An Essay in Dialectical Theism*, Gifford Lectures, 1983 (New York: Crossroad, 1985), 153-55.

17 George Pattison, "Mysticism," *The Routledge Philosophy Guide Book to the Later Heidegger* (New York: Routledge, 2000), 201.

18 William Blattner, "Heidegger and the Plotinian Tradition," *Heidegger's Temporal Idealism* (Cambridge: Cambridge University Press, 1999), 261-71.

19 Gadamer는 Heidegger의 암묵적인 영성과 신학을 강조한다. 또한 그의 책을 보라. Hans-Georg Gadamer, *Heidegger's Ways*, trans. John Stanley (Albany: State University of New York Press, 1994), 특히, "Being Spirit of God," chap. 15.

20 Hans-Georg Gadamer, *Truth and Method*, trans. J. Weinsheimer and D. Marshall, 2nd rev. ed. (New York: Crossroad, 1989), 427. Patricia A. Johnson, "Gadamer: Incarnation, Finitude, and the Experience of Divine Infinitude," *Faith and Philosophy* 10/4 (1993): 539-52을 보라.

것에 참여함으로써 구성된다.²¹ 세계는 신적 존재의 본성적 표현이다. 신적 존재는 본질적으로 말씀이며, 자체를 표현하는 것이 영원한 말씀의 본성이기 때문이다. 말씀은 표현되지 않은 생각이 아니다. 말씀은 "그 드러냄 안에서 그 존재를 갖는다. 정확히 똑같은 점이 삼위일체의 신비에도 해당한다."²² 삼위일체 안에서 그리고 세계 안에서도 하나님의 깊이들을 드러내는 것이 신적 말씀의 본질이다. 가다머의 해석학적 존재론은 에리우게나, 니콜라우스 쿠자누스, 뵈메, 셸링의 범재신론 전통에 근거해 있는 것으로 여겨진다.

가다머의 암묵적인 범재신론은 더 나아가 하나님의 존재의 역사가 인간이 그 근거와 관련해서 자신의 세계 내적 존재성을 언어화하는 역사를 포함하고 있다는 그의 견해에 드러나 있다. 신의 본래적 발화(the authentic speaking of the divine)의 역사는 영원한 말씀의 점진적인 자기 계시다. 따라서 하나님의 존재는 언어와 마찬가지로 시간적이며 점진적이다. 가다머는 하나님이 현실화하시며 그렇게 함으로써 종교 언어와 상징들을 통해서 자신을 현시하신다는 셸링의 견해를 채택한다. 가다머의 말씀을 기반에 둔 철학은 에른스트 푹스(Ernst Fuchs), 게르하르트 에벨링(Gerhard Ebeling), 존 도미닉 크로산(John Dominic Crossan) 등이 발전시킨 "신해석학"(new hermeneutics)의 신학에 자극을 주었다.²³

---

21 Gadamer, *Truth and Method*, 420: "언어가 가지고 있는 더 큰 기적은 말씀이 육신이 되어 외형적 존재자로 나타난다는 사실에 있는 것이 아니라 발화(utterance) 가운데서 창발하며 그 자체를 외현화하는 것이 언제나 이미 하나의 말(a word)이라는 사실이다.…말씀이 영원부터 하나님과 함께 있다."
22 앞의 책, 421. Jens Zimmermann, "Gadamer's Philosophical Hermeneutics," chap. 5, *Recovering Theological Hermeneutics* (Grand Rapids: Baker, 2004), 169-73)를 보라. 그는 Gadamer의 언어와 삼위일체의 상호 관련이 Nicholas of Cusa를 따른다는 점을 지적한다.
23 Anthony Thiselton, "The Later Heidegger, Gadamer, and the New Hermeneutics," part 12, *The Two Horizons* (Grand Rapids: Eerdmans, 1980).

니콜라이 베르댜예프

니콜라이 베르댜예프(Nikolai Berdyaev, 1874-1948년)는 귀족 출신으로 철학을 공부하고 마르크스주의를 수용했으며, 러시아 정교회 신자가 되었고, 1922년에 소련에서 추방당해 마지막으로 파리에 정착했다. 베르댜예프의 철학은 공산주의, 그리고 계몽주의적 개인주의에 대한 반대를 목적으로 한 것으로 사람들과 하나님 사이의 상호 인격적인 사귐과 유대를 강조하는 일종의 기독교 실존주의다.

베르댜예프는 세르게이 불가코프(Sergei Bulgakov, 1870-1944년)의 영향을 깊이 받았다. 불가코프는 경제학자였다가 정교회 사제가 되고 신학자가 된 사람이다. 삼위일체적 범재신론자인 불가코프는 삼위일체의 내적 공동체성과 창조와 세계의 구속 가운데서의 그 표현에 대한 베르댜예프의 넓은 사상에 직접적인 영감을 주었다.²⁴ 러시아 정교회 신학에 덧붙여서, 베르댜예프는 기독교 신플라톤주의와 독일 관념론이라는 폭넓은 전통으로부터 영감을 끌어온다. 그는 에크하르트, 니콜라우스 쿠자누스, 헤겔, 셸링, 베르그송, 부버에게 크게 호소하고 있으며, 뵈메에 대한 연구를 출간하기도 했다.²⁵ 베르댜예프는 자체 안에 신적 인간성(divine humanity)을 포함하고 있는 영원한 삼위일체가 그 자체를 우주와 인류 가운데서 표출하며, 그리스도의 성육신으로 절정을 이루고, 인류가 하나님 안에서 종말론적으로 신형(deiformity, 神形)을 이루는 데서 정점에 달한다는 범재신론을 제시한다.²⁶

---

24 Michael Aksionov Meerson, "Sergius Bulgakov's Trinitarian Synthesis," *The Trinity of Love in Modern Russian Theology* (Quincy, IL: Franciscan, 1998), 158-87. Bulgakov는 삼위일체가 셋(나, 그대, 그)의 우리(a We of three)여야 한다는 Berdyaev의 사상의 원천이다.

25 이를테면, Nikolai Berdyaev, "God, Man, and the God-Man," chap. 6, *Freedom and the Spirit*, trans. O. F. Clarke (London: Centenary, 1935)를 보라. "The Origin of Good and Evil," *The Destiny of Man*, trans. Natalie Duddington (London: Geoffrey Bles, 1937), 29은 Böhme에 대한 그의 작품을 지적한다. 또한 Michel Vallon, "The Divine Mystery: From No-thing to All Things," part 2, chap. 1, *An Apostle of Freedom: Life and Teachings of Nicolas Berdyaev* (New York: Philosophical Library, 1960); Meerson, "Berdyaev: Christian Mysticism Grounds the Doctrine of God's Humanity," chap. 5, *Trinity of Love*를 보라.

베르댜예프는 하나님이 절대적인 동시에 인격적이라고 주장한다. 절대적인 분으로서 하나님은 정태적이 아니라 자유와 결정, 존재와 비존재[우어그룬트(Urgrund)와 운그룬트(Ungrund)]의 영원한 역동적 연합이다.[27] 인격적인 분으로서 하나님은 세 위격이어야 한다. 하나의 "나"가 공동체가 되기 위해서는 "너"와 "그"를 요청하기 때문이다. 삼위일체의 페리코레시스(perichoresis, 상호 내주, 상호 교통, 상통)적 사랑 가운데서 하나님은 모든 대립자들을 일치시키는 동일성(the identity)이시다.[28] 그러나 영원한 아들은 단순히 신성하지 않다. 그는 "신성하며 절대적인 사람, 신-인(God-Man), 우리의 자연사적 세계 가운데 있는 지상에서만이 아니라 삼위일체의 신적 실체 안에서 하늘에서도 그러하신 분"이다.[29] 하나님 안에 있는 그 사람은 어째서 인간이 하나님의 형상(icon)이며, 어째서 신-인으로서의 그리스도의 성육신이 형이상학적인 수수께끼가 아닌지, 그리고 어째서 인간의 최종적인 신적 형태가 신적 본성이나 인간의 본성을 약화시키지 않는지를 보여준다.

베르댜예프는 창조가 "자유와 사랑의 신비로서, 절대자의 내적 생명 안에서의 신적 삼위일체의 실현"이라고 믿는다. 하나님은 자기의 사랑을 표현하며, 인간의 자유를 통해서 자신의 원망(願望, longing)을 성취한다. 베르댜예프는 뵈메와 셸링에게 동의하여 자유가 하나님의 통제조차도 넘어선 신성의 영원한 요소(Ungrund)로 본다. "창조주 하나님은 존재에 대해서는 절대적 권세지만, 자유에 대해서는 그렇지 않다.…이것이 바로 세상 가운데 비극과 악이 있는 이유다." 인간이 행하는 자유는 창조의 현실화이며, 불가피하게 악을 유발하는 하나님으로부터의 "타락"이다. 세계는 하나님의 실현이기 때문에, "하나님 안에는 비극적 갈등이 현존한다. 그것이 바로 야콥 뵈메가 신들의 발생 과정(the theogonic process),…심연(Ungrund, 혼돈,

---

26 정교회 신학에서 구속함을 받은 인간들은 궁극적으로 "신적 형상"(deiform)이 된다. 그들의 인간적 본성은 신이 됨이 없이 가능한 한 온전히 신적 본성에 준하도록 증강된다.
27 Berdyaev, "The Origin of Good and Evil," 28-30; 또한 Vallon, "The Divine Mystery," 149-53을 보라.
28 Meerson, "Berdyaev," 140-8. Florensky와 Bulgakov는 이미 이러한 사상을 발전시켰다.
29 Berdyaev, "God, Man, and the God-Man," 198.

무저갱)으로부터의 신의 영구적 출생이라 부르는 것이다." 베르댜예프는 뵈메와 셸링을 추종하여 자유와 타락에 대한 이 견해가 "하나님이 악에 대한 책임이 없게끔 만들면서 악을 이해할 수 있는 유일한 길"이라고 믿는다.[30]

그러나 하나님은 악을 극복하는 일에 앞장서신다. 우리 인간들은 "하나님 역시 악 가운데서 고통을 당하시기 때문에" 악을 견딜 수 있다. "하나님은 자기의 피조물들의 운명을 나누어 가지신다. 하나님은 자신이 사랑하고 열망하는 세상을 위해, 사람을 위해 자신을 희생하신다." 뵈메 및 셸링과 같이, 베르댜예프는 신-인 협동이 궁극적으로 그 나라를 가져올 것이라고 긍정한다.[31] 신-인 노력의 효과는 상호적이다. "하나님의 내면의 삶은 사람에 의해서, 그리고 세상에 의해서 실현된다. 사람과 세상의 내면 생활은 하나님에 의해서 실현된다." 종말론적으로 절정에 달하는 것은 영원히 본질적인 것의 충만한 현실태다. 그것은 사람이 하나님 안에, 그리고 사람 안에 하나님이 있는 것이나. 하나님 나라는 하나님과 인류의 날이다. 그 가운데서 하나님은 마침내 사람 안에, 그리고 사람은 하나님 안에 존재한다. 그리고 이것이 성령 안에서 실현된다."[32] 베르댜예프의 신학은 명확히 역동적인 삼위일체적 범재신론이다.

---

30 Berdyaev, "Origin of Good and Evil," 29-30.
31 앞의 책, "God, Man, and the God-Man," 197: "무한한 사랑이시며 창조 자체에 대한 신적 계획의 원인이신 하나님 자신의 본성 자체 때문에 하나님 나라는 오직 인간의 협조를 통해서만 그리고 창조세계의 참여를 통해서만, 실현될 수 있다." Moltmann은 Berdyaev의 신학을 사실상 고스란히 채택한다.
32 Berdyaev, "God, Man, and the God-Man," 200, 197.

기독교 전통에 속한 신학자들

윌리엄 템플

윌리엄 템플(William Temple, 1881-1944년)은 교수로 일했던 신학자로 나중에 캔터베리의 주교(영국 성공회의 수장—옮긴이)가 되었다. 기독교 정통성을 옹호하기 위해서, 템플은 당대의 과학과 철학 용어로 자기의 견해들을 표현한다.[33] 이 종합은 그의 기포드 강좌 『자연, 인간, 하나님』(Nature, Man, and God)에서 가장 명확히 나타난다. 여기에서 템플은 화이트헤드의 과정신학과 씨름한다.[34] 템플은 하나님이 세계 과정에 개입하시며, 따라서 하나님이 "원초적"인 동시에 "결과적인 본성"을 소유하신다는 점에 동의한다. 그러나 템플은 화이트헤드가 창조성이 아니라 하나님이 세계의 혁신성의 궁극적 원천이심을 인정하기 위해서 "유기체를 님이 인식"으로 진행했어야 했다고 주장한다.[35]

템플은 우주 과정 가운데서의 하나님의 내재성과 관련하여 한 인격자로서 하나님의 초월성을 강조한다. "하나님은 세계 안에서 활동하신다. 그리고 세계의 과정이 하나님의 활동이다. 그렇지만 하나님은 그 이상이시다. 하나님은 창조주다. 그러므로 세계에 대해 초월하신다." 세계를 창조하는 것이 하나님의 본성이다. "하나님이 존재하고 계시며 창조적이기 때문에, 하나님은 창조해야만 한다. 그러므로 우주는 하나님이 우주를 창조하심으로써만 하나님이 되실 수 있다는 의미에서 우주는 하나님에게 필수적이다." 따라서 하나님은 내재적인 동시에 초월적이다. "내재자로서의 하나

---

33 Joseph Fletcher, "William Temple," *Handbook of Christian Theologians*, ed. M. Marty and D. Peerman, 확대개정판. (Nashville: Abingdon, 1984), 247: "그의 세계관은 화이트헤드의, 그리고 손톤(L. S. Thornton)의 유신론적 과정설과 유사하며, 새뮤얼 알렉산더와 로이드 모건의 창조적 혹은 창발적 진화의 영향이 드러난다."
34 Wiiliam Temple, *Nautre, Man, and God*, Gifford Lectures, 1932-1933, 1933-1934 (London: Macmillan, 1934).
35 앞의 책, 259-60, 436, 448. Hartshorne도 나중에 똑같은 점을 말했다.

님은 세계와 상호 연관적이다. 그러나 그것이 하나님의 본성 전체는 아니다."[36]

창조의 필연성은 신적 창조성의 표현일 뿐 아니라 고난당하시는 그리스도의 사랑에서 절정에 달하는 사랑의 표현이기도 하다. "(만일 기독교 복음이 참이라면) 하나님이 시간의 과정 가운데서 사셨고 고난을 당하셨고 승리하셨다는 사실이 하나님의 영원성에 대해서 우연적인 것이 아니다.…그분의 영원한 존재는 그러한 일의 발생을 불가피하게 만든다." 따라서 템플은 "영원은 역사적인 것에 의해서 영향을 받지 않는다"는 견해를 비기독교적이라고 배격한다. 화이트헤드와 더불어서 템플은 양극적 신학을 주장한다. 하나님은 본성상 영원한 동시에 시간적이시고, 절대적인 동시에 상대적이시고, 필연적인 동시에 우연적이시다. "**영원함은 역사적인 것의 근거다.** 그리고 그 반대는 아니다. **그러나 그 관계는 우연적이 아니라 필연적이다. 우연한 것이 아니라 필수적이다.**"[37]

템플의 신학은 정통 기독교를 위해 과학에 기반을 둔 과정 범재신론을 전유하려는 의미심장한 시도다.

존 로빈슨

존 로빈슨(John A. T. Robinson, 1919-1983년)은 영국 울리치(Woolwich)의 성공회 주교로서 『신에게 솔직히』(Honest to God)라는 책을 써서 1960년대를 떠들썩하게 만든 사람이다.[38] 로빈슨의 목적은 현대인들에게 "기독교를 의미 있게 하고", 그리스도인들을 신학적으로 교육하며, 하나님을 "하늘에

---

36 앞의 책, 269-70. 강좌 10과 11은 내재성과 초월성을 다룬다.
37 앞의 책, 448.
38 David Edwards, ed., *The Honest to God Debate* (Philadelphia: Westminster, 1963); Stanley J. Grenz and Roger E. Olson, *Twentieth-Century Theology: God and the World in a Transitional Age* (Downers Grove, IL: InterVarsity, 1992), 161-64.

있는 노인"으로 보는 어린애 같은 견해를 축출하기 위한 것이다. 『신에게 솔직히』의 전략은 "전통적인 정통 초자연주의"를 버리고, 틸리히가 제시한 범재신론의 대중화된 버전을 따라서 예수 그리스도와 기독교를 재해석하자는 것이다.[39] 뒤이어 출간된 책 『하나님에 대한 탐구』(Exploration into God)는 테이야르 드 샤르댕으로 전환한다.[40]

『신에게 솔직히』에서 로빈슨은 자신이 "눈뜨게 된 일"에 대해 틸리히의 설교 「존재의 깊이」 덕분으로 돌린다. 로빈슨은 틸리히의 『조직신학』과 『존재의 용기』를 인용하면서, 유신론의 종말을 선언하고, 우리 존재의 근거를 가지고서 유신론을 대체한다.[41] 로빈슨은 신적 초월성을 반대하는 것이 아니라 그것을 "깊이"라는 말로 재정의하는 것이라고 주장한다. 그의 설명은 틸리히에게서 직접 온 것이다. 하나님은 "또 하나의 존재가…**절대로 아니다**." 하나님은 "모든 존재의, 우리의 궁극적 관심의, 다함없는 깊이이며 의미", "우리의 모든 실존의 창조적 근거이자 의미"다. 하나님의 영과 사랑은 우리의 개별 실존을 "하나님 안에 있는 모든 존재의 끝을 알 수 없는 심연"으로 연결시켜준다.[42] 로빈슨은 『신에게 솔직히』에서 범재신론이라는 용어를 사용하지 않고, 자신을 "자연주의와 초자연주의의 사이"에 그리고 "유신론과 범신론의 사이"에 위치시킨다.[43]

『하나님에 대한 탐구』에서는 "'범재신론'…하나님이 만물 안에 있고 만물이 하나님 안에 있다는 견해"를 명시적으로 인정한다.[44] 로빈슨은 틸리히의 신학과 종교의 "세상적 성격"(worldliness)에 대한 1960년대의 강조를 유지하면서 "인격자로서의 하나님"을 보존하고자 노력한다.[45] 로빈슨은 "테이야르 드 샤르댕의 세상적인 신비주의에서" 그 해결책을 발견한다. 그

---

39 John A. T. Robinson, *Honest to God* (Philadelphia: Westminster, 1962), 17, 13, 8.
40 John A. T. Robinson, *Exploration into God* (Stanford, CA: Stanford University Press, 1967).
41 Robinson, *Honest to God*, 21-22. "The End of Theism" 및 "The Ground of Our Being"은 각 장의 제목이다.
42 앞의 책, 46-47, 60.
43 앞의 책, 127-33.
44 Robinson, *Exploration into God*, 86-87; 또 92과 160-161.
45 앞의 책, "Prologue: Quest for the Personal."

것은 "범신론적 일원론"과 "유신론적 이원론" 사이에 있는 대안을 제공한다.[46] 범재신론을 모델로 해서, 로빈슨은 세력장(force field) 사상을 도입한다. 그것은 "물리학자가 자력장에 대해 말하는 것과 같은 신적 장(the divine field, 신적 마당)이다."[47] 그는 이 사상을 하나님과 세계를 일종의 "나와 너의 연쇄"(I-Thou nexus)로 보는 마르틴 부버의 견해와 혼합한다(부버의 I-Thou를 보통 "나와 너"로 옮기는데, 오히려 "나와 님"이 원래 의미에 더 가깝다―옮긴이). 그러므로 신적 장으로서 하나님 안에서 모든 유한한 인격자들이 사랑 가운데서 서로 연결될 수 있다. "개별 실체들 가운데 있는 최상의 군주적 존재로서의 어떤 하나님의 관점에서가 아니라, 유한한 그대들(Thous, 님들)이 전적으로 인격화되는 사랑의 자유 가운데서 자신들의 본상태를 구성하는 그러한 신적 '장'(a divine field)의 관점에서 실재 전체를 궁극적으로 보아야 한다." 그 "아주 대담한 비전"이 테이야르의 "종말론적 범재신론"이라고 로빈슨은 주장한다. 거기에서 하나님은 "중심들의 중심"이다.[48] 그러나 테이야르에게 공정을 기하자면, 로빈슨의 "신적 장"은 그 자체가 인격적이지는 않다는 점을 지적해야 할 것이다. 오히려 신적 장은 인간들에게 상호 인격적인 관계를 가능하게 만들어주는 기반적인 힘의 컨텍스트(the grounding power context)다. 테이야르의 하나님은 좀더 전통적인 의미에서 삼위일체적으로 인격적(triunely personal)이다.[49]

존 맥쿼리

존 맥쿼리(John Macquarrie, 1919년 생)는 영국 성공회 신학자로 옥스퍼드 대학교의 크라이스트처치 칼리지(Christ Church College) 신학부 교수

---

46 앞의 책, 88.
47 앞의 책, chap. 5, "The Divine Field."
48 앞의 책, 159-60.
49 앞의 제6장에 있는 Teilhard에 대한 논의를 보라.

로 은퇴했다.[50] 그의 초기 신학은 실존주의적이다. 그는 계속해서 하이데거에게 큰 빚을 지고 있다.[51] 맥쿼리의 『기독교 신학 원리들』(Principles of Christian Theology)은 명백히 범재신론적이다. 맥쿼리의 기포드 강좌인 『신성에 대한 탐구』(In Search of Deity)는 "변증법적 유신론"을 제시한다. 그것은 더욱 정교한 범재신론이다. 이 두 권에 대해 각각 간략하게 살펴보도록 하겠다.

『기독교 신학 원리들』에서 하나님을 가리키는 맥쿼리의 명확한 용어는 "거룩한 존재"(Holy Being)다.[52] 맥쿼리는 하이데거를 따라서, 거룩한 존재가 하나의 존재자(a being), 즉 최상의 존재자(the Supreme Being)임을 부인한다. 하나님은 분명히 고전적 유신론이 말하는 자충족적이며 초월적인 군주가 아니다. 그 대신 "존재(Being)는 언제나 생성(Becoming)을 내포한다. 그리고 존재의 본질은 있게 하는 역동적 행위(the dynamic act of letting-be)다." 존재는 실존의 역동적인 힘이며, 존재자들로 하여금 존재하게 하는 힘이다. 이 힘이 세계와는 다른 본성에 속한다는 점에서 하나님은 초월적이다. 이 힘은 세계에 선행하며, 그래서 세계는 이 힘에 의존한다. 그러나 하나님은 또한 본질적으로 내재적이다. 존재의 힘으로서 하나님 그 자신은 "실존하지" 않는다. "존재자들을 떠나서는 존재가 전혀 있을 수 없다." 존재자들에게 힘을 부여해주는 것이 하나님의 본성이다. "창조하는 것이 바로 그의 본질(있게 함)에 속한다." 그러므로 어떤 세계가 반드시 존재해야 한다. 사실상 "하나님은 세계를 떠나서는 생각될 수 없다." 또한 하나님과 세계와의 관계는 어떤 점들에서 "대칭적이며 상호적이다." "하나님은 세계에

---

50 Eugene Long, *Existence, Being, and God: An Introduction to the Philosophical Theology of John Macquarrie* (New York: Paragon House, 1985); Georgina Morley, *The Grace of Being: John Macquarrie's Natural Theology* (Bristol, IN: Wyndham Hall, 2001); Owen Cummings, *John Macquarrie, a Master of Theology* (New York and Mahwah, NJ: Paulist, 2002).

51 다른 여러 작품들 가운데 John Macquarrie는 Heidegger의 *Being and Time*을 번역했으며, *An Existentialist Theology: A Comparison of Heidegger and Bultmann* (London: SCM, 1955), 및 *Heidegger and Christianity: Hensley Henson Lectures, 1993-1994* (New York: Continuum, 1994)을 썼다.

52 John Macquarrie, *Principles of Christian Theology*, 2nd. ed. (New York: Charles Scribner's Sons, 1977). 이 단락에 나오는 모든 언급은 118-22에서 인용.

영향을 주듯 세계에 의해 영향을 받는다. 창조가 위험 부담과 취약성을 안고 있기 때문이다. 하나님은 시간과 역사 위에 있듯이, 그와 마찬가지로 시간과 역사 안에 있다." 자신의 신학에 대해 반성하면서 맥쿼리는 이런 말을 한다. "아마도 내가 전개해왔던 견해는 범재신론적이라고 말할 수 있을 것이다. 그렇지만 그 단어가 중요하지는 않다. 이는 범재신론 그 자체가 사실상 유신론의 다양함에 속하기 때문이다."

따라서 『신성에 대한 탐구』는 범재신론을 받아들이면서도, "변증법적 유신론"이라는 용어를 더 선호한다.[53] 변증법적 유신론은 플로티누스, 디오니시우스, 에리우게나, 니콜라우스 쿠자누스, 라이프니츠, 헤겔, 화이트헤드, 하이데거로 이어져 내려온 암묵적으로 삼위일체적인 전통이다. 맥쿼리는 하나님에 대한 그들의 견해를 각각 제2부에서 제시한다. 제3부는 이 전통에 대한 맥쿼리 자신의 기여에 해당한다. 그는 신적 본성에 본래적이며 신학이 반드시 응성애야만 아는 여섯 개의 변증법적 대립자를 확인한다. 첫째가 존재와 비존재다. 하나님은 물(物)이 아니되[no-thing, 혹은 무(無)이되], 모든 존재의 원천이다. 둘째는 일자와 다자의 대립이다. 이 대립성은 하나님 자신의 삼위일체성과 또한 일자인 하나님/다자인 존재자들의 양극성과 관련되어 있다. 셋째는 하나님의 인식 가능성과 불가해성이다. 넷째는 초월성과 내재성으로서, 맥쿼리의 이전 신학의 주요 주제다. 다섯째는 무감수성과 감수성(부동성과 정념성)이다. 여기에서 맥쿼리는 하나님이 피조물들에 의해서 영향을 받으며, 그러므로 고통을 당하신다는 자신의 견해를 재확인한다. 여섯째 양극성은 하나님이 영원한 동시에 시간적이시라는 것이다. 하나님은 이러한 모든 대립성들의 통일이기 때문에 양극적이다.

정리하자면, 맥쿼리의 신학은 하이데거의 존재론을 활용한 기독교 신플라톤주의 전통의 현대적 표현이다. 그러므로 그것은 틸리히 및 로빈슨

---

53 Macquarrie, *In Search of Deity*, 54: "비록 내가 이미 정립되어 있는 그 입장에 대해 상당히 동정적인 것이 틀림없는 사실이지만, 나는 '범재신론'이라는 용어를 많이 사용할 뜻이 없다.…나는 '변증법적 유신론'이라는 용어를 더 선호한다."

의 범재신론과 매우 유사한 범재신론이다.[54]

칼 라너

칼 라너(카를 라너, Karl Rahner, 1904-1984년)는 아마도 20세기의 가장 영향력 있는 가톨릭 신학자일 것이다. 그가 차지하는 자리는 이미 제2차 바티칸 공의회에서 확연히 입증되었다.[55] 라너의 글들은 아주 방대하고도 난해하다. 그래서 우리는 주로 라너의 마지막 정리인 『기독교 신앙의 토대들』(Foundations of Christian Faith)에 의존해서 논하고자 한다.[56] 라너의 신학의 기본 주조는 암묵적으로 범재신론적이다. 그러나 그는 이 입장에 명시적으로 동조하지는 않는다. 우리는 그의 인간학, 삼위일체론, 성육신 신학과 관련해서 이 함의를 고찰하도록 하겠다.

하이데거에게서 배운 라너는, 자신의 신학적 인간학의 출발점으로 인간 실존에 대한 하이데거의 분석을 사용한다. 하이데거는 "실존 범주"(existentials, 실존태)라 일컫는 세계-내-존재로서 인간의 존재론적 구조를 밝혔다. 라너는 하나님과 세계-내-존재를 잇는 "초자연적인 실존 범주(existential)"를 덧붙인다. 초자연적인 실존 범주는 비록 존재론적으로는 인간 실존을 구성하고 있지만, 인간 본성의 일부가 아니라 초자연적으로 그 본성에 덧붙여진다. 그것은 모든 인간 실존 안에 있는 무한한 근거로서 하나님의 현존이다. 따라서 그것은 "모든 가능한 대상들을 향해 나아가는 인간 본성에 선험적으로 주어진 영의 역동적 자기 운동의 힘"을 제공해준다.

---

54 앞의 책, 163은 그만큼을 함축하고 있다. 그는 Heidegger가 "틸리히가 가르친 것과 매우 유사한 신론을 갖고 있다. 아마도 틸리히는 우선 하이데거에게서 그의 존재 개념을 끌어냈던 것으로 보인다"고 제시한다. Macquarrie는 Heidegger에게 훨씬 더 의존한다.
55 Grenz and Olson, Twentieth-Century Theology, 238-54. 239에서 인용. Ann Carr, "Karl Rahner," Handbook of Christian Theologians, ed. Marty and Peerman, 519-42.
56 Karl Rahner, Foundations of Christian Faith: An Introduction to the Idea of Christianity, trans. William Dych (New York: Seabury, 1978).

초자연적인 실존 범주에 덧붙여서, 모든 사람은 암묵적으로 하나님을 만물의 초월적인 근거로 의식한다. 그래서 사람들은 구체적인 신적 계시에 대해 열려 있으며 그에 응답할 진정한 자유를 소유한다.[57] 라너의 초자연적인 실존 범주는 범재신론을 시사한다. 그 이유는 하나님의 실질적인 현존이 인간 실존의 존재론적 구조의 구성 요소이며, 따라서 모든 인간이 존재론적으로 하나님에게 참여한다는 점을 초자연적인 실존 범주가 함의하기 때문이다. 이 주제는 그의 기독론에서 반복되어 나타난다. 이 점을 아래서 살펴볼 것이다.

두 번째 범재신론적 함의는 삼위일체에 대한 라너의 설에 나오는 하나의 공식인 다음과 같은 유명한 "라너의 규칙"(Rahner's Rule)에서 나온다. "'경륜적' 삼위일체가 '내재적' 삼위일체며, '내재적' 삼위일체가 '경륜적' 삼위일체다."[58] 진술된 그대로의 그 규칙은 모호하다. 그 말은 영원하신 삼위일체 하나님 자신이 세계를 창조하고 구속하는 일에 활동적이시라는 뜻일 수도 있다. 그러나 그 규칙을 다시 읽어보면, 내재적 삼위일체와 경륜적 삼위일체를 너무나 밀접하게 동일시하여 서로 다른 편 없이는 존재할 수 없다는 식으로 읽을 수도 있다. 성육신 없이는 성부와 성자도 없고, 세계 없이는 하나님도 없다는 것이다. 그럴 경우 그 규칙은 헤겔이 가르쳤던 바, 즉 내재적 삼위일체가 그 자체를 경륜적 삼위일체로서 역사 가운데 현실화시키는 것이 필수적이라는 함의를 갖는다.[59] 강력한 동일시에 해당하는 이 후자의 읽기는 곧 제시될 라너의 성육신론에 의해 확인되고 있다.

성육신에 대한 라너의 설명은 인간과 삼위일체에 대한 그의 관점을 한 군데로 모은다. 예수 그리스도는 모든 인간들 가운데서의 하나님의 초자

---

57 Karl Rahner, *Hearers of the Word*, trans. Michael Richards (New York: Herder and Herder, 1969), 59. 그 내용은 Rahner, "The Hearers of the Message," part 1, *Foundations*에 정리되어 있다.
58 Karl Rahner, *The Trinity*, trans. Joseph Donceel (New York: Herder and Herder, 1970), 21-22. 그리고 그 후에 정교화되었다. "경륜적 삼위일체"는 세계를 향한 삼위일체의 행위들을 가리킨다. "내재적 삼위일체"는 자신 안에서의 삼위일체적인 하나님을 말한다.
59 Moltmann, Pannenberg 및 여타의 신학자들이 이 강한 의미에서 "라너의 규칙"을 취한다.

연적-실존적 자기 전달의 "절정"이다.[60] 예수 그리스도는 신-인(the God-Man)이며, 인간 본성과 하나님의 인류에 대한 자기 전달의 변증법적 통일이며 성취다. 라너는 테이야르 드 샤르댕과 아주 흡사한 우주 진화 신학의 맥락에서 성육신을 설명한다. "신-인은 세계의 자기 초월 운동이 하나님의 신비에 절대적으로 근사하게 움직여가는 애초의 시작이며 확고한 승리다." 테이야르의 용어를 사용해서, 라너는 인간의 완성을 목표로 한 우주의 역사를 하나님이 "인간의 가장 내면에 있는 생명"이 되는 진화 과정으로 기술한다. 하나님의 영은 세계에 활력을 주는 힘(영혼)이다. 절대적 근거로서 하나님은 "그에 의해서 기반을 잡고 있는 것[우주]에 대해서 즉시 내면적이 된다."[61] 라너의 우주적-성육신적 범재신론은 테이야르의 범재신론과 매우 비슷하다.

라너는 하나님의 본성과 속성들 안에 있는 이중성을 인정한다. 예를 들어 유한과 무한은 하나님 안에서 변증법적으로 연합되어 있다. "유한은 더 이상 무한의 반대 가운데 있지 않다. 유한이 바로 무한 자체가 된 것이다." 마찬가지로 하나님의 불변성은 성육신과 관련된 "변증법적 주장"이다. "자신의 불변성 가운데 그리고 그 불변성에도 불구하고, 하나님은 참으로 무엇인가가 될 수 있다. 그 자신, 곧 시간 안에 있는 그가 될 수 있다."[62] 따라서 하나님은 불변적인 동시에 변화한다.

마찬가지로 신적 의지는 자유로운 동시에 (자기) 결정적이다. 라너는 창조세계 안에서의 하나님의 자유와 은혜를 빈번하게 강조한다. 하나님이 무엇인가가 되심은 "그에게 무엇인가가 필요하다는 표시가 아니라 오히려 그의 완전의 높이"를 가리킨다. 그러나 라너는 또한 인간 안에서의 하나님의 자기 표현이 하나님의 영원한 본성 가운데 있음을 강조한다. 그 본성은 필연성을 함축한다. "하나님 자신이 사람이며 영원히 그렇게 남아 있다.…

---

60 Rahner, *Foundations*, 176.
61 앞의 책, "Christology within an Evolutionary View of the World," 178-202. 181, 191에서 인용.
62 앞의 책, 226, 221.

사람은 영원히 하나님의 신비의 표현이다. 그 신비의 표현은 영원히 그 근거의 신비에 참여한다."[63] 하나님은 성육신을 그만둘 수 없었다. 이는 성육신이 하나님의 본성의 영원한 표현이기 때문이다. 정리하자면, 우주와 인간(인류) 및 성육신의 실존은 하나님에게 본성적이며 불가피하다. 그리고 그것들은 하나님 안에 참여한다. 이 결과는 라너의 규칙에 대한 좀더 강력한 해석을 확증해준다. 즉 내재적 삼위일체와 경륜적 삼위일체는 본질적으로 필연적으로 동일하다.

라너의 신론, 삼위일체론, 성육신론, 인간론은 다 함께 역동적 범재신론을 함의하고 있다.[64]

한스 큉

한스 큉(Hans Küng, 1928년 생)은 잘 알려진 진보적 로마 가톨릭 신학자로, 로마 교회의 권위와 그 가르침 몇 가지에 대해 노골적으로 표출한 견해들 때문에 권징을 받았다.[65] 능력 있는 학자이자 다작가로서 큉은 헤겔과 테이야르에 의해 형성된 기독교 범재신론의 관점에서 신학과 윤리학, 종교 간의 대화 분야에 속한 광범위한 쟁점들에 대해 언급해왔다.

큉이 헤겔에게 진 빚은 대작 『하나님의 성육신』(The Incarnation of God, 1970년)에 이미 명백히 나타나 있다. 큉은 하나님에 대해 좀더 인격적인 견해를 갖고 있지만, 그리스도의 성육신 안에서 이루어진 신적 자기 부정이라는 헤겔의 견해뿐 아니라, 세계에 대한 하나님의 관계를 차이 안에서의 동일성(identity-in-difference)으로 보는 헤겔의 변증법적 견해를 채택한다.

---

63 앞의 책, 221-22, 225.
64 Grenz and Olson, *Twentieth-Century Theology*, 254은 "헤겔의 유령"으로서 "그 배경에 범재신론적인 하나님과 창조세계의 상호 의존성이 어른거린다"고 결론 내린다.
65 앞의 책, 254-70; John Kiwiet, "Emerging Leadership," chap. 1, *Hans Küng* (Waco: Word, 1985).

이것이 고전적 유신론이 가지고 있는 "정태적" 하나님을 넘어서면서도 내재성과 초월성을 함께 보존시킨다고 큉은 생각한다. "하나님의 역사성에 관해서는 '헤겔을 결코 버릴 수 없다.'"[66]

큉의 1974년 베스트셀러인 『왜 그리스도인인가』(On Being a Christian)는 신학이 "진정으로 변증법적 방식으로" 이루어져야 함을 권한다. "'철학자들의 하나님'은 '이스라엘 그리고 예수의 하나님' 안에서 긍정적으로, 부정적으로, 지고하게—가장 헤겔적인 의미에서—'지양'['cancelled and preserved'(aufgehoben)]되어야 한다."[67]

『신은 존재하는가』(Does God Exist?)는 하나님을 인간의 확실성과 안전에 대해 유일하게 가능한 토대로 보는 믿음을 옹호하는, 현대 사상과의 강력한 변증적인 대화다. "이신론에서부터 범재신론에 이르는" 발전을 추적하면서, 큉은 헤겔과 테이야르, 화이트헤드로부터 주제들을 활용한다. 큉은 "하나님이 이 세계 안에 계시며, 이 세계는 하나님 안에 있다.…하나님은 유한한 것들과 더불어서—실재의 한 부분으로서—(최상의) 유한자일 뿐 아니라 그는 사실상 유한자 속의 무한…절대적-상대적, 여기-내세, 초월-내재, 만물의 중심에, 사람 안에, 인류의 역사 안에, 세계 안에 모든 것을 포용하면서 모든 것 안에 스며드는 가장 실질적인 실재다."[68] 그렇게 해서 하나님은 세계의 고난을 내면화하며 구속한다(redeems).

비기독교 종교들에 큉이 간여했던 일의 토대가 된 『제3천년기를 위한 신학』(Theology for the Third Millennium)에서 큉은 "하나님의 역사성과 세상성"을 어떠한 미래의 신학을 위한 "영구적인 발견들"로 재확인하기 위해서 다

---

66 Hans Küng, *The Incarnation of God: An Introduction to Hegel's Theological Thought as Prolegomena to a Future Christology*, trans. J. R. Stephenson (New York: Crossroad, 1987), 479. Alrah Pitchers, "Hegel as a Point of Departure for Küng's Christology," chap. 1, 및 "The Historicity of God," chap. 5.2, *The Christology of Hans Küng: A Critical Examination* (Bern: Peter Lang, 1997); 나중 장은 "The Dialectic in God"이 포함되어 있다.

67 Hans Küng, *On Being a Christian*, trans. Edward Quinn (Garden City, NY: Doubleday, 1976), 309.

68 Hans Küng, *Does God Exist? An Answer for Today*, trans. Edward Quinn (Garden City, NY: Doubleday, 1980), 127-88. 185에서 인용.

른 여러 사람들과 더불어서 헤겔과 하이데거, 화이트헤드에게 호소한다.[69] 큉은 자신이 범재신론자임을 인정한다.

비기독교 범재신론자들

마르틴 부버와 유대교

마르틴 부버(Martin Buber, 1878-1965년)는 평생 하시딤 유대교를 실천했다. 부버는 베를린에서 철학을 공부했으며, 결국 예루살렘 히브리 대학교에서 교수가 되었다. 부버는 종교 사상가로서 국제적인 명성을 누렸으며, 그의 가장 유명한 책 『나와 너』(I and Thou, 1923년)는 틸리히와 베르댜예프를 포함해서 철학자들과 신학자들 사이에 널리 영향을 끼쳤다.[70]

『나와 너』는 최종적으로는 하나님 안에 자연과 인간을 포함시키는 관계적-대화 중심적 존재론을 전개한다.[71] 부버는 두 종류의 기본적인 관계를 맺을 수 있는 인간의 능력에서 시작한다. 그 관계는 나-그것(I-It), 그리고 나-그대(I-Thou, 나-님) 혹은 나-너(I-You)다. "나-그것"의 관계는 타자를 지식과 활용의 대상물로 부르는 것이다. "나-그대"의 관계는 친밀한 인격적 상호성을 허용한다. "경험으로서의 세계는 기본어인 '나-그것'에 속한다. 기본어 '나-너'(나-님)는 관계의 세계를 성립시킨다." 비록 자연이 통상적으로는 일종의 "그것"이지만, "너"(님)가 될 수 있다. 그 영역은 "관계의 세

---

69 Hans Küng, *Theology for the Third Millennium: An Ecumenical View*, trans. Peter Heinegg (New York: Doubleday, 1988), 162-63.
70 Donald Moore, "Martin Buber: A Biographical Portrait," *Martin Buber: Prophet of Religious Secularism*, 2nd ed. (New York: Fordham University Press, 1996), xviii-xxviii.
71 Martin Buber, *I and Thou*, trans. Walter Kaufmann (New York: Scribner's, 1970); Pedro Sevilla, *God as Person in the Writings of Martin Buber* (Manila: Loyola House of Studies, 1970); Maurice Friedman, *Martin Buber and the Eternal* (New York: Human Sciences, 1986); Pamela Vermes, *Buber* (New York: Grove, 1988); Moore, *Martin Buber*. 53-57.

계가 등장하는 세 영역" 중 첫 번째 영역이다. 두 번째 영역은 사람들과의 삶이다. 거기서는 언어가 공동체의 기본이다. 특히 인격적 말 건네기의 언어인 "너와 나"(님과 나)가 기본이다. "너(님) 관계"의 세 번째 종류는 영적인 존재자들과의 관계다. "모든 너(님) 안에서 우리는, 그 양상에 따라서 모든 영역에 있는 영원한 너(님)에게 말을 건넨다."[72] 우리는 이 세 가지의 모든 영역에서 하나님과 조우할 수 있다.

부버는 자연, 테크놀로지, 언어, 사회 생활과 경제 생활, 예술과 종교 등등에서 다양한 "그것"과 "너"(님)의 관계들을 탐구한다. 각각은 하나님과의 나-너(님) 관계, 곧 전체를 포괄하는 원초적인 나-너(님) 관계를 드러낸다. 다양한 방식으로 부버는 만물이 하나님 안에 있음을 주장한다. "하나님에 대한 관계 안에…모든 것이 포함되어 있다." 따라서 "너(님)를 파악함으로 전부—세계 전부—를 파악한다는 것…하나님 외에는 아무것도 소유하지 않는 것, 그러나 하나님 안에서 모든 것을 파악한다는 것, 그것이 완진한 관계다."[73] 하나님 안에서의 만물의 이 관계는 원초적이며 존재론적이다. 하나님은 자신이 건네는 말로 창조하시기 때문이다. 따라서 부버는 창세기 1장(그리고 요한복음 1장)을 이렇게 풀이한다. "태초에…관계의 선험적인 범주로서…관계가 있다. 바로 본유적인 너(the innate You)다."[74] 그것은 "모든 상태적 관계들을 다 포함하는 절대적 관계"다.[75]

하나님은 내재적인 동시에 초월적이다. "하나님은 '전적 타자'다. 그러나 그는 또한 전적 동일자이기도 하다. 또한 전적인 현존자이기도 하다." 따라서 하나님은 우주를 포용한다, 하지만 우주는 아니다. 마찬가지로 하나님은 나의 자아를 포용하지만, 나의 자아는 아니다."[76] 모든 측면에서 하나님은 세계를 초월하면서 또한 포함한다. 이것은 범재신론을 함축한다.

---

72 Buber, *I and Thou*, 53-37.
73 앞의 책, 127.
74 앞의 책, 78.
75 앞의 책, 129.
76 앞의 책, 127, 143.

또한 부버는 하나님이 세계를 필요로 한다고 말한다. "하나님이 그의 영원한 충만하심 가운데서도 당신을 필요로 한다는 사실을 아십니까? 당신을 말입니다.…당신이 당신 자신이 되기 위해서 당신은 하나님이 필요합니다. 그리고 하나님은 당신을 필요로 합니다."[77] 하나님에게 창조세계가 필요한 이유는 함축되어 있긴 하지만 진술되어 있지는 않다. 하나님이 "절대적인 인격자"시기 때문에, 하나님은 하나의 "너"(님)를 반드시 소유해야 한다. 아마 유대교가 창조 없이는 하나님 안에서 나와 너의 관계를 제공할 삼위일체를 갖지 못할 것이기 때문에, 하나님의 나와 너 관계는 반드시 피조물들과 함께해야 한다고 부버는 결론을 내린다.

"나와 너" 관계의 상호성은 하나님이 그의 피조물들에 의해서 영향을 받는다는 점을 함의한다. 이 역동성은 기도에서 가장 명시적으로 나타난다. "기도에서 사람은…비록 하나님으로부터의 아무런 강요가 없지만, 하나님에 대해 행동한다." 영식인 묵상을 통해서, "우리는 영원히 하나님의 형상을 형성한다."[78] 신-인 협동과 상호성은 너무나 편만해서 우리 인간들이 하나님의 "조수들과 동반자들"로서 신적 창조에 "참여"한다고 부버는 쓴다. 하나님이 피조물들과의 관계 가운데서 발전하기 때문에, 부버는 "살아 계신 하나님의 창발"에 대해 말한다. 하나님의 역사(history)는 인간의 역사와 너무나 밀접하게 묶여 있어서, 부버는 셸링의 말을 떠올리게 하는 말을 한다. "세계는 신의 연극이 아니라 신의 운명이다."[79] 세계에의 참여는 하나님에게 사소한 일이 아니다. 그 일은 그 자신이 전적으로 만들어나가지 않는 운명에 하나님을 던져넣는다.

부버의 『나와 너』는 일종의 범재신론을 제시한다. 그 이론에서 하나님은 우리를 "너"(님)라고 부름으로써 인류와 세계를 초월하는 동시에 포함한다. "너"라는 말은 하나님 존재 자체와 피조물들을 구성하는 영원한 말

---

77 앞의 책, 130.
78 앞의 책, 130-31, 167.
79 앞의 책, 130-31.

로, 인간들은 "너"(님)라는 말로 응답할 수 있는 관계 가운데 있다.[80] 부버의 신학은 우선적으로 하나님과의 대화의 삶을 표현한다. 그것은 하나님에 관한 사상 체계가 아니다. 부버는 히브리 성경의 인격적-언약적 하나님의 살아 있는 관계를 묘사한다.

무하메드 이크발: 이슬람

무하메드 이크발 경(Sir Muhammed Iqbal, 1877-1938년)은 지금은 파키스탄이 된 인도의 한 지역에서 태어났다. 이크발은 독일과 영국에서 공부했으며, 정치적으로나 지성적으로 현대 이슬람 세계관을 발전시키는 데 적극적이었다.[81] 그의 뿌리는 수피 전통(Sufi tradition)에 있다. 거기서는 신비주의가 종종 범신론적으로 구성된다. 알라는 하나다. 알라 이외에는 아무 것도 없다.[82] 그러나 이크발은 서구의 과학과 철학과 대화를 나눈다. 특히 헤겔, 화이트헤드, 베르그송과 대화를 나눈다. 그 대화의 결과가 수피즘(Sufism)과 표준 이슬람 유신론 사이 어딘가에 부합하는 형태의 현대 범재신론이다.[83]

이크발은 알라를 궁극적 자기, 혹은 절대적 자아로 생각한다. 쿠란에 따르면, 알라는 "모든 세계들이 없이도 지낼 수 있다." 그렇지만 자연은 신의 한 측면이다. "마치 성품이 인간 자아에게 그렇듯 자연은…궁극적 자아

---

80 Buber는 Charles Hartshorne and William Reese, *Philosophers Speak of God* (Chicago: University of Chicago Press, 1953), 302-6에 현대 범재신론자로 포함되어 있다.

81 B. A. Dar, "Iqbal, Muhammed," *EncPhil* 4:212-13. 나는 Hartshorne and Reese, *Philosophers Speak of God*, 294-97 덕분에 Iqbal의 범재신론에 대해 알게 되었다. 이들은 Muhammed Iqbal, *The Reconstruction of Religious Thought in Islam* (London: Oxford University Press, 1934)에서 발췌한 글을 담고 있다.

82 William Stoddart, *Sufism* (New York: Paragon House, 1986); Martin Lings, *What Is Sufism?* (Cambridge, UK: Islamic Texts Society, 1993). Titus Burkhardt, *An Introduction to Sufism*, trans. D. M. Matheson (London, San Francisco: Thorsons, 1995)은 전통적인 수피즘이 범신론이 아니라 우리가 말하는 범재신론, 즉 피조물들이 하나님 안에서 실질로 존재한다고 주장한다.

83 M. S. Raschid, *Iqbal's Concept of God* (Boston: Kegan Paul International, 1981).

에 대해 유기적"이다. 자연은 "절대적 자아의 창조적 활동"이며, "그 성장이 전혀 최종적인 외형적 한계에 도달하지 않는 살아 있으며 항상 성장하는 유기체"다. 자연의 유일한 한계는 "전체를 활성화시키고 유지시키는 내재적 자아"다. 따라서 이크발은 하나님과 세계를 무한한 영혼과 유한한 몸으로 그린다.[84] 그는 또한 모든 것이 자아라는 일종의 범심론(panpsychism)을 받아들인다. "신적 에너지의 모든 각 원자는 하나의 자아(ego, 소자아)다."[85] 이 세계와 그 안에 있는, 원자들에서부터 인간들에게까지 이르는, 모든 것은 "소자아-통일체들"(ego-unities)이다.

창조된 소자아들의 자유로운 행위들은 신을 제한한다. "자발적이며, 따라서 예측할 수 없는 행위를 할 힘을 지니고 있는 소자아들의 창발은 어떤 의미에서 모든 것을 내포하고 있는 대자아의 자유에 대한 제약이다." 이것은 형이상학적인 제약이 아니라 "그의 창조적 자유에서부터 탄생한" 신의 선택이다. 신은 유한한 소자아들을 자신의 생명과 힘과 자유의 참여자들이 되도록 선택했다.[86] 그러므로 피조물들은 신의 생성(becoming, 되어감)에 기여한다. 그것은 "그의 존재의 무한한 창조적 가능성들의 실현"이다.[87]

비록 이크발이 때때로 자신을 범신론자로 일컫기는 하지만,[88] 그의 견해는 범재신론적이다.[89] 절대 자아는 유한 자아들의 세계를 포함하되, 그 유한 자아들과는 존재론적으로 구별된다. 유한 자아들의 존재론적 구별됨은 그들의 자발적인 자유에서 명백히 드러난다. 그 자유가 하나님을 제한한다. 그들을 포함시킨 일은 신적 생명의 전개에 대한 참여다.

---

84 Iqbal, *Reconstruction*, 53-54. Hartshorne and Reese, *Philosophers Speak of God*, 294에서 재인용.
85 Iqbal, *Reconstruction*, 68 (Hartshorne and Reese, 296): "궁극적 자아로부터만이 소자아들이 유출한다."
86 Iqbal, *Reconstruction*, 75-76 (Hartshorne and Reese, 296).
87 Iqbal, *Reconstruction*, 61 (Hartshorne and Reese, 295).
88 Raschid, *Iqbal's Concept of God*, 59.
89 앞의 책, chap. 8, "Muslim Panentheism: The Modernist 'Reconstruction' of the Quranic Doctrine by Muhammed Iqbal"; Hartshorne and Reese, *Philosophers Speak of God*, 294-97. Raschid는 Iqbal이 현대 범재신론자라는 점에 대해 Hartshorne과 Reese에게 동의한다. 하지만 이것이 정통 이슬람과 양립할 수 있는지에 대해서는 의견을 달리한다.

사르베팔리 라다크리슈난: 힌두교

사르베팔리 라다크리슈난(Sarvepalli Radhakrishnan, 1888-1975년)은 인도와 옥스퍼드에서 가르쳤던 철학자였으며, 인도의 대통령으로 일했던(1962-1967년) 정치가였다. 힌두교 전통에 푹 젖어 있던 그는 서구 철학 및 비힌두교 종교들과의 공통의 근거를 찾는 범재신론을 발전시켰다.

좀더 정확히 말해서 라다크리슈난은 현재의 실재에 대해서는 범재신론자였으며, 궁극적 실재에 대해서는 범신론적 일원론자였다. 힌두교 전통은 두 견해를 다 포함한다. 위대한 철학자 상카라(Śankara, 788-820년)는 신이 절대적으로 일자이며 모든 구별과 차이는 단지 일시적인 환각일 뿐이라고 가르쳤던 절대 일원론자이자 범신론자였다. 그러나 라마누자(Rāmānuja, 1137년 사망)는 세계가 브라만(신)의 몸이며, 개인의 영혼들은 실재이며, 영혼들은 신 안으로 사라져버리지 않는다고 주장했다. 라다크리슈난은 라마누자를 따라서 시간적 실존에서는 신이 인격적이고 영혼들은 실재적이라고 주장한다. 그러나 궁극적으로 만물은 상카라가 주장했듯이 브라만 안에서 구별될 수 없게 된다.[90] 이 종합은 『생명에 대한 관념론적 견해』(A Idealist View of Life)에 명확히 나타난다. "신은 비록 내재적이지만 종말까지는 세계와 똑같지 않다. 과정을 통과하는 내내 하나님 안에는 아직 실현되지 않은 남은 요소가 있다. 그러나 그 요소는 끝에 이르게 될 때 사라진다.…그와 유기적인 관계에 있는 신은 절대의 배경으로 물러나게 된다."[91] 라다크리슈난은 대부분의 영역에서 범재신론자라 할 수 있으며, 궁극적으로는 범신론자다. 이 두 단계를 각각 살펴보도록 하겠다.

현재의 세계에 관해서, 라다크리슈난은 범재신론자다. 『힌두교의 인생관』(The Hindu View of Life)은 이 점을 분명하게 진술한다. "힌두 사상은 신

---

90 Ninian Smart, "Radhakrishnan, Sarvepalli," *EncPhil* 7:62-63.
91 Sarvepalli Radhakrishnan, *An Idealist View of Life*, Hibbert Lectures, 1929, 2nd ed. (London: Allen and Unwin, 1947), 340.

중을 기해서 신의 초월적 성격을 강조한다.…세계는 신 안에 있지만, 신은 우주 안에 있지 않다. 세계 안에서 우리는 개별자들로서 분리되어 있는 실존을 갖는다."[92] 『생명에 대한 관념론적 견해』에서 그는 플라톤에서부터 헤겔에 이르는 서구 전통과 대화하면서 자신의 생각을 세세히 설명한다. 라다크리슈난은 최근의 진화론 철학자들인 알렉산더, 베르그송, 화이트헤드와 가장 공통점이 많음을 발견한다. 그러나 그는 자신의 라마누자적 입장이 서구 사상 없이 그 자체만으로 성립할 수 있다는 점을 지적한다.

『생명에 대한 관념론적 견해』는 범재신론의 모든 특성들을 긍정한다. 신과 세계는 구별된다. "우주 과정의 완성 때까지, 개별자는 개별로서의 자기의 중심을 보유한다. 그리고 완성은 언제나 개별자를 초월한다. 그래서 신은 개별자에 대해서 언제나 일종의 '타자'다." 라다크리슈난은 신과 세계의 관계를 "유기적"으로, 곧 "몸과 영혼의 관계"로 묘사한다. 우주의 신적 영혼은 시간과 노력과 발전에 참여한다. "갈등과 성장은 신의 삶에서 실제다.…신은 본질적으로 시간 안에서의 삶에 묶여 있다." 신이 모든 것을 결정하지 않지만, 자유로운 피조물들과 협동한다. "신은 마치 어떤 창의적인 천재가 일하듯이 일을 하신다.…그러므로 그 과정 전체에는 어떤 미결정의 요소가 있다."[93] 라다크리슈난은 서구 사상의 용어로 라마누자의 이원론적 힌두교를 출발시키고 있는 범재신론자다.

그러나 궁극적으로 라다크리슈난은 일원론자다. 절대 실재는 신과 세계의 구별을 넘어서서 존재한다. 그 구별은 궁극적으로 초월된다. "우리는 최고자를 우주와 별개로 볼 때는 절대라 부르고, 우주와 관련해서는 신이라 부른다. 절대는 신의 우주 이전의 본성이다. 그리고 신은 우주적 관점에서 볼 때 절대다."[94] 신, 자아, 세계는 절대의 진정한 현시들이다. 그러나 그

---

92 Sarvepalli Radhakrishnan, *The Hindu View of Life* (London: Allen and Unwin; New York: Macmillan, 1927, repr. 1957), 70-71. 재판에서 인용. 그는 이 견해를 Śankara에게 돌리기까지 한다. "상카라는 하나님과 세계의 동일성을 주장하지 않고, 세계의 독립성을 거부할 뿐이다" (66).
93 Radhakrishnan, *The Hindu View of Life*, 342, 338, 340.
94 앞의 책, 345.

들의 구별된 실존의 이유는 미스터리로 남는다. 그래서 절대 안의 모든 차이를 넘어선 그들의 궁극적인 통일이 있다. 정리하자면, 라다크리슈난은 거의 모든 부분에서는 범재신론자이며, 궁극적으로는 범신론자다.[95]

마사오 아베와 앨런 와츠: 선불교

선불교 학자들 역시 서구 범재신론에서 공통 근거를 찾는다. 마사오 아베(Masao Abe, 1915년 생)는 일본 선불교 승려로 "독일 신비주의에서는 신성 혹은 고트하이트(Gottheit)가 마이스터 에크하르트에 의해서 무(Nichts)로, 야콥 뵈메에 의해서 심연(Ungrund, 혼돈, 무저갱)으로 파악되고 있다. 또한 에크하르트와 뵈메에게서 신의 본질은 최고선이 아니라 선과 악 사이에 놓여 있다. 이것은 궁극적 실재에 대한 불교의 이해와 너무나 유사하다"고 관찰한다. 이 유사성을 받아들일 때, 범재신론은 선에 대한 아베의 요약에 뚜렷이 나타난다. "불교의 무(無) 사상은 긍정적이며 역동적인 사상이다.…무 이외에는 아무것도 없다. 여러분과 나, 다른 모든 것이 이 긍정적인 무의 역동적인 구조 안에서 우리의 개별성을 상실하지 않으면서 포함되어 있다."[96] 아베에 따르면, 서구 전통과는 달리 선불교는 비존재에 대한 존재의 승리를 선호하지 않고, 그 둘의 완벽한 균형을 받아들인다.

앨런 와츠(Alan Watts, 1915-1973년)는 성공회 신부였다가 선불교로 전환하여 1960년대에 인기 있는 구루(Guru)가 되었던 사람이다.[97] 자신의 뒤를 이은 존 캅과 한스 큉과 같이, 와츠는 선불교에서 영적인 혈연 관계를 발견

---

95 Hartshorne and Reese, *Philosophers Speak of God*, 306-10은 그의 범신론적 일원론을 간과한다. 반면 M. N. Roy, "Indian Philosophy and Radhakrishnan," *The Philosophy of Sarvepalli Radhakrishnan*, ed. Paul Schilpp (New York: Tudor, 1952), 548은 그의 일원론을 강조하고, 그의 범재신론을 놓치고 있다. "그의 절대 관념론은 현대 학술 철학의 언어로 설파된 샴카라카리아(Samkaracharya)의 스콜라적 철학의 범신론적 일원론이다.
96 Masao Abe, *Zen and Western Thought* (Honolulu: University of Hawaii Press, 1985), 133, 199.
97 Michael Brannigan, *Everywhere and Nowhere: The Path of Alan Watts* (New York: Peter Lang, 1988); David Stuart, *Alan Watts* (Radnor, PA: Chilton, 1976).

한 서구 범재신론자다. 초기 작품인 『영을 보라』(Behold the Spirit)에서 와츠는 신에 대한 모든 것을 포괄하는 견해를 발전시킨다. "만일 신의 통일성이 참으로 모든 것을 포괄하고 이중적이지 않다면, 하나됨(one-ness)만이 아니라 다양성과 구별도 반드시 포함해야 한다. 그렇지 않다면, 다양성의 원리가 반드시 신을 그 자신에 대해 반대되는 것으로 그리고 자신의 바깥에 있는 것으로 대하며 서 있어야 한다." 비록 와츠는 하나(oneness)를 강조했지만, 자신의 입장을 범신론과 거리를 둔다. "이러한 다양성의 포함은 범신론의 신에게는 불가능하다. 그런 신은 실질적인 다양성을 파악할 수 없다. 범신론자의 우주는 **비실재적**(unreal)이다."[98] 『영을 보라』는 범재신론을 함의하고 있지만, 언급하지는 않는다.

『신학을 넘어서』(Beyond Theology)는 명시적으로 범재신론에 동의한다. 그리고 힘의 장(force fields)과 피드백 시스템과 같은 과학적 개념들에 호소한다. "과학에서의 이디언 단일적이며 관계적이며 '장'(場)이라는 식의 사고 방식들은 비이원론적 혹은 범신론적(더 정확히 말해서, '범재신론적') 유형의 형이상학에 막대한 개연성을 제공해준다." 신은 하나의 존재가 아니라 말로 표현할 수 없는 힘, "엄청나게 복잡하며 우주 전체를 구성하고 있는 하나의 통일된 장(a unified field)"이다. 신은 "우리가 느끼는 만물의 저변에 있으며 만물을 생산하는 보이지 않으며 만질 수 없는 근거…어떤 종류의 통일을 시키며 지성이 있는 연속체"다.[100] 그 자신이 가리키듯이, 와츠의 선불교는 범재신론적이다.[101]

---

98 Alan Watts, *Behold the Spirit: A Study in the Necessity of Mystical Religion* (New York: Pantheon, 1947), 141.
99 Toshihiko Izutsu, "The Field Structure of Ultimate Reality," *Toward a Philosophy of Zen Buddhism* (Teheran: Imperial Iranian Academy of Philosophy, 1977), 45-49을 보라.
100 Alan Watts, *Beyond Theology: The Art of Godmanship* (New York: Pantheon, 1964), 228, 222-23. Robinson과 Pannenberg도 장 이론(field theory)을 활용한다.
101 David Clark는 *The Pantheism of Alan Watts* (Downers Grove, IL: InterVarsity, 1978), 15에서 범재신론을 따로 구별되어 있는 범주로서 의식하지 못한 것 같다. "우리가 보는 것은 절대적인 일원론이 아니라 일자와 다자의 원리들이 대립하고 있지만, 단일한 마당에 들어 있는 양극적 대립자들과 같이 서로 연결되어 있는 일종의 범신론이다." 이러한 종류의 범신론을 보통 범재신론이라 일컫는다.

스타호크: 위카 신이교주의

다양한 종류의 범재신론이 대부분의 소위 "새로운 영성"에 함의되어 있다. 이 새로운 영성은 부분적으로 유대교-기독교 유일신론에 선행되는 고대 종교들로의 복귀에 해당한다. 그 예로는 뉴에이지 운동, 힌두교와 불교를 서구식으로 채택한 것, 모든 것을 포괄하는 생명의 힘을 예배하는 고대 애니미즘과 이교주의(paganism)의 새로운 형태들, 그리고 심지어 사이언톨로지(Scientology, 미국에서 1965년에 창설된 신흥 종교―옮긴이)와 같은 몇몇 의사(疑似) 과학적인 영성도 있다.[102]

위카(Wicca, 마술 숭배)는 신-이교주의(neo-paganism)의 한 형태다. 스타호크[Starhawk, 미리엄 사이모스(Miriam Simos)]가 가장 유명한 주창자 중 한 사람이다. 그녀는 그 뿌리를 의식하고 있다. "마법, 마술 숭배(Wicca), 요술이라든지 혹은 약간 더 폭넓은 정의로 이교주의 혹은 신-이교주의라 불리는 옛날 종교는 옛 것이며 또한 새롭게 창안되기도 했다." 그녀는 또한 "소위 마법이라든가 이교주의라든가 다신교라든가 영성이라든가 어떻게 부르든지 간에 켈트나 그리스, 아메리카 원주민, 동양이나 아프리카의 신화에서 나온…내재성의 종교들"과 그 유사성을 인정한다.[103]

스타호크는 마술 숭배가 교리의 체계가 아니라 다양한 의식(儀式, practices)의 집합임을 강조한다. 대부분의 마법사들은 그럼에도 불구하고 신과 세계에 대한 대체적인 견해 하나를 공유하고 있다. 미국 여자 마법사 협회는 "마법사들의 신념의 원칙들"(Principles of Wiccan Belief)을 내놓았다. 그들은 성차(gender, 젠더)를 초월하면서도 우선적으로 젠더의 상호 연관 가운데서 그 자체를 드러내는 단일한 우주의 힘을 인정한다. "우리는 우주 안

---

102 Marilyn Ferguson, "Spiritual Adventure: Connection to the Source," chap. 11, *The Aquarian Conspiracy: Personal and Social Transformation in the 1980s* (Los Angeles: Tarcher, 1980, repr. 1987); George Chryssides, "New Age, Witchcraft, and Paganism," chap. 9, *Exploring New Religions* (New York: Cassell, 1999); Ann Moura, *Origins of Modern Witchcraft: The Evolution of a World Religions* (St. Paul, MN: Llewellyn, 2000).
103 Starhawk, *Dreaming the Dark: Magic, Sex, and Politics* (Boston: Beacon, 1982), xii, 72.

에 있는 창조의 힘이 남성과 여성이라는 양극성을 통해서 현시된다고 생각한다. 그리고 바로 이 창조의 힘이 모든 사람들 안에서 살고 있으며, 남성과 여성의 상호 작용을 통해서 기능한다고 생각한다."[104] 스타호크는 이 신념을 공유한다. 그녀는 우주적인 파워를 생명력과 동일시한다. 생명력은 "모든 것이며, 존재의 서로 엮여 있는 뼈대며, 연결의 그물"이다. 생명력은 성적 차이를 초월하면서 내포하는 원초적인 "여/신"(God/dess)이다. 그러나 비록 스타호크는 신성 안에 있는 젠더의 균형을 인정하기는 하지만, 여성적 측면을 강조한다. 그리하여 "여/신"을 3인칭 여성형 대명사 "그녀"(She)로 언급하고, 마술 숭배(Wicca)를 여신 숭배(Goddess worship)로 장려한다. "그 모든 근저에 있어서, 그것은 자연과 인간과 관계에 내재해 있는 여신과의 관계의 종교다."[105] 여신은 많은 이름을 갖고 있다. 이시스(Isis), 아스다롯(Ashtarte), 이쉬타르(Ishtar, 바벨론의 모신), 소피아, 가이아 등이 그 이름이다. 가이아는 그리스 신화에 나오는 "대지의 어머니"다. 가이아는 하녀, 어머니, 치유자, 노파 등의 많은 역할을 한다. 신은 "그녀의 남성적 측면 혹은…한 번도 깨어지지 않은 하나됨의 다른 축"이다.[106] 그 역시 삶과 죽음의 주기 가운데서 많은 이름과 역할을 갖고 있다.

    스타호크의 설명은 철학적이라기보다는 시적이다. 그래서 그녀의 범재신론은 해명이 필요하다. 첫째, 세계와 신성 둘 다가 실재적(實在的, real)이다. "한 사람의 마법사에게는 세계 자체가 실재적이다. 여신들, 신들은 단지 심리적인 실체들이 아니다. 그들 역시 실재적이다.…내재적 여신은 추상적이지 않다."[107] 둘째, 상호 내재성이 존재한다. 여신은 모든 피조물

---

104 "Principles of Wiccan Belief," *Green Egg* 8/64 (1974): 32. 이것은 1974년 4월 11-14일에 열린 회의에서 채택되었다. Margot Adler, *Drawing Down the Moon: Witches, Goddess-Worshippers, and Other Pagans in American Today*, rev. and expanded ed. (Boston: Beacon, 1986), 102에서 인용.
    모든 위카들이 동의하는 것은 아니다. 전국 공영 방송을 통해 잘 알려진 목소리인 Adler는 다원주의자다. 그녀는 "급진 다신론…실재가 다양하다는 견해"를 신봉한다(*Drawing Down the Moon*, viii).
105 Starhawk, *Dreaming the Dark*, 72, xii. Aida Besançon Spencer, *The Goddess Revival* (Grand Rapids: Baker, 1995)을 보라.
106 Starhawk, *Dreaming the Dark*, 73.

안에서 살아간다. 인간이 어머니들의 자궁에서 나오듯, 피조물들은 원초적 어머니에게서 기원하며 창발한다. 정확히 "우리가 자궁 안에서 우리 어머니들의 에너지 장을 공유"하고 있듯이 우리는 여신 안에서 살아가고 있다. "우리가 빨아들이는 장으로부터 분리되어 하나의 '나됨'(I-ness)에 대한 의식을 발전"시키듯이, 우리는 내재성으로부터 창발한다.[108] 범재신론의 세 번째 측면은 신적 초월성이다. 스타호크는 세계 너머에 있는 초자연적 영역을 인정하지 않지만, 조르다노 브루노처럼 초월성을 세계 안에 있는 내재성의 심연 안에 자리매김한다. 그녀의 신학에서 초월성은 원초적 통일성, "깨어지지 않은 순환", 성적 차이를 넘어선 생명력이다. 이 기본 실재는 존재론적으로 세계 안의 모든 피조물을 발생시키는 힘들의 양극성보다는 훨씬 더 깊다. 그 기본 실재가 그것들의 원천이며, 그것들이 존재하는 컨텍스트다. "여/신"은 초월적이다. 따라서 스타호크는 범재신론이 가지고 있는 모든 본질적인 요소들을 긍정한다.

위카(마술 숭배)는 생명력의 젠더 양극성을 강조하는 여타의 범재신론들과 명백한 유사점을 갖고 있다. 서구 전통에서, 영지주의자들, 뵈메, 셸링, 틸리히, 몰트만, 과정신학자들, 페미니스트 신학자들은 남성성과 여성성을 하나님의 양극적 본성의 기본적 현현으로 본다. 동양에서 도교의 음양, 힌두교와 불교에 있는 유사한 여성-남성 이미지 역시 그런 역할을 한다.

결론

범재신론은 20세기에 들어와 널리 수용되었다. 기독교 서구에서, 범재신론은 주로 장기간 동안 존립해온 신플라톤주의 전통이 다변화된 것이다.

---

107   앞의 책, 73.
108   앞의 책, 74-75.

그러나 범재신론은 또한 비기독교 전통과 비서구 전통들 가운데서도 은연중에 자리 잡고 있었으며, 종교 간의 대화를 통해서 발견되고 있다.[109] 와츠와 같은 서구의 범재신론자들이 실수로 자신들의 범주들을 다른 종교들에게 덧씌운 것이 아니었다. 우리가 살펴본 사람들—이크발, 라다크리슈난, 아베—은 서구 기독교 전통 출신이 아니다. 그렇지만 그들 역시 서구 전통에서 비롯된 범주들을 가지고서 자신들의 암묵적인 범재신론적 신념들을 표명했다.

세계의 범재신론들의 주요 차이점은 신성이 궁극적으로 인격이냐 비인격적이냐 하는 것이다. 유대교, 기독교, 무슬림 전통에서는 인격적 유신론이 지배적이며, 범재신론자들은 인격이라는 범주를 유지하고 있다. 베르댜예프의 삼위일체주의나, 부버의 나와 너 관계, 이크발의 대자아—소자아의 구별이 그 예들이다. 라다크리슈난의 절대자, 와츠의 세력장, 그리고 스타오크의 생명력에서 뚜렷이 드러나듯이, 초기의 종교들 그리고 아시아 종교들에서는 인격 이전의 힘(prepersonal Force)이 지배적이다.

인격적 혹은 비인격적 범재신론은 실재적인 초월적 신성 안에서의 세계의 역동적인 통합을 강조하면서도 세계의 가치와 자유를 긍정하는, 널리 견지되고, 문화를 넘어서는, 서로 다른 종교들을 연결하는 길이다. 범재신론은 다양한 세계 종교들 가운데서 공통의 틀이자 대화의 근간으로 널리 간주되게 되었다.

---

109 Keith Ward, "The World as the Body of God: A Panentheistic Metaphor," *In Whom We Live and Move and Have Our Being: Panentheistic Reflections of God's Presence in a Scientific World*, ed. Philip Clayton and Arthur Peacocke (Grand Rapids: Eerdmans, 2003), 62-72은 범재신론이 서구 사상에서와 마찬가지로 비서구 사상에서도 그 역사를 찾을 수 있다고 주장한다.

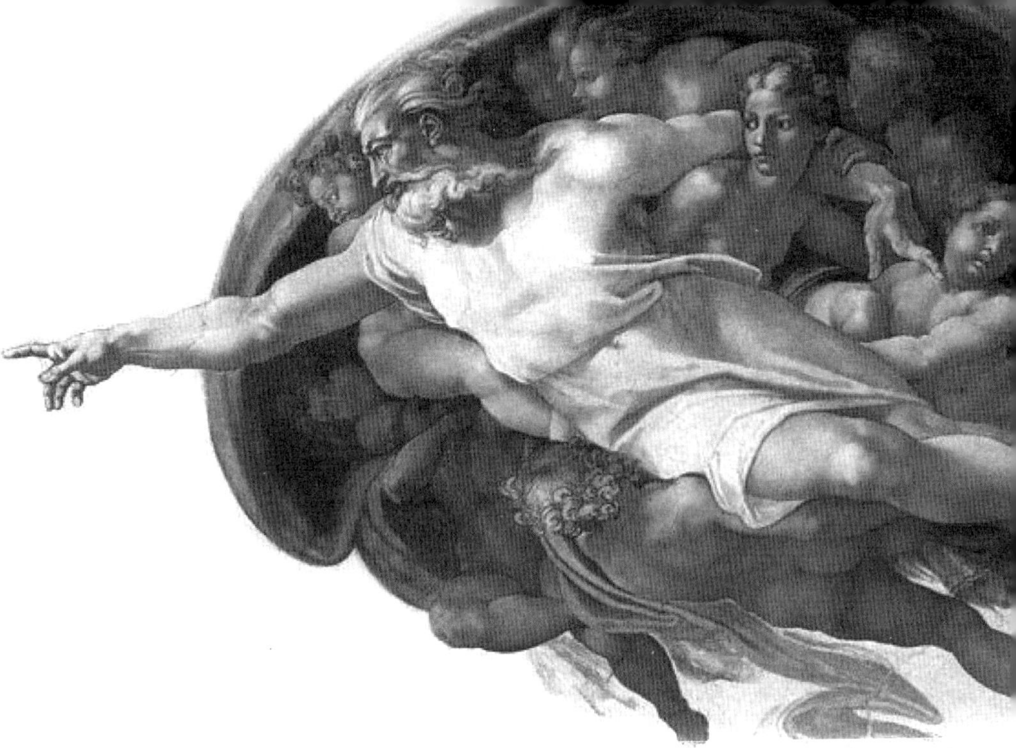

제 10 장

| 몰트만의 상호 내재적 범재신론 |

개관

위르겐 몰트만(Jürgen Moltmann)은 아마도 가장 널리 알려져 있고 가장 인기 있는 현대 개신교 신학자일 것이다. 몰트만의 많은 책들이 여러 언어로 번역되었고, 몰트만은 전 세계를 두루 다니며 강연을 했다. 몰트만은 20세기 후반의 가장 광범위하고 명시적인 범재신론적 기독교 신학을 발전시켰다. 그는 범재신론이 성경의 하나님 및 기독교 신앙을 설명하기에 가장 충실한 현대적 모델이라는 확신 가운데 범재신론을 수용한다. 몰트만이 전개하는 신학의 개요들은 뵈메, 헤겔, 셸링의 변증법적 삼위일체 전통을 반영한다. 몰트만의 범재신론은 **상호 내재적**(perichoretic, 페리코레시스적)이다. 그는 삼위일체의 위격들의 상호 내주를 가리키는 전통적 교리 용어인 페리코레시스(perichoresis, 상호 내재성)를 자기의 존재론으로 삼는다. 몰트만은 그 용어를 삼위일체뿐 아니라 만물에—피조물들의 상호 관계에, 그리고 만물과 하나님과의 관계에—적용한다.

몰트만은 무엇보다도 그리스도인이다. 1926년 독일에서 종교적이지 않은 가정에서 태어난 그는 제2차 세계대전 중 함부르크가 폭격을 당하는 동안에 회심했고, 영국의 한 포로 수용소에서 제자가 되기로 결심했다. 그리고 1952년에 괴팅겐 대학교에서 박사 학위를 획득했다. 그곳에서 몰트만은 칼 바르트, 오토 베버 등의 개혁주의 신학에 깊은 인상을 받았다. 몰트만은 작은 개혁주의 교회에서 목회를 하고 신학교에서 가르쳤다. 그리고 1963년부터 은퇴하기까지는 튀빙겐 대학교의 조직신학 교수로 지냈다.[1]

몰트만의 평생의 프로젝트는 신학의 모든 측면을 하나님 나라의 도래에 연결시키는 것이었다.[2] 몰트만은 세속주의자들과 마르크스주의자들에게 복음을 소개하면서, 바르트의 초자연주의와 불트만의 종교적 실존주의를 반박하고자 했다. 몰트만이 보기에 그러한 입장들은 하나님의 활동을 일상적인 세계의 역사로부터 분리시키는 것이었다. 몰트만은 세계 질서 안에 하나님이 자신의 최종적인 나라를 실현시키면서 지속적으로 참여한다는 사실을 강조한다. 최종적인 그 나라는 삼위일체의 삶 가운데서 모든 피조 세계의 구속과 충만한 교류를 가져온다.

이 프로젝트의 발전은 몰트만의 주요 저작들의 제목에서 명백히 드러난다. 『희망의 신학』(Theology of Hope, 1964년)은 하나님을 현재 세계 안에서 일하시는 "미래의 힘"으로 제시한다. 하나님은 불의, 고난, 악에도 불구하고 약속된 나라를 끌어내시며, 인간의 소망이 옳다고 확인시켜주시는 분이다. 몰트만의 작업에서 맨 처음으로 범재신론이 함의된 곳은 『십자가에 달리신 하나님』(The Crucified God, 1973년)이다. 이 책은 하나님을 세계 역사의 중심—예수의 십자가에 달리심과 부활에서의 성부와 성자 간의 사랑과 포기의 상호 작용—에서 발견한다. 아들을 통해서 모든 인류의 고통과 갱신은 삼위일체 하나님 안으로 거둬들여진다. 『성령의 능력 안에 있는 교회』(The Church in the Power of the Spirit, 1975년)는 성부와 성자를 하나되게 하시

---

1 Moltmann의 삶과 경력에 대해서는 다음을 보라. Jürgen Moltmann, "My Theological Career," *History and the Triune God: Contribution to Trinitarian Theology* (New York: Crossroad, 1992), 165-82; Geiko Müller-Fahrenholz, "In the Prison Camp: Liberation," chap. 1, *The Kingdom and the Power: The Theology of Jürgen Moltmann*, trans. John Bowdon (London: SCM, 2000); Stanley J. Grenz and Roger E. Olson, "Jürgen Moltmann," *Twentieth-Century Theology: God and the World in a Transitional Age* (Downers Grove, IL: InterVarsity, 1992), 172-74.
2 그의 전체 신학에 대한 훌륭한 연구서들로는 다음이 있다. Richard Bauckham, *The Theology of Jürgen Moltmann* (Edinburgh: T & T Clark, 1995), 특히 chap. 1, "Moltmann's Theology: An Overview"는 매우 훌륭한 정리이다. Müller-Fahrenholz, *Kingdom and the Power*; 및 Tae Wha Yoo(유태화), *The Spirit of Liberation: Jürgen Moltmann's Trinitarian Pneumatology* (Zoetermeer, Neth.: Uitgeverij Meinema, 2003). 또 하나의 매우 훌륭한 정리로 Grenz and Olson, "Jürgen Moltmann"이 있다.

는 성령이 어떻게 하나님의 백성에게 그 나라의 새 생명을 나눠주시는가를 설명한다. 『삼위일체와 하나님 나라』(The Trinity and the Kingdom, 1980년)는 그 제목이 시사하고 있듯이 그 두 주요 주제를 중심으로 해서 몰트만의 신학 프로젝트 전체를 자세히 설명한다는 점에서 지극히 중요하다. 1984-1985년에 행한 기포드 강좌 『창조 안에 계신 하나님』(God in Creation)은 창조세계와 섭리 가운데서 세계를 그 성취를 향해 진전시켜나가는 하나님의 성령의 역할을 탐구한다. 이 강좌는 몰트만의 상호 내재적 존재론을 충분히 활용하고 있다. 몰트만의 기독론인 『예수 그리스도의 길』(The Way of Jesus Christ, 1989년)은 예수를 메시아, 고난받는 종, 부활하신 주님, 우주적 그리스도, 장차 오실 분으로서 고찰한다. 『생명의 영』(The Spirit of Life, 1991년)은 사람들이 성령의 위격 안에서 생명과 새 생명을 경험하는 여러 방식들을 탐구한다. 『오시는 하나님』(The Coming of God, 1995년)은 몰트만의 종말론이다. 종말은 개인 생명들, 창조세계 전체, 삼위일체 자체의 최종적인 완성이다. 이러한 작품들과 다른 많은 글들을 통해서 몰트만은 하나님 나라 안에서 절정에 달하는 삼위일체 하나님의 역사로서의 창조세계, 해방, 화해, 세계의 완성에 대한 자신의 비전을 전개하며 적용한다.

이 프로젝트 내내, 몰트만은 상호 내재성 개념에 바탕을 둔 "종말론적, 삼위일체 범재신론"[3]을 점진적으로 표출한다. 비록 그는 개혁주의 신학자 중 한 사람으로 출발했지만, 거의 모든 쟁점에서 사실상 아우구스티누스적 개혁파 신학과는 다른 기독교 범재신론의 입장에 선다. 몰트만의 풍부하며 복잡한 신학 전체에 대한 개관이 아니라 그의 범재신론의 원천들과 특성들이 여기서 우리가 다루고자 하는 초점이다.

다음에 이어지는 부분들은 몰트만의 상호 내재적 범재신론의 발전을 추적한다. 첫 번째 부분은 몰트만의 상호 내재적 희망의 신학 가운데 있는 그 씨앗들을 취급한다. 두 번째 부분은 『십자가에 달리신 하나님』 안에

---

3 Grenz and Olson, *Twentieth-Century Theology*, 179. Moltmann 자신이 사용한 용어.

있는 그의 범재신론의 창발적 국면들을 지적한다. 세 번째이자 중심적인 부분은 『삼위일체와 하나님나라』에 제시되어 있는 몰트만의 전체 체계를 검토한다. 『창조 안에 계신 하나님』에 대한 부분은 몰트만의 체계 전체를 통해 몰트만이 상호 내재성을 어떻게 적용하고 있는지에 초점을 맞춘다. 『오시는 하나님』에 대한 부분은 하나님 나라의 완성에서의 신과 세계의 상호 내재성의 충만한 현실태를 지적한다. 최종적인 부분에서는 기독교 신학으로서의 몰트만의 범재신론에 대해 성찰한다.

변증법적 존재론과 희망의 신학

몰트만은 그 출발부터 변증법 신학에 매우 친숙했다. 그의 첫 저서는 변증법적 신학의 기원들을 다룬다.[4] 몰트만은 또한 마르크스주의 철학자인 에른스트 블로흐(Ernst Bloch)와의 평생의 교분을 통해서 프랑크푸르트 학파의 마르크스주의 사회 이론으로부터 헤겔의 사상을 받아들였다.[5] 에른스트 블로흐의 영향력 있는 저서 『희망의 원리』(Principle of Hope)는 헤겔식으로 존재(being)와 비존재(nonbeing)가 변증법적으로 되어감(생성, becoming)을 낳으며, 되어감은 다시 "미완의 존재"(not-yet-being)를 함의한다고 주장한다. 역사에 적용할 경우, 이것은 그 "미완"—인간의 유토피아적·종말론적 미래—이 현재 안에 함축되어 있으며, 인간의 발전에 힘을 제공해주고, 인간의 소망의 터전을 제공해준다는 뜻이다. 블로흐는 공산주의가 최종적

---

4 Jürgen Moltmann, *Anfänge der dialektischen Theologie* (Munich: Kaiser, 1962).
5 Jürgen Habermas를 포함하고 있는 Leszek Kolakowski, "The Frankfurt School and 'Critical Theory,'" chap. 10과 "Ernst Bloch: Marxism as Future Gnosis," chap. 12, *Main Currents of Marxism*, trans. P. S. Falla, 3 vols. (New York: Oxford University Press, 1981), vol. 3을 보라. Bloch와 Moltmann의 대화에 대해서는 Richard Bauckham, "The Emergence of the Theology of Hope: In Dialogue with Ernst Bloch," chap. 1, *Moltmann: Messianic Theology in the Making* (London: Marshall Pickering, 1987); M. Douglas Meeks, *Origins of the Theology of Hope* (Philadelphia: Fortress, 1974); Grenz and Olson, *Twentieth-Century Theology*, 174-76을 보라.

으로 완전한 존재―완전히 원숙해진 인간(인류)―를 실현하게 될 것이라 주장한다. 그 완전한 존재를 종교들은 그릇되게도 "하나님"으로 상정하고 있다고 본다.[6]

몰트만의 『희망의 신학』은 유토피아에 대한 소망이란 것이 만일 미래의 힘이시며 현재를 인간의 성취를 향해 밀고 나아가시는 하나님이 없다고 한다면 근거 없는 것이라고 반박한다. 블로흐의 논제는 미래가 과거와 현재에 의해서 완전히 결정되는 것도 아니며, 힘을 얻는 것도 아니고, 또한 과거와 현재로부터 끌어올 수 있는 것도 아니기 때문에 실패라고 몰트만은 주장한다. 몰트만은 하나님의 실재가 전통적인 자연신학이나 헤겔의 역사 철학에 의해서는 증명될 수 없음을 인정한다. 그러나 몰트만은 세계 안에 있는 하나님의 흔적들을 "미래에 대한 약속"이라 지적한다. "하나님은 약속의 형태로, 그리고 약속에 의해 표시되어 있는 역사 가운데서 자신을 계시한다." 이 약속의 실재는 기독교 복음 가운데 선포되어 있다. 그것은 예수 그리스도 안에서 이스라엘에 대한 자신의 약속을 지켰던 그 하나님이 진실로 자신이 약속한 나라를 이루실 것이라는 메시지다. 이 나라는 저 세상적인 것이 아니라 이 세상을 변혁시킬 것이다. 거기에는 "종말론적인 **정의의 소망**(the eschatological hope of justice), 사람의 **인간화**(the humanizing of man), 인간의 **어우러짐**(the socializing of humanity), 온 창조세계의 **평화**(peace for all creation)의 실현"이 포함된다.[8] 몰트만은 하나님이 약속하신 미래가, 블로흐가 자신의 변증법적-역사적 존재론으로 바랐지만 보증할 수 없었던 것을 보장한다고 주장한다.

비록 블로흐에 대한 몰트만의 비판이 타당하긴 하지만, 그가 대응하면서 내놓은 제안은 알쏭달쏭한 "종말론적 존재론"(eschatological ontology)에

---

6 Ernst Bloch, *The Principle of Hope*, trans. N. Plaice, S. Plaice, and P. Knight (Cambridge, MA: MIT Press, 1986), translation of *Das Prinzip der Hoffnung* (1954); Kolakowski, *Marxism*, 3:438.
7 Jürgen Moltmann, *Theology of Hope: On the Ground and the Implications of a Christian Eschatology*, trans. James Leitch (New York: Harper and Row, 1967), 42.
8 앞의 책, 329.

근거해 있다. 그 존재론은 하나님의 실재를 전적으로 미래에 있는 것으로, 그러면서도 현재에 영향을 주는 것으로 상정한다. "하나님은 '우리 너머에' 나 '우리 안에' 있지 않고, 그의 약속들 가운데서 우리에게 열려 있는 미래의 지평 가운데서 우리 앞에 있다.…'미래'는 하나님의 존재 양식으로 간주되어야 한다."9 그렌츠와 올슨은 이렇게 설명한다. "그러므로 그의 존재론에서 미래는 현재에 의해서 결정되는 것이 아니라 미래 자체가 현재를 결정한다. 미래는 현재와 과거에 대해서 '존재론적으로 선행'한다. 미래는 현재로부터 **생성되는 것**(becoming)이 아니라 현재로 **다가옴**(coming, 도래)이며, 현재를 실재의 전적으로 새로운 형태들 가운데로 끌어당기고 있다."10 몰트만의 『희망의 신학』은 성경적인 면에서는 풍성하지만, 철학적으로는 미래로서의 하나님의 초월성에 대한 반직관적인 견해를 제시하고 있으며, 따라서 미래가 어떻게 현재 가운데 내재적이면서 영향을 줄 수 있는지를 설명하지 못한다. 하나님의 초월성과 내재성의 이 간극은 몰트만의 신학이 아직은 채 범재신론적이지 못함을 시사한다.

십자가에 달리신 하나님

『희망의 신학』은 하나님의 현존을, 특히 불의와 고통과 죽음의 심연 가운데서의 현존을 설명하지 않는다. 『십자가에 달리신 하나님』은 예수의 십자가에 달리심 가운데 계신 삼위일체 하나님에게 집중함으로써 보상한다. 몰트만은 자신의 십자가 신학으로부터, 삼위일체와 하나님의 나라의 미래를 포함한 신학의 모든 주제들을 도출하겠다는 제안을 한다. 자기의 입장

---

9 Jürgen Moltmann, "Theology as Eschatology," *The Future of Hope*, ed. Frederick Herzog (New York: Herder and Herder, 1970), 9. Grenz and Olson, *Twentieth-Century Theology*, 176, 179에서 재인용. Moltmann의 이 에세이는 *Theology of Hope*에 대한 확장이다.
10 Grenz and Olson, *Twentieth-Century Theology*, 176.

을 세우기 위해서, 몰트만은 변증법적 사상을 포용한다. 그는 "'모든 존재자가 그 자체의 대립 가운데서만 드러날 수 있다. 사랑은 오직 미움 가운데서만, 하나됨은 갈등 가운데서만 드러난다'는 셸링의 말"을 인용한다. "기독교 신학에 적용했을 때, 이것은 하나님이 오직 자기의 반대 측면 가운데서만 '하나님'으로 계시된다. 즉 하나님에 의한 하나님 없는 상태와 버림받음 가운데서만 드러난다. 구체적으로 말해서, 하나님은 하나님에 의해서 버림을 받았던 그리스도의 십자가 가운데서 계시된다."[11] 이런 식으로 몰트만은 변증법적 부정(dialectical negation)을 이 신학의 형식 원리로 삼는다. 덧붙여 십자가를 삼위일체와 연결시키기 위해서, 몰트만은 "경륜적 삼위일체가 내재적 삼위일체며, 내재적 삼위일체는 경륜적 삼위일체다"라는 라너의 규칙을 채택한다.[12] 정리하자면, 몰트만은 삼위일체 하나님이 십자가의 사랑과 고난과 죽음 가운데서 역사 가운데 내재한다고 주장한다.

십자가에 달리심에 대한 몰트만의 변증법적 주해는 복합적이다. 하나님과 십자가 위에서의 예수의 관계는 불변하는 초월적 하나님과 예수의 인간 본성 사이의 관계가 아니라 하나님 안에서(within) 일어나는 관계다. "십자가 위에서 일어난 일은 하나님과 하나님 사이에서 일어난 사건이다. 그 사건은 하나님이 하나님을 버렸고, 자기를 부정했다는 점에서 하나님 자신 안에서의 깊은 분열이었으며, 동시에 하나님이 하나님과 하나로서 존재했고, 자기에게 일치했다는 점에서 하나님 안에서의 하나됨의 사건이었다." 하나님 안에서의 이러한 변증법적 분열과 화해는 어떻게 삼위일체의 위격들이 그들의 됨됨이대로 되는가를 보여준다. "이 위격들은 그들의 서로서로의 관계 가운데서 그들 자신을 구성한다." 성부와 성자는 서로 겪는 고난의 사랑 가운데서 서로를 구성한다. "성자는 죽을 때에 성부에 의

---

11 Jürgen Moltmann, *The Crucified God: The Cross of Christ as the Foundation and Criticism of Christian Theology*, trans. R. A. Wilson and John Bowdon (New York: Harper and Row, 1974), 27. 또한 Bauckham, "The Crucified God and Auschwitz," chap. 3, *Moltmann*; "Divine Suffering," chap. 3, *Theology of Jürgen Moltmann*; Müller-Fahrenholz, "Everything Is Decided by the Cross," chap. 4, *Kingdom and the Power*.
12 Moltmann, *Crucified God*, 240. Rahner에 대해서는 앞서 제9장에서 논의했다.

해서 버림을 받는 그의[성자의 성부에 대한] 사랑 가운데서 고통당한다." 성령은 성부와 성자 사이에 있는 사랑의 영이다.[13] 따라서 삼위일체는 십자가에서 현실화된다. 십자가가 없이는 삼위일체라는 것이 결코 있을 수 없을 것이다.

몰트만은 헤겔이 『종교 철학 강의』에서 기독교를 설명하면서 제시한 십자가에 못박힘(crucifixion)에 대한 분석에서부터 진행한다.[14] 몰트만은 헤겔을(그리고 뵈메를) 따라서 하나님의 실존성을 역사 안에서 그 자체를 현실화하는 변증법적 통일체로 본다. 삼위일체의 현실화(actualization)는 십자가에만 제한되지 않고, 악과 죽음을 포함하여 우주 역사의 모든 것을 받아들인다. "만일 삼위일체 안에 있는 하나님의 생명(삶)을 '하나님의 역사'(the history of God)라고 표현한다면(헤겔), 이 하나님의 역사는 하나님에게 버림받은 상태, 절대적 죽음, 그리고 비-하나님(non-God)이라는 전체 심연도 그 자체 안에 포함한다." 몰트만은 하나님 안에 만물을 포함시킴으로써 자신의 삼위일체론과 구원론, 그리고 미래의 하나님 나라에 대한 이론을 하나로 묶을 수 있게 되었다. "모든 인간의 역사는 죄책과 죽음에 의해 아무리 많이 결정된다 할지라도 이 '하나님의 역사' 안으로, 즉 삼위일체 안으로 모아들여지며, '하나님의 역사'의 미래 안에 통합된다."[15] 몰트만의 전체 신학 프로젝트의 각 부분들이 이제 제자리를 찾게 된다.

그러나 몰트만은 중요한 한 가지 점에서 헤겔을 뒤집는다. 헤겔은 성자의 성육신 안에 성부의 부정(否正)을 자리매김하고, 그 다음에 십자가형에서 성자의 부정을 자리매김한다. 성부와 성자가 교회와 기독교 세계 안에서 살고 있는 성령으로 변증법적으로 변혁 혹은 "지양"된다. 이 세 위격들은 사귐 안에서 공존하는 것이 아니라 세계에 대한 절대 정신의 관계를 연속적으로 보여주는 양태들이다. 이와는 대조적으로 몰트만은 세 구별된

---

13 Moltmann, *Crucified God*, 244-45.
14 앞의 제4장에 있는 Hegel에 대한 부분을 보라. 그리고 그곳에 있는 *Lectures on the Philosophy of Religion*에 대한 각주들을 보라
15 Moltmann, *Crucified God*, 246.

위격들의 지속적인 공동체를 긍정하며, 그 세 위격들을 하나님의 우선적인 실재로 삼는다. 그 유일하신 하나님은 비록 골고다 사건으로부터 구별되지만 하나의 추상(an abstraction)이다. "하나님은 또 하나의 본성(another nature)이나 천상의 인격자(a heavenly person)나 도덕 권위(moral authority)가 아니라 사실상 하나의 '사건'(event)이다." 그는 이 충격적인 테제로부터 기독교 생활에 대한 하나의 함의를 이끌어낸다. "우리는 그저 하늘에 계신 어떤 님(a heavenly Thou)에게 기도하는 것이 아니라, 하나님 **안에서**…이 사건 **안에서**…아들을 통해서 성령 안에서 아버지에게…기도드리는 것이다."[16] 우리는 하나님의 "사건"에 동참한다.

몰트만은 자신의 입장이 범재신론이라고 확인하지 않지만, 범재신론에 필수적인 특징들이 그의 입장에 다 들어 있다. 첫째, 몰트만은 자기의 신학을 범재신론이 서 있는 자리, "유신론과 무신론을 넘어선" 곳에 자리 매김한다. 전통적 유신론은 "인간을 희생하고 하나님을 전능하며 완전하고 무한한 존재자로 생각한다." 무신론은 그러한 존재자가 존재한다는 사실을 부인함으로써 올바르게 인간의 자유를 옹호한다. 그러나 무신론은 그릇되게 인간성을 신성화한다. 몰트만은 하나님과 인간의 자유를 긍정하되, 하나님에 대한 전통적인 견해는 배격한다. 둘째, 몰트만의 대안은(이 대안을 위해 그는 헤겔에게 호소하는데) 하나님이 두 본성을 갖고 있다고 상정한다. "하나님은 저 세상적일 뿐만 아니라, 이 세상적이다. 그는 하나님일 뿐만 아니라 사람이기도 하다. 그는 지배이며 권위이며 법이기도 하지만, 해방을 제공하는 고난당하는 사랑의 사건이기도 하다." 그는 과정신학이 두 개의 신적 본성을 인정한 점에 대해 점수를 준다. "하나님은, 과정신학이 삼위일체 사상 없이도 하나님에 대한 양극적 개념 가운데 말하고 있듯이, 세계를 초월하는 동시에 역사에 내재한다." 셋째, 하나님과 인간은 공통의 역사에 참여한다. 만일 우리가 "삼위일체를 하나의 변증법적 사건이라고

---

16 앞의 책, 247.
17 앞의 책, 249-52.

생각한다면, 진실로 십자가 사건으로서 그래서 종말론적으로 개방되어 있는 역사라고 생각한다면, 우리가 하나님의 역사(history)의 삼위일체적 과정에 참여한다는 사실도 긍정할 수 있다"고 몰트만은 쓴다.[18] 마지막으로, 몰트만은 다시금 과정신학을 불러들이면서, 신적 파토스(divine pathos), 우리의 감정을 느끼는 하나님의 감정, 우리의 고통을 당하는 하나님의 고통을 탐구한다.[19] 정리하자면, 『십자가에 달리신 하나님』은 주로 헤겔의 변증법 전통으로부터 채택한 암묵적인 범재신론을 활용해서 중심적인 성경 주제들을 발전시킨다.[20]

삼위일체와 하나님 나라

『삼위일체와 하나님 나라』는 몰트만의 가장 중요한 저작이다. 이 책은 그의 신학 프로젝트 전체에 대한 개관을 제시하기 때문이다. 몰트만은 임할 하나님의 나라—창조와 해방과 화해 및 우주의 최종 완성—와 관련하여 삼위일체에 대한 충분한 설명을 전개한다. 그는 또한 명시적으로 범재신론이라는 용어를 채택한다. 이어서 출간된 책들에서는 이 종합적인 시각의 제 측면을 확대시키면서 아주 약간만을 변경할 뿐이다.

몰트만의 신론은 고전적 유신론과 철학의 관념론이 하듯이 일자이신 하나님으로부터 시작하지 않는다. 대신에 "우리는 위격들의 삼위일체와 더불어 시작한다. 그런 다음에 하나됨에 대해서 묻게 될 것이다." 그는 성부, 성자, 성령, 세 위격들을 그들의 상호 관계들과 세계 안에서의 상호 작

---

18 앞의 책, 255-56. Moltmann과 과정신학의 관계에 대해서는, John O'Donnell, *Trinity and Temporality: The Christian Doctrine of God in the Light of Process Theology and the Theology of Hope* (New York: Oxford University Press, 1983)를 보라.
19 Moltmann, *Crucified God*, 267-78. Bauckham, "Divine Suffering," chap. 3, *Theology of Jürgen Moltmann*.
20 Bauckham, *Moltmann*, 107; Grenz and Olson, *Twentieth-Century Theology*, 179-82.

용 가운데서 다룬다. 따라서 몰트만은 "삼위일체의 교통의 관계들의 역사" (the history of the Trinity's relations of fellowship)에 근거해서 "사회적 삼위일체론"(a social doctrine of the Trinity)을 제안한다. 몰트만의 책은 성경적 자료와 기독교 신학적 통찰로 풍성하다. 그는 의도적으로 "유대교 전통과 기독교 전통으로부터 범재신론적 사상들"을 자신의 관계적 삼위일체론(his relational doctrine of the Trinity)의 틀을 짜기 위한 주요 자원으로 채택한다.[21] 카발리즘, 뵈메, 헤겔, 셸링, 베르댜예프에게 그가 진 빚은 광범위하다.

신의 고난과 악의 문제

몰트만은 『십자가에 달리신 하나님』의 주제, 신의 고난에서 조우하게 되는 삼위일체(encountering the Trinity in divine suffering)라는 주제를 시작한다. "하나님은 우리와 더불어 고난당하신다. 하나님은 우리로부터 고난을 당하신다. 하나님은 우리를 위해서 고난을 당하신다. 바로 이러한 하나님 경험이 삼위일체 하나님을 드러낸다."[22] 몇 가지 범재신론적인 자료들에서부터 그는 신의 고통(theopathy)론, 곧 "하나님의 고통"에 대한 이론을 표출한다. 카발라 사상에서 하나님은 "양극적"이라고 몰트만은 지적한다. 하나님은 자기 분화하여 자신 바깥으로 나가서 이스라엘 백성들을 구속하기 위해 이스라엘 백성의 삶과 고난 속으로 들어간다. 유대 신학자 아브라함 헤셸(Abraham J. Heschel)은 자신의 신적 파토스론에서 양극적 신관을 표현한다.[23] 성공회 신학자인 롤트(C. E. Rolt)는 신의 자기 사랑은 반드시 고난

---

21 Jürgen Moltmann, *The Trinity and the Kingdom: The Doctrine of God*, trans. Margaret Kohl (San Francisco: Harper and Row, 1981), 19. Bauckham, "The Trinitarian History of God," chap. 4, Moltmann.; "The Holy Spirit in the Trinity," 그리고 "The Trinity and Human Freedom," chaps. 7 and 8 in *Theology of Jürgen Moltmann*; Müller-Fahrenholz, "On Unification—The Theology of the Trinity as a Retelling of God's History of Love," chap. 8, *Kingdom and the Power*.
22 Moltmann, *Trinity and the Kingdom*, 4.
23 앞의 책, 27-30.

에 의해서 성취되어야만 하며, 그 참여는 악에 대한 개입을 함의하며 "하나님 자신 안에 '대립'"을 상정하게 한다는 삼위일체에 대한 견해를 제출한다. "우리는 여기서 야콥 뵈메를 떠올린다"고 몰트만은 관찰한다.[24] 스페인의 기독교 철학자인 미겔 데 우나무노(Miguel de Unamuno)는 뵈메, 헤겔, 키에르케고르로부터 하나님의 무한 슬픔의 신학을 발전시킨다. 『생의 비극적 의미』(The Tragic Sense of Life)에서 우나무노는 비극이란 것이 피조물에게만이 아니라 하나님의 삶에도 본래적으로 내재해 있다고 주장한다. 신적 비통은 불가피하다. 그러나 그 절정은 종말론적 기쁨 가운데 있다.[25]

몰트만의 주요 영감은 "하나님 안에 있는 비극"이라는 베르댜예프의 사상이다.[26] 거기에다가 하나님 안에 있는 "어두운 본성"이라는 뵈메의 사상, 그리고 세계 역사가 고통스러운 신(神)의 발생 과정[theogonic(God-generating) process]이라는 셸링의 사상을 끌어 쓰고 있다. 베르댜예프는 하나님의 영원한 사랑이 그 타자와, 즉 성령 안에서 아들을 위하시는 성부만이 아니라 창조세계와도 나누기를 "갈망하신다"고 주장한다. 베르댜예프에게 있어서 "세계의 창조는 다름 아닌 하나님과 그분의 다른 자기(his Other self) 사이의 신적 사랑의 역사다"라고 몰트만은 관찰한다. 그러나 타자를 사랑한다는 것은 타자의 자유를 허락한다는 것이다. 그 자유에는 유한한 피조물들의 타락성과 악도 포함된다. 베르댜예프는 하나님의 실유성이 불가피하게 사랑과 선함과 궁극적인 승리뿐만 아니라 비극적 고난과 악도 포함한다고 결론을 내린다.[27] 신의 고난(divine suffering)이라는 몰트만의 이론은 베르댜예프의 견해와 언급된 다른 몇몇 범재신론적 자료들을 통합시킨다.

몰트만은 신의 고난을 악의 문제와 연결시킨다. 몰트만은 전통적 유

24　앞의 책, 34. C. E. Rolt, *The World's Redemption* (New York: Longmans, Green, 1913).
25　Moltmann, *Trinity and the Kingdom*, 36-42. Miguel de Unamuno, *The Tragic Sense of Life in Men and in People*, trans. J. E. Crawford Flitch (London: Macmillan, 1921).
26　Moltmann, *Trinity and the Kingdom*, 42-47. Berdyaev에 대해서는 앞서 제9장에 제시되었다.
27　이 신정론은 Schelling의 *Philosophical Inquiries into the Nature of Human Freedom*에 제시되어 있었다. 앞의 제4장을 보라.

신론이 신정론(神正論, theodicy)—악에 대한 적절한 설명—으로서는 무능력하다고 일축한다. 몰트만은 전능하고 전지하며 "친절하고" 초월적인 존재자에 대한 믿음은 단 한 명의 어린아이의 고난과도 전적으로 양립할 수 없다고 주장한다. "무고한 자가 고난을 당하게 그대로 두거나 무의미한 죽음을 허용하는 그런 하나님은 전혀 하나님이라 불릴 자격이 없다." 대신에 몰트만은 하나님과 악이 함께 가야 하며, 악의 문제가 하나님 나라 안에서 종말론적으로만 해소된다고 제안한다. 몰트만은 또한 악과 고난이 우선적으로 죄의 결과들이라는 아우구스티누스적 개념을 배척한다. 대신에 몰트만은 유한한 실존은 본성적으로/자연적으로 갈등적/투쟁적이라는 (신플라톤주의적) 견해를 선택한다. "시초의 창조는 또한 고난을 당할 수 있으며, 고난을 낳을 수 있는 창조이기도 하다."[28] 고난과 악과 죽음에 대한 이 본성적인/자연적인 능력은 그리스도 안에서 하나님에 의해서 변화받게 되노록 불가피하게 실현된다. 몰트만은 그리스도의 십자가 위에서의 죽음이 인간의 죄와 죄책을 다룬다는 점을 긍정하지만 더욱 기본적으로는 신적 삶/생명에 본래적인 고난당하는 사랑을 표현한다고 본다.[29]

신적 자유, 사랑, 그리고 세계의 필요성

하나님의 고난과 악의 문제는 즉시 하나님의 자유의 문제를 제기한다. "고난당하는 하나님이 자유로운가? 아니면 그런 하나님은 그 자신의 역사의 포로일 뿐인가?"[30] 몰트만은 하나님이 어떤 한 세계를 창조할지의 여부에 대해 자유롭게 결정할 수 있는 전능하신 주권적 주재자시라는 아

---

28 Moltmann, *Trinity and the Kingdom*, 47, 51.
29 또한 Jürgen Moltmann, "The Apocalyptic Sufferings of Christ," chap. 4, *The Way of Jesus Christ: Christology in Messianic Terms*, trans. Margaret Kohl (San Francisco: Harper, 1990)을 보라. 또한 Bauckham, "Theodicy," chap. 4, *Theology of Jürgen Moltmann*.
30 Moltmann, *Trinity and the Kingdom*, 52-56. 52에서 인용.

우구스티누스적-스코투스적-개혁주의적 견해를 배격한다. 몰트만은 그런 식의 자유 개념이 공허하다고 일축한다. "참으로 자유로운 인격자는 더 이상 선택해야 할 필요가 없다." 그가 취하고 있는 입장은 양립 가능론(compatibilism)이다. 그것은 자유와 필연이 둘 다 동시에 성립할 수 있으며 서로 연결되어 있다는 견해다. 이 견해는 범재신론 전통의 표준적인 요금이다. "만일 우리가 외부의 어떤 것에 의해서 강제되는 필연과 결정의 맥락으로부터 필연성이라는 개념을 걷어낸다면, 하나님 안에서 **필연성**과 **자유**가 일치하게 된다. 필연과 자유는 하나님에게는 공리적이며 자명한 것이다." 다시 말해서 하나님은 창조하심에 있어서 자유로우시다. 창조라는 것이 하나님 자신의 본성의 강요받지 않은 표현이기 때문이다. "그것은 하나님 자신의 자유로운 결정인 동시에 하나님의 선하심의 흘러넘침이다. 선하심은 하나님의 본질적인 본성에 속한다."[31] 몰트만은 심지어 신적 유출까지도 옹호한다. "그러므로 기독교적 창조론을 고찰함에 있어서 신플라톤주의의 유출설을 계속해서 변증적으로 반대하는 것은 잘못이다."[32]

쟁점은 단순히 하나님의 자유가 아니라 하나님의 사랑이다. "사랑은 어느 순간에서도 그러므로 결코 선택 사항이 될 수 없는, 자명하며 의문의 여지가 없는 '선하심의 흘러넘침'이다." 하나님이 반드시 사랑하셔야 한다는 사실은 하나님의 자유에 대한 제한이 전혀 아니다. 몰트만이 "하나님은 사랑이시다"라는 제목을 붙인 부분은 그가 변증법적 범재신론 전통과 어느 정도로 유대를 맺고 있는가를 보여준다. 뵈메, 헤겔, 셸링, 베르댜예프

---

31 앞의 책, 55, 107, 54. Moltmann은 그 뒤에 이어지는 여러 책들 가운데서 이 입장을 변경 없이 반복하고 있다. 따라서 이렇게 말한다. Jürgen Moltmann, *God in Creation: A New Theology of Creation and the Spirit of God*, trans. Margaret Kohl (San Francisco: Harper and Row, 1985), 75: "하나님의 창조성을 발휘하게끔 한 어떠한 외부의 필연성도 없고, 그것을 결정할 수 있었던 어떠한 내적 충동도 없었다."
32 Moltmann, *Trinity and the Kingdom*, 113, 또한 54. *God in Creation*, 75-83은 신플라톤적 유출과 다소 거리를 두지만, 유출 사상에 있는 진리는 여전히 긍정한다. 하나님은 불가피하게 세계를 창조한다. 그러나 한 차례의 의지의 발휘나 본성의 유출에 의해서가 아니라 사랑에 의해서 그렇게 한다. 이 주제에 대해서 Colin Gunton, "The End of Causality? The Reformers and Their Predecessors," *The Doctrine of Creation: Essays in Dogmatics, History, and Philosophy* (Edinburgh: T & T Clark, 1997), 63은 Moltmann이 Plotinus와 Hegel 전통의 "최신의 후예"라고 관찰하고 있다.

를 따라서, 몰트만은 하나님의 사랑을 변증법적으로 해석해서, 신적 존재가 부정성(비존재, Nonbeing)과 고통(pain)을 포함한다고 본다. "우리가 '하나님은 사랑이시다'라고 말할 때, 그 말의 뜻은 하나님이 영원 가운데서 자기 분화와 자기 동일화의 이 과정이시라는 것이다. 그것은 그 자체를 부정하는 전반적인 고통을 담고 있는 과정이다." 하나님 안에 있는 이러한 변증법적 사랑은 불가피하게 흘러넘친다. 디오니시우스와 베르댜예프를 인용하면서 몰트만은 이렇게 결론 내린다. "하나님에게는 세계와 사람이 '필요'하다. 만일 하나님이 사랑이시라면, 하나님은 자기의 사랑을 받는 자가 없이는 의욕도 없고 존재할 수도 없다."[33]

몰트만은 하나님의 사랑이 어째서 세계를 요구하는지에 대해 더 정밀하게 설명함으로써 베르댜예프의 입장을 확대시킨다. "삼위일체 내적 사랑은 본질적으로 다른 자(one who is essentially different)에 대한 사랑이 아닌, 비슷한 자들끼리의 사랑이다. 그 사랑은 자유로운 사랑이 아니라 필연적인 사랑이다." 그러나 하나님의 완전한 사랑은 필연적인 동시에 자유롭다. 따라서 "하나님은 자신을 자기와 같은 자에게와 자기의 타자(his Other)에게 전달한다." 바로 이 때문에 내재적 삼위일체는 반드시 창조세계 안으로 흘러넘쳐 들어와야 한다. "창조세계는 성부와 성자 사이의 영원한 열애의 한 부분이다.…창조세계는 영원한 사랑이 자신을 창조적으로 자기의 타자에게 전달하기 때문에 존재한다."[34] 하나님이 사랑이시기 때문에, 세계는 존재해야만 한다.

---

33 Moltmann, *Trinity and the Kingdom*, 57-58. *God in Creation*, 75: "하나님의 자유는 모든 것이 가능한 전능한 힘이 아니다. 그것은 선(the good)의 자기 전달을 의미하는 사랑이다." Grenz and Olson, *Twentieth-Century Theology*, 186은 "하나님의 신성이 존재론적으로 세계의 역사에 의존되게 한다"고 관찰한다.
34 Moltmann, *Trinity and the Kingdom*, 58-59.

하나님 안의 자기 제한: 창조, 시간, 공간

사랑은 타자의 존재와 자유를 긍정한다. 그러므로 하나님은 세계와의 관계에 있어서 자신을 제한하신다. 자기 제한(self-limitation)은 하나님에게 내면적이다. 세계가 신적 본성 안에 함축되어 있기 때문이다. 몰트만은 창조를 아무런 자기 제한을 포함하지 않는 오로지 외적인 행위로 분류한 아우구스티누스의 분류를 배척한다. 창조는 "동시에 '하나님의 내면을 향한 행위'다. 그것은 하나님이 당하시고 견디시는 그런 일이다. 하나님에게 창조는 자기 제한, 자신을 거두어들임을 의미한다. 그것은 말하자면 자기 비하다."35 몰트만에게, 겸비와 자기 비움(케노시스, kenōsis)은 그리스도의 성육신과 관련 있을 뿐만 아니라 또한 태생적으로 하나님의 창조하심 가운데 내재해 있다. "세계의 창조와 더불어 시작하는 신적 케노시스는 성자의 성육신에서 완전하고 완성된 형태에 도달한다." 이 케노시스 개념에 대해서, 몰트만은 19세기 신학자인 이자크 도르너에게 호소한다. 도르너는 셸링의 철학을 옹호했으며, 그 철학을 사용해서 신적 불변성과 그리스도의 케노시스론을 개정하였던 신학자다.37

몰트만은 창조세계 안에서의 신적 자기 제한을 설명하기 위해서, 유대교 카발라 개념인 침춤(tsimtsum)—신의 수축(divine contraction)—을 채택한다. 만일 하나님이 참으로 무한하시며 편재하시다면, 하나님의 "바깥"이라는 것은 전혀 있을 수 없다는 것이다. 그 대신 우리는 "자신의 창조에 선행하여 무한하시고 편재하신 하나님이 스스로를 제한하심을 가정"해야만 한다.…하나님은 미리 '자기 안에' 이 유한성이 들어설 수 있는 여지를 만들어야 했음이 틀림없다"는 것이다. "무로부터의 창조"(creation ex nihilo)라는 용어가 가리키는 "무" 혹은 비존재는 신의 수축의 원초적 결과다. "오직 하

---

35 앞의 책, 59.
36 앞의 책, 118. Moltmann, *God in Creation*은 성령의 케노시스를 주장한다.
37 Moltmann, *Trinity and the Kingdom*, 236-39, 각주들. Dorner에 대해서는 앞서 제5장에 제시되어 있다.

나님의 자기 안으로의 물러남만이 그 무(nihil)에게 공간을 제공해준다. 그런 다음 그 공간에서 하나님은 창조적으로 활동하게 된다." 하나님 안에서의 이러한 무와 창조성, 수축과 팽창의 이 변증법은, 몰트만이 참조하고 있는 뵈메와 셸링의 신학들에 등장하는 "신적 가능태"의 상호 작용이다.[38] 하나님의 자기 부정과 창조성의 종합은 다시 하나님 안에서의 시간, 공간, 실존성, 자유를 구성한다. "그러므로 하나님이 자기의 영원 **안에** 시간을, 자기의 무한 **안에** 유한을, 그의 편재 **안에** 공간을, 그리고 그의 비이기적 사랑 **안에** 자유를 제공하면서 '자기 안에' 세계를 창조하시지 않았는가?" 하나님은 시간, 공간, 그리고 그 모든 다른 초월적 차원들을 가진 유한한 세계를 창조했다. 이 차원들은 신적 본성에 속하는 사랑의 표현들이다.[39] 신의 자기 제한의 이 모든 함의들은 『창조 안에 계신 하나님』에서 더 충분히 개진되고 있으며, 다음 부분에서 살펴볼 것이다.

하나님-세계의 상호성 및 "기독교 범재신론"

몰트만에게 신의 사랑은 하나님과 세계의 상호성을 함의한다. 그것은 서로 주고 받으며, 서로 필요로 하고 만족하는 관계를 말한다. "만일 하나님이 사랑이시라면, 하나님은 그저 유출, 즉 자기에게서 흘러나오는 것으로 그치지 않는다. 하나님은 사랑을 기대하고 필요로 한다. 하나님의 세계는 하나님의 집(home)이 되도록 의도된 것이다." 실로 몰트만은 『삼위일체

---

38 Moltmann, *Trinity and the Kingdom*, 109과 237, 각주들. 신적 수축 사상은 그들의 근대적 계승자들 이전에 Pseudo-Dionysius, Eriugena, Eckhart, Nicholas of Cusa에게서 발견된다.

39 앞의 책, 109. Böhme, Schelling, Tillich, Macquarrie와 마찬가지로, Moltmann은 하나님의 사랑의 창조세계 발생에 대한 모성적 이미지의 적절함을 본다. "하나님 안에서 그리고 하나님으로부터 나오는 하나님의 행위로서의 창조는 오히려 여성적 개념, 출산이라 일컬어져야 한다." Moltmann, *God in Creation*, 300은 "살아 있는 모든 만물에 대한 신적 환경을 제공해주고 양성시켜주는 것으로 세계를 보는 세계에 대한 범재신론적 이해를" 세계 모성(World Mother) 및 우주적 그리스도의 상징이라는 공동의 의미와 동일시한다. 또한 Moltmann, "The Motherly Father and the Power of His Mercy," *History and the Triune God*, 19-25을 보라.

와 하나님 나라』에서 자기의 전체 프로젝트가 "하나님과 세계의 관계는 **상호적** 성격(reciprocal character)에서 나온다는 가정에서부터" 출발한다고 진술한다. 따라서 세계가 하나님에게 영향을 준다. "하나님의 세계는 자체의 반작용, 일탈, 및 자체의 주도를 통해서 하나님에게도 자취를 남긴다."[40] 위격들 사이에서 그리고 세계와의 그 관계에서 신적 위격들의 상호성은 종말에 완성된다. "모든 것은 하나님의 존재, '만유 안의 만유'(고전 15:28)와 더불어 끝난다. **세계 안에 하나님이, 그리고 하나님 안에 세계가 존재한다.… 그것이 삼위일체의 집(home)이다.**"[41]

몰트만은 이러한 것들이 "범재신론적 비전"임을 인정한다. 그래서 그는 "기독교적 범재신론"을 "기독교적 유신론"과 "기독교적 범신론"에 대한 최선의 대안이라고 옹호한다. 기독교적 유신론은 창조주와 피조물의 차이점을 인정하되, 창조를 하나님의 자유로운 의지의 임의적인 발휘라고 본다. 기독교적 범신론은 창조를 하나님에게 본성적인 것으로 보는데, 몰트만은 그 점을 옳다고 여기기는 하지만, 범신론이 피조물들의 독립성을 놓치고 있다고 본다. 몰트만은 기독교적 범재신론이 유신론과 범신론의 최선 즉 창조주와 피조물의 구분, 피조물들의 자유, 하나님에게 있어서 세계의 필요성을 보전시켜준다고 결론 내린다. "다른 한편으로, 기독교적 범재신론은 신적 본질로부터 출발한다. 창조는 '그의 타자'를 위한 그리고 신적 사랑에 대한 그 타자의 자유로운 대답을 위한 열매다. 바로 그런 이유 때문에 세계에 대한 관념이 영원부터 하나님 자신의 본성 안에 고유한 것이다." 범재신론은 고전적 유신론의 자의성과 범신론의 결정론 둘 다를 피하고 있기 때문에 올바른 입장이다. "기독교적 유신론과 기독교적 범신론에 있는 진리의 요소들을 화해시키는 한 가지 방법이 우리가 하나님의 자유를 자의성으로 해석하거나 하나님의 본성을 신적 자연법으로 해석하기를 그칠 때 떠오른다.…하나님 안에서 **필연성**과 **자유**가 일치하게 된다."[42] 따라

---

40 Moltmann, *Trinity and the Kingdom*, 99, 98.
41 앞의 책, 105.

서 몰트만은 그 스스로가 기독교적 범재신론(Christian panentheism)이라 이름 붙이고 있는 바를 옹호한다.

몰트만에 따르면, 바로 이러한 신(神) 개념이 범재신론을 함의한다. "창조적이지 않은 하나님에 대해서 생각한다는 것은 불가능하다. 비창조적인 하나님은 영원히 창조적이신 하나님과 비교해서 불완전하다고 할 수 있다. 그리고 만일 하나님의 영원한 존재가 사랑이시라면, 신적 사랑은 받음보다는 줌으로써 훨씬 더 복이 있다. 만일 비이기적인 성격(selflessness)이 사랑의 본질의 일부라고 한다면, 하나님은 영원한 자기-사랑(self-love) 가운데서는 지복을 찾을 수 없다."[43] 창조주-피조물의 상호성은 몰트만이 기독교적 범재신론을 포용하는 핵심적인 이유다.

삼위일체

창조주-피조물 상호성의 복잡성은 경륜적 삼위일체에 대한 몰트만의 광범위한 설명 가운데 상세하게 진술되어 있다. 경륜적 삼위일체란 신적 위격들 각각이 서로 다른 위격들과의 상호 관계 가운데서 세계의 창조와 해방과 완성에 협력하고 있음을 말한다. 세 위격 모두가 역사의 모든 국면에 함께 참여하고 있기 때문에, 몰트만은 "삼위일체적 창조"(Trinitarian Creation), "삼위일체적 성육신"(Trinitarian Incarnation), "삼위일체적 영화"(Trinitarian Glorification)에 대해 말한다.[44]

그러나 몰트만의 접근 방식은 하나님의 하나됨(unity, 통일성)에 대해서는 일종의 도전이다. 만일 신성이 서로 다른 세 위격들로 구성된다면,[45] 어

---

42 앞의 책, 105-7.
43 앞의 책, 106.
44 정리 부분들의 제목들, 앞의 책, chap. 4, "The World of the Trinity."
45 앞의 책, 189. "'세 위격들'은 단지 상호 간의 관계들에서만이 아니라 위격들로서의 그들의 성격과 관련해서도 다르다."

떻게 하나님이 하나인가? 몰트만이 바라보는 유일한 대안은 신의 단일성(oneness)에서부터 시작하여 그 다음에 세 위격들(three persons)을 설명하는 것이다. 몰트만은 이러한 접근 방법이 성경보다는 "절대적 통일성(absolute unity)에 대한 철학적 가정"을 반영한다고 생각한다. "만일 성경의 증언이 출발점으로 선택된다면, 그리스도의 역사의 세 위격들로부터 출발해야 할 것이다. 만일 철학적 논리가 출발점이 된다면, 탐구자는 하나이신 하나님으로부터 진행하게 된다." 여기서 몰트만은 유일하신 하나님이 또한 구약성경에서도 더 우선한다는 사실을 간과하고 있는 것 같다. 어쨌든 몰트만은 신의 통일성을 문제 삼고자 한다.⁴⁶ 그가 제안한 해결책은 두 요소로 되어 있다. 하나는 종말론적 요소, 다른 하나는 상호 내재적 요소다.

우선 몰트만은 하나님의 통일성이 종말론적이라고 주장한다. 하나님은 하나님 나라의 성취 가운데서 완벽하게 유일하신 분이다. "성부와 성자와 성령의 통일성은 하나님의 삼위일체적 역사(the trinitarian history of God)의 완성에 관한 종말론적 물음이다."⁴⁷ 이것은 하나님이 셋이지만 아직은 온전하게 하나가 아니라는 뜻이다. 역사가 더 진행되어나갈수록, 하나님은 더욱더 하나가 된다. 신적인 통일(divine unification)은 세 위격들만이 아니라 창조세계를 포함하기 때문에, 몰트만의 삼위일체론은 종말론적일 뿐만 아니라 범재신론적이다. 하나님의 충만한 자기-통일성(full self-unity)은 하나님의 창조세계와의 완전한 교통에 의존한다.

종말론적 삼위일체는 경륜적 삼위일체와 내재적 삼위일체의 관계에 대한 함의 사항들을 갖고 있다. 몰트만은 여전히 라너의 규칙을 따라 이 둘을 동일시하지만, 마찬가지로 구분도 한다. 내재적 삼위일체는 영원 가운데서의 하나님의 완전한 삼위일체성이다. 경륜적 삼위일체는 세계의 역사 가운데서 그 본질을 현실화하는 것이다. "경륜적 삼위일체는 구원의 역사와 경험이 완결되고 완성될 때 내재적 삼위일체로 완결되고 완성된다. 모

---

46 앞의 책, 149.
47 앞의 책, 앞부분.

든 것이 '하나님 안에' 있고, '하나님이 만유 안에 만유가 되실' 때, 경륜적 삼위일체는 내재적 삼위일체로 고양되고 그것을 넘어선다." 경륜적 삼위일체는 고전적 유신론이 말하듯, 그저 단지 영원한 내재적 삼위일체의 시간 내적 표현인 것이 아니다. 경륜적 삼위일체는 사실상 내재적 삼위일체를 형성한다. "경륜적 삼위일체는 내재적 삼위일체를 계시할 뿐만 아니라 또한 되려 그에 영향을 미친다."[48] 삼위일체적 본성의 그러한 이중적인 양상은 그 서로에게 영향을 준다. 하나님의 삼위일체적 본질은 하나님의 삼위일체적 경험을 형성하며, 하나님의 삼위일체적 실존성은 하나님의 삼위일체적 본질을 현실화시켜준다. 대부분의 역동적 범재신론이 그렇듯, 몰트만의 하나님은 두 개의 상호 작용하는 본성들을 소유하고 있다.

페리코레시스(perichoresis, 상호 내재성)—상호 내주 혹은 상호 교통—는 신적 통일성에 대한 몰트만의 설명이 가지고 있는 두 번째 측면이다. 하나님은 하나의 실제나 존재자, 혹은 절대 주체가 아니다. 하나님의 단일성(oneness)은 위격들의 완전한 교통으로 구성된다. "하나님의 통일성 개념은 삼위일체적 의미에서 볼 때 단일한 신적 실체의 동질성(homogeneity)에도, 절대적 주체의 동일성(identity)에도 맞을 수 없다. 그리고 삼위일체의 세 위격들 중 하나에게로 모든 것을 일치시키는 것도 아니다. 그 개념은 신적 위격들의 상호 내재성 가운데서 지각되어야만 한다."[49] 세 위격들은 그와 같은 완전하고 친밀한 교통 가운데 있으면서 하나의 신적 실재를 구성한다.

몰트만은 삼신론(三神論, tritheism)의 위험을 인정한다. 삼신론은 존재론적인 통일성 없이 세 신적 존재자들을 긍정하는 입장을 말한다. 이 이단설을 피하기 위해서, 몰트만은 사회적인, 위격들의 존재론을 채택한다. 위격의 실존성 자체가 본질적으로 공동체적이며 발전적이라는 것이다. 몰트만은 삼위일체 신학의 역사 가운데서 신적 위격 개념들을 조사하면서, 헤겔에게서 자신이 찾고 있는 견해를 발견한다. "위격에 대한 실체론적 이해

---

48 앞의 책, 160-61.
49 앞의 책, 149-50.

(보에티우스)와 위격에 대한 관계적 이해(아우구스티누스)는 이리하여 위격에 대한 역사적 이해를 통해서 확대되었다. 위격들은 그저 그들의 관계들 가운데서 '존재'하는 것이 아니라 또한 자기를 내어주는 사랑 덕에 서로 안에서 자신들을 실현한다." 이런 의미에서 위격들로서 성부, 성자, 성령은 한 하나님(One God)을 구성한다. "그들의 영원한 사랑 덕에 그들은 그들이 하나인 정도로 서로 가운데서 살아가며, 서로 가운데서 거주한다.…삼위일체의 통일성은 삼위일체 위격들의 영원한 상호 내재성 가운데 있다."[50] 이것이 바로 하나님의 영원한 본질의 통일성에 대한 몰트만의 설명이며, 앞서 지적했듯이 그것이 아직은 하나님의 실존과 동일하지 않다는 점을 주목하라. 역사 안에서의 신적 실존성은 신적 본질과 떨어져 있다. 신적 상호 내재성은 아직 완성이 아니다. 그러므로 하나님도 아직은 실질적으로 한 분(One)이 아니다.

신적 통일성에 대한 이러한 설명은 삼신론 문제를 해결해주지 않는다. 몰트만은 헤겔이 제시한 위격들의 존재론(ontology of persons)을 채택하기는 하지만, 신적 통일성에 대한 헤겔의 변증법 이론은 배격한다. 그는 상호 내재성으로 변증법을 대체한다. 이렇게 함으로써 몰트만은 헤겔의 삼위일체 양태론을 피할 수 있게 된다(양태론이란, 유일하신 하나님이 관계를 맺으시는 세 가지 방식으로 세 위격들을 이해하는 것이다). 그러나 그러한 대체는 본질적인 신적 통일성에 대한 강력한 존재론적 진술을 제공해주지는 않는다. 헤겔의 사회적인 존재론(social ontology)은 사람들(persons)이 본질적으로 상호 의존적이며 그 공동체들은 개인들의 집합 그 이상인 존재론적 연합이라는 점을 함의한다. 그러나 그의 분석은 사회적인 단위들을 단지 인격들의 공동체들로만 만들 뿐이다. 예를 들어, 가족은 존재론적으로 실질적이다. 그렇지만 아무리 완전한 가족이라도 하나님의 하나이심(단일성, oneness)에 대한 유비는 될 수 없다. 기독교 전통에서, 상호 내재성은 신적 통일성을

---

50 앞의 책, 174-75. 또한 Yoo(유태화), "Perichoresis and Unity," *Spirit of Liberation*, 55-64.

구성하는 것이 아니라 그 통일성을 표현하는 것이다. 과연 본질적인 삼위일체성에 대한 몰트만의 사상이 하나님의 하나이심에 대한 적절한 설명인지 의심스럽다.

정리하자면, 『삼위일체와 하나님 나라』는 몰트만의 삼위일체적 범재신론을 상세히 설명한다. 세계의 전체 역사와 운명은 삼위일체의 삶 가운데 포함되어 있다. "신적 광명과 신적 관계들의 순환적인 운동을 열어젖히는 것, 그리고 선남선녀를 온 창조세계와 함께 취하여 삼위일체 하나님의 생명의 흐름 안으로 끌어들이는 것, 그것이 창조와 화해와 영화의 의미다."[51]

『창조 안에 계신 하나님』: 보편화되는 상호 내재성

『창조 안에 계신 하나님』은 세계를 창조하고 그 완성을 향해 유지시켜나가는 성령의 역할에 대한 몰트만의 논의로, 『삼위일체와 하나님 나라』 안에 개진되어 있는 관점을 더 자세히 설명한다.[52] 이 책에서 몰트만의 범재신론의 여러 측면들이, 특히 상호 내재성의 역할과 범위가 확대된다.

상호 내재성의 보편성

하나님과 우주의 상호성은 몰트만에게는 이미 『십자가에 달리신 하나님』에서부터 공리에 해당한다. 『삼위일체와 하나님 나라』에서 몰트만은 하나님 안의 신적 위격들 가운데서 이루어지는 상호 관계들에 대해서

---

51 Moltmann, *Trinity and the Kingdom*, 178.
52 Moltmann, *God in Creation*, xii. Bauckham, "Creation and Evolution," chap. 9, *Theology of Jürgen Moltmann*; Müller-Fahrenholz, "Creation: The Wonder of Existence," chap. 9, *The Kingdom and the Power*.

말하기 위해 고전 용어인 페리코레시스(상호 내재성)를 도입한다. 『창조 안에 계신 하나님』에서 몰트만은 세계 안에 있는 존재자들 가운데서의 상호 침투(interpenetration among beings)와 하나님과 그들 사이의 상호 침투를 포함해서 모든 관계들로 상호 내재성 개념을 확대시킴으로써, 이 주제를 더 발전시킨다(interpenetration은 페리코레시스에 대한 해석 혹은 번역어의 하나로서 상호 침투, 상호 점유로 번역된다—옮긴이). "하나님과 유사한 모든 관계들은 삼위일체의 페리코레시스의 원상적이며 상호적인 내주와 침투를 반영한다. 즉 세계 **안에 계신** 하나님과 하나님 **안에 있는** 세계, 하나님의 영광이 스며들어 있는 하나님 나라 **안에 있는** 하늘과 땅, 인간의 온전함에 생명을 주시는 성령 **안에서** 하나되어 있는 영혼과 육체, 참되고 완벽한 인간 존재자들이 되도록 해방된 무조건적이며 무제약적인 사랑의 나라 안에 있는 남녀가 그것이다."[53] 몰트만에게, 만물은 광대한 상호 내재적 네트워크를 구성하고 있다. 상호 내재성은 모든 실재의 구조적 역동성이다. 그것은 몰트만의 암묵적인 존재론으로 기능한다. 즉 존재한다는 것은 상호 내재적으로 참여한다는 뜻이다. 하나님과 세계의 관계가 상호 내재적이기 때문에, 몰트만의 원숙한 신학은 상호 내재적 범재신론(perichoretic panentheism)이라 이름 붙일 수 있을 것이다.

"침춤"(zimzum)과 하나님의 무

몰트만은 하나님 안에 대립적 역동성을 계속해서 상정한다. 그러한 역동성은 창조 안에서 발휘된다. "그러므로 삼위일체적 창조론은 하나님과 세계의 대립에서 출발하지 않는다.…그 창조론은 다르게, 하나님 자신 안에 있는 내재적인 **긴장**으로부터 출발하여 진행해나간다.…그래서 하나님

53　Moltmann, *God in Creation*, 17.

의 세계 창조 안에서 우리는 하나님 편에서의 자기 분화와 자기 동일화를 지각할 수 있다."[54] 몰트만은 자신이 하나님 안에 자리매김하고 있는 유한한 시간과 공간, 실존성, 및 힘을 도출하기 위해서 "침춤"이라는 카발라 개념과 니콜라우스 쿠자누스, 셸링, 및 여타의 사람들의 사상들에 다시 호소한다(zimzum은 유대 카발라 tsimtsum 개념에서 나온 것으로 신이 자기를 수축시켜서 자기 속에 빈자리를 만들어낸다는 개념이다. zimzum, zimsum으로 표기하기도 한다—옮긴이).

몰트만에게 있어서, "무로부터의 창조"에서의 "무"(nothing)는 하나님의 자기 제한 혹은 자기 부정의 근원적인 결과다. "하나님은 자기의 현존을 수축시킴으로써…신적 존재의 부분적 부정을 통해서…자기의 창조를 위한 공간을 만든다." 그러므로 "무"는 "창조주의 비존재"(the non-being of the Creator)다. 몰트만은 이 관념을 뵈메와 셸링의 흐름 가운데서 발전시켜, 잠 재적으로 파괴적이며 마귀적인 세력(force)으로 본다. "하나님이 자기 창조세계를 창조하는 그 무(nihil)는 하나님의 버림받음, 지옥, 절대적 죽음이다. 그리고 바로 이것의 위협에 대항해서 하나님은 자기의 창조를 생명 가운데 유지시키신다." 창조세계에 대한 위협은 하나님 자신 안에서 어른거린다. "그러므로 창조세계는 그 자체의 비존재에 의해서만이 아니라 그 자신의 창조주인 하나님의 비존재에 의해서—말하자면 무 자체에 의해서—위협을 받는다." 그러므로 하나님은 창조세계를 존재 상태로 유지하기 위해서 그 자신의 부정성(negativity)을 억제시켜야 한다. 하나님은 그것을 긍정적인 어떤 것으로 전환시켜서 다루어나가신다. 십자가 위에서 성부와 성자를 분리시키면서 동시에 묶어주는 것, 그리하여 화해와 구속이 결과로 나오도록 하는 것이 바로 하나님 자신의 자기 부정이다. 종국에 가서 하나님의 창조성 안에 있는 부정의 역동성은 변화되어 그의 영원한 나라 안으로 들어가게 된다. "태초의 '무로부터의 창조'는 구속적인 비존재의 폐기

54　앞의 책, 14-15.

(annihilatio nihil = annihilation of nonbeing)에 대한 준비이며 약속이다. 창조세계의 영원한 존재는 바로 이 비존재로부터 진행되어 나온다."[55] 그러나 하나님의 선하심의 필연적인 승리를 생각해볼 때, "하나님에게는 '어두운 측면'이 전혀 없다. 하나님을 그 자신이 창조한 것에 대한 파괴자로서, 그리고 창조주로서의 그 자신의 존재에 대한 파괴자로서 생각할 수 있는 측면이 전혀 없다."[56] 영원한 죽음과 지옥은 오로지 피조물들이 무를 변혁시키시는 하나님의 구속적인 변화로부터 자신들을 소외시킬 수 있을 경우에만 일어날 것이다. 뵈메, 셸링, 베르댜예프, 그리고 근대의 신플라톤주의 전통과 마찬가지로, 몰트만은 역사를 하나님이 자기 안에 고유한 원초적 비존재를 현실화시키고 최종적으로는 넘어서는 수단으로 바라본다.

"짐춤", 시간, 공간

『창조 안에 계신 하나님』은 하나님의 자기 제한의 양상으로서의 시간과 공간에 각각 한 장씩을 할애한다. 하나님이 영원하시며, 창조세계는 시간적이라는 아우구스티누스의 개념에 대한 대답으로, 몰트만은 시간이 하나님의 자기 제한에서 비롯된다고 맞받아친다. 하나님은 "자기의 창조세계에 그 세계의 시간을 주시기 위해서 자기의 영원성을 자기 속으로 응축시키신다. 한편으로 자신의 본질적인 영원과 다른 한편으로 피조물의 시간성 사이에는 그러므로 **하나님 자신의 시간**이 존재한다. 그 시간은 하나님 자신이 창조적 결단을 통해서 자신의 창조세계를 위해 지정해놓은 시간이며, 그렇게 함으로써 개시된 창조세계의 시간적 기간이다."[57] 비록 하나님이 본질에 있어서는 영원하지만, 창조주로서의 하나님은 그 자신을

---

55 앞의 책, 87-90.
56 앞의 책, 168.
57 앞의 책, 116-117.

시간적으로(temporal) 만드시며 시간에 참여하신다.

공간에 관하여 몰트만은 17세기 신플라톤주의자인 헨리 모어와 아이작 뉴턴의, 공간은 하나님의 한 속성이라는 "만유-재신적"(pan-entheistic) 사상에 동의한다. 그러나 몰트만은 그들이 말하는 절대적 공간 개념은 배격한다. 그것은 공간이 하나님의 영원한 본질의 한 측면이라는 점을 함의하기 때문이다. 대신에 몰트만은 공간이 하나님의 창조적 자기 제한의 한 측면이라고 주장한다. "창조된 세계는 신적 존재의 '절대 공간' 안에 존재하지 않고, 자신의 창조적 결단을 통해 하나님이 그 세계를 위해서 양여해주신 공간 가운데서 존재한다."[58] 시간과 공간은 신적 수축의 나란한 두 차원이다.

"침춤", 하늘, 땅

몰트만은 또한 침춤, 즉 자기 수축 개념을 활용해서, 하늘과 땅을 신적 힘의 양식들이라고 설명한다. 비록 하나님이 전능하다 할지라도, 피조물의 힘은 하나님의 힘의 제한을 요구한다. 몰트만은 하늘을 하나님의 창조적 힘으로, 땅을 하나님이 자신의 힘을 현실화하시는 자기 제한 방식으로 규정한다. 시간과 공간이 신적 수축의 결과로 나오듯이, "'하늘'이라는 말로 형용되고 있는 신적 가능태들과 잠재력들은 자신을 창조주로 임명하는 하나님의 자기 임명을 통해서 제한된다. 그래서 그러한 것들이 창조세계의 시간 안에서와 공간 안에서, 창조주에 의해서 전개되고 개현(開顯)된다." 따라서 창조세계는 "하나의 에크-스타시스적(ec-static) 실재"이며 "개방되어 있는 시스템"이다(ec-static은 정태적 상태로부터 나왔다는 의미이기도 하고, 동시에 ecstatic, 즉 황홀경, 무아지경, 법열의 상태를 의미하기도 한다. 몰트만은 창조라는 것이 하나님의 황홀경, 기쁨임을 표현하면서 그것이 동시에 정적 상태로부터 뛰쳐

58　앞의 책, 156.

나오는 것임을 보여주고자 단어를 분절시키고 있다—옮긴이). 그 토대와 통일성은 하나님의 창조적이며 자기 제한적인 힘이다. "우리는 이 시스템의 결정되어 있는 측면을 '땅'이라 칭하고, 결정되어 있지 않은 측면을 '하늘'이라고 칭한다."[59] 몰트만의 범재신론의 세부적인 내용들이 이제는 더 분명해졌다. 시간, 공간, 하늘, 땅은 하나님의 자기 수정들에 속하며, 하나님의 영원한 본성의 일부가 아니기 때문에 "하나님 안에" 있다. 수축된 신적 가능태와 잠재력들에 대한 몰트만의 진술은 뵈메와 셸링의 변증법적 "신적 잠재력들"을 반영하고 있다.

우주적 진화와 "삼위일체적 범재신론"

몰트만은 그리스도에 대한 조섭 훨씬 이상으로 우주적 진화 안에서 성령이 하는 역할에 초점을 맞춘다. 그리스도는 테이야르의 강조점이다. 성령 안에서 하나님과 우주의 내재성과 초월성은 상호적이다.

물질과 생명의 모든 개별 체계들 그리고 그 체계들의 모든 소통의 복합체들 전체는 초월성 안으로 "존개"(存開, ex-ist)해 들어가며 그 초월로부터 존속한다 [ex-ist는 exist를 분절시킨 것이다. 이 분별의 의도는 존재하는 것이긴 하되 그냥 똑같은 상태로 존재하는 것이 아니라, 그 상태 가운데서의 존재를 벗어나서 초월성 속으로 들어가며 존재한다는 점을 일깨우려는 것이다. 그 의도에 따라서 ex-ist를 "존재하다"가 아니라 "존개(存開)하다"로 번역했다—옮긴이]. 만일 우리가 세계의 이 초월을 "하나님"이라 부른다면, 임시적으로 이렇게 말할 수 있다. 각 다른 부분으로 이루어져 있으며 또한 하나의 전체로서 존재하는 세계는 하나님에게 열려 있는 체계다. 하나님은 그 체계를 외부 세계로서 에워싸고 있는 **환경세계**다.

59　앞의 책, 166, 163.

그 환경세계로부터 그리고 그 환경세계 가운데 체계가 거주한다. 하나님은 그 안에서 진화하고 있는 체계의 외부 세계상(上)의 **앞뜰**이다.…그러므로 우리는 하나님을 하나님 편에서 세계에 대해서 개방되어 있는 한 존재자로 이해해야 한다. 하나님은 그의 존재의 가능성들을 가지고서 세계를 포용하고 있으며, 그의 성령의 권능을 가지고서 세계로 침투해 들어온다. 그의 성령의 에너지들을 통해서 하나님은 세계 안에 현존하며, 각 개별 체계 안에 내재한다."[60]

하나님과 세계의 이 상호 내재성과 초월성은 현대의 역동적 범재신론에 대한 우리의 정의에 완벽하게 부합한다.

『창조 안에 계신 하나님』에서 몰트만은 계속해서 자신의 입장을 유일신론, 범신론, 심지어 스피노자의 낭만적 세계-영혼의 "차별화된 범재신론"과도 구별되는 "삼위일체적 범재신론"으로 확인한다. "삼위일체적 창조 개념은 유일신론과 범신론에 있는 진리의 요소들을 통합한다. 그 범재신론적 견해에서, 세계를 창조하신 하나님은 그 안에 거주하신다. 그리고 역으로 하나님이 창조한 세계는 하나님 안에 존재한다. 이것은 실제로 오로지 삼위일체적 용어로만 생각될 수 있고 형언될 수 있는 개념이다."[61]

『오시는 하나님』

『창조 안에 계신 하나님』은 하나님 안에서 만물의 완전한 완성을 기대한다. 『오시는 하나님』은 몰트만의 종말론이다. 이 책은 영원한 하나님 나라 안에서의 인간 개인들과 우주와 삼위일체 하나님의 최종적인 성취에 대한

60　앞의 책, 205-6.
61　앞의 책, 98; 또한 102-3, 206-12, 300.

몰트만의 설명이다.[62]

완성: 보편적인 구원

몰트만은 강하게 만인구원론적이다. 모든 피조물이 구원될 것이다. 그러나 하나님은 모든 죄를 정죄하실 것이다. "그 심판에서 이 살인과 고난이 넘쳐나는 세계의 모든 죄, 모든 악행, 모든 폭력 행위, 모든 불의는 정죄되고 진멸될 것이다." 그러나 하나님은 모든 피조물을, 심지어 마귀까지도 구원하실 것이다. "그 하나님의 심판 가운데서 모든 죄인들, 악인과 폭행자, 살인자들, 사탄의 자식들과 마귀, 그리고 타락한 천사들이 다 변화를 받고 그들의 치명적인 파멸로부터 해방되고 구원을 받아 그들의 진정한 피조된 존재로 놀입하게 될 것이다." 보편적인 구원의 이유는 하나님의 사랑이나, 곧 창조의 동기를 부여하는 바로 그 사랑이다. "하나님은 여전히 자신에게 참되시며 과거에 자신이 창조했고 긍정했던 것을 포기하지 않으시고 잃어버리도록 허락하지 않으신다."[63] 몰트만은 만물의 구원과 성취를 그리스도의 십자가에 명시적으로 묶는다. 그리하여 『십자가에 달리신 하나님』이래로의 자신의 신학의 기본 주제를 부각시킨다. **"보편적인 구원에 대한 소망의 참된 기독교적 토대는 십자가 신학이다. 십자가 신학의 현실주의적인 결과는 만물의 회복일 수밖에 없다."**[64]

---

62 Jürgen Moltmann, *The Coming of God: Christian Eschatology*, trans. Margaret Kohl (Minneapolis: Fortress, 1996). 또 Richard Bauckham, ed., *God Will Be All in All: The Eschatology of Jürgen Moltmann* (Edinburgh: T & T Clark, 1999). 이 책에는 그의 종말론에 대한 사람들의 분석에 대해 답하는 Moltmann의 글 몇 편이 실려 있다. 또한 Müller-Fahrenholz, "What Remains Is Expectation: The Coming of God," chap. 12, *Kingdom and the Power*도 보라.
63 Moltmann, *The Coming of God*, 255. 하나님이 어떻게 이 결과를 보장하고 계속해서 진정한 피조물의 자유를 허락할 수 있는지는 불분명하다.
64 앞의 책, 251.

완성: "침춤"의 역전

하나님은 자신의 창조를 위한 자기 제한을 긍정적으로 역전시킴으로써 창조의 완성을 달성하신다. 태초에 하나님은 창조를 위해 시간과 공간과 존재와 권능을 갖기 위해서 자신을 제약 또는 "부정"했다. 끝에 가서 하나님은 이 자기 부정을 부정하신다. 하나님은 자기 안에 창조세계를 포함시키기 위해서 "재확장"하신다. 그 창조세계는 바로 하나님이 자신을 수축시킴으로써 제공했던 존재론적 자리 가운데서 태어나고 성숙하게 된 창조세계다. 침춤이 역전된다. 원초적 순간이 하나님의 창조를 통한 자기 제한으로부터 솟아올랐듯이, "그러므로 종말론적 순간은 구속의 결단과 그 결단 속에서 결의되는 하나님의 '탈제약'으로부터 용솟음칠 것이다." 하나님은 단순히 창조를 해제하거나(de-create) 창조세계를 흡수하지 않으신다. 하나님은 그 자신 속으로 창조세계가 충분히 실현되게 하신다. "하나님은 자기의 창조세계를 멸절시키고 자신을 그 자리와 그 시간 가운데 두기 위해서 자신에 대한 제약을 해제하시는 것이 아니다. 하나님의 목적은 자기의 창조세계 안에 거주하는 것, 그리고 그 세계 안에서 '만물 안에서 만물'이 되시는 것이다." 시간과 공간은 하나님의 영원과 편재 안으로 사로잡혀 들어가며 그것들의 제약을 상실한다. 창조세계를 성취하는 바로 그 탈제약이 마찬가지로 하나님을 완성시킨다. "하나님은 자기 안에서 자기에 대한 자신의 종말론적 탈제약을 완수하신다. 하나님은 그 자신의 확연히 드러난 영광의 광채 가운데서 자신의 창조세계 안에 나타나신다."[65] 변증법적 언어로 표현하자면, 하나님이 만물 안에서 자신을 성취하시는 바로 그 행위는 하나님이 원래 창조했을 때 사용했던 바로 그 자기 부정에 대한 부정(a negation of the self-negation)을 포함한다.

---

65 앞의 책, 294-95.

완성: 완성된 상호 내재적 범재신론

그리하여 나오는 결과가 바로 "역사와 창조세계의 완결, 곧 하나님이 친히 자기의 창조세계 가운데 '거주(내주, 임재)하시는' 영광의 나라 안으로 완성되는 일"이다. 랍비적이며 카발라적인 셰키나(Shechinah, 하나님의 거주하는 영광) 교리와 매우 유사한, 창조세계 안에서의 "새로운 신의 임재/현존"이 이루어지게 될 것이다. "더 이상 창조주가 자신의 창조세계에 대해서 건너편에 남아 있지 않는다. 창조주가 창조세계 안에 거주한다. 그 안에서 그의 안식을 찾는다.…창조세계가 신의 임재/현존에 의해서 상호 침투된다. 그리고 하나님의 생명/삶의 다함없는 충만함 가운데 참여한다."[66] 그 관계는 상호적이다. 세계 역시 하나님 안에 거하기 때문이다. "하나님 안에서 세계가, 세계 안에 하나님이 상호 거주하는 일이 실현될 것이다." 이 상호성은 너무나 완벽해서 하나님은 피조물의 속성들을 공유하며 피조물들은 신적 속성들에 참여한다. 그것은 "일종의 신적 속성들과 우주적 속성들의 우주적 상호 내재(페리코레시스)다." 더 정확히 말하자면, "거주하시는 하나님이 피조물들의 제한된 시간과 제약되어 있는 공간에 참여하셨듯이, 피조된 존재자들이 영원과 편재라는 신적 속성들 가운데 참여한다."[67]

몰트만은 하나님과 세계 사이의 차이를 주장함으로써 자기의 입장을 범신론과 구별한다. "하나님은 하나님으로 남고, 세계는 여전히 창조세계다. 그들의 상호 거주 내내, 그들은 뒤섞이지도 한덩어리가 되지도 않는다." 상호 내재성이 그 보장이다. 상호 내재성은 하나님과 피조물들의 지속적인 실존성을 함의하며, 범신론적 동질성을 배제시켜준다. "상호 침투라는 개념은 하나님과 사람들, 하늘과 땅, 인격과 본성, 영적인 것과 감성적인 것 등등 그 종류가 다양한 것의 통일성과 차이를 둘 다 보존하는 일이 가능하도록 만들어준다." 인간의 자율성은 신적 주권성과 일치한다. "그들에

---

66 앞의 책, 280, 295.
67 앞의 책, 295, 307.

대한 하나님의 다스림은 그 다스림에 대한 그들의 참여와 동시적으로 발생한다. 그것을 하나님의 주권과 인간의 자유의 화해로 간주할 수 있을 것이다."[68]

하나님과 세계의 완전하게 된 페리코레시스는 범재신론을 완벽하게 실증해준다.[69] 하나님과 세계는 존재론적으로 구별되며, 서로를 초월한다. 그러나 하나님과 세계는 상호 내재적이며 협동적이다. 이 최종 결과가 하나님의 영원한 본성 가운데 암묵적으로 담겨 있다.

기독교 신학으로서 몰트만의 범재신론

위르겐 몰트만은 역사상 가장 충분하게 표출된, 명시적으로 범재신론적인 기독교 신학을 제공한다. 하나님과 세계의 상호 내재적 상호성이 존재론적으로 서로에 대해 구성 요소가 되기 때문에 그 신학은 범재신론적이다. 성부와 성자와 성령이 세계에 대한 참여를 통해서 동일성과 통일성을 발전시키기 때문에 그 신학은 삼위일체적이다. 삼위일체의 충만함과 통일성이 하나님 나라의 완성 가운데서 하나님과 창조세계의 완벽한 상호 내재성과 일치하기 때문에 그 신학은 종말론적이다.[70]

몰트만이 한 작업의 주제들과 내용은 성경에 그리고 기독교 신학 전통에 기반을 두고 있다. 몰트만 신학의 철학적 프레임은, 뵈메에 의해서 하나

---

[68] 앞의 책, 307, 278, 318-19. 그러나 Yoo(유태화), *Spirit of Liberation*, 207-9은 침춤의 역전이 Moltmann의 범재신론을 "위험천만하게 범신론의 언저리에 근접시킨다"고 주장한다. 그의 "범재신론은 범신론과 거의 구별할 수 없다."

[69] 하나님 안에 세계의 있음보다는 하나님의 세계 내주에 대해서 말하는 Moltmann의 경향에도 불구하고, 최종적으로 그는 "상호적인 페리코레시스"의 맥락에서 두 측면을 다 강조한다. Moltmann, "The World in God or God in the World? Response to Richard Bauckham," *God Will Be All in All*, ed. Bauckham, 35-41을 보라.

[70] Moltmann의 범재신론은 Grenz and Olson, *Twentieth-Century Theology*, 179-86; 및 Yoo(유태화), *Spirit of Liberation*, 37, 207-9에서 가장 충실하게 소개한다.

님에게 투사되었고 헤겔과 셸링에 의해서 역사화된 신플라톤주의적 변증법적 존재론의 유산이다.[71] 몰트만은 기독교 신앙의 우선성을 주장하고, 철학을 사용해서 기독교 신앙의 교리들을 체계화한다. 몰트만은 헤겔처럼 기독교를 철학에, 혹은 셸링처럼 기독교를 종교에 동화시키지 않는다.

그러나 이 철학 전통(뵈메, 셸링, 헤겔로 이어지는—옮긴이)은 몰트만의 신학 프로젝트 전체에 독특한 형태를 제공한다. 그 철학 전통이 하나님 안에 자리 잡게 하는 변증법적 혹은 창조적 대립의 역동성은 신적 본성 자체 안에 이중성과 긴장을 요구한다. 그 전통은 하나님이 하나의 세계를 필요로 하도록 만들며, 하나님이 자신의 암묵적인 삼위일체적 성격을 세계사 가운데서 현실화하도록 요구하며, 세계를 창조하는 일이 불가피하게 악을 현실화하도록 만들며, 신적인 자기 현실화가 불가피하게 세계의 고난과 구속에 개입하도록 하며, 하나님의 성취가 세계 전체의 성취를 필요로 하고 포함하도록 만든다.

이러한 전반적인 신학적 전망은 예를 들어 기독교의 아우구스티누스적 개혁주의 전통과 비교해볼 때, 신플라톤주의적이다. 아우구스티누스적 개혁주의 전통에서는 하나님이 완벽하게 그리고 영원히 삼위일체시며, 선하시고, 사랑이 많으시며, 전지전능하시고, 자신이 세계를 창조할 것인지의 여부에 있어서도 주권적으로 자유로우시다. 하나님은 타락을 허용할 것인지의 여부에 있어서도 자유로우시며, 그러므로 세계를 창조하고 유지하고 구속하고 완전하게 하시는 그 사랑 가운데서 온전히 은혜로우시며 아가페적이시다. 비록 이 두 전통이 동일한 기본 교리들 중에서 많은 것을 인정한다 할지라도, 이 둘은 기독교 신앙 전체에 대한 완전히 다른 두 개의

---

71 이 전통에 대한 그의 전유의 최근의 두 가지 예를 고려해보라. Moltmann은 다음 글에서 Giordano Bruno의 하나님과 세계에 대한 관점을 변호한다. Moltmann, "From the Closed World to the Infinite Universe," *Science and Wisdom*, trans. Margaret Kohl (Minneapolis: Fortress, 2003), 158-371. "Tao—the Chinese Mystery of the World," 앞의 책, 172-93에서, Moltmann은 "만물이 하나님으로부터 나오며—만물이 하나님에게로 간다"는 신플라톤주의 사상을 기독교 전통과 Hegel에, 그리고 다시 도교에 연결시킨다. "우리는 삼중적인 하나님—둘됨—셋됨을…도의 '자기 진화 과정'으로 해석한다"(189). 서구의 범재신론과 비서구의 범재신론을 연결시키려 하는 다른 시도들에 대해서는 앞의 제9장을 보라.

이해다. 몰트만은 개혁주의 신학자 중 한 사람으로 교육을 받았지만, 그의 경력 가운데서 일찍이 그 전통을 버리고 다시 되돌아오지 않았다.

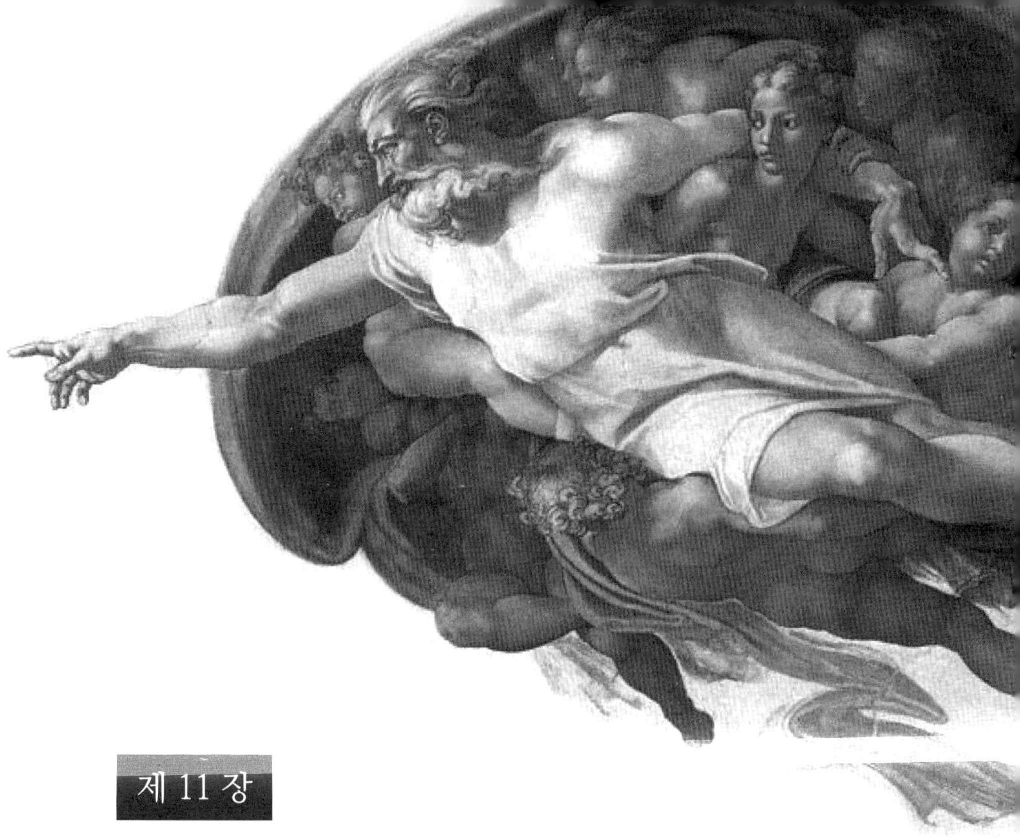

제 11 장

| 판넨베르크의 범재신론적 힘의 장 |

판넨베르크는 범재신론자인가?

볼프하르트 판넨베르크(Wolfhart Pannenberg)가 범재신론자라고 가정하기는 쉽다. 그의 신학이 많은 면에서 몰트만의 신학과 비슷하기 때문이다.[1] 두 사람은 성령의 하나님이 미래의 힘으로서 역사에 활발하게 개입한다는 사실을 긍정하면서 시작한다. 두 사람은 삼위일체 및 하나님의 나라 안에 만물이 포함되는 것에 초점을 맞추는 신학 체계를 전개한다. 그리고 두 사람 모두 에른스트 블로흐, 마르크스주의적 휴머니즘, 과학적 자연주의에 맞서는 기독교 신학을 표현하기 위해서 후기 헤겔주의 철학을 차용한다.[2] 그러므로 판넨베르크가 몰트만만큼이나 열정적으로 범재신론을 옹호할 것이라 예상하기 쉽다.

그러나 판넨베르크는 범재신론을 명시적으로 배격한다. "그러므로 전

---

[1] 비교를 위해서는 Roger Olson, "Trinity and Eschatology: The Historical Being of God in Jürgen Moltmann and Wolfhart Pannenberg," *Scottish Journal of Theology* 36 (1983): 213-27 을 보라.

[2] Wolfhart Pannenberg, "The God of Hope," *Basic Questions in Theology*, trans. George Kehm and R. A. Wilson, 3 vols. (vols. 1-2, Philadelphia: Fortress, 1970-71; vol. 3, London: SCM, 1973), 2:234-49은 비슷한 점들을 실례로 들고 있다. "미래의 힘"으로서의 하나님에 대한 그의 종말론적 존재론(242-43)과 Bloch에 대한 그의 비판은 Moltmann의 존재론 및 비판과 매우 유사하다. Pannenberg 역시 "하나님의 존재는 그의 주재권(lordship)이기 때문에" "하나님의 존재와 하나님 나라의 존재는 동일하다"(240), 그리고 "삼위일체론이 하나님의 순수 미래성의 봉인이다"(249)라고 주장한다. 삼위일체 하나님과 세계의 역사의 존재론적 상호 연관성은 두 사상가들이 평생에 걸쳐 강조해온 점이다.

통적인 기독교 신학의 삼위일체적 유신론은 여전히 범재신론 개념의 모호함과 오도하는 함의들에 대해 우위에 있다."³ 그의 학문적인 글은 일관되게 이 주장을 담고 있다. 그는 자신을 범재신론자로 확인하는 경우가 거의 없으며, 몇몇 논평자들 역시 판넨베르크가 범재신론자가 아니라고 본다.⁴

그러나 이 장은 판넨베르크가 스스로는 그러한 "모호하고 오도하는" 종류의 것들을 거부한다고 말하긴 하지만, 그가 암묵적으로 범재신론적임을 주장한다. 판넨베르크의 일생에 걸친 신학적 작업에 대한 이어지는 개관은 그의 작업 속에 범재신론의 징후가 있음을 지적할 것이다. 그 다음, 그의 무르익은 『조직신학』(Systematic Theology)에 대한 연구는 그 진단을 확정 지을 것이다. 구체적으로 판넨베르크는 하나님의 삼위일체적 삶 내에 세계의 존재를 자리 잡게 하는데, 판넨베르크는 그 삼위일체적 삶을 무한하고, 모든 것을 포괄하는 힘의 장으로 생각한다.

판넨베르크의 삶과 신학에 대한 개관

판넨베르크는 1929년, 지금은 폴란드에 속해 있는 독일 지역에서 태어났

---

3 2005년 1월에 Metanexus Institute website인, www.metanexus.net/metanexus_online/printer_friendly.asp?8798에 올려진 Wolfhart Pannenberg의 코멘트들을 보라. 이 코멘트들은 Philip Clayton과 Arthur Peacocke가 편집한 책 광고에 있는 리뷰들과 추천사들 중 하나다. Philip Clayton and Arthur Peacocke, eds., *In Whom We Live and Move and Have Our Being: Panentheistic Reflections on God's Presence in a Scientific World* (Grand Rapids: Eerdmans, 2003). 그는 또한 이 책에서 자신이 범재신론자임을 부인하고 있다. Wolfhart Pannenberg, *Introduction to Systematic Theology* (Grand Rapids: Eerdmans, 1991), 45.
4 Pannenberg는 Clayton과 Peacocke의 편집서, *In Whom We Live*에서 결코 범재신론자로 언급되어 있지 않다. 그 책이 최근까지 가장 다양하고 종합적인 범재신론에 대한 선집이지만 말이다. Stanley J. Grenz and Roger E. Olson, *Twentieth-Century Theology: God and the World in a Transitional Age* (Downers Grove, IL: InterVarsity, 1992)는 여러 명의 신학자들을 범재신론자로 확인하고 있지만, Pannenberg는 아니다. 다른 곳에서 Stanley Grenz는 Pannenberg가 범재신론자가 아니라고 말한다. Stanley J. Grenz, *Reason for Hope: The Systematic Theology of Wolfhart Pannenberg* (New York: Oxford University Press, 1990), 211.

다. 그는 제2차 세계대전에서 살아남았고 공산주의 치하에서도 한동안 살았다.[5] 그는 청년 시절 예기치 않은 신비적 경험을 통해서 그리스도인이 되었고, 기독교 교사가 되었으며, 기독교가 끊이지 않는 인간의 물음들과 문제에 대한 가장 만족스러운 답변을 제공해준다는 확신을 점점 강하게 갖게 되었다. 그는 대학에서 철학을 공부했고, 그런 다음 칼 바르트에게서 신학을 배웠으며, 하이델베르크 대학교에서 신학 박사 학위를 받았다. 판넨베르크는 한 루터교 신학교에서 가르쳤고, 마인츠 대학교에서 가르쳤다. 1968년부터 1994년에 은퇴하기까지 뮌헨 대학교에서 신학 교수로 지냈다. 판넨베르크는 40여 년에 걸쳐서 수많은 소논문들과[6] 책으로,[7] 그리고 절정판인 그의 세 권짜리 『조직신학』[8]으로 자신의 신학을 전개했다. 이 장은 먼저 판넨베르크의 프로젝트 전체에 대한 개관을 제공한다. 그런 다음 그의 완결된 체계의 핵심 개념인 신적인 힘의 장(divine force field)을 비롯하여 선개된 그의 신학 가운데에 암묵적으로 포함되어 있는 범재신론의 요소들을 조명한다.[9]

---

5 Wolfhart Pannenberg, "An Autobiographical Sketch," *The Theology of Wolfhart Pannenberg: Twelve American Critiques, with an Autobiographical Essay and Response*, ed. Carl Braaten and Philip Clayton (Minneapolis: Augsburg, 1988), 11-18.
6 이전의 에세이들의 수집은 Pannenberg, *Basic Questions*에서 찾을 수 있다. 1988년까지에 이르는 저작 목록으로는 Philip Clayton, "A Pannenberg Bibliography," *Theology of Wolfhart Pannenberg*, ed. Braaten and Clayton, 337-42을 보라.
7 중요한 것으로 Wolfhart Pannenberg, *Jesus—God and Man* (1964), trans. Lewis Wilkins and Duane Priebe (Philadelphia: Westminster, 1968); *The Idea of God and Human Freedom* (1971), trans. R. A. Wilson (Philadelphia: Westminster, 1973); *Theology and the Philosophy of Science* (1973), trans. Francis McDonagh (Philadelphia: Westminster, 1976); *Anthropology in Theological Perspective* (1983), trans. Matthew O'Connell (Philadelphia: Westminster, 1985); *Metaphysics and the Idea of God* (1988), trans. Philip Clayton (Grand Rapids: Eerdmans, 1990)이 있다.
8 Wolfhart Pannenberg, *Systematic Theology*, ed. Geoffrey Bromiley, 3 vols. (Grand Rapids: Eerdmans, 1991-1998), *Systematische Theologie* (1988-1993)의 번역본(영역)임.
9 Christiaan Mostert, *God and the Future: Wolfhart Pannenberg's Eschatological Doctrine of God* (New York: T&T Clark, 2002); Grenz, *Reason for Hope*; David Polk, *On the Way to God: An Exploration into the Theology of Wolfhart Pannenberg* (Lanham, MD: University Press of America, 1989)는 그의 원숙한 체계에 대한 연구서들이다. Grenz and Olson, *Twentieth-Century Theology*, 186-99은 간단한 입문서로 훌륭하다.

판넨베르크 신학의 목표, 인식론, 방법론

몰트만과 마찬가지로, 청년 판넨베르크는 20세기 중반의 과학적 유물론, 마르크스주의 휴머니즘, 종교적 상대주의에 맞설 수 있는 기독교 신학을 꿈꾸었다. 몰트만의 경우보다 훨씬 더 판넨베르크는 과학과 역사에 대한 철학적 성찰이 성경에 선포되어 있으며, 교회 예배를 통해 기려지고, 기독교 신학을 통해 표명되는 진리―즉 역사적 예수 그리스도 안에 명백히 드러난 그 하나님이 모든 실재의 주재자이시며 모든 사람들에게 의당 경배받아야 하실 분이라는 진리―에 대한 합리적인 토대를 제공해준다고 강조해왔다. 이 평생의 프로젝트의 중심 주제들은 판넨베르크의 가장 초기의 간행물들에서도 명백히 나타난다.

판넨베르크의 1961년도 에세이 「진리란 무엇인가?」(What Is Truth?)는 그가 자기의 입장을 세우기 위해서 사용하는 인식론을 간략히 제시한다. 진리는 그리스 철학의 경우에서처럼 영원하고 불변하는 것이 아니라 히브리 종교의 경우에서처럼 역동적이고 역사적이다. 절대 진리는 모든 특정 진리들의 궁극적 종합이며, 시간을 통해 발전해나가는 일관성 있는 전체다. 특정 진리들의 경우는 오직 창발하는 전체 가운데서만 그 의미와 진리 값을 갖는다. 그 전체의 최종적인 내용은 아직 실현되지 않은 미래에 놓여 있다. 그러나 만일 최종적인 진리가 미래라면, 현재에서는 어떻게 참 지식/인식이 가능할 수 있는가? 판넨베르크는 헤겔의 시스템은 "이 문제에 대한 해결책으로서 가장 의미심장한 시도"라고 간주한다. 헤겔은 자신이 하나님에게로 돌리고 있는 절대 진리가 오직 역사의 끝에 가서야 획득될 수 있음을 올바르게 파악하고 있다. 그러나 판넨베르크는 헤겔에 대해 "지각을 흔드는 반론"을 편다. 즉 헤겔의 절대 이성주의는 암묵적으로 미래를 폐쇄하고 있으며 따라서 진리를 왜곡하고 하나님을 잘못 표상하고 있다는 것이다. 판넨베르크는 그 이후의 철학이 헤겔의 실패를 강조했지만, 헤겔이 제기한 문제는 해결하지 못했다고 지적한다. 이러한 상황에 직면해서 판넨베르크는 충격적인 주장을 한다. 기독교가 "진리에 대한 헤겔식 개념의 궁지"에 해결책을 제공한다는 것이다. 비록 절대 진리는 역사의 끝에 가서야 온전하게 드러나지만, 하나님은 이미 예수 그리스도의 부활 가운데서 궁극적 실재를 **예기적으로**(proleptically)—즉 부분적이며 미리 예견할 수 있는 방식으로—계시하셨다.[10] 그리스도의 부활은 만물의 끝—하나님 안에서 이루어지는 만물의 성취—의 시작이다. 따라서 그리스도의 부활은 현재 가운데서 참 지식의 기반이다.

판넨베르크는 기독교를 향한 자신의 호소를 자의적이거나 비합리적인 것으로 여기지 않는다. 사실상 판넨베르크는 헤겔이 추구했던 보편적 진리에 대한 인식의 탐구를 계속하고 있다. 그러나 그는 헤겔의 방법보다는 덜 이성주의적인 방법을 전개한다.[11] 빌헬름 딜타이(Wilhelm Dilthey), 하이데거, 가다머, 위르겐 하버마스의 해석학(해석 이론들)과 대화하면서 판넨베르크는 훨씬 더 개방적인 역사 이해 방법을 스케치한다. 과거와 현재의 자료들을 이해 가능하지만 아직은 완결되지 않은 발전해나가는 전체의 통합적인 부분들로 이해함으로써 그 전체가 진행되어나갈 미래의 자취를 예견하는 잠정적이지만(tentative) 정당화될 수 있는 결론들을 도출할 수 있다. 다시 말해서, 판넨베르크는 헤겔의 변증법 논리를, 발전해나가는 전체 안에 있는 부분들에 대한 지식들을 상호 연결시키는 대화적인 역사 해석학으로 대체시킨다. 이 방법을 적용하면서 판넨베르크는 예수 그리스도의 부활이 보편 지식에 대한 열쇠를 제공해준다고 주장한다. 그 부활이 역사의 최종적인 미래를 이미 드러냈기 때문이다. "헤겔은 이 점을 볼 수 없었다. 그에게는 예수의 메시지의 종말론적 성격이 감추어져 있었기 때문이다."[12] 이런 식으로 판넨베르크는 자기의 철학 방법을 사용해서 기독교 신앙의 길을 예비한다.

---

10 Pannenberg, "What Is Truth?" *Basic Questions*, 2:1-27. 21-22, 24에서 인용.
11 Philip Clayton, "Anticipation and Theological Method," *Theology of Wolfhart Pannenberg*, ed. Braaten and Clayton, 122-50은 통찰력 있는 해설과 비판이다.
12 Pannenberg, "Hermeneutic and Universal History" (1963)와 "On Historical and Theological Hermeneutic" (1964), *Basic Questions*, 1:96-136, 137-81. 135에서 인용.

철학적 신학은 기독교 신앙을 뒷받침한다

그러나 만일 복음이—그리고 따라서 부활이—그저 멋진 허구(fiction)에 불과하다면 어찌할 것인가? 판넨베르크는 합리성의 장(場, field)에서 기꺼이 믿음을 검증하고자 한다. 기독교의 선포는 "단지 억지 주장"에 불과한 것이 아니라, "검증 가능한" "하나님 경험으로부터 도출"되는 것이다.[13] 그는 광범위한 철학적 신학상의 토대를 가지고서 유대교-기독교의 선포에 대한 자신의 역사적-비평적 변호를 뒷받침한다. 그러므로 그 점에 대해 간략히 정리해보도록 하자.

판넨베르크의 철학적 신학 전체는, 넓게 말하자면 그 전망이나 구조에 있어서는 헤겔적이다. 그 신학은 하나님이 어떻게 자연 가운데 암묵적으로 자신을 드러내시는가를 고찰한다. 그 신학은 자연(nature)이 인간 안에서(in humanity) 어떻게 정점에 달하는지를 추적한다. 그 다음에는 인간의 문화와 역사가 어떻게 종교 가운데서 정상에 도달하는지가 다루어진다. 그리고 종교 가운데서 하나님이 자신을 명시적으로 계시하신다. 이제 판넨베르크가 만물이 하나님을 가리킨다는 점을 어떻게 주장하는지를 보기 위해서 그의 자연 철학, 철학적 인간학, 종교 철학을 간단히 정리해보도록 하자.

판넨베르크의 자연과 하나님에 대한 철학은 두 권의 책에서 개진되고 있다. 『신학과 과학 철학』(Theology and the Philosophy of Science), 그리고 『자연신학을 향하여』(Toward a Theology of Nature)가 그 두 책이다.[14] 가장 주목할 만한 점은 그의 "힘의 장"(force field) 개념이다. 이 개념은 판넨베르크의 자연신학과 마침내는 그의 조직신학 전체의 기본 바탕을 이루고 있다[force field는 물리학 개념으로서 힘의 장력이 미치는 범위를 뜻한다. 직역해서 역장(力場)이라고도 하고, 혹자는 세력장, 권력장, 힘의 마당으로 번역하기도 했다. 여기에서는 힘

---

13 Pannenberg, "The Question of God," 앞의 책, 2:201-33. 206-7에서 인용.
14 Wolfhart Pannenberg, Toward a Theology of Nature: Essays on Science and Faith, ed. Ted Peters (Louisville: Westminster/John Knox, 1993).

의 장으로 옮긴다. 그리고 그의 "과학 철학"(the philosophy of science) 역시 엄밀하고 좁은 의미에서의 과학만을 의미하지 않고, 학문을 의미한다. 따라서 "과학 철학"은 학문에 대한 철학, 학의 철학이라고 할 수 있다—옮긴이]. "모든 지적인 개별 현상에도 하나님의 유효한 임재가 있음을 말하기 위해서 신학적으로 장(場, field) 개념을 쓸 수 있을 것이다."[15] 판넨베르크는 자신의 부분-전체 해석학(part-whole hermeneutics)을 적용하면서, 특별 학문들이 자연과 및 그에 대한 인간 지식의 철학적 문제들을 제기한다고 지적한다. 이러한 문제들을 언급하면서 철학은 다시 신학을 가리킨다. 왜 그런가 하면, 자연에 대한 학문적 지식은 결국에 가서는 궁극적인 근거인 하나님 문제를 제기하게 마련이기 때문이다. 따라서 학문은 인식론적으로 자체만으로 충분하지 않으며, 무신론을 옹호하는 데 쓰일 수 없다.

인간(humanity)과 하나님에 대한 판넨베르크의 철학은 두 개의 책에 개진되어 있다. 그 책들은 『인간이란 무엇인가』(What Is Man?)와 『신학적 관점에서 본 인간학』(Anthropology in Theological Perspective)이다.[16] 후자, 신학적 인간학 책은 "인간 생리학, 심리학, 문화 인류학 혹은 사회학에서 조사된 대로의 인간 실존의 현상들"에 대한 종합적인 성찰이며, "종교와 신학에 적절한 함의를 찾는 시각을 가지고서 이 분야들이 발견한 사항들을 검토한다."[17] 판넨베르크는 자신의 부분-전체 방법론을 활용하여, 인간 실존에 대한 통합적 이해를 향한 특정 분야들의 기여가 불가피하게 인간 정신에 관한 물음들을 제기한다고 주장한다. 그 인간 정신의 물음들이란 세계 종교들에 의해서, 특히 기독교의 선포를 통해서 독특하게 언급되는 문제들이다.

종교에 대한 판넨베르크의 철학적 분석은 예수 그리스도 안에 있는 하나님의 계시에 이르는 이성적인 길을 밝혀준다. 그는 무한(infinity)에 대한 인간의 직관에서부터 시작한다. "그 무한한 자기 초월성(self-transcendence)

---

15 Pannenberg, "The Doctrine of Creation and Modern Science" (1988), 앞의 책, 39.
16 Wolfhart Pannenberg, What Is Man? Contemporary Anthropology in Theological Perspective (1964), trans. Duane Priebe (Philadelphia: Fortress, 1970).
17 Pannenberg, Anthropology in Theological Perspective, 21.

가운데서 인간의 주체성은…언제나 그 자체를 초월하는 무한성을 전제로 한다."[18] 비록 루트비히 포이어바흐(Ludwig Feuerbach), 지그문트 프로이트, 에른스트 블로흐 등과 같은 현대 무신론자들이 초월적 무한이라는 관념은 그저 신인동형론적 투사일 뿐이라고 주장하지만, 판넨베르크는 종교 현상학은 종교들이 하나님이라고 부르는 그 무한이 실재함을 제시한다고 반박한다. 덧붙여서 종교는 하나의 **인격적** 하나님에 대한 널리 입증된 증거를 제공한다. 인간은 진정으로 자신들을 넘어서는 자유롭고 조종될 수 없으며 의도를 갖고 있는 힘(power)과 조우하는 것 같기 때문이다. 종교들은 이성적으로 이 힘을 인격적 힘이라고 해석한다. 자유와 의도성이 인격성의 핵심적인 특성이기 때문이다.[19] 따라서 종교 현상학은 "사람이 신성의 인격적 실재에 참여한다"고 제시한다. 하나님 개념이 그저 인간의 자기 투사로서 신인동형론에 불과한 것이 아니다.[20] 이런 이유에서 판넨베르크는 **독단적인** 무신론은 무비판적이며, 철학적으로 유지될 수 없다고 결론 내린다. 그는 종교들의 역사가 예수 그리스도의 하나님에 대한 암암리의 추구라는 점을 광범위하게 주장한다.[21]

정리하자면, 판넨베르크는 예수 그리스도에 대한 선포의 일환으로서 자연과 인간과 종교에 대한 후기 헤겔적인 철학적 신학을 표출하고 있다.

---

18 Pannenberg, "Types of Atheism and Their Theological Significance" (1960), *Basic Questions*, 2:184-200, 191.
19 Pannenberg, "The Question of God," 231. Pannenberg는 Fichte, Feuerbach, Nietzsche, Heidegger와 마찬가지로 초월적이며 자의식적이며 인격적인 존재자로서의 하나님이라는 전통적 신관은 죽었다는 데 동의한다. 그러나 그는 인격적인 하나님에 대한 보다 최근의 개념을 옹호한다.
20 Pannenberg, "God of Hope," 2:244-46.
21 Pannenberg, "Toward a Theology of the History of Religions," *Basic Questions*, 2:65-118. 또한 Schleiermacher, Hegel, Schelling도 이 노선을 취했다. Carl Braaten, "The Place of Christianity among the World Religions: Wolfhart Pannenberg's Theology of Religion and the History of Religion," *Theology of Wolfhart Pannenberg*, ed. Braaten and Clayton, 287-312을 보라.

기독교 계시에 대한 역사적 진리

그러나 판넨베르크는 합리적인 길이 완성되기까지 복음 선포를 기다렸던 것은 아니다. 판넨베르크는 그의 글 「계시론에 대한 교의적 논제들」(Dogmatic Theses on the Doctrine of Revelation, 1961년)에서 이미 보편사 가운데 기독교 하나님이 현존하셨던 것을 주장한다.[22] 판넨베르크는 바르트의 초자연적인 계시관에 그리고 구속사(Heilsgeschichte)를 보편사로부터 분리시키는 모든 사람들에게 반대하면서, 레싱, 헤르더, 슐라이어마허, 헤겔, 셸링과 분명하게 입장을 같이한다. 그들에게 있어서 "그 시간내적 발전 가운데 있는 실재의 전체"가 "하나님의 자기 소통/자기 전달(the self-communication)"이다.[23] 그들을 따라서, 판넨베르크는 하나님이 실질적으로 자연과 역사 안에 현존하신다고 확언한다. 그러나 그는 구속사—이스라엘과 예수 그리스도 안에서의 하나님의 특수한 활약—가 세계사에 박혀 있을 뿐만 아니라 또한 역사의 중심 초점이자 의미이며 목표라고 주장한다. 기독교는 종교나 철학에 의해서 대체될 수 없다. 그는 또한 예수의 부활이라는 역사적 사건 가운데서 하나님이 자신을 경험적으로, 보편적으로, 충분하게 나타내셨다고 주장한다. "이스라엘의 하나님이 궁극적 방식으로 자신의 신성을 유지해오고, 이제는 모든 사람들의 하나님으로서 자신을 나타내는 것은 바로 부활을 통해서다."[24] 비록 절대적인 증명은 종말까지 기다려야 하지만, 판넨베르크는 성령의 증거와 교회의 선포 및 예배, 그리고 역사 가운데서의 하나님의 활동에 대한 신학의 설명이 사람들에게 기독교의 진리가 바로 그들의 궁극적인 의문들에 대한 대답임을 인정할 수 있게 해주는 충분한 증거가 된다고 주장한다.[25]

---

22 Wolfhart Pannenberg, "Dogmatic Theses on the Doctrine of Revelation" 및 *Revelation as History*, ed. Wolfhart Pannenberg, trans. David Granskou (New York: Macmillan, 1968)의 서론을 보라.
23 Pannenberg, introduction, 앞의 책, 16.
24 Pannenberg, "Dogmatic Theses," 142.
25 앞의 책, 144: "유일하신 하나님의 신성을 증시하는 것은 역사 전체만이 할 수 있으며, 이 결과

판넨베르크는 그리스도의 부활이 이성에 의해서 지지되는 사실이며, 맹목적인 신앙의 도약을 통해서 받아들이는 것이 아니라고 주장한다. 그는 『예수—하나님이자 사람』(Jesus — God and Man, 1964)에서 길게 논증한다. 자신의 해석학적-역사적 방법을 활용해서, 판넨베르크는 빈 무덤, 예수의 부활 이후 출현 사건들, 다메섹 도상의 바울에게 나타나신 사건에 대한 성경의 기사들에 관하여 역사비평학자들 및 현대의 회의주의와 대화를 시도한다. 판넨베르크는 예수의 부활이 실제 사건이지만, 비상한 역사 사건이라고 결론을 내린다. 제2성전 유대교의 맥락에서 이해했을 때, 부활은 자신이 신적 권위를 소유하고 있으며 하나님의 종말론적 통치를 출범시킨다는 예수의 주장을 변호한다.[26] 부활의 역사성에 근거해서 판넨베르크는 성경으로부터 자신의 기독론을 세운다. 그는 예수의 신성과 인성, 및 창조세계의 중보자로서의 역할, 세상 죄를 속죄하는 구주로서의 역할 및 만물에 대한 그의 수재권에 대해 한결같이 나누고 있다. 판넨베르크는 예수가 하나님에 대해 맺고 있는 관계를 설명하면서, 『조직신학』에서 마침내 완결될 삼위일체론을 개략적으로 진술한다.

이것이 판넨베르크의 신학 프로젝트에 대한 개관이다. 그는 자신이 철학에서 사용하는 것과 동일한 역사적-해석학적 방법을 가지고서 하나의 기독교 신학을 발전시켰다. 이렇게 해서 그는 기독교 신앙의 핵심 교리들조차도 합리성의 현대적 기준들을 충족시킨다는 점을 입증했다.

는 오직 모든 역사의 끝에 가서야 주어질 수 있는 것이지만, 하나님의 계시로서 절대적 의미를 가진 유일한 특수 사건이 있는데, 그 사건은 바로 역사의 종국을 예상하는 그리스도 사건이다." 교회의 신학적 증거에 대한 증거의 중요성에 대해서는 149을 보라. "논제 6: 이방인 기독교 교회 가운데서 비유대교적 계시 개념들이 형성됨에 있어서, 예수 그리스도의 운명 가운데서의 하나님의 종말론적 자기 변호의 보편성이 실질적으로 표현된다."

26 Pannenberg, Jesus—God and Man, chap. 3.

범재신론의 징후들

판넨베르크가 추진하는 프로젝트의 몇 가지 측면은 범재신론을 시사하고 있다. 첫째, 그는 "그 시간내적 발전 가운데 있는 실재 전체"를 "하나님의 자기 소통"으로 간주하는 헤르더, 슐라이어마허, 헤겔, 셸링의 범재신론 전통과 명시적으로 같은 입장을 취한다.[27] 하나님은 역사 안에 계신다. 둘째, 판넨베르크는 세계가 하나님 안에 있음도 인정한다. 그의 과학 신학(혹은 학의 신학)은 우주가 그 원초적 힘의 장(primordial force field)으로서의 하나님의 성령 안에 존재하고 있다고 제시한다.[28] 판넨베르크의 종교 철학은 "인간이 신성의 인격적 실재에 참여한다"고 결론을 내린다.[29] 이 두 가지 요점은 하나님과 세계의 상호 "내함성"(in-ness)을 낳는다. 이것은 범재신론 일반의 전형적인 특징이다.

셋째, 판넨베르크는 하나님과 세계의 관계가 존재론적임을, 즉 하나님의 존재 자체를 내포하고 있음을 주장한다. 이것은 하나님에게 두 가지 본성이 있음을 함의한다. 신적 본질은 세계와 더불어서 불변하기도 하고 동시에 변화하기도 하기 때문이다. "비록 하나님의 본질이 영원에서부터 영원까지 동일하지만, 그 본질은 시간 가운데서 일종의 역사를 갖는다."[30] 넷째, 하나님의 역사성은 또한 판넨베르크 신학 내내 두 개의 근본적인 주제인 하나님 나라와 삼위일체에 의해서 필수적으로 요청된다. 세계가 하나님 나라로 완성되는 일은 하나님의 존재 자체에 본질적인 것이다. "하나님의 존재와 하나님 나라의 존재는 동일한 것이다. 하나님의 존재는 바로 그의 주재권(lordship)이기 때문이다."[31] 역사 속의 삼위일체가 하나님의 존재—즉 삼위일체적 본질—다. "예수의 운명 가운데서 이스라엘의 하나님은

---

27   Pannenberg, introduction to *Revelation as History*, 16.
28   Pannenberg, "The Doctrine of Creation and Modern Science," 37-41.
29   Pannenberg, "God of Hope," 2:244-46.
30   앞의 책, 240.
31   앞의 책, 240.

삼위일체 하나님으로 계시되었다. 계시 사건은 하나님의 존재 자체로부터 분리되어서는 안 된다."³² 그 함의상, 경륜적 삼위일체는 존재론적 삼위일체의 현실화인 것이다.

이상 네 가지 점을 정리하자면, 역사 가운데서의 삼위일체 및 하나님 나라의 현실화는 하나님의 본질적인 존재를 내포한다. 그것은 하나님과 세계의 상호 "내함성"이 존재론적임을 의미한다. 범재신론의 온갖 징후가 다 들어 있다.

판넨베르크의 범재신론: 신적인 힘의 장

이제 제시할 판넨베르크의 『조직신학』 개관은 신적인 힘의 장(the divine force field) 개념과 그 개념이 그의 신학 전체 가운데서 감당하고 있는 종합적인 역할에 초점을 맞춘다. 이 분석은 판넨베르크가 삼위일체적 범재신론자임을 확인시켜준다.

신적인 힘의 장: 판넨베르크의 기본 생각

판넨베르크의 전체 신학을 통합시켜주는 개념은 그가 성령과 동일시하는 신적 본질이 무한하며 모든 것을 포괄하는 "힘의 장"이라는 생각이다. 존재론적 삼위일체는 필연적으로, 그리고 우주는 우연적으로(contingently), 이 힘의 장 가운데 존재한다.³³ 이 힘의 권역을 형성하면서 존

32　Pannenberg, "Dogmatic Theses," 143.
33　"삼위일체적 신성의 위격들과 독립적인 창조세계는 성령의 활동의 역동적인 장으로부터 일어나는 개별 실체들이다"(Ted Peters, "Editor's Introduction: Pannenberg on Theology and Science," Pannenberg, *Toward a Theology of Nature*, 14).

재론적 삼위일체는 그 자체를 우주 안에서 경륜적 삼위일체로서 현실화한다. 삼위일체는 우주가 하나님 나라로서 삼위일체 안에 충만하게 포함될 때까지 그렇게 한다. 판넨베르크의 신학의 모든 측면들—그의 신론, 창조 세계 안에서의 하나님의 활동, 구속, 및 완성에 대한 논의—은 하나님이 창조적인 사랑의 무한한 삼위일체적 힘의 장이라는 중심 개념으로부터 발현되어 나온다. 그것이 판넨베르크의 범재신론의 열쇠다. 즉 "피조물들이…삼위일체의 생명의 통일성 가운데 통합되어 들어가는 것"이 그 열쇠다.[34]

이어지는 부분들은 신적 본질, 삼위일체, 참된 무한, 창조(창조세계), 및 하나님 나라의 완성과 관련하여 힘의 장이라는 판넨베르크의 개념을 설명해준다.

신적 본질: 힘의 장으로서의 성령

판넨베르크는 하나님의 본성—신적 본질—이 하나의 힘의 장으로서의 성령이라고 주장한다. "신성의 본질은 실로 성령이다. 그 성령은 역동적인 마당(a dynamic field)으로서의 영이다."[35] 신적인 힘의 장으로서의 이미지는 "루아흐"와 "프뉴마"라는 성경의 개념에 시사되어 있다. 그 개념들은 판넨베르크에게, 성령이 인격(person)이나 정신(mind)이 아니라 "창조의 그리고 생명을 주는 동력(creative and life-giving dynamic)임을 시사한다. 성령은 하나님의 강력한 임재/현존의 힘의 장이다(시 139:7)."[36] 그러나 힘의 장이라는 개념은 스토아 철학에서 유래한다. 교회 교부들을 따라서 판넨베르크는 그 관념은 받아들이면서도 스토아주의적인 자연주의는 배격

---

34 Pannenberg, *Systematic Theology*, 3:646. Pannenberg, "A Response to My American Friends," *Theology of Wolfhart Pannenberg*, 324는 장 이론(field theory)이 "나의 형이상학과 신학적 비전의 중심적인 중요성을 지닌다"고 확인한다.
35 Pannenberg, *Systematic Theology*, 1:429.
36 앞의 책, 1:381, 383: "생명을 주시는 성령이 하나님의 신성, 그의 본질이다."

한다. 신학적인 면에서 판넨베르크는 그 개념에 대한 현대 과학적인 형태를 선호한다. "하나님의 성령에 대한 성경의 진술들은 하나님을 누스(nous, 정신)로 보는 고전적인 신 관념보다는 모든 물질적이며 미립자적인 구조들을 그에 대한 이차적인 현현으로 간주할 수 있는 보편적인 힘의 장이라 보는 마이클 패러데이(Michael Faraday)의 개념에 더 가깝다."[37] 힘의 장은 지속적인 힘인 동시에 질서를 잡아주는 힘이다. 그 힘의 범위 가운데서 실체들(entities)이 발생하고 유지되며 그 실체들 자체의 본성에 따라서 행동하고 상호 작용하도록 힘을 부여받는다. 과학은 우주적·원자적·자력적(magnetic)·중력적·유기체적·생태적인 각 수준에서 여러 종류의 물리학적인 힘의 장들을 확인했다. 판넨베르크는 하나님의 성령을 그와 같은 힘의 장에 비유한다. 물론 성령이 무한하시며 궁극적이시며 비물질적이라는 점을 별개로 하고서 말이다. "그러므로 과학의 장 이론들은 우주 안에 계신 하나님의 창조의 임재/현존, 곧 만물에 스며 있는 영적인 장이라는 형이상학적 실재에 대한 근사치들로 간주될 수 있을 것이다."[38] 이 차원에서는 하나님은 하나의 인격자도 아니며, 정신(nous, mind)도 아니다. "하나의 장(場, field)으로서,…성령은 비인격적이라 할 수 있다."[39]

내재적 삼위일체로서의 신적인 힘의 장

그러나 하나님은 특별한 구별점이 없는 비인격적인 성령이 아니다. 하나님은 세 위격의 통일이다. 이리하여 판넨베르크는 삼위일체를 설명하기 위해서 힘의 장이라는 개념을 사용한다. "장으로서의 신성은 세 위

---

37 앞의 책, 1:383. Faraday (1791-1864)는 영국의 과학자다.
38 Pannenberg, "The Doctrine of Creation in an Age of Scientific Cosmology," *Introduction to Systematic Theology*, 37-52, 47.
39 Pannenberg, *Systematic Theology*, 1:383-84: "성령으로서의 하나님의 살아 있는 본질은…주체(subject)가 아니라 힘(force)이다."

격 모두에서 똑같이 현현할 수 있다." 세 위격들은 "영원한 신격(the eternal Godhead)의 역동적인 장의" "영원한 형태들"(eternal forms)이며 "구체화"(concretions)이며 "개별 양상들"(individual aspects)이다. 좀더 충분히 말하자면, "역동적인 마당으로서 신적 생명이라는 관념은 세 위격을 하나로 만드시는 신적 성령을 성부로부터 나오고, 성자가 수납하며, 그 두 위격에게 공통적인 것으로,…곧 그 두 위격과는 구별되는 그 두 위격의 사귐의 힘의 장으로 본다."[40] 따라서 성령은 비인격적인 신적인 본질이며 동시에 삼위일체의 제3의 위격이다. "성령은 성자와 성부에게 공통적인 신적 본질이며 사실상 그 둘을 하나로 만들어주면서 성자와 성부에 대해서 구별되는, 분리되어 있는 휘포스타시스(hypostasis, 위격)로서 나온다."[41] 이렇게 해서 판넨베르크는 기본적인 힘의 장의 본질적인 내적 구조로서 내재적(존재론적) 삼위일체를 설명한다. 단일한 신적 본성 혹은 힘의 장이 세 위격들 가운데서 드러나며 세 위격을 하나로 만든다.

판넨베르크는 양태론자는 아니다. (양태론자란, 세 위격들이 하나님의 실유성의 양태들에 불과하다고 주장하는 사람을 말한다.) 판넨베르크는 대개 사회적 삼위일체론자로 간주된다. 물론 그의 삼위일체론은 몰트만의 사회적 삼위일체론과는 다르다.[42] 세 위격들은 그저 하나의, 더 궁극적인 실체인 신적인 힘의 장의 양태들이 아니다. 위격들은 그 힘의 장의 본질적인 내적 구조 그 자체다. 그 위격들은 그들 자신의 동일성과 하나됨을 함께 구성한다. 세 위격들의 동일성과 관련하여, "그 위격들이라는 것은 단순히 그 위격들 상호 간의 관계 가운데서 그 위격들이 무엇이냐를 가리키는 것이다. 그들의 관계 가운데서의 그들의 됨됨이 그것이 바로 그들을 서로 구별시켜주며

---

40 앞의 책, 1:383: "하나의 장으로서…성령은 비인격적이라고 할 수 있다.…그러나 성령은 그 자체적인 행위의 센터로서 성부와 성자에 구별해서 존립한다." 그리고 1:429: "신위의 본질은 실로 성령이다. 그 성령은 역동적인 장으로서의 성령이다. 그리고 성자의 나오심 가운데서의 성령의 현현 그 자체가 성부의 일하심임을 보여주듯이, 성령의 역동성은 성부로부터 발현된다. 그러나 성자가 성령을 선물로 받아들이듯이, 성령은 성자를 충만하게 채우며, 성자로부터 발현되어 나와서 성부에게로 되돌아간다."
41 앞의 책, 1:429.
42 Olson, "Trinity and Eschatology."

서로 교통하도록 이끌어준다."[43] 판넨베르크는 "그 위격들 사이의 관계들이 단순히 그들의 구별됨을 구성할 뿐 아니라 그들의 신성도 구성한다"고 주장한다.[44] 세 위격들의 활동은 하나님의 통일성도 구성해야만 한다. "유일하신 하나님의 자기 실현은 위격들의 관계들 가운데서의 상호성의 자기 실현이며, 그 위격들 상호 간에 서로에게 자기를 내어주는 일의 결과다."[45] 따라서 셋임(threeness)과 하나임(oneness)은 신적인 힘의 장의 상호 관계적인 본질적인 특징들이다.

내재적 삼위일체와 경륜적 삼위일체의 동일성

판넨베르크는 "내재적 삼위일체는 경륜적 삼위일체와 동일하다"는 라너의 규칙에 동의한다.[46] 이 말은 "내재적 삼위일체가 구원사 가운데 드러나는 삼위일체에서 발견될 수 있다. 하나님은 역사적으로 자기를 계시하실 때에, 자신의 영원한 본질에 있어서는 동일하시다"라는 뜻이다.[47] 그러므로 경륜적 삼위일체는 그 자체가 단순히 본질적인 (내재적, 존재론적) 삼위일체의 시간내적 반영이 아니라, 그 삼위일체 자체의 현실화다. "경륜적 삼위일체에 대한 내재적 삼위일체의 관계, 곧 하나님의 구원사 안에서의 행하심에 대한 하나님의 내적인 삼위일체적 삶의 관계는 이 행위들이 하나님의 신성에 대해 외재적인 것이 아니라 세계 가운데서의 하나님의 현존을 표현하고 있는 한, 자기 현실화라고 말하는 것이 당연하다."[48] 판넨베르크는 "역사의 사건들이 어떤 식으로든 [하나님의] 영원한 본질의 동일성을

---

43 Pannenberg, *Systematic Theology*, 1:320.
44 앞의 책, 1:323.
45 앞의 책, 2:394.
46 앞의 책, 1:328, 405.
47 앞의 책, 2:391.
48 앞의 책, 2:393. 또한 "삼위일체의 영원한 사귐 가운데서 그리고 세계 안에서의 그 행위의 경륜에 의해서 성취되는 실재는 단 하나다."

지닌다"고까지 주장한다.[49] 그러나 판넨베르크는 자기 현실화가 "마치 삼위일체 하나님이 역사의 결과라거나 오직 그 종말론적 완성에 이르러서야만 비로소 실재성을 획득하는 듯이, 역사 가운데서 이루어져가는 신성"을 함의한다는 점은 부인한다. 하나님의 되어감(God's becoming, 하나님의 생성)은 판넨베르크에게 있어서는 오직 이야기의 반쪽에 불과하다. 다른 반쪽은 존재론적 삼위일체가 영원히 실재적(eternally real)이라는 것이다. "종말론적 완성은 오직 삼위일체 하나님이 영원에서부터 영원에 이르기까지 언제나 참 하나님이심을 결단하는 자리일 뿐이다."[50] 이 주장의 배후에는 판넨베르크의 미래에 대한 예기적 존재론(proleptic ontology of the future)이 자리 잡고 있다. 하나님의 충만하고 초월적이고 영원한 실재는 미래이며, 현재에 대해서는 "소급적으로"(retroactively) 영향을 준다.

내재적 삼위일체의 자기 현실화(자기 실현)는 필연적으로 세계의 역사 가운데서의 삼위일체 위격들의 활동, 즉 경륜적 삼위일체를 내함한다. 판넨베르크는 이것이 왜 그런지를 이렇게 설명한다. "상호 간의 자기 구별로 규정되는 세 위격의 관계들은 전통적인 의미에서 말하는 기원상의 관계들로 축소될 수 없다. 성부는 단순히 성자를 낳으시지 않는다. 성부는 또한 성자에게 자신의 나라를 넘겨주며 성자로부터 다시 받는다. 성자는 단순히 성부로부터 출생하시는 것이 아니다. 성자는 또한 성부에게 순종하며, 그렇게 함으로써 유일하신 하나님으로서 성부를 영화롭게 한다. 성령은 단순히 내쉬어지는(breathed) 것이 아니다. 성령은 성자를 충만하게 채워주면서 성부에게 순종하는 성자를 영화롭게 해주며, 그렇게 함으로써 성부 자신을 영화롭게 한다."[51] 역사 가운데서의 세 위격들 모두의 활동은 점차적으로 삼위일체 하나님의 존재 자체를 구체화시킨다. 하나님의 삼위일체적 본질은 역사가 종말에 치달으면서 점차적으로 현실적이 된다. 이렇기

---

49 앞의 책, 1:334.
50 앞의 책, 1:331.
51 앞의 책, 1:320.

때문에, 부동의(immutable) 하나님의 존재는 되어감(becoming)이다.

하나님의 실유성―그의 본질의 현실태―은 세계 안에 내재한다. "우리는 하나님의 실유성에 대해서 단순히 초월적으로, 이 세계 바깥에 있는 실존으로 생각해서는 안 된다. 우리는 그 실유성을 세계의 실재 가운데서 활발하게 활동하시는 임재/현존으로 생각해야 한다."[52] 뒤집어서 말하자면, 모든 창조세계는 실질적으로 하나님의 영원 가운데 내재한다. "삼위일체적인 차별화 덕분에 하나님의 영원은 창조의 시작에서부터 그 창조세계의 종말론적 완성에 이르기까지 피조물들의 시간의 전체 범위를 포함한다."[53]

그러나 만일 존재론적 삼위일체와 경륜적 삼위일체가 동일하다면, 하나님에 대해서 세계는 하나의 필연이 아닌가? 어떻게 하나님이 세계 없이 하나님일 수 있는가? 끝까지 가보면, 판넨베르크의 입장은 전적으로 명확하지는 않다. 아니 명확한 일관성이 없다. 한편으로, 판넨베르크는 "질료적인 면에서 하나님의 신성은 그의 나라의 완성이 없이는 생각될 수 없다. 따라서 하나님의 신성은 하나님의 나라의 종말론적인 도래에 의존한다"고 인정한다.[54] 그래서 어떤 의미에서 세계는 하나님에게 필연적이다. 다른 한편으로, 판넨베르크는 거듭해서 창조와 성육이 하나님의 본질 가운데서 필연적이라는 점을 부인한다.[55] 영원하신 하나님은 존재론적으로 창조하지 않을 자유가 있다. 창조와 성육은 신적 사랑의 의지적인 행위(voluntary act of divine love)다. 사랑은 하나님의 창조의 동기다. 그러나 그렇다고 해서 창조가 필연적인 것은 아니다.[56] "세계의 창조는 하나님으로 하여금 창조

---

52 앞의 책, 1:357.
53 앞의 책, 1:405-6. 이 진정한 상호적 내재성은 범재신론에 해당한다.
54 앞의 책, 1:331.
55 앞의 책, 2:1: "만일 세계가 하나님의 자유로운 행위에 기원을 갖는다면, 세계는 신적 본질에서부터 필연적으로 유출되는 것도 아니고 필연적으로 하나님의 신성에 소속하는 것도 아니다. 세계는 존재하지 않았을 수도 있다. 그러므로 세계의 존재는 우연적이다."
56 앞의 책, 2:19: "한편으로 세계의 신적 기원의 자유와 다른 한편으로 하나님이 자신의 창조세계를 굳게 지탱하시는 일은 함께 간다. 그 연결의 본성은 세계의 기원으로서의 신적 사랑의 개념으로부터 도출될 수 있을 것이다. 하나님의 사랑과 하나님의 자유는 불가분리적으로 서로 연결되어 있다. 그러나 우리는 사랑을 변덕으로, 혹은 모든 인격적인 자유를 제압해버리는 감정의 힘으로 그릇 생각해서는 안 된다."

하지 않을 수 없도록 강요하는 신적 본성의 어떠한 내적인 필연성에 달려 있지 않다. 오히려 창조는 성부 편에서와 마찬가지로 성자 편에서의 하나님의 자유로운 행위이다." 마찬가지로 판넨베르크는 하나님의 역사 참여가 하나님 편에서의 어떤 결핍이나 필요를 함의한다는 점을 부인한다. "성부, 성자, 성령의 사귐 가운데 있는 하나님의 영원한 실유성은 전제되어 있는 것이며, 그의 영원한 본질은 그가 세계 가운데 임하심으로 이루어지는 어떠한 완성을 필요로 하지 않는다." 간단히 말해서, 존재론적 삼위일체는 "어떤 한 세계의 실존성이 필요하지 않았다."[57]

그렇다면 세계가 필연적인가 그렇지 않은가? 판넨베르크는 세계가 절대적으로 필연적인 것은 아니지만 하나님의 창조하겠다는 선택을 인정한다면 필연적이라고 주장한다. "창조세계에 대한 하나님의 주재권 없이는 하나님은 하나님일 수 없을 것이다. 창조의 행위는 분명 하나님의 자유의 산물이나. 그러나 일단 창조에 의해서 세계가 존재하게 되자, 그 세계에 대한 주재권이 신성의 조건 및 증명이 되었다." 판넨베르크는 하나님이 세계 가운데서의 경륜적 삼위일체성을 현실화시키겠다고 영원히 의지하고 있든지 그렇지 않든지 간에, 하나님은 존재론적으로 삼위일체적이라고 주장한다. 그렇다면 라너의 규칙과 관련하여, 경륜적 삼위일체와 존재론적 삼위일체의 본질적인 동일성에 대한 판넨베르크의 긍정은 하나님의 삼위일체적 본질이 진정으로 세계 가운데 현존하지만, 세계 안에서의 존재는 삼위일체의 본질에 대해서는 고유한 것이 아니라는 뜻이다.

그렇지만 판넨베르크의 설명은 여전히 적절함과 일관성에 있어 의문의 여지를 남겨두고 있다. 이 "영원한 결정"(eternal decision, 영원한 결의)이 도대체 무엇인가? 그리고 만일 하나님이 창조세계 가운데서 삼위일체를 현실화하지 않기로 선택하셨다면 어떻게 되는가?[58] 이 장의 마지막 부분

---

57 앞의 책, 2:389-90. "세계에 대한 그의 주재권의 현시는 그의 영원한 존재 안에 있는 어떤 결핍을 선하게 만드는 것이 아니라 그의 피조물들을 성령을 통한 아들의, 아버지와의 영원한 사귐 안으로 통합시켜준다."
58 Pannenberg의 입장은 그의 미래의 존재론이 이해될 경우에만 이해될 수 있다. 창조할지 말지

은 이러한 쟁점들을 판넨베르크의 범재신론에 연결짓는다.

참된 무한으로서의 신적인 힘의 장

판넨베르크는 신적인 힘의 장이 참된 무한(the true Infinite)이라고 주장한다. 그는 무한성을 신적 실재의 기본 속성으로, 모든 속성의 속성으로 선택한다. 그 이유는 "무한이 유한의 대립 명제이기 때문이다." 판넨베르크는 마음속에 명확한 정의를 갖고 있다. 그 정의는 우리가 니콜라우스 쿠자누스와 헤겔, 몰트만에게서 마주쳤던 정의다. "단지 유한의 부정으로서의 무한은 (헤겔이 보여주었듯이) 아직은 참된 무한이라 볼 수 없다. 그 무한은 다른 것, 즉 유한에 의해 제한됨으로써 규정되고 있기 때문이다.…무한은 유한에 대한 그 대립성을 초월할 때만 참으로 무한하게 된다." 이러한 변증법적인 무한 개념은 무한하신 하나님이 존재론적으로 유한을 내포해야 하기 때문에 범재신론을 함의한다.

판넨베르크는 자신이 무한이라는 철학적 개념을 신학에 강요하는 것이 아니라 그 개념을 성경에서 발견한다고 주장한다. "신적인 성령이라는 성경의 개념은 하나님을 무한으로 보는 생각을 함축하고 있다."[60] 판넨베르크는 "성경적 의미에서 성령의 특징을 이루는 역동성" 가운데서 그 점을

에 대한 하나님의 자유로운 결정은 영원하다. 즉 그것은 창조 이래 과거와 현재 가운데에서 미리 소급해서 영향력을 발휘해온 미래의 실재다. 하나님의 영원한 결정이 세계를 창조하지 않겠다는 것이었다면 어떻게 될 것인가라는 두 번째 요점에 대해서, 그 경우 미래는 실재적(real)이지만 현실적(actual)이지는 않다는 의미에서 존재론적 삼위일체는 현실적이지 않고 "실재적"일 것이다. 그러나 그럴 경우 존재론적 삼위일체는 달라지게 될 것이다. 존재론적 삼위일체는 현실태가 아니라 순수 가능태일 것이다. 성부와 성자와 성령의 자기 구별과 통일은 세계의 창조 및 그리스도의 성육신을 내포하는 것이기 때문에 그 순수 가능태는 성부와 성자와 성령일 수 없을 것이다. 그러므로 만일 세계를 창조하지 않음이 하나님의 본질 자체에 어떤 차이를 낸다면, 세계가 Pannenberg의 부인에도 불구하고 본질상 필연적이라고 말할 수 있을 것이다.

59 Pannenberg, *Systematic Theology*, 1:399-400. "The Infinity of God: His Holiness, Eternity, Omnipotence, and Omnipresence," 397-421을 보라. 또한 "The Problem of the Absolute," chap. 2, *Metaphysics and the Idea of God*을 보라.
60 Pannenberg, *Systematic Theology*, 1:396.

본다. "…그 역동성은 우리가 무한을 부정으로서, 유한에 대하여 대립하는 것으로서 생각해야 함을, 또한 그 역동성이 이 대립성 자체를 내포하고 있음을 우리에게 전해준다." 그 결과 "[유한과 무한 사이의] 구별은 하나님의 성령의 역사에 근거를 두며 동시에 그 역사에 의해서 제거된다."[61] 판넨베르크는 변증법 철학에서의 무한 개념이 하나님의 무제약적인 실재에 대한 성경적 제시를 포착하고 있다고 주장한다. 판넨베르크는 하나님의 속성들 전부를 하나님의 무한성의 양상들이라고 분석한다.

영원성은 판넨베르크가 생각하는 무한의 첫 번째 측면이다. 그 점은 판넨베르크가 범재신론 전통과 맺고 있는 관계가 어떠한 것인지를 밝혀준다. 그는 플라톤, 플로티누스, 보에티우스를 따라서, 영원을 이어짐이 없는 무한 충만과 지속으로(as infinite fullness and duration without succession), "생명 전체의 현존…나누어지지 않은 완전함인 동시에 전체…단순히 시간의 부싱이 아닌 진정한 지속…"으로 정의한다. 영원은 시간의 절대적 대립성도 아니며, 무한히 계속해서 흘러가는 시간도 아니다. 시간은 영원의 부분적인, 그리고 이어져 나타나는 현시다. 따라서 시간은 영원을 전제로 한다.[62]

그러나 판넨베르크는 영원과 시간에 대한 플로티누스의 설명이 오직 하나님이 "획일적인 동일성이 아닌 본래적으로 분화되어 있는 통일"일 경우에만, 곧 "삼위일체 교리를 요구하는" 특성을 지니고 있을 때만 일관성을 지닌다고 주장한다. 참된 무한과 삼위일체에 대한 판넨베르크의 동일시는 하나님의 영원이 단지 가능태로서의 시간이 아니라 현실태로서의 시간을 포함한다는 점을 함축한다. "삼위일체적인 분화 덕분에 하나님의 영원은 창조세계의 시작에서부터 그 종말론적인 완성에 이르기까지 그 전체 범위 안에 피조물들의 시간을 포함한다."[63] 참된 무한은 오직 삼위일체가 하나

---

61 앞의 책, 1:400-401.
62 앞의 책, 1:403-4.
63 앞의 책, 1:405-6; 409: "이것은 플로티누스의 시간관이 삼위일체적 해석을 부여받을 때 발생한다. 삼위일체적 해석은 플로티누스와는 구별되게 창조세계와 우주적 시간의 역사적 행진이 하나님의 경륜에 의해 포용된다고 본다. 이 점에 있어서 세계사는 하나님의 영광의 미래에로 인도하는 길이다."

님 나라 안에 충만하게 성취될 때만 온전하게 현실태가 될 것이다. 즉 그때에야 완전하게 유한을 내포하게 될 것이다. 하나님이 자신의 영원한 존재 안에 현실적인 시간과 역사를 포함시킨다는 주장은 범재신론의 또 다른 징후다.

영원에 대한 판넨베르크의 논의는 그가 플로티누스의 철학적 신학을 전유하되, 두 가지 중요한 수정을 하고 있음을 시사해준다. 첫 번째 수정은 영원한 일자가 삼위일체적이라는 기독교적인 언명이다. 두 번째 수정은 영원한 일자에 대한 후기 헤겔주의적 전망이다. 이 전망에 따르면, 하나님의 충만하고 초월적인 현실태는 세계 역사의 "위에" 있는 것이 아니라 미래에 있다.[64] "하나님은 어떠한 미래도 자기의 외부에 두고 있지 않기 때문에 영원하다. 하나님의 미래는 자기에게 속하는 미래며, 자기로부터 구별되는 모든 것의 미래다."[65] "미래의 하나님"은 우리로 하여금 한 바퀴 돌아서 다시 후기 헤겔주의적이며 후기 마르크스주의적인 미래에 대한 존재론적 우선성으로 복귀하게 만든다. 그러한 존재론은 판넨베르크의 그리고 몰트만의 초기 "희망의 하나님"에 자리 잡고 있으며 결코 포기되지 않았다. 정리하자면, 신플라톤주의의 거대한 존재의 사슬(Great Chain of Being)이 **미래의** 삼위일체적 일자로부터 유출하여 그에게로 복귀하는 것이다.

판넨베르크는 무한으로부터 다른 속성들도 도출해낸다. 무한이 영원을 함의하듯, 영원은 자유를 함의한다. "성부, 성자, 성령의 사귐 가운데 있는 절대적 미래로서의 영원하신 하나님은 자신과 피조물들의 자유로운 원천이다." 마찬가지로 하나님의 편재가 하나님의 무한으로부터 나온다. "그러므로 하나님의 영원의 경우에서처럼, 그의 편재 안에는 참된 무한의 기준과 일치하는 내재성과 초월성의 요소가 결합되어 있다."[66] 참된 무한자는, 모든 유한 실체들과 양극성들, 심지어 수, 시간, 공간의 유한-무한 구별

---

64 Pannenberg는 "Concept and Anticipation," chap. 8, *Metaphysics and the Idea of God*에서 Plotinus와 Hegel과 연관해서 미래의 실재를 설명한다.
65 Pannenberg, *Systematic Theology*, 1:410.
66 앞의 책, 1:411, 412.

들까지도 전적으로 초월하는 동시에 그 가운데 내포적으로 현존한다. 하나님은 편재하기 때문에, 또한 전능하다. 하나님의 권능은 모든 피조물을 감싸 안으면서 모든 곳에 존재한다. 그러나 그것은 절대적·군주적·전횡적 권능이 아니다. 그 권능은 "오로지 신의 사랑의 권능으로만 여겨질 수 있다. 모든 반대를 대적하는 특정한 권위의 주장이 아니다." 하나님의 권능은 각 피조물에게 한계 안에서의 자유를 준다. 따라서 "그 자체의 한계들을 받아들임으로써 그 한계들을 넘어서고, 그리고 이런 식으로 해서 무한에 참여할 기회"를 준다.[67] 정리하자면, 판넨베르크에게 있어서 무한의 모든 속성들은 결국에는 하나님의 사랑으로 이어진다.

사랑은 하나님의 속성들 중 가장 위대한 속성이다. 그 속성은 무한한 힘의 장으로서의 신적 속성을 가장 충만하게 표현한다. 사랑은 판넨베르크로 하여금 궁극적인 철학적 도전을 해결할 수 있게 해준다. 즉 "무한자는 참으로 무한하다"는 사실을 보임으로써 하나님의 통일성을 설명하는 것이다. 참된 무한자로서 하나님은 그저 다른 개별자들과 구별되는 개별자가 아니라, 모든 구별된 개별자들을 다 포함하는 절대적 일자다. "다른 여러 존재자들 중 하나가 아닌 분으로서 하나님은 절대적이어야 한다. 일자로서 절대자는 또한 모든 것이다." 절대자는 모든 것이 되어야만 한다. 왜냐하면 참된 무한자로서 절대자는 다자(多者, the many)가 아닌 다른 것일 수 없다. 그렇지 않다면, 절대자가 제한적이고 유한한 것이 되기 때문이다. 반대로 절대자는 다자와 동일시될 수 없다. 그렇다면 실질적인 일자나 실질적인 다자가 전혀 없는 것이 되기 때문이다. 따라서 절대자는 "(범신론이 주장하듯) 모든 것이 하나(all in one)가 아니라, 하나와 모든 것의 차이점을 초월한다. 따라서 일자는 또한 모든 것을 포용한다."[68] 이 절대자는 유한한 다자를 포함하는 참된 무한 일자다.[69] 판넨베르크는 자기의 입장을 변호하면

---

67 앞의 책, 1:422.
68 앞의 책, 1:443-44.
69 John O'Donnell, "Pannenberg's Doctrine of God," *Gregorianum*, 72/1 (1991): 91: "무한자는 자체 안에 유한과 무한 사이의 대립까지도 포용한다. 하나님과 세계의 관계에서 이것은 하나님

서, 플로티누스, 위-디오니시우스, 니콜라우스 쿠자누스, 헤겔, 이자크 도르너를 언급한다. 그 입장은 고전적인 범재신론의 입장이다.

자신의 역사적-해석학적 방법론에 충실하게, 판넨베르크는 이성적인 종결과 이성적인 확실성을 주장하지 않는다. 철학적 신학은 단순히 하나님이라는 역동적 실체로부터 도출되는 하나의 추상(abstraction)일 뿐이다. "오직 하나님 나라 안에서의 세계의 완성과 더불어서만 하나님의 사랑은 그 목표에 도달하며, 신론이 그 결론에 도달한다. 오직 그럴 경우에만 우리는 하나님을 참된 무한자로 온전하게 알게 된다. 참된 무한자는 그저 유한의 세계에 대립하고 그로써 그 자신이 유한하게 되는 그런 존재가 아니다." 하나님의 사랑은 하나님을 참된 무한자로 나타내주며, 궁극적으로 하나님의 완전한 신성을 모든 사람에게 자명하게 만들어줄 것이다.[70]

정리하자면, 판넨베르크의 신론은 하나님이 절대적이며 무한하며 삼위일체적인 사랑의 힘의 장이시라고 주상한다. 하나님의 본질은 세계를 영원히 초월하는 동시에 그 세계 안에 내재적으로 현존하면서, 곧 세계를 자신의 나라로서 온전하게 포함시킴으로써 자신을 삼위일체 하나님으로서 계시하는 동시에 실현해나가신다. 이것은 역사적-종말론적 삼위일체적 범재신론의 사례임이 분명한 듯 보인다.

신적인 힘의 장과 창조세계

판넨베르크는 무로부터의 창조 교리를 긍정하고 또한 뵈메에서부터 몰트만에 이르는 전통인, 무를 하나님 안에 있는 미결정의 가능태로 보는 개념을 배격한다.[71] 그 대신 판넨베르크는 하나님의 창조 행위를 설명하

이 세계를 세계로 둔다는 것, 따라서 자율적으로 둔다는 것을 의미한다. 그러나 하나님은 이 세계를 자신의 무한 생명 가운데에 끌어안는다. 하나님은 세계로부터 구별되지만, 세계로부터 구별되지 않는다.
70 Pannenberg, *Systematic Theology*, 1:447-48.

기 위해서 신적인 힘의 장이라는 자신의 개념을 사용한다. 자신이 공유하는 철학적 뿌리들에 호소하면서, 판넨베르크는 창조하시는 성령의 신학을 발전시키는데, 그것은 물리적 실체들이란 단 하나의, 모든 것을 포괄하고 있는 힘의 장 안에 있는 힘들의 형태로서 그 힘들의 형태들이 독립적인 현실태들이 된다는 마이클 패러데이의 힘의 장 개념에서 나온 것이다.[72] "하나님의 성령은 창조세계의 모든 것에 스며드는 최상의 힘의 장으로 이해될 수 있다. 각각의 유한한 사건들이나 존재는 그 장의 특별한 현시로 간주될 수 있으며, 그것들의 운동은 그 힘들에 대한 대답이다."[73] 피조물들은 각각의 개별 사건 혹은 존재와 상호 작용하는 신적인 장, 질서를 세우며 힘을 부여해주는 신적 마당의 현시들 혹은 개별화들이다.

삼위일체적인 힘의 장 안에서 로고스는 성령과 협력해서 모든 창조세계에 질서를 부여한다. "창조세계의 사건들 가운데 있는 창조의 동력은 성령과 관계되어 있는 반면에, 로고스는 그 실존성 전체 가운데서 자연 질서 안에서의 구별과 피조물들 상호 관계의 양상들 가운데서 피조물이 갖는 구별되는 형태의 기원이다."[74] 다시 말해서, 성령은 피조물들이 존재할 수 있게 해주고 그들에게 힘을 주는 에너지며, 이미 성육해 계시는 (preincarate) 성자는 성부 및 성령과 자체적으로 구별되면서도 상호 연관 관계 가운데 계신 분으로서 자연의 질서를 구성하며, 그 질서 안에서 발전해나가는 피조물들의 종류를 만들어준다. 창조는 하나님의 성령이, "창조하시는 현존의 마당, 종합적인 힘의 장이…사건을 연달아 풀어서 유한한 실존성이 되게끔 해줌"으로써 계속해서 발생한다. 하나님은 존재론적으로 선행하시는 분이기 때문에, "모든 단일 사건과 또한 그러한 사건들의 연속적인 계기는 하나님의 미래로부터 우연적으로 솟아나온다."[75] 하나님은 피

---

71 앞의 책, 2:12-17.
72 앞의 책, 2:79-84. 이 스토아주의적 개념은 기독교 신학에 채택되었다. 거기서부터 그 개념은 Newton 및 여타의 사람들에 의해서 근대 과학을 위해서 수정되었다.
73 Pannenberg, *Introduction to Systematic Theology*, 46.
74 Pannenberg, *Systematic Theology*, 2:110.
75 Pannenberg, *Introduction to Systematic Theology*, 49.

조물들을 창조하는 것과 동일한 방식으로 피조물들을 유지시킨다. "피조물들의 실존성이 지속되는 일은 오직 하나님 안에 참여함으로써만 가능하다.…하나님 안에 참여하는 피조물들은 그 자체의 유한성을 초월하는데, 그렇게 초월하는 피조물들의 생명/삶은 창조세계 안에서 성령이 행하시는 특별 사역이다."[76]

놀랍게도 판넨베르크는 하나님 안에 참여한다는 자신의 개념이 "**범신론적이거나 범재신론적인** 함의를 지니지 않는다"고 주장한다.[77] 판넨베르크는 범재신론이라는 말로 자신이 무엇을 뜻하는지 명시하지 않는다. 그러나 그의 입장이 지니고 있는 범재신론적인 함의는 부정할 수 없다고 여겨진다. 신적인 힘의 장이 말 그대로 유한 실체들의 우주가 존재하는 직접적인 맥락이다.

시간, 공간, 에너지에 대한 판넨베르크의 입장은 다시 그의 범재신론을 확인시켜준다.[78] 판넨베르크는 현대 철학과 과학을 통해서 시간, 공간, 에너지 개념들을 추적한다. 그리고 아인슈타인 이래 물리학의 장 이론들 가운데서 그 개념들의 상호 관계를 지적한다. 그런 다음에 판넨베르크는 다음과 같은 신학적 결론을 도출한다. "물리학에서 말하는 시간의 공간화—이미…시공간과 에너지로 이루어져 있는 시간-공간 모델, 하나의 보편적인 마당의 모델 가운데 나타나는 공간화—는 하나님의 영원한 임재/현존에로의 모든 제한된 참여에 대한 외삽(extrapolation, 보정, 추정)으로 볼 수 있을 것이다."[79] 다시 말해서, 판넨베르크는 물리학과 신학이 **동일한 힘의**

---

76 Pannenberg, *Systematic Theology*, 2:33.
77 Pannenberg, *Introduction to Systematic Theology*, 45, 필자의 강조. 여기에 더 긴 발췌문이 있다. "성령은 피조물들에게 생명력을 부여하여 피조물들이 자체를 넘어서서 그 자체가 영이시며 영원한 하나님의 생명/삶에 어느 정도로 참여하도록 그들을 고양시킨다. 이러한 진술은 범신론적이거나 범재신론적인 함의를 지니지 않는다. 성경은 언제나 초월적이시며, 피조물들은 오직 자신들을 초월함으로써만 그 영적인 역동성에 참여하는 것이기 때문이다." 그러나 신적 초월성과 상대적으로 자율적인 피조물들에 의한 하나님에로의 참여가 범재신론의 핵심적인 특성들이다. 따라서 어째서 Pannenberg가 그러한 특성들 때문에 자신이 범재신론과 거리가 있다고 생각하는지 궁금하지 않을 수 없다.
78 Pannenberg, "Space and Time as Aspects of the Spirit's Working," *Systematic Theology*, 2:84-102.
79 Pannenberg, "The Doctrine of Creation and Modern Science," 43-44. Peters의 관찰도 그렇다.

장을 다른 관점에서 다룬다고 주장한다. 이것은 시간과 공간과 에너지가 하나님에 의해서 만들어진 전적으로 신성에 속하지 않는 인공물들이 아님을 함의한다. 그것들은 신적인 힘의 장 자체의 차별화된 측면들이다.[80] 피조물들은 하나님으로부터 구별되지만 신적 에너지의 개별화로서 하나님 안에서 존재한다. 이러한 주장이 어떻게 범재신론이기를 피할 수 있는지 모르겠다.

신적인 힘의 장과 종말

판넨베르크는 창조에서부터 종말에 이르기까지의 우주의 전체 역사를, 피조물들을 하나님에 대한 더욱 완벽한 참여로 끌어들이는 계속적인 신적 행위로 바라본다. "하나님의 외적 행위의 발전된 구조는 세계의 창조를 수용할 뿐만 아니라 화해, 구속, 완성의 주제들도 포용한다."[81] 하나님은 자신 가운데 그것들을 포함시키기 위해서 피조물들에게 독립된 실존성을 부여해주고 피조물들이 자유를 파괴적으로 사용한 일들을 극복하심으로써 피조물들을 구속해주신다. 성령과 창조세계는 공동의 목적을 공유한다. "성령의 역동성의 목표는 피조물들의 형태가 영원에 참여함으로써 영속성(duration)을 갖게 하며, 또한 피조물들의 독립성으로부터 비롯되는 와해의 성향을 극복하도록 보호해주는 것이다."[82] 창조세계의 편에서, "단순히 인류만이 아니라 모든 창조세계의 목표는 하나님의 생명/삶에 참여하

Peters, "Editor's Introduction," 14: "그는 성령이 힘의 장과 **같다**고 말하지 않는다. 그는 성령이 힘의 장**이다**라고 말한다." 장(field, 마당) 개념에 대해서는, 또한 Philip Hefner, "The Role of Science in Pannenberg's Theological Thinking," *Theology of Wolfhart Pannenberg*, ed. Braaten and Clayton, esp. 271-81을 보라.

80 Pannenberg, *Systematic Theology*, 2:89 n. 229는 Moltmann이 채택한 침춤 개념—시간과 공간을 우주 탄생 이전에 하나님의 자기 수축으로 보는 개념—을 배격한다.
81 앞의 책, 2:7.
82 앞의 책, 2:102. 이 점에 대해서 그는 일반적으로 Teilhard와 Rahner, Moltmann, 및 여타의 사람들을 인정한다.

는 것이다."⁸³ 이 역사적 궤적을 따라가면서, 판넨베르크의 『조직신학』은 인간과 죄, 그리스도, 구원과 화해, 교회 및 역사 안에서의 성령의 역사에 대한 판넨베르크의 풍부하고도 박식한 견해를 표명한다. 논의할 공간의 제약과 집중할 주제의 제약 때문에 곧장 판넨베르크의 종말론으로 넘어가도록 하자.⁸⁴

판넨베르크의 묵시론적 비전은 확실히 범재신론적이다. "기독교의 소망이 지향하는 곳으로 삼고 있는 종말의 구원은 인간과 모든 창조세계의 가장 깊은 소원을 성취한다.…그 구원은 하나님의 영원한 생명에 대한 참여를 의미하기 때문이다."⁸⁵ 혹은 좀더 구체적으로, "성령에 의한 성자와 성부의 사귐 가운데 계시는 삼위일체 하나님의 영원한 생명에 대한 참여"를 뜻하기 때문이다.⁸⁶

판넨베르크는 영원 가운데서 각 피조물이 그리고 확실하게는 각 사람이 그 정체성과 독립적인 실존성을 보유해야만 한다고 강조한다. 이는 실존성과 자유는 하나님과 피조물들 사이의 사랑과 영광의 상호적 성격에 필수 불가결하기 때문이다. 이 상호성은 영원 가운데 시간을 포함시킬 것을 요구한다. 이는 시간이 개별자의 실존성과 자유에 본질적이기 때문이다. 그러나 개별 정체성은 시간에 의해서 결정되지는 않는다. 오직 영원과의 관계 가운데서만 결정된다. "시간 안에서의 개별자들의 역사의 도상에서 사물들과 사람들은 오직 그들의 최종적인 미래, 즉 하나님의 도래에 비추어서 이루어질 자신들의 상태에 대한 예상 가운데서만 존재한다."⁸⁷ 우리는 앞으로 되어갈/이루어지게 될 그것이다. 그러므로 피조물들의 정체성은 "영원한 현재의 동시성 가운데 존재하는 시간성(temporality)에 대한 관점"이 요구된다. 그것은 시간을 배제하지 않고, "시간과 영원 간의 차이

---

83 앞의 책, 2:136. 또한 "Creation and Eschatology, Sec. 1," 1:136-46을 보라.
84 특히 vol. 3, chap. 15, "The Consummation of Creation in the Kingdom of God"을 보라.
85 앞의 책, 3:527.
86 앞의 책, 3:626.
87 앞의 책, 3:531.

점"을 포함하는 영원 개념을 말한다. 이 포괄적인 개념은 참된 무한자이신 하나님의 영원성 가운데서 찾을 수 있다. 시간은 신적 사랑의 힘의 장으로부터 흘러나온다. 시간은 "피조물의 시간 가운데서 영원한 하나님의 종말론적 미래가 발생하는 것이다. 비록 그 자체로는 영원할지라도, 하나님의 사랑은 시간을 표출해내며, 시간 가운데서 역사하며, 따라서 시간 안에 현존한다." 신적 사랑은 동시적으로 만물을 그 사랑의 영원 가운데로 이끈다. "오직 종말론적 장래 가운데서만 하나님은 하나님 자신의 영원한 생명/삶 가운데로의 창조세계의 참여를…완성시키신다."[88] 우리의 시간에 묶여 있는 생각에는 전혀 명료하지 않은 방식으로, 판넨베르크는 영원한 생명(영원한 삶)에 이미 피조물들의 개별성과 시간성이 포함되어 있으며 보전되고 있다고 우리를 확신시킨다. 피조물들은 하나님에 대한 종말론적 참여 가운데서 영원히 보존되고 성취되고 완전하게 될 것이다.[89]

이제 우리는 판넨베르크의 『조직신학』의 마지막 부분을 인용함으로써 끝을 맺고자 한다. 이 부분은 신적인 힘의 장의 포괄적인 범위인, 사랑의 삼위일체적 성령(the triune Spirit of love)의 활동을 요약한다.

창조세계의 시작에서부터 화해를 거쳐 구원의 종말론적 장래에까지 이르는 전체 노정에서, 신적인 구원 경륜의 행진은 피조물들의 구원을 위해 밀려들어오는 하나님의 영원한 미래에 대한, 따라서 신적 사랑에 대한 표현이다. 여기에 하나님이 신적 생명의 내재성으로부터 경륜적 삼위일체로서 나오시는 일의, 그리고 그렇게 하심으로써 피조물들을 삼위일체적 생명/삶의 하나됨 안으로 병합시키시는 일의 영원한 기반이 자리 잡고 있다. 내재적 삼위일체와 경륜적 삼위일체의 구별성과 통일성은 신적 사랑의 심장 박동을 구성한다. 그

---

88 앞의 책, 3:643-45.
89 이 입장은 시간과 활동과 관계들의 연속성을 인정하는 입장과는 아주 다르다. John Polkinghorne, "New Creation," chap. 10, *The God of Hope and the End of the World* (New Haven: Yale University Press, 2002), 특히 117-19에 있는 John Polkinghorne의 비판 및 Pannenberg에 대한 대안을 보라.

리고 그와 같은 심장의 박동을 가지고서 이 사랑은 피조물들의 세계 전체를 아우른다.[90]

판넨베르크의 신학의 모든 것은 신적인 힘의 장이라는 맥락에서 설명된다.

판넨베르크의 역사적-삼위일체적 범재신론

결국은 범재신론자인 판넨베르크

나는 판넨베르크의 신학이 그의 신적인 힘의 장 개념 때문에 삼위일체적 범재신론자의 경우에 속한다고 주장했다. 그 힘의 장은 성령, 곧 영원하고 무한하신 삼위일체 하나님이다. 그러나 그것은 또한 에너지와 시간과 공간의 장이기도 하다. 그 장으로부터 피조물들은 개별화되며, 그 안에서 피조물들이 존재한다. 피조물들은 말 그대로 성령으로부터, 성령 안에서 존속한다. 따라서 모든 피조물들은 존재론적으로 하나님 안에 참여한다. 그렇지만 하나님은 무한하게 피조물들을 초월한다. 이 입장은 실로 범재신론에 대한 고전적 정의에 즉시 부합한다.[91]

사실상 판넨베르크의 체계의 주요 개요는 수평화된 신플라톤주의처럼 보인다. 만물은 하나님으로부터 나오고, 하나님 안에 존재하며 하나님에게로 돌아간다. 그러나 초월하시는 일자는 우리 위에 존재하는 영원한

---

90 Pannenberg, *Systematic Theology*, 3:646. Grenz and Olson, *Twentieth-Century Theology*, 193은 힘의 장이 "창조세계에 대한 하나님의 관계의 원리로서, 동시에 신적 생명/삶에 대한 창조세계의 참여의 원리로서의 신적 본질의 기능들을 묘사하는 동일 개념"임을 지적한다.

91 Grenz and Olson, *Twentieth-Century Theology*, 194은 "하나님이 창조세계와 역사가 발생하는 '장'(field, 場, 마당)"임을 관찰하고 있지만, Pannenberg와 관련해서 범재신론을 언급하지는 않는다.

현존이 아니라 우리 앞의 영원한 미래 가운데 있는 자다. 따라서 당연히 판넨베르크는 빈번하게 범재신론 전통 가운데 서 있는 사상가들—그중에서도 현저하게 플로티누스, 디오니시우스, 니콜라우스 쿠자누스, 독일 낭만주의자들, 헤겔, 알렉산더, 베르그송, 테이야르, 화이트헤드, 몰트만 등—을 인정하는 말을 표현한다.

그렇지만 판넨베르크는 범재신론을 비판하며, 자신이 그 견해를 견지하고 있음을 부인한다. 그는 범재신론 자체를 광범위하게 논의하지 않는다. 그러나 그는 자신이 범재신론을 두 개의 큰 결점을 지니고 있는 하위 기독교 철학으로 여기고 있음을 내비친다. 범재신론은 삼위일체론을 결여하고 있으며, 범재신론은 세계가 하나님에게 본성적이며 불가피하다고 긍정한다는 것이다.

판넨베르크에게 삼위일체의 중요성은 종교적인 동시에 철학적인 것이다. 첫째, 삼위일체는 예수 그리스도 안에서의 하나님의 역사적 자기 계시 가운데 함의되어 있는 진리이며 따라서 성경과 교회가 가르치는 진리다. 그는 삼위일체를 결여하고 있는 어떠한 신관도 종교적으로 미완성이라고 간주한다. 따라서 단호하게 말하자면, 왜곡된 것이라고 간주한다. 둘째, 삼위일체 하나님 없이는 철학은 절대적인 일자와 관련하여 창조세계의 다양성을 설명할 길이 없다. 플로티누스의 영원에 대한 견해가 삼위일체론 없이는 일관성이 없다는 판넨베르크의 판단을 생각해보라. 삼위일체에 대한 적절한 설명의 결여가 바로 화이트헤드의 과정신학 및 헤겔에 대한 그의 주요한 비판 중 하나다. 그들은 여러 면에서 판넨베르크가 감탄을 금치 못하는 이들이다. 주목할 만한 가치가 있는 사실은 판넨베르크의 삼위일체론이 야콥 뵈메의 전통에서 도출해낸 것이 아니라는 점이다. 뵈메는 삼위일체를 이해 가능하게 만들려는 시도 가운데 삼위일체를 변증법적 존재론과 합쳐버렸다. 판넨베르크는 교부 신학으로부터 훨씬 많은 것을 이끌어내고 있으며, 현대의 "고난당하시는 하나님" 신학으로부터는 몰트만보다 훨씬 적게 끌어다 쓰고 있다.

판넨베르크가 범재신론을 배격하는 두 번째 이유로는, 세계가 어떤 식으로든 하나님에게 필연적이라고 보는 범재신론의 공통적인 견해를 들 수 있다.[92] 전형적인 범재신론은 신플라톤주의의 경우처럼 세계가 불가피한 유출이라고 주장하거나 세계가 사랑받는 자를 필요로 하는 하나님의 사랑의 표현이라는 기독교적 견해를 지지한다. 이러한 견해들은 종종 하나님이 자유로우시며, 창조세계는 필연적이지 않다고 주장한다. 그러나 그 주장은 오직 자유와 결정론이 양립 가능할 경우에만 참이 된다. 하나님은 세계를 창조하도록 강요받지 않으며, 강제될 수 없다. 그러나 창조를 하는 것이 하나님의 불가피한 본성이다. 판넨베르크는 사변을 원치 않는다. "하나님이 세계를 창조하지 않으실 수도 있었을 것이라는 생각은 하나님의 현실적인 자기 결정으로부터의 추상(an abstraction from God's actual self-determination)에 근거한다." 그러나 판넨베르크는 하나님이 세계 없이도 온전히 하나님이실 수 있음을, 창조가 자유로운 행위임을, 그리고 세계가 우연적임을 강하게 긍정한다.[93] 그럼에도 판넨베르크가 존재론적 삼위일체와 경륜적 삼위일체를 동일시하는 것이 과연 세계가 존재하지 않을 가능성과 일관성이 있는지는 명확하지 않다.[94]

어쨌든 만일 삼위일체와 하나님의 자유가 범재신론을 배격하는 판넨베르크의 이유라고 한다면, 두 교리를 긍정하는 것만으로는 범재신론을 피하기에 충분하지 않다. 뵈메에서부터 몰트만에 이르기까지의 전통 가운데서 삼위일체를 긍정하는 사람들이 많이 있으며, 또한 그 전통의 바깥에서도 테이야르나 템플과 같이 삼위일체를 긍정하는 사람들이 있다. 모든 범재신론자들을 비삼위일체론자로 여기는 것은 잘못된 생각이다. 몰트만

---

92 이것이 바로 Grenz가, Pannenberg가 범재신론자임을 부인하는 이유다(*Reason for Hope*, 73-74, 211).
93 Pannenberg, *Systematic Theology*, 2:9. 같은 책, 2:1-35은 Plato, 신플라톤주의, Nicholas of Cusa, Spinoza, Leibniz, Hegel, Whitehead에 이르는 이 논쟁의 역사를 조사하고 있다. 그는 Proclus가 유출을 변증법적으로 필연적으로 만들고 있는 반면에, Plotinus는 세계가 영혼의 우연적인 "타락"에서 결과했다고 주장한다고 생각한다.
94 앞에 있는 "내재적 삼위일체와 경륜적 삼위일체의 동일성" 섹션 및 그 마지막 각주를 보라.

조차도 지지를 받을 수 있는 유일한 종류의 범재신론은 삼위일체적 범재신론이라고 주장한다.

또한 범재신론은 세계가 반드시 하나님에게 "본성적"이라고 간주해야 한다는 것도 사실이 아니다. 물론 거의 모든 형태의 범재신론이 그렇게 하고 있기는 하지만 말이다. 주요한 범재신론자이며, 이전에 판넨베르크의 학생이었던 필립 클레이튼은 세계를 창조하시는 하나님의 마음대로의 자유(libertárian freedom)를 긍정한다.[95] 그러나 그 점은 단순히 정의상의 문제일 뿐이다. 존재론적으로 "모든 피조물들이 하나님 안에 존재한다"는 사실만으로도 범-재-신론(pan-en-theism, 혹은 만유재신론)에 해당하기에 충분하다. 이 "안에 있음"이 하나님의 본성 탓인지 아니면 하나님의 선택의 결과인지는 범재신론자들 사이에서 벌어지는 논쟁이다. 그러므로 이 쟁점은 범재신론자와 비범재신론자 사이를 구별 짓지 않는다. 비록 판넨베르크가 창조가 똑같이 가능한 대안들 가운데서 하나님이 선택하신 하나님의 자유로운 행위라는 점을 일관성 있게 긍정할 수 있다 할지라도, 판넨베르크는 여전히 한 사람의 범재신론자일 것이다.[96]

전형적인 현대 범재신론자는 아니다

그러나 최소한 한 가지 중요한 점에서 판넨베르크는 전형적인 현대 범재신론자는 아니다. 그는 피조물들이 하나님에게 영향을 미친다거나 역사 과정을 함께 결정해나간다는 점을 강조하지 않는다. 이것은 그를 과정

---

95 Philip Clayton, "Panentheism Today: A Constructive Systematic Evaluation," *In Whom We Live*, ed. Clayton and Peacocke, 254. 그는 기독교로부터 그리고 후기 Schelling으로부터 자기 입장을 주장한다. Schelling에게 있어서, 하나님과 세계의 실존성은 궁극적으로 우연적이다.
96 Roger Olson, "Wolfhart Pannenberg's Doctrine of the Trinity," 175-206은 비록 그가 범재신론을 논하고 있지 않지만, 같은 점을 지적한다. "하나님과 세계의 관계는 비록 일종의 자유로운 선택이라 할지라도 하나님 자신의 생명 안에 있는 한 순간으로 생각되어야만 한다"[204, *Scottish Journal of Theology*, 43/2 (1990): 175-206].

신학자들과 몰트만과 심지어 열린 유신론 주창자들로부터도 구별시켜준다. 분명 판넨베르크는 피조물들의 자유를 긍정하며, 하나님이 취하시는 "위험 부담"(risk, 모험)도 긍정한다.[97] 그는 심지어 상호 간의 사랑과 영광스럽게 함에 대해서도 말한다.[98] 그러나 그는 하나님이 피조물들의 개별적인 감정과 행위들에 의해서 영향을 받거나, 변화되거나, 거기에 대해서 반응한다는 생각을 발전시키지 않는다.[99] 판넨베르크는 창조에서부터 종말에 이르기까지의 신적 행위의 "모든 것을 결정하는" 본성을 너무나도 강력하게 강조하여 어떤 학자들은 그가 은밀한 결정론자가 아닌가 의심하기까지 했다.[100] 비록 신적인 힘의 장이 피조물들에게 그 장 자체 안에서의 자유를 허락하긴 하지만, 창조와 구속과 완성에 있어서의 하나님의 주재권은 영원히 결정되어 있으며, 따라서 아무것도 그 결정을 중단시키거나 변경시킬 수 없을 정도로 시간 안에서 강력하다.[101] 이러한 점에서 판넨베르크의 범재신론은 현대적 범재신론보다는 고전적 범재신론에 더 가깝다. 그는 몰트만과 과정신학자들, 및 하나님과 세계 사이의 상호 효과를 내는 상호작용을 주장하는 여타의 사람들보다는 플로티누스와 더 비슷하다.

---

97 Pannenberg, *Systematic Theology*, 3:643.
98 앞의 책, 3:625-26.
99 Grenz, *Reason for Hope*, 211: "하나님은 세계에 의해서 영향을 받는다. 하지만 이것이 하나님의 실재에 덧붙여진다는 의미에서가 아니다. 오히려 그 효과는 모든 창조세계에 대한 하나님의 통치권의 증시에 놓여 있다. 그 통치권의 증시가 없이는 하나님이 하나님일 수 없으며, '만유 안의 만유'가 되실 수 없다."
100 Polk, "God, Power, and Freedom," *On the Way to God*, 270-80. 또한 David McKenzie, *Wolfhart Pannenberg and Religious Philosophy* (Lanham, MD: University Press of America, 1980), 123-33.
101 Mostert, "An All-Determining or Determinist God," *God and the Future*, 175-82은 Pannenberg에게 있어서 역사의 일반적인 코스가 결정되어 있지만, 개별 사건들은 결정되어 있지 않다고 결론을 내린다.

결론

판넨베르크는 아마도 현대 신학자들 중에서, 그리고 세계적인 범재신론자들 중에서, 가장 생각이 깊고 학식이 깊은 학자일 것이다. 그는 자신의 견해들과 역사적 기독교 전통의 연속성을 유지시키는 데 깊은 관심을 기울인다.

그렇지만 판넨베르크의 가장 기본적인 생각 두 가지는 여전히 문제로 남는다. 첫째, 우주적인 힘의 장을 하나님의 창조로 보지 않고 그 대신에 성령과 동일시하는 것은 기본적인 층위에서 하나님과 세계의 차이점을 무너뜨리고 침해하는 것으로 보인다. 둘째 그의 미래에 대한 존재론은 여전히 수수께끼다.

어떻게 가능태의 영역이고 현실태의 실존이 아닌 미래가 현재를 도출하고 현재를 결정하는 "소급적인" 힘을 지닌 본질의 자리가 될 수 있는지 이해할 수 없다. 어떻게 해서 아직 현실화되지 않은 것이 그 어떤 것이라 할지라도 적극적인 힘을 행사할 수 있는가? 현실적/실질적으로 현존하는 것은 종말에서 온전하게 현실적/실질적이 되실 하나님이다. 그러므로 우리는 과연 영원한 일자, 참된 무한자, 완전한 존재, 그리고 존재론적인 삼위일체가—현재에는—만일 하나님 자신의 잠재적인 미래의 단지 부분적으로만 현실화된 본질이라면, 판넨베르크가 그러한 것에게 할당하는 그 모든 일을 할 수 있는가 하는 의심을 하지 않을 수 없다. 내 견해로는 미래의 존재론은 반(反)직관적이며 철학적으로 설득력이 전혀 없다.[102]

---

102 Pannenberg는 다음에서 미래의 실재를 옹호한다. "Concept and Anticipation," chap. 8, *Metaphysics and the Idea of God*. Mostert, "The Ontological Priority of the Future," chap. 4, *God and the Future*는 매우 시사적이다. 또한 Lewis Ford, "The Nature of the Power of the Future," 140-42; Philip Clayton, "Anticipation and Theological Method," 140-42; Pannenberg, "Response to My American Friends," 323-24, *Theology of Wolfhart Pannenberg*, ed. Braaten and Clayton; Grenz and Olson, *Twentieth-Century Theology*, 198-99을 보라.
  한 가지 예시가 그 쟁점을 설명하는 데 도움을 줄 수 있을 것이다. 상수리는 상수리나무의 본질을 내포하고 있으며, 따라서 하나의 상수리나무가 될 힘을 가지고 있다. 그러나 상수리는 현실태이지만, 상수리나무는 아직 아니다. 성숙한 나무는 상수리로 하여금 존재하게 하고 성장하면서 구조를 세워나가게 하는 "소급적인 힘"을 행사하는 본질을 가진 현실적인 존재가 아니다. 성숙한 상수리나무는 그 상수리가 앞으로 될 것일 뿐이다. 그것은 상수리 한 톨 안에 들어 있는 잠재성일 뿐이다. 유비적으로 말해서, 현재의 하나님과 세계의 연쇄(넥서스)는 삼위일체

미래의 존재론과 우주의 힘의 장으로서의 하나님이라는 이 두 개의 정초적인 사상들이 없이는 판넨베르크의 사상 체계의 웅장한 건축물은 서 있을 수 없을 것이다.

―현실태적인 존재론적 삼위일체, 참된 무한자, 완전한 존재, 일자―안에서의 현재적 하나님 나라의 종말론적 완성이 될 본질적인 힘을 내포하고 있을 수 있다. 그러나 그 경우, 현재가 하나님의 미래의 잠재성이 내포하고 있고 그것을 현실화하는 것이지, 그 반대가 아니다. 어떻게 현재적이지 않고 단지 가능성일 뿐인 것이 어떠한 긍정적인 힘을 행사할 수 있단 말인가? 참된 무한자로서의 하나님은 어떤 식으로든 그 둘 다여야 한다고 주장하는 것은 설득력이 있다기보다는 오히려 의문이 들게 만들 뿐이라 여겨진다. 결국 Pannenberg의 견해가 일관성이 있는지 불확실하다.

  하나님을 미래의 힘으로 보는 견해는 신적 영원성과 초월성에 대한 전통적인 개념, Hegel 이전의 개념을 배제하면서 종합적인 신학을 세우는 데 필요한 순전히 가정적인 추론일 뿐이다. 그 주장의 힘은 초월적이다. 고전적 유신론이 갖고 있는 이전의 생각들에 의지하지 않고서는 달리 신학하는 길이 전혀 없기 때문에 하나님이 미래의 힘이다라고 우리가 가정해야만 한다는 것이다. 정확히 지적하자면, 고전적 유신론이 대안이다.

제 12 장

| 범재신론적 해방신학과 생태신학 |

1960년대는 청년들의 이상주의, 급진적인 비판, 사회 격변의 시기였다. 젊은이들은 사람들이 역기능적이며 억압적인 "기성체제"로부터 해방된다면 삶이 개선될 수 있으리라 확신했다. 만일 전통적인 종교와 도덕, 사회·경제·정치 질서가 변혁된다면, 사랑과 평화와 정의가 흘러넘칠 것이라고 믿었다. 베이비붐 시내에 태어난 사람들이 혁명적으로 사태를 변화시키겠다는 열정을 가지고 터져나왔다. 다양한 해방운동들이 이 시기 동안에 형성되었다. 종족 해방, 인종 해방, 문화 해방, 성 해방, 젠더 해방, 식민주의로부터의 민족 해방, 동물 해방에다 생태 해방까지 나왔다.

이러한 해방운동에 참여했던 그리스도인들은 현상 유지에 대한 자신들의 비판을, 죄를 탄핵하는 하나님의 예언적 말씀으로 보았다. 그들은 혁명의 활동을 하나님의 구속 사역(redemptive work)으로 보았다. 해방신학은 이러한 해방운동들에 참여하는 것에 대한 기독교적 논리를 숙고함으로써 나온 결과다. 특정 해방신학들은 여성, 미국 흑인, 중남미 사람들, 미국 원주민과 같은 특정 집단들의 전망들을 대표한다. 또한 이 신학들 대부분은 인류 공동체 전체와 지구를 포괄하기 위해 특정 이해 집단들 너머로까지 확대되는 보편적 해방에 대한 비전을 공유하고 있다.

비록 모든 해방신학이 범재신론을 수용하는 것은 아니지만, 많은 해방신학은 몇 가지 이유에서 하나님과 세계에 대한 범재신론의 대안이 매력적이라고 보고 있다. 첫째, 해방신학자들은 고전적 유신론의 주권적이며 초월적인 하나님이 절대 군주처럼 보일 뿐 아니라 종종 억압적이며 불의한 사회 질서들을 용인하는 데 이용되어왔기 때문에 고전적 유신론에 대해 의구심을 갖고 있다. 범재신론은 하나님을 훨씬 더 내재적이며 동정적이며, 사람들과 협동하는 분으로 보고 있다. 둘째, 헤겔과 셸링 이래의 범재신론처럼, 해방신학은 구원이 이 세계 안에서 시작되며, 사회 구조들을 변혁시킨다고 주장한다. 두 신학은 모두 세계의 역사와 구속사의 일치를 강조한다. 마지막으로, 범재신론 안에는 특정 종류의 해방신학에 호소력을 지니는 주제들이 있다. 예를 들어, 사회적-정치적 해방신학자들은 삼위일체의 사회적 양태들(social modes)과 하나님-세계 관계에 대해서 테이야르와 몰트만에게 호소한다. 여성신학자들은 뵈메와 셸링, 틸리히와 하트숀 및 몰트만의 글 가운데 나오는 신성의 여성적 측면에 대한 암시를 고맙게 여긴다. 생태신학자들은 세계가 하나님의 몸이라는 고대 전통에 대해 반향한다. 이러한 다양한 이유로 범재신론은 해방신학에 매우 매력적이다.

대부분의 해방신학적 범재신론은 암묵적이다. 그 이유는 해방신학의 초점이 하나님-세계 관계의 존재론보다는 실천신학과 사회 윤리에 있기 때문이다. 그러나 분석해보면, 이들 해방신학들은 현대의 역동적 범재신론의 특징들을 드러낸다.[1]

다른 장들과 마찬가지로, 이 장은 완벽한 일람표가 아니라 하나의 표본 조사다. 이 장은 해방신학의 주요 분파를 대변하는 범재신론자들 중에서 선별적으로 살펴볼 것이다. 그들은 흑인신학의 제임스 콘, 라틴아메리카 해방신학의 구스타보 구티에레즈, 후안 루이스 세군도, 레오나르도 보프, 여성 생태신학의 로즈마리 류터와 샐리 맥페이그, 우주적 창조의 영성을 말하는 매튜 폭스 등이다.[2]

---

[1] Stanley J. Grenz and Roger E. Olson, *Twentieth-Century Theology: God and the World in a Transitional Age* (Downers Grove, IL: InterVarsity, 1992), 201은 해방신학들이 "지나치게 신적 내재성이라는 반대 방향으로 치달아서 초월적인 동시에 내재적이신 하나님이라는 성경적 균형을 이루는 데 실패했다"고 일반화한다. 이 진술은 해방신학들을 범재신론에 가깝게 자리매김한다.

[2] 해방신학자들이 범재신론에 호소하는 범위는 매우 넓다. 일례로, David A. Pailin, *A Gentle*

제임스 콘의 흑인신학

뉴욕 유니온 신학교에서 조직신학 교수로 있는 제임스 콘(James Cone)은 미국에서 가장 영향력 있는 흑인신학의 대변자다. 1960년대의 민권운동에 의해 크게 고무된 콘은 마틴 루터 킹 2세의 평화주의보다는 말콤 엑스(Malcolm X)와 블랙 파워 운동의 의분을 표출한다. 콘의 주저 『흑인 해방신학』(A Black Theology of Liberation)은 두 가지 점에서 범재신론을 함의하고 있다. 콘은 틸리히의 신학을 폭넓게 활용하고 있으며, 범재신론에 대한 대안들에 대해서는 명시적으로 거절한다.[3] 비록 흑인신학에 대한 제임스 콘의 영향력이 심대하지만, 흑인신학 운동이 전반적으로 전형적으로나 특성적으로 범재신론적인 것은 아니다.[4]

『흑인 해방신학』은 제임스 콘이 전통적인 신학 범주들이나 "백인"의 학문적 신학에 관심이 없음을 명백히 밝힌다. 모든 신학은 특정 집단들의 관점과 이해관계에 의해 작성된다는 점을 바탕으로 해서, 콘은 기독교 신앙이 압제당하는 미국 흑인들(African Americans)의 해방에 무엇을 의미하는가를 표현하고자 한다. 그러나 그는 "흑인"의 의미를 보편화시켜서 고난당하는 모든 사람들을 포함시키고자 한다. 따라서 제임스 콘은 하나님이 압제당하는 모든 자들과 자신을 동일시하시고 그들의 해방을 추구하시기 때문에 "하나님은 검다"(God is Black, 하나님은 흑인이다)라고 주장한다.[5] "하나님의 흑인됨(the blackness of God)은 하나님이 압제당하는 자들의 조건을

Touch: From a Theology of Handicap to a Theology of Human Being (London: SPCK, 1992)은 주로 과정신학에 근거해서 장애인들을 위한 해방신학을 전개한다. 이 자료에 대해 언급해준 칼빈 신학교의 이전 학생이었던 Heidi De Jonge에게 감사한다.
3 James H. Cone, A Black Theology of Liberation, 20th anniversary ed. (New York: Orbis, 1990). 새로운 서문, xviii에서 Cone은 애초에 그가 Karl Barth에 기댔던 입장에서 거리를 두고 있다. 하지만, Tillich에 대해 기댔던 면은 재고하지 않고 있다.
4 Rufus Burrow, James H. Cone and Black Liberation Theology (Jefferson, NC: MacFarland, 1994); Dwight Hopkins, Introducing Black Theology of Liberation (New York: Orbis, 1999); J. Deotis Roberts, Black Religion, Black Theology (Harrisburg, PA: Trinity Press International, 2003); Grenz and Olson, "Black Liberation Theology," Twentieth-Century Theology, 201-9.
5 Cone, "The Concept of Theology," chap. 1, Black Theology.

하나님 자신의 조건으로 삼으셨음을 의미한다."⁶

비록 그가 "백인"의 신학을 거절하지만, 제임스 콘의 흑인신학은 전체적으로 미국 흑인의 상황에 적용된 틸리히의 신학이다. "비록 틸리히가 흑인의 상황에 대해서 말하고 있지 않았지만, 틸리히의 말은 그 상황에 적용될 수 있다.…하나님의 말씀은 우리의 말이다. 하나님의 실존성은 우리의 실존성이다. 이것이 흑인 문화의 의미며, 그 문화가 신적 계시에 대해 갖는 관계다." 콘은 또한 흑인 해방을 촉구하면서, 틸리히를 환기시킨다. "이것이 바로 폴 틸리히가 말하는 존재의 용기이다. 즉 존재를 위협하는 그러한 실존적 요소들에도 불구하고 자신의 존재를 긍정하는 용기를 말한다. 그것이 바로 백인 인종차별주의자들의 존재에도 불구하고 흑인이기를 굴하지 않고 갖는 용기다."⁷

제임스 콘의 신론은 명시적으로 존재 자체인 하나님이라는 틸리히의 개념을 채택한다.⁸ "틸리히는 하나님을 존재 자체로 묘사한다. 그것이 인간 소외에 대한 유일한 대답을 제공한다"라고 콘은 쓰고 있다. 이 하나님 개념은 압제에 대한 투쟁의 기반이다. "존재 그 자체는 비존재 혹은 무의 위협에서 자유롭기 때문에, 존재 그 자체가 인간 용기의 원천—비존재의 현존에도 불구하고 존재를 긍정하는 능력—이다." 제임스 콘은 또한 하나님을 존재론적으로 압제당하는 자들과 하나가 되게 하기 위해서 존재/비존재에 대한 신적-인간적 참여라는 틸리히의 개념을 활용한다. "하나님은 그들의 경험이 하나님의 경험이 되는 정도까지 압제당하는 자들과 동일시하신다."⁹

따라서 신적 내재성과 초월성에 대한 제임스 콘의 설명은 틸리히의 무한/유한 상관 관계를 흑인 해방에 적용시킨다. "하나님에 대해서 말한다는 것은 한편으로 유한한 구체적인 세계 가운데서 무한의 현존에 대해서 말

---

6 앞의 책, 63.
7 앞의 책, 28, 54.
8 앞의 책, chap. 4, "God in Black Theology."
9 앞의 책, 60-63.

하는 것이다. 다른 한편으로 무한은 결코 유한으로 축소될 수 없다." 하나님의 내재성은 유한의 해방을 위한 투쟁 가운데 나타나는 하나님이 현존이다. "하나님의 내재성은 유한 가운데서 그 자체를 표출하는 무한이다. 그것은 유한한 인간 경험 가운데서 구체화되시는 하나님이다.···흑인들에게 이것은 하나님이 검음을 취하셨으며, 흑인 해방 투쟁에 뛰어들었음을 의미한다." 하나님의 초월성은 세계를 초월해 있는 하나님의 실존성이 아니라 세계 가운데 있는 하나님의 무제한적인 해방시키시는 힘이다. "하나님은 세계의 '위'에 혹은 '너머'에 계시지 않는다. 오히려 초월성은 해방을 위한 투쟁에서 무한에 의해 규정되는 인간의 목적을 가리킨다."[10]

제임스 콘의 신학은 틸리히를 아주 근실하게 추종하고 있기 때문에, 암묵적으로 범재신론적이다. 콘은 틸리히의 신론과, 하나님의 존재로의 인간의 참여에 대한 견해와, 새로운 존재로서의 구원이라는 틸리히의 이해를 채택하고 있다. 제임스 콘은 이러한 생각들을 흑인의 압제와 해방에 적용한다. 콘의 신학이 지니고 있는 함의는, 흑인 해방에 참여하는 것이 곧 하나님에게 참여하는 것이라는 것이다. 틸리히의 실존주의적 범재신론이 흑인 해방의 범재신론이 된 것이다.

제임스 콘은 또한 다른 모든 대안들을 배격함으로써 범재신론을 승인한다는 점을 내비친다. 하나님의 섭리와 피조물들의 자유에 대해 논하면서 콘은 명시적으로 이신론(Deism)과 범신론 및 에밀 브루너(Emil Brunner)에 의해서 대변되는 "전통적인 기독교 신학"을 배격한다. 그 대신 콘은 틸리히와 맥쿼리의 입장을 채택하는데,[11] 그 둘은 셸링의 노선에 서 있는 역동적 범재신론자들이다. 그러므로 비록 콘이 범재신론이라는 이름을 붙이지는 않았지만, 다른 입장들에 대한 그의 배격과 범재신론자들에 대한 인정에 비추어볼 때, 제임스 콘은 범재신론에 기대고 있다고 볼 수 있다.

---

10 앞의 책, 76-78. 66에서 그는 초월성에 대한 다른 견해를 제공한다. "하나님의 전적 타자성은··· 하나님의 검음(blackness)을 의미한다. 그것은 흼(whiteness)과는 전적으로 다르다."
11 앞의 책, 78-81. 그는 또한 14과 28에서 범신론을 배격한다.

라틴아메리카 해방신학

대부분의 라틴아메리카 해방신학자들은 성경과 교회 전통 및 제2차 바티칸 공의회 선언문에 기초하고 있는 충실한 로마 가톨릭 교인들이다.[12] 해방신학자들의 범재신론은 주로 테이야르 드 샤르댕과 칼 라너의 깊고 폭넓은 영향에서 나왔다.[13]

구스타보 구티에레즈

구스타보 구티에레즈(Gustavo Gutiérrez)는 라틴아메리카 해방신학의 아버지로 널리 간주된다. 구티에레즈는 1928년 페루의 리마(Lima)에서 태어났다. 그는 사제가 되어, 로마와 프랑스에서 공부했으며, 리마에 있는 가톨릭 대학교에서 가르쳤다. 그는 가난한 자들 가운데서 살았다.[14]

『해방신학』(A Theology of Liberation, 1971년)은 그 운동의 첫 번째 학문적인 노작(勞作)이다.[15] 구티에레즈는 가톨릭의 가르침 특히 제2차 바티칸 공의회 문서들을 사용해서 하나님과의 화해뿐 아니라 사회적·경제적·정치적·문화적 해방을 포함하는 구원관을 피력한다. 그는 교회가 종종 그 자신의 가르침대로 살아내는 데 실패했다고, 그리고 교회의 실천(praxis, 프락시스)이 "가난한 자들을 우대하는 하나님의 선택"(God's preferential option for the poor)을 반영해야 한다고 주장한다. 구티에레즈를 단정적으로 범재신론자로 확정하기는 불가능하다. 이는 그가 하나님-세계 관계에 대한 존재

---

12 David Tombs, *Latin American Liberation Theology* (Boston: Brill Academic, 2002); Alfred Hennelly, ed., *Liberation Theology: A Documentary History* (New York: Orbis, 1990).
13 John Cooper, "Teilhard, Marx, and the World-view of Prominent Latin American Liberation Theologians," *Calvin Theological Journal* 24/2 (1989): 241-62.
14 Alfred Hennelly, "Gustavo Gutiérrez," *Liberation Theologies* (Mystic, CT: Twenty-Third, 1995), 10-25.
15 Gustavo Gutiérrez, *A Theology of Liberation: History, Politics, and Salvation*, trans. Sister Caridad India and John Eagleton (Maryknoll, NY: Orbis, 1973).

론을 발전시키지 않았기 때문이다. 그러나 그가 테이야르 드 샤르댕과 라너로부터 채택하고 있는 핵심적인 사상들은 범재신론적이다.

구티에레즈는 인간의 자유에 대한 현대의 투쟁을 수용하기 위해서 테이야르에게 호소한다. 그것은 "인간의 자기 성취를 제한하거나 방해하는 모든 것으로부터의 해방"이다.[16] 그는 사회주의적 성향을 지닌 해방 철학을 특별히 인정한다. 그것은 역사가 자유를 향한 운동이라는 헤겔의 견해, 마르크스의 경제학과 사회 비판, 허버트 마르쿠제의 마르크스주의-프로이트적 개인-사회 역동성 이론이다. 그러나 구티에레즈는 사회주의 철학 그 자체만으로는 불충분하다고 주장한다. 해방의 온전한 의미는 오직 그리스도 안에서 이루어지는 하나님의 세계 구속의 핵심으로서만 이해될 수 있다. 제2차 바티칸 공의회에 호소하면서 구티에레즈는 인간 발전과 신적 구원, 그리스도 안에서의 인간화된 우주의 절정이라는 테이야르의 상관성을 인정한다. "여러 사람 중에서도 테이야르 드 샤르댕의 저작들은 역사와 우주의 주재자로서의 그리스도에 대한 재확언을 향해 나아가는 추세에 큰 영향을 주었다."[17] 그러나 구티에레즈가 테이야르의 우주적 기독론과 통합시키고 있는 새로운 인간에 대한 비전은 테이야르의 진술보다는 훨씬 더 정치적으로 사회주의적이다. 실로 구티에레즈에게 해방과 구원은 동의어다. "해방의 충만함—그리스도로부터 값없이 받은 선물—은 하나님과의 그리고 다른 사람들과의 교통이다."[18]

테이야르의 범재신론은 우주의 역사가 예수 그리스도 안에서 절정에 이르는 하나님의 자기 육화라는 그의 견해로 구성되어 있다. 그리스도 안에서 세계가 하나님의 몸이라는 것이다. 구티에레즈는 구원에 대한 기독교적 이해 가운데 그 자신의 사회적-경제적인 해방을 병합시키고자 하는

---

16 앞의 책, "Man the Master of His Own Destiny," 27-33. 27에서 인용.
17 앞의 책, 76 n. 35. 이 각주는 또한 제2차 바티칸 공의회의 핵심 문헌들 특히 *Gaudium et spes* ("기쁨과 소망")에 대한 Teilhard의 영향에 대해 논급하고 있다. Gutiérrez는 이 문헌에 거듭 호소한다. Gutiérrez의 *Theology of Liberation*, 173, 175(영어 역본의 페이지)는 사회주의가 시정해주고 있는 Teilhard의 사회경제적 전망 가운데 있는 부족한 점들을 확인하고 있다.
18 Gutiérrez, *Theology of Liberation*, 36.

자신의 시도를 뒷받침하기 위해서 테이야르의 우주적 기독론을 받아들임으로써 암묵적으로 범재신론을 채택한다.

구티에레즈가 라너의 초자연적 실존상을 수용한다는 점은 그가 범재신론에 귀의하고 있음을 보여주는 더 명확한 증거다. 구티에레즈는 이 용어에 대한 라너의 정의를 명확하게 긍정하고 있다. 하나님의 인류 안에서의 보편적인 구원의 임재/현존, "하나님의 본성에 속하는, 은혜로 주어지는 존재론적 실재의 결정 인자"(a gratuitous ontologico-real determinant of his nature). 이 개념은 모든 인간이 존재론적으로 모든 인간 안에 현존하시는 하나님의 실존성에 참여하도록 만들기 때문에 범재신론을 함의하고 있다.[19]

구티에레즈는 하나님의 내재성을 사회 정의 및 해방과 연결시키면서, 테이야르의 우주적 기독론과 라너의 초자연적인 실존상을 결합시킨다. 이 우주적 육화는 두 개의 역동성, 곧 보편화와 내면화를 내포한다. "그리스도는 두 과정의 수렴점이다." 그리스도 안에서 하나님은 각 사람 안에 그리고 전 세계 안에 실질적으로 임재/현존하신다. "육체가 되신 하나님, 각 사람 안에 현존하시는 하나님은 산 위에나 성전에 임재하시는 하나님보다 더 '영적'이지 않다. 하나님은 심지어 더 '물질적'이다." 그리스도 안에서의 하나님은 모든 사람 안에 실질적으로 현존하시기 때문에, 사람들에게 행해진 정의와 불의의 모든 행위들은 말 그대로 하나님에게 행해진 것이다. "우리는 사람들과의 만남 가운데서, 특히 가난한 자들, 주변으로 밀려난 자들, 수탈당한 자들 가운데서 주님을 발견한다. 그런 사람들을 향한 사랑의 행위는 하나님을 향한 사랑의 행위다."[20] 구티에레즈의 암묵적인 범재신론은 하나님을 단순히 도덕적으로와 영적으로만이 아니라 존재론적으로 정의 및 해방과 연결시킬 수 있도록 만들어준다.

---

19 앞의 책, 70-71. Rahner에 대해서는 이 책의 제8장을 보라.
20 앞의 책, "Encountering God in History," 193, 201. Grenz and Olson, *Twentieth-Century Theology*, 224은 Gutiérrez의 "초월성에 대한 거의 전적인 소홀은…그의 신학을 일종의 세속신학의 형태로 만들고 있다"고 결론을 내린다. 그러나 그의 범재신론은 또한 이 세계를 넘어선 하나님과 구원을 긍정하고 있다.

후안 루이스 세군도

만일 구티에레즈가 라틴아메리카 해방신학의 아버지라면, 후안 루이스 세군도(Juan Luis Segundo, 1925-1996년)는 라틴아메리카 해방신학의 학장이다.[21] 우루과이에서 태어난 그는 예수회 사제가 되었으며, 루뱅 대학교와 소르본 대학교에서 수학하고 남미와 북미주의 여러 대학교에서 가르쳤다. 그는 니콜라이 베르댜예프와 특히 테이야르를 연구함으로써 범재신론에 친숙하게 되었다. 테이야르의 신학이 세군도의 신학의 근본 토대를 이루고 있다.

세군도의 『신학의 해방』(Liberation of Theology, 1975년)은 해방의 해석학, 믿음과 정치 이데올로기의 상호 관계에 초점을 맞춘다.[22] 모든 관점은 암묵적으로 정치적이기 때문에, 압제받는 자들의 해방에 대한 헌신은 필연적으로 성경에 대한 이해와 신학 행위를 정확히 할 필요가 있다고 그는 주장한다. 그는 해방의 프락시스에 바쳐지지 않은 모든 주해와 신학에 대해 "이데올로기적인 의심"(ideological suspicion)을 적용하면서, 그러한 주해와 신학이 압제를 뒷받침하는 방식들을 찾아낸다. 이에 덧붙여서, 세군도의 각각 다섯 권으로 이뤄진 해방신학 저작인 『새 인류의 장인들을 위한 신학』(A Theology for Artisans of a New Humanity)과 『어제와 오늘의 나사렛 예수』(Jesus of Nazareth Yesterday and Today)는 사회주의 철학을 수정된 테이야르적 신학과 통합시키는데 이것은 구티에레즈의 신학과 매우 비슷한 전망을 보여준다.

『우리의 하나님 관념』(Our Idea of God)은 범재신론에 대한 명확한 증거를 내포하고 있다. 세군도는 부버와 베르댜예프, 테이야르를 인용하면서, 틸리히와 로빈슨이 대중화시켰던 존재의 비인격적인 근거에 대항해서 하

---

21 Alfred Hennelly, *Theologies in Conflict: The Challenge of Juan Luis Segundo* (Maryknoll, NY: Orbis, 1979), 26.
22 Juan Luis Segundo, *Liberation of Theology*, trans. John Drury (Maryknoll, NY: Orbis, 1976).

나님의 상호 인격적인 본성을 내세운다. 그러나 세군도는 하나님의 타자성이 "어떤 외계적 초월성"이 아니라는 점을 밝힌다. "성부, 성자, 성령은 '바깥 저기'나 '저 위'에 있는 것이 아니다. 그러나 성부, 성자, 성령은 나 자신의 심연도 아니다."[23] 세군도의 인격주의는 분명 테이야르식이다. "사랑에 기초해 있으며 사랑에 의해서 지도를 받는 인간화 과정은 각각의 인격자가 하나의 중심이 되는 좀더 복합적인 사랑의 '시스템들'을 이룸으로써 구성된다는 테이야르 드 샤르댕의 말은 상당히 옳다." 테이야르와는 달리, 세군도는 하나님이 해방을 통해서 공동체적 성취를 이루어내기 위해 사랑뿐 아니라 폭력을 사용하신다고 강조한다. "예수는 성육하신 하나님이다. 그리고 사랑과 폭력을 전적으로 배타적인 대립으로 보는 것은 역사적이 아니다."[24] 함의상, 해방을 촉진해주는 폭력은 성육하신 하나님을 돕는 길이 된다. 이것이 해방의 범재신론이다.

테이야르의 우주적 기독론은 세군도의 『나사렛 예수에 대한 진화론적 접근 방법』(*Evolutionary Approach to Jesus of Nazareth*)에 배어 있다.[25] 그러나 세군도는 몇 가지 측면을 수정한다. 그는 오메가 포인트에 대한 테이야르의 진화론적 투사가 지나치게 낙관적이며 지나치게 영적이라고 본다. 그것은 죽음과 부정적인 엔트로피의 힘을 과소평가한다. 그래서 궁극적으로 물리적인 우주를 뒤로 남겨둔다. 그러나 세군도는 또한 부활과 새로운 지구를 초자연적 계시에 대한 진리들로서 강조한다.[26] 테이야르를 보완하기 위해서, 세군도는 하나님을 혼돈의 우주에 질서를 잡아주는 정신(the mind ordering the chaotic universe)으로 보는 그레고리 베이트슨(Gregory Bateson)의 과학에 근거한 범재신론 모델을 채택한다. 이 모델은 "세계와는 별개인 무한 존재자"도 아니고, "범신론"도 아니다.[27] 그렇지만 세군도는 하나님을 해

---

23 Juan Luis Segundo, *A Theology for Artisans of a New Humanity*, vol. 3, *Our Idea of God* (1968), trans. John Drury (New York: Orbis, 1973), 86-93. 93에서 인용.
24 앞의 책, 164-65.
25 Juan Luis Segundo, *Jesus of Nazareth*, vol. 5, *An Evolutionary Approach to Jesus of Nazareth* (1982), trans. John Drury (New York: Orbis, 1988).
26 앞의 책, 97-100.

방을 향한 인간의 추구에 집중하시는 분으로 본다. 하나님은 "의미에 대한 인간의 투쟁에 대한 관망자"가 아니다. "그 대신에 하나님은 그 투쟁의 정점과 동일하다.···하나님은 인간의 노동의 의미와 일치한다."[28] 세군도의 글들은 해방시키는 행위에 속하는 역동적 범재신론을 명백히 함의하고 있다.

레오나르도 보프

레오나르도 보프(Leonardo Boff)는 1938년 브라질에서 태어났다. 독일에서 대학원 공부를 한 후에 리우데자네이루에서 신학을 가르쳤다. 보프는 바티칸에 의해서 침묵을 명령받은 기간을 지낸 후 1993년에 사제직을 떠났다. 다작가인 보프는 해방의 대의명분을 열정적으로 전파했고, 교회가 그렇게 하지 않는 것에 대해 비판해왔다. 보프는 구티에레즈와 세군도와 똑같은 전반적인 정치신학적 전망을 공유하고 있으며, 범재신론이라는 용어를 의도적으로 채택하고 있다.

보프의 유명한 책 『삼위일체와 사회』(Trinity and Society, 1986년)는 성경과 에큐메니컬 신조들 및 가톨릭 신학을 바탕으로 해서 인간의 해방과 사회 정의를 강화시키는 삼위일체론을 풀어내고 있다. 몰트만에게 강한 영향을 받은 보프는 삼위일체의 사회적 양상과 성부, 성자, 성령의 상호 내재적(페리코레시스적) 하나됨, 그리고 모든 창조세계와의 하나님의 상호 내재적 관계를 강조한다.[29] 그의 범재신론에 대한 가장 분명한 증거는 "삼위일체의 몸으로서의 창조세계"라는 부분이다. 여기서 보프는 우주의 전체 역사를 삼위일체의 점진적인 구현으로 정리한다. 그 부분은 창조세계와 더

---

27 앞의 책, 101-2. 또한 Gregory Bateson, *Mind and Nature: A Necessary Unity* (New York: E. P. Dutton, 1979)를 보라.
28 Segundo, *Evolutionary Approach*, 104-5.
29 Leonardo Boff, "A New Starting Point: The Community and Social Aspect of the Trinity" and "Another New Starting Point: The Trans-sexist Theology of the Maternal Father and Paternal Mother," 118-22, *Trinity and Society*, trans. Paul Burns (New York: Orbis, 1988).

불어 시작한다. "창조세계 안에 계신 삼위일체는 삼위일체 안에 창조세계를 집어넣고자 추구한다." 성령의 변혁의 힘과 성자의 해방의 행위가 박차를 가하는 가운데, 그 과정은 종말에서 절정에 달한다. "삼위일체 하나님 안에서 우주는 삼위일체의 몸이 될 것이다. 그 몸은 신적인 삼위의 교통의 충만한 가능성을 창조세계라는 제한적인 형태 가운데서 드러낸다."[30] 세계사는 삼위일체의 자기 실현이다. 세계와 하나님의 연합에 대한 보프의 견해는 존재론적이다. 이는 보프의 존재론이 상호 내재적 존재론이기 때문이다. 존재한다는 것은 교통 가운데 있음을 의미한다. 진실로 하나님의 유일성은 구별된 세 위격들의 "상호 내재와 영원한 교통"으로 구성된다.[31] 보프는 『삼위일체와 사회』에서 범재신론자로 드러나지만, 그 용어는 사용하지 않고 있다.

『생태와 해방』(Ecology and Liberation)은 명확하게 "기독교 범재신론"을 내세운다.[32] 이 책은 인간 해방에 대한 보프의 관심을, 사연을 포함하는 데까지 확대시킨다. "교회 공동체는 인간 공동체의 일부임을 느껴야 하며, 인간 공동체는 우주 공동체의 일부임을 느껴야 한다. 그 모든 공동체는 성부, 성자, 성령의 삼위일체 공동체의 일부를 형성한다." 심지어 보프는 창조세계가 신적 삼위일체성의 재생산(reproduction)이라고까지 말한다. 세 신적 위격들은 "생명의 연결, 사랑하는 상호관계, 위격들 간의 관계들의 영원한 상호 놀이"를 통해서 하나다. "…그 위격들은 하나인 하나님-교통, 하나인 하나님-관계이며, 하나인 하나님-사랑이다. 우주는 이 다양성과 이 통일성의 재생산이다."[33] 보프는 그 책 내내 몰트만의 상호 내재적 존재론을 채용한다.

비록 보프가 테이야르의 우주적 그리스도를 긍정하기는 하지만, 살아

---

30 앞의 책, 230-31.
31 앞의 책, 235. 그는 이 견해가 "삼신론"의 위험이 있음을 인정한다.
32 Leonardo Boff, "Ecology and Theology: Christian Panentheism," in *Ecology and Liberation: A New Paradigm*, trans. John Cumming (New York: Orbis, 1995), 43-51.
33 앞의 책, 48.

있는 만물 가운데서의 성령의 내재성을 강조한다는 점에서는 몰트만을 추종한다. "모든 것은 생명의 현현…복잡성의 최고의 수준에서의 자기 상호작용적 에너지의 현현이다." 보프는 생명의 보편적 능력이라는 기독교적 범주 혹은 상징이 성령이라고 진술한다. 함의상, 창조세계는 성령의 몸이다. 성령이 창조세계 안에 화육했기 때문이다. "성령은 성자와 똑같은 방식으로 창조세계에 거하신다. 그는 예수의 인간성 가운데 육화한 분이다."[34] 여기서 다시 상호 내재성이 창조세계와 성령의 관계에 대한 모델이다.

이 지점에서 보프는 범재신론을 도입한다. 범재신론은 "성령의 우주적 편재성에 대해 특히 적합한 사상"이다. 범재신론은 "매우 오래된 고상한 기독교적 개념"이다. 그는 범재신론을 범신론과 구별한다. 범신론은 그릇되게도 피조물들을 신적 실체의 현현들로 보며, 피조물들의 자율성을 부인한다. 대신에 보프는 범재신론을 추천한다. 그 이유는 범재신론이 하나님과 피조물들의 구별을 인정하면서도 각각에게 "상대적인 자율성"이 있음을 인정하기 때문이다. "모든 것이 하나님은 아니지만, 하나님은 만물 안에 계시다.…그래서 역으로 만물이 하나님 안에 있다." 보프는 기독교 범재신론을 장려한다. 그 이유는 범재신론이 "하늘과 땅을 연합할 수 있는 통합적이고 전일적인 새로운 영성을 제공하기" 때문이며, 생태계에 대한 청지기 정신을 요구하기 때문이다.[35]

보프의 전망은 인간을 넘어서서 우리의 지구라는 고향에까지 해방을 확대시키는 일을 즉시 지지한다. 이 해방에 대한 우주적 전망은 또한 여성 신학자들에게도 공통적이다.

34　앞의 책, 49. 그는 우주 발생, 인간 발생, 그리스도 발생, 신(神) 발생(theogenesis)에 대한 Teilhard의 견해를 요약하고 동의한다(p. 152).
35　앞의 책, 50-51.

여성-생태신학

범재신론은 여성신학자들에게 매력적이다. 그 이유는 범재신론이 보편적인 해방을 내세우기 때문만이 아니라 범재신론적 신관이 그저 암묵적이기보다는 훨씬 더 젠더 문제에 있어서 균형 잡혀 있기 때문이다. 따라서 초월성은 신성의 "남성적" 측면이며, 내재성은 "여성적" 측면이다. 여기서는 로즈마리 류터와 샐리 맥페이그를 살펴보고자 한다. 그러나 다른 여성 신학자들이 포함될 수도 있었을 것이다. 버지니아 몰렌코트(Virginia Mollenkott)는 자연을 "신적 환경"(The Divine Milieu)라 지칭함으로써 범재신론을 내비치고 있다.[36] 엘리자베스 존슨(Elizabeth Johnson)의 페미니스트적 신론인 『존재하시는 그녀』(She Who Is)는 범재신론을 명시적으로 인정한다.[37]

로즈마리 류터

로즈마리 류터(Rosemary Ruether)는 기독교 여성신학자들 중에서는 원로이고 가장 영향력 있는 사람이다. 그녀는 시카고에 있는 개럿 신학교(Garrett-Evangelical Seminary)와 노스웨스턴 대학교에서 가르치고 있다. 비록 류터의 출발점은 페미니스트적이지만, 그녀의 해방의 비전은 모든 인간과 땅(지구)을 포함하고 있다.[38] 그녀의 범재신론은 다방면에 걸쳐 취사선택적인 영향을 받았으며, 거기에는 화이트헤드, 테이야르, 틸리히가 포함된다. 그녀 자신의 입장은 자연 안에 신성의 내재성을 강조하는 것이지만, 뚜렷이 기독교적인 것은 아니다.

---

36 Virginia Ramey Mollenkott, *The Divine Feminine: The Biblical Imagery of God as Female* (New York: Crossroad, 1983), esp. chap. 18, "The Divine Milieu."
37 Elizabeth Johnson, *She Who Is: The Mystery of God in Feminist Theological Discourse* (New York: Crossroad, 1992), esp. "The World in God," 230-32.
38 Hennelly, "Rosemary Ruether," in *Liberation Theologies*, 55-69.

류터는 『성차별주의와 하나님-이야기』(Sexism and God-Talk)를 자신의 "조직신학"으로 간주한다. 그 책이 신학적 주제 전체를 망라하기 때문이다.[39] 그녀는 압제와 해방에 대한 여성들의 경험을 신의 계시로 말하면서 시작한다. "여성들의 충만한 사람됨을 제고해주는 것은 거룩에 속한다. 그것은 신성에 대한 참된 관계를 반영한다."[40] 그런 다음 그녀는 생태적 여성신학에 유용한 통찰들을 얻기 위해서 기독교를 포함해서 많은 종교들과 세계관들을 조사한다. 그녀는 서구 신학 전통을 "비물질적인 영(하나님)을 존재 사슬의 원천으로 삼아 시작하여 계속해서 밑바닥에 비영적인 '물질'에 이르기까지 내려오는" "위계질서적 존재 사슬이며 명령 체계"라고 배격한다. 이 위계질서는 "여성에 대한 남성의, 노동자에 대한 소유주의" 그리고 "비인간 자연에 대한 인간의" 지배 구조들을 정당화시킨다.[41] 신성에 대한 류터 자신의 개념은 명백히 젠더-포괄주의적(gender-inclusive)이다. "나는 여/신(God/ess)이라는 용어를 사용하는데 이것은 신성이 하나라는 유대교-기독교적 언명을 보존시키면서도 신성을 표현하는 말의 남성적이고 여성적인 형태를 결합하고자 하는 기록된 상징이다."[42]

그러나 류터가 밑에 깔고 있는 견해는 신성에 대한 내재적·자연주의적 견해를 선호하는 여성적-모성적 측면을 중시한다. 류터에게, 여/신은 "근원적 매트릭스"(primal Matrix, 근원적 모체)다.[43] 매트릭스라는 말은 라틴어로 "어머니"를 가리키는 동시에 "물질"의 어근이 되는 마테르(mater)에서 왔다. 모성의 최고성은 이미 류터가 개시한 "페미니스트 미드라쉬"(feminist midrash) 안에 이미 그 도화선이 자리 잡고 있었다. 그 안에 아버지-하나님이 하늘의 여왕이며 "만물의 창조모체"(Creatrix of all things)인 그의 어머니

---

39 Rosemary Ruether, "New Introduction," *Sexism and God-Talk: Toward a Feminist Theology, with a New Introduction* (Boston: Beacon, 1993), xv. 그녀는 신학을 가리키는 Macquarrie의 용어인 "하나님-이야기"(God-talk)를, 그리고 하나님을 거룩한 존재(Holy Being)로 보는 그의 견해를 채택하고 있다.
40 앞의 책, 12-20. 19에서 인용.
41 앞의 책, 85.
42 앞의 책, 46.
43 앞의 책, 85.

의 아들인 것으로 판명된다."⁴⁴ 류터는 마침내 그 원초적인 신적 어머니라는 이 상징을 좀더 존재론적으로 정확하게 만물이 그로부터 창발하게 되는 근본적인 우주적 매트릭스(모체)로 본다.

그러나 류터는 유물론자가 아니다. 그녀는 원초적이며 접선적인(탄젠트적인) 에너지라는 테이야르의 개념을 차용한다. "성령과 물질은 이분화되는 것이 아니고 같은 하나의 내면과 외면이다.…패턴과 관계들 가운데서 조직화되는 에너지는 우리가 눈에 볼 수 있는 것들로 경험하는 것의 기반이다." 이 원초적 에너지가 바로 "모든 존재자 가운데 놓여 있는 성령, 곧 생명 에너지"다.⁴⁵

원초적 에너지는 인격성의 최고 원천인 신적 매트릭스로부터 유출한다. "우리 개별화된 존재자들의 에너지-물질을 뒷받침하는 그 위대한 매트릭스는 그 자체가 모든 인격성의 근거이기도 하다."⁴⁶ 완전히 현실화되어 있는 신성은 전체 우주적 공동체를 내보낸다. "그 위대한 집합적 인격성이 바로 거룩한 존재자다."⁴⁷ 마르틴 부버를 풀이하면서 류터는 이렇게 쓴다. "우리는 그 자체의 존재 형태로 되어 있는 각각의 모든 존재자들에게 있는 정신(the spirit), 곧 그 생명 에너지에 대해서, '내가 그것에'가 아니라 '내가 그대(님)에게'로 반응한다." 결국 류터의 하나님-이야기는 근본적으로 여성적이다. 여/신은 "신적 지혜[소피아], 힘을 부여해주는 매트릭스, 우리가 살며 기동하며 우리의 존재를 유지하는 그녀님(She)"이다.⁴⁸ 궁극적 실재는 위대한 어머니로서, 그 어머니의 에너지가 인간 남녀들과 전체 우주를 발생시키며 에워싸며, 그녀님이 구현하는 비위계질서적인 공동체 가운데서 남녀 인간들을 양육한다.

류터의 신적 매트릭스는 테이야르와 틸리히 각각의 독특한 기독교적

---

44 앞의 책, 2.
45 앞의 책, 85-87.
46 앞의 책, 258.
47 앞의 책, 258.
48 앞의 책, 266. Ruether가 Buber의 용어를 사용하고 있음을 주목하라.

해석을 배제시키면서 테이야르의 공동체 진화 에너지와 틸리히의 존재의 근거/새로운 존재를 결합시킨다. 이 신학이 바로 해방이 땅(지구)을 포함해야 한다는 그녀의 견해가 바탕으로 하고 있는 토대다. "사람의 형제애는 여성뿐만 아니라 전체 생명 공동체를 수용할 수 있도록 확대될 필요가 있다."[49]

류터의 생태신학은 『가이아와 하나님』(Gaia and God)에 전개되어 있다. 그 책은 "살아 있는 성스러운 대지인 가이아와 성경적 전통들의 유일신론적 신성인 하나님이 서로 대화할 수 있는지"를 탐구한다.[50] 류터는 종교, 신학, 철학, 과학에 있는 우주론의 역사를 통해서 자신의 답변을 추구한다. 그녀는 범재신론 전통을 잘 알고 있다. 그리하여 여러 사람들 중에서 플라톤, 신플라톤주의, 에크하르트, 니콜라우스 쿠자누스, 브루노, 스피노자, 뵈메, 케임브리지 플라톤주의자들, 피히테, 헤겔, 셸링, 콜리지를 언급한다. 자신의 견해를 진술하면서 류터는 현대 생태신학자들인 테이야르와 화이트헤드, 폭스를 비판적으로 맞잡고 씨름한다.[51] 류터는 "가이아와 하나님, 이 목소리들 둘 다가 우리 자신의 목소리다. 우리는 이 둘 다를 우리 것으로 삼을 필요가 있다"고 결론을 내린다.[52] 그러나 그녀의 신학은 하나님의 목소리보다는 훨씬 더 가이아의 목소리에 더 가까운 것으로 판명된다. 그녀가 계속해서 신성을 "전체의 창조적 매트릭스"로서 그리고 "전체 우주의 상호 연결들의 매트릭스"로 부르고 있기 때문이다.[53]

류터의 견해는 자연주의적 범신론에 더 가깝다. 공동체를 낳는 우주적

---

49 앞의 책, 87.
50 Rosemary Ruether, *Gaia and God: An Ecofeminist Theology of Earth Healing* (San Francisco: Harper, 1994), 1. 가이아는 그리스 신화에 나오는 대지의 여신을 가리키는 이름이다.
51 앞의 책, "Healing the World: The Sacramental Tradition," chap. 9. Sallie McFague에게 보낸 한 편지에서, Ruether는 "헤르메스적 신학에서, 그리고 심지어 플로티누스와 플라톤의 『티마이오스』에서도 찾을 수 있는 체현된 하나님으로서의 가견적 세계에 대한 '우주적 경건'을 탐색하는 강력한 흐름이 신플라톤주의에 있으며,…당신의 견해와 매우 유사한 견해"라고 지적한다 [Sallie McFague, *Models of God: Theology for an Ecological, Nuclear Age* (Philadelphia: Fortress, 1987), 200 n. 9]
52 Ruether, *Gaia and God*, 254.
53 앞의 책, 253, 248.

에너지의 힘이 신성이기 때문이다. 그러나 그녀가 범재신론자들로부터 핵심적인 신학적 아이디어들을 채택하고 있기 때문에, 그녀가 범재신론자임이 옹호될 수 있다. 따라서 그녀는 신성과 비신성, 정신과 물질, 일자와 다자 사이를 구별하는 존재론적 구별을 긍정한다. 그러한 것들의 통일성은 연합이나 동일성이 아니라 "일치"(coincidence, 부합성)다. "우리가 전통적으로 '하나님', '정신', 혹은 모든 사물들을 하나로 묶어주는 합리적인 패턴과 소위 '물질'이라 부르는 것, 혹은 물리적 대상들의 '근거'라 부르는 것은 하나가 된다. 다자를 무한하게 작은 '조각'(비트)들로 분해시키는 것과 일자 혹은 만물을 하나로 연결시켜주는 통일성의 전체는 일치한다."[54] 여기서 유일한 신적 매트릭스와 많은 유한자들을 구별하는 그녀의 구분은 존재론적인 것이다. 또한 유한한 존재자들의 활동은 실제로는 세계의 공동 창조자라 할 수 있다. 그러한 활동은 전체로부터의 어떤 식의 실질적인 독립과 동시에 참여를 수반한다. "소자아들과 대자아는 최종적으로는 하나다. 대자아가 우리 안에 자기 몸을 뻗침에 따라, 모든 존재자들이 자기들의 몸을 내뻗음으로써 응답한다. 그것이 바로 세계를 만드는 그들의 다양한 창조 작업이다."[55] 류터는 자연주의적 범신론과 경계선을 맞대고 있는 범재신론 편에 속해 있다.

류터의 자연주의는 하나님을 가리키는 인격적 언어를 다루는 방식에서도 드러난다. 테이야르, 부버, 하트숀과는 달리, 신적인 대자아를 당신(Thou, 님)으로 부르는 류터의 인격적 언어는 순전히 비유적이며 신인동형론적이다. 그녀는 스스로 그 문제를 제기한다. "그것이 우리가 마음과 마음으로, 생각과 생각으로, 나와 당신(님)으로서 교통하는 우주인가?" 류터의 대답은 인간(humanity) 이외에는 달리 존재론적 당신(ontological Thou), 곧 실제적인 정신(a real Mind)을 긍정하지 않는다. 대신에 류터는 이렇게 쓴다. "우리는…우주의 '정신'이다. 우주가 그 자체를 의식하게 되는 자리다." 더

---

54 앞의 책, 248-49.
55 앞의 책, 253.

욱이 인간의 의식은 단지 일시적일 뿐이다. 죽는 순간에 "의식의 빛은 사라지고 그와 더불어 우리의 '자아'도 사라진다."[56] 이 말이 함축하는 바는, 인류가 죽어 사라지게 될 때, 우주적인 인격성도 그와 더불어 사라질 것이라는 말이다. 영원한 나 혹은 님(당신)은 없다. 지속적인, 모든 것에 스며 있는 신적 매트릭스는 한 인격자가 아니라 인격을 발생시키는 에너지이자 존재의 근거다.

샐리 맥페이그

샐리 맥페이그(Sallie McFague)는 밴더빌트 대학교의 신학 교수다. 류터와 마찬가지로, 그녀의 페미니스트적인 출발점은 즉시 지구 전체의 해방을 포함시키는 데로 확대된다. 그녀의 첫 번째 책인 『은유신학』(Metaphorical Theology)은 하나님에 대한 정당한 메타포와 모델이 많이 있음을 주장한다. 그런 다음 『하나님에 대한 모델들』(Models of God)은 "어머니", "연인"(lover), "친구", "하나님의 몸으로서의 세계"라는 네 가지 모델을 탐구한다. 『하나님의 몸』(The Body of God)은 그 모델을 길게 발전시키고 있다.[58] 맥페이그는 범재신론에 동의한다.

『하나님에 대한 모델들』은 전능하신 아버지-왕으로서의 군주적인 하나님 모델에 대한 대안을 발전시킨다. 군주적 모델은 "그릇된 종류의 신적 활동을 함의하며", "인간 편에서의 수동성을 고무시킨다"고 맥페이그는 주장한다. "몸", "어머니", "연인", "친구"라는 일단의 신학적 모델들은 다 함께 올바르게 하나님과의 파트너십(협력)을 제시하고 있다. "하나님처럼 오직 우리만이 하나님의 몸인 세계를 기르고, 사랑하고, 벗할 수 있다." 이 세 가지

---

56 앞의 책, 249, 251.
57 Hennelly, "Sallie McFague," *Liberation Theologies*, 279-87.
58 Sallie McFague, *Metaphorical Theology: Models of God in Religious Language* (Philadelphia: Fortress); *The Body of God: An Ecological Theology* (Minneapolis: Fortress, 1993).

인격적 대행자 모델은 "몸"의 모델로부터 분리될 수 없다. 이는 하나님-세계 관계가 반드시 "정신과 육체의 분리가 전혀 있을 수 없는 전일적인 감성"을 표현해야 하기 때문이다.[59] 인간도 하나님도 몸 없이는 존재할 수 없다.

맥페이그는 하나님을 주권적 하나님으로 보는 전통적 견해, 특히 그 하나님의 권능과 통제로부터 자신이 거리를 둔다는 점을 인정한다. 하나님의 체현(embodiment)에는 "취약성, 책임을 나누어지는 공동의 책임성, 위험 부담의 모험이라는 개념이 불가피하게 뒤따른다." 하나님의 몸 안에 있는 피조물들은 악을 행할 자유가 있으며, 하나님이 그 점을 막을 수 없다. "세계를 감당하시는 하나님은 악을 제거해버릴 수 없다. 악이 그 과정의 일부일 뿐 아니라 악의 힘이 우리를 의존하고 있기 때문이다." 맥페이그는 악이 반드시 하나님 안에 그 기원을 둔다고까지 말한다. 이것은 "뵈메, 셸링, 틸리히의 입장과 별반 다르지 않은" 입장이다.[60] 그러나 그녀는 그로써 얻는 소득이, 신적 주권성을 상실해도 괜찮을 만한 가치가 있다고 본다. 그 소득으로 우리는 전체를 추구함으로써 우리와 공감하시고 우리와 파트너가 될 수 있는 그런 하나님을 얻는다. "하나님의 몸으로서의 세계라는 모델은, 약함에 노출되어 있는 압제당하는 자들에 대한 책임과 보살핌에 대한 전일적인 태도를 갖도록 격려한다. 그것은 비위계질서적이며, 설득과 매력을 통한 행위다. 그 모델은 몸과 자연에 대해 많은 할 말을 지니고 있다."[61] 그녀가 사용하는 용어 "설득과 매력"(persuasion and attraction)은 의도적으로 과정신학을 반영하고 있다.

맥페이그는 자기의 모델을 "일원론적"(monist)이며 "범재신론적"이라고 말한다. 그것은 "즉 만물이 하나님 안에 그 기원을 두고 있으며 아무것도 하나님 바깥에 있지 않은 하나님-세계 관계에 대한 견해다. 그렇지만 하나님이 이러한 것들로 격하된다는 뜻은 아니다"라고 설명한다.[62] 범신론

---

59 McFague, *Models of God*, 68, 76, 74.
60 앞의 책, 72, 75, 201 n. 18.
61 앞의 책, 78.
62 앞의 책, 72. 그녀는 Tillich와 Rahner에게 호소한다. 201 n. 15.

과 거리를 두면서, 그녀는 진정한 인간의 개별성과 작인성(agency, 행위성), 및 공동체를 강조한다. "우리는 그저 하나님의 몸의 일부로 합치되는 것이 아니라 하나님에 대해서 또 하나의 당신(another Thou, 또 하나의 님)으로서 대화한다."[63]

맥페이그의 책 『하나님의 몸』은 이 이미지를 길게 설명한다. 맥페이그는 생태계의 위기에서부터 시작해서, 우주에 대한 유기체적이고 포스트모던적이며 과학적인 모델을 설명한다. 그리고 만물이 본질적으로 우주에 구현되어 있으며 생태적으로 상호 의존적이라고 결론 내린다. 이 모델은 그녀의 생태신학의 기반을 이룬다. 그녀는 "자연신교적이며, 대화적이며, 군주적인" 모델들을 대체하기 위해서 "작인적"(agential) 모델과 "유기체적"(organic) 모델의 결합을 발전시킴으로써 그녀의 책 『하나님에 대한 모델들』을 확대시킨다. "유기적 모델[하나님의 몸으로서의 세계]과 작인적 모델[몸의 영으로서의 하나님]의 결합은 현대 과학과 양립할 수 있는 맥락에서 전통적인 창조세계의 주재자를 재구상할 수 있는 인격적이며 생태적인 생각의 방식을 결과로 낳는다."[64] 그녀는 테이야르 드 샤르댕 및 화이트헤드와 비판적인 대화를 함으로써 자신의 견해를 만들어낸다. 그녀는 그들이 "범신론적이 아니라 범재신론적" 저자들이라 확인하고 있다.[65]

맥페이그는 과학이 하나님의 몸의 유기체적 성격을 설명해주었다고 믿는다. 그래서 그녀는 남은 문제로 눈을 돌린다. "작인적 혹은 인격적 측면인 영은 도대체 무엇이냐?" 그녀의 대답은 "하나님이 정신(Mind)이거나 의지(Will)다"라는 사상을 배격한다. "영의 신학은 다른 가능성을 제시한다. 즉 하나님은 우선적으로 우주의 질서를 세우는 자와 통제자가 아니라 우주에게 생명을 주고 에너지를 제공해 주는 우주의 원천이자 힘의 제공자, 그 숨(breath, 호흡)이다." 그녀는 히브리어 루아흐, 곧 영을 정신이나 의

---

63 앞의 책, 76.
64 McFague, *Body of God*, 135.
65 앞의 책, 141.

지가 아니라 "생명의 숨"으로 읽는다. 이리하여 그녀는 하나님의 활동을 생물학적이며 생태문화적 진화 가운데서 "모든 몸, 물질의 모든 형태들을 제공해주는 생명의 숨, 그들 자체가 되게 해주는 에너지 혹은 힘"으로 자리매김한다. 그러나 인간은 특별하다. 우리는 하나님이, 의식이 있는 영이 되는 현장이다. 신적 에너지는 "인간을 **통해서** 작용한다. 우리는 우리의 지구상에서 하나님의 몸의 손발이자 정신과 심장이 된다."[66] 결국, 맥페이그의 "세계-정신"(World-Spirit)으로서의 하나님 모델은 그 자신의 작인성 모델(agent model)을 깎아내리는 것처럼 보인다. 왜냐하면 어머니와 친구들과 같은 작인자들(agents, 대행자들)은 몸뿐 아니라 그들 자신의 정신과 의지를 지닌 인격자들이기 때문이다.

신성에 대한 맥페이그의 견해는 류터의 견해와 거의 마찬가지로 궁극적으로는 비인격적인 우주적 생명이자 인격을 발생시키는 힘이다. 두 사상가 모두 오랜 범재신론 전통을 끌이다 쓰고 있다. 류터는 이 점을 맥페이그에게 보낸 한 편지에서 지적한다. "헤르메스적 신학에서, 그리고 심지어 플로티누스와 플라톤의 『티마이오스』에서도 찾을 수 있는, 체현된 하나님으로서의 가견적 세계에 대한 '우주적 경건'을 탐색하는 강력한 흐름이 신플라톤주의 안에 있으며, …당신의 견해와 매우 유사하다."[67]

맥페이그는 스스로를 범신론자가 아니라 범재신론자라고 밝힌다. "하나님과 세계의 관계에 대한 범재신론적 견해는, 모든 실재의 원천이며 생명이며 숨인 영으로서의 하나님이라는 우리의 모델과 양립 가능하다. 존재하는 모든 것이 하나님 **안에** 있으며 하나님이 만물 **안에** 있으며, 그러면서도 하나님은 우주와 동일하지 않다. 이는 우주가 하나님에게 의존하고 있는 식으로 하나님이 우주에 의존하고 있지 않기 때문이다."[68] 하나님과 우주의 구별은 그들의 관계의 이러한 비대칭성으로 구성된다. 그러나 만

---

66 앞의 책, 142, 144-4, 148.
67 McFague, *Models of God*, 200 n. 9.
68 McFague, *Body of God*, 149.

일 우주가 존재하기를 그친다고 해도 하나님이 계속해서 존재할 것인지는 의문스럽다.

맥페이그가 제기하는 세 개의 다른 주제들 역시 범재신론을 함의하고 있다. 그 주제들은 창조, 초월성, 삼위일체다. 하나님의 창조 행위에 있어서, 맥페이그는 "그 원천에 의해서 생명력을 부여받고 능력을 부여받는 우주를 하나님이 체화하는 배태적 모델(the procreative model)과 유출적 모델(the emanationist model)의 결합"을 선호하는 가운데 창세기 1장의 "생산 모델"(production model)을 배격한다. 신성은 그 자신의 몸을 발생시키며 유지한다. 초월성과 관련해서 맥페이그는 "우리는 물질적인 우주와 별개인 신적 초월성이 아니라 '능가하거나 탁월하거나 비상한' 물질 우주의 여러 측면 가운데서 신적 초월성을 찾는다"라고 쓴다. 다시 말해서, 그녀는 조르다노 브루노와 유사한 "초월적 내재성 혹은 내재적 초월성"을 긍정한다.[69] 삼위일체와 관련해서, 맥페이그는 성부, 성자, 성령을 "하나님의 미스터리(보이지 않는 얼굴, 혹은 제1격), 하나님의 육체성(보이는 몸, 혹은 제2격), 그리고 보이지 않는 것과 보이는 것의 중개(영, 혹은 제3격)로 대체할 것을 주장한다.[70] 이 진술은 그녀의 범재신론이 테이야르, 몰트만, 판넨베르크가 사용한 정의에 따르면 비삼위일체적임을 확인시켜주고 있다.

정리하자면, 맥페이그의 페미니스트적 출발점은 하나님의 몸으로서의 세계의 생태론적 범재신론에서 절정에 달한다. 보프 및 류터와 같이 맥페이그는 "복된 소식은 개별 인간 존재자들이나 오직 압제당하는 인간 집단들만을 위한 것이 아니라 창조세계 전체를 위한 것이다"라고 주장한다.[71]

---

69 앞의 책, 153-54.
70 앞의 책, 193.
71 앞의 책, 201.

매튜 폭스의 창조세계 영성

매튜 폭스(Matthew Fox)는 1967년에 로마 가톨릭의 사제가 되었으나 그가 지속적으로 마술 숭배자인 미리엄 스타호크(Miriam Starhawk)와 협력했다는 것을 포함한 몇 가지 이유 때문에 1980년대에 바티칸의 징계를 받았다. 폭스는 1993년 가톨릭 교회를 떠났고, 1994년에 성공회의 사제가 되었다. 그는 캘리포니아 주 오클랜드에 있는 창조 영성 대학교(the University of Creation Spirituality)의 창립자이자 학장이다. 해방신학과의 일차적인 연결은 없지만, 그럼에도 폭스의 비전은 모든 피조물과 전체 창조세계 가운데서의 신적 임재를 강조하면서 인간의 해방을 포함시키고 있다. 폭스의 전반적인 시각은 보프, 류터, 맥페이그와 많은 것을 공유하고 있다.[72]

범재신론에 대한 폭스의 헌신은 창조세계 영성에 대한 그의 여섯 번째 테제(thesis)에 진술되어 있다. "유신론(하나님이 우주의 '바깥'에 혹은 위에 그리고 너머에 있다는 사상)은 허위다. 만물은 하나님 안에 있으며 하나님은 만물 안에 있다(범재신론)."[73]

폭스는 아마도 그의 책 가운데서 가장 잘 알려져 있는 작품인 『우주적 그리스도의 도래』(*The Coming of the Cosmic Christ*) 전체에서 범재신론을 인정하고 있다. 그 책은 "너희의 어머니가 죽어가고 있다"는 나쁜 꿈에서부터 시작한다. 그 꿈에서 우리의 어머니는 자연, 문화, 사회적 끈들, 전통 종교들, 교회, 및 인류의 연대성을 포함한다. 그러나 폭스는 세계를 긍정하는 신비주의의 갱신이 늘어나고 있다는 사실에서 소망을 본다. 그 신비주의가 바로 그가 범재신론이라고 일컫는 영성이다. "건강한 신비주의는 범재신론적이다. 이것은 신성을 '저기 바깥'에 있는 것으로 그리거나, 창조세계를 신성으로부터 분리시키는 이원론적 방식으로 '여기 안에' 있는 것으로

---

72 Ruether는 *Gaia and God*, 240-42에서 Fox에 대해 논하고 있다.
73 Matthew Fox, "95 Theses or Articles of Faith for a Christianity for a Third Millennium," chap. 5, *A New Reformation: Creation Spirituality and the Transformation of Christianity* (Rochester, VT: Inner Traditions, 2006).

바라보는 유신론적인 것이 아니다. 범재신론은 '하나님 안에 만물이, 만물 안에 하나님이 있음'을 의미한다."[74]

범재신론적 신비주의를 설명하기 위해서 폭스는 우주적 그리스도라는 테이야르의 개념을 도입한다. "테이야르 드 샤르댕은 우주적 그리스도를…그리스도의…'인간도 신도 아닌 우주적인' '제3의 본성'이라고 부른다."[75] 폭스는 우주적 그리스도를 성경과 기독교 전통에서, 특히 헬라 교부들과 동방 정교회, 및 몇몇 서구의 신비주의자들의 성육신 신학에서 추적한다. 폭스는 서구의 아우구스티누스 전통이 죄와 죄책으로부터의 개인적 구원에 지나치게 사로잡혀 있어서, 서구 기독교와 문화에 끔찍한 부정적인 결과들을 가져왔다고 판단한다. 폭스는 서구 기독교에서 긍정적인 예외들을 지적한다. 빙엔의 힐데가르트(Hildegaard of Bingen), 토마스 아퀴나스, 단테는 우주적 그리스도를 인정했다. 폭스는 아시시의 프란체스코, 마이스터 에크하르트, 노리치의 줄리안, 니콜라우스 쿠자누스를 범재신론자로 본다.[76]

테이야르를 뒤따라, 폭스의 우주적 그리스도는 예수의 성육신과 생애와 죽음과 부활의 의의를 부정하고자 하지 않고, 그러한 점들을 확대시켜서 모든 사람들과 전체 우주를 포함시키고자 한다. 그리스도는 전체 창조세계의 생명과 일치이며 만물의 커넥션이다. 예수의 생애와 죽음과 부활은 어머니 대지와 그녀의 모든 자녀들의 수난과 재탄생을 상징하며 포함한다. 전체 창조세계는 재탄생하는 과정에 있다.

폭스는 새로운 비전으로의 전환을 요청한다. "우주적 그리스도를 수용하는 일에는 패러다임 전환이 필요할 것이다.…인간중심주의에서 살아 있는 우주론으로의 전환, 뉴턴에게서 아인슈타인으로의 전환, 부분 중심의

---

74 Matthew Fox, *The Coming of the Cosmic Christ: The Healing of Mother Earth and the Birth of a Global Renaissance* (San Francisco: Harper and Row, 1988), 57.
75 앞의 책, 83.
76 앞의 책, 113, 122-23, 126. 그가 가장 선호하는 인물은 Eckhart다. Matthew Fox, *Breakingthrough: Meister Eckhart's Creation Spirituality* (Garden City, NY: Doubleday, 1980).

사고 방식에서 전체로의 전환, 합리주의에서 신비주의로의 전환, 최고 덕목으로서의 순종에서 최고 덕목으로서의 창의성으로의 전환, 개인 구원에서 공동체적 치유 즉 구원으로서의 긍휼로의 전환, 유신론(우리 바깥에 계신 하나님)으로부터 범재신론(우리 안에 계신 하나님 및 하나님 안에 있는 우리)으로의 전환, 타락-구속의 종교로부터 창조세계 중심적 영성으로의 전환, 금욕적인 것에서 미학적인 것으로의 전환이 요구될 것이다."[77] 범재신론은 그의 전체 세계관과 생명관에 핵심적이다.

폭스의 패러다임이 주로 적용되는 것을 보면, 『우주적 그리스도의 도래』에 있는 각 장의 제목들에서 볼 수 있듯이, 그가 가난한 자들과 압제당하는 자들보다는 안정적이고 풍족한 자들에게 더 기울어져 있는 것 같다. "성적 신비주의의 르네상스", "내면의 아이를 존중하라", "개인적인 예술의 귀환"이 그러한 장들이다. 그러나 폭스는 또한 생태계에 대한 청지기 정신, 사회 정의, 전 지구적인 평화, 및 소위 "심층 에큐메니즘"(deep ecumenism)을 권면하고 있다. 심층 에큐메니즘이란, 모든 종교와 영성 가운데 우주적 그리스도가 임재하고 있음을 인정하는 것을 말한다.[78]

범재신론은 폭스의 우주적 기독론과 창조세계 영성의 핵심이다. 그러나 폭스의 관심사는 철학이 아니라 영성과 실천이다. 따라서 그는 다음과 같은 범재신론의 기본적인 정의를 재진술하고 있지, 발전시키지는 않는다. "만물이 하나님 안에, 그리고 만물이 하나님 안에 있다."[79]

---

77 Fox, *Cosmic Christ*, 134-35.
78 앞의 책, 제5부. Fox는 분명 사회적·경제적·정치적 압제를 비판한다. 하지만 그러한 것들이 그의 주 관심사는 아니다.
79 앞의 책, 57.

결론

이 장에서 다룬 신학자들은 범재신론이 전체 창조세계의 갱신의 일부로서 각 집단의 해방에 대한 관심에 크게 공헌하는 것으로 보고 있다. 만일 만물이 하나님 안에 있고, 세계가 하나님의 몸이라면, 모든 민족 집단과 사회 계층 출신의 남녀 인간들이 우주적 구원에 포함된다. 하나님은 인간이 당하는 모든 압제와 고난에 동참하시며 모든 인간은 하나님의 생명에 동참한다. 그 생명은 우주를 해방시키고 있으며 고양시켜주고 있다. 따라서 해방신학의 관심사와 범재신론의 강조점들은 서로 합치한다. 해방신학자들과 생태신학자들은 우선적으로 윤리적이며 실천적인 쟁점들에 관심을 두고 있기 때문에, 그들 대부분은 범재신론을 철학적으로 정교하게 만드는 데는 그리 많은 기여를 하지 못했다.

해방신학들의 다양성은 여러 종류의 해방에 대한 관심 그 이상의 관심을 갖고 있다. 그 신학들은 역사적 기독교를 향해서 다양한 태도를 견지하고 있다. 비록 압제적인 전통들에 대해서는 비판적이지만, 대부분의 라틴 아메리카 해방신학자들은 제2차 바티칸 공의회 이후의 정통성과의 일치를 유지하기 위해 노력하고 있다. 제임스 콘과 매튜 폭스는 주로 기독교 용어를 사용하고 있지만, 그 용어를 보다 일반적인 종류의 해방에 대한 상징어로 이해한다. 류터와 맥페이그는 우주적인 해방에 대한 보다 폭넓은 자연주의적 견해를 위해서 기독교적 언어를 상대화시키고 있다.

해방신학자들은 그들의 지적인 자료에 있어서도 다양하다. 각각 다른 비율과 조합으로 이루어져 있는 테이야르의 우주적 기독론, 몰트만의 삼위일체적 우주론, 틸리히의 실존주의 신학, 화이트헤드의 과정신학이 그들 대부분에게 중요하다. 그들 대부분은 자신들의 뿌리가 신플라톤주의와 기독교의 변증법적 전통들 가운데도 있음을 인식하고 있다.

마지막으로, 그들은 신성의 근본적인 속성과 관련해서도 다양한 입장 차이를 지니고 있다. 대부분은 하나님의 축소될 수 없는 인격적 혹은 삼위적 본성을 강조한다. 그런데 인격성을 최고의 가치로 삼을 것 같은 류터와 맥페이그와 같은 페미니스트 신학자들이 신성을 하나의 인격자나 위격들의 삼위일체성으로 보는 대신 인격화를 시켜주는 힘이나 근거로 바라본다는 점은 충격적이다. 그들의 기본적인 신학 모델은 사회적이기보다는 유기체적이다.

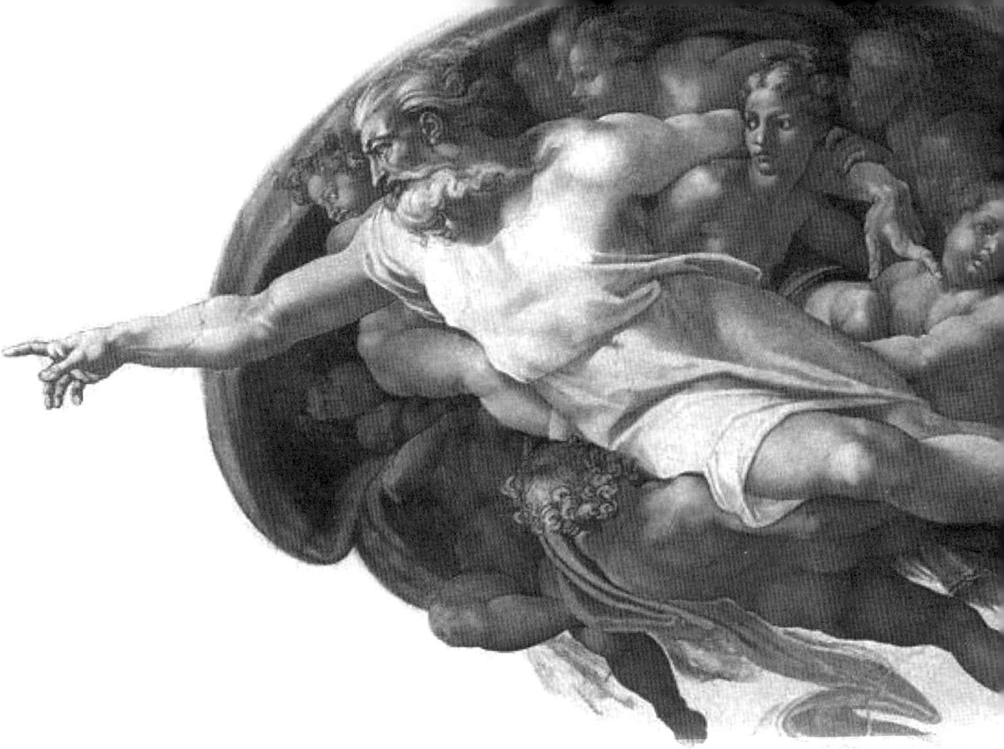

제 13 장

| 신학적 우주론 안의 범재신론 |

범재신론에 대한 가장 활발하며 흥미로운 논의가 과학에 해박한 신학자들과 신학에 해박한 과학자들 사이에서 현재 일어나고 있다.[1] 그러한 많은 학자들이 범재신론에 대해 긍정적이다. 그 이유는 그들이 범재신론을 현재의 최첨단 과학과 하나님에 대한 믿음을―즉 많은 사람들에게 있어서 기독교의 하나님에 대한 믿음을― 결합시키는 가장 합리적인 방식으로 보고 있기 때문이다. 이 장은 이 대화에 큰 기여를 하고 있는 몇 사람, 이언 바버, 폴 데이비스, 아서 피코크, 필립 클레이튼을 살펴보고자 한다. 그리고 존 폴킹혼으로 끝맺고자 하는데, 폴킹혼은 현재의 이 세계에 대해서는 범재신론을 거부한다고 주장하지만, 장차 올 세계에 대해서는 범재신론을 인정한다. 이전에 검토한 여러 장들에서도 그렇지만, 이 장 역시 해당 학자들의 견해들을 망라했다기보다는 대표적인 견해들을 선별한 것이다.

이러한 사상가들을 함께 고찰하는 것이 자연스러운 일이다. 그들이 오랫동안 대화를 진행시켜왔던 뚜렷한 한 모임의 일원이기 때문이다.[2] 그 큰 그림 안에서 그들은 플라톤의 『티마이오스』 이래로 진행되어 왔던 프로

---

[1] Philip Clayton and Arthur Peacocke, eds., *In Whom We Live and Move and Have Our Being: Panentheistic Reflections on God's Presence in a Scientific World* (Grand Rapids: Eerdmans, 2003) 는 좋은 예이다.

[2] John Polkinghorne, *Scientists as Theologians: A Comparison of the Writings of Ian Barbour, Arthur Peacocke, and John Polkinghorne* (London: SPCK, 1996)이 그 일례다. 그들 대부분은 템플턴 재단과 관련되어 있거나 그 재단의 상을 받았다. 템플턴 재단은 과학과 종교 사이의 적극적인 대화를 진흥시키고자 하는 자선 기관이다.

젝트, 곧 신적 내재성과 초월성을 상호 연결시키는 신학적-과학적 우주론을 구축하는 일을 진행해오고 있다. 그들은 의식적으로 헤겔과 셸링 이래로 페흐너, 로체, 퍼스, 제임스, 알렉산더, 베르그송, 테이야르, 화이트헤드가 발전시켜온 과학에 근거한 신학들을 건설한다. 이 장에서 다루고 있는 모든 학자는 우주가, 하나님을 지향(指向)하고 있는 복잡한 창발적 층위들의 시스템이라는 사상을 받아들인다. 몇몇 학자들은 세계에 대한 하나님의 관계를 정신-신체의 관계와 유사한 것으로 이해한다. 몇몇 학자들은 세계에 대한 신의 작용에 대한 좀더 일반적인 이론들을 제안한다. 그러나 각 학자는 범재신론의 버전을 전개하고 있다. 이 사상가들 대부분은 그리스도인이며, 테이야르, 템플, 몰트만, 판넨베르크, 및 여타 과학에 종사해온 범재신론적 기독교 신학자들의 신학 사상들을 끌어오고 있다.

바버의 조건부 과정 범재신론

미네소타 주의 칼튼 칼리지(Carlton College), 과학과 종교 학부 명예 교수인 이언 바버(Ian Barbour)는 몇십 년 동안 과정 사상을 과학과 종교를 연결시키는 가장 장래성 있는 틀로 제창해왔다. 이미 1960년대에 바버의 종합적인 저서인 『과학과 종교의 문제들』(Issues in Science and Religion)은 화이트헤드의 과정 형이상학을 기독교적 강조점들을 가지고 수정했을 때 이 분야를 추구하는 최선의 길이 될 것이라고 추천했었다.[3] 바버는 자신의 이력 전반에 걸쳐 이런 과정을 향해 나아간다.[4]

3　Ian Barbour, *Issues in Science and Religion* (New York: Prentice-Hall, 1966).
4　Ian Barbour, *Religion in an Age of Science*, Gifford Lectures, 1989-1991 (San Francisco: Harper and Row, 1990)을 보라. 또한 *When Science Meets Religion* (San Francisco: HarperCollins, 2000)과 *Nature, Human, and God* (Minneapolis: Augsburg Fortress, 2002)을 보라.

과정신학

자신의 신학에 대한 바버의 가장 충분한 설명은 그의 기포드 강좌인 『과학의 시대에서의 종교』(Religion in an Age of Science)에 나온다. 이 책의 제 8장은 과정 사상에 대한—과정철학과 신학에 대한—매력적인 요약을 제시하고 있다.[5] 바버는 실체들(entities)의 조건적인 자기 창조성, 하나님의 결과적 본성에 대한 그 실체들의 파악(prehension, 포촉), 및 세계에 대한 하나님의 원초적 본성의 설득력 있는 영향을 설명하고 옹호한다. 또한 바버는 화이트헤드, 하트숀, 캅, 그리핀의 신학들을 정리한다. 바버는 과정 사상이 과학과 신학의 가능성 있는 종합이라고 결론을 맺는다. 그러나 그는 『과학의 시대에서의 종교』의 제9장 "하나님과 자연"(God and Nature)에 이르러서야 비로소 그 입장에 동조한다.

그 상에서 바버는 과정 사상을 단순히 과학과 신학의 종합을 위해 가능한 프레임 정도로 보지 않고 최선의 프레임으로 보고 있다.[6] 과정신학의 최대의 장점은 하나님을 세계에 창조적으로 참여하는 분으로 보는 그 모델에 있다고 그는 말한다. 하나님은 "우주적 공동체의 리더"다. 그 공동체는 사회적이며 생태적이다. 전체로서의 세계는 하나의 유기체라기보다는 공동체에 더 가깝기 때문에, 바버는 하나님과 세계와의 관계에 대한 하트숀의 정신-신체 유비보다 화이트헤드의 다원주의적 모형을 더 선호한다.[7]

바버는 하나님을 창조적인 참여자로 보는 것이 고전적 유신론에 대한 최선의 대안인 핵심 이유 여섯 가지를 밝힌다. 첫째, 과정신학은 인간의 자유를 긍정하고 우리의 한계를 인정하며 "하나님의 목적을 증진시키기 위해 창의적으로 일해야 할 우리의 책임을 강력하게 지지한다." 다음은 악과

---

5 과정신학에 대한 정리를 보려면, 앞의 제7장을 보라.
6 그가 고려하고 있는 다른 신학적 모델들은 하나님의 자기 제한, Bultmann의 실존주의 신학, 작인자(agent, 행위자)로서의 하나님, 하나님의 몸으로서의 세계다. 이 모든 모델들은 Barbour가 동의하는 점들을 다 지적하고 있지만, 그 어떤 모델도 과정신학만큼 일관성 있고 종합적이지는 못하다고 본다.
7 Barbour, Religion in an Age of Science, 260-61.

고난의 문제다. "신적 권능의 한계를 받아들임으로써 우리는 특정 형태의 악과 고난에 대해 하나님 탓하기를 피한다.…심판자로서의 하나님 대신에,…우리는 우리의 고난 가운데서 우리와 함께하시며, 그 고난으로부터 우리를 구속하기 위해 우리와 더불어 수고하고 있는 친구로서의 하나님을 소유한다." 셋째, 과정 사상은 하나님을 포괄적으로 본받음으로써 성별상의 정의(gender justice)를 진작시킨다. "신적 덕목들과 인간의 덕목들을 그려보는 목표는 새로운 온전함 가운데서 남성적/여성적 속성들을 통합시키고자 하는 데 있다." 넷째 이점은 종교 간의 대화다. "과정 사상은 우리에게 하나님의 창조적 임재가 자연과 역사의 모든 곳에서 작용하고 있음을 인정할 수 있게끔 해주기" 때문이다. 우리는 우리 자신의 종교 공동체를 긍정하는 동시에 다른 공동체들에 대해서도 열려 있을 수 있다. 다섯째로, 과정 사상의 신관은 특히 진화론적 생물학과 양립 가능하며, 자연에 속하는 모든 것을 존중하며 봄과 정신을 이분화하지 않는 인간관이다. 마지막으로, 과정신학은 자연과 그 발전에서의 법칙과 우연을 인정한다. 이 모든 쟁점들에 대해서, 바버는 과정신학이 고전적 유신론보다 우월하며, 다른 현대 신학들보다도 우월하다고 결론을 내린다.[8]

바버의 수정 사항들

바버는 과정신학에 대한 몇 가지 정당한 비판이 있음을 인정한다. 그러나 그러한 비판도 해결될 수 있다고 생각한다. 첫째, 과정철학은 종교의 밑동을 잘라내는 경직된 시스템으로 사용될 수 있다. 바버는 비록 기독교가 철학이 진술하고자 하는 실재관을 제시하고 있기는 해도, "기독교는 어떠한 형이상학적 시스템과 동일시될 수 없다"고 반박한다. 두 번째 쟁점은

---

8 앞의 책, 261-62.

하나님의 초월성과 힘(power, 권능)이다. "초월성은 사실 고전 기독교에서 보다는 과정신학에서 덜 강조되고 있다. 그러나 여전히 강력하게 제시되어 있다." 힘과 관련해서, "하나님이 행하시는 과정은 힘을 소유하고 있다. 그러나 그 힘은 통제하며 일방적인 것이 아니라 사랑과 영감을 불러일으키는 힘이다." 바버는 힘에 대한 과정신학의 개념이 하나님은 사랑이시라는 기독교 견해와 일치한다고 주장한다. 그러나 그는 과정신학의 하나님의 힘과 기독교의 하나님 사이에는 두 가지 큰 차이점이 있음을 인정한다. 첫째, 그리스도인들은 "신적 전능에 대한 제약이 자발적이며 일시적이라고" 생각하지만, "화이트헤드주의자들은 그 제약들이 형이상학적이며 필연적이라고" 생각한다. 둘째, "과정신학은 하나님의 설득력에 대해서는 합리적인 확신을 갖고 있지만, 악에 대한 절대적 승리에 대한 전통적인 기대에 의문을 제기한다. 끝으로, 바버는 몇 가지 기독교적인 수정을 가하면서 과정신학의 본질적인 사상들에 동의한다. 그는 이것이 완전히 정당하다고 본다. "많은 과정신학적 통찰들은 화이트헤드식의 도식 전체를 다 받아들이지 않으면서도 수용될 수 있다."[9]

바버의 최종적인 결론은 "과정신학이 제기하는 고전적인 전통의 재구성은 실로 정당화된다"는 것이며, 그리고 "그 재구성은 고려할 수 있는 다른 모델들보다 훨씬 적은 약점을 갖고 있다"는 것이다. 그러나 과정신학에 대한 그의 동의는 인식론적 이유와 영적인 이유에서 가설적(tentative)이다. 인식론적으로, 심지어 과정신학이라 할지라도, "모든 모델들은 제한적이며 부분적이다." 영적으로 "우리는 오직 예배 가운데서만 하나님의 신비를 인정할 수 있으며, 하나님의 길을 철저하게 분석해 제시한다고 내세우는 어떠한 사상 체계의 위장을 파악할 수 있다."[10]

바버의 신학은 과정 사상에 대한 비독단적인(nondogmatic) 기독교적 수정이다. 그러나 바버의 번안은 과정신학의 철저한 범재신론적 성격을

---

9 앞의 책, 263-67.
10 앞의 책, 267-70.

전혀 건드리지 않는다. 창조세계 가운데서의 자기 제약이 하나님에게 있어서 자발적이라는 주장은, 과정신학이 설명했듯이, 그리고 바버가 동의했듯이, 하나님과 창조세계의 상호 연관적 관계나 하나님의 본성의 결과로 창조세계가 존재함을 부정하는 것이 아니다.

데이비스의 단일 과정적 범재신론

폴 데이비스(Paul Davies)는 영국의 런던 대학과 케임브리지 대학에서 가르쳤고, 지금은 오스트레일리아의 맥쿼리 대학교에서 가르치고 있는 천체물리학자이자 철학자다. 자신의 이력의 대부분 기간 동안 데이비스는 자칭 "이신론자"(deist)였고, 최근 "범재신론이 하나님과 물리적 우주 사이의 관계에 대한 자신의 이해에 가장 근접하게 어울리는 신학이다"라고 주장했다.[11]

신의 행위에 대한 모델들

데이비스는 세계 안에서의 신의 행위에 대한 세 가지 모델들, 간섭론(interventionism), 불간섭론(non-interventionism), 단일 과정론(uniformitarianism)을 대조함으로써 자신의 입장을 설명한다. 그는 첫 번째 이론을 배격하고 두 번째 이론을 고려하며 세 번째 이론을 수정하여, 자신의 범재신론을 "목적론 없는 목적론"(teleology without teleology)으로 정의한다.

---

11 Paul Davies, "Teleology without Teleology: Purpose through Emergent Complexity," in *In Whom We Live*, ed. Clayton and Peacocke, 96. 또한 99, 100, 108을 보라. 앞의 책, 99에서, Davies는 *The Cosmic Blueprint: New Discoveries in Nature's Creative Ability to Order the Universe* (New York: Simon and Schuster, 1988)에서의 자신의 입장을 "이신론"이라고 밝히고 있다. 이것이 또한 *The Mind of God: The Scientific Basis for a Rational World* (New York: Simon and Schuster, 1992)에서의 입장이기도 하다.

간섭론은 "하나님의 특별한 행위들이 통상적인 물리적 과정들의 흐름을 차단하고, 자연 법칙들을 어긴다"는 견해이다. 비록 보수적인 그리스도인들과 여타의 전통적인 종교 신앙인들이 이 견해를 선호하지만, 데이비스는 간섭론을 그 견해가 하나님이 자연 안에 있는 비자연적인 힘이며, 자연적인 힘들과 더불어 경쟁을 하고 있다는 점을 시사하기 때문에 대부분의 과학자들에게는 "결정적으로 호소력이 없는" 것으로 배격한다. 데이비스는 대부분의 신학자들이 간섭론에 대해 반대할 것이라고 생각한다. 그 이유는 "간섭론이 하나님을 [자연의] 다른 측면들과 경쟁하고 있는 자연의 한 양상으로 격하시키기" 때문이다.[12]

불간섭론 입장의 견해들은 하나님이 "이러한 과정들에 끼어들지 않으며, 자연의 법칙들을 위반하지 않는 방식으로 구체적인 사건들을 통해서 —실제로 이루어지는 일에 진정한 차이를 만들어내면서—자연 가운데서 효과적으로 행할 수 있는 길들을 제시한다. 요즘 유행하고 있는 한 가지 모델인 "상향적 인과율"(bottom-top causality)은 하나님이 자연의 더 높은 층위들에 의미심장한 다양한 다른 결과들을 낳기 위해서 원자 내부의 미결정 상태 가운데서 활동하실 수 있다고 제시한다. "하향적 인과율"(top-down causality)이라는 다른 모델에 따르면, 우주는 폐쇄 체계가 아니다. 각 부분들과 마찬가지로 우주 전체가 인간의 정신이 신체에 시시때때로 영향을 주듯 여러 가지 방식으로 영향을 받을 수 있다고 본다. 우리는 정신이 우리의 두뇌에 "하향식으로" 영향을 행사한다는 사실을 알고 있다. 비록 이 일이 어떻게 일어나는지를 과학이 설명하지 못하고 있지만 말이다. 이러한 종류의 원인 작용은 불간섭적이다. 그 이유는 그 작용이 외부로부터 신체에 부과되거나 신체를 지배하고 있는 법칙들을 위반하지도 않기 때문이다. 따라서 "다소 비슷한 방식으로 하나님이 활동하신다는 사실에 대한 논리적인 장애는 전혀 없다. 실로 범재신론자들은 빈번하게 우리의 신체에

---

12 Davies, "Teleology," 97.

대한 우리 정신의 작용과 전체 우주에 대해 작용하시는 하나님 사이의 유비에 호소하고 있다."[13] 그러나 데이비스는 이 모델에도 동의하지 않는다.

세 번째 견해는 단일 과정론이다. 이 견해는 하나님이 세심하게 선택한 법칙들을 가지고 우주를 창조하셨다고 주장한다. 이 법칙들은 "자연 가운데 진정으로 새로운 복잡성의 창발"(the emergence of genuinely novel complexity in nature)을 형성해낼 수 있도록 일률성(uniformity)과 임의성(randomness)을 결합시키고 있다. 따라서 "자연의 본래적인 창조성은" 특정 사건들에 대한 하나님의 영향이 없이 "자연 법칙들이 본래적으로 가지고 있는 자기 조직화의 잠재력(가능태)의 결과다." 데이비스는 이것이 바로 자신이 "이신론자"였을 때의 자신의 입장이었다고 진술한다.[14]

단일 과정적 범재신론

단일 과정적 범재신론이라고 스스로가 일컬은 범재신론에 도달하기 위해서, 데이비스는 매 순간 우주를 새롭게 창조하시는 하나님의 지속적인 역할을 강조함으로써 이신론을 넘어서고자 한다. 하나님은 우주를 창조한 다음에 우주만 덩그러니 남겨두고 떠나버린 것이 아니라 그 우주 안에 지속적으로 참여하면서 남아 있다. 그렇지만 이 견해는 여전히 단일 과정적(uniformitarian)이다. 왜냐하면 하나님이 "어떤 식으로든지 오직 자연 '그 자체만으로' 낳을 수 없는 특정 사건들을 일으키시지 않으면서" 현존하기 때문이다.[15]

이 모델에서 우주는 마치 체스 게임과 같다. 하나님은 규칙들을 세우신다. 그리고 결코 그 규칙들을 바꾸지 않는다. 그리고 피조물들이 그 규칙들

---

13 앞의 책, 97-99.
14 앞의 책, 99-100.
15 앞의 책, 100.

안에서 자유롭게 경기를 할 수 있게 허락하신다. 점점 더 솜씨가 늘어나는 선수들처럼 피조물들은 마침내 그 규칙들이 허용하는 가장 정교한 가능성들을 실현한다. "하나님은 자발적인 자기 조직화를 통해서 더 큰 풍성함과 다양성과 복잡성을 향해 나아가는 추세를 보장하는 매우 특별한 법칙들을 선택하신다. 그러나 그 모든 세부 사항에서의 최종적인 결과는 개방되어 있으며 바뀔 수 있다."[16] 그 자체를 창조해나가는 우주를 하나님이 창조하신 것은 "목적론 없는 목적론"(a teleology without teleology)이다. 하나님은 진정으로 새롭고 더 복잡한 존재의 층위들이 창발할 수 있도록 세계를 설계해놓았으며, 그렇게 유지하고 계신다. 인류는 그 세계의 가장 괄목할 만한 진전이다. 하나님이 이 창조 과정을 지속적으로 창조하고 계시기 때문에, 자연과 인류는 "독창적인—심지어 사랑이 많으신—설계자의 산물"이다.[17]

데이비스는 범재신론에 동의한다. 그 이유는 범재신론이 우주에 대한 하나님의 지속적인 비설정적 참여를 인정하기 때문이다. "범재신론에 호소하는 나의 요점은, 하나님이 특정한 법칙들을 선택하심에 있어서 또한 우주를 세세하게 결정짓지 않기로 선택하고, 그 대신에 자연 자체에 활기찬, 공동 창조의 역할을 수여하시기로 선택한다고 제안한다는 점이다."[18] 하나님은 지속적인 법칙에 따른 창조를 통해서 우주에 내재하신다. 모든 피조물은 하나님 안에 있다. 하나님의 지속적인 창조 행위가 바로 모든 피조물이 존재하고 발전하는 맥락(context)이기 때문이다. 실제로 피조물들은 하나님과 구별된다. 피조물들에게 자기 발전의 힘이 있기 때문이다.

데이비스는 하나님의 초월성을 두 가지 면에서 인정한다. 첫째, 하나

---

16 앞의 책, 106. 그는 자기의 모델을 "체스 경기자인 하나님"(God as Chess Player)이라고 부른다. 그러나 그가 설명하고 있는 것처럼, 하나님은 그 규칙들을 정하고 피조물들이 그 경기를 한다.
17 앞의 책, 100-103. Davies는 단지 설계인 것처럼 보이는 것에 반대되는, 실제 설계를 주장한다고 할 때 그에 대한 유일한 도전은 다양한 우주들의 존재라고 주장한다. 만일 다양한 우주들이 존재한다면, 우리는 그저 우리가 우리의 존재를 갖게 된 우주에 존재하게 된 것일 수 있기 때문이다. 그 경우에는 실제로 설계되어 있는 것이 아니라 설계되어 있는 것처럼 보일 뿐이라는 것이다. 그러나 우리에게는 또 다른 어떤 실질적인 우주가 있었다는 증거가 전혀 없다. 그러므로 단 하나의 실제 설계자에 대한 우리의 믿음은 정당화된다.
18 앞의 책, 104.

님은 창조에 있어서 자유롭다. 데이비스는 거의 모든 과학자들이 심지어 무신론자들이라 할지라도 "현재 존재하고 있는 대로의 우주는 필연적이 아니라는 점, 곧 우주가 다르게도 존재할 수 있었으리라는 점"을 인정한다고 지적한다. 둘째, 시공간의 조건들로서의 기본적인 법칙들은 시공간 바깥에 있다. "하나님은 시공간을 포함하여 존재하는 모든 것과 자연의 법칙들을 창조하기 위해 활동하신다. 따라서 이 법칙들은 이러한 의미에서 역시 영원하다." 하나님 자신이 영원하다. "따라서 선택하는 분으로서 하나님은 최소한 이 기능 가운데서 완전히 시간 바깥에 있다." 정리하자면, 하나님은 자신의 창조 행위가 우연적(contingent, 반드시 필연에 의해서 어쩔 수 없이 해야 해서 하는 일이 아니라 할 수도 있고 하지 않을 수 있는, 자신의 의지에 속한다는 뜻이다―옮긴이)이며, 창조세계 너머에서 비롯하는 것이며, 동시에 그 역학은 계속해서 불변한다는 점에서 초월적이다.

데이비스의 하나님은 내재적인 동시에 초월적인, 양극적 하나님이다. 또한 하나님은 시간적인 동시에 영원하다. "만일 하나님이 시간 내내 지속적으로 창조를 해나가는 우주를 유지하신다면, 이 의미에서 하나님은 시간적 측면과 비시간적 측면을 다 소유하고 계신다."[19] 그와 더불어서 다른 양극적 속성들이 따라나온다.

데이비스는 "범재신론이 '목적론 없는 목적론'이라는 개념을 가장 잘 표현한다"고 결론을 내린다. 그의 신학은 단일 과정적 범재신론이다.

그는 자신의 모델이 "많은 이들의 눈으로 볼 때 지나치게 빈약하며 동떨어진 신(神) 개념으로 간주될 것"임을 인정한다. 그러므로 그는 불간섭적인 신의 행위와 일률적인 신의 행위를 결합시킬 가능성이 있음을 제기한다. 이 가능성은 진화를 통계학적으로 개연성이 없는 것으로 간주하는 사람들로 하여금, 진화가 일어나도록 하나님이 직접 개입하신다는 점을 인정할 수 있게 한다는 것이다. "자연의 법칙들 자체가 불간섭적인 신의 작인

---

19 앞의 책, 102-3.

성의 표현이라고 한다면, 하나님이 진화적인 변화 과정에 좀더 직접적(비매개적)으로 참여할 수 있을 것이다."[20] 그러나 데이비스는 자신이 수정한 단일 과정적인 범재신론에 대한 이러한 완화에는 동의하지 않는다.

피코크의 자연주의적 성례전적 범재신론

아서 피코크(Arthur Peacocke)는 생화학자이자, 영국 성공회 사제다. 그는 옥스퍼드와 케임브리지에서 가르쳐왔으며, 과학과 종교에 대해 광범위하게 글을 발표해왔다. 몇십 년 동안 피코크는 기독교와 현대 과학을 통합시키는 최상의 틀로서 "성례전적 범재신론"(sacramental panentheism)을 제창해왔다.[21] 최근에 발표한 자신의 생각에 대한 정리에서, 피코크는 신학자들로 하여금 고전적 유신론과 이신론을 범재신론으로 대체하게끔 만든 현대 과학의 발전들을 검토한다.[22]

창발적 일원론

피코크는 세계가 복잡한 위계질서의 역동적 체계로 구조화되어 있음

---

20 앞의 책, 106.
21 Arthur Peacocke, *Creation and the World of Science*, Bampton Lectures, 1978 (Oxford: Clarendon, 1979), 207은 "하나님 안에 있는 세계"(범-재-신론)을 소개하고, 289-91은 세계 안에서의 하나님의 현존/임재를 "성례전적"(sacramental)이라고 특징 지운다. 또한 "우주에 대한 성례전적 견해"에 대해서는, *God and the New Biology* (San Francisco: Harper and Row, 1986), 99, 122-27을 보라. *Theology for a Scientific Age: Being and Becoming—Natural and Divine* (Oxford: Basil Blackwell, 1990), 207-8에 나오는 장황한 각주는 범재신론에 동의하면서, 그 용어가 과정신학 및 Peacocke가 반대하는 "세계가 하나님의 일부분"이라는 사상과 연결되어 있기 때문에 그 용어의 사용에 대해 유보를 표현하고 있다.
22 Arthur Peacocke, "God's Presence in and to the World Unveiled by the Sciences," *In Whom We Live*, ed. Clayton and Peacocke, 137-54.

을 보여준다고 지적함으로써 시작한다. 세계는 "각각의 연속적인 구성원이 그 위계질서 안에서 그에 선행하는 부분들로 구성된 하나의 전체를 이루고 있는 물질의 조직화의 일련의 층위들"이다. 한편으로, 전체 세계는 물질적이다. "인간 존재자를 포함해서 세계 내의 모든 실체, 모든 구체적인 특정 개체들은 근본적인 물리적 실체들(fundamental physical entities)로 이루어져 있다." 다른 한편으로, 진정으로 새로운 존재의 층위들은 더 높은 상위의 복잡성의 층위에서 창발한다. 특히 인간의 정신과 영의 심리적·지적·사회적·도덕적·영적 능력들이 그렇다. 따라서 피코크는 "신체-정신"의 이원론이 더 이상 유지될 수 없다고 주장한다. 그러나 더 높은 상위의 층위들은 개념적으로 더 낮은 층위들로 격하될 수 없다. 심리학은 물리학으로 인수분해 될 수 없다. 피코크는 이 존재론을 "창발적 일원론"(emergent monism)이라 부른다.[23]

과학은 또한 세계가 역동적이며 진화해나가고 있음을 이해한다. 물리적 시스템들은 전적으로 정태적이거나 일률적이지 않고 시간이 지남에 따라서 여러 새로운 층위의 복잡성 및 질적으로 새로운 존재 양식을 획득한다. "세계의 과정들은 그 본래적 속성들에 의해서 새로운 속성들이 창발하는 자발적인 창의성을 드러낸다." 이러한 역동성의 결과, 가장 정교함을 지니고 있는 인간의 생명이 원시적인 우주로부터 진화해나왔다. 이것이 바로 신학이 맞잡고 씨름해야 할 과학적 세계상이다.

범재신론적 모델

그리하여 피코크는 신학으로 눈을 돌린다. 그는 고전적 유신론을 배격한다. 고전적 유신론이 하나님을 전적으로 피조된 실재와 시간의 바깥에

---

23 앞의 책, 138-40.

자리매김하여 하나님이 어떻게 세계 안에서 활동하실 수 있는지를 설명할 수 없기 때문이다. 피코크는 범재신론에 동의한다. 그리고 그 이유는 범재신론이 과학에 더 부합하며, 하나님이 세계에 개입하신다는 성경의 가르침에 잘 부합하기 때문이라고 생각한다. 그는 몇몇 범재신론자들이 주장하는 대로 세계가 하나님의 일부분이라는 개념은 배격한다. 그 대신에 "하나님 안에"라는 말은 "존재론적 관계를 의미하며, 따라서 세계는 하나님의 존재 내에 있는 것으로, 그리고 그럼에도 불구하고 자체의 구별되는 존재론을 지니고 있는 것으로 이해된다." 피코크는 세계에 대한 하나님의 관계를 설명하는 자세한 신학을 제시하지는 않는다. 하지만 그는 거듭해서 몰트만의 침춤 개념, 신의 자기 제한으로 말미암아 구성되는 존재론적 공간에 동의한다.[24] 그가 인정하는 범재신론은 "상호 내재적"(페리코레시스적) 혹은 상호 관계적 범재신론이다.

피코크는 이러한 관계적 범재신론을 자신의 자연 존재론, 즉 창발하는 복잡성과 참신성으로 이루어지는 물리적 일원론과 연결시킨다. 하나님은 자연 안에 내재하면서 시스템들의 시스템을 발생시키는 창조의 힘(the creative force)이다. "매우 강력한 의미에서, 하나님은 자연 질서의 과정들을 통해서 창조해나가시는 내재적 창조자다. 그 과정들 그 자체가 하나님인 것은 아니다. 그러나 그것은 창조주로서의 하나님의 **행위**(the action of God as creator)다."[25] 하나님의 모든 관련 행위들은 세계 안에서 이루어진다. 그렇게 함으로써 피코크의 견해는 초자연적인 간섭론을 피한다. 마찬가지로 세계는 전적으로 하나님 안에 있다. "만일 하나님이, 범재신론적인 모델에서처럼, 하나님 자신 안에 개별 시스템들과 시스템들에 대한 전체 시스템을 통합시키고 있다고 한다면, 하나님이 모든 복잡계들(complex systems)과 그 자체의 전체적인 층위에서 상호 작용할 수 있다고 생각할 수 있을 것이

---

24 앞의 책, 145-47: "하나님이 아닌 모든 것은 하나님의 작동과 존재 안에 그 존재를 갖는다. 하나님의 무한성은 다른 모든 유한한 실체들, 구조들, 과정들을 포함한다. 하나님의 무한성은 모든 것을 이해하며 합병한다." "하나님은 하나님 자기 안에서 존재하는 모든 것을 창조한다."
25 앞의 책, 144.

다."[26] 상호 작용적인 범재신론은 전체로서의 세계와 그 각 부분에 대한 하나님의 개입을 충분히 설명해낸다는 것이다.

범재신론 전통 가운데 서 있는 많은 신학자들과 마찬가지로, 피코크는 "정신-신체"의 관계를 "하나님과 세계"의 관계에 대한 유비로 채택한다. "인격이 우리의 몸에 현존하면서 활동하는 것과 유사한 방식으로 하나님은 세계의 모든 실체들과 구조들과 과정들에 **내적으로** 현존한다."[27] 그러나 "정신-신체"의 신학적 유비에는 세 가지 조건이 붙는다. 첫째, 우리 인간은 우리 몸을 창조하지 않지만, 하나님은 세계를 창조하신다. 둘째, 우리는 우리 몸의 대부분을 의식하지는 못하지만, 하나님은 세계 안의 모든 존재와 사건을 아신다. 셋째, 하나님은 "하나의 인격자"(a person)가 아니라 "초인격적"(suprapersonal, 초위격적) 혹은 "초월 인격적"(transpersonal)이다. 인간 인격자들은 그렇지 못하지만, 하나님은 많은 본질적인 속성들을 소유하기 때문이다.[28]

피코크는 하나님이 자연적 악과 도덕적 악에 개입한다는 점을 인정한다. "창조는 **하나님에게** 대가를 치르게 한다. 자, 자연 세계와 그 모든 고난이 범재신론적으로 '하나님 안에' 있는 것으로 생각한다고 할 때, 세계 가운데 있는 고통과 고난, 죽음이라는 모든 악들은 하나님 자신에게 내면적인 것들이다." 거기에는 "인간 사회의 도덕적 악"이 포함된다. 피코크는 또한 하나님에 대한 모성적 이미지들, 곧 하나님의 자궁과 출산의 고통 같은 이미지들을 지지한다.[29] 이는 그러한 이미지들이 하나님이 세계를 양육하시며 세계의 고통을 경험하신다는 사상을 표현하기 때문이다.

기독교 자료들에서 피코크는 "지혜(소피아)라는 여성적 비유"를 세계 가운데서의 삼위일체 하나님의 행위에 대한 의인화로 채택한다. "지혜(소피아)라는 이 중요한 개념은 창조라는 신적 행위, 인간 경험, 자연 세계 과

---

26   앞의 책, 147-50.
27   앞의 책, 150.
28   앞의 책, 150-51. 이것이 철학적 결론이다. 그는 기독교의 삼위일체 교리를 인정한다.
29   앞의 책, 151-52.

정들을 친밀하게 연합시켜준다. 그러므로 그 개념은 우리가 받아들이도록 권유를 받고 있는 범재신론을 상상하기 위한 성경의 자료를 구성한다. 지혜와 밀접하게 상호 연결되어 있는 것이 그리스도 예수의 위격 가운데서 육체가 되신 "하나님의 말씀(로고스)"이다. 말씀은 자연과 인간 이성 가운데 뚜렷이 드러나는 하나님 자신의 창조 행위의 합리성이다. "다시 우리는 하나로 통합되어 있으며 상호 연결되어 있는 활동의 세 국면인, 신적 국면, 인간적 국면, (비인간적인) 자연적 국면을 친밀하게 연합시켜주는 범재신론적인 개념을 갖게 된다."[30] 이리하여 피코크는 자신의 범재신론과 기독교 신학을 종합한다.

성례전적 범재신론

윌리엄 템플을 따라서, 피코크는 우주를 "성례전적"(sacramental)으로 바라본다. 범재신론자는 "자연 과정들 안에서, 그와 더불어서, 그 밑에서 일하고 계시는 하나님을 본다.…그러나 기독교 전통에서 이것은 정확히 그 전통의 성례전들이 하는 일과 동일하다." 피코크의 최종적인 요약은 성례전들을 성육신과 연결시킨다. 사람들은 성례전들과 성육신이 둘 다 세상 가운데서의 하나님의 실질적인 현존/임재라고 믿는다. 테이야르를 반영하면서, 피코크는 성육신을 이미 세상 가운데 존재하고 계시면서, 예수 그리스도 안에서 절정에 달하는 인간 진화의 궤적 가운데서 가장 명시적으로 드러나는 하나님의 성취로 본다. 이러한 이유로 피코크는 자신의 "신학적 자연주의와 범재신론"을 "성례전적 범재신론"으로 간주한다.[31]

---

[30] 앞의 책, 152-53.
[31] 앞의 책, 153-54. "신학적 자연주의와 범재신론"이라는 이 어구는 152-54에 있는 마지막 항목의 소제목이다.

클레이튼의 창발적 인격적 범재신론

필립 클레이튼(Philip Clayton)은 클레어몬트 신학교의 신학 교수이며, 클레어몬트 대학원의 철학 및 종교 담당 교수다. 그는 여러 책과 기고문을 통해서 과학과 신학의 대화에 기여해왔다. 그 가운데서 아마도 『하나님과 현대 과학』(God and Contemporary Science)이 가장 유명할 것이다. 『현대 사상에서의 신 문제』(The Problem of God in Modern Thought)는 데카르트 이래 철학적 신학 가운데서의 범재신론의 등장에 대한 중요한 서술이다.[32] 폭넓게 말해서, 클레이튼은 피코크의 신학적 우주론과 판넨베르크 및 몰트만의 우주적 신학들(cosmic theologies) 가운데 있는 핵심적인 주제들을 사용해서 그의 범재신론을 형성하고 있다.[33] 그의 입장에 대한 다음의 정리는 그가 어떻게 과학이 우주 너머에 있는 어떤 "인격적인 것"을 가리킨다고 주장하는지에, 그리고 인격과 신체 사이의 유비가 어떻게 하나님과 세계 사이의 관계의 모델이 되는지에, 그리고 마지막으로 셸링의 신학에 대한 그의 호소에 집중한다.

창발론과 범재신론적 유비

피코크의 일원론적 창발론(monistic emergentism)은 클레이튼에게 진화해나가고 있는 복잡한 우주에 대한 비환원적이며 비이원론적인 견해, 범재신론으로 쉽게 유도하는 견해를 제공해준다. "아서 피코크는 창발하는 시스템들이 어떤 식으로 일종의 자리 잡혀 있는 위계질서를 대표하는지를

---

32 Philip Clayton, *God and Contemporary Science* (Grand Rapids: Eerdmans, 1997); *The Problem of God in Modern Thought* (Grand Rapids: Eerdmans, 2000).
33 Clayton, preface to *God and Contemporary Science*. Philip Clayton, "Panentheism in Metaphysical and Scientific Perspective," *In Whom We Live*, ed. Clayton and Peacocke, 73-91 은 이 프로젝트를 요약하고 있다.

이미 멋지게 묘사했다. 부분들은 전체들 안에 내포되어 있다. 전체들은 그 자체가 더 큰 전체들의 부분이 된다. 그리고 계속해서 마찬가지다." 그러나 우주는 자체 발생적이 아니다. 그래서 세계에 대한 이 묘사는 그 자체 너머의 무엇인가를 가리키고 있다. "창발성은 형이상학을 하도록 자극하며, 형이상학적 성찰은 다시 창발성의 논리 상위의 그리고 그 논리를 넘어서는 신학적 가정을 제시한다."[34] 우주의 부분-전체 구조는 우주와 그 근거 사이의 관계에 대한 하나의 모델을 제공해준다. "만일 동일한 구조가 '하나님과 세계' 관계에 적용될 수 있다고 하면, 그것은 세계를 하나님에게 내적인 것으로 이해할 것이다."[35] 따라서 창발적인 우주는 범재신론을 시사한다.

그러나 그 근본 바탕을 이루는 힘(the grounding power, 정초하는 힘)은 인격적인가 아니면 비인격적인가? 창발론 그 자체는 그 힘이 인격적임을 시사해준다. 인간의 인격성이 진화의 가장 높은 산물, "지금까지 발견된 것 가운데서 가장 복잡한 생물학적 구조인 인간의 신체와 두뇌로부터의 정신[mind, 혹은 정신적 속성들(mental properties)]의 창발"이기 때문이다. 그러므로 클레이튼은 그가 "범재신론적 유비"(panentheistic analogy)라 일컫는 인격주의적 답변, 하나님과 세계의 관계에 대한 모델로서 제시되는 몸과 정신의 관계를 인정한다. "세계는 어떤 의미에서 하나님의 몸에 비유할 수 있다. 그리고 하나님은 그 몸에 거주하는 정신에 비유할 수 있다. 물론 하나님은 전체 자연 세계 그 이상이다."[36]

범재신론적 유비에 대한 설명

이 모델에 대한 클레이튼의 입장의 일부는 역사적이며 철학적이

---

34 Clayton, "Panenteism in Metaphysical and Scientific Perspective," 89-91.
35 앞의 책, 87-88.
36 앞의 책, 83-84. Clayton, "Understanding Human and Divine Agency," chap. 8, *God and Contemporary Science*가 자세히 설명하고 있다.

다. 『하나님과 현대 과학』에서 클레이튼은 "고전적 유신론에서부터 범재신론으로"의 신학의 발전을 검토한다.[37] 그는 신플라톤주의, 에리우게나, 에크하르트, 니콜라우스 쿠자누스, 브루노, 및 "유한한 것들이 하나님 안에 있음"을 주장하는 여러 사람들이 현대 범재신론의 배경임을 주목한다. 클레이튼은 뉴턴이 진술했고 몰트만이 갱신한 "(시간과 마찬가지로) 공간은 신적 속성이다"라는 개념의 현대적 발전을 예로 든다. "간단히 말해서, 유한한 공간은 절대적 공간 안에 내포되어 있으며, 세계는 하나님 안에 내포되어 있다. 그렇지만 세계는 하나님과 동일하지 않다. 정확히 이것이 바로 범재신론의 핵심 논제다."

클레이튼은 하나님 안에 신이 아닌 존재자들을 포함시키는 것이 "기독교 전통 안에서 항상 수용되지는 않았던 변증법적 사고 방식"임을 의식하고 있다.[38] 그러나 그는 참된 무한자 개념이 논리적으로 범재신론을 요구한다고 주장한다. "무한자는 모순이 없이 자체 안에 본성적으로 유한한 것들을 포함할 수 있으나 유한자 바깥에서 존립할 수 없다.…그러므로 무한하신 하나님은 자신이 창조한 유한한 세계를 반드시 내포해야 하며, 어떤 의미에서 그 세계를 자기 '안에' 있게끔 한다. 이것이 바로 우리가 범재신론이라 일컫는 결론이다."[39] 그 주장의 개연성을 보여주기 위해서, 클레이튼은 생태론적 예를 제공한다. "자, '존재하는 모든 것'의 생태계를 한번 생각해보자. 그 생태계 역시 그 생태계를 이루고 있는 모든 부분들의 총합 이상의 것임에 틀림없다. 만일 그 정체성(its identity)이 살아 있으며 의식이 있는 것이라고 생각한다면, 그리고 (이것이 유신론의 주장인데) 그 실유성(its existence)이 살아 있는 생명체들로 가득 찬 그 상태(its being)에 선행한다고 생각한다면, 당신은 범재신론이 그리는 하나님과 세계 사이의 변증법

---

37 앞의 책, 88-96에 있는 항목의 소제목.
38 앞의 책, 89-90.
39 앞의 책, 99. 또한 Clayton, "Panentheism in Metaphysical and Scientific Perspective," 81. 그는 이 주장이 오래되었음과 또한 Hegel, Schelling, Moltmann, Pannenberg 등이 현대에 들어와 활용하고 있음을 의식하고 있다.

에 대해 어떤 느낌을 갖게 될 것이다."[40] 클레이튼의 모델은 우주라는 것이 "세계-영혼" 안에 들어가 있는 살아 있는 존재자(a living being)라는 플라톤의 설과 매우 유사하다. 그는 하나님을 인격적인 작인(a personal agent, 인격을 가진 행위자)으로, 우주를 그의 몸으로 본다.

클레이튼의 "인격-신체" 유비(person-body analogy)는 하나님에게 영향을 미치는 세계, 세계 안에서의 하나님의 작인성(agency, 행하심), 그리고 세계에 대한 하나님의 초월성의 모델이 되고 있다. 이 점 하나하나에 대해서 차례로 살펴보도록 하자.

첫째, 헤겔, 화이트헤드, 하트숀, 몰트만이 인정했듯이, 범재신론에는 "하나님이 진정으로 자신의 피조물들이 행하는 바에 대해 반응하고 그에 의해서 영향을 받는다"는 사실이 필수적이다.[41] 피조물들이 하나님에게 영향을 미친다. 이는 하나님이 "각각의 모든 물리적인 상호 작용 가운데 현존하기 때문이며, 그리고 공간의 각 지점에서 각각의 상호 작용은 아주 넓은 의미에서 하나님의 존재의 일부분이기 때문이다. 이는 '그의 안에서 우리가 살고 움직이며 있기(존재하기)'(행 17:28) 때문이다."[42] 그러므로 하나님은 세계에 의해 영향을 받는 존재 상태에 의존해 있다. "하나님은 세계에 의존하고 있다. 하나님의 실질적인 경험의 본성이 우리와 같은 유한한 피조물들과의 상호 작용에 의존하기 때문이다."[43]

그러나 하나님은 또한 세계에 영향을 준다. 앞서 지적했듯이, 클레이튼은 인간 인격의 작인성(human personal agency, 인간의 행위성)에 대한 창발적 발전 이론을 신적 작인성(divine agency, 신의 행위성)의 모델로 삼는다. 인간 인격자는 인간을 이루는 유기체로부터 창발하며 동시에 그에 의해서 영향을 받는 복잡 실체이다. 그러나 그 인격이라는 실체는 다시 그 유기체 가운데서 진짜로 무엇인가가 일어나게 만든다. "정신적 속성들이 다른 정

40　앞의 책, 91.
41　앞의 책, 94-95.
42　앞의 책, 101.
43　Clayton, "Panentheism in Metaphysical and Scientific Perspective," 83.

신적 속성들의 직접적인 원인이 될 수도 있고 또한 (예를 들어, 자신의 두뇌와 같은) 물리적 세계에서 일어나는 변화들의 원인이 될 수도 있다." 비슷하게, 하나님은 초자연적인 개입 없이도 세계 가운데서 진정한 작인성을 행사하신다.[44] 클레이튼의 입장은 세계 안에서의 하나님의 "하향식" 원인 작용이라는 피코크의 개념과 매우 유사하다.

클레이튼의 기독교 신앙은 하나님의 초월성과 및 하나님과 인간들 사이의 상이성을 강조하게끔 인도한다. 첫째, 하나님은 구별된 존재자이며, "단순히 신적 속성들의 창발적 집합"(an emergent set of divine properties)이 아니다.[45] 더욱 기본적인 면에서, "하나님은 존재하기 위해서 세계에 의존하지 않는다. 오히려 세계에 선행하며, 세계를 창조하셨다." 마지막으로, 하나님의 영원성, 전능성, 도덕적 완전은 인간들에게는 없는 속성들이다.[46]

클레이튼은 자기의 범재신론이 세계를 하나님에게 꼭 필요한, 없어서는 안 될 것으로 만들지는 않는다는 점을 강조한다. 세계를 창조하시겠다는 하나님의 애초의 결정은 "신적인 자유 선택"이다. 그 선택은 어떤 의미에서도 필연적이거나 불가피한 것이 아니다. "자유로운 창조는 계속해서 자유로 남는다. 그 뒤에 세계가 하나님에게 주는 어떠한 영향도 영원한 필연성의 증거가 아니라 애초의 자유로운 결정의 결과다." 역사에 개입하시겠다는 하나님의 선택은 하나님 자신의 역사를 형성한다. 그러나 이것이 하나님의 본질적인 본성을 변화시키지는 않는다.[47] 클레이튼의 범재신론은 암묵적으로라도 세계의 불가피성이나 신적 자유에 대한 양립 가능론적 견해를 함의하고 있지 않다는 점에서 예외적이다.

---

44 Clayton, *God and Contemporary Science*, 259. 특히 247-58.
45 Clayton은 Samuel Alexander의 급진적인 창발적 유신론을 신학적으로 부적절한 것으로 배격한다. 급진적인 창발적 유신론은 "'하나님' 혹은 '신'이 물리적 우주의 창발적 속성"이라고 보는 견해다("Panentheism in Metaphysical and Scientific Perspective," 90).
46 Clayton, *God and Contemporary Science*, 260.
47 앞의 책, 93. 93-96을 보라.

셸링에 대한 클레이튼의 긍정

신적 자유에 대한 클레이튼의 강조는 셸링의 인격주의적 범재신론에 대한 그의 선호에 반영되어 있다. 『현대 사상에서의 신 문제』는 데카르트와 스피노자 이후 범재신론의 발전을 추적한다. 그 절정인 제9장은 셸링의 자유의 신학에 할애되어 있다.[48] 간단히 말해서, 클레이튼은 절대적 동일성이라는 청년기 셸링의 체계에서부터, 뵈메식의 인격주의를 통과하여, 긍정적 계시 철학에 이르는 셸링 철학의 발전을 진술한다.[49] 클레이튼은 헤겔의 합리주의적 결정론보다는 하나님의 자유에 대한 셸링의 강조를 선호한다. 그러나 그가 셸링에 대해서 무비판적인 것은 아니다. 클레이튼은 하나님의 내면적 존재와 세계의 필연성에 대한 셸링의 뵈메식 사변은 배격한다. 마찬가지로 클레이튼은 하나님이 "어두운 면"이 있다는 주장과 창조가 하나님으로부터의 영석으로 부성적인 "타락"이라는 주장을 배격한다.

그러나 클레이튼은 하나님의 본성 안에 하나의 이중성(a duality)을 상정한다는 점에서 셸링을 추종하고 있다. 하나님은 영원히 자유롭게 세계를 창조하거나 하지 않을, 그리고 자신의 영원한 본성에 일치하지만 그것에 의해서 결정되지 않는 다양한 방식으로 자신을 나타낼, 잠재성을 갖고 계신다. 그러한 영원한 힘(eternal power)은 자기 지식과 의지를 함의한다. 그러므로 하나님은 인격적이며, 모든 세계들에 대해 의존적이지 않고 독립적이다. 존재의 근거는 그 자체가 인격적이다. 그러나 만일 참으로 무한하신 하나님이 자유롭게 창조하기를 선택한다면, 그 무한하신 하나님은 반드시 자기 안에 세계를 포함하는 하나의 역사와 운명을 가져야만 한다. 그리하여 그 하나님의 인격성(personhood)은 성장하고 발전하여 만일 피조물들이 다른 식으로 행동했을 경우나 전혀 아무것도 창조하지 않았을 경

---

[48] Clayton, "Beyond the 'God beyond God': Schelling's Theology of Freedom," chap 9., *The Problem of God*. Clayton은 Tillich가 시도한 Schelling에 대한 수정보다는 Schelling을 더 선호한다. 앞의 제8장에 있는 Tillich의 "철학적 결함"에 대한 항목을 보라.
[49] 앞의 제4장을 보라.

우의 그의 인격성의 모습과는 다른 인격성이 될 것이다. 만일 그 하나님이 창조하신다면, "인격자로서의 하나님이 무한한 신적 터전으로부터 창발하며, 세계와의 실질적인 관계에 참여하는 분으로서 하나님은 그러한 관계들을 통해서 실질적인 변화와 발전을 겪게 된다."[50] 클레이튼은 셸링의 신의 자유의 신학에 동의한다.[51]

신학과 철학의 도덕(moral)은 유한한 인간 정신들이 창조세계로부터 하나님의 본성을 합리적으로 결정지을 수 없고 창조세계를 하나님의 본성의 필연적 결과로 볼 수도 없다는 것이다. 하나님의 계시는 비이성적인 것이 아니다. 그러나 계시가 이성적으로 필연적인 것도 아니다. 이것이 바로 셸링이 긍정적 계시 철학을 선택한 이유다. 클레이튼은 셸링을 따른다.

클레이튼의 신학은 신 셸링적 창발적 인격주의 범재신론(neo-Schelling-ian emergent personalist panentheism)이다. 셸링처럼, 클레이튼은 하나님이 자기의 몸인 우주 안에서 하나의 인격자로서 사신을 자유롭게 발신시키거나 간다고 주장한다. 하나님의 몸과 인격성은 그의 행위 때문에, 그리고 그에 대한 피조물들의 영향 때문에 창발하며 성장한다. 그러나 그의 핵심 인격성은 초월적이며 본질적으로 창조세계에 대해서 독립적이다. 그리스도인으로서 클레이튼은 삼위일체와 예수 그리스도의 성육신의 맥락에서 하나님의 인격성을 이해한다.

---

50 Clayton, *The Problem of God*, 488.
51 Clayton은 Schelling의 성숙한 철학에서 이 주제를 끄집어낸다. Schelling은 하나님의 영원한 선택 사항이 존재하느냐 존재하지 않느냐에 있다고 주장한다. 만일 하나님이 존재한다면, 반드시 하나의 세계를 발생시켜야만 한다. 만일 세계가 존재하지 않는다면, 그것은 하나님이 존재하지 않기로 선택했기 때문이다. 하나님은 선하시며 모든 선을 현실화시키기를 의지하고 계시기 때문에, 하나님은 세계의 존재와 더불어 불가피하게 찾아오게 되는 악에도 불구하고 자유롭게 존재하기로 선택하신다. Schelling의 인격주의에 대해서는 앞의 제4장을 보라.
　Clayton이 창조세계에 대해서 독립적인 하나님 자신의 인격적 실재 및 여러 선택 사항들 가운데서의 하나의 자유로운 선택으로서의 창조를 긍정할 때에 그는 내가 수용하고 있는 고전적 유신론의 스코투스적 칼빈주의 전통의 주의주의(voluntarism)에 가깝다. 이 점에 대해서는 다음 마지막 장에서 다룰 것이다.

폴킹혼의 종말론적 범재신론

케임브리지의 과학자이자 사제 서품을 받은 영국 성공회의 신학자인 존 폴킹혼(John Polkinghorne)은 그의 범재신론이 잠정적인 것이기 때문에 조건부적으로 이 장에 포함된다. "나는 범재신론(비록 하나님이 창조세계를 넘어서 계시지만, 창조세계가 하나님 안에 있다는 사상)을 현재 세계에 대한 신학적 실재로서 받아들이지는 않는다. 그러나 나는 범재신론을 장차 올 세계에 대한 종말론적 운명의 형태라고 믿는다."[52] 우리는 범재신론에 대한 그의 유보 사항과 하나님에 대한 그의 양극적 견해, 그리고 종말에 대한 그의 범재신론적 비전을 간략하게 살펴보도록 하겠다.

범재신론이 아닌, 양극석 유신론

폴킹혼은 범재신론의 목표점에는 참여하지만, 범재신론은 배격한다. "물론 나는 신적 초월성과 신적 내재성 사이의 균형을 통해서 범재신론이 달성하고자 하는 바에 대해서는 동정적이지만, 범재신론이 받아들일 만하게 그렇게 하는 데 성공하고 있다고는 보지 못하겠다."[53] 폴킹혼의 반론은 분명하다. "범재신론의 결함은 하나님에 대해서 세계가 갖는 진정한 타자성을 범재신론이 부정한다는 점이다."[54] 핵심적인 문제점은 범재신론이 세계를 하나님에게 불가피한 것으로 만들고 있다는 것이다. 이것은 신플라톤주의 계열의 선임자로부터 물려받은 결함이다. "일찍이 수 세기 전에 신

---

52 John Polkinghorne, *The God of Hope and the End of the World* (New Haven: Yale University Press, 2002), 114-15.
53 John Polkinghorne, *Faith of a Physicist* (Princeton, NJ: Princeton University Press, 1994), 64.
54 Polkinghorne, *Science and the Trinity*, 95-97. 그는 범재신론이 피조물의 자유 및 자기 결정에 대한 여지를 충분히 남겨두지 않는다고 비난한다. 그러나 대부분의 현대 범재신론자들은 이 점이 바로 자기들이 긍정하는 바라고 주장할 것이다. Peacocke, *Theology for a Scientific Age*, 207은 Polkinghorne이 자기를 오독하고 있다고 생각한다.

플라톤주의의 대안적 견해로부터 위협이 있었다. 그 견해는 세계를 신으로부터 유출된 것으로 그렸다.…범재신론은 절대적인 신적 내함성의 필요성에 대해 강력하게 강조하고 있는 일종의 현대판 유출설을 대표한다."[55]

폴킹혼 자신의 입장은 범재신론을 인정하지 않으면서 초월성에 대한 고전적 유신론의 지나친 강조를 수정하고자 하는 것이다. "필요한 모든 것은 피조물들이 신적 임재 가운데서, 그리고 살아 계신 하나님의 활동의 맥락 가운데에서 살아간다는 점을 재확언하는 것이다." 폴킹혼은 하나님의 본질적인 존재와 그의 에네르게이아(energies, 이 전문 용어를 에너지라고 번역하기 쉬우나 실제로는 밖으로 표출되어 나오는 힘의 작용/활동을 가리키는 말이다—옮긴이), 즉 "내재적으로 활발한 바깥을 향한 신의 작용들"(the immanently active divine operations *ad extra*) 사이를 구별하는 동방 정교회의 구별을 채택하면서 시작한다.[56] 그런 다음에 폴킹혼은 라너의 규칙과 신의 수축으로서의 시공간을 가리키는 "침춤"을 포함하여, 몰트만의 몇 가지 핵심 사상들을 상기시키는 신적 자기 제한 혹은 케노시스적 삼위일체 신학을 스케치한다.

폴킹혼은 하나님이 순수 영원이라는 고전적 유신론의 개념을 배격한다. 세계에 대한 하나님의 인식은 시간적이다. "만일 하나님의 창조세계가 본래적으로 시간적이라면, 진정 창조주는 반드시 창조세계의 시간성 가운데서 창조세계를 알아야 한다." 여기서 폴킹혼은 하나님이 양극적이라는, 즉 영원한 동시에 시간적이라는 화이트헤드와 하트숀의 개념을, 그들의 형이상학을 채택하지 않으면서 인정한다. 세계에 대한 하나님의 인식은 시간적이기 때문에, 하나님은 오직 현재와 과거만을 아신다. 미래는 아직 현실화되지 않았기 때문이다. "내가 찾고자 하는 종류의 양극적 유신론에서 하나님은 오로지 시간 안에서 색인화된 현재의 전지성(omniscience)만을 소유하기로 **선택한** 것으로 이해된다.…하나님은 앞으로 마침내 알 수 있게 될 모든 것을 아직은 알지 못하신다."

---

55 Polkinghorne, *Science and the Trinity*, 97.
56 앞의 책, 98.

그러나 자유를 가지고 있는 피조물들의 미래의 행위들을 모른다고 해서 세계를 구속하는 하나님의 힘이 축소되는 것은 아니다. 폴킹혼은 하나님이 어떻게 성공하실지에 대한 예를 든다. "맞수인 피조물이 어떤 수를 두든지 게임을 이기게 될 우주적인 체스 게임의 거장(Grandmaster)을 언급한 윌리엄 제임스의 예를 생각해보라." 폴킹혼은 또한 "하나님과 창조세계의 적절한 관계는 피조물들의 진통에 동정적으로 연대함으로써 갖게 되는 신의 고난이 포함된다"고 긍정한다. 신의 고통은 피조물들에 의해서 변화되는 일에 대한 하나님의 개방성을 함의한다. 그것은 하나님이 시간 안에 참여하심을 함의하며, 그것은 다시 신의 속성들에 대한 양극적 이론을 요청한다.[57]

신의 양극성은 성육신에 가장 잘 나타난다. "그리스도는 정확히 인간의 본성과 신의 본성이라는 두 본성 가운데서 창조주의 무한한 생명과 피조물들의 유안한 생명들 사이를 잇는 다리를 구성하는 분으로 인식되어야 한다." 그러나 전체 삼위일체가 창조세계와 관련해서 양극적이다. "하나님의 통일성 안에서의 시간적인 것과 영원한 것의 친밀한 상보적 성격은 또한 세계의 토대로부터 죽임 당한 어린양에 대해서 말할 수 있으며(계 13:8), 또한 창조세계의 산고에 대한 하나님의 지속적인 참여에 대해서도 말할 수 있게 해준다."[58]

혹자는 과연 고전적 유신론에 대한 폴킹혼의 양극적 대안이 범재신론을 피하고 있는지 의구심을 가질 수 있을 것이다. 폴킹혼의 견해들은 많은 점에서 피코크, 클레이튼, 몰트만의 견해와 유사하다. 범재신론에 대한 그의 비판들이 "하나님-세계" 관계에 대한 그들의 견해들에 항상 적용될 수 있는 것도 아니다. 여러 점에서 그 차이점은 실질적이라기보다는 단지 용어상의 차이점인 것으로 보인다. 어쨌든, 폴킹혼은 현재 세계에 대한 신학으로서의 범재신론은 배격한다고 주장한다.

---

57 앞의 책, 108-9.
58 앞의 책, 114, 116.

종말론적 성례전적 범재신론

그러나 폴킹혼은 종말론적 범재신론에 대해서는 명시적으로 긍정한다. "범재신론은 현재의 실재가 아니라 종말론적 성취로서는 맞다."[59] 하나님 나라가 임할 때, 우리는 하나님 안에 존재론적으로 참여하게 될 것이다. "이 운명은 실로 '쎄오시스'(theosis, 신성화), 하나님의 생명에의 참여가 될 것이다." 그런 다음에 심지어 폴킹혼은 하나님의 영원한 본성과 시간적 본성 사이의 차이점을 재진술함으로써 신적 초월성을 주장하기까지 한다. "그 참여는 영원한 신적인 극(the eternal divine pole)의 형언할 수 없는 생명에 대한 인간의 참여는 아닐 것이다. 오히려 그 참여는 그리스도 안에서 우리가 접근할 수 있게 된 신성의 시간의 극(the temporal pole of deity)의 풍성함에 대한 끊임없는 탐구가 될 것이다."[60] 폴킹혼은 하나님 나라가 장차 올 세계에 적합한 시간, 공간, 물질, 구현의 형태들 가운데서 이 세계의 자기-동일적인 피조물들(self-identical creatures)을 포함하게 될 것이라고 강조한다. "하나님의 최종적인 목적은 피조물들이 베일을 벗은 신적 임재의 경험을 온전히 누림으로써 신적 동력(신적 에네르게이아)에 참여하게 하는 것이다." 만물 안에 하나님이 실질적으로 상호 호혜적으로 임재하는 일을 그리면서, 폴킹혼은 자신의 종말론을 성례전적 범재신론이라고 부른다.[61] 이 이름은 피코크가 현재에 적용하는 것과 동일한 명칭이다.

---

59 Polkinghorne, *Faith of a Physicist*, 168.
60 Polkinghorne, *Science and the Trinity*, 115-16.
61 앞의 책, 166. 특히 제6장 "Eschatological Exploration" 전체. 그는 Moltmann과 Pannenberg가 하나님 나라를 설명하고 있는 방식에 완전히 동의하지는 않는다. Pannenberg는 특히 개별자들의 지속적인 실존성을 파기하는 방식으로 시간적 실존성을 영원성에 동화시키는 것처럼 보인다.

결론

이 장에서 살펴본 과학자이자 신학자인 이들은 모두가 다 점차적으로 복잡해지며 다양해지는 존재자들을 지니고 있는 진화해나가는 시스템으로서의 우주를 공통적으로 그리고 있다. 모두가 범재신론에 동의한다. 그리고 한 사람을 제외한 모든 사람들이 과학과 신학에 대한 최상의 종합으로서 범재신론에 동의한다. 모두가 다 과학을 토대로 하여, 우주가 함께 상호작용하는 하나님에 대한 인격적 견해를 주장한다. 그리고 모두가 다 하나님이 남성적 특성과 여성적 특성을 갖고 있다고 지적한다.

그러나 그들 가운데는 흥미로운 차이점들이 있다. 바버와 데이비스는 하나님과 세계의 관계에 대한 유비로서 정신과 신체 사이의 관계에 대한 유비에 동의하지 않는다. 그러나 피코크와 클레이튼은 그 유비에 동의한다. 창조주와 피조물들 사이의 힘의 균형에 대해서, 바버는 과정 사상에 동의하지만, 과연 하나님이 설득에 제약을 받는지, 과연 피조물들이 과정신학이 주장하는 정도로 스스로를 창조하는지에 대해서 의문을 갖고 있다. 데이비스는 하나님이 피조물들에게 자기 발생을 하도록 권능을 부여할 정도로 자신을 제한하기로 선택했다고 주장한다. 폴킹혼은 신적 자기 제한 및 피조물의 자유를 만물에 대한 하나님의 적극적인 참여에 대한 똑같이 강력한 강조와 결합시키는 점에서 피코크와 클레이튼에게 합류한다. 이 장에서 살펴본 모든 사람들은 하나님의 창조 행위가 자발적임을, 의지적인 것임을 주장한다.

기독교 신학에 관해서, 데이비스는 많은 말을 하지 않는다. 그리고 바버는 약간의 매우 일반적인 연결을 짓는다. 피코크와 클레이튼, 폴킹혼은 자신들의 범재신론을 더욱 빈번하고 광범위하게, 삼위일체, 성육신, 인간 안에 있는 하나님의 형상, 구속, 성례전들, 종말론적인 하나님 나라 등의 기독교 교리에 연결시킨다.

그러나 이 사상가들 가운데 아무도 기독교 신학을 표명하는 데까지는 나가지 않았다. 이와 비교해볼 때, 신학자로서 판넨베르크는 이들 과학자 겸 신학자들 중 어느 누가 기독교 교리에 대해서 쓴 것보다 훨씬 더 광범위하게 자연과 과학과 과학의 철학에 대해서 썼다.

그러므로 결국 현대 기독교 범재신론의 전체 파노라마—그 공통적인 단언들과 다양한 표현들과 내부 논쟁들—는 이 장이 다루고 있는 과학적 신학들이 캅과 그리핀의 철학적 신학 및 라너, 맥쿼리, 몰트만, 판넨베르크와 같은 사상가들의 조직신학들과 나란히 놓여질 때만 조망될 수 있다.[62]

---

62 이 파노라마의 대부분은 Clayton과 Peacocke가 편집한 책인 *In Whom We Live*에서 다루어지고 있다.

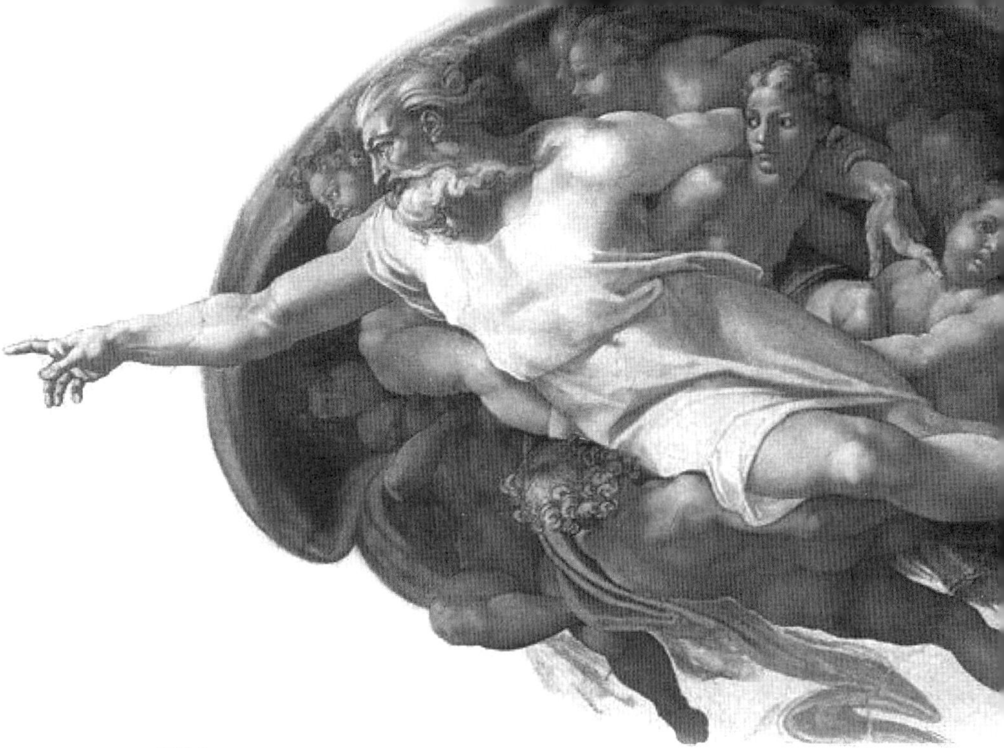

제 14 장

| 나는 왜 범재신론자가 아닌가 |

대답의 성격

관점의 다양성

이 장은 범재신론에 대한 비판석이고 변증석인 답변이다. 이 간단한 장을 통해서는 몇 가지 핵심적인 성경적·신학적·철학적·세계관상의 쟁점들에 대한 간략한 언급 이상을 시도하는 것이 불가능할 것이다.[1] 그렇지만 나는 다른 고전적 기독교 유신론자들이 훨씬 충분히 설명하고 옹호하고 있는 명확한 입장을 약술할 것이다. 나는 이들 중 몇 사람을 참조하고 있다. 그 내용을 제시하기에 앞서서 내 답변의 성격을 진술하려고 한다.

범재신론과 고전적 기독교 유신론 사이의 논쟁은 다양한 관점들을 발생시키는 여러 가지 요소들과 관련되어 있다. 성경에 대한 믿음의 종류가 한 가지 중요한 요소다. 성경은 어떤 성격의 책인가? 성경은 무엇을 가르치는가? 현대 그리스도인들은 성경의 가르침을 어떻게 받아들여야 하는가? 이러한 물음이 중요하다. 성경에 대한 전통적인 개신교의 견해는 판넨베르크의 견해와 다르다. 그렇지만 틸리히의 견해나 데이비드 그리핀의

---

1 이 쟁점들 대부분이 제1장에서 언급되었다. 이 장에서는 이전 장들에 있는 자료에 대해서는 페이지를 언급하지 않고 "헤겔의 변증법", "테이야르의 기독론"과 같은 식으로 언급할 것이다. 이 장에서 나는 나 자신의 입장에 대해서 관련 자료들을 언급하거나 완전한 정당화를 제공하지는 않으면서 제시하고자 한다.

견해와 다른 만큼은 다르지 않다. 두 번째 중요한 요소는 교리적 입장이다. 니케아 신조와 같은 역사적인 보편교회 신앙고백들과, 벨기에 신앙고백, 웨스트민스터 신앙고백, 혹은 로마 가톨릭 교회의 요리문답과 같은 보다 최근의 교리적 표준서에 헌신적인 신학자들은 그렇지 않은 신학자들과는 매우 다른 견해를 가질 수 있다. 세 번째 요소는 한 사람이 가지고 있는 철학적·신학적 시각이다. 개혁주의 전통은 특히 하나님의 주권적 자유를 강조하는 점에서 아우구스티누스적이며 스코투스적이다. 그래서 범재신론에 강하게 반대한다. 동방 정교회는 신플라톤주의에 크게 빚지고 있다. 그래서 상당수의 정교회 신학자들은 신중하게 설명된 범재신론의 형태들을 기꺼이 받아들인다. 판넨베르크와 몰트만과 같은 독일 그리스도인들은 그들의 철학 전통이 헤겔과 셸링의 강력한 영향을 받고 있기 때문에 역사적 기독교 신앙을—예를 들어 화란의 칼빈주의와 영국 청교도주의, 혹은 스코틀랜드 장로교회의 유예들보다는 훨씬 더 쉽게—범재신론적으로 이해한다. 궁극적인 실재에 아리스토텔레스의 논리가 더 잘 부합하는지, 아니면 플라톤의 변증법이 더 잘 부합하는지에 대해서 사람들마다 다른 직관을 가질 수 있다.

이 모든 요인들은 다양한 조합을 이루면서, 성경적 기독교와 고전적 유신론, 및 범재신론 사이의 관계에 대한 합의된 결론에서 절정에 달할 간단한 논의를 실질적으로 불가능하게 만들고 있다. 가능하고도 열매를 맺을 수 있는 길은 신학자들이 성경과 기독교 교리, 철학적 선호 및 자신들 입장들에 대한 논증을 명확히 진술하고, 다른 입장들에 대해서 서로 존경하고 기꺼이 배우고자 하는 태도를 가지고 비판하며 대화하는 것이다. 이 연구는 이러한 정신 가운데서 범재신론의 역사를 개관하고자 하는 시도였다. 그리고 그 정신 가운데서 나는 지금 나 자신의 입장을 진술하고자 한다. 바라기는 모든 독자들이 내 견해의 정직성을 인식하고, 또한 나와 동일한 시각을 공유하고 있는 이들이 내가 하고 있듯이 범재신론을 피하겠다고 결론을 내릴 수 있기를 바란다.

다음은 내가 믿는 바에 대한 진술이다. 나는 성경을 하나님이 감동(영감)하신, 오류 없이 참된, 그 가르치는 바에 권위가 있는 책으로 보는 전통적인 기독교 견해와 성경에 대한 개혁주의 해석과, 니케아 신조와 같은 에큐메니컬(보편교회) 신조들과, 개혁주의 신앙고백들과 역사적 개혁주의 신학에 근거한 신학적 전망을 확신한다. 따라서 나는 세계와 관련하여 하나님의 초자연적인 초월성과 자유에 대한 건실한 개념과, 창조세계 가운데서의 하나님의 행위와 섭리와 특별 계시와 기적, 역사 가운데서의 하나님의 구원 행위들—특히 예수 그리스도의 위격 및 사역과 성령을 통한 구원 행위들—에 대한 굳건한 견해를 견지한다. 나는 고전적 유신론이 내가 서 있는 아우구스티누스적-칼빈주의 전통의 철학적 신학이었기 때문에 고전적 유신론에 호감을 갖고 있다.

또한 나는 여러 면에서 열린 자세를 취하고 있다. 첫째, 나는 고전적 유신론도 범재신론도 본래 기독교적도 비기독교적도 아니라는 점을 인정한다. 그 두 입장 모두 "철학자들의 신들"을 대변할 수 있다. 그 둘 다 역사적 기독교 신학을 위해서 사용되어왔다. 그리고 비그리스도인들도 그 두 입장을 다 수용하고 있다. 둘째, 나는 시간 및 변화와 하나님의 관계에 대해서 그리고 피조물들에 의해서 영향을 받는 하나님에 대해서 범재신론자들과 여타의 관계적 신학자들이 제기한 고전적 유신론에 대한 도전들을 인정한다. 셋째, 나는 고전적 유신론을 성경 및 신앙고백의 가르침에 일치하게 수정하고 고전적 유신론에 대한 대안적 사고를 고찰할 태세가 되어 있다. 나는 미묘한 차이점은 있지만 적절하게 설명된 삼위일체적 범재신론에 대해서도 비록 나 자신은 그에 동의할 수 없다 할지라도 올바른 기독교 신학으로 볼 수 있다고 본다.

다양한 신학적 입장들

하나님과 세계의 관계에 대한 몇 가지 구별되는 신학 입장들인, 고전적 기독교 유신론, 변형된 고전적 기독교 유신론(modified classical Christian theism), 개정된 고전적 기독교 유신론(revised classical Christian theism), 기독교 범재신론, 비기독교 범재신론이 어떤 것인지 확인해봄으로써 내 답변을 좀더 명료하게 해보자.

모든 고전적 기독교 유신론은 제한 없는 창조주-피조물의 구별을 주장한다. 전통적인 형태의 유신론은 하나님의 영원성을 긍정한다. 변형된 (완화된) 형태는 하나님이 시간에 참여하신다고 주장한다. 그 변형된 형태는 그에 맞게 하나님의 속성들을 조율하되, 모든 피조물과 시간과 장소에 대한 하나님의 완전한 전지전능함을 계속해서 긍정한다. 만일 하나님이 시간내석으로 피조물들에게 응답한다면, 하나님의 수권적인 지식과 의지에 따라 행함으로써 그렇게 하신다고 본다. 개정된 고전적 유신론은 한 걸음 더 나아간다. 개정된 고전적 유신론은 하나님의 지식을 시간에 의해 제약되어 있는 것으로, 하나님의 권능을 피조물들의 선택과 행위에 상대적인 것으로 제한한다. 피조물들이 하나님에게 영향을 준다. 따라서 하나님은 어느 정도로는 자신의 지식과 가능한 행위의 면에서 피조물들에게 의존한다.[2]

기독교 범재신론자들과 비기독교 범재신론자들의 차이점은 그리스도인들은 삼위일체와 세계 안에서의 하나님의 구원하시는 현존으로서 예수 그리스도의 성육신을 강조하지만, 비그리스도인들은 좀더 일반적인 진술을 제공한다는 것이다. 기독교 범재신론자들과 비기독교 범재신론자들 사

---

2 예를 들면, Charles Hodge, Benjamin Warfield, Herman Bavinck, Louis Berkhof는 전통적인 개혁주의 고전적 유신론자들이며, Paul Helm, Elenore Stump, Norman Kretzmann은 전통적인 고전적 유신론자들인 현대 철학자들이다. Richard Swinburne, Nicholas Wolterstorff, Alvin Plantinga, William Lane Craig는 변형된 고전적 유신론자들이다. 열린/자유 의지 유신론자들(Open/free-will theists)은 개정된 고전적 유신론자들이다.

이의 여타의 차이점들에 따라서, 어떤 범재신론자들은 다른 범재신론자들보다는 다양한 종류의 고전적 유신론에 더 가깝기도 하고 멀기도 하다. 이 책 전체를 통해서 확인한 구별 사항은 그 범재신론이 인격적이냐 비인격적이냐, 전체-부분의 관계냐 관계적이냐, 자연적이냐 그리고/혹은 의지적이냐, 고전적(신의 결정 옹호론자)이냐 아니면 현대적(협동적)이냐 하는 것이다.[3]

범재신론에 반대해서, 나는 상당히 전통적인 고전적 유신론을 제시하고자 한다. 그러나 나는 시간에 대한 하나님의 관계와 관련 있는 최소한의 완화에 대해서는 열려 있다. 전통적인 고전적 유신론이 단일하며 획일적인 입장이 아니라는 점에 주목하는 것이 중요하다. 범재신론이 그렇듯, 전통적인 고전적 유신론에도 많은 쟁점들에 대해 차이점과 뉘앙스가 존재한다. 광범위한 일반화는 대상을 희화화하게 될 위험이 있다.[4] 많은 전통적인 신학자들은, 고전적 유신론이 아브라함과 이삭과 야곱의 하나님, 예수의 하나님 대신 철학자들의 하나님을 대변한다는 상투적인 관념에 그리 잘 들어맞지 않는다. 나는 전통적인 신학자들을 인정한다.

다음은 내가 범재신론자가 아닌 주요한 성경적·신학적·철학적·세계관적 이유들이다. 이 장의 결론은 이 부분에서 확인하고 있는 다양한 고전적 유신론 및 범재신론의 종류에 대해 간략하게 논평한다.

---

3   제1장은 다음과 같은 구별들을 소개했다. 하나님은 인격적인 기반이거나 비인격적인 기반이다. 피조물들은 하나님의 일부분들로서 "하나님 안에" 있거나 아니면 존재론적으로 하나님과 상호 관계를 맺고 있다. 하나님은 선택하심으로써(즉 의지를 사용해서—옮긴이) 창조하시거나, 본성적으로 창조하시거나, 아니면 둘 다이거나 한다. 그리고 피조물들은 하나님과 작인적으로(causally, 하나님에게 뭔가를 유발시키도록—옮긴이) 상호 작용하지 못하거나(고전 유신론), 그렇게 한다(현대 유신론).
4   예를 들어, 개혁주의 신학자인 하나님의 비공유적인 속성들에 대한 Louis Berkhof의 처리를 보면 먼저 절대성과 무한성이라는 철학적 정의들을 언급한 후에, 그 정의들을 기독교 신학에서 쓸 수 있도록 윤색(조율)하거나 재정의하고 있음을 볼 수 있다["The Incommunicable Attributes," part 1, chap. 6. *Systematic Theology* (Grand Rapids: Eerdmans, 1939, 1976)].

성경의 하나님

기독교 신학은 하나님에 관하여 성경이 계시하는 바를 충실하게 표현해야 한다. 고전적 유신론과 범재신론 사이의 차이점들과 관련 있는 핵심적인 성경 주제들로는 최소한 네 가지가 있다. 그것들은 "하나님 안에" 있음이라는 주제, 세계 안에서의 하나님의 활동(행하는)이라는 주제, 세계와 하나님과의 존재론적 관계라는 주제, 그리고 성부, 성자, 성령이신 한 분 하나님이라는 주제다.

하나님 안에 있음

첫째, 성경 저자들은 하나님 "안에" 있는 상태에 대해서 말하고 있다. 사도행전 17:28에서 사도 바울은 한 그리스 시인의 시구를 빌어와서 "우리가 그를 힘입어(in him) 살며 기동하며 존재하느니라"라고 말한다. 예수는 요한복음 17:21에서 "아버지여, 아버지께서 내 안에, 내가 아버지 안에 있는 것같이 그들도 다 하나가 되어 우리 안에 있게 하사…"라고 기도하신다. 따라서 피조물들이 "하나님 안에" 있다는 주장만으로는 비성경적이라고 치부될 수 없다. 겉으로 보기에 "성경적인 범재신론"이 존재한다. 그러나 이 사실은 그 쟁점을 해소시켜줄 수 없다. 고전적 유신론이 하나님 안에 있음에 대한 자체적인 진술을 가지고서 이러한 본문들을 즉시 설명해내기 때문이다. 아래서 논의되는 진짜 쟁점은 고전적 유신론과 범재신론이 신의 내재성을 어떻게 이해하느냐 하는 이해 방식의 의미심장한 차이점에 있다.

응답하시는 하나님

둘째, 현대 범재신론자들과 여타의 관계적 유신론자들이 성경이 하나님을 사람과 유사하게 여러 방식으로 행동하고 응답하시는 분으로 제시한다고 주장하는 것은 참으로 정확한 말이다. 그러나 이 사실이 각별하게 범재신론을 선호하는 것은 아니다. 고전적 유신론에 대한 가장 현대적인 버전들 역시 하나님이 관련을 맺고 응답하신다는 점을 긍정하기 때문이다. 인정할 수밖에 없듯이, 전통적인 고전적 유신론이 이러한 성경의 제시를 완전히 신인동형론적으로 취급하고, 전적으로 영원하며 부동적인 하나님이 어떻게 역사 가운데서 순차적으로 행동하며 피조물들과 상호 작용하는지를 설명하는 것은 더욱 복잡한 일이다. 고전적 범재신론도 마찬가지의 문제를 지니고 있다. 고전적 유신론과 마찬가지로 고전적 범재신론도 하나님이 모든 것을 결정하는 원인이시며 피조물들에 의해서 영향을 받지 않는다고 확언하기 때문이다.

하나님과 세계의 관계

셋째, 많은 범재신론자들은 유비적으로 세계가 하나님의 일부라거나 하나님이 세계-영혼이며 우주는 그의 몸이라거나 혹은 하나님과 세계의 관계는 정신과 신체의 관계라고 보는 것이 최선이라고 제안한다. 그러나 그러한 주장은 성경의 근거가 전혀 없다. 어떠한 성경 텍스트도 세계가 하나님의 영원한 본성상으로나 그의 실질적인 존재에 있어서 하나님의 일부분이라는 점을 시사하거나 함축하고 있지 않다. 성경이, 주로 구약성경이, 하나님을 언급할 때에 입, 눈, 얼굴, 심장, 숨결, 오른손, 거룩한 팔과 같은 신체상의 용어들을 사용해서 언급하고 있음이 사실이다. 그러나 그러한 텍스트가 하나님의 몸으로서의 세계라든지, 하나님의 몸의 일부인 어떤 피조물을 표시하는 것은 아니다. 사실상 이러한 신인동형론은 하나님을 자신의 일부가 아닌 다른 존재자들과 신체적으로 관련을 맺는 분으로 표상함으로써 하나님과 세계의 타자성을 강조해주고 있다. 하나님의 강력한 팔은 만들고, 쳐들고, 다스리고, 하나님 자신이 만드신 것들—자신이 아닌 인공물들—을 처벌하고 구해내는 일을 한다. 성경에 아주 드물게 나오는 창조에 대한 출산의 은유(메타포)조차도 그 소생이 몸체의 일부분이 아니라 그 부모로부터 구별됨을 함의하고 있다. 하나님의 몸에 대한 언급들은 은유적으로 하나님의 몸으로서의 세계가 아니라 세계 가운데서 행하시는 하나님의 권능을 표상한다. 따라서 부분-전체 및 영혼/정신-인격-신체 모델들은 성경이 하고 있듯이 이러한 타자성을 표상하지 못하고 있다. 그러한 모델들의 전거(詮據)는 플라톤의 『티마이오스』다.

성경은 그리스도에 대해 "만물 위에 교회의 머리"이며 "교회는 그의 몸"(엡 1:22-23 및 다른 곳)이라고 말한다. 여기에 테이야르와 기타 등등의 신학자들이 범재신론적으로 구성한 머리-몸의 언어가 있다. 즉 세계가 그리스도 안에 있으며, 그리스도는 하나님이시기 때문에 세계는 하나님의 몸이며 그리스도는 그 몸의 머리라는 것이다. 그러나 이러한 읽기는 성경의 은유들을 뒤섞고 있다. 이 텍스트에서, "머리"는 우주적인 신적인 몸의 머리가 아니라 "지배자"(ruler, 통치자)를 뜻한다.[5] 이 텍스트는 분명하게 하나님이 만물을 "그의 발아래" 두신다고 말한다. 이 표현은 비유적으로 만물이 그리스도의 몸의 일부분이 아님을 함축한다. 바울이 볼 때, 교회는 그리스도의 몸이다. 그리스도의 몸 안에 있음은 "그리스도 안에" 있음으로부터 나온다. 이 사실은 요한에게와 마찬가지로 바울에게도 지극히 중요하다. 그러나 그리스도 안에 있음은 성령에 의해서 중생하고 유지되는, 공동체적인 구속적 관계—하나님의 새 백성인 교회에 소속됨—를 말하는 것이다. 그것은 범재신론이 주장하는 존재론적인 "안에 있음"(in-ness, 내함성)을 가

---

5 W. W. Bauer, W. F. Arndt and F. W. Gingrich, *Greek-English Lexicon of the New Testament and Other Early Christian Literature* (Chicago: University of Chicago Press, 1957), 431.

리키는 은유가 아니다. 요약하자면, 그리스도 안에 있음과 그리스도의 몸 됨이라는 성경의 언어에 대한 표준적인 주해는 세계-영혼 범재신론을 위한 발판을 전혀 제공해주지 않는다.

삼위일체 하나님

마지막으로, 성경은 세 위격으로 계시는 한 분 하나님을 제시한다. 성부, 성자, 성령에 대한 신약성경의 계시는(예를 들어, 마 28:19) "이스라엘아, 들으라. 우리 하나님 여호와는 오직 유일한 여호와이시니"(신 6:4)라는 구약성경의 선포를 해명한다. 그러므로 나는 하나님에 대한 기독교의 가르침은 어떠한 가르침이라 할지라도 반드시 완전히 삼위일체적이어야 한다고 판단하는 몰트만과 판넨베르크와 같은 범재신론자들을 포함하는 신학자들에게 동의한다. 과정신학은 이 검증을 통과하지 못한다.

그러나 나는 후기 헤겔주의(Post-Hegelian) 삼위일체 범재신론자들에 대해서 두 가지 큰 우려를 한다. 첫째, 뵈메, 헤겔, 셸링의 전통에 서서 가능태(잠재태)들의 변증법적 통일의 맥락에서 신의 삼위일체성을 설명하는 것은 성경 계시를 훨씬 넘어서는 철학적 사변이라는 점이다. 설상가상으로, 그러한 설명은 성경이 말하는 신론에 영지주의적이며 신플라톤주의적인 범주들을 부과함으로써 성경적인 신론을 왜곡시킨다. 성경이 말하는 하나님의 중심에는 영원한 안티테제(반)-종합테제(합), 곧 갈등과 해소의 역동성이 전혀 존재하지 않는다. 이것은 고전적 유신론에 반대하면서 고전적 유신론이 그러하다고 주장하며 내놓는 의견과 마찬가지로, 똑같은 종류의 철학적 왜곡이다. 둘째, 하나님을 시간화하는 현대 범재신론자들은 하나님의 실질적인 존재론적 삼위일체성을 설명함에 있어 어려움을 갖는다. 판넨베르크와 몰트만에게 있어 하나님의 현실적인 실존성은 역사가 종말에 접근해가면서 더욱 구별되게 셋이 되는 동시에 더욱 완전하게 하나가 되어가고 있다. 본질적인 존재론적 삼위일체는 영원히 실재하지만 아직은 완벽하게 현실적이 아니다. 삼위일체에 대한 테이야르의 견해는 자체적인 문제점들을 갖고는 있지만, 후기 헤겔주의자들의 삼위일체관보다는 더 적합하다.

성경의 하나님이 지니고 있는 이러한 네 가지 일반적인 성격들에 대해서, 범재신론은 분명 고전적 기독교 유신론보다 우월하지 못하다. 그리고 대부분의 변형된 형태들은 부적합하다.

교리적이며 신학적인 쟁점들

이 부분은 앞에서 제기된 쟁점들을 신학적으로 설명하고, 하나님의 본질, 실유성, 초월과 내재에 대한 고전적 기독교 유신론과 다양한 종류의 범재신론의 차이점들을 조명한다. 이 부분은 성경이 말하는 하나님에 대한 철학적 희화화가 아니라, 다른 기독교 신학자들도 가르치고 있는 고전적 유신론의 한 가지 형태를 약술한다.[6]

하나님의 자충족성과 창조할 자유

고전적 유신론은 하나님의 자존성 혹은 자충족성을 강력하게 주장한

---

6 Stephen Charnock (1628-1680), *Discourses upon the Existence and Attributes of God* (New York: Robert Graves, 1873); François Turrettini (1623-1687), *Institutes of Elenctic Theology*, ed. James Dennison Jr., trans. G. M. Giger, 3 vols. (Phillipsburg, NJ: P&R, 1992-1997); Herman Bavinck (1854-1921), *Reformed Dogmatics*, vol. 2, *God and Creation*, ed. John Bolt, trans. John Vriend (Grand Rapids: Baker, 2004); Berkhof, *Systematic Theology*는 다른 세기들에 속하는 고전적인 개혁주의 신학자들의 작품들로서, 하나님에 대한 그들의 견해는 철학적인 문제점들을 잘 인식하고 조율하고 있으며, 고전적 유신론을 "성경의 하나님이 아닌 철학자들의 하나님"이라고 말하는 부정적인 희화화를 피하고 있다. 고전적 유신론에 대한 현대적인 진술로는 다음 글이 있다. Laura Smit, "Who Is God?" in *Conversations with the Confessions: Dialogue in the Reformed Tradition*, ed. Joseph Small (Louisville: Geneva, 2005), 93-100.

다. 즉 하나님은 자신 이외에 다른 어느 것도 필요하지 않고 그것에 의존하지도 않는다는 것이다. 하나님은 자신이 세계를 창조하든지 하지 않든지 간에 절대적으로, 영원히, 반드시(필연적으로) 존재한다. 따라서 하나님의 세계 창조는 수많은 가능성 가운데서 나온 순전히 자유로운 선택이다. 그러므로 현실의 세계를 창조하거나 혹은 다른 가능한 세계를 창조하거나 혹은 전혀 창조하지 않거나, 그 모든 것은 하나님의 본성과 실유성과 일치하며 그에게 의존되어 있다.[7] 하나님의 선택은 하나님이 창조하신 세계를 유지할지, 어떻게 유지할지를 포함한다. 창조세계에 대한 하나님의 주권(주재권)은 이 선택을 포함한다. 하나님은 세계를 다스리실 뿐 아니라, 또한 세계를 존재하게 할지 그리고 어떠한 세계가 존재하도록 할지를 결정하시는 분이기 때문에 주님(주재자)이시다. 하나님은 창조하고 유지하는 자신의 권능에 대해 완전한 지식을 갖고 계시기 때문에 영원 전부터 가능한 모든 세계들과 그 세계 가운데 존재할 수 있는 가능한 모든 피조물들에 대해 알고 계신다. 이러한 관념상의 의미에서 우리의 세계와 가능한 모든 세계들은 영원 전부터 "하나님 안에" 존재한다. 그러나 그러한 세계들과 피조물들은 하나님의 일부분이 아니다. 하나님의 존재론적인 독립성이 지니고 있는 한 가지 중요한 함의는 하나님의 창조 행위가 참으로 아가페적이라는 것이다. 피조물들에게 존재성을 제공함에 있어서 하나님은 전적으로 사랑 가운데 은혜로 그렇게 하신다는 것이다.

범재신론자들은 하나님과 창조세계에 대한 다양한 입장을 견지하고 있다. 신플라톤주의자들과 과정신학자들 같은 몇몇 사람들은 즉시로 하나님이 본성적으로 불가피하게 창조하신다고 확언한다. 주로 그리스도인들이면서 범재신론자들인 다른 몇몇 사람들은 하나님의 창조 행위가 사랑

---

7 몇몇 고전적 유신론자들은 하나님에게 있어서 세계의 불가피성을 긍정하기도 하고, Aquinas가 그렇다고 혹자가 말하듯이 양립 가능성을 주장할 수도 있다. 그러나 Duns Scotus, 개혁주의 전통, 그리고 많은 고전적 유신론자들은 하나님의 주권(주재권)이 하나님이 어떠한 가능한 세계를 현실화하든지 간에 거기에까지 확대된다고 주장한다. 하나님의 창조할 수 있는 임의적인 선택이 논리적으로는 가능하지만, 범재신론자들 가운데는 그러한 사항이 거의 없다.

에서 나온 것이며 자유 의사로 행하시는 것이라고 주장한다. 그러나 그들은 거의 언제나 하나님의 의지에 대해서 양립 가능하다는 입장(즉 자유와 결정론이 둘 다 동시에 가능하다는 주장)을 주장하거나 암시한다. 그 말은 하나님이 불가피하게 창조를 하시며, 또한 창조에 대한 하나님의 사랑은 어느 정도 필요를 만족시키는 일이라는 뜻을 내포하고 있다. 하나님의 거리낌 없는 자유에 대한 클레이튼의 주장은 예외적이며, 그 때문에 그는 자신이 다른 면에서는 긍정적으로 보고 있는 셸링의 양립 가능론과 결별하지 않을 수 없다. 정리하자면, 범재신론 전통은 고전적 유신론과 비교해보자면, 특히 하나님의 나머지 본성과 일관되게 하나님의 의지의 자유를 강조하는 스코투스 및 개혁주의 신학자들의 전통과 비교해보자면, 하나님의 자존성과 주권에 부적합하다.

역설적이게도, 대부분의 범재신론이 포용하고 있는 신적 자유 개념은 사실상 창조세계에 대한 선택을 하나님에게서 박탈한다. 신플라톤주의적 범재신론과 영지주의적 범재신론은 신의 자유와 우연성을 하나님 안에 있는 비존재 혹은 하나님 안에 있는 무(nothingness)에, 즉 무엇인가가 되려는 영원한 충동에 자리매김한다. 무로부터의 창조라는 기독교 교리는 이런 식으로 해석됨으로써 "무"(nothing)를 창조적인 잠재력, 창조하고자 하는 충동으로 규정한다. 그러므로 하나님이 본성적으로 창조적이라는 것이다. 예를 들어, 에리우게나는 하나님이 존재하기 위해서 그리고 자신을 알기 위해서 반드시 창조해야 한다고 주장한다. 뵈메는 세 개의 신적인 가능태(잠재태)들의 통일이 영원히 창조적이라고 생각한다. 셸링은 하나님에게 존재할 것이냐 존재하지 않을 것이냐 하는 선택안을 제공하지만, 세계 없이 존재할 수 있는 선택안만은 제공하지 않는다. 마찬가지로 틸리히는 하나님 안에 존재와 비존재가 있다고 인정한다. 하나님 안에 있는 우연성 혹은 자유에 대한 이러한 개념들은 하나님에게 창조할 것인가의 선택권을 인정하는 것이 아니라 다만 무엇을 창조할 것이냐의 선택권만을 인정한다. 현대 범재신론은 더 나아가 하나님이 자기 결정을 내리는 자유 의지의 권한을 가진 피조물들만을 창조하도록 제한한다. 그러한 점은 예를 들어서, 신적 파악(divine prehension, 신적 포촉)에 대한 과정신학의 이론과 몰트만의 "침춤" 개념에서 확연히 드러난다. 신의 자유는 거의 모든 범재신론에서 자가 당착에 해당한다.

신의 단순성

고전적 유신론은 하나님의 단순성(simplicity, 순일성)과 부동성(immutability)을 강하게 긍정한다. 현대 신학자들은 이 두 가지 속성에 대해 도전한다. 나는 그 두 속성 각각에 대한 전통적인 형태를 변호한다.

고전적 유신론자들은 두 가지 면에서 단순성을 정의한다. 강경한 형태의 고전적 유신론은 신의 본성 그 자체가 절대적으로 구별 없이 존재한다고 확언한다. 하나님 안에서는 모든 것이 논리적으로 동일하다. 모든 신학적 구분은 하나님에게는 진정으로 적용되지 않는 제한적인 인간적 개념들일 뿐이다. 이 입장은 암묵적으로 삼위일체의 위격들 간의 어떠한 진정한 구분도, 신성 속성들의 구분도, 하나님의 본질과 존재의 구분도, 하나님의 본성과 자유의 구분도 부인한다. 그러므로 단순성에 대한 그런 식의 강경한 형태는 기독교 신학이 인정하는 대부분의 것과 모순된다. 그러나 고전적 유신론이 그러한 강경한 형태를 꼭 필요로 하는 것은 아니다. 그러한 강경한 형태의 원천은 신플라톤주의다. 신플라톤주의에서는 일자가 모든 차이점과 구별을 넘어서 존재한다. 이러한 식의 단순성에 대한 정의를 플로티누스와 위-디오니시우스, 그리고 청년 시절의 셸링 및 그에 덧붙여 몇몇 중요한 고전 기독교 신학자들이 긍정하고 있다. 그러나 나는 그러한 강경한 형태를 변호할 수 없다.

아우구스티누스와 아퀴나스의 전통 가운데 서 있는 대부분의 고전적 기독교 유신론자들은 존재(being)와 정신(mind, 예지), 선하심(goodness)을 지닌 유일하신 하나님을 확인한다. 결과적으로 그들은 단순성을 절대적 동일성(absolute identity)으로가 아니라 하나님의 자충족성(self-sufficiency)으로 정의할 수 있다. 하나님은 피조되지도 않고, 자신 이외에 다른 어떤 것에 의존적이지도 않기 때문에, 자신보다 더 기본적인 어떤 원리들이나 속성들 혹은 구성 요소들로 이루어져 있지 않다. 따라서 하나님은 (논리적으로가 아니라) 존재론적으로 순일(純一, simple)하시다.[8] 단순성(순일성)에 대한 이 정의는 합성(composition)은 배제하지만, 하나님 안에 있는 복합성—삼위일체 위격들의 진정한 구별들, 하나님의 속성들, 그의 본질과 실존(his essence and existence), 그의 본성과 자유(his nature and freedom)의 구별—은 배제하지 않는다.

부동성

부동성에 관해서도 고전적 유신론자들 사이의 의견 차이가 있다. 논리적 단순성(logical simplicity)을 따르는 강경한 형태는 하나님의 본질(essence)과 실존성(existence, 현존, 실유성)을 완전히 동일시한다. 그래서 하나님의 됨됨이와 하나님의 행위의 모든 것을 절대적으로 필연적이며 바꿀 수 없는 것으로 만든다. 하나님 안에는 자유나 우연성(비필연성)이 전혀 존재하지 않는다. 달라질 수 있었을 가능성은 절대적으로 전혀 존재하지 않는다. 이 "철학자들의 하나님"은 사실 스피노자의 견해다.

그러나 창조세계에 대한 하나님의 주권(주재권)을 인정하는 대부분의 고전적 기독교 유신론자들은 부동성에 대한 약간 다른 개념에 동의한다. 하나님의 본성은 변할 수 없지만, 주권적인 자유가 그의 본성의 일부다. 하나님은 창조하시든 창조하지 않으시든 영원히 자유로우시며, 자신의 무한

---

8 Aquinas, *ST* Ia, q. 3. 그러나 아퀴나스는 단순성(순일성)에 대한 이 두 가지 의미 사이에서 애매한 입장을 취한다. 그리하여 때때로 절대적인 동일성을 주장하는 것처럼 보이기도 한다.

한 지혜와 선하심에 따라 자신이 선택하는 것을 창조함에 있어서도 자유로우시다. 하나님의 의지는 부동이다. 하나님이 전혀 선택권이 없기 때문이 아니라 자신의 영원한 선택에 대해 항상 충실하시기 때문이다.

하나님의 창조하실 자유는 또한 그의 본질/본성과 실존성 사이의 구별을 함의한다. 만일 하나님이 세계를 창조하지 않기로 선택하거나 예수 그리스도 안에서 성육하지 않기로 선택하셨다면, 삼위일체의 생명을 포함하여 하나님의 실존성의 충만한 현실태는 현재와 달라질 수 있었을 것이다. 따라서 고전적 유신론자는 시간내적인 변화에 참여하시는 문제와는 별개로 하나님의 생명 안에 어떤 우연성(즉 비필연성)의 요소가 있음을 인정해야만 한다. 그러나 그러한 사실은 하나님의 본성 및 그의 변치 않는 의지의 부동성에 대한 강경한 개념(strong notion)과 일치한다.

고전적 범재신론자들은 고전적 유신론자들과 마찬가지로 부동성에 대한 강경한 개념을 주장한다. 즉 만물이 일자에게서 유출했다가 복귀하는 것은 불변이라는 것이다. 무와 심연(the Abyss, 혼돈)에 대한 뵈메의 사변은 하나님의 본성 안에 자유와 우연성(비필연성)이 있음을 인정하고자 시도한다. 그러나 그러한 사색들은 창조세계에 대한 하나님의 의지의 주권성(주재권)에 대한 반드시 필요한 설명 이상으로 넘어간다. 그리하여 원초적인 심연을 하나님의 중심에 자리 잡게 한다. 하나님의 실존성을 세계에 통합시키고 있는 현대 범재신론자들은 부동성에 대해서 좀더 희석된 견해를 갖고 있다. 하나님의 실존성의 유형과 목표를 포함해서 하나님의 본질(essence)은 변하지 않지만, 하나님의 현실적인 실존성(actual existence)은 지속적으로 변한다는 것이다.

하나님의 실질적인 초자연적 초월성

자존성에 대한 그 견해를 볼 때, 고전적 유신론은 실질적인 신의 초월성에 대해서 범재신론보다는, 특히 하나님의 실존성을 세계와 통합시키고 있는 현대 범재신론자들보다는 훨씬 더 건실한 견해를 소유하고 있다. 고전적 유신론은 하나님이 창조세계를 초월하여, 창조세계를 넘어서는 충만한 생명을 누리고 계심을 인정한다. 고전적 유신론은 하나님의 본질과 하나님의 실질적인 실존성을 (동일시하지는 않지만) 서로 강력하게 연결시킨다. 그리고 하나님의 모든 본질적인 속성들과 자유로운 선택들을 드러내는 하나님의 전체 삶이 영원히 그리고 충만하게 실질적(actual, 현실적)임을 인정한다. 하나님의 무한성 개념은 하나님의 실질적인 초월성에 대한 고전적 입장의 확언을 지지한다. 하나님은 우리의 세계만 아니라 가능한 모든 세계들을 다 초월하시기 때문에 창조세계에 대한 하나님의 영원하신 선택이 그의 실존성에 어떤 차이점을 내든지 간에, 그 차이점은 신적인 생명의 무한한 현실태(실질성, actuality)에 대해서 존재론적으로 아무런 영향을 주지 않는다. 그렇게 위대하신 하나님이 세계를 창조하고, 특히 타락한 세계를 사랑하고 구원하기로 선택하신다는 사실은 놀라운 은혜다. 그 일이 존재론적으로 사실상 하나님에게 아무런 변화나 차이를 만들어주지 않기 때문이다. 하나님의 실질적인 초자연적인 실존성은 세계 내의 하나님의 내재성을 무한히 초월한다. 그 내재성이 아무리 순전하고 직접적이며 지속적이라 할지라도 말이다. 고전적 기독교 유신론에서는, 초월성과 내재성 사이의 존재론적인 비율이나 "균형"을 말하는 것은 결국 아무런 의미도 없다.[9]

고전 신플라톤주의 역시 일자의 실질적인 무한 초월 개념을 갖고 있다. 그러나 고전적 유신론과는 달리, 그 개념은 실질적인 내재성을 함의한다. 따라서 초월성과 실질적인 내재성은 본질적으로 상관적(correlative)이다. 하나님은 참으로 무한하시기 때문에, 반드시 자신 안에 모든 유한한 실존성을 다 포함해야만 한다. 현대 범재신론은 초월성과 내재성 사이의

---

9 이 책 전체 내내 신플라톤주의자들이 지적했듯이, 무한자와 유한자 사이에는 무한한 차이가 있다. 그 사실은 둘 사이에 아무런 비율도 존재할 수 없음을 함축한다.

"균형"에 대해 주장하긴 하지만, 내재성 쪽으로 크게 기울고 있다. 예를 들어, 헤겔과 셸링, 화이트헤드는 하나님의 실질적인 실존성과 세계를 너무나도 강력하게 연결 짓기 때문에, 하나님의 초월적인 본질이 하나의 추상(abstraction), 제한적으로 현실화되는 성장을 위한 무한 잠재력(가능태)이 된다. 판넨베르크는 영원 무한한 초월성에 대해 전통적 견해와 유사한 정의를 내리고 있지만, 기이하게도 그 초월성을 미래에 자리매김한다. 그 미래는 현저하게 실제적(real)이지만, 아직은 충만히 현실적(actual)이지는 않은 미래다. 현대 범재신론에서 하나님의 실질적인 초월성은, 하트숀과 피코크, 클레이튼이 주장하는 대로 하자면, 고작해야 하나님의 본질을 세계에 의도적으로, 능동적으로 통합시키는 유한하며 인격적이며 자의식적인 측면들이다. 정리하자면, 범재신론은 하나님의 실존성을 세계 안에서의 하나님의 내재성과 강력하게 연결 짓는다. 하나님의 초월성은 하나님의 본질적 존재의 충만한 실질적/현실적(actual) 실존성(현존)을 포함하지 않는다. 하나님의 초월성은 세계와 더불어서 성장한다. 하나님의 실질적인 초월성과 내재성의 관계와 비율은 고전적 유신론과 범재신론에서 분명히 아주 다르다.

하나님의 초월적 현실태(실질성)는 삼위일체와도 연관성이 있다. 고전적 기독교에서 삼위일체 하나님은 창조를 하든지 하지 않든지 간에 충만하게 실질적이다. 다시 말해서 존재론적 삼위일체는 경륜적 삼위일체가 존재하든지 존재하지 않든지 간에 존재한다. 우리 인간들은 하나님이 창조세계와 성육신과 구속 가운데서 활발하게 현존/임재하시기 때문에만 하나님을 아버지와 아들과 성령으로 안다. 그러나 비록 하나님이 우리의 세계를 창조하지 않으셨다 할지라도, 삼위일체는 비록 지극히 미세하게 약간 다른 삶일 수는 있겠지만, 충만한 삶/생명을 가지실 것이다. 그러나 하나님이 창조하시기를 선택하셨기 때문에, 존재론적인 삼위일체는 경륜적 삼위일체다. 그래서 라너의 규칙에 어떤 진리가 담겨 있다.

앞에서 성경에 대해서 논한 부분에서 지적했듯이, 하나님의 실존성을 세계와 존재론적으로 연결시키고 있는 후기 헤겔주의 삼위일체 범재신론자들은 창조를 떠나서는 삼위일체의 충만한 현실태(실질성)를 인정하는 데 어려움을 겪는다. 결과적으로 그 효과에 있어서 그들은 하나님의 영원한 본질로서의 존재론적 삼위일체를 그의 실질적(현실태적) 실존성으로서의 경륜적 삼위일체와 구별하여, 존재론적 삼위일체의 충만한 현실태(실질성)를, 경륜적 삼위일체가 세계를 자체 안에 통합시키는 활동에 의존하도록 만들고 있다. 그러므로 대부분의 현대 삼위일체 범재신론자들에게 있어서 하나님의 실질적 실존성은 아직까지는 온전히 셋도 하나도 아니다.

초월성과 내재성

고전적 기독교 유신론은 하나님이 창조하실 수 있는 모든 것을 영원히 아신다는 의미에서 만물이 하나님 안에 현존하며 하나님에게 종속된다는 사실을 인정한다. 이리하여 만물은 가능한 존재자들로서 하나님 안에 내재한다. 하지만 그렇게 하나님 안에 내재하는 만물은 하나님의 본성이나 하나님의 실존성을 구성하지는 않는다. 하나님이 실재적으로 내재적인지의 여부는 창조하겠다는 하나님의 결정에 의존한다. 하나님의 세계 창조는 내재의 양식을 가능적 실존성에서부터 실질적(actual, 현실적) 실존성으로 전환시킨다. 그러나 세계의 모든 양상은 하나님이 아닌 전적 타자로서 남는다. 공간과 시간과 우주적 에너지 및 우주 질서는 신적 존재나 권능의 일부나 양상이나 차원들이 아니라 하나님에 의해서 존재하게 된 피조물들 혹은 만들어진 것들이다. 즉 하나님이 창조한 우주의 실질적 실존성의 조건들, 차원들, 양식들이다. 하나님의 내재성은 창조세계 안에 있는 모든 공간과 시간과 실체들과 사건들이 하나님에게 즉각적으로(비매개적으로) 현존하며 하나님은 그들에 대해서 그들의 유지자로서 존재함을 의미한다. 하나님은 편재해 계신다. 그러므로 고전적 유신론은 즉시로 "우리가 그 안에서 살며 기동하며 있음"과 "그가 손과 발보다 더 가까이 계심"을 인정한다. 하나님의 내재성에 대한 고전적 유신론의 이해는 또한 섭리의 면에서의 신의 **동시적인 작용**(concursus)—하나님이 지속적으로 창조세계를 지도하고, 유지하며, 힘을 부여해주시는 일—을 포함한다. 고전적 유신론에서, 하나님은 정확히 그가 **절대적으로 초월적**이기 때문에 **절대적으로 내재적**일 수—무조건적으로 창조세계에 편재할 수—있다. 고전적 유신론이 하나님의 내재성을 부정하거나 무시한다는 얘기는 뻔한 거짓말이다. 예를 들어, 아퀴나스는 "하나님이 만물 안에 존재하신다"고 주장하며, "신체적인 것들과 비슷하게, 만물이 하나님 안에 존재한다"고 주장한다. 심지어 아퀴나스는 이 유사점을 보여주기 위해서 몸이 영혼 가운데 있다는 플라톤의 유비를 사용하기까지 한다.[10] 그렇지만 아퀴나스의 철저한 존재론적인 창조주-피조물의 구별 때문에 그 유비는 세계-영혼 범재신론에서와는 상당히 다른 의미를 지닌다.

범재신론에서 하나님은 오직 **상대적으로만** 내재적이다. 하나님이 오로지 **상대적으로만** 초월적이기 때문이다. 고전 범재신론은 세계의 발생을 하나님의 본성에 본유적인 것으로 제시함으로써 하나님을 존재론적으로 창조세계에 대해서 상대적으로 만든다. 현대의 관계적 범재신론(relational panentheism, 연관적 범재신론, 하나님과 피조물들이 인과적으로 상호작용한다고 보는 범재신론이다—옮긴이)은 그보다 한걸음 더 나아가 하나님의 실질적인 실존성을 창조세계에 대해 상대적인 것으로 만들고 있다. 즉 존재론적으로, 시간과 공간과 원초적인 우주적 에너지는 절대적으로 구별되는 창조세계들이나 만들어진 것들이 아니라 하나님의 존재나 권능의 차원들 혹은 양태들이다. 하트숀, 판넨베르크, 몰트만, 피코크에 따르면, 비록 하나님이 피조물들보다는 엄청나게 더 크시지만, 우리는 어떤 존재론적인 구조들에—예를 들면, 시공간, 원인과 결과에—공동으로 참여하고 있다.[11] 비록 이

---

10 Aquinas, *ST* Ia, q. 8, 특히 art. 1, ad. 2.
11 고전적 유신론은 존재론적인 유비를 주장한다. 즉 우리의 존재는 하나님의 유한하며 타락할 수

공유/동참 존재론(shared ontology) 덕에 범재신론자들은 자기들이 하나님과 세계와의 상호 작용을 고전적 유신론이 허락하는 것보다는 훨씬 더 쉽게 설명할 수 있다고 주장하지만, 이 존재론은 또한 하나님의 내재성의 전망과 힘을 축소시키고, 그 내재성을 공유/동참 존재론에 제한시키고 있다. 범재신론적 하나님 안의 만물의 내재성에도 불구하고, 하나님의 현존/임재와 지식과 권능은 고전적 유신론의 경우처럼 완전하며 즉각적(비매개적)이며 무조건적이지 않고, 상대적이며 제한적이다.

영원과 시간

대부분의 현대 학자들은 시간과 영원을 존재의 정반대 양태(antithetical modes)로 본다. 그래서 만일 하나님이 영원하다면 하나님은 시간 안에서는 행하실 수 없다고 여긴다. 따라서 그들은 하나님이 시간 안에서 행하신다는 고전적 유신론의 주장들을 일관성이 없는 것으로 간주한다. 그 주장들이 잘못된 것인가? 플라톤, 플로티누스, 보에티우스는 영원을 시작도 연속도 끝도 없는 항구적인 신적 생명의 완벽한 충만으로 본다. 영원은 어떠한 계속적인 이어짐도 없는 무한한 신적 생명의 항구적이며 동시적인 현존/임재다. 연속(succession)이란 무한한 세계들 가운데서 사물들이 질서를 잡는 방식들 중 하나이다. 따라서 하나님이 자신의 영원한 지식과 의지에 따라서 실질적인(현실적) 세계를 창조하실 때 그 세계 안에서 일어나는 사건들은 시간적인 계기(이어짐) 가운데서 발생하는 것이다. 시간은 영원에 대한 모순이 아니라, 가능한 어떤 세계에 대한 하나님의 영원한 지식의 연속적인 펼침이다.[12] 이것은 모든 시간들이 하나님에게는 즉각적으로(비

있는 유사체라는 것이다. 현대 범재신론자들은 부분적인 존재론적인 상호 일치를 주장한다. 피조물들이 하나님의 존재론의 일부분에 참여/공유(share)한다는 것이다.

12 Douglas Felch, "From Here to Eternity: A Biblical, Theological, and Analogical Defense of Divine Eternity in Light of Recent Challenge within Analytic Philosophy" (Ph.D. diss., Calvin

매개적으로) 현재한다는 의미이다. 하나님은 만물을 지탱하며 알고 계신다. 하나님은 사물들이 발생하는 것을 관찰함으로써 배우지도 않고, 위험 부담을 안지도 않으시며, 자유를 지닌 피조물들이 의외로 하나님을 깜짝 놀라게 할 때에 자신의 계획들을 수정하지도 않으신다.

하나님은 우주 질서 안에 있는 자신의 피조물들의 실존성과 본성과 관계와 행위를 동시 작용적으로 지배하고 유지하며 힘을 부여해줌으로써 전체 창조세계를 향해서 행동하신다. 하나님은 구체적인 개별 사건들이 다른 실체들(entities, 실재들) 및 사건들과 관련하여 발생하도록 의도하심으로써 각각의 구체적인 개별 사건들에 개입하신다. 이러한 사건들 가운데 어떤 것들은 특별 계시적이거나 구속적이거나 심판하는 의의와 결과를 갖는다. 하나님은 자신의 영원한 의지에 따라서 피조물들이 속해 있는 세상의 상황들 가운데서 피조물들에 반응하고 피조물들과 상호 작용하는 사건들을 불러일으킴으로써 반응하고 상호 작용하신다. 예를 들어, 내가 아프다고 하자. 그래서 나는 치료해달라고 기도를 드린다. 나는 하나님의 임재를 느낀다. 그리하여 내가 회복된다. 하나님에 대한 나의 고양된 자각과 회복은 기도에 응답해서 행하신 하나님의 행동이다. 하나님은 영원 전부터 이 일이 일어날 것을 알고, 의지(뜻)하신다. 그러나 그 일이 일어날 때, 그 일은 진정으로 하나님이 내 기도를 듣고 응답하시면서 하나님이 직접적으로 임재하고 행하신 것이다. 어떻게 이 이야기가 비판자들이 주장하듯이 피조물들과의 하나님의 상호 작용에 대한 경험이나 그 실질성을 침해하는가? 그렇지 않다. 이 이야기는 단순히 활동적인 신의 내재성에 대한 대안적인 설명을 제공하고 있을 뿐이다. 그 설명은 현대 범재신론이나 열린 신관이 감당할 수 있는 것보다는 훨씬 더 건실하고, 믿을 만하며, 효과적으로 하나님의 상호 작용을 인정하는 설명이다.

Theological Seminary, 2005)는 이 주장들을 면밀히 밝히고 있다.

하나님의 거룩성

하나님의 거룩성 혹은 "구별됨"은 그저 유한한 피조물들에 대한 하나님의 무한한 존재론적 우월성이 아니라 하나님의 전적인 선하심과 도덕적-영적 완전성을 가리킨다. 고전적 유신론에서는, 하나님의 본질이나 실존성 가운데서 절대적인 뛰어남에 이르지 못하는 것은 전혀 존재하지 않는다. 비록 하나님이 세상의 죄와 악을 미리 알고 허용하심으로, 세계를 창조하시지만, 하나님 안에는 죄와 악과 흑암과 혼돈이 전혀 존재하지 않는다. 하나님의 절대적인 내재성은 세상의 죄와 악이 하나님 앞에 즉각적으로 현재적임을 의미하며, 하나님이 심판과 은혜로 그 죄와 악을 다룬다는 것을 의미한다. 성육하신 하나님이신 예수 그리스도조차도 그의 인간으로서의 본성에 따라서 고난과 죽음을 포함하여 모든 면에서 우리와 같이 되신 분이시만, 죄는 없으시다(히 4:15). 하나님 자신은 전적으로 거룩하게 계신다. 즉 세상에 의해서 때가 묻거나 흠이 생기지 않는다.

범재신론은 하나님이 존재론적으로 세계를 내포한다고 주장하기 때문에, 하나님의 완전한 거룩성을 인정할 수 없다. 범재신론이 창조주와 피조물 사이의 구별을 크게 주장할 수 있다. 그리고 하나님이 결코 악을 뜻하거나 행하지 않으신다는 점을 인정할 수도 있다. 그러나 범재신론은 불가피하게 세상의 죄와 악이 더 큰 신성 전체에서 원치 않는 부분으로서든지 혹은 하나님과 세계 관계의 상호 영향을 주는 상호 작용의 결과로서든지, 하나님 안에 존재론적으로 존재한다는 점을 함의한다. 하나님의 본성과 의지는 거룩할 수 있을지 모르지만, 하나님의 실질적(현실적) 존재는 악을 포함한다. 더욱 문제가 되는 것은 하나님을 대립적 잠재력들(가능태들)의 영원한 변증법적 통일로 보는 범재신론들이다. 그 범재신론들은 혼돈과 흑암, 마귀적이며 지옥에 속하는 권세들을 하나님의 영원한 본성의 한 요소로 여긴다. 어떠한 종류의 범재신론도 고전적 유신론이 할 수 있는 것만큼 하나님의 완전한 거룩성을 인정할 수 없다.

고전적 유신론이 말하는 하나님은 감정이 있는가?

널리 인정되듯이, 고전적 유신론은 사람들이 서로 영향을 주듯 피조물들이 하나님에게 영향을 준다는 점을 인정하지 않는다. 하나님은 배우시지 않는다. 자신의 감정을 분기시키지도 않으신다. 하나님은 우리 피조물들을 관찰하다가 혹은 우리가 의존하고 있는 원인과 결과 과정들을 수단으로 해서 이루어지는 우리의 투입 때문에, 자신의 계획들을 변경해야 한다는 사실을 깨닫지도 않으신다. 하나님의 반응에 대한 성경의 주장들은 하나님에게 인간의 감정이 있는 것처럼 표현한 것이다. 그러나 고전적 유신론자들은 지금까지 많은 사람들이 그래왔듯이 하나님에게 감정이 있다는 점을 부인해야만 하는가?

영원하신 하나님은 특정 피조물들과 상황들에 대해, 그러한 사실들에 대한 하나님 자신의 지식과 정확히 유사한 방식으로 감정을 가질 수 있다. 하나님은 영원 전부터 그 일을 알고 허용하시듯이 확실하게 내가 내일 저녁에 내 아내에게 하는 지적에 대해 기뻐하실 수도 있고 화를 내실 수도 있다. 하지만 하나님의 기쁨과 분노는 내가 지적하는 것을 들음으로써 하나님 안에서 일어나는 정념이나 감정이 아니다. 그것은 사람들이 감정을 느끼게 되는 방식이다. 고전적 유신론은, 하나님의 지식이 관찰을 통해서 습득된 것이 아니듯이, 하나님의 감정들이 피조물을 **원인**으로 해서 발생하게 된 **결과들**이라고 보지 않는다. 그 대신에 하나님의 감정들은 **정서**(情緖, affections)—하나님이 자기 피조물들을 향해서 갖기로 영원히 선택하신 의도적인 정서적 태도들—다. "하나님이 우리의 고통을 느끼신다"는 사실을 인정하기 위해서 고전적 유신론을 버릴 필요가 전혀 없다. 이것은 현대 신학에 자리 잡고 있는 큰 혼란들 중 하나다. 실제로 고전적 유신론은 관계적 신학(relational theology, 하나님과 피조물들이 인과적으로 상호 작용한다고 보는 신학적 입장이다—옮긴이)보다는 하나님의 감정들에 대한 훨씬 더 건실하고 긍정적인 진술을—우리의 고통의 원인들을 다루실 수 있는 하나님의 능력을 감소시키지 않는 진술을—제공할 수 있다.

인간에게 자유 의지가 있는가?

고전적 유신론은 어떤 한 행위자가 참으로 대안적인 다른 가능성들 가운데서 선택할 수 있는 자유라고 정의되는 마음대로의 자유(libertarian freedom, 방임적 자유)를 인정할 수 있다. 만일 내가 나의 심리적-생물학적-문화적-영적 형질을 가지고서 어떤 주어진 상황에서 이것을 하거나 저것을 하거나 아니면 아무것도 하지 않을 수 있는 능력이 있다고 한다면, 나에게는 진정한 방임적 선택권(genuine libertarian choice)이 있는 것이다. 그리고 만일 내가 바로 그런 식으로 해서 선택한 이유들 때문에 그 선택에 근거해서 행동한다면, 나는 방임적 자유를 가지고 행동하는 것이다. 많은 고전적 유신론자들은 이러한 의지관(the view of the will)을 인정한다.

그러나 고전적 유신론은 또한 내가 자유롭게 행하겠다고 선택하는 것이 무엇이든 간에 영원 전부터 하나님이 알고 계신다고 주장한다. 왜냐하면 그것이 하나님이 창조하기로 정해놓은 세계의 일부분이기 때문이다. 그러므로 내가 그 일을 행하는 것은 불가피하다. 그러나 그것은 내가 지금 하는 것과는 다르게 선택할 수 있는 나의 능력을 하나님의 지식과 의지가 어떤 식으로든 은밀하게 압도해버린다는 의미에서 **인과적으로 필연적이지도 않으며, 결정되어 있지도 않다.**[13] 하나님은 내가 그 일을 수행하기로 선택하면서 살아가고 있는 그 세계를 창조하셨기 때문에, 나의 행위에 대한 궁극적인 원인이시다. 그러나 바로 내가 하나님의 동시적인 작용과 더불어서 그 행위를 자유롭게 선택하고 수행하는 행위자(agent, 작인자)다.[14]

---

13 이 입장은 양립 가능론 입장이 아니다. 양립 가능론은 한 행위자(agent, 집행자/작인자)의 행위가 자유로운 행위일 수도 있고 동시에 인과적으로 결정된 것일 수도 있다고, 심지어 그 자체의 본성에 의해서 결정된 것일 수도 있다고 주장한다.
14 Alvin Plantinga는 "연성"(weakly) 현실화와 "강성"(strongly) 현실화 사이를 구별한다. 나의 행

이런 점에서 고전적 유신론은, 그리고 개혁주의 고전적 유신론까지도, 인간의 자유와 하나님의 영원한 계획의 확실한 사건화 둘 다를 긍정할 수 있다.[15] 자유 의지 유신론자들과 대부분의 현대 범재신론자들은 방임적 자유(libertarian freedom)를 어떤 식의 불가피성과도, 심지어 하나님에게 알려져 있는 것과도 양립할 수 없는 것으로 정의한다. 만일 그들이 옳다면, 고전적 유신론, 특히 개혁주의 신학은 방임적 자유와 양립될 수 없다. 그러나 그들의 정의 자체가 논란이 많은 부분이다.[16] 고전적 유신론은 방임적 자유에 대한 견지될 수 있는 설명을 제공할 수 있다.

초자연적인 기적들

하나님의 초자연적인 실존성에 대한 고전 기독교 유신론의 긍정은 초자연적 기적이 계속 일어날 가능성을 긍정할 수 있게 해준다. 초자연적인 기적과 자연적인 기적은 서로 구분하기로 하자. 둘 다 창조세계 가운데서

위 때문에 비롯되는 결과를 하나님은 약하게 현실화시키며 나는 강하게 현실화시킨다. C. S. Lewis와 여타의 학자들은 한 가지 유비를 사용한다. 극작가는 자기의 희곡을 알고 있지만 연기자들이 그 희곡을 자유롭게 실연한다는 것이다. 그러나 이 유비는 우리의 자유를 설명하기보다는 우리의 행위에 대해서 알고 계시는 하나님 편의 지식에 더 잘 부합한다. (배우들은 대본을 손에 들고 있는데 비해서) 자유로운 피조물들은 준해서 행해야 할 하나님의 대본을 갖고 있지 못하기 때문이다.

15 개혁주의 기독교는 인간이 택하는 모든 선택이 다 자유로운 선택이라고 주장하지는 않는다. 중생하지 못한 사람들은 하나님을 사랑하기를 선택할 능력이 없다. 하나님은 죄인의 마음을 중생시키신다. 그 다음에 그 사람이 자유 의사로 회개하고 하나님을 의지하고 하나님을 사랑한다. (이것이 회심에 있어서의 자유 의지에 대한 양립 가능론적 진술이다.) 그러나 개혁주의 신학에 있는 예정과 선택이 인간의 모든 행위는 구원의 믿음이 신적으로 결정되어 있듯 신적으로 결정되어 있다는 생각을 함의하지는 않는다. 비록 몇몇 개혁주의 사상가들이 그렇게 생각하고 있는 것이 사실이긴 하지만 말이다.

16 몰리나 추종자들(Molinists)과 아르미니우스 추종자들(Arminians) 역시 신적 예지와 방임적인 자유가 양립 가능하다고 생각한다. Luis de Molina (1535-1600)는 "중간지"(middle knowledge)라는 관념을 개발했다. 중간지(中間知)란 인간의 자유로운 선택들을 포함하여 모든 가능한 우연성에서 비롯하는 결과들에 대해서 하나님이 가설적으로 알고 있는 지식(God's hypothetical knowledge)을 가리킨다. Jacob Arminius (1560-1609)는 자유롭게 복음을 받아들일 것으로 하나님이 미리 아신 그 사람들을 하나님이 구원으로 영원히 선택하셨다고 가르쳤다. 이 점에서 Arminius는 개혁주의 신학과 다르다.

행하시는 하나님의 특별한 행위다. 알다시피, 자연적인 기적들은 자연 질서에 준해서 일어난다. 예를 들어, 엘리야의 제단에 떨어져 내린 불은 하나님이 지정해서 내린 벼락일 가능성이 있다. 그러나 예수의 육체의 부활과 같은 다른 기적들은 자연 질서 가운데서는 가능한 일이 아니기 때문에 그리고 하나님이 통상적으로는 행하시지 않는 권능의 행사를 포함해야 하기 때문에 초자연적인 기적이다.[17] 초자연적 기적의 가능성은 하나님의 초월적인 실존성과 세계 안에서의 하나님의 전지전능한 내재성에 대한 고전적 유신론의 긍정에서 즉시 따라나온다. 현재의 과학적 세계상을 받아들이면서도 또한 C. S. 루이스(Lewis)가 『기적』(Miracles)에서 긍정하고 있듯이 하나님이 창조세계 안에서 초자연적으로 행하실 영구적인 가능성을 인정하는 일이 고전적 유신론자들에게는 가능하다. 초자연적인 기적들을 긍정한다고 해서 반과학적이라거나 신학적으로 불쾌하거나 철학적으로 유지될 수 없는 것이 결코 아니다.

고전적 범재신론자들은 초자연적인 기적들을 허용하기에 충분한 초월성을 상정한다. 디오니시우스, 에리우게나, 에크하르트, 니콜라우스 쿠자누스는 성경의 기적들을 믿었다. 그러나 대부분의 현대 범재신론자들은 초자연적인 기적들에 대한 계몽주의의 회의론을 공유하고 있다. 스피노자와 17세기 과학적인 신플라톤주의에 크게 영향을 받은 현대 범재신론은 세계 안에서의 하나님의 내재성을 자연질서와 동일하거나 완벽하게 합치하는 것으로 재해석함으로써, 초자연적 기적들의 존재론적 가능성을 제거해버렸다. 슐라이어마허 이래로 대부분의 기독교 범재신론자들은 그 점에 동의하며, 때때로 초자연적인 기적을 믿는 믿음에 대하여 반론을 펴기도 한다. 그러나 예외도 있다. 테이야르 드 샤르댕의 신학은 최소한 예수 그리

---

17 성경적 기독교는 성경에서 전하고 있는 기적들이 실제로 일어났음을 인정하는 것이지, 그 기적들이 "초자연적"이라는 점을 인정하는 것이 아니다. "초자연적"이라는 개념은 현대 과학이 "자연적"이라고 이해하는 것에 의해서 결정되어 있는 개념이다. 그리고 그 개념은 과학이 발전해 나감에 따라서 바뀔 수 있다. 그러나 과학이 예수 그리스도의 육체의 부활과 같은 기적들이 자연 안에서 어떻게 가능할 수 있는지를 설명할 수 있기 전까지는, 그 기적들을 믿는 사람들은 의당 그 기적들이 하나님의 "초자연적인" 역사임을 인정해야 할 것이다.

스도의 초자연적인 성육신과 부활을 긍정하기에 충분하리만큼 신적 초월성을 내포하고 있다. 판넨베르크는 역사적인 부활을 변호하며, 역사적 부활을 자연 "위에서"(above, super), 곧 자연을 초월해서가 아니라 초월적인 미래로부터 발생한 사건으로 간주한다. 그러나 대부분의 현대 범재신론은 어떤 식으로 설명되건 간에 초자연적인 기적들을 제거하고 있는 현대 과학의 자연관과 충실히 결합되어 있다. 이 쟁점에 있어서 현대 범재신론이라는 것은 전통적인 기독교 신학의 초자연주의를 공격하는 근대주의적인 신학의 또 하나의 종류일 뿐이다.

악의 문제와 하나님의 구원의 권능

하나님의 초자연적인 권능에 대한 고전적 유신론의 긍정은 어째서 하나님이 악을 허용하시고, 세상에서 고난을 경감시키기 위해서 초자연적인 행위를 수행하지 않으시는가 하는 문제를 제기한다. 전통적인 답변들에 대한 불만은 대부분의 범재신론자들이 하나님의 권능에 대한 좀더 제한적인 견해를 선호하는 이유의 중요한 부분이다.

서방 교회(로마 가톨릭 교회와 개신교) 안에 있는 전통적인 아우구스티누스적 견해는 하나님이 세계를 선하게 창조하셨으며, 그 세계가 천사들과 사람들의 불순종을 통해서 악하게 되었다고 주장해왔다. 비록 영원부터 하나님에 의해 알려져 있고 허용된 것이긴 하지만 이 불순종은 자유 의사로 선택된 것이며, 본성에 의해서나 피조물들의 상황에 의해서 인과적으로 결정되어 있었던 것이 아니다. 이 설명 가운데 있는 미스터리는 그 피조물들에게 그렇게 할 자유가 있는지의 여부가 아니라, 어째서 선하게 지음을 받은 피조물들이 죄짓는 일을 선택했느냐 하는 것이다. 따라서 실질적인 죄와 악에 대해서는 피조물들에게 책임이 있다. 비록 하나님이 세계를 정하시고 창조하셔서 그 세계 안에서 그러한 실질적인 죄와 악이 불가피하게 현실화되는 것이기는 하지만 말이다. 세계가 내포하게 되는 그 모든 악에도 불구하고 이 세계를 창조하시는 하나님의 선택은 하나님의 선하심(에 의해서 반드시 요구되는 것은 아니지만)과 일치한다. 그 이유는 그 세상을 구속하시겠다는 하나님의 선택이 하나님의 영원한 나라의 더 큰 선(유익) 가운데서 끝을 맺기 때문이다. 비록 우리는 모른다 할지라도, 하나님은 자신이 허용하는 악에 속하는 셀 수 없을 것 같은 경우들과 끔찍한 종류들, 그리고 부당한 분배들이 어떻게 하나님 나라의 더 큰 선과 일치하며 더 큰 선으로 이어지는지를 아신다. 예수 그리스도의 속죄와 부활, 마지막 심판, 그리고 미래의 하나님 나라의 성립이 정의를 시행하고 악을 제거하며 선을 보전함으로써 악의 문제에 대한 궁극적인 해결을 제공해준다. 이 전체적인 진술은 합리적인 신정론(神正論, theodicy)의 시도가 아니라 성경 내러티브 안에 있는 죄와 악의 성격과 자리에 대한 이해다.

하나님의 초자연적인 선능하심에 비추어볼 때, (전통적 그리스도인들에 대한 비판자들만이 아니라) 전통적인 그리스도인들은 어째서 하나님이 더 자주 개입하지 않으시며 종말을 앞당기지 않으시는지 의아해할 수 있다. 우리는 오직 성경으로부터만 하나님이 그리스도의 재림까지만 타락한 세계를 유지하시기로 선택하셨음을 안다. 그리스도의 재림은 구속을 받는 사람들의 수에 대해 하나님이 만족하실 때까지 일어나지 않을 것이다. 그러나 하나님이 지금 당장이라도 이 세계를 자신의 영원한 나라로 변화시킬 초자연적인 권능을 갖고 계시다는 사실에 대해 우리는 전혀 의심하지 않는다. 우리는 하나님의 권능에 의해 많은 위로를 얻는다. 이 세계에 대한, 특히 인간의 역사 가운데 일어난 죄와 악, 역기능과 고난에 대한 솔직한 평가는 현재의 우주 진화의 궤적이 하나님 나라를 향해 전진해가고 있음을 지지할 만한 증거를 전혀 제공해주지 않기 때문이다. 그러한 낙관론은 세계사에 점철되어 있는 사실들 앞에서 곤두박질쳐버린다. 고전적 유신론이 즉시 인정하듯이, 그 하나님 나라를 이룩하기 위해서는 초자연적인 기적이 있어야 할 것이다. 정리하자면, 신적인 권능을 매우 높게 평가하는 고전적 유신론의 견해는 이 세상에 있는 악의 문제를 제기하지만, 하나님의 궁극적인 해결에 대한 어떤 희망을 제공해준다.

고전적 범재신론은 하나님이 전능하지만 악은 불가피하다고 주장한다. 그리고 현대 범재신론은 악을 최종적으로 결정적으로 처리하시는 하나님의 권능을 제한한다. 이 점에 대해 차례로 살펴보자.

신플라톤주의는 아우구스티누스적 기독교와 다르다. 신플라톤주의는 결핍(비존재), 그리고 선악(존재와 비존재) 사이의 긴장을 유한한 실재에 본래적인 것으로 바라본다. 오직 하나님 그 자체만이 선하시다. 그리고 그 선은 순일한 선이거나 혹은 서로 모순되는 세력들의 영원한 조화로서의 선이다. 만일 하나님이 자신이 아닌 다른 어떤 것을 발생시킨다면, 유한한 존재자의 다양한 양태들은 양극성들 및 긴장들을 포함하게 된다. 그리고 그러한 양극성과 긴장은 불가피하게 퇴화, 멸절, 고난과 도덕적이며 영적인 피조물들 안에서의 일탈로 진행되지 않을 수 없다. 생물학적인 죽음과 노틱적-영적 소외는 이 세상을 살아가는 인간들에게는 자연적이며 불가피하다. 구원은 유한한 것들이 하나님에게로 복귀하는 일을 함의한다. 즉 유한한 존재자들이 다 일자에게 다가가면서 파괴적인 잠재성이 현실화되고 밀려나면서 유한한 존재자들 사이에 더 큰 조화가 이루어진다. 이것이 플로티누스의 비전이다. 그리고 슐라이어마허, 헤겔, 셸링, 테이야르 드 샤르댕은 아주 분명하게 그 비전에 대한 기독교식 형태를 표출하고 있다.

현대 범재신론은 신플라톤주의를 현대의 우주론 및 진화론적 생물학과 결합시키고 있으며, 동일한 자리에서 끝나고 있다. 역기능과 영적 소외는 유한한 실존에게는 존재론적으로 본래적이다. 기독교적 용어로 말해서, 만일 하나님이 어떤 하나의 세계를 창조하신다면, 그 세계는 불가피하게 선하지만 또한 타락한 상태에 있다. 그리고 인간도 마찬가지다. 그러나 세계의 창조적인 힘과 타락한 힘의 역동성 가운데로의 하나님의 성육신은 바로 그 진화적이며 역사적인 과정을 마침내 구속적인 과정으로 만든다는 것이다.

이에 덧붙여서 사실상 모든 현대 범재신론은 하나님이 피조물들에 대한 결정권을 가지고 있지도 않으며 행사하지도 않으실 뿐 아니라 피조물들의 자유를 유지시켜주신다고 주장함으로써 창조세계를 구원하시는 하나님의 권능을 약화시킨다. 하나님의 권능의 정도는 여러 버전에 따라 다양하다. 셸링의 전통은 하나님과 인간이 자신들의 운명을 함께 결정해나가는 것으로 말한다. 그 견해는 하나님과 인간 양편이 능동적으로 자신들의 운명에 투입하는 게 있음을 함축하고 있다. 몰트만은 하나님의 권능을 강압적이지 않은 사랑이라고 본다. 과정신학은 하나님의 행위들을 피조물들이 하나님의 나라를 추구하도록 "유혹하고" "설득하는" 일에 제한하며, 피조물들에게 달리 행동할 완전한 자유를 허락한다. 테이야르와 판넨베르크 같은 범재신론자들은 여전히 하나님이 최종적으로 "불가항력적"이거나 혹은 "모든 것을 결정하신다"고 주장하는 입장을 유지하기 때문에 종종 다른 동료들에게 비판을 받고 있다.

현대 범재신론자들은 여러 가지 이유로 자신들의 입장을 채택하고 있다. 그들은 하나님의 사랑과 선하심이 하나님이 피조물들을 "통제"하지 않을 것을 요구한다고 믿는다. 그들은 하나님을 악에 대한 책임에서 사면시켜주려고 시도한다. 그래서 어떤 이는 세상에서의 하나님의 권능이 존재론적으로 제한적이며, 하나님은 기질적으로 피조물들을 통제할 능력이 없다고 생각한다. 그 이유가 무엇이든지 간에, 그들은 하나님이 타락한 세계를 구원하고, 그들이 소망하는 하나님 나라를 세우기 위해서 개입할 수 있으시다는 주장을 확실하게 폄훼한다.

우리는 성육신과 속죄의 성격 및 목적과 같은 다른 여러 근본적인 기독교 교리들에 대해서는 언급하지 않았는데, 그러한 것들도 범재신론에서는 고전적 유신론에서와는 다르게 이해되고 있다. 그러나 이 부분에서 살펴본 쟁점들은 신론과 관련하여 많은 점에서 두 신학 사이에 커다란 차이가 있음을 명확하게 밝혀주고 있다. 내가 볼 때, 역사적 기독교 신앙을 표현함에 있어서 적절하게 조율된 고전적 유신론이 언제나 어떠한 종류의 범재신론보다 더 낫다.

철학적 쟁점들

범재신론자들은 자신이 성경의 하나님을 제시한다고 주장할 뿐만 아니라 기독교 신학을 더 적절하게 설명해준다고 주장한다. 그들은 또한 철학적인 우월성을 주장한다. 소극적인 측면에서, 그들은 고전적 유신론이—예를 들어 영원한 하나님이 시간 안에서 행동을 하신다거나, 인간 행위들이 자유 의사로부터 나올 수 있는 동시에 불가피하기도 하다고 주장할 때—혼동에 빠져 있으며 논리적인 일관성을 유지하지 못한다고 비판한다. 적극적인 측면에서, 그들은 범재신론이 고전적 유신론의 논증과 설명보다는 철학적으로 훨씬 더 적합하고 설득력 있는 논증과 설명을 제시한다고 주장한다.

바로 앞부분에서 이미 소위 두 가지의 불일치성, 곧 영원과 시간, 하나님의 의지와 인간의 자유 문제를 소개했다. 이 부분에서는 세 가지 대표적인 철학적 논제들을 선택한다. 이 논제들에 대해서 범재신론자들은 자기들이 더 유리한 고지에 있다고 주장한다. 그것은 하나님의 자유, 하나님-세계 관계의 모델로서 정신-신체의 관계, 그리고 참된 무한자로부터의 범재신론적 증명이다.

신적 자유

하나님의 창조하실 자유는 이미 신학적 주제로 앞서 소개되었다. 그 주제는 또한 철학적 주제다. 그 주제가 자유와 결정 및 의지에 대한 일반적인 개념을 담고 있기 때문이다. 많은 범재신론자들은 하나님이 본성적으로 창조하신다는 식으로 인정한다. 대부분의 그리스도인 범재신론자들을 포함해서, 다른 범재신론자들은 창조가 하나의 자유로운 의사에 의한 행위라고 주장한다. 양 집단에 있는 거의 모든 범재신론자들은 의도적이든

비의도적이든 간에 의지에 대해서 양립 가능론적인 견해를 전제로 하고 있다. 즉 하나의 행위가 그것이 자기 결정적(self-determined)인 한에 있어서 자유 의사에 의한 행위일 수도 있고 동시에 전적으로 결정되어 있는 것일 수도 있다는 것이다. 철학적으로 말해서, 이러한 자유 개념은 양립 불가능론자들(noncompatibilists)이 볼 때는 논리적 일관성이 없는 것으로 보인다. 방임적 자유론자들은 그 자유가 여러 다른 대안들 중에서 한 가지를 선택하는 진정한 선택의 가능성을 함의하지 않고 있다고 지적한다. 결정론자들은 그 자유 개념은 단도직입적으로 결정론이며, 자유라는 말을 가지고서 위장을 할 필요가 없다고 주장한다. 일반적인 범재신론은 논리적으로 신의 자유에 대한 양립 가능론적인 견해를 요구하지 않는다. 그러나 범재신론자들은 거의 보편적으로 그러한 견해를 견지하고 있을 정도로, 그들은 철학적으로 자의적이며 혼란에 빠져 있고 혹은 논리적인 일관성이 없는 것으로 보인다.

하나님과 세계에 대한 정신-신체 유비

모든 범재신론자들이 정신-신체의 유비(mind-body analogy)를 채택하는 것은 아니다. 그리고 몇몇 범재신론자들은 그 유비(analogy, 상사성)를 완화하거나 비판한다. 그러나 그 유비를 받아들이는 범재신론자들은 그 유비가 하나님이 어떻게 세계와 관련을 맺으시는가를 이해할 수 있게 해주는 가장 명쾌한 실례를 제공해준다고 주장한다. 그것은 고전적 유신론이 제공할 수 없는 프레임이라는 것이다.

그러나 하나님과 세계에 대한 정신-신체 모델은 철학적으로 부적합하다. 그 모델은 최소한 고도의 인격적인 범재신론을 위해서는 형편없이 빈약한 유비(a poor analogy)이기 때문이다. 그 유비에는 인간의 정신과 신체의 관계 그 자체와 인간이 세계와 맺는 관계라는 두 가지 주요 측면에서 잘

맞지 않는 면이 있다.

첫째, 인간이 신체화되어 있는 방식과, 하트숀 및 몇몇 기독교 범재신론자들이 추정하는 대로 최고로 인격적인 하나님이 세계와 관련을 맺는 방식 사이에는 유사점보다는 상이점들이 훨씬 더 많다. 우리 인간은 몸의 매우 제한적인 부분들과 처리 과정을 직접 의식하며, 자발적으로 상호 작용하거나 통제할 수 있다. 그러나 나의 자각(awareness)은 비자발적(involuntary)이며 수동적(passive)이지, 힘을 실어주면서 "스스로 알아서 자체적이 되도록 내버려두는" 관계가 아니다. 만일 내가 고통을 완화시키려 한다면, 나는 진통제 한 알을 복용함으로써 간접적으로 그 고통에 도달한다. 이것이 하나님이 우리의 고통을 느끼고 처리하시는 방식에 대한 모델인가? 내가 내 몸에 간여할 때, 나는 내 몸으로 하여금 그 자체가 될 수 있게끔 힘을 제공하는 것이 아니라 내 몸을 통제함으로써 내 몸을 사용한다. 나는 생체 자기 제어(biofeedback)을 통해서 나의 손가락을 움직이거나 혈압을 낮추려고 시도한다. 또한 우리 몸 안에서 우리가 자리 잡고 있는 상태(our presence in our bodies)의 거의 대부분은 무의식적이며 비자발적이다. 실제로 우리의 몸과 두뇌 안에서 일어나는 많은 무의식적인 사건들과 처리 과정들은 우리 의식의 양태와 내용을 형성한다. 정상적인 인간이 지니고 있는 매우 제한적이며 우연적이며 오류가 있을 수 있는 정신-신체 관계는 그 대부분 최고 상태로 깨어 있으며 편재하면서 힘을 실어주시는 하나님, 곧 하트숀 및 몇몇 기독교 범재신론자들의 하나님과는 같지 않다. 만일 하나님이 실질적으로 인간의 정신-신체 관계와 같이 존재하신다고 한다면, 셸링과 알렉산더, 베르그송과 틸리히의 범재신론들이 훨씬 더 정확하다. 신의 본질은 원초적 근거다. 그리고 하나님의 실질적인 인격성과 정신 및 자발적인 능력들은 본성으로부터 유출하며, 우주 안에서의 인간들의 발달과 더불어서 성장한다. 하지만 이에 따르면, 수천 년 전에는 인간이 아닌 아주 작은 미세한 유기체가 하나님에 대한 최상의 모델이었을 것이다. 요는 정신-신체 관계가 그리스도인들과 여타의 고도의 인격적 범재신론자들에게 아주 좋은 철학적 모델이 아니라는 것이다. 그리고 셸링-알렉산더 유형의 범재신론자는 아무도 세계 가운데서의 인간의 지식과 행동에 앞서거나 혹은 독립해서는, 세계 안에서의 하나님의 지식이나 행동에 대해서 사실상 말할 수 없다.

두 번째 주요 차이점은 인간은 자신의 정신과 몸 바깥에 존재하고 있는 세계에 대해 관련을 맺는다는 것이다. 반면에 범재신론적인 하나님에게는 전혀 외부의 세계라는 것이 없다. 하나님은 오직 내적으로만 자기의 몸에 대해 관련을 맺으며, 관념상의 가능성들에 대해서만 관련을 맺는다. 이러한 하나님에 대한 최상의 유비는 전적으로 자신의 내면적인 신체적-영적-잠재적 자아에만 초점을 맞추고서, 감각과 관련된 외부 자극을 완전히 제거한 방에서 명상하고 있는 구루(guru, 인도의 명상가)일 것이다. 그러나 이러한 존재 양식은 예외적이고 부자연스럽다. 정상적인 인간의 삶은, 하이데거가 말하듯이, 주로 세계-내-존재(being-in-the-world)다. 나는 나무 한 그루를 보며, 공을 던지고, 혹은 걸어가서 다른 사람을 만나 인사한다. 명상하고 있는 구루와는 달리 나의 정신-신체 자아(mind-body self)는 나 바깥에 있는 다른 정신-신체 자아들 및 사물들과 관련을 맺는다. 보통 우리가 알고 있는 정상적인 사람됨, 신체화되어 있는 사람됨은 인격적인 범재신론에 대한 좋은 유비가 될 수 없다.

좋은 모델은 그 모델이 표상하는 것에 대해서 다른 면보다는 유사한 면이 많아야 한다. 인격/정신-신체 관계는 앞서 제시한 두 가지 면에서 인격적 범재신론을 위해서 그리 좋은 철학적 모델이 아니다. 사실 고전적 유신론의 견해—하나님은 순전히 영적이며 신체가 없는 존재자로서 자신 이외의 피조물들에 대해 보편적으로 현존/임재하신다는 견해—가 훨씬 더 쓸모 있는 견해다.

무한성으로부터의 증명

니콜라우스 쿠자누스, 헤겔, 하트숀, 판넨베르크, 클레이튼 및 여타의 범재신론자들은 자신들의 신학에 대한 철학적 증명—무한성으로부터의 논증—을 내세운다. 하나님은 절대적으로 무한하시기 때문에, 아무것도 하나님에 대해서 완전히 타자일 수도, 하나님의 바깥에 있을 수 없다는 것이다. 따라서 만일 어떤 것이라도 그런 식으로 존재한다면, 하나님은 그에 의해서 제한되는 것, 즉 유한한 것, 무한하지 않은 것이 될 것이다. 그것은 정의상 불가능하다. 그러므로 모든 유한한 실재성과 상대적인 무한성(수학적 무한, 공간적 무한, 시간적 무한 등)은 반드시 절대적으로 무한하신 하나님 안에 있어야 하며, 그것은 범재신론을 함의한다는 것이다.

무한성으로부터의 논증이 형식적인 의미상으로는 건전하다는 점을 인정하겠다. 어떤 의미에서 아무것도 하나님 "바깥에" 있을 수 없다. 그러나 만일 고전적 유신론 역시 그 결론을 긍정한다면, 이 논증이 범재신론을 증명해주는 것은 아니다. 고전적 유신론 역시 그 결론을 긍정한다. 그러나 그 결론을 다르게 해석한다. 범재신론은 존재론적인 "안에 있음"("in-ness", 내함성)이라는 맥락에서 무한성을 해석한다. 그러나 고전적 유신론자들은 하나님의 자발적인 내재성이라는 맥락에서 무한성을 설명한다. 모든 상대적인 무한성과 유한한 실존성은 하나님이 현실화시키기 위해서 선택할 수 있는 가능성들로서 하나님의 지식과 권능 안에 내재하고 있다. 만일 하나님이 그러한 것들을 현실화시키기로 선택하신다면, 그러한 것들은 하나님의 전능, 전지, 동시 작용적인 현존/임재에 대해서 실질적으로 내재적이 된다. 그러나 그러한 것들이 하나님 안에 존재론적으로 존재하는 것은 아니다. 이 대안은 무한성으로부터의 논증에 범재신론이 수반되어 있는 것이 아님을 입증해준다.

성경적 세계관과 구속사

신플라톤주의 대 아우구스티누스주의

현대 기독교 대부분이 세계 가운데서의 하나님의 구속적 임재를 강조해왔다. 대체로 현대 기독교는 주로 천국과 사후 세계에만 초점을 맞추는 "저 세상적인" 종류의 영성에 반대한다. 이 비판은 근본주의적·신비적·은사주의적 기독교뿐만 아니라, 칼 바르트와 루돌프 불트만같이 역사에 속하는 일상 세계와 계시 및 구원의 영역 사이의 이원론을 상정하는 주요 신학자들을 향하고 있다.

신플라톤주의부터 몰트만에 이르는 범재신론은 세계 안에 하나님의 내재성을 강조한다. 그러므로 범재신론은 전통적인 종류와 현대적인 종류의, 이원론적이거나 신령주의적인 기독교에 대한 매력적인 대안을 제공한다. 현대 기독교 범재신론자들은 창조와 구속과 세계의 구속 가운데서 활동하시는 성경의 하나님의 행위를 강조한다. 구원사는 세계사에 필수적이다. 창조세계 전체의 구속이 성경의 주제이며 성경적 세계관이다.

그러나 범재신론만이 하나님 나라와 기독교 신앙이 이 세계와 씨름한다는 점을 강조하는 것은 아니다. 전통적인 신관을 가진 많은 그리스도인들 역시 세계사 안에서 구원을 위한 하나님의 임재/현존을 긍정하며, 장차 올 세계의 삶에서의 하나님 나라를 소망하듯이 이곳의 삶에서도 하나님 나라를 추구한다. 단 두 가지 예만 언급하도록 하겠다. 하나는 로마 가톨릭의 신토마스주의(neo-Thomism, 네오토미즘)이며, 다른 하나는 네덜란드의 개혁주의 목사였던 아브라함 카이퍼(Abraham Kuyper)의 신칼빈주의(neo-Calvinism)다.

지난 19세기에 교황 레오 13세는 20세기를 위해 믿음과 삶을 표명하기 위해서 토마스 아퀴나스의 비전으로 복귀할 것을 요청했다. 가톨릭 신자들은 자신들이 살고 있는 각 사회에서 학술·사회·정치·경제·문화 영역에, 가톨릭의 가르침에 충실하며 현대적인 실천에 적절한 방식으로 참여해왔다. 교황 요한 바오로 2세의 "세상적인 전도"(worldly evangelism)는 이 운동에 대한 모범적인 제시이다.

거의 동시대에 아브라함 카이퍼를 선두로 해서 네덜란드에서 비슷한 운동이 전개되었다. 아브라함 카이퍼는 이전 세기들에 있었던 원조 칼빈주의의 공적 영역, 문화 영역, 지성 영역에 대한 참여를 다시금 일깨우고 새롭게 했다. 카이퍼는 대학을 세우고, 신문사를 창립하고, 정당을 세웠으며, 마침내 네덜란드의 수상이 되었다. 신토마스주의의 경우에서와 마찬가지로, 이 운동에서 핵심은 기독교 신앙의 입장에서—단지 신학이 아니라 성경적인 세계관과 생활관/인생관의 입장에서—이 세상의 공공 생활에 비판적인 동시에 유익이 되도록 참여했다는 것이다. 미국 이주자들은 카이퍼의 이상들을 북미주로 가져왔다. 북미주에서 그들은 현재 북미주 그리스도인들에게는 일반적이 된, "성경적 세계관" 혹은 "기독교 세계관/생활관"에 대한 참고 자료들의 주요 원천이 되었다.[18]

이 두 운동은 우연히 생긴 것도, 서로 무관한 것도 아니다. 그 두 운동은 모두 아우구스티누스의 『신국론』(City of God)에 뿌리박고 있다. 아우구스티누스의 『신국론』은 그리스도인들이 어떻게 그리스도와 그의 교회에 대해 신실하면서도 로마 제국 가운데서 살면서 제국에 기여할 수 있는가를 소개했다. 교황 레오는 아퀴나스에게로 돌아갔고, 카이퍼는 칼빈에게로 돌아갔다. 아퀴나스와 칼빈 두 사람 모두 교회 교부들 중에서도 누구보다 아우구스티누스를 존경했다. 물론 그 두 사람이 아우구스티누스를 정확히 똑같이 해석했던 것은 아니지만 말이다. 아우구스티누스적 기독교는 하나님의 나라를 추구해나가면서 세계에 참여한다. 그 기독교는 또한 창

---

18 나는 양해를 구하면서, 이러한 비전의 전파에 있어서 북미주 개혁교단의 학교인 칼빈 대학교의 발아적인 역할에 각주를 하나 할애하고자 한다. Henry Stob, Lewis Smedes, H. Evan Runner, Alvin Plantinga, Nicholas Wolterstorff, Richard Mouw, George Marsden과 같은 기독교 학자들이 북미주에 있는 기독교 학계와 대학들에 기독교 세계관의 이상을 전파하는 데 중요한 기여를 했다. Francis Schaeffer와 Charles Colson 같은 잘 알려진 기독교 세계관 주창자들은 그들의 전망의 중요한 원천으로서 카이퍼적인 신칼빈주의를 인정하고 있다.

조 세계에 대한 구속을—자연을 완전하게 하는 은혜를—성경의 기본 주제로 확인한다. 그 기독교는 오늘날까지 활발하게 살아 있다.

범재신론을 택하는 그리스도인들과 아우구스티누스주의 그리스도인들은 모두 창조-구속-완성을 성경의 하나님 나라 그리고 도래할 하나님 나라의 기본 주제라고 설파한다. 많은 면에서 이 공통적인 강조는 좋은 것이며, 중요한 사회적·정치적·문화적 쟁점들에 대해서 상호 협력하는 일이 가능하다.

그러나 성경적 세계관에 대한 아우구스티누스적 형태와 범재신론적 형태 사이에는 중요한 한 가지 차이점이 있다. 그것은 바로 죄와 악의 성격과 지위에 대한 것이다. 아우구스티누스적 기독교는 죄와 악을 존재론적으로 우연적인 사건, 즉 세계의 근본 구조에 본성적이거나 불가피하지 않은 결과들로 본다.[19] 죄와 악은 하나님의 허용하시는 작정(permissive decree, 허용하시는 듯, 정하심)으로 말미암아 불가피하기는 하지만, 존재론적으로 필연적인 것은 아니다. 따라서 아우구스티누스주의자들은 성경의 주제, 곧 구원사를 "창조-타락-구속-완성"으로 진술한다. 이것은 타락이 존재론적으로 그리고 시간적으로 창조로부터 구별되는 것임을 시사한다. 그러므로 아우구스티누스주의자들은 창조와 마찬가지로, 하나님 나라의 완성에서 도달하는 구속의 절정은 단순한 자연적인 과정의 결과가 아니라 하나님의 은혜로운 감당하심이라고 단언한다. 구원은 초자연적인 은혜의 놀라운 표출이다.

범재신론은 구속사를 다르게 본다. 아우구스티누스적이기보다는 신플라톤주의적인 범재신론은 타락이 존재론적으로 피할 수 없는 일이라는 전형적인 견해를 지니고 있다. 유한한 존재자는 비존재를 내포하며, 존재와 비존재의 상호 작용은 온갖 긴장을 발생시킨다. 하나님의 형상으로서

---

19 많은 아우구스티누스주의자들은 자연 과정들과 동물의 죽음에서 나타나는 어떤 폭력성이 타락의 결과들이 아니라 선하신 창조의 일부라고 생각한다. 그러나 인간의 죽음은 타락의 한 가지 결과이다.

의 존재와 타락한 상태는 피조된 대로의 인간들에게 속한 상호 연관적인 측면들이다. 진화론적 생물학에 대한 범재신론의 전유는 이 견해를 확증시켜준다. 가장 초기의 인간들은 그들의 동물 조상들을 뛰어넘으면서 진화했을 때에 도덕성과 도덕적-영적 동요를 물려받았다는 것이다. 영생불사와 영적 완전은 결코 우리의 첫 조상들에게는 실질적(actual, 현실적)이지도, 가능하지도 않았다. 그러나 창조와 타락이 우주적 과정의 상호 연관적인 측면들이듯, 구속과 완성도 그렇다. 그래서 범재신론자들은 전형적으로 구속사에 대한 성경의 내러티브를 "창조-소외-화해-완성"의 단일한 (변증법적) 과정으로 본다. 이 구원의 역사는 세계에 대한 하나님의 지속적인 참여의 결과다. 창조가 발생하는 바로 그 (변증법적) 과정은 타락과, 창조와 타락 간에 일어나는 긴장의 화해, 그리고 하나님 안에서의 만물의 최종적인 조화 과정을 포함한다. 기독교 범재신론자들에게 예수 그리스도의 땅 위의 실존은, 테이야르와 판넨베르크, 볼프만에게 그러하듯이 이 과정의 성공적인 결과를 보장하는 중심적인 원인이거나, 틸리히와 존 캅의 경우에 그러하듯이 그 과정을 보여주는 일차적인 상징 혹은 모범이다. 구속사에 대한 두 종류의 범재신론적 이해는 모두, 예수 그리스도의 품격과 사역 및 성령에 대한 핵심 교리에, 아우구스티누스적 기독교와는 다른 의미들을 제공한다.

내가 볼 때, 범재신론적 견지에서 본 구속사는 창세기에서부터 요한계시록에 이르는 성경을 자연스럽게 읽고 이해한 것이라기보다는 성경 내러티브(서사)의 맥락에서 읽은 플로티누스의 만물의 일자로부터의 유출과 회귀에 더 가까운 것으로 보인다. 그러나 이 판단은 나의 아우구스티누스적 입장으로 볼 때, 예견할 수 있는 것이다.

결론

나는 범재신론자가 아니다. 기독교 신학과 구원사 그리고 기독교 세계관에 대하여 성경적으로 충실하며 철학적으로 건전한 표명을 제공하는 면에서는, 고전적 유신론이 더 적합하다고 확신하기 때문이다. 나는 개혁주의 기독교의 고전적 유신론에 동의한다.

나는 범재신론이나 여타의 관계적(즉 하나님과 피조물들이 인과적으로 상호 작용한다고 보는) 신학을 고백하거나 암시하고 있는 많은 기독교 신학자들과 교제하기를 바란다. 나는 역사적 에큐메니컬(보편교회) 신조를 고백하는 기독교를 제고하려고 노력하는 신학자들, 삼위일체에 대해 (단순히 상징적이거나 기능적인 견해가 아닌) 존재론적으로 강경한 견해를 제시하는 신학자들, 창조를 하나님의 사랑하시는 자유에 근거시키는 신학자들, 예수 그리스도의 성육신과 속죄와 육체의 부활 가운데서 역사하신 하나님의 행위가 (보다 보편적인 과정의 상징이 아니라) 역사상의 구원의 원인임을 강조하는 신학자들, 그리고 장차 올 하나님 나라의 확실성과 하나님과 교통하는 하나님 백성의 실질적인 실존을 포함하는 새 하늘과 새 땅을 확증하는 신학자들을 다 인정한다.

나는 앞에서 밝힌 신학의 종류들에 대해 간략한 논평을 함으로써 마치고자 한다. 그 신학들은 변형된(완화된) 고전적 유신론, 개정된 고전적 유신론, 기독교 범재신론, 비기독교 범재신론이다. 이렇게 해서 나는 나 자신의 입장을 명확히 밝히며 나와 견해를 달리하는 신학들에 대해 존중한다는 점을 표현하고자 한다.

변형된 고전적 유신론

몇몇 고전적 기독교 유신론자들은 시간 속에 하나님의 참여를 인정하도록 전통 신학을 수정한다. 예를 들어, 윌리엄 레인 크레이그(William Lane Craig)가 제안한 한 가지 수정안은 하나님 그 자신은 영원하시지만 세계를 창조하신 이래로 하나님이 시간적으로 바뀌신다고 주장한다. 니콜라스 월터스토프(Nicholas Wolterstorff)의 수정안은 훨씬 더 나아간다. 하나님 자신은 영원하시지 않고, **영속적이시다**(not eternal but everlasting). 즉 시작이나 끝이 없고 피조적인 시간의 제약을 받지 않는 종류의 시간성을 소유하면서 영속하신다는 것이다.[20]

이러한 완화는 하나님의 자존성, 삼위일체, 창조 및 성육신을 포함하는 고전적 기독교, 개혁주의 신론과 온전히 일치할 수 있다. 개정된 고전적 유신론은 하나님이 시간 가운데 참여함에 의존하거나, 또 그 참여로 인해 영향을 받거나 제약된다고 주장할 필요가 없다. 즉 개정된 고전적 유신론은 하나님이 참관하심으로써 배우신다거나, 탐험에 동참하는 자로서 역사를 운영하신다거나, 혹은 예상치 못한 일을 만나서 깜짝 늘라는 일을 감당하신다고 주장할 필요가 없다. 개정된 고전적 유신론은 하나님이 세계에 대한 자신의 계획 안에서 시간내적으로 모든 것을 **미리** 아시고(예지), **미리** 정하시고(예정), 만물과 **함께 동시에** 작용하신다("함께 경영하신다")고 상정할 수 있다. 따라서 변형된 형태의 유신론은 전통적인 고전적 유신론과 마찬가지로 하나님의 주권(주재권)과 섭리에 대해서 똑같은 결론들에 이를 수 있다.

또 하나의 완화로는 하나님이 지상적인 시간에 속해 있는 피조물들에 **반응하시되**, 영원/영속적 예지와 예정(foreordination)을 가지고서 그렇게 하신다는 주장이 있을 수 있다. 하나님은 자신이 오늘 나에게 긍휼을 베푸실 것을 언제나 알고 계신다. 그래서 오늘 내가 하나님을 찾을 때에 하나님은 활발하게 나에게 긍휼을 품으신다. 이 입장은 하나님의 시간내적인 응답을 긍정하면서도ㅡ만일 하나님이 피조물들에 의해서 **인과적으로**

---

20 Gregory Ganssle, ed., *God and Time: Four Views* (Downers Grove, IL: InterVarsity, 2001)에 있는 그들의 기고문을 보라.

(causally, 작인적으로) 영향을 받는다는 입장이 아니라고 한다면—전통적인 고백에 따른 신학과도 여전히 일치한다.

대체로 나는 전통적인 고전적 유신론의 입장에 서 있다. 그 이유는 그 유신론이 역사적 기독교의 입장이며, 여전히 지적으로 타당성이 있기 때문이다. 그러나 나는 최소한도로 손을 본 변형된 고전적 유신론에 대해서도 열려 있으며, 그 변형된 고전적 유신론이 대부분의 현대 사상가들에게 아마도 좀더 접근이 용이하며 설득력 있게 고전적 유신론의 입장을 제시하는 데 이점이 있음을 인정한다. 그 입장의 완화된 개념들과 범주들이 전통적인 고전적 유신론의 개념들과 범주들보다는 현대의 철학과 과학, 인간성에 대한 견해들과 더 잘 부합할 수 있을 것이다. 이에 더해서, 개정된 형태의 유신론은 하나님이 어느 정도로는 시간 안에 계심을 인정함으로써, 역사 가운데서 일어난 하나님의 강력한 행사들에 대한 성경의 내러티브(서사)를 전통적인 형태의 유신론이 요구하는 것보다는 훨씬 더 단도직입적이며 덜 신인동형론적으로 읽어낼 수 있다. 그러므로 개정된 고전적 유신론이 하나님이 시간 안에서 어떻게 행하시며 반응하시는가에 대한, 특히 시간과 공간과 자연 질서 안에서 예수 그리스도가 어떻게 참되고 영원하신 하나님이신 동시에 참된 사람이신가에 대한 훨씬 더 타당성 있는 진술들을 제시할 수 있을 것이다. 이것이 전통적인 고전적 유신론과 개정된 고전적 유신론을 비교함에 있어서 한 가지 중요한 고려 사항이다. 그렇지만, 그 두 입장은 모두 범재신론에 대해서 한결같이 반대한다.

개정된 고전적 유신론은 암암리에 범재신론인가?

몇몇 고전적 유신론자들(하나님과 창조세계의 절대적인 구분을 인정하는 신학자들)은 전통적인 견해를 개정했는데, 그들의 개정된 견해가 더 이상 역사적인 신앙고백에 부합하는 신학에 부응하지 않는 결과를 가져왔다. 그들은 하나님이 어느 한도 안에서 시간적이시며, 그뿐 아니라 하나님이 시간 질서 안에 개입하심으로써 그 개입에 의해 인과적으로 영향을 받으며 제한을 받는다고 주장한다. 하나님은 관계적(relational)이며 상호 관계적(interrelational)이다. 하나님은 시간과 공간과 에너지, 그리고 자연 질서를 통해서 관계를 맺으신다. 하나님은 피조물들이 행하는 바를 겪으심으로써 배워나가신다. 하나님의 감정들은 피조물들이 고난당하는 것을 관찰하심으로써 촉발된다. 하나님은 자유를 가진 피조물들이 앞으로 무엇을 할지를 모르신다. 그래서 하나님은 자신의 목적들을 달성하기 위해서 세계 가운데서 어떻게 할 수 있으며 무엇을 해야 할지를 구체적으로 계획할 수 없다. 하나님은 세계를 창조할 때에 계산된 모험을 감수하셨고, 자신이 인간들에게 준 자유를 가지고서 인간들이 행하는 어떤 예측불허의 일 때문에 끊임없이 깜짝깜짝 놀라신다. 이 입장에 대한 가장 잘 알려져 있는 최근의 예가 바로 열린 유신론 혹은 자유 의지 유신론이다.

내 견해로는 하나님을 시간과 공간과 인과율 안에 자리매김할 뿐만 아니라 제한시키는 식으로 고전적 유신론을 개정하는 것은 하나님의 위대하심과 지식과 힘(권능), 하나님의 약속들의 확실성과 특정한 구체적인 예견적 예언에 대한 성경의 가르침과 상충된다.[21] 더 나아가, 그와 같은 개정은 은혜로 우리를 자신과 몇 가지 점에서 비슷하게 만드신 무한한 타자가 아니라, 훨씬 더 작은 존재자들과 관계를 맺는 하나의 거대한 육체가 없는 인간을 하나님과 세계의 상호 작용의 모델로 삼고 있다.

이러한 종류의 개정된 고전적 유신론은 비록 그쪽으로 미끄러져 들어가지는 않았다 할지라도 관계적 범재신론을 향해 나아가는 경향이 있다. 마찬가지로 현대 범재신론은 하나님을 우주의 시공-인과질서 안으로 연

---

21 Bruce Ware, *God's Lesser Glory: The Diminished God of Open Theism* (Wheaton, IL: Crossway, 2000); Norman Geisler and H. Wayne House, *The Battle for God: Responding to the Challenge of Neotheism* (Grand Rapids: Kregel, 2001); John Frame, *No Other God: A Response to Open Theism* (Phillipsburg, NJ: P&R, 2001)을 보라. 이 대답들 중에서 몇몇 대답의 어조는 때때로 그들의 논증만큼이나 유익하지 못하다.

결시켜 조직화하고 있으며, 이러한 연관적 방식의, 대(大) 피조물-소(小) 피조물(Creature-creature) 방식의 하나님과 세계의 연쇄를 모델로 하고 있다(Creature란 하나님의 존재도 피조물들의 감정과 행위를 통해서 영향을 받아 변화를 받고 지어지는 면이 있다는 점에서 피조물이라는 것을 말한다—옮긴이). 과연 개정된 고전적 유신론이 범재신론에 빠졌는지의 여부는 그 개정된 고전적 유신론이 하나님에 대해서 갖고 있는 존재론이 실체적(substantial)이냐 아니면 단지 관계적이냐 하는 데 달려 있다. 즉 만일 한 사람의 존재 자체가 다른 존재자들과의 관계 및 상호 작용에 의해서 구성되는 것이고 이 존재론이 하나님에게도 마찬가지로 해당된다면, 세계의 시작에서부터 영속적인 미래에 이르기까지 하나님과 피조물들 사이의 상호 작용이 하나님의 존재 그 자체를 의미심장하게 구성하게 된다. 이것은 범재신론에 해당한다. 열린 유신론자들과 클레이튼이 확인하는 대로 비록 하나님이 자유롭게 창조 세계 안에 스스로 개입하시기로 선택하신다고 해도 마찬가지다. 그럴 경우, 그것은 자발적인 관계적 범재신론(voluntary relational panentheism)이 된다. 관계적 신학들(relational theologies)이 범재신론을 피할 수 있는 유일한 길은 철학적으로는 이전 방식의 신관을 채택하는 길이다. 그 이전 방식의 신관은 하나님 바깥에서 이루어지는 관계들이 우연적(비필연적, contingent)이며 비록 하나님이 그러한 관계들을 자신의 "이야기"의 일부가 되도록 택하신다 할지라도 그러한 것들이 하나님의 무한한 실존성/실유성이나 본유적인 정체성을 구성하도록 영향을 주지 않는 본질적으로 독립적인 존재자로 하나님을 본다. 제7장의 끝부분에서 나는 열린 유신론이 과정신학은 아니라고 결론 내렸다. 그러나 과정신학 이외에도 다른 종류의 범재신론들이 있다. 강경한 열린 유신론 입장은 비록 인격적-관계적 기독교 범재신론의 예라고는 할 수 없다 할지라도 그 범재신론에 매우 근접해 있다. 이 주제에 대해서 피코크와 몰트만 사이에 차이가 거의 없다. 이 두 학자는 모두 관계적 신학들과 관계적 존재론들을 견지하고 있는 신학자들이다.

기독교 범재신론

기독교 범재신론이라는 말이 꼭 모순되는 말은 아니다. 그러나 나는 그것이 개혁주의 신학과는 양립할 수 없다고 판단한다. 기독교 범재신론은 성경을 해명하는 신학으로서 전통적인 고전적 유신론이나 변형된 고전적 유신론만은 못하다. 대부분의 현대 기독교 범재신론은 열린 유신론보다는 부적절하다. 열린 유신론은 최소한 하나님의 실유성과 권능, 계시, 역사 속에서의 행위에 대해서는 초자연적인 견해를 유지하고 있다. 나는 기독교 범재신론에 가장 낮은 점수를 줄 수밖에 없다. 그러나 기독교와 범재신론의 조합이 꼭 논리적으로 일관성이 없는 것은 아니다. 많은 기독교 범재신론자들과 암암리의 범재신론자들은 이 결론부의 처음에 진술한 신학적 입장들을 긍정한다. 그러므로 그들은 에큐메니컬(보편교회) 기독교에 합당한 표현들이다.[22] 그들이 비록 내 입장을 열린 유신론 다음의 맨 끝자리에 자리매김한다 할지라도 그들도 나의 입장에 대해서 똑같이 간주해주기를 바란다. 그러나 기독교 범재신론자들 중 다수가 고전 기독교 유신론 전통 전체를 맹렬하게, 때때로는 거칠게 배척해왔다.

나는 열린 대화를 하기 위해서만이 아니라, 신학적 전망을 나와 공유하기는 하지만 전통적인 고전적 유신론 이외에는 어떠한 신학도 일축해 버리거나 이단화할지도 모르는 독자들에게 기독교 보편교회성(Christian ecumenicity)의 모델을 보여주기 위해서 이 입장을 취한다.

---

22 Philip Clayton and Arthur Peacocke, eds., *In Whom We Live and Move and Have Our Being: Panentheistic Reflections on God's Presence in a Scientific World* (Grand Rapids: Eerdmans, 2003)에 있는 상당수의 기고자들은 그 위대한 전통을 긍정하는 기독교 범재신론자들이다.

비기독교 범재신론

그러나 나는 기독교 범재신론에 해당하는 모든 것을 긍정하지 않는다. 기독교 신학은 강력하게 존재론적 삼위일체와 경륜적 삼위일체를 긍정해야만 한다. 예를 들어, 과정신학은 이 조건에 부응할 수 없다. 기독교 신학은 예수 그리스도의 성육신과 속죄와 부활과 통치 가운데서의 하나님의 활발한 임재/현존이 단지 더 일반적이고 보편적인 과정에 대한 상징이 아니라 세계를 구원하는 중심적인 원인임을 반드시 긍정해야 한다. 이 점에 대해서 테이야르와 판넨베르크와 몰트만은 점수를 얻을 자격이 있지만, 틸리히와 류터는 그렇지 못하다. 이 쟁점은 단순히 고전적 유신론과 현대 범재신론을 나누는 쟁점이 아니라, 역사적 기독교를 현대 기독교 다원주의로부터 구별시켜주는 쟁점이기도 하다.

이 책에서 밝히고 있는 다양한 종류의 범재신론 중에도,[23] 어떤 범재신론은 다른 범재신론보다 분명히 성경적인 기독교에 더 근접해 있다. 첫째, (삼위일체적) 인격적 범재신론은 비인격적-존재의 근거 범재신론보다는 훨씬 더 적합하다. 둘째, 관계적 범재신론은 어떤 성경적인 기반을 주장할 수 있기는 하지만, 성경에는 부분-전체 범재신론이나 영혼(혹은 정신)과 신체로서의 하나님-세계 관계 모델들에 대한 근거가 전혀 없다. 셋째, 창조세계의 자연적인/본성적인 유출을 주장하는 견해들은 성경과는 일치하지 않는다. 그리스도인들은 창조와 창조세계 가운데서의 하나님의 사랑과 자유를 강조해야 한다. 순전한 주의주의(genuine voluntarism)는 신의 의지에 대한 양립 가능론적 견해보다는 더 논리적인 일관성이 있다. 마지막으로, 결정을 내리는 권한의 균형은 하나님 쪽으로 크게 기울어 있어야 한다. 만

---

23 복습을 위해서: 하나님은 인격적 근거이시거나 비인격적인 근거다. 피조물들은 하나님의 일부분으로서든지 혹은 존재론적으로 하나님과 상호 연결되어 "하나님 안에" 존재한다. 하나님은 선택에 의해서 창조하시든지, 본성적으로 창조하시든지, 혹은 둘 다를 통해서 창조하신다. 그리고 피조물들은 자유롭게 하나님과 작인적으로 상호 작용을 하지 못하든지(고전적 유신론), 혹은 하든지 한다(현대 유신론).

일 현대 범재신론이 주장하듯이 피조물들이 원하는 대로 선택할 수 있는 방임적 자유(libertarian freedom)를 갖고 있고 하나님에 대해서 영향을 행사할 수 있다면, 그 기독교적 형태들은 만물을 자신이 정해놓은 끝(목적)으로 이끌어나가실 수 있는 하나님의 충분한 권능을 반드시 고려해야 한다. 비록 하나님이 결정적이고 유효한 인과율을 행사하지 않는다 할지라도, 역사 가운데서 하나님이 행하시는 활동의 최종적인 인과율은 결정적인 것이어야 한다. 단순히 행할 수 있게 해주는 사랑으로는 부적절하다.

범재신론에 대한 이 역사적 소개와 그에 대한 나의 응답을 끝맺고자 한다. 모든 독자들이 전체적으로 이 책이 유익하고 공정하고 정확한 제시임을 발견했기를 바란다. 그리고 역사적 기독교 신학에 대한 동일한 헌신을 나와 공유하고 있는 독자들은 비록 그 입장이 현재에는 인기가 없다 할지라도 조율된 고전적 유신론(nuanced classical theism)이 여전히 역사적 기독교 신학에 대한 최상의 표현임을 볼 수 있게 되었기를 바란다. 그리고 내 입장에 동의하지 않는 독자들은 여기에 제시된 간략한 소개가 적어도 영적이며 지적인 면에서 정직한 것임을 볼 수 있었기를 바란다.

인명 색인

■ 강조체로 된 쪽은 해당 인물을 중점적으로 논의하는 부분이다.

가다머, 한스-게오르크(Gadamer, Hans-Georg) 41, 349, **355-356**, 429
갈릴레오 갈릴레이(Galileo Galilei) 144
괴테, 볼프강(Goethe, Wolfgang) 130
구티에레즈, 구스타보(Gutiérrez, Gustavo) 43, 265, 464, **468-470**, 471, 473
그레고리우스, 나지안주스의(Gregory of Nazianzus) 24
그레고리우스, 니사의(Gregory of Nyssa) 24, 74
그렌츠, 스탠리(Grenz, Stanley J.) 131n63, 142, 261n72, 321n7, 342, 342n75, 361n38, 366n55, 369n64, 388n1, 388n2, 390n5, 392, 401n33, 419n70, 426n4, 427n9, 454n90, 454n91, 458n99
그리핀, 데이비드(Griffin, David) 41, 270, **302-310**, 312, 495, 520, 523
그린, 토머스 힐(Green, Thomas Hill) 57n6, **213-114**
그린버그, 시드니(Greenburg, Sidney) 108n2, 109n5, 111n9

뉴먼, 존 헨리(Newman, John Henry) 210

뉴턴, 아이작(Newton, Isaac) 120, 121n33, 122, 124, 144, 413, 487, 510
니체, 프리드리히(Nietzsche, Friedrich) 332
니콜라우스 쿠자누스(Nicholas of Cusa) 38, 46, 54, 82, **86-92**, 93, 97, 102, 103, 107, 108-111, 115, 117, 133, 157, 163, 189, 193, 210, 256, 261, 262, 324, 334, 342, 356, 357, 365, 411, 444, 448, 455, 479, 487, 510, 548, 557

단테, 알리기에리(Dante Alighieri) 489
대처, 애드리언(Thatcher, Adrian) 344
데이비스, 폴(Davies, Paul) 43, 493, **498-503**, 519
데카르트, 르네(Descartes, René) 34, 112-115, 271, 508, 513
도르너, 이자크(Dorner, Isaak) 40, **200-203**, 402, 447
듀이, 존(Dewey, John) 296
디오니시우스, 아레오바고의(Dionysius the Areopagite) 75
딜타이, 빌헬름(Dilthey, Wilhelm) 429

라너, 칼(Rahner, Karl) 41, 187n101, 349, 350, **366-369**, 393, 406, 440, 443, 468, 469, 470, 516, 520, 539

라다크리슈난, 사르베팔리(Radhakrishnan, Sarvepalli) 41, 47, 349, **376-378**, 383

라마누자(Rāmānuja) 376, 377

라이프니츠, 고트프리트(Leibniz, Gottfried) 129, 157n19, 165, 208, 365

랜달, 존 허먼(Randall, John Herman) 128n51, 344n82

램, 줄리아(Lamm, Julia A.) 138

러셀, 버트런드(Russell, Bertrand) 296

레싱, 고트홀트(Lessing, Gotthold) 111, **127-130**, 433

레알레, 조반니(Reale, Giovanni) 56n2, 61n14, 64n17, 65n22, 65n24, 66n26, 71, 72n45

레오 8세[Leo XIII (Pope)] 558, 559

레프, 고든(Leff, Gordon) 82n70

로빈슨, 존(Robinson, John A. T.) 41, 219, 320, 345, 349, **361-363**, 365, 471

로우, 윌리엄(Law, William) 121

로이, M. N.(Roy, M. N.) 378, 395

로이스, 조사이아(Royce, Josiah) 206, 227, 228

로체, 헤르만(Lotze, Hermann) **205-206**, 216, 494

로크, 존(Locke, John) 120n32, 122

롤트, C. E.(Rolt, C. E.) 397

루이스, C. S.(Lewis, C. S.) 548

루터, 마르틴(Luther, Martin) 30, 54

류터, 로즈마리(Ruether, Rosemary) 32, 41, 43, 47, 265,464, **476-480**, 481, 484, 485, 486, 489, 490, 568

르누비에, 샤를(Renouvier, Charles) **231-232**

르퀴에, 쥘(Lequier, Jules) **229-232**

리도, 에밀(Rideau, Emile) 264

리즈, 윌리엄(Reese, William) 30n10, 34, 45n19, 63, 142n103, 169n53, 172, 203n15, 206, 229n100, 231n104, 287n34, 288n37, 292n45, 300, 302n71

리츨, 알브레히트(Ritschul, Albrecht) 206

마르쿠제, 허버트(Marcuse, Herbert) 469

마르크스, 카를(Marx, Karl) 296, 469

마우러, 알만드(Maurer, Armand A.) 83n72, 84n78, 85, 86n83, 87n86, 92n91, 229n100, 231n106, 232n108, 233n109, 235n113

마이모니데스(Maimonides) 53

말콤 X(Malcolm X) 465

맥쿼리, 존(Macquarrie, John) 34, 39, 41, 219, 320, 349, 350, 354, **363-365**, 467, 498, 520

맥페이그, 샐리(McFague, Sallie) 34, 143, 265, 464, 476, **481-485**, 486, 489, 490

머클링거, 필립(Merklinger, Philip) 191

모건, 로이드(Morgan, Lloyd) 269, 360n33

모디아노, 라이몬다(Modiano, Raimonda) 210n36, 211n39, 211n40, 211n42

모어, 헨리(More, Henry) 120, 413

몰렌코트, 버지니아(Mollenkott, Virginia Ramey) 476

몰트만, 위르겐(Moltmann, Jürgen) 38, 39, 41-43, 45-47, 55, 81, 93n94, 94, 99, 100, 149, 150, 173, 203, 382, 387-417, **418-421**, 425, 428, 439, 444, 446, 448, 455,

456, 458, 464, 473, 474, 475, 485, 489, 494, 505, 508, 510, 511, 516, 517, 520, 524, 531, 535, 541, 552, 558, 561, 566, 568

밀, 존 스튜어트(Mill, John Stuart) 210

밀러, 페리(Miller, Perry) 93n93, 94n95, 99n108, 101n113, 220

바르트, 칼(Barth, Karl) 387, 388, 426, 433, 558

바버, 이언(Barbour, Ian) 43, 493, **494-498**, 519

바실리우스(Basil of Caesarea) 24, 32

바울(Paul, Saint) 64, 69, 75, 120, 134, 528, 530

발첼, 오스카(Walzel, Oskar) 128

버틀러, 클라크(Butler, Clark) 118n24

베르댜예프, 니콜라이(Berdyaev, Nikolai) 41, 42, 47, 94, 99, 100, 329, 335, 342, 349, **357-359**, 371, 383, 397-398, 401, 412, 471

베르코프, 헨드리쿠스(Berkhof, Hendrikus) 156

베르그송, 앙리(Bergson, Henri) 26, 32, 40, 131, 150, 197, **232-237**, 241, 242, 265, 269, 274, 288, 314, 355, 357, 374, 377, 454, 494, 555

베버, 오토(Weber, Otto) 387

베이트슨, 그레고리(Bateson, Gregory) 472

벵크, 요하네스(Wenck, Johannes) 90

보에티우스(Boethius) 408, 445, 542

보프, 레오나르도(Boff, Leonardo) 43, 265, 464, **473-75**, 485, 486

볼테르, 프랑수아 마리 아루에[Voltaire (François-Marie Arouet)] 129

볼프, 크리스티안(Wolff, Christian) 129

뵈메,야콥(Böhme, Jakob) 33, 38-39, 42, 54, 56, 85n82, **93-97**, 98-101, 107, 121, 128, 133, 149, 157, 162-167, 169, 171-172, 189, 192-193, 201, 210-213, 221-224, 257, 320, 324, 328-329, 331, 333-338, 342, 344, 345, 354-359, 378, 382, 387, 394, 397-398, 400, 403, 411-412, 414, 419, 420, 448, 455, 456, 464, 479, 482, 513, 531, 534, 537

부버, 마르틴(Buber, Martin) 26, 41, 47, 349, 357, 363, **371-374**, 383, 471, 478, 480

부슈넬, 호레이스(Bushnell, Horace) 222

불가코프, 세르게이(Bulgakov, Sergei) 357

불트만, 루돌프(Bultmann, Rudolf) 398, 558

브라운, 로버트(Brown, Robert) 166n44

브라운슨, 오리스티스(Brownson, Orestes) 220

브라이트만, 에드거(Brightman, Edgar) 229

브래들리, F. H.(Bradley, F. H.) 227

브루너, 에밀(Brunner, Emil) 467

브루노, 조르다노(Bruno, Giordano) 33, 38, 65, 85n82, **107-111**, 113, 115, 117, 144, 157n19, 210, 382, 479, 510

블로흐, 에른스트(Bloch, Ernst) 390, 425, 431

상카라(Śankara) 376

세군도, 후안 루이스(Segundo, Juan Luis) 43, 265, 464, **471-473**

셰프치크, 레오(Scheffczyk, Leo) 74n48, 85n82, 130n59

인명 색인 573

셸링, 프리드리히 빌헬름 요제프 폰 (Schelling, Friedrich Wilhelm Joseph von) 26, 39, 40, 41-44, 46, 47, 49, 55, 65, 82, 85, 92n91, 93, 94n95, 99, 100, 111, 112, 117, 128, 149-151, 154, **156-173**, 174, 176, 178, 180, 184, 189, 190, 191, 193, 194, 197, 200, 201, 202, 204, 206, 207, 210, 211-214, 218, 220, 223-225, 228, 235, 237, 257, 258, 262, 269, 293, 302, 314, 319, 320, 321, 324, 326, 328, 329, 331, 333-339, 342-345, 349, 354-359, 373, 382, 387, 393, 397, 398, 400, 402, 403, 411, 412, 414, 420, 433, 435, 464, 467, 479, 482, 494, 508, 513, 514, 524, 531, 534, 535, 539, 552, 555, 556

소로, 헨리 데이비드(Thoreau, Henry David) 220

소키누스, 파우스투스(Socinus, Faustus) 30

슐라이어마허, 프리드리히(Schleiermacher, Friedrich) 26, 32, 39, 44, 46, 49, 65, 85, 94n95, 107, 111, 128, **131-145**, 149, 160, 174, 191, 207, 208, 220, 222, 302, 319, 329, 433, 435, 548, 551

스미스, 존(Smith, John) 120

스베덴보리, 에마누엘(Swedenborg, Emanuel) 221, 222

스윈번, 리처드(Swinburne, Richard) 26

스코투스, 둔스(Scotus, Duns) 24, 54, 87, 102, 255, 534

스타호크, 미리엄(Starhawk, Miriam) 41, 349, **380-383**, 486

스피노자, 바룩(Spinoza, Baruch) 23, 26, 33, 38, 39, 57n1, 63, 65, 82, 85n82, 91, 107, 110, **111-127**, 129, 130-132, 136, 139, 140, 141, 143-145, 155, 157, 158, 161, 163, 168, 172, 184, 189, 190, 191, 208, 210, 281, 283, 284, 287, 292, 301, 324, 415, 479, 513, 536, 548

아리스토텔레스(Aristotle) 30, 86, 114, 193, 271

아베, 마사오(Abe, Masao) 41, 349, **378-379**, 383

아베로에스[Averroës (Ibn Rushd)] 53

아우구스티누스(Augustine) 24, 33, 53, 54, 74, 83, 87, 142, 263-264, 312, 389, 399, 402, 408, 412, 420, 487, 524, 525, 535, 549, 551, 559

아우렐리우스, 마르쿠스(Aurelius, Marcus) 63, 64, 65

아인슈타인, 알버트(Einstein, Albert) 65, 271, 450, 487

아퀴나스, 토마스(Aquinas, Thomas) 24, 53, 54, 75, 83, 87, 102, 123, 142, 254, 304, 312, 487, 535, 536n8, 541, 558, 559

아타나시우스(Athanasius of Alexandria) 74

안셀무스(Anselm of Canterbury) 24, 53, 54, 83, 87, 102, 254, 296, 297, 304

알렉산더, 새뮤얼(Alexander, Samuel) 40, 217-218, 265, 269, 314, 360n33, 377, 454, 494, 555, 556

알코트, 에이모스 브론슨(Alcott, Amos Bronson) 220

애들러, 마고트(Adler, Margot) 381n104

야코비, 프리드리히(Jacobi, Friedrich) 129

에드워즈, 조나단(Edwards, Jonathan) 38, 107, **122-127**, 131, 143, 144, 145, 220

에리우게나, 요하네스 스코투스(Eriugena, John Scotus) 38, 54, **77-82**, 86, 91, 98, 102, 108, 110, 111, 115, 117, 119, 189, 211, 261, 262, 355, 356, 365, 510, 534, 548

에머슨, 랄프 왈도(Emerson, Ralph Waldo) 40, 127, 197, **220-222**

에벨링, 게하르트(Ebeling, Gerhard) 356

에크하르트, 요하네스(Eckhart, Johannes) 38, 82, **83-85**, 86, 91, 91n90, 92, 102, 121, 128, 157, 189, 210, 261, 324, 355, 357, 378, 479, 487, 510, 548

에피메니데스(Epimenides of Crete) 64

에픽테투스(Epictetus) 65n23

오도넬, 존(O'Donnell, John) 447n69

오리건, 시릴(O'Regan, Cyril) 191

오리게네스(Origen) 53, 74

옥덴, 슈버트(Ogden, Schubert) 351, 352, 354

올슨, 로저(Olson, Roger) 142, 342, 366n55, 369n64, 388n2, 389n3, 390n5, 392, 396n20, 401n33, 419n70, 427n9, 454n90, 457n96

와드, 제임스(Ward, James) **216**

와일리, 바실(Wiley, Basil) 120n32

와츠, 앨런(Watts, Alan) 41, 47, 349, **378-379**, 383

요한 바오로 2세[John Paul II (Pope)] 559

우나무노, 미겔 데(Unamuno, Miguel de) 398

월터스토프, 니콜라스(Wolterstorff, Nicholas) 26, 563

위-디오니시우스(Pseudo-Dionysius) 38, 54, **74-77**, **78**, 83, 102, 119, 121, 261, 328, 365, 447, 454, 535, 548

윌리엄스, 존(Williams, John) 354

윌리엄슨, 레이먼드(Williamson, Raymond) 191

윌킨스, 스티브(Wilkens, Steve) 172

유스티누스, 순교자(Martyr, Justin) 53, 74

이븐 시나[Avicenna (Ibn Sina)] 33

이크발, 무하메드(Iqbal, Muhammad) 41, 349, **374-375**, 383

인지, 윌리엄 랄프(Inge, William Ralph) 40, **219**

제논(Zeno of Citium) 63, 65

제임스, 윌리엄(James, William) 26, 39, 40, 150, 197, 204, 206, 208, 222, 223, **226-229**, 231-233, 237, 244, 269, 274, 288, 300, 314, 354, 517

젠슨, 로버트(Jenson, Robert) 124, 125

존슨, 엘리자베스(Johnson, Elizabeth) 476

줄리안, 노리치의(Julian of Norwich) 487

질송, 에티엔(Gilson, Etienne) 74n48, 83n72, 84n78, 86n83, 113n14, 229n100, 232n108, 233n109, 235n113

츠바이크, 아르눌프(Zweig, Arnulf) 199

카이퍼, 아브라함(Kuyper, Abraham) 558, 559

칸트, 이마누엘(Kant, Immanuel) 132, 137, **150-154**, 157n19, 159, 160, 210, 220, 231, 277

칼빈, 존(Calvin, John) 30, 35, 54, 131, 142, 312, 559

캅, 존(Cobb, John) 41, 270, **302-310**, 378, 495, 520, 561
캐러빈, 데어드레(Carabine, Deirdre) 82n70
캐어드, 에드워드(Caird, Edward) **214-215**
캐어드, 존(Caird, John) **214-215**
커드워스, 랄프(Cudworth, Ralph) 120
케플러, 요하네스(Kepler, Johannes) 144
코언, 모리스(Cohen, Morris) 292
코플스턴, 프레드릭(Copleston, Frederick, S.J.) 56n2, 61n14, 64n17, 66n26, 70n40, 72n45, 74n48, 75n51, 76n57, 78n60, 79n62, 82n69, 82n71, 83n72, 84n78, 86n83, 92n91, 93n93, 108n1, 113n13, 119n26, 133n71, 142n104, 157n19, 156, 234
콘, 제임스(Cone, James) 41, 43, 345, 464, **465-467**, 489
콘포드, 프랜시스(Cornford, Francis) 57n7, 59n9, 63n16
콜레트, 존(Colet, John) 119
콜리지, 새뮤얼 테일러(Coleridge, Samuel Taylor) 39, 40, 94n95, 150, 197, **210-213**, 219, 220, 479
콜린스, 제임스(Collins, James) 86n83, 108n2, 111n9, 228n99
콩트, 오귀스트(Comte, Auguste) 231
쾬커, 에른스트(Koenker, Ernest) 93n93, 94n95, 95n99, 96n100
큉, 한스(Küng, Hans) 41, 149, 349, **369-371**, 378
크라우제, 카를(Krause, Karl) 44, **198-200**, 212, 219
크레이그, 윌리엄 레인(Craig, William Lane) 26, 563
크로산, 존 도미닉(Crossan, John Dominic) 356
크리소스토무스, 요하네스(Chrysostom, John) 24
클라크, 데이비드(Clark, David) 85n79, 379n101
클레이튼, 필립(Clayton, Philip) 34, 39, 43, 48n24, 55n1, 82n70, 88, 92, 92n92, 109n6, 111, 111n9, 121n33, 129n54, 130n58, 150, 153n10, 156n18, 156, 172, 173n66, 177n75, 209n32, 312n102, 383n109, 426n3, 456, 493, **508-514**, 517, 519, 534, 539, 557, 566
키에르케고르, 쇠렌(Kierkegaard, Sören) 94n95, 398
킹, 마틴 루터(King, Martin Luther, Jr.) 465

테르툴리아누스(Tertullian) 74
테이야르 드 샤르댕(Teilhard de Chardin) 26, 40, 43, 46, 47, 197, 237, **241-265**, 269, 274, 309, 314, 349, 362, 363, 368, 369, 370, 414, 455, 456, 464, 468, 469-472, 474, 476, 478-480, 483, 485, 487, 489, 494, 507, 523n1, 530, 532, 548, 551, 552, 561, 568
템플, 윌리엄(Temple, William) 41, 219, 349, **360-361**, 456, 494, 507
토루크, 프리드리히 아우구스트(Tholuck, Friedrich August) 189
톨런드, 존(Toland, John) 65, 110
트뢸취, 에른스트(Troeltsch, Ernst) 40, 129, 206, **207-209**

티엘, 존(Thiel, John) 133n72

틸리히, 폴(Tillich, Paul) 34, 39, 41, 43, 47, 55, 81, 88, 91, 94, 99, 100, 150, 173, 197, 237, **319-345**, 349, 350, 362, 365, 366n54, 371, 382, 464, 465-467, 471, 476, 478, 479, 482, 489, 523, 534, 555, 561, 568

파르메니데스(Parmenides of Elea) 133, 193

파스칼, 블레즈(Pascal, Blaise) 23

판넨베르크(Pannenberg) 39, 42, 45, 47, 49, 88, 149, 203, **425-460**, 485, 494, 508, 520, 523, 524, 531, 539, 541, 549, 552, 557, 561, 568

패러데이, 마이클(Faraday, Michael) 438, 449

패지트, 앨런(Padgett, Alan G.) 172

퍼스, 찰스 샌더스(Peirce, Charles Sanders) 39, 40, 150, 197, 222, **223-225**, 226, 228, 229, 269, 288, 314, 494

페흐너, 구스타프(Fechner, Gustav) **203-207**, 218, 226, 233, 269, 274, 293, 299, 314, 494

포이어바흐, 루트비히(Feuerbach, Ludwig) 432

포프, 알렉산더(Pope, Alexander) 55n1, 121

폭스, 매튜(Fox, Matthew) 43, 265, 464, 479, **486-489**

폴킹혼, 존(Polkinghorne, John) 43, 47, 493, **515-519**

푹스, 에른스트(Fuchs, Ernst) 356

프란체스코(Francis of Assisi) 487

프로이트, 지그문트(Freud, Sigmund) 296, 432

프로클루스(Proclus) 38, 54, **72-73**, 76, 79, 133, 189, 210

프링글-패티슨, 앤드류 세스(Pringle-Pattison, Andrew Seth) **216-217**

플라이더러, 오토(Pfleiderer, Otto) **206-207**

플라톤(Plato) 25, 30, 31-33, 38, 39, **53-63**, 65, 66, 70-73, 92, 133, 144, 145, 157, 189, 193, 210, 277, 279, 280, 287, 292, 293, 299, 300, 314, 336, 342, 344, 377, 445, 479, 484, 493, 511, 524, 530, 541, 542

플레처, 조지프(Fletcher, Joseph) 360n33

플로티누스(Plotinus) 31, 34, 38, 39, 42, 46, 47, 49, 54, 65, **66-73**, 76, 107, 111, 119, 120, 121, 128, 133, 210, 219, 222, 223, 225, 324, 328, 342, 344, 365, 445, 446, 448, 455, 458, 479n51, 484, 535, 542, 551, 561

피녹, 클라크(Pinnock, Clark) 312, 312

피치노, 마르실리오(Ficino, Marsilio) 119

피코 델라 미란돌라(Pico della Mirandola) 119

피코크, 아서(Peacocke, Arthur) 34, 43, 493, **503-507**, 508, 512, 517-519, 539, 541, 566

피터스, 테드(Peters, Ted) 430n14, 436n32, 450n79

피히테, 요한 고틀리프(Fichte, Johann Gottlieb) 47, 73, 85n82, 94n95, **150-160**, 166, 174, 190, 199, 220, 229, 479

필론(Philo of Alexandria) 53

하버마스, 위르겐(Habermas, Jürgen) 429

하이네, 하인리히(Heine, Heinrich) 64n19, 164n40

하이데거, 마르틴(Heidegger, Martin) 34, 39, 41, 85, 91n90, 94, 100, 288, 320, 326, 327, 328, 342, 343, 349, **350-355**, 364-366, 371, 429, 556

하트숀, 찰스(Hartshorne, Charles) 32, 34, 40, 45-49, 63, 94n95, 150, 172, 206, 219, 229, 270, **288-304**, 309, 314, 335, 342, 344, 345, 352, 354, 364, 480, 495, 511, 516, 539, 541, 555, 557

헤겔, 게오르크 프리드리히 빌헬름(Hegel, Georg Friedrich Wilhelm) 26, 38-40, 42, 46, 55, 58, 65, 73, 82, 85, 88, 92-94, 99, 100, 112, 128, 131, 149-51, 154, 156, 171, **173-179**, 180, 181, 183-186, 188-194, 197, 200, 201, 206-208, 210, 214, 215, 220, 228, 237, 257, 262, 292, 300, 314, 319, 328, 329, 331, 334-337, 342, 344, 345, 349, 355, 357, 365, 367, 369-371, 374, 377, 389, 390, 391, 394-398, 400, 407, 408, 420, 425, 428-430, 433, 444, 447, 454, 455, 464, 469, 479, 494, 511, 513, 523n1, 524, 531, 539, 540, 551, 557

헤라클레이토스(Heraclitus of Ephesus) 177, 292, 300

헤르더, 요한 고트프리트(Herder, Johann Gottfried) 111, **127-130**, 141, 145, 433, 435

헤셸, 아브라함(Heschel, Abraham) 397

호킹, 윌리엄(Hocking, William) 229

홉스, 토머스(Hobbes, Thomas) 119

홉킨스, 재스퍼(Hopkins, Jasper) 86n83, 87n84, 91n89, 91n90, 220n65, 645n4

화이트헤드, 알프레드 노스(Whitehead, Alfred North) 26, 28, 32, 40, 172, 197, 215, 218, 228, 237, 244, 258, 262, 265, 269, **271-288**, 289-291, 293, 296, 298, 299, 302-304, 306, 309, 314, 328, 349, 352, 354, 360, 361, 365, 374, 377, 455, 476, 479, 483, 489, 494, 495, 497, 511, 516, 539

휘치코트, 벤저민(Whichcote, Benjamin) 120

휘트먼, 월트(Whitman, Walt) 222

흄, 데이비드(Hume, David) 151, 152

힐데가르트, 빙엔의(Hildegaard of Bingen) 487

주제 색인

가이아[Gaia (Mother Nature)] 381, 479
간섭론과 불간섭론(interventionism and non-interventionism) 498-502, 505-506, 512
고전적 (기독교) 유신론[classical (Christian) theism] 23-29, 36, 53-55, 167, 174-175, 188, 194, 307, 310, 314, 434, 459n.102, 463-464, 503, 426, 529
   개정된(revised) 29n9, 310-313, 526, 526n2, 562-567 (또한 '유신론: 열린/자유의지'를 보라)
   기독교 범재신론과 비교된(compared with Christian panentheism) 28-31, 528-569
      성경의 하나님 제시(biblical presentation of God) 528-532
      성경적 세계관과 구속사(biblical worldview and redemptive history) 558-561
      신학적 신론(theological doctrine of God) 532-552
      철학적 신학(philosophical theology) 553-557
   변형된(modified) 29n9, 526, 526n2, 562-567
   에 대한 현대의 비판(modern critique of) 23-29
공간과 시간(space and time)
   신의 피조물로서(as divine artifacts) 540

하나님의 속성 또는 차원들로서(as attributes or dimensions of God) 120, 124, 202, 278, 337-338, 402-403, 412-414, 449-451, 510, 516
과정신학(process theology) 40, 328, 394-396, 482, 489, 531, 551, 566, 568
   기독교(Christian) 302-310, 360-362, 494-497
   의 배경(background of) 215-217, 269-270
관념론(idealism) 92, 158-161, 376-378
구속사(redemptive history)
   아우구스티누스-개혁주의적 그리고 현대 범재신론적[Augustinian-Reformed (creation, fall, redemption, consummation) and modern panentheistic (creation/fall, alienation, reconciliation, consummation)] 558-61
구원(salvation)
   본질과 실존의 화해로서(as reconciliation of essence and existence) 339-341
   새로운 존재로서(as new being) 322-324, 339-341, 479
근원적 모체로서 여/신[God/ess as Primal Matrix (Mother)] 477-481
기독교 범재신론과 비교된 아우구스티누스-개혁주의적 세계관(Augustinian-Reformed worldview, compared to Christian

panentheistic) 558-561
기독론(Christology) 90, 134, 203
  우주적(cosmic) 252-259, 470-472
기적들(miracles)
  자연적, 초자연적(natural and supernatural) 547-548
  현대 범재신론에서 제외된 초자연적(supernatural precluded in modern panentheism) 138, 340, 348

나-당신 관계(I and Thou relation) 358, 371-374, 383, 478
낭만주의(Romanticism) 32, 38, 92, 127-131, 158, 210-211, 220-222
뉴에이지 운동(New Age Movement) 380-381
능산적 자연과 소산적 자연(natura naturans and natura naturata) 82, 110, 115-117, 126, 158, 161
니케아 신조(Nicene Creed) 74, 74, 212, 524, 525

대립하는 것들의 일치(coincidence of opposites) 88, 93, 334, 358. 또한 '변증법'; '하나님: 안의 양극성'; '하나님: 안의 가능태'를 보라.
대영혼(Over-Soul) 32, 221, 227

라너의 규칙[Rahner's Rule (identity of immanent and economic Trinity)] 367-369, 393, 400-401, 406-407, 440-443, 516, 539

로고스(Logos) '말씀'을 보라.

마르크스주의(Marxism) 390, 425, 428, 446, 469
말씀, 로고스(Word, Logos)
  세계를 생성하는(generates the world) 84, 336, 355-356, 372-373, 449, 493
  와 성령(and Spirit) 97, 187-188, 449
무[nothingness (Nichts, das Nichtige)]. '하나님: 안의 비존재와 무'를 보라.
  존재의 잠재력(메 온)과 구별되는 존재의 부재(우크 온)[absence of being (ouk on) distinguished from potential for being (me on)], 338
무근거성[Ungrund (groundlessness) in God] '하나님: 안의 무근거성'을 보라.
무한(무한자)(the Infinite) 82, 132, 431-432, 447, 452
  과 유한성(and finitude) 330-333, 466
  영원성으로서(as eternity) 445
  절대 일자로서(as Absolute One) 158, 182
무한성(infinity) 67, 86, 109, 333, 431, 505n24, 538
  에 대한 비판(critique of) 557
  으로부터의 범재신론적 논증(panentheistic argument from) 86, 177, 200
  절대적, 관계적(absolute and relative) 67, 86-89, 109, 446-448
무한한 존재(Infinite Being) 86, 114
미래(future)
  영원으로서(as eternity) 445
  의 힘(power of) 425, 459, 459n102

하나님에게 알려지지 않은(unknown by God) 27, 230, 295, 305, 516
하나님의 자리(the locus of God) 391-392

범신론(pantheism) 63, 110, 467, 472
  과 범재신론(and panentheism) ('범재신론: 그리고/또는 범신론'을 보라)
  기독교(Christian) 259-262
범심론(panpsychism) 198, 203-204, 216, 226, 233, 244, 274, 275, 314
범재신론(panentheism)
  고전적 유신론과 비교된(compared with classical theism) 528-569
  과 열린 유신론(and open theism) 312-313, 563-565
  과 종교다원주의(and religious pluralism) 207-209, 241, 349-350, 369
  그리고/또는 범신론(and/or pantheism) 46, 64-65, 69-72, 81-82, 90-91, 118, 122n38, 126-127, 135-136, 140-144, 189-192, 374-375, 376-378, 378-379, 418, 480, 483
  기독교 전통 안의(in Christian tradition) 349, 475, 526-527, 567
  기독교(Christian) 38, 41, 369, 387, 494, 507
  비기독교 전통 안의(in non-Christian traditions) 349, 371-383, 526, 568-569
  비서구 종교 안의(in non-Western religions) 349, 372-383, 420n71
  성경의(biblical) 528
  신비한 참여(mystical participation) 235-237, 374-378, 486-487
  신플라톤주의 전통 바깥의(outside Neo-platonic tradition) 34, 349-371, 383
  에 대한 비판(criticism of) 33-36, 43-44, 528-569
  에서 악의 역할(role of evil in) 551
  용어의 기원(origin of the term) 198-199, 219
  의 역사(history of) 33-34, 38-44, 101-103, 107, 128-129, 144-145, 149, 189, 191-194, 197-198, 210-211, 237, 262-265, 299-300, 314-315, 319, 342-345, 357, 387, 397, 400-402, 412, 419, 421, 455, 479, 487, 513-514
  의 정의(definition of) 44
  전통적 범재신론에서 현대 범재신론으로의 변환(transition from classical to modern) 149
  종교 간 대화에서(in inter-religious dialogue) 370, 383, 489
  종류들(kinds)
    고전적 대 현대[classical (deterministic, non-interactive) vs. modern (dynamic, interactive)] 46, 140, 457-458, 526-527, 527n3, 569
    관계적(relational) 229-231, 505-506, 541, 565
    단일 과정적(uniformitarian) 498-503
    명시적 대 암묵적(explicit vs. implicit) 46, 47, 90-91, 332, 355, 383, 396, 426-427, 448, 464, 467, 527, 527n3
    변증법적인 역사적(dialectic historical) 176, 191

부분–전체 대 관계적[part-whole vs. rela-
        tional (mode of being in God) 46-48, 71-72,
        199, 212-213, 222, 228, 509, 527, 544, 568
    삼위일체적(trinitarian) 173, 357-358,
        403-408, 414-415, 436, 448, 454-
        457, 464
    상호 내재적(perichoretic) 410, 418-419,
        473-475
    성례전적(sacramental) 503-507, 518
    실존주의적(existential) 41, 320-321, 467
    의지적(자발적) 대 자연적(유출적)[vol-
        untary vs. natural (emanational)] 46, 48,
        456-457, 527, 527n3, 566
    인격적(personal) 216-217, 235-236,
        289-291, 300-301, 513-514, 554
    인격적 대 비인격적[personal vs. imper-
        sonal (ground of being)] 46-48, 71-72,
        204-206, 289, 293, 331-332, 334,
        362-363, 379, 383, 471-472, 480-
        481, 483-484, 489-490, 506, 508-
        514, 527, 527n3, 569
    종말론적(eschatological) 518
    하트숀의 분류(Hartshorne's classification
        of) 300
    현대[modern (dynamic, interactive)] 46,
        157, 172, 191, 203, 215, 262, 302,
        314, 370, 464, 527, 527n3, 569
변증(apologetics) 35, 251, 322, 523, 528-569
변증법(dialectic) 38, 39, 510
    과 상호 내재성(and perichoresis) 408
    대립하는 것들의 일치(coincidence of
        opposites) 88, 93, 334, 358
    삼위일체의(in the Trinity) 95-100, 167-168,
        185-186, 336, 455, 531
    삼중(적)(triad, triadic) 73, 98, 177, 212,
        223-224
    영원한(eternal) 97, 333
    이성과 계시, 철학과 신학(reason and reve-
        lation, philosophy and theology) 322-323
    절대적(Absolute) 174, 182
    정립, 반정립, 종합(thesis, antithesis,
        synthesis) 73, 76, 154, 178, 531
    정신의(of Spirit) 252
    필연성과 자유(necessity and freedom) 99,
        163, 335
    하나님 안의(in God) 38, 97, 169, 176-179,
        256, 331-333, 369, 399, 544
변증법적(dialectical)
    논리(logic) 176-179, 428-429
    방법(method) 57-58, 66-67, 72-81, 85,
        163-165, 174, 427-428
    신학(theology) 38-39, 43, 85-86, 88, 102,
        368-370
    신학적 방법(theological method) 75-77, 81,
        84-85, 252
    유신론(theism) 364
    존재론(ontology) 39, 72-73, 87, 97-98, 102,
        176-179, 390-392, 420
    해석학(hermeneutics) 429
보편자(universals) 279
부분과 전체로서 진리(truth as partial and
    whole) 182, 428-429
불교(Buddhism) 33. 또한 '선불교'를 보라.
불멸성[immortality (objective)] 275, 286, 309

사회주의(socialism) 468-475
살아 있는 존재로서 우주(cosmos as Living Being) 59-60, 510
삼신론(tri-theism) 407-408, 473-475
삼위일체(Trinity) 38-39, 79, 184, 254, 335-337, 357-358, 388, 405-406, 431, 485, 514, 519, 531. 또한 '라너의 규칙'을 보라.
　경륜적(economic) 187, 367-9, 393, 400-401, 406-407, 437, 531, 568
　내재적 또는 존재론적(immanent or ontological) 187, 367-369, 393, 400-401, 406-407, 437, 456, 531, 539, 568
　니케아 교리 대 신플라톤주의 교리(Nicene vs. Neoplatonic doctrine) 15, 51, 60
　본질과 실존(essence and existence) 406-407, 531 (또한 '삼위일체: 경륜적'; '삼위일체: 내재적 또는 존재론적'을 보라)
　사회적(social) 3357-358, 397, 439, 464, 473-475
　성경의 제시(biblical presentation) 531
　세계 역사에서(in world history) 38-39, 167, 405-19
　안의 변증법(dialectic in) 95-100, 166-167, 185, 336-337, 531
　와 일자(and the One) 76, 83, 88, 96-97, 211-212
　의 몸으로서 세계(world as the body of) 473
　자기-실현(현실화)(self-actualization) 435-436, 440, 473, 531
　존재론적(ontological) ('삼위일체: 내재적 또는 존재론적'을 보라)
　하나님 나라와의 상호 관계(correlation with Kingdom) 388, 396-409, 419, 435, 445-446
상호 내재성(perichoresis)
　과 변증법(and dialectic) 408
　과 신의 하나됨(and divine oneness) 407-409
　과 침춤(and zimsum) 404
　의 보편성(universality of) 409-410
　정의(definition) 42
상호 내재적(perichoretic)
　범재신론(panentheism) 410, 418-419, 473-475
　존재론(ontology) 42, 387, 389, 409-410, 473-475, 505
새로운 영성(New Spirituality) 380-382
생명 원리(Life-Principle) 68
생명력(Life-Force) 32, 43, 120, 149, 208-209, 226, 233, 380, 383. 또한 '창조의 힘'; '생명력'; '세계-영혼'; '세계-정신'을 보라.
생명력(Vital Force) 141, 234. 또한 '생명력(Life Force)'을 보라.
선(the Good) 55, 57, 66, 75-76, 378, 535, 537
선불교(Zen Buddhism) 378-379
성경에 대한 교리(doctrine of Scripture) 523
성육신(incarnation) '예수 그리스도'를 보라.
세계-내-존재(다자인)[being-in-the-world (Dasein)] 326, 350-354, 366, 556
세계-영혼(World-Soul) 32-32, 55, 59-63, 66, 67, 68, 70, 71, 92, 101, 108, 120, 133, 141, 158, 169, 198, 218, 235, 261, 280, 300, 336, 368, 415, 511, 529, 531, 541
　과 그리스도(and Christ) 258
　대영혼으로서(as Over-Soul) 32, 221-222, 226

생명력으로서(as Life-Force) 32, 43, 198, 208
생명력으로서(as Vital Force) 39, 235
세계-정신(World-Spirit) 133
생명력으로서(as Life Force) 484
시간(time)
    신의 속성 또는 피조물로서(as divine attribute or artifact) ('공간과 시간'; '영원성: 과 시간'을 보라)
신의 설득(divine persuasion) 305, 482, 497, 552
신의(신적인)(divine)
    가능태(긍정적, 부정적)(potencies, positive and negative) 95-101, 164-166, 224-225, 531, 534, 544 (또한 '하나님: 안의 존재와 비존재'; '하나님: 안의 근거 또는 존재의 근거; 하나님: 안의 비존재 또는 무'; '하나님: 긍정과 부정'을 보라)
    규정론(결정론)(determinism) 117, 140, 456
    내재성(immanence) 26, 138, 215, 252-254, 261, 285-286, 333, 364, 380-392, 392, 415, 442, 446, 466, 476, 485, 494, 501, 528, 538, 540 (또한 '신의: 초월성'을 보라)
    단순성(순일성)(simplicity) 66, 82, 353-356
    무소부재(편재)(omnipresence) 446, 540
    무한(infinite) 109-110, 117
        고전적 유신론에서 무한성과 우연성(and contingency in classical theism) 536-537
        부동성(immutability) 25, 149, 200-203, 535-537
    변증법(dialectic) ('변증법: 하나님 안의'를 보라)
    본성(본연)(nature, natures)

결과적(consequent) 284-285, 360, 495, 498
양극적(dipolar) 190-192, 275-276, 288-295, 298, 304, 342, 360-361, 517
원초적(primordial) 284-285, 360
이중적(dual) 79, 206, 218, 282-284, 296, 304, 368-370, 394-396
또한 '변증법: 하나님 안의'; '신의: 가능태'; '하나님: 안의 양극성'을 보라.
본성적이거나 의지적인 선함(goodness, natural or voluntary) 165, 201
부정, 비존재, 무근거성의 힘으로서 의지(will as the power of negation, non-being or groundlessness) 96-97, 164-167, 327-329, 330-337 (또한 '하나님: 안의 자발성'을 보라)
사랑(love) 140, 248, 304, 340, 361, 393, 400, 403, 442, 446-448, 452
    아가페적 사랑, 범재신론의 문제(agapic love a problem for panentheism) 533-534
    우주적 에로스(cosmic eros) 69
상대성(relativity) 293
수축(contraction) 89, 91, 93, 98, 413, 516 (또한 '신의: 자기 제한'; '침춤'을 보라)
신적 차원들 또는 피조물인 시간과 공간(space and time, divine dimensions or artifacts) ('시간과 공간'을 보라)
자기 규정(결정)(self-determination) 456
자기 실현(현실화)(self-actualization) 99, 179-181, 440
    인간의 자유에서(in human freedom) 163, 168, 172, 339, 358
    종교/종교적 상징에서(in religion/

religious symbols) 171, 214-215, 329, 343, 356, 431-432

자기 제한(제약)(self-limitation) 375, 400-402, 505, 516

자기 창조(self-creation) 80

자유(freedom) 25, 48, 70n38, 100, 139, 160, 183, 193, 339, 399, 404, 456

   와 양립 가능론(and compatibilism) 49, 139, 183, 194, 400, 404, 456, 512, 534, 554

   인간과 관계된(relation to human) 49, 139, 183, 194, 400, 404, 456, 512, 534, 554

   창조하거나 창조하지 않을(to create or not to create) 25, 399, 512-3, 519, 533n7, 536-7

자충족성(self-sufficiency or aseity) 532-534

전능(omnipotence) 447, 526

전지(omniscience) 25, 526

주재권(주권성)(sovereignty) 36, 399, 463, 482, 524, 533n7 (또한 '신의: 자유'; '신의: 무소부재'를 보라)

지성(예지)/마음/이성(Intellect/Mind/Reason) 61, 63-64, 65, 67, 71, 180, 215, 221, 535

초월성(transcendence) 25-26, 54, 66, 248, 252-254, 261, 285-286, 333, 344, 360, 380-392, 392, 415, 441, 446, 466, 476, 485, 497, 501 512, 518, 538-541 (또한 '신의: 내재성'을 보라)

하나됨(oneness)

   상호 내재적(perichoretic) 405-408

   종말론적 완성(eschatological completion) 405-409

힘(권능)(power) 282, 294

힘의 장(force field) 42, 363, 379, 382-382, 427, 430, 435, 436-454

신이교주의(Neopaganism) 380-382

신플라톤주의(Neoplatonism) 30-33, 38-40, 53-55, 65-73, 117, 121, 128, 131-134, 144-146, 220-221, 237, 263, 282, 355, 412, 445, 446-447, 479, 510, 515, 531, 534

   기독교(Christian) 38, 74-103, 219, 241, 319

   신플라톤주의 바깥의 범재신론(panentheism outside of Neoplatonic tradition) 33-34, 107, 349-371, 383

   아우구스티누스-개혁주의적 세계관과 비교된(compared to Augustinian-Reformed worldview) 263, 399, 420, 558-561

신학(theology)

   개혁주의(Reformed) 35, 387, 389, 400, 524, 532n6, 533n7, 547, 563, 567 (또한 '칼빈주의'; '신학: 아우구스티누스'를 보라)

   과 교리적 차이(and doctrinal differences) 532-537

   과정(process) ('과정신학'을 보라)

   관계적(relational) 27-28, 527-528, 545, 562, 566

   동방 정교회(Orthodox, Greek and/or Russian) 24, 357-358, 487, 516, 524

   로마 가톨릭(Roman Catholic) 242, 251, 262-265, 353, 366-371, 489, 558-560

   변증법(dialectical) 38-39, 43, 85-86, 88, 102, 368-370

   생태(ecological) 42, 473-485

아우구스티누스(Augustinian) 24, 53, 74, 83, 263, 399, 420, 524, 551, 558-561
여성(feminist) 42, 474-485
존재(onto-theology) 353
해방(liberation) 42, 463-475
흑인(black) 465-468
희망의(of hope) 390-392, 446
실용주의(pragmatism) 223-229
실체, 17세기 논의(substance, seventeenth-century debate) 123n40
과정으로서(as process) 276
심연(혼돈, 무저갱)(the Abyss) 80, 93-101, 164-165, 328-329, 336, 362, 537. 또한 '하나님: 안의 무근거성'; '하나님: 비존재 또는 무'를 보라.

악(evil)
과 하나님(and God) 28, 100, 117, 163-165, 263-264, 283, 294-295, 338-339, 358-359, 398-399, 496, 506, 549-550, 560
아우구스티누스-개혁주의적 견해와 신플라톤주의적 견해(Augustinian-Reformed and Neoplatonic view) 549-550
하나님에게 불가피한(inevitable for God) 165, 263, 398, 399, 549, 560 (또한 '하나님: 과 악'을 보라)
양립 가능론(compatibilism) 49, 70n38, 139, 183, 194, 399, 404, 455, 512, 534, 554
에너지(energy)
신의 피조물로서(as divine artifact) 540-541
원초적(primordial) 478-479
접선적, 방사적(tangential and radial) 255, 478-479
여신(Goddess) 380-382
역사(history)
구속적(as redemptive) 166, 558-561
삼위일체 안의(in the Trinity) 405-418
하나님의 자기 실현, 자기 소통, 자기 계시로서(as God's self-actualization, self-communication or self-revelation) 181, 433, 434, 473-474
영원(eternity)
과 시간(and time) 27-28, 60, 442, 452, 502, 517, 526, 542-543, 560-561 (또한 '신의: 본성'을 보라)
미래로서(as future) 442, 445-446
플로티누스의 정의(Plotinus's definition) 445
영지주의(Gnosticism) 93, 94-101, 165, 166, 189, 531, 534
예수 그리스도(Jesus Christ) 134, 142, 187, 242, 341, 431, 507, 514, 517, 530, 544
구속에서의 역할(role in redemption) 526, 562
로서 인류(human race as) 168
부활(resurrection) 429, 433-434
새로운 존재(구원)[new being (salvation)] 322-324, 341
성육신(incarnation) 28, 184, 200-203, 214, 257, 367, 517, 519, 526
신-인(God-Man) 358, 368
십자가에 달림(crucifixion) 392-396
오메가(Omega) 250-251, 259, 469
와 삼위일체(and the Trinity) 355-356, 514
와 세계 영혼(and the World-Soul) 258
우주적(cosmic) 252, 474, 486-488

오메가 포인트(Omega point) 40, 242-243, 247-254, 261, 472
우주론(cosmology)
    과학적(scientific) 119-120, 197-198, 217-218, 223-225, 233-234, 243-250, 271-274, 314, 400-402, 430-431, 448-50, 482-482, 493-500, 510-511, 520
    신학적(theological) 493-520
    유기체적 대 기계론적(organic vs. mechanistic) 127, 271-272, 483
원초적 근거[Urgrund (primal ground) in God] '하나님: 안의 근거 또는 존재의 근거'를 보라.
위카(Wicca) 380-382
유대교(Judaism) 371-374
유신론(theism)
    고전적(classical) 23-29, 459n102, 426
        개정된(열린 유신론)[revised (open theism)] 29n9, 310-313, 526, 526n2, 562-567
        과 범재신론(and panentheism) 528-569
        변형된(modified) 29n9, 526
        에 대한 현대의 비판(modern critique of) 23-29
    변증법적(dialectical) 364
    양극적(dipolar) 515-518
    열린/자유 의지(open/free will)
        과 과정신학(and process theology) 310-313
        과 범재신론(and panentheism) 302-303, 563-567 (또한 '유신론: 고전적: 개정된'을 보라)
유출(emanation) 31, 38-48, 57, 67, 69-70, 76, 88, 98, 102, 125, 133, 401, 403, 485, 516, 561
이데아적 형상(ideal forms) 67, 279
이성과 계시(reason and revelation) 23, 246, 323, 428-434
이슬람(Islam) 374-378
이신론(Deism) 25-26, 118-121, 201, 269, 349, 469, 498-503
이원론, 정신과 물질, 실체(dualism, mind and matter, substance) 276-277
인과율(causality) 277, 541
    상향적(bottom-up) 499
    존재의 사슬(chain of being) ('존재: 의 사슬'을 보라)
    하향적(top-down) 499, 512
일원론(monism) 113
    단일한 실체(one substance) 115
    창발적(emergent) 503-504
일자(the One) 65-71, 72-73, 76, 79, 83, 96, 221-222, 455, 480, 535, 537, 538, 561
    무한성(infinity) 132, 155, 182
    영원성(eternity) 155, 446
    와 만유(and All) 132, 136-137, 143, 199, 446
    와 삼위일체(and the Trinity) 76, 83-84, 90, 96, 211-212
    와 존재(and Being) 87, 90, 260
    의지(Will) 155
    초월성(transcendence) 65-71, 72-73, 76, 79-82, 83

자아(비자아)[Ego (and Non-Ego)] 153, 161, 174,

375
자유(freedom)
　개혁주의적 견해와 예정론(Reformed view and predestination) 547, 547n15
　신의(divine) ('신의: 자유'를 보라)
　신적 자유와 인간의 자유의 관계(relation of divine and human) 49, 160, 162-169, 228, 340, 553
　인간의(human) 28, 49 (또한 '하나님: 권능과 지식의 제한'; '하나님-세계 관계'; '범재신론: 종류: 현대'를 보라)
　　방임적(libertarian) 546-547
　피조물의(creature) 229-230, 300, 333
장인(신적인), 플라톤의 데미우르고스[Craftsman (divine), Plato's Demiurge] 31, 59-62, 112, 288
저자의 관점(perspective of the author of this book) 36, 524-527
　과 신학적 관점의 복수성(and the plurality of theological perspectives) 523-524
절대(자)(the Absolute) 160, 176-179, 377
　동일성 또는 일자(Identity or One) 157, 161, 182, 447, 536
　무한한(infinite) 67, 158, 177, 182, 447
　변증법적(dialectical) 178-179, 182
　생명력(Life Force) 144
　실체(Substance) 144, 158
　원인(Cause) 135-138
　인격으로서(as personal) 358, 373, 376
　자아(의지)[Ego (Will)] 153-155, 158, 174, 375
　정신(Spirit) 174-177, 180-182
　존재(Being) 87-88

정신(영, 성령)(Spirit) 174, 180-182, 221, 249, 368
　과 말씀(and Word) 187, 336-337, 449
　생명력으로서(as Life-force) 380
　자연의(of Nature,) 120
　창조세계 안의(in creation) 449, 475
　힘의 장으로서(as force field) 436-440, 444-445, 449, 454, 459
제2차 바티칸 공의회(Vatican II) 264, 468, 489
존재(being)
　거룩한(Holy) 364, 478
　너머의 하나님(God beyond) 332, 344, 351-355, 362-363, 379, 326
　와 비존재 또는 무(and non-being or nothingness) 41, 163-165, 255, 327-328, 330-337, 342-344, 358-359, 362, 365, 401-403, 466-467, 534
　와 새로운 존재(구원)[and new being (salvation)] 322-324, 341, 479
　와 존재 그 자체(and being-itself) 162, 254, 325, 328, 330-336, 342-345
　와 하나님(and God) 23-25, 120-123, 199, 251-256, 260-261, 325-326, 330-337, 342-344, 351-354, 401, 465-467, 505, 536
　의 근거(근원, 기반)(ground of) 41, 71, 93-101, 164-165, 324-326, 330-337, 342-344, 362, 379, 432-3, 471, 479-480, 481, 513, 555
　의 사슬(chain of) 31-32, 38, 42, 67-68, 69, 73, 446, 477-478
　절대(absolute) 87-88

존재론(ontology)

　관계적(relational) 562

　변증법적(dialectical) 390-392, 420

　상호 내재적(페리코레시스적)(perichoretic) 42, 387, 389, 409-410, 473-475, 505

　실존주의적(existential) 326-328, 333-335, 350-351, 366-367

　종말론적(eschatological) 389-392, 441, 443n58, 445-446, 459

　해석학적(hermeneutical) 355-356

종교(religion)

　다원주의와 대화(pluralism and dialogue) 383, 488-489

　언어와 상징(language and symbols) 171, 321, 324-325

　하나님의 자기-계시 그리고/또는 자기실현(as God's self-revelation and/or self-actualization) 128, 134, 171, 214, 356, 430-432

종말론(eschatology)

　과 존재론(and ontology) 391, 440-441, 443n58, 445-446, 458-459

　신플라톤주의적(Neoplatonic) 69, 78-81, 133

　하나님의 완성된 하나됨(and the complete oneness of God) 405-407

　현대 범재신론에서 불확실한 결과(uncertain outcome in modern panentheism) 309, 518-519, 551-552

지적 설계(intelligent design) 500-501

진화(evolution) 197, 496, 502

　우주적(cosmic) 40, 43, 242-243, 246-250, 368, 414, 469-470

　인간의(human) 232-236, 242, 245, 504

　창발적(emergent) 217-218, 502

창발(emergence)

　인격성(personhood) 511-512

　존재의 새로운 수준(층위)(new levels of existence) 217, 499-501, 504, 507, 508

　하나님(God) 217

창조(창조세계)(creation)

　신으로부터의 창조로서 무로부터의(ex nihilo as creation ex Deo) 81, 102, 138, 338, 411-412

　신의 사고와 권능으로서(as divine thought and power) 123-125

　신의 수축으로서(as divine contraction) 89, 91, 93n94, 98, 413, 516

　유출로서(as emanation) 31, 38, 48, 57, 67, 69-70, 76, 88, 98, 102, 125, 133, 400-401, 403, 485, 516, 561

　타락으로서(as fall) 100, 162-164, 338, 358-359, 560

　하나님의 본성적이거나 불가피하거나 필수적인(natural, inevitable, or necessary for God) 125, 139, 165, 255, 283-289, 293-294, 312, 360-361, 364, 368-369, 373, 398-399, 401, 403-404, 420, 442-443, 456, 534, 553

창조성(Creativity) 273, 281-284

창조세계 영성(Creation Spirituality) 43, 486

창조의 힘[Creative Force (Elan Vital)] 32, 233-237

철학자들의 신(God of the philosophers)

과 고전적 유신론(and classical theism) 23-
  27, 523-525, 527
관계적 신학자들의 비판(criticism by
  relational theologians) 27-29
신플라톤주의와 범재신론 안의(in Neopla-
  tonism and panentheism) 29-33, 524-525
초월론(Transcendentalism) 32, 127, 220-222
초월성(transcendence) 25-26, 252, 285-286,
  466, 485, 500-502
  고전적 유신론에서 초월성과 내재성(and
    immanence in classical theism) 540-542
  절대적 또는 무한 내재성으로서(as abso-
    lute or infinite immanence) 109-110, 144
  절대적, 상대적(absolute and relative) 541
  또한 '신의'를 보라.
초월적 주관성/자아(transcendental subjecti-
  vity/ego) 151-153
침춤[zimzum (kabbalistic doctrine of divine self-
  limitation)] 93n94, 402, 410, 516, 535
  종말론적 역전(eschatological reversal) 417-
    418

카발라 사상(Kabbalism) 93, 396-397
칼빈주의(Calvinism) 122, 127
  카이퍼적(Kuyperian) 558-559

타락(죄로의)[fall (into sin)]
  신플라톤주의-범재신론적 견해와 비교
  된 아우구스티누스-개혁주의적 견해
  (Augustininan-Reformed compared to Neo-
  platonic-panentheistic view of) 560

창조와의 일치(coincidence with creation)
  100, 162-164, 338, 358-359, 560, 562
하나님으로부터의 도약 혹은 타락으로(as
  leap or fall from God) 100, 164
『티마이오스』[Timaeus (Plato)] 59-63, 91-92,
  290, 299, 479n51, 484, 493, 530

파악(포촉)(prehension) 272-277, 495
플라톤주의(Platonism) 133, 158
  고전적 유신론과 범재신론에 대한 영향
    (influence on classical theism and panenthe-
    ism) 31, 53-55
  와 낭만주의(and Romanticism) 128
  케임브리지(Cambridge) 119-121, 144

하나님(God)
  거룩성(holiness) 544
  거룩한 존재(Holy Being) 364, 478
  고전적 유신론에서 (정념이나 감정이 아
    닌) 정서(affections, not emotions or passions
    in classical theism) 545
  고전적 유신론이 말하는 시간 안에서
    의 활동(action in time according to classical
    theism) 543
  과 악(and evil) 28, 100, 117, 163-165, 263-
    264, 283, 294-295, 338-339, 358-359,
    398-399, 496, 506, 549-550
  을 극복하는 하나님의 힘(God's power to
    overcome) 549-552
  존재론적으로 신 안에 있는(in God
    ontologically) 544

과 존재 그 자체(and being-itself) 162, 254, 325, 330-336, 342-345, 504-505

과 존재(and being) 23-25, 120-123, 199, 255-256, 260-261, 324-326, 330-337, 350-351, 352, 401, 466-467, 504-505, 536-537

과정으로서(as process) 273

관계적(relational) 26-29, 565

권능과 지식의 제한(제약)(limitations of power and knowledge) 30n10, 229-230, 282, 293-295, 305, 354, 482, 495, 497, 516, 526, 534, 550, 551-552, 565

긍정과 부정(Yes and No) 95-101, 169, 328-331 (또한 '신의: 본성'; '하나님: 안의 가능태'를 보라)

몸으로서 세계(world as body) 60, 290, 300, 464, 469, 481-485, 511, 529-530 (또한 '하나님-세계 관계에 대한 정신-육체…'; '세계-영혼'을 보라)

무한한 생명력(Infinite Life Force) 130

무한한 존재(Infinite Being) 86, 114

반응적(responsive) 529, 543, 563

살아 계신(Living) 141, 149, 330-332, 333-335

생성, 변화, 발전, 성장(becoming, changing, developing, or growing) 38-39, 149, 159-160, 191-192, 334-335, 364, 368-369, 405-406, 440, 538-540

성경의 제시(biblical presentation of) 528-532

시간 안의(in time) 25-26, 351-352, 368, 517, 560-561 (또한 '영원: 과 시간'을 보라)

실체(substance) 112-115, 123, 124, 130, 155

안에 참여함 또는 존재함(participation or being in) 41, 47, 71, 77, 84, 212-213, 236, 321-325, 342-343, 367, 375, 418, 432, 434, 450, 452-453, 467, 505, 518, 528, 529-530

안의 가능성 또는 잠재성(possibility or potential in) 99, 281, 375, 539

안의 가능태(potencies in) 167, 171, 224-225, 531

안의 고통(passion in) 397

안의 고통(고난)(suffering in) 392-393, 397, 482, 496, 506, 545

안의 근거 또는 존재의 근거[ground (Grund) or ground of being (Urgrund) in] 40, 71, 93-101, 164-165, 324-326, 330-337, 342-344, 362, 279, 432-433, 471, 479-480, 481

안의 무근거성[groundlessness (Ungrund) in] 92-101, 164-165, 193, 328-329, 330-337, 362 (또한 '심연'; '하나님: 안의 비존재 또는 무'를 보라)

안의 비극(tragedy in) 358-359, 398

안의 비존재 또는 무(non-being or nothingness in) 41, 80, 96, 164-167, 255, 328-329, 330-337, 342-344, 358-359, 362, 378, 401-403, 411, 466-467, 534

안의 양극성(polarity in) 330-331, 335, 382 (또한 '변증법'; '하나님: 안의 가능태'; '하나님: 긍정과 부정'을 보라)

안의 우연성(contingency in) 293, 536 (또한 '심연'; '신의: 자유'; '하나님: 안의 비존재 또는

무'를 보라)

안의 자발성(spontaneity in) 193 (또한 '심연'; '신의: 자유'; '하나님: 안의 비존재와 무'를 보라)

안의 존재(있음)(being in) 504-505, 528 (또한 '하나님: 안에 참여함 또는 존재함'을 보라)

안의 존재와 비존재(부정성, 무)[being and non-being (negativity, nothingness) in] 40-41, 256, 307, 330-337, 342-345, 358-359, 362, 365, 400-403, 504-505, 534

어머니로서(as Mother) 94-101, 473n29, 477-478, 481-484

에 대한 세계의 필연성과 불가피성(necessity or inevitability of the world for) 125, 139, 165, 255, 283-289, 293-294, 312, 360-361, 364, 368-369, 373, 398-399, 401, 403-404, 420, 442-443, 443n58, 456, 534, 553

역사성(historicity) 370, 394

영(성령, 정신)(Spirit) 180-182, 249, 333-337

오메가(Omega) 249, 254

의 남성적 본성과 여성적 본성(masculine and feminine nature of) 307, 345, 380-382, 473n29, 496, 519

의 여성적 본성(feminine nature of) 380-382, 475, 506

의 종말론적 일치(eschatological unity of) 405-408

인격적(personal) 27, 131-141, 157, 162, 164-170, 190, 289-291, 303, 334, 360, 369, 432, 513 (또한 '범재신론: 종류'를 보라)

존재 너머의(beyond being) 332, 344, 351-355, 362-363, 379, 326

주재권(sovereignty) ('신의: 자유'; '신의: 무소부재'를 보라)

창조성(Creativity) 273, 281-284

창조적-반응적 사랑(Creative-Responsive Love) 304-308

피조물에 의해 영향받는(affected by creatures) 49, 257-259, 373, 511, 526, 545, 565

하나님 너머의(beyond God) 326-328, 344

현존재로서(as Dasein) 351-353

하나님-세계 관계(God-world relation)

변증법적(dialectical) 99, 176, 180-182

상호 내재적(perichoretic) 109-110, 473-475, 505

상호 연관적(correlative) 286, 361, 498

상호 작용적(interactive) 48, 160, 162-169, 205, 228, 232, 300-301, 371-374, 380-381, 392, 442, 458, 511-512

상호적(mutual) 342, 373, 403-405, 418, 435

상호적(reciprocal) 257, 364, 373, 381-382, 474, 505-506, 541, 543, 565

성경의 견해(biblical view) 529-530

또한 '하나님-세계 관계에 대한 정신-육체…'를 보라.

하나님-세계 관계에 대한 정신-육체, 인격-몸, 영-육 유비(mind-body, person-body, or soul-body analogy for the God-world relation) 43, 85, 240, 207, 218, 225, 335, 374-377, 473, 482-484, 494, 495, 506, 509-511, 519

에 대한 비판(criticism of) 554-556

하나님의 존재에 대한 존재론적 논증(ontological argument for God's existence) 296-298

해방운동들(liberation movements) 463-464

해석학(hermeneutics)

    변증법적, 대화적(dialectical, dialogical) 429-434

    존재론적(ontological) 355

헤르메스주의(Hermeticism) 93, 479n51, 484

현실 계기들(actual occasions) 272-279

힌두교(Hinduism) 33, 221, 376-378

철학자들의 신과 성서의 하나님
신과 세계의 관계, 그 치열한 논쟁사

Copyright ⓒ 새물결플러스 2011

1쇄 발행 2011년 3월 14일
5쇄 발행 2024년 7월 22일

지은이 존 쿠퍼
옮긴이 김재영
펴낸이 김요한
펴낸곳 새물결플러스

편 집 왕희광 정인철 노재현 이형일 나유영 노동래
디자인 황진주 김은경
마케팅 박성민
총 무 김명화 이성순
영 상 최정호
아카데미 차상희

홈페이지 www.holywaveplus.com
이메일 hwpbooks@hwpbooks.com
출판등록 2008년 8월 21일 제2008-24호
주 소 (우) 04114 서울시 마포구 신촌로28가길 29
전 화 02) 2652-3161
팩 스 02) 2652-3191

ISBN 978-89-94752-02-0 03230

책값은 뒤표지에 있습니다.